Kompakt-Lexikon Management

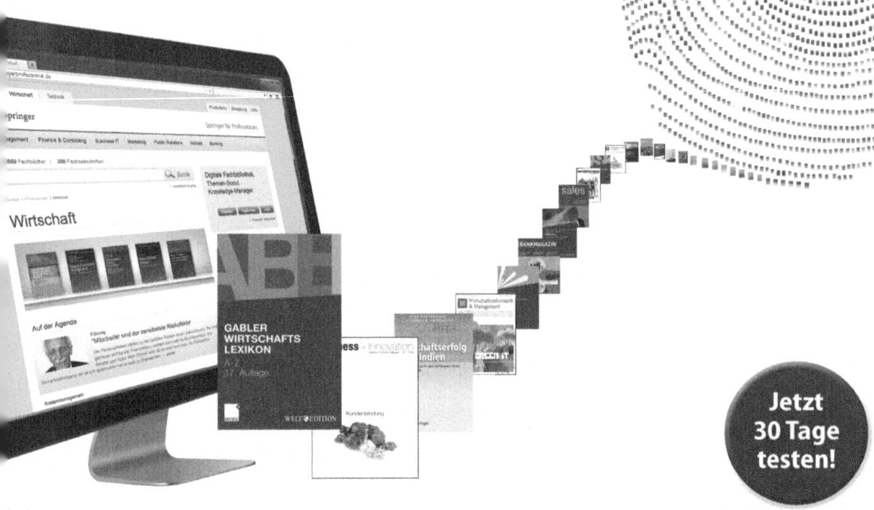

Springer Fachmedien Wiesbaden (Hrsg.)

Kompakt-Lexikon Management

2.000 Begriffe nachschlagen, verstehen, anwenden

ISBN 978-3-658-03024-7

Die Deutsche Nationalbibliothek verzeichnet diese Publikation in der Deutschen Nationalbibliografie; detaillierte bibliografische Daten sind im Internet über http://dnb.d-nb.de abrufbar.

Springer Gabler

Redaktion: Stefanie Brich, Claudia Hasenbalg
Layout und Satz: workformedia | Frankfurt am Main | München

Gedruckt auf säurefreiem und chlorfrei gebleichtem Papier

Springer Gabler ist eine Marke von Springer DE.
Springer DE ist Teil der Fachverlagsgruppe Springer Science+Business Media
www.springer-gabler.de

Autorenverzeichnis

Professor Dr. Dr. **Ann-Kristin Achleitner**, Technische Universität München, München
Sachgebiet: Unternehmensgründung

Professor Dr. **Thomas Bartscher**, Technische Hochschule Deggendorf, Deggendorf
Sachgebiete: Grundlagen und Funktionen der Personalführung, Arbeitswissenschaften

Prof. Dr. **Edeltraud Günther**, Technische Universität Dresden, Dresden
Sachgebiet: Umweltmanagement

Professor Dr. **Günter W. Maier**, Universität Bielefeld, Bielefeld
Sachgebiet: Arbeits- und Organisationspsychologie

Professor Dr. **Martin G. Möhrle**, Universität Bremen, Bremen
Sachgebiete: Innovations- und Technologiemanagement

Professor Dr. **Günter Müller-Stewens**, Universität St. Gallen, St. Gallen
Sachgebiet: Methoden und Techniken der Organisationsgestaltung

Professor Dr. **Rolf-Dieter Reineke**, Fachhochschule Nordwestschweiz, Basel
Sachgebiet: Unternehmensberatung

Abkürzungsverzeichnis

a.	anno (Jahr)
Abb.	Abbildung
Abk.	Abkürzung
ABl	Amtsblatt
ABl EG	Amtsblatt der Europäischen Gemeinschaften
ABl EU	Amtsblatt der Europäischen Union
Abt.	Abteilung
AbwAG	Abwasserabgabengesetz
AG	Aktiengesellschaft; Amtsgericht; Ausführungsgesetz
AGG	Allgemeines Gleichbehandlungsgesetz
AktG	Aktiengesetz
allg.	allgemein
amerik.	amerikanisch
AO	Abgabenordnung
AR	Aufsichtsrat
ArbGG	Arbeitsgerichtsgesetz
ArbPlSchG	Arbeitsplatzschutzgesetz
ArbZG	Arbeitszeitgesetz
Art.	Artikel
AStG	Außensteuergesetz
ATG	Altersteilzeitgesetz
AtG	Atomgesetz
Aufl.	Auflage
AÜG	Arbeitnehmerüberlassungsgesetz
AWG	Außenwirtschaftsgesetz
BAG	Bundesarbeitsgericht
BBG	Bundesbeamtengesetz
BBiG	Berufsbildungsgesetz
BDSG	Bundesdatenschutzgesetz
bes.	besonders(-e, -es, -er)
BetrAVG	Gesetz zur Verbesserung der betrieblichen Altersvorsorge
BetrVG	Betriebsverfassungsgesetz
BewG	Bewertungsgesetz
bez.	bezüglich
BFH	Bundesfinanzhof

BGB	Bürgerliches Gesetzbuch
BGBl	Bundesgesetzblatt (I = Teil I, II = Teil II, III = Teil III)
BGH	Bundesgerichtshof
BImSchG	Bundes-Immissionsschutzgesetz
BM	Bundesminister(ium)
BNatSchG	Bundesnaturschutzgesetz
BPatG	Bundespatentgericht
bspw.	beispielsweise
BStBl	Bundessteuerblatt
BUrlG	Bundesurlaubsgesetz
BVerwG	Bundesverwaltungsgericht
BVG	Bundesversorgungsgesetz
BZRG	Bundeszentralregistergesetz
bzw.	beziehungsweise
ca.	circa
d.h.	das heißt
EEG	Erneuerbare-Energien-Gesetz
engl.	englisch
EStG	Einkommensteuer-Gesetz
etc.	et cetera
EU	Europäische Union
e.V.	eingetragener Verein
evtl.	eventuell
f.	folgende(-r/-s)
ff.	folgende
FGO	Finanzgerichtsordnung
franz.	französisch
GbR	Gesellschaft bürgerlichen Rechts
geb.	geboren
GebrMG	Gebrauchsmustergesetz
GewO	Gewerbeordnung

ggf.	gegebenenfalls
GmbH	Gesellschaft mit beschränkter Haftung
GmbHG	Gesetz betreffend die Gesellschaften mit beschränkter Haftung
GMBl	Gemeinsames Ministerialblatt
GWB	Gesetz gegen Wettbewerbsbeschränkungen (Kartellgesetz)

HandwO	Handwerksordnung
HGB	Handelsgesetzbuch
h.M.	herrschende Meinung

i.Allg.	im Allgemeinen
i.d.F.	in der Fassung
i.d.R.	in der Regel
i.e.S.	im engeren Sinn
inkl.	inklusive
i.S.d.	im Sinne des
i.V.	in Verbindung
i.w.S.	im weiteren Sinn

Jh.	Jahrhundert

kelt.	keltisch
KG	Kommanditgesellschaft
KGaA	Kommanditgesellschaft auf Aktien
KrW-/AbfG	Kreislaufwirtschafts- und Abfallgesetz
KStG	Körperschaftsteuergesetz

lat.	lateinisch

mind.	mindestens
Mio.	Millionen
MoMitbestG	Montan-Mitbestimmungsgesetz
Mrd.	Milliarden
m.spät.Änd.	mit späteren Änderungen

Nr.	Nummer

o.Ä.	oder Ähnliches
OHG	offene Handelsgesellschaft
OLG	Oberlandesgericht
PatG	Patentgesetz
RfStV	Rundfunkstaatsvertrag
RVO	Reichsversicherungsordnung
s.	siehe
S.	Seite
SeemG	Seemannsgesetz
SGB	Sozialgesetzbuch
SGG	Sozialgerichtsgesetz
sog.	sogenannte(-r, -s)
Sp.	Spalte(-n)
StGB	Strafgesetzbuch
StPO	Strafprozessordnung
TEHG	Treibhaus-Emissionshandelsgesetz
TVG	Tarifvertragsgesetz
TzBfG	Teilzeit- und Befristungsgesetz
u.a.	und andere; unter anderem
u.Ä.	und Ähnliche(-s)
UBGG	Gesetz über Unternehmensbeteiligungsgesellschaften
UStG	Umsatzsteuergesetz
usw.	und so weiter
u.U.	unter Umständen
UVPG	Gesetz über die Umweltverträglichkeitsprüfung
v.a.	vor allem
vgl.	vergleiche
VO	Verordnung
vs.	versus
VVG	Versicherungsvertragsgesetz
VwGO	Verwaltungsgerichtsordnung

ABC-Analyse – Verfahren zur Klassifizierung von Gesamtheiten, wobei die Klassengrenzen jeweils im Einzelfall festgelegt werden. – Wichtige *Anwendungsgebiete:* Materialwirtschaft (zur Differenzierung der Beschaffungs- und Bereitstellungskonzepten), Organisationsanalyse, Aufgabenpriorisierung, Make-or-Buy-Entscheidungen (→ Make or Buy). – *Beispiel (aus der Materialwirtschaft):* Wichtiges Einteilungskriterium ist das Verbrauchsmengen-Verbrauchswert-Verhältnis der Materialien. A-Teile: geringer mengenmäßiger Anteil, hoher Wertanteil; B-Teile: mittlerer mengenmäßiger Anteil, mittlerer Wertanteil; C-Teile: hoher mengenmäßiger Anteil, geringer Wertanteil. Die Aktivitäten im Bereich der Materialwirtschaft werden dann nach A-, B- und C-Teilen differenziert.

ABC-Klassifizierung – ökologieorientierte Beurteilung primär von Materialien nach IÖW/ Stahlmann. – *Ziel:* umfassende Beurteilung des Betrachtungsgegenstandes unter qualitativen Aspekten. Abstufung der Umwelteinwirkungen verschiedener umweltrelevanter Faktoren „relativ" nach (1) bes. dringlichen, (2) weniger akuten, (3) untergeordneten Belastungsimplikationen. Danach lassen sich die Prioritätenim Handlungsbedarf setzen: Bei A-Stoffen ist hinsichtlich der Reduktion der ökologischen Belastung Handlungsbedarf gegeben. – Vgl. auch → ABC-Analyse.

Abfall – I. Betriebswirtschaftslehre: 1. *Begriff:* bei der Bearbeitung von Werkstoffen und beim Betrieb von Anlagen unvermeidbar anfallendes Material, das keine oder nur begrenzte Verwertung finden kann. Zu unterscheiden sind feste, flüssige und gasförmige Abfallstoffe. – 2. *Verwertung:* a) in der Industrie Aufgabe der → Abfallwirtschaft.

b) Vermittlung durch → Recyclingbörsen. c) Einschaltung des *Aufkaufhandels.*

II. Kostenrechnung: Verrechnung in der Kostenrechnung unterschiedlich je nach Wirtschaftszweigen: a) Abfall bleibt unberücksichtigt, sofern er wert- und mengenmäßig nicht sehr ins Gewicht fällt. Eventuelle Erlöse werden als außerordentliche Erträge behandelt; damit ist eine Verfälschung der Erfolgsstruktur verbunden. – b) sofern Abfälle einen bes. Wert haben: (1) Gutschrift anteilig für die betreffenden Kostenträger (als Kostenminderung); (2) falls die dabei notwendige Einzelerfassung zu schwierig oder zu unwirtschaftlich ist, Gutschrift auf dem Materialgemeinkostenkonto (Materialgemeinkosten); (3) Gutschrift für die aus Abfall hergestellten Erzeugnisse, falls die Abfälle im Betrieb weiterverarbeitet werden. Bewertung der erzielbaren Erlöse oft schwierig; i.d.R. nach dem Veräußerungswert. – Vgl. auch Kuppelprodukte.

III. Recht: Abfälle im Sinne des Kreislaufwirtschaftsgesetzes (KrWG) vom 24.2.2012 (BGBl. I 212) sind alle Stoffe oder Gegenstände, derer sich ihr Besitzer entledigt, entledigen will oder entledigen muss. Dabei unterscheidet das KrWG zwischen Abfall zur Verwertung und Abfall zur Beseitigung. Abfälle zur Verwertung sind Abfälle, die verwertet werden; Abfälle, die nicht verwertet werden, sind Abfälle zur Beseitigung. Der Abfall-Begriff des KrWG ist übernommen aus der EG-Abfallrahmenrichtlinie vom 19.11.2008 (ABlEU Nr. L 312 v. 22.11.2008, S. 3, Nr. L 127 v. 26.5.2009, S.24). Eine Entledigung ist anzunehmen, wenn der Besitzer Stoffe oder Gegenstände einer Verwertung i.S.d. Anlage 2 des KrWG oder einer Beseitigung i.S.d. Anlage 1 des KrWG zuführt oder die tatsächliche Sachherrschaft über sie unter Wegfall jeder weiteren

Zweckbestimmung aufgibt. Dabei müssen die Abfälle so beseitigt bzw. verwertet werden, dass die menschliche Gesundheit nicht gefährdet wird und dass Verfahren oder Methoden verwendet werden, die die Umwelt nicht schädigen. – Vgl. auch → Abfallentsorgung.

Abfallanalyse – Identifikation der Arten und Mengen von → Rückständen bzw. → Abfällen aus Produktions- und Konsumvorgängen und der Ursachen ihres Entstehens.

Abfallbeauftragter – Jedes Unternehmen, das über ortsfeste Abfallbeseitigungsanlagen verfügt bzw. solche, in denen regelmäßig umweltschädliche → Abfälle (§ 54 AbfG) anfallen, oder wenn eine Anordnung durch die zuständige Behörde vorliegt, muss einen Abfallbeauftragten bestellen. – *Aufgaben:* Überwachung der Einhaltung von Gesetzen, Verordnungen und behördlichen Anordnungen, Mitwirkung bei der Entwicklung und Einführung umweltfreundlicher Verfahren, Berichtspflicht gegenüber der Unternehmensleitung über → Umweltrisiken im Unternehmen, aktive Beteiligung an Investitionsvorhaben, Aufklärung der Mitarbeiter über betriebliche Umweltrisiken, Funktion des Ansprechpartners gegenüber Behörden und Öffentlichkeit.

Abfallberater – v.a. bei Kommunen eingerichtete Stelle. – *Tätigkeiten:* (1) In Großstädten Arbeitsschwerpunkt in der Information und Aufklärung der Öffentlichkeit. (2) In kleineren Kommunen von → Öffentlichkeitsarbeit über Erstellung von Naturschutzprogrammen, Konzeptentwicklungen für die → Abfallwirtschaft bis hin zu Stellungnahmen bei Bebauungsplänen. (3) Innerhalb der Verwaltung Mitarbeiterschulungen, Stellungnahmen für den Stadtrat etc.

Abfallbeseitigung → Abfallentsorgung.

Abfallbilanz – Aufstellung zur Auskunft über Art und Menge der entstehenden → Abfälle, Art der Entsorgung/Verwertung und Begründung, falls Verwertung nicht möglich. Nach dem → Kreislaufwirtschafts- und

Abfallgesetz (KrW-/AbfG) in bestimmten Fällen vorgeschrieben.

Abfalldiffusion – Verteilung von → Abfällen in der natürlichen Umwelt. – Zwei Vorgehensweisen: (1) *Verdünnungsstrategie:* Gleichmäßige Verteilung von Abfällen (und → Schadstoffen) in → Umweltmedien (durch → Emission und → Immission) innerhalb der höchstzulässigen Belastung; naturgesetzlich unterstützt, die Entropie der diffundierten Stoffe wird erhöht. Ökologische Folgen sollen durch Emissionsbeschränkungen eingedämmt werden, da quantitativer und qualitativer Zusammenhang zwischen Emission und Immission nicht vollständig bekannt sind. (2) *Konzentrationsstrategie:* Kompaktes räumlich zusammengefasstes Ablagern bez. eines bestimmten Abfall- oder Schadstoffes *(Abfalldeponien),* wobei Emission nach außerhalb der Lagerstätte vermieden wird.

Abfallentsorgung – früher: *Abfallbeseitigung;* 1. *Formen:* a) *Abfallentsorgung i.e.* (eigentlichen) *S.:* Transformation entstandener umweltschädlicher → Rückstände in ökologisch unschädliche oder im Vergleich zur Ausgangslage weniger schädliche Stoffe und Energiearten. b) *Abfallentsorgung i.w.S.:* Abfallverwertung (→ Recycling). c) *Abfallentsorgung i.w.S.:* Abgabe des Abfalls an → Umweltmedien bzw. Überlassung des Abfalls an natürliche Prozesse (→ Abfalldiffusion). – Vgl. auch → Entsorgung. – 2. *Rechtliche Regelung:* Nach dem → Kreislaufwirtschafts- und Abfallgesetz (KrW-/AbfG) umfasst die Abfallentsorgung die Verwertung und Beseitigung von Abfällen (§ 3 VII KrW-/AbfG). Die Pflicht zur Abfallverwertung und -beseitigung obliegt dem Verursacherprinzip folgend den Erzeugern und Besitzern von Abfällen (§§ 5, 11 KrW-/AbfG). Dabei hat die Verwertung von Abfällen grundsätzlich Vorrang vor deren Beseitigung. Die nicht verwertbaren Abfälle sind nach den Grundsätzen der gemeinwohlverträglichen Abfallbeseitigung zu beseitigen, was bedeutet, dass sie dauerhaft von der Kreislaufwirtschaft auszuschließen und zur Wahrung des Wohls der Allgemeinheit zu beseitigen sind (§ 10 KrW-/AbfG). Die Erzeuger und Besitzer von Abfällen haben ihre Pflicht zur Abfallverwertung und -beseitigung grundsätzlich selbst zu erfüllen. Sie können hiermit jedoch auch Dritte (§ 16 KrW-/AbfG), Verbände (§ 17 KrW-/AbfG) oder Einrichtungen der Selbstverwaltungskörperschaften der Wirtschaft (§ 18 KrW-/AbfG) beauftragen. Soweit Erzeuger oder Besitzer von Abfällen ihrer Pflicht zur Abfallverwertung und -beseitigung – auch unter Einschaltung der vorerwähnten Institutionen – nicht erfüllen können, haben sie grundsätzlich die Abfälle den öffentlich-rechtlichen Entsorgungsträgern zu überlassen (§ 13 KrW-/AbfG), die ihrerseits dann zur Abfallentsorgung verpflichtet sind (§ 15 KrW-/AbfG). Mit dieser Regelung wird die bislang vorherrschende öffentliche Abfallentsorgung gegenüber den Verursacherpflichten subsidiär. Die öffentlich-rechtliche Pflicht zur Abfallentsorgung gilt unbeschränkt für die in ihrem Gebiet angefallenen und überlassenen Abfälle aus privaten Haushalten. – 3. *Steuerliche Behandlung:* Ob für die Pflicht, vorhandene Abfälle zu beseitigen, in der Bilanz eine Rückstellung gebildet werden muss, ist umstritten; die Rechtsprechung lehnt dies bisher ab. – Vgl. auch → Abfall.

Abfallwirtschaft – 1. *Teilbereich der Materialwirtschaft,* zuständig für die möglichst wirtschaftliche und gefahrlose Entsorgung von Produktionsrückständen, Abfallenergie und abgängigen/nicht mehr nutzbaren Vermögensgütern (→ Abfall). In rohstoffnahen Wirtschaftsstufen hat Abfallwirtschaft große kostenwirtschaftliche Bedeutung (Entsorgungs- bzw. Rohstoffrückgewinnungskosten; Kuppelprodukte). – 2. *Organisationsformen:* a) *Betriebsinternes Recycling:* Wieder- oder Weiterverarbeitung von Abfallstoffen im Betrieb, Nutzung von Restenergien/ Wärmerückgewinnung; Wärme-Kraftkopplung bei betriebseigener Stromerzeugung. b) *Betriebsexternes Recycling:* Abfallstoffe werden unentgeltlich oder gegen Entgelt anderen

Betrieben zur weiteren Nutzung zugeführt (→ Recyclingbörse). – 3. *Gesetzliche Vorschriften* erzwingen in manchen Fällen ganz bestimmte Entsorgungswege (z.B. Altölbeseitigung; Kernenergiebereich); engen zunehmend die Handlungsspielräume ein (→ Abfallentsorgung; Klassifizierung der Abfallstoffe entsprechend ihrem Gefährlichkeitsgrad); bestimmen aufbau- und ablauforganisatorische Regelungen in den Betrieben (Registrierpflicht; Verantwortlichkeiten). – 4. *Umweltpolitischer Aspekt:* Entscheidungen und Maßnahmen zur Rückstands-(Abfall-) vermeidung, -verwertung und -beseitigung sollen unter ökonomischen und ökologischen Gesichtspunkten (→ Recycling). Nach BImSchG müssen die beim Betrieb genehmigungsbedürftiger Anlagen entstehenden Reststoffe (→ Emissionen) oder, soweit Vermeidung und Verwertung technisch nicht möglich oder unzumutbar, beseitigt werden; nach dem Kreislaufwirtschafts- und Abfallgesetz ordnungsgemäß und schadlos verwertet sind Abfälle in erster Linie zu vermeiden, in zweiter Linie stofflich zu verwerten oder zur Gewinnung von → Energie zu nutzen. Die Abfallverwertung hat Vorrang vor sonstiger Entsorgung.

Abfallwirtschaftsdatenbank → AWIDAT.

Abfallwirtschaftskonzept – im Rahmen bestimmter Gesetze (z.B. KrW-/AbfG) für Unternehmen vorgeschriebenes Konzept. – *Ziel:* Auskunft über Art und Menge der → Abfälle, Art der Entsorgung (→ Recycling, Deponierung, Verbrennung), Vorhaben der Abfallvermeidung, eventuelle Begründung, warum weder Vermeidung, Verminderung, Wiederverwendung noch -verwertung möglich ist, Nachweis der Entsorgungssicherheit für die nächsten fünf Jahre, Verwertung nach Wegfall des Produktnutzens. – Vgl. auch → Abfallwirtschaft.

Abgangsinterview – Gespräch zwischen einem Mitarbeiter, der das Unternehmen verlässt oder versetzt wird und einem Personalverantwortlichen. Ziel ist, mithilfe eines detaillierten Feedbacks Fluktuationsgründe (→ Fluktuation), Unzufriedenheitspotenziale (→ Arbeitszufriedenheit) und mögliche Schwachstellen im Unternehmen aufzudecken um personalwirtschaftliche Maßnahmen optimieren zu können.

Ablaufanalyse – *Arbeitsablaufanalyse;* Verfahren der Arbeitswissenschaften. Analyse, Darstellung und Bewertung eines Prozesses oder Arbeitsablaufes, d.h. des Zusammenwirkens von beteiligten Personen, Betriebsmitteln und Arbeitsgegenstand. Hierbei sind (1) zeitliche, (2) logische, (3) räumliche, (4) menschliche und (5) technische Aspekte zu berücksichtigen. Für die Beschreibung des Ablaufs ist die Zerlegung in Ablaufabschnitte erforderlich. Die Arbeitsablaufstudie ist Voraussetzung für die anderen Verfahren der Arbeitswissenschaften und wichtigster Ansatzpunkt der arbeitstechnischen Rationalisierung.

Ablaufarten – Bezeichnungen nach → REFA-Verband für Arbeitsstudien, Betriebsorganisation und Unternehmensentwicklung e. V. für das Zusammenwirken von Mensch und Betriebsmittel mit dem Arbeitsgegenstand innerhalb bestimmter Ablaufabschnitte (Arbeitsablauf). – Nach REFA ergibt sich auf die Betriebsmittel bezogene Analyse der Ablaufarten: (1) *Hauptnutzungszeit:* Einsatz des Betriebsmittels im Sinn seiner Zweckbestimmung. – (2) *Nebennutzungszeit:* die zur Vorbereitung, zum Rüsten, Beschicken oder Entleeren des Betriebsmittels notwendige Zeit. – (3) *Im Einsatz:* Das Betriebsmittel steht dem Betrieb zur Ausführung von Arbeitsaufgaben zur Verfügung und ist durch Aufträge belegt. Die Analyse der Ablaufarten ist zusammen mit → Arbeitszeitstudien und → Arbeitsablaufstudien Grundlage der Ablaufplanung (Produkionsprozessplanung) und Arbeitsablaufplanung.

Ablauforganisation – 1. *Begriff:* Der raum-zeitliche Aspekt der Organisation. Die organisationalen Elemente (Handlungsträger, Aufgaben, Sachmittel etc.) sind hinsichtlich des zeitlichen und des räumlichen Ablaufs so zu gestalten, dass alle Arbeitsgänge lückenlos aufeinander abgestimmt sind. – *Gegensatz:* → Aufbauorganisation. – 2. *Regelungen:* Generelle ablauforganisatorische Regelungen sind nur bei regelmäßig wiederholten Vorgängen (Routineprozessen) sinnvoll. Bei sich ändernden organisatorischen Rahmenbedingungen sind ablauforganisatorische Regelungen um Elemente der Flexibilisierung oder Pufferung zu ergänzen. – 3. *Hilfsmittel:* → Harmonogramm. – Vgl. auch → Prozessorganisation.

Absatzplan – 1. *Begriff:* Ausgangspunkt betrieblicher Planung, mit dem meist alle anderen Planungen (Kapazitäts- und Investitionsplanung, Produktions- und Beschaffungsplanung, Finanzplanung) verknüpft sind. Der Absatzplan entsteht aus einer Aufstellung der erwarteten Waren- bzw. Dienstleistungsverkäufe. Der Absatzplan wird mengen- und wertmäßig geführt und ist je nach Bedarf nach Absatzperioden, Absatzräumen und Warengruppen unterteilt. – 2. *Arten:* a) *Langfristiger Absatzplan:* maßgeblich für die Kapazitätsdimensionierung bei Betriebsgründung und -erweiterung, also Grundlage für den Investitionsplan. Da die Verwirklichung dieses Absatzplans durch Marktschwankungen erheblich beeinträchtigt werden kann, sind seine Daten nur als Richtgrößen zu verwenden. – b) *kurzfristiger Absatzplan:* bestimmend für Umfang und zeitliche Verteilung der Produktion sowie für die kurzfristige Finanzplanung und Budgetierung.

Absatzplanung – I. Marketing: 1. *Begriff:* Beinhaltet Entscheidungen über in der Zukunft zu erzielende Absatzmengen und Umsätze auf den jeweiligen Märkten und Teilmärkten sowie mit den jeweiligen *Kundengruppen* der Unternehmung in den Planungszeiträumen. – 2. *Merkmale:* Der Absatzplanung liegt der geplante Einsatz der marketingpolitischen Instrumente sowie die Einschätzung des Konkurrenz- und Kundenverhaltens zugrunde. – 3. *Arten:* a) *Strategische Absatzplanung:* Teil der strategischen Planung der strategischen Geschäftseinheiten; dient in Verbindung mit anderen Plänen, z.B. der Forschungs- und Entwicklungs-, Investitions-, Finanzierungs-, Personalentwicklungsplanung sowie der Planung der Ländermärkte und der → Markteintrittsstrategien und der Konzeption einer strategischen Unternehmungsplanung. – b) *Operative Absatzplanung:* in detaillierter Form. Absatzplanung sollte stets auf den Daten der Erlösrechnung basieren, die u.a. Informationen über Erlösschmälerungen (z.B. Skonti, Boni) und Erlösverbundenheiten liefert.

II. **Plankostenrechnung:** Die vom Absatzmarkt her zu erwartende Beschäftigung als Basisbeschäftigung.

Absentismus – in der Arbeits- und Organisationspsychologie bezeichnet Absentismus (lat. *absentia* = Abwesenheit) → Fehlzeiten, die auf Probleme im privaten Umfeld oder motivationale Ursachen, nicht aber auf krankheitsbedingte Gründe zurückzuführen sind.

Abstimmungskollegialität – Abstimmungsmodus im Rahmen des → Kollegialprinzips. Die multipersonale → organisatorische Einheit besteht aus gleichberechtigten Handlungsträgern, die sämtliche Entscheidungen nach der Einstimmigkeitsregel oder einem → Mehrheitsprinzip gemeinsam treffen. – Vgl. auch → Kassationskollegialität, → Primatkollegialität.

Abstimmungskosten – treten auf bei prozessbedingten Interdependenzen zwischen organisatorischen Teileinheiten. Als *Koordinationskosten* beeinflussen sie die Effizienz der organisatorischen Steuerung. Ihnen entgegen laufen die → Autonomiekosten.

Abteilung → organisatorischer Teilbereich.

Abteilungsbildung → Segmentierung. – Vgl. auch → Aufgabensynthese.

Abteilungsleiter → Handlungsträger als → Instanz an der Spitze einer Abteilung.

Abwasserabgabe – von den Ländern erhobene Abgabe für das Einleiten von Abwasser in ein Gewässer; nach dem Abwasserabgabengesetz (AbwAG) i.d.F. vom 18.1.2005 (BGBl. I S. 114) m.spät.Änd. zu entrichten nach dem Verursacherprinzip durch den Einleiter (Abgabepflichtiger). – *Bemessungsgrundlage:* Anzahl der laut Einleitungsbescheid zulässigen Schadeinheiten im Abwasser. Die Umrechnung von Schadstoffmengen in Schadeinheiten ergibt sich aus einer Tabelle im Anhang des Abwasserabgabengesetzes. – Der Abgabesatz je Schadeinheit und Jahr wurde seit 1981 stufenweise angehoben (§ 9 IV AbwAG). – Die Anforderungen an das Einleiten von Abwasser in Gewässer sind in der Abwasserverordnung (AbwV) i.d.F. vom 17.6.2004 m.spät.Änd. (BGBl. I S. 2625) geregelt.

Abzüge – I. Preise: Minderung der in der Faktura (Rechnung) ausgewiesenen und buchhalterisch belasteten Preise, z.B. Kunden-Skonto, Rabatt, Nachlass u.Ä. – *Zu buchen* auf den Warenein- oder -verkaufskonten bzw. deren Unterkonten. *Warenrücksendungen* an Lieferer werden im Wareneinkaufskonto im Haben, die der Kunden auf dem Warenverkaufskonto im Soll gebucht.

II. **Arbeitslohn:** → Lohnabzüge: Minderung des → Bruttoarbeitsentgelts.

Account Management – Key Account Management.

Adaptation – Adaptation beschreibt die Anpassung von Unternehmen an veränderte Klimabedingungen (vgl. Bundesministerium für Bildung und Forschung 2007, S. 11). – Vgl. auch → Mitigation.

Ad-hoc-Kooperation – *Projektkooperation, Contractual Joint Venture;* Formen vorübergehender Zusammenarbeit (→ Kooperation), die bevorzugt von Unternehmen der Investitionsgüterindustrie (v.a. Großanlagen) genutzt werden. Ad-hoc-Kooperationen enden mit dem Erreichen des vorgegebenen Projektziels; festere oder dauerhafte Organisationsstrukturen bilden sich kaum. – *Organisationsformen* der Ad-hoc-Kooperation: (1) *Konsortium:* Jeder Partner trägt für seinen Beitrag zum Gesamtprojekt die Verantwortung; (2) *Arbeitsgemeinschaft:* Die einzelne Partnerfirma ist für die Realisation des Gesamtprojektes verantwortlich; (3) *Projektgemeinschaft:* Das Unternehmen mit der größten Erfahrung ist Hauptauftragnehmer und Systemführer, während den anderen Partnern die Rolle des Unterauftragnehmers bzw. Subunternehmers oder des Zulieferanten zukommt; (4) *Zusammenarbeit mit* einer vom Auftraggeber eingesetzten *Institution* (Consulting Engineering-Büro, GTZ, DEG, Exporthandels-Unternehmen etc.) bes. bei Projekten in Entwicklungsländern. – Vgl. auch Exportgemeinschaft.

administrative Wertanalyse → Gemeinkostenwertanalyse.

Adoption – I. Wirtschaftswissenschaften: Annahme einer → Innovation durch verschiedene Individuen, z.B. die Annahme eines neuen Produkts durch einen Käufer. Dabei werden fünf Adoptorkategorien unterschieden.

II. Bürgerliches Recht: Bezeichnung für die Annahme als Kind.

Advocacy Consulting – Unter Advocacy Consulting werden Gefälligkeitsgutachten, Stellungnahmen oder Untersuchungen, die dazu dienen, einen bestimmten Standpunkt zu unterstützen und vorgegebene Ergebnisse zu liefern, verstanden. Im Bereich der Unternehmungsberatung können sie zur Rechtfertigung von Unternehmensentscheidungen oder bereits gefasster Pläne in Betracht gezogen werden. Dies bedeutet nicht notwendigerweise, dass die Übereinstimmung zwischen vorhandenen Konzepten einer Geschäftsleitung und den Ergebnissen von Consulting-Projekten den Tatbestand einer unzulässigen Gefälligkeit erfüllt. Sie kann durchaus sachlich begründet sein. Aus Sicht der Beraterethik (→ Consulting Governance) ist die Erstellung von Advocacy Consulting jedoch inakzeptabel, da sie die Gebote der Neutralität und Objektivität grob verletzen.

Voraussetzung korrekter Beratertätigkeit ist eine Projektzielsetzung, die alternative Ergebnisse zulässt sowie die objektive und unabhängige Projektdurchführung.

Affirmative Action – aus dem US-amerikanischen stammende Bezeichnung für institutionalisierte Maßnahmen, die die Diskriminierung von Frauen und Minderheiten in den Bereichen Aus- und Weiterbildung, Studium und Beruf verhindern soll. Ein entsprechender Regierungserlass besagt dementsprechend, dass bislang benachteiligte Bewerber bei gleicher Qualifikation bevorzugt eingestellt und gefördert werden müssen.

Agenda 21 – ein umfassendes Aktionsprogramm zur Umsetzung des Prinzips der nachhaltigen Entwicklung, das auf der Konferenz der UN für Umwelt und Entwicklung, Juni 1992 in Rio de Janeiro von 178 Regierungen verabschiedet wurde. Aktionsbereiche sind u.a. die Armutsbekämpfung, die Veränderung der Konsumgewohnheiten, der Zusammenhang zwischen Bevölkerungsdynamik und nachhaltige Entwicklung, der Schutz und die Förderung der menschlichen Gesundheit, die Förderung einer nachhaltigen Siedlungsentwicklung, die Integration von Umwelt- und Entwicklungszielen und bes. die Erhaltung und Bewirtschaftung der natürlichen Ressourcen. Die Ziele sollen u.a. durch Stärkung der Rolle wichtiger gesellschaftlicher Gruppen (z.B. Frauen, Kinder und Jugendliche) und Nichtregierungsorganisationen (NROs) erreicht werden.

Akkord → Akkordlohn.

Akkordarbeit – Erwerbstätigkeit, die nach der geleisteten Arbeitsmenge entlohnt wird. – Vgl. auch → Akkordlohn.

Akkordbrecher – Bezeichnung für im Akkordlohn bezahlten Arbeitnehmer, der mit seiner Arbeitsleistung beträchtlich über der sich in gruppendynamischen Prozessen herausgebildeten, von der Gruppe als „fair" empfundenen Leistung liegt. Akkordbrecher werden meist sozial geächtet, weil gruppenintern die Befürchtung besteht, dass ihre Leistung

Grund für die Neufestsetzung der → Vorgabezeiten ist (Akkordschere). – *Gegensatz:* → Akkordbremser.

Akkordbremser – Arbeitnehmer, der im → Akkordlohn bezahlt wird, dessen tatsächliche Arbeitsleistung aber kontinuierlich unter der möglichen Normalleistung liegt, mit dem Ziel, die Betriebsleitung über das wahre Leistungsvermögen zu täuschen; nur möglich bei erheblichen Mängeln bei der Akkordvorgabe. – *Gegensatz:* → Akkordbrecher.

Akkordfähigkeit – Bezeichnung für die Eigenschaften, die eine Arbeit aufweisen muss, damit sie im → Akkordlohn vergütet werden kann. – *Voraussetzungen:* (1) Der Arbeitsablauf muss in einer im Voraus bekannten oder bestimmbaren Weise wiederholbar und damit auch zeitlich messbar sein. (2) Die Arbeitsergebnisse müssen mengenmäßig erfassbar sein. (3) Der Arbeitsplatz muss zweckentsprechend gestaltet sein, und die bei der Vorgabezeitermittlung vorhandenen Arbeitsbedingungen müssen während der Akkordarbeit tatsächlich bestehen bleiben. – *Nicht akkordfähig* sind Arbeiten, deren Ablauf und Verfahren sich prozessbedingt verändern, wie Reparaturarbeiten, hochgradige Qualitätsarbeit, Kontrollarbeit, gefährliche Arbeiten, Arbeiten dispositiver Art.

Akkordlohn – I. Allgemein: *Stücklohn;* Prototyp leistungsreagibler Entlohnung. Anders als beim → Zeitlohn erfolgt die Vergütung nach Maßgabe des Mengenergebnisses pro Zeiteinheit. Kommt als Einzelakkord und als Gruppenakkord zur Anwendung. Grundlagen dieser Entlohnungsform sind die Normalleistung und der Akkordrichtsatz. Erstere wird im Rahmen von Arbeits- und Bewegungsstudien ermittelt und soll von einem eingearbeiteten Arbeiter auf Dauer (sowie im Mittel der Schichtzeit) erbracht werden können. Letzterer ist der (i.d.R. tarifvertraglich festgelegte) Stundenlohn bei Normalleistung. Erscheinungsformen sind Geldakkord (Lohn = Menge · Geldeinheit/Stück) und Zeitakkord (Lohn = Menge · Stückzeit · Geld- bzw.

Minutenfaktor). Anwendungsvoraussetzungen sind v.a., dass a) die Mengenleistung persönlich beeinflussbar ist, es sich b) um regelmäßig in gleicher Weise wiederkehrende Tätigkeiten handelt und c) die Qualität der Arbeitsergebnisse von untergeordneter Bedeutung ist. Tätigkeiten mit diesen Merkmalen gelten als akkordfähig (→ Akkordfähigkeit). Hinzu kommt, dass sie auch akkordreif, d.h. frei von die Arbeitsausführung behindernden organisatorischen Mängeln sein müssen (→ Akkordreife). V.a. Automatisierungstendenzen in der Wirtschaft haben die Bedeutung des klassischen Akkordlohns kontinuierlich gemindert.

II. Arbeitsrecht: Sofern keine tarifliche Regelung besteht, unterliegt die Festsetzung der Akkordsätze einschließlich der Geldfaktoren dem erzwingbaren Mitbestimmungsrecht des Betriebsrats in sozialen Angelegenheiten (§ 87 I Nr. 11 BetrVG). Ansatzpunkt für dieses Mitbestimmungsrecht ist der Zeitfaktor. Die Ermittlung der Vorgabezeit soll dem Mitbestimmungsrecht des Betriebsrats unterliegen, um zu gewährleisten, dass der Arbeitnehmer bei einer das normale Maß übersteigenden Leistung auch ein über dem Normallohn liegendes Arbeitsentgelt erhält. Wo eine tarifliche Festlegung des Akkordrichtsatzes fehlt, bedeutet die Erstreckung des Mitbestimmungsrechts auf den Geldfaktor nach der Rechtsprechung des BAG, dass in einem Leistungslohnsystem (→ Leistungslohn) auch die Bestimmung der Lohnhöhe für die Bezugs- oder Ausgangsleistung und damit der Preis für die Arbeit im Leistungslohn überhaupt mitbestimmungspflichtig ist.

Akkordmehrverdienst – Mehrverdienst, den ein Akkordarbeiter bei gleichem Zeiteinsatz gegenüber einem Zeitlohnempfänger erzielt; setzt sich zusammen aus: Akkordzuschlag, Zuschlag auf den Lohn eines vergleichbaren Zeitlohnempfängers und dem Mehrverdienst, der sich aus dem Unterschreiten der Vorgabezahl ergibt (→ Akkordlohn).

Akkordreife – Bezeichnung eines Arbeitsablaufes, der die → Akkordfähigkeit besitzt und (1) von Störungen bereinigt ist, die die kontinuierliche Wiederholung des Arbeitsablaufes beeinträchtigen könnten, sowie (2) durch den Leistungsgrad des Arbeitenden auch effektiv beeinflusst werden kann.

Akkordrichtsatz → Akkordlohn.

Akkordzuschlag → Akkordmehrverdienst.

Akquisition – I. Strategisches Management: Der Kauf eines Unternehmens bzw. dessen Teilerwerb, um in den Besitz seiner Leistungselemente zu kommen und/oder um dessen Ressourceneinsatz bestimmen und kontrollieren zu können (Mergers & Acquisitions). In der amerik. Managementliteratur impliziert der Begriff Akquisition, dass das Management des zu akquirierenden Unternehmens mit einem Verkauf des Unternehmens grundsätzlich einverstanden ist. – Gegensatz: → Takeover. – Akquisition als Strategie: Im Sinn der → strategischen Suchfeldanalyse kann das Suchen nach Akquisitionskandidaten auch als → Strategie zum „Kauf" einer anderen (erwünschten) Strategie verstanden werden. Im Fall der Suche nach neuen Geschäften ist Akquisition z.B. eine mögliche → Markteintrittsstrategie, die i.Allg. gegenüber der unternehmensinternen Entwicklung oder der strategischen Allianz abzuwägen ist. – Vgl. auch → internationale Akquisition.

II. Vertrieb: Gewinnung von Kunden, Aufträgen oder auch z.B. Ladungen für Transportfahrzeuge, bes. aufgrund kundenindividueller Angebote und Beratungen durch Außendienstmitarbeiter (Akquisiteure).

Aktionsbudget → Budget.

Aktivierung – I. Psychologie: 1. Arbeitspsychologie: innere Erregung des Menschen, u.a. verantwortlich für seine jeweilige Leistungsfähigkeit. Hohe Aktivierung löst Zunahme der Leistungsbereitschaft aus, befähigt zu einer schnelleren Informationsaufnahme und → Informationsverarbeitung bei erhöhter Lernfähigkeit. – 2. Werbepsychologie: Stark aktivierende Reize (z.B. Anzeigen) werden schneller erkannt und bleiben länger in Erinnerung. Anwendung dieses Zusammenhangs in der Werbung durch Koppelung der Werbebotschaft mit stark aktivierenden Reizen; dadurch Erhöhung der Werbewirkung (bes. Erinnerung). Messverfahren: Hautwiderstandsmessung. – Vgl. auch → emotionale Konditionierung, → Emotion, → Motivation.

II. Bilanzierung: buchhalterisches Verfahren zur Erfassung von Vermögenswerten, Rechnungsabgrenzungsposten (Rechnungsabgrenzung) und Korrekturposten (z.B. Fehlbetrag) in der Bilanz. – Vgl. auch Aktivierungspflicht, Aktivierungswahlrecht.

Akzeptanzbarrieren – Akzeptanzbarrieren im Hinblick auf Umweltorientierung bei Kunden oder Kundengruppen. Vier Ausprägungen nach Schrader (vgl. Schrader 2001, S. 121 ff.): technologische, finanzielle, organisatorische und rechtliche Akzeptanzbarrieren. a) technologische Akzeptanzbarrieren: u.a. in Branchen, die historisch eine wenig dynamische Entwicklung der Prozesse aufweisen; b) finanzielle Akzeptanzbarrieren: u.a. Zugang zum Kapitalmarkt; c) organisatorische Akzeptanzbarrieren: hauptsächlich innerbetriebliche Hemmnisse; d) rechtliche Akzeptanzbarrieren: durch Gesetzgeber. – Vgl. auch → Hemmnisse.

Akzeptanztheorie – 1. Begriff: Ansätze zur Erklärung der Nutzung und Durchsetzung von → Innovationen in Organisationen. Unter Akzeptanz versteht man dabei entweder eine positive Einstellung zur Innovation, eine Verhaltensabsicht (Intention), die Innovation zu nutzen, oder die tatsächliche Nutzung der Innovation. – 2. Merkmale: Die Akzeptanz ist abhängig von den Eigenschaften der Innovation, ihrem potenziellen Nutzen und der Art des Einführungsprozesses: Je größer die Vorteile der Innovation für den Nutzer, desto höher seine Akzeptanz; je aufgeschlossener und gebildeter das Individuum, desto größer ist die Wahrscheinlichkeit der Akzeptanz; je früherzeitiger und offener informiert wird und je mehr Mitbestimmungsmöglichkeiten bei der Auswahl der Innovation angeboten wird, desto höher ist die Wahrscheinlichkeit einer Akzeptanz.

Alphabet Stock → Tracking Stocks.

Altanlagen – Begriff der Großfeuerungsanlagen-Verordnung. Altanlagen sind Anlagen im Sinn des BImSchG, die zum Zeitpunkt des Inkrafttretens dieser Verordnung (1.7.1983) bestanden haben oder genehmigt waren. Die Emissionsgrenzen für Altanlagen liegen erheblich über denen für Neuanlagen.

Alternativplan → Eventualplan.

Alternativplanung → Eventualplanung.

Altersprofil – auf dem Modell des → Lebenszyklus eines Produktes aufbauendes Verfahren zur Altersbestimmung eines Produktionsprogramms. Grafische Konstruktion von Produkt-, Alterspyramiden durch Gegenüberstellung der Umsatz- bzw. Gewinnbeiträge in Abhängigkeit von der Lebensdauer der einzelnen Produkte.

Altstoff – stofflicher → Rückstand aus ausgemusterten Gebrauchsgütern und Verpackungen von Ge- und Verbrauchsgütern (→ Sekundärstoff).

Ambition Driven Strategy – ein in den 1990er-Jahren von dem Beratungsunternehmen Arthur D. Little entwickelter Ansatz der Strategieberatung, der primär auf einer Kombination rationaler und emotionaler Zielvorstellungen des Unternehmens beruht. Der Sinn einer Ambition Driven Strategy besteht darin, traditionelle Selbstbeschränkungen zu überwinden und den strategischen Optionsraum zu erweitern. In ihrer Grundphilosophie ist sie dem Konzept der lernenden Organisation verpflichtet, die die kreative Spannung zwischen Vision und Realität nutzt, um neue Denkanstöße mit betriebswirtschaftlichen Maßnahmen zu unterstützen.

AMCF – Abk. für *Association of Management Consulting Firms*, führender internationaler Verband für Managementberatungsunternehmen, 1929 gegründet; Sitz in New York. – 1. *Aufgaben:* Ziel des AMCF ist es, Qualität, Leistung und Integrität der Consulting-Branche zu fördern, den Erfahrungsaustausch zu unterstützen und Berufsstandards zu entwickeln. Der Verband dient als Informationsquelle für Unternehmensberater und unterstützt deren Austausch untereinander. Darüber hinaus vertritt er die Interessen der Berater in der Wirtschaft, bei Behörden, Universitäten und in der Öffentlichkeit. – 2. *Mitglieder:* Zu den Mitgliedsunternehmen zählen sowohl Einzelbüros als auch große multinationale Beratungsunternehmen. Die Mitgliedschaft setzt mind. fünf Jahre Geschäftstätigkeit sowie Referenzen von Kollegen und Kunden voraus, damit Qualität und die Einhaltung des Berufskodex gewährleistet werden können.

analytische Arbeitsbewertung – ein Verfahren der → Arbeitsbewertung; nach Definition von → REFA-Verband für Arbeitsstudien, Betriebsorganisation und Unternehmensentwicklung e. V. Verfahren zur anforderungsabhängigen Entgeltdifferenzierung. Bei diesen werden die Anforderungen des Arbeitssystems an den Menschen mithilfe von Anforderungsarten ermittelt.

Anergie – im thermodynamischen System nicht mehr verfügbare → Energie (Energieverlust). – *Gegensatz:* → Exergie.

Anforderungsanalyse – Bei der Anforderungsanalyse werden die inhaltlichen und situativen Erkenntnisse aus der → Arbeitsanalyse in Personenbegriffe übersetzt (z.B. soziale Kompetenz). Gebräuchlich ist die Unterscheidung in Eigenschaftsanforderungen (z.B. Fähigkeiten), Verhaltensanforderungen (z.B. Fertigkeiten), Qualifikationsanforderungen (z.B. Kenntnisse) und Ergebnisanforderungen (z.B. Problemlösungen).

Anforderungsarten – *Anforderungsmerkmale.* 1. *Begriff:* aus dem Gebiet der

→ Arbeitsbewertung: Die Anforderungen, die eine Tätigkeit an den Ausführenden stellt und anhand deren die Arbeitsschwierigkeit im Rahmen der Arbeitsbewertung durch Rangbewertung oder Punktwertung in eine Größenordnung einbezogen wird, werden nach bestimmten Gesichtspunkten analysiert. Die Gewichtung einer Anforderungsart gegenüber einer anderen ist nur für eine bestimmte Branche oder einen bestimmten Betrieb zu vereinbaren. – 2. *Gliederung*: Die Anzahl der Anforderungsarten differiert in den bisher entwickelten Verfahren der analytischen Arbeitsbewertung zwischen 3 und 32. Es überwiegt die Gliederung der Anforderungsarten gemäß den Vorschlägen der Bewertungstafel des → Genfer Schemas und der REFA-Anforderungstafel: (1) → Fachkenntnisse, (2) → Geschicklichkeit, (3) körperliche Beanspruchung, (4) geistige Beanspruchung, (5) Verantwortung, (6) → Umgebungseinflüsse. Die Anzahl der Anforderungsarten hängt primär vom verfolgten Zweck ab.

Anforderungsmerkmale → Anforderungsarten.

angelernter Arbeiter – im Unterschied zum Facharbeiter Arbeitnehmer mit begrenzter Ausbildung (mind. 3 Monate bis unter 2 Jahren) und Spezialkenntnissen und -fertigkeiten. Tarifrechtlich üben angelernte Arbeiter im Gegensatz zum ungelernten Arbeiter eine anerkannte und eingruppierte Tätigkeit aus, die eine Sonderausbildung verlangt. Es handelt sich hierbei zumeist um einen weiten Tätigkeitsbereich, der in einem oberen (Berufe mit 2-jähriger Regelausbildung, evtl. auch Tätigkeiten, die über einem längerem Zeitraum einem Facharbeiterberuf entsprechen) und unteren Bereich (alle anderen Tätigkeiten) eingeteilt werden kann. – Vgl. auch → Anlernausbildung.

Angestellter – Ein Angestellter ist ein Arbeitnehmer, der sich vom Begriff des Arbeiters in gewissen Punkten unterscheidet.

I. Rechtsstellung: 1. *Arbeitsrecht*: Begriffsbestimmung nach eindeutigen Kriterien nicht möglich, wird aber durch das Arbeitsrecht und Sozialversicherungsrecht, so weit möglich, festgelegt, kann sich aber je nach Anwendungsbereich unterscheiden. Im Unterschied zum Arbeiter ist der Angestellte nach herkömmlicher Anschauung ein Arbeitnehmer, der überwiegend geistige Aufgaben (kaufmännischer, höherer technischer, büromäßiger oder überwiegend leitender Tätigkeit) zu erfüllen hat; in zahlreichen Berufen und Tätigkeiten ist diese Zurechnung zweifelhaft. Maßgeblich ist die Verkehrsanschauung, die durch die Praxis des Sozialversicherungsrechts beeinflusst ist. § 133 II SGB VI führt einen nicht abschließenden Katalog von acht Arbeitnehmergruppen auf, die zu den Angestellten gehören. Danach sind Angestellte v.a. leitende Angestellte, Betriebsbeamte, Werkmeister und andere Angestellte in einer ähnlich gehobenen oder höheren Stellung; Büroangestellte, die nicht ausschließlich mit Botengängen, Reinigung, Aufräumung und ähnlichen Arbeiten beschäftigt werden, einschließlich Werkstattschreiber; Handlungsgehilfen (§ 59 HGB) und andere Angestellte für kaufmännische Dienste; Gehilfen in Apotheken; Bühnenmitglieder und Musiker ohne Rücksicht auf den Kunstwert ihrer Leistungen; Angestellte in Berufen der Erziehung, des Unterrichts, der Fürsorge, der Kranken- und Wohlfahrtspflege. Diese Einteilung hat nur noch wenig Bedeutung. – Im modernen Arbeitsrecht herrschen *einheitliche Vorschriften* für beide Gruppen vor; die *Unterscheidung* besteht immer noch: (1) teilweise für Tarifverträge; (2) für die Sozialversicherungsträger. – 2. *Wettbewerbsrecht*: Zur Haftung für Wettbewerbsverstöße von Angestellten vgl. Haftung.

II. Amtliche Statistik: Gruppe bei der Gliederung der Erwerbstätigen: alle nichtbeamteten Gehaltsempfänger. Für die Zuordnung ist je nach Statistik die Stellung im Betrieb oder die Mitgliedschaft in der Rentenversicherung für Angestellte entscheidend. Leitende Angestellte gelten als Angestellte, sofern sie nicht Miteigentümer sind. Zu den Angestellten zählen auch die Auszubildenden in anerkannten kaufmännischen und technischen Ausbildungsberufen.

Anlernausbildung – Qualifizierung eines Arbeitnehmers (Anlernling) im Rahmen einer betrieblichen Ausbildung, häufig durch Unterweisung am Arbeitsplatz, ohne dass eine umfassende berufliche Ausbildung (Beruf) erforderlich ist. Erfolgt im Rahmen eines Anlernverhältnisses, das sich vom Berufsausbildungsverhältnis durch einen begrenzten Ausbildungszweck unterscheidet. Nach Inkrafttreten des Berufsbildungsgesetzes gelten auch für Anlernlinge mit Einschränkungen dessen Vorschriften (§ 26 BBiG). – Vgl. auch Volontär, → Praktikant.

Anordnung – I. Organisation: → Weisung.

II. Öffentliches Recht: im Gegensatz zur Rechtsverordnung i.d.R. ein Verwaltungsakt für den Einzelfall, kann aber als Zuständigkeitsanordnung auch generell abstrakter Natur sein und ist dann - wie die Rechtsverordnung – Rechtssatz (Rechtsnorm) und kann auch gerichtlich im Wege der inzidenten oder abstrakten Normenkontrolle überprüft werden.

III. Zwangsversteigerung: Bei der Zwangsversteigerung eines Grundstücks wird die Anordnung ausgelöst durch *Antrag* des betreibenden Gläubigers beim Amtsgericht als Vollstreckungsgericht (Anordnungsbeschluss). Vor Anordnung der Vollstreckungsmaßnahme ist eine Prüfung der *Vollstreckungsvoraussetzungen* (Vollstreckungstitel, Vollstreckungsklausel, Zustellung) erforderlich. Daneben *bes. Voraussetzung:* Antrag (§ 15 ZVG), Vorlage der für Beginn der Zwangsvollstreckung erforderlichen Urkunden und Bezeichnung von Grundstück, Eigentümer, Anspruch und Titel (§ 16 ZVG).

Anordnungsbefugnis → Weisungsbefugnis.

Anpassungsfortbildung – eine Form der beruflichen Weiterbildung. Aktualisierung der individuellen beruflichen Leistungspotenziale durch Erweiterung und Anpassung der Fertigkeiten und Kenntnisse an technische, wirtschaftliche und rechtliche Entwicklungen. Anpassungsfortbildung erfolgt im Rahmen betrieblicher oder überbetrieblicher Veranstaltungen. Förderung durch die Agentur für Arbeit möglich. – Vgl. auch Aufstiegsfortbildung, berufliche Fortbildung.

Anpassungskapazität – Unternehmen können ihre Anpassungsfähigkeit sicherstellen, indem sie Umfeldbedingungen wahrnehmen und antizipieren. Ihre unternehmensinternen Anpassungsprozesse können auf technologischen oder organisatorischen Entwicklungen beruhen. Unternehmenseigenschaften, die die Anpassungsfähigkeit befördern sind → organisationales Lernen, Flexibilität und die Offenheit für neue Lösungen, aber auch die Verfügbarkeit von Ressourcen. – Der Weltklimarat (Intergovernmental Panel on Climate Change) sieht die Anpassungsfähigkeit neben der Exposition gegenüber Ereignissen (z.B. Flut) und der Sensitivität (z.B. Lage am Fluss) als Komponente der Verletzlichkeit von Systemen.

Anreiz – I. Arbeits- und Organisationspsychologie: 1. *Begriff:* Situative Bedingung, die aufgrund einer gegebenen Bedürfnisstruktur bzw. einer inhaltlichen → Motivation Aufforderungscharakter (Valenz) für die Person aufweist. – 2. Anreize, die im Tätigkeitsvollzug selbst liegen, verbinden sich mit → intrinsischer Motivation. Anreize, die schwerpunktmäßig im Arbeitsumfeld (Kollegen) oder in den Folgen des Tätigkeitsvollzugs liegen (monetäre Anreize), verbinden sich mit → extrinsischer Motivation.

II. Wirtschafts-/Finanzpolitik: → Incentives, Disincentives.

III. Transaktionskostenökonomik: punktuelle Anreize, Sammelanreize.

Anreiz-Beitrags-Theorie – Begriff der Organisationstheorie. – 1. *Grundlagen:* Die auf March und Simon (1958) zurückgehende Anreiz-Beitrags-Theorie wird als Theorie des organisatorischen Gleichgewichts interpretiert. Es geht im Kern um die Formulierung der Bedingungen für die Existenzerhaltung einer Unternehmung (allgemeiner einer Organisation). Die Existenz ist gesichert, wenn es gelingt, für die Organisationsteilnehmer eine ausgeglichene Beziehung zwischen *Anreizen* (Inducements) und *Beiträgen* (Contributions) herzustellen. – 2. *Annahmen:* a) Organisationen werden als Koalitionen verstanden. Wesentliche Koalitionsteilnehmer (Organisationsteilnehmer) sind die Mitarbeiter, Kapitalgeber, Lieferanten, Kunden. – b) Organisationsteilnehmer absolvieren zwei Arten von Entscheidungen: Mit der Beitrittsentscheidung wird entschieden, ob man seine Beiträge für eine spezifische Organisation erbringen möchte. Mit der Leistungsentscheidung wird entschieden, ob man seine Beiträge tatsächlich erbringt. – c) Organisationen haben keine originären Ziele; die Organisationsziele lassen sich auf die Individualziele der Organisationsteilnehmer zurückführen. Diese benutzen gleichsam eine Organisation, um ihre individuellen Ziele zu realisieren (sog. Instrumentalthese). – d) Die Organisationsteilnehmer erbringen jeweils spezifische Beiträge für ihre Organisation (z. B. Arbeitsleistung der Mitarbeiter, Kapitalüberlassung der Investoren). Die Organisation erhält diese Beiträge allerdings nur, wenn sie dafür angemessene Anreize bieten kann (z.B. Arbeitslohn, Zinsen). – e) Es besteht eine generelle Bereitschaft, auftretende Konflikte zu lösen, Konfliktpotenzial zu reduzieren (Harmoniefiktion).

Anreizsystem – Summe aller bewusst gestalteten Arbeitsbedingungen, um direkt oder indirekt auf die Leistungsbereitschaft der Mitarbeiter einzuwirken (→ Arbeitsleistung) bzw. gewünschte Verhaltensweisen zu verstärken. Unterscheidung zwischen Anreizobjekt (materiell, immateriell), Anreizempfänger (Individual-, Gruppen-, organisationsweite Anreize) und Anreizquellen (extrinsisch, intrinsisch). – Übergreifend i.e.S. die Lohngestaltung und die daraus abgeleiteten Entlohnungsgrundsätze, i.w.S. alle Maßnahmen, die verhaltensbeeinflussend wirken bzw.

einwirken können. Sie betreffen neben dem Entgelt die Arbeit selbst, Karrieremöglichkeiten, Formen der Mitarbeiterbeteiligung sowie Weiterbildungsmöglichkeiten. Funktionsvoraussetzung ist, dass die Motivationsstrukturen der Beschäftigten angesprochen werden. Als Mittel der gezielten Beeinflussung der Motivations- und Verhaltensstruktur der Mitarbeiter sind Anreizsysteme elementare Bestandteile eines jeden Führungssystems.

Anreiz-Theorie – Der Anreiz-Theorie liegt die Annahme zugrunde, dass das Ziel des Menschen sei, Lust zu erfahren und Unlust zu vermeiden. So suche er insbesondere jene äußeren Reize, die möglichst viel Lust zu versprechen scheinen. So kann ein gebotener → Anreiz → Motive aktivieren, das Verhalten dem Lustprinzip folgend auf die Erfüllung der Bedürfnisse zu richten. Gerade in der Arbeitspsychologie spielt dies eine nicht unerhebliche Rolle. Als Anreize können gezielt Werte und Ziele der einzelnen Organisationsmitglieder eingesetzt werden, die sowohl monetär als auch nichtmonetärer Natur sein können wie Gelderwerb, Sicherheit, Status, Entfaltung, Spaß an der Arbeit, Sinnerfüllung etc. Die Arbeit ist dabei das Mittel zum Zweck. – Vgl. auch → Anreizsystem.

Anspruchsniveau – 1. *Arbeitspsychologie:* Ausdruck der Erwartungen einer Person, entweder an die eigene Leistung oder an die Arbeitsbedingungen. Im Zusammenhang mit der Entwicklung differenzierter Formen der → Arbeitszufriedenheit spielt die Veränderung des Anspruchsniveaus von Mitarbeitern ein große Rolle. Wenn der Arbeitsplatz im Vergleich zu den individuellen Erwartungen positiv eingeschätzt wird, kann es bei den Mitarbeitern entweder zu einer Steigerung des Anspruchsniveaus kommen oder die Mitarbeiter behalten ihr Anspruchsniveau bei. Wenn sie es steigern, führt das zu progressiver Arbeitszufriedenheit, wenn sie es beibehalten, führt das zu stabilisierter Arbeitszufriedenheit. Fällt der Vergleich zwischen Arbeitsplatz und individuellen Erwartungen negativ aus, kann das zu einer Senkung des Anspruchsniveaus und infolgedessen zu resignativer Arbeitszufriedenheit führen. – 2. *Entscheidungstheorie:* Begriff zur Charakterisierung der Zielfunktion. Anspruchsniveau liegt vor, wenn der Zielsetzende nicht nach Extremwerten der Zielvariablen (Variable, endogene) strebt, sondern Werte vorgibt, die von ihm als befriedigend und damit als sein Ziel erfüllend angesehen werden. Überschreiten des Anspruchsniveaus führt zum Organizational Slack, Unterschreiten des Anspruchsniveaus zu Organizational Pressure.

Äquivalenzkoeffizient – Kennzahl für die aktuelle → ökologische Knappheit eines Umweltgutes, das durch Input oder Output von Produktion oder Konsum beansprucht wird. – 1. Der Äquivalenzkoeffizient ist eine monoton wachsende *Funktion* der ökologischen Knappheit: Sein Wert ist bei Ratenknappheit umso größer, je mehr sich die tatsächliche Verbrauchsmenge eines Umweltguts bzw. die tatsächliche Immissionsmenge in ein Umweltgut der maximal zulässigen Verbrauchs- bzw. Immissionsmenge nähert. Bei → Kumulativknappheit ist der Äquivalenzkoeffizient umso größer, je mehr sich die Erschöpfung der Reserven nähert; er geht gegen unendlich. – 2. *Maßeinheit* (Dimension): ökologische Recheneinheiten pro physikalischer Verbrauchsgröße (bei Beanspruchung durch Input von Produktion/Konsum) bzw. pro Emissionsgröße (bei Beanspruchung durch Output von Produktion/Konsum). – 3. *Anwendung:* Bei Kenntnis der ökologischen Wirkungen einer umweltbeeinflussenden Maßnahme kann mithilfe der Äquivalenzkoeffizienten die aufgrund zusätzlichen Umweltverzehrs anzulastende bzw. aufgrund umweltschonender Effekte gutzuschreibende Anzahl an ökologischen Recheneinheiten berechnet werden; der Saldo ergibt den *ökologischen Grenzschaden* bzw. *Grenznutzen* einer umweltbeeinflussenden Maßnahme, ein mögliches Beurteilungskriterium. – Grundlage der → ökologischen Buchhaltung.

Äquivalenzprinzip – **I. Besteuerung:** 1. *Begriff:* Besteuerungsprinzip, nach dem sich die Höhe der Abgaben nach den empfangenen staatlichen Leistungen durch den Staatsbürger richtet. Für den Nutzen, den die Bürger aus öffentlichen Gütern und Diensten ziehen, sollen sie aus Gründen der optimalen Allokation ein marktpreisähnliches Entgelt zahlen. – 2. *Formen:* a) *individuelle Äquivalenz:* Äquivalenz bezogen auf einzelne Personen; kaum realisierbar, bei vielen Leistungen insbesondere bei Steuern nicht gewollt. – b) *gruppenmäßige Äquivalenz:* Äquivalenz bezogen auf Gruppen, v.a. regional abgegrenzte Gruppen; wichtiges Kriterium für die Bemessung öffentlicher Einnahmen und deren Verteilung im föderalen Finanzausgleich. – *Beurteilung:* Nach heutiger Meinung ist das Äquivalenzprinzip in der Besteuerung nicht praktikabel, da der Nutzen i.d.R. nicht operational messbar und individuell zurechenbar ist; bei der Bemessung aufkommensstarker Steuern widerspricht es außerdem dem fiskalischen Ziel der Einnahmenerhebung und vielen verteilungspolitischen Zielsetzungen. – *Gegensatz:* Leistungsfähigkeitsprinzip.

II. Privatversicherung: grundlegendes Kalkulationsprinzip, das die Gleichheit von Leistung und Gegenleistung fordert. Demzufolge soll für ein versicherungstechnisches Risiko eine Risikoprämie (Preis für den Versicherungsschutz) entsprechend seinem Schadenerwartungswert (erwartete Versicherungsleistung) erhoben werden. Es existieren unterschiedliche versicherungsmathematische Kalkulationsverfahren in den einzelnen Versicherungssparten.

III. Sozialversicherung: In den Sozialversicherungen herrscht generell eine gruppenmäßige Äquivalenz durch die Beschränkung von Beitragspflichten und Leistungsansprüchen auf im Wesentlichen durch ihren Erwerbsstatus definierte Mitglieder sowie deren Angehörige. In der gesetzlichen Rentenversicherung gilt das Äquivalenzprinzip eingeschränkt; hier bilden die sog. persönlichen

Entgeltpunkte (§ 66 SGB VI) den individuellen Faktor der Rentenformel. Dies garantiert, dass die Höhe der Rente auch von der Beitragsleistung des Einzelnen abhängt. – *Beurteilung:* Angesichts der wohlfahrtsstaatlichen Zielsetzung, auch bei niedrigen Erwerbseinkommen zu einer ausreichenden Altersversorgung zu kommen, wird dieser Tatbestand kritisiert, weil eine Umverteilung von den hohen zu den sehr niedrigen Renten möglich sein müsste. Dies geschieht auch, z.B. durch die Rente nach Mindesteinkommen und durch andere Formen „versicherungsfremder Leistungen" sowie außerhalb der Rentenversicherung durch die „Grundsicherung im Alter". – In der gesetzlichen Krankenversicherung und der sozialen Pflegeversicherung stellen die einheitlichen Ansprüche aller Mitglieder auf Sachleistungen sowie die beitragsfreie Mitversicherung von Familienangehörigen Abweichungen vom Äquivalenzprinzip dar.

IV. Lohn und Leistung: Grundsatz des leistungsgerechten Lohns (Lohngerechtigkeit). Bezieht sich nicht auf eine Festlegung der absoluten Lohnsumme, sondern fordert, dass die relative Lohnhöhe, also die Verhältnisse der einzelnen betrieblichen Löhne zueinander, den jeweiligen Leistungen entsprechen. – Das Äquivalenzprinzip beinhaltet: a) Forderung nach *Äquivalenz von Lohn und Anforderungsgrad* (Arbeitsschwierigkeit), errechenbar durch eine geeignete Lohnsatzdifferenzierung: Mithilfe der → Arbeitsbewertung sind die Anforderungsgrade der einzelnen Arbeitstätigkeiten als Grundlage für die arbeitsplatzweise Differenzierung der Lohnsätze auf der Basis der → Normalleistung zu bestimmen. – b) *Äquivalenz von Lohn und Leistungsgrad* (persönliche Leistung), erreichbar durch die Wahl einer geeigneten Lohnform: durch die Differenzierung des Lohns für einzelne Arbeitstätigkeiten nach dem persönlichen Arbeitsergebnis im Vergleich zur Normalleistung. Ökonomisch würde das Äquivalenzprinzip eine „marktleistungsgerechte" Entlohnung fordern, in der

sich die relative Knappheit der Arbeitsleistung und des mit ihrer Hilfe erzeugten Produktes niederschlägt.

Arbeiterbewegung – 1. *Begriff:* zu Beginn der Industrialisierung im 19. Jh. entstandene Organisation der Lohnarbeiter zur Durchsetzung ihrer Interessen und Forderungen. – 2. *Entwicklung:* Unter radikalen Führern war Ziel der Arbeiterbewegung nicht nur die Verbesserung der sozialen Lage der Arbeiterschaft, sondern allg. das Ende des Kapitalismus mit Mitteln des Klassenkampfes. Der Druck durch organisierte Zusammenfassung großer Arbeitermassen führte nach schrittweiser Aufhebung der Koalitionsverbote zur Bildung von Gewerkschaften, deren Aufgabe die Vertretung der wirtschaftlichen und politischen Arbeiterinteressen war und die nach dem Ersten Weltkrieg starke Bedeutung erlangten. Weitere Organisationsformen: Arbeiterparteien, Genossenschaften, Freizeit- und Bildungsvereine. – Seit 1945 manifestiert sich die dt. Arbeiterbewegung überwiegend in den Gewerkschaften als verfassungsmäßig anerkannte Sozialpartner.

Arbeitgeberverbände – freiwillige Zusammenschlüsse von Arbeitgebern zwecks Wahrnehmung gemeinsamer Interessen in arbeitsrechtlicher und sozialpolitischer Hinsicht. Tarifverhandlungen stellen dabei die größte und häufigste Tätigkeit dar. Art. 9 GG garantiert das Recht, zur Wahrnehmung und Förderung der Arbeits- und Wirtschaftsbedingungen Vereinigungen zu bilden. Arbeitgeberverbände können gemäß § 2 TVG – Tarifvertragsgesetz (TVG) – wie Gewerkschaften Tarifvertragspartei sein, wenn der Arbeitgeberverband eine Vereinigung kollektiver Arbeitgeberinteressen ist. – Arbeitgeberverbände sind i.d.R. privatrechtliche Vereine. – Arbeitgeberverbände sind fachlich und regional organisiert. Zwei Mitgliedsformen (klassisch tarifbindende Mitgliedschaft oder OT-Mitgliedschaft) haben sich im Laufe der Zeit herauskristallisiert. – In Deutschland ist die Bundesvereinigung der → Deutschen

Arbeitgeberverbände e. V. (BDA) die Dachorganisation der deutschen Wirtschaft.

Arbeitnehmererfindergesetz (ArbNErfG) – regelt das Rechtsverhältnis zwischen Arbeitgeber und Arbeitnehmer im Fall einer patent- oder gebrauchsmusterfähigen Erfindung. Bei den vom Arbeitnehmer getätigten Erfindungen werden zwei Arten unterschieden: (1) Die Diensterfindung bzw. gebundene Erfindung und (2) die freie Erfindung bzw. ungebundene Erfindung. Die Diensterfindung resultiert aus den vom Arbeitnehmer im Betrieb ausgeführten Tätigkeiten oder entspringt maßgeblich aus den Erfahrungen und Arbeiten im Betrieb. Diensterfindungen sind dem Arbeitgeber zu melden. Der Arbeitgeber kann eine Diensterfindung für sich in Anspruch nehmen. Freie Erfindungen sind vom Arbeitnehmer während des Arbeitsverhältnis erbrachte Erfindungen. Sie stehen allerdings nicht im Zusammenhang mit dem im Betrieb ausgeführten Tätigkeiten und sind somit frei. Die Mitteilungspflicht des Arbeitnehmers entfällt, wenn die Erfindung nicht im Arbeitsbereich des Unternehmens einsetzbar ist. Aus vom Arbeitgeber beanspruchten Erfindungen erwachsen dem Arbeitnehmer Vergütungsansprüche.

Arbeitnehmerüberlassung – *Personalleasing, Leiharbeit, Zeitarbeit;* 1. *Begriff:* Überlassung von Arbeitnehmern durch ihren Arbeitgeber (Verleiher) zur Arbeitsleistung an Dritte (Entleiher). Die Arbeitnehmerüberlassung ist im Gegensatz zu allen anderen ein dreiseitiges Beschäftigungs- bzw. Arbeitsverhältnis zwischen Arbeitnehmer, Verleih- und Entleihfirma. Sie ist für letztere ein Instrument zur externen Flexibilisierung des Personaleinsatzes. – 2. *Entwicklung:* Sie wurde erstmals im Gesetz zur Regelung der gewerbsmäßigen Arbeitnehmerüberlassungsgesetz (AÜG) von 1972 verankert. Der Verleiher unterliegt grundsätzlich der Erlaubnispflicht (§ 1 AÜG). – Wesentliche Änderungen erfuhr das AÜG durch das Erste Gesetz für moderne Dienstleistungen am Arbeitsmarkt vom 23.12.2002 (BGBl. I 4607) (Hartz-Gesetze). Mit Wirkung zum 1.1.2003 wurden das besondere Befristungsverbot (Verbot der wiederholten Befristung eines Leiharbeitsverhältnisses, ohne dass ein sachlicher Grund in der Person des Leiharbeitnehmers vorlag), das Synchronisationsverbot (Verbot der Einstellung eines Arbeitnehmers für nur eine einzelne Überlassung an einen Entleiher), das Wiedereinstellungsverbot (desselben Arbeitnehmers innerhalb von drei Monaten) und die Beschränkung der Überlassungsdauer (auf höchstens zwei Jahre) aufgehoben. Diese Änderungen haben zu einer deutlichen Ausweitung (auf die höchste, jemals erreichte Zahl von ca. 900.000 Arbeitsverhältnissen im Jahr 2010) geführt. Fast die Hälfte aller Überlassungen endet nach weniger als drei Monaten. Allerdings ist die Mehrheit der Zeitarbeitnehmer unmittelbar vor Aufnahme ihrer Tätigkeit ohne Beschäftigung, sodass keine systematische Verdrängung von Stammbelegschaften zu erkennen ist. Hingegen treten auch „Klebeeffekte" im Sinne eines Übergangs in ein unbefristetes Arbeitsverhältnis bei dem Entleihunternehmen eher selten ein, was an der deutlich prozyklischen Entwicklung der Arbeitnehmerüberlassung liegen mag. Zugunsten der Leiharbeitnehmer wurde der Gleichstellungsgrundsatz im Gesetz verankert: Leiharbeitnehmer müssen grundsätzlich zu denselben Bedingungen beschäftigt werden wie die Stammarbeitnehmer des entleihenden Unternehmens. – Aufgrund der notwendigen Umsetzung der Europäischen Richtlinie über Leiharbeit (2008/104/EG) (*EU-Leiharbeitsrichtlinie*) untersagt schließlich das neu gefasste AÜG seit dem 1.12.2011 einen *dauerhaften* Leiharbeitnehmereinsatz (Erstes Gesetz zur Änderung des Arbeitnehmerüberlassungsgesetzes – Verhinderung von Missbrauch der Arbeitnehmerüberlassung vom 28.4.2011 [BGBl. I 642]). Sein Anwendungsbereich wird ferner auf die *nicht* gewerbsmäßige Arbeitnehmerüberlassung ausgedehnt, mithin werden auch konzerninterne

Personaldienstleistungsgesellschaften vom AÜG erfasst. – Auf Basis des § 3a AÜG trat schließlich am 1.1.2012 ein absoluter Mindestlohn (*Lohnuntergrenze*) in Höhe von 7,89 Euro im Westen und 7,01 Euro im Osten Deutschlands in Kraft, und zwar durch Verordnung des Bundesministeriums für Arbeit und Soziales (BMAS) nach Beteiligung des Tarifausschusses.

Arbeitnehmerverbände – Gewerkschaften.

Arbeitsablaufschaubild → Harmonogramm.

Arbeitsablaufstudie – *Arbeitsablaufanalyse, Ablaufanalyse*; Verfahren der Arbeitswissenschaften. Bezweckt die Untersuchung und rationale Gestaltung des Arbeitsablaufes, d.h. das Zusammenwirken von Mensch und Betriebsmittel und dem Arbeitsgegenstand unter: (1) zeitlichen, (2) logischen, (3) räumlichen, (4) menschlichen und (5) technischen Aspekten. Für die Beschreibung des Ablaufs ist die Zerlegung in Ablaufabschnitte erforderlich. Die Arbeitsablaufstudie ist Voraussetzung für die anderen Verfahren der Arbeitswissenschaften und wichtigster Ansatzpunkt der arbeitstechnischen Rationalisierung.

Arbeitsanalyse – Die psychologisch orientierte Arbeitsanalyse befasst sich mit der Beschreibung von Arbeitsverrichtungen und Arbeitsinhalten, wobei standardisierte Instrumente (→ Befragung, → Beobachtung) eingesetzt werden. Die Arbeitsanalyse dient u.a. zur Ermittlung der Arbeitsanforderungen, die wiederum die Grundlage für Personalauswahl und Personalentwicklungsmaßnahmen darstellen. Die Arbeitstätigkeit stellt hierbei eine psychisch regulierte Tätigkeit dar. – In der betriebswirtschaftlichen Lehre hat sich Erich Kosiol ausführlich 1976 zur Arbeitsanalyse (mit anschließender Arbeitssynthese) geäußert.

Arbeitsauftrag – Veranlassung der Durchführung einer Arbeit, i.d.R. unter Festlegung von Art und Menge der zu leistenden Arbeit für einen bestimmten Zeitabschnitt.

Arbeitsbereicherung → Jobenrichment.

Arbeitsbewertung – 1. *Begriff*: Erfassung und Messung der feststellbaren Unterschiede in der Arbeitsschwierigkeit, die durch die verschiedenen Anforderungen an einzelnen Arbeitsplätzen bzw. bei einzelnen Arbeitsvorgängen entstehen. Die Arbeitsschwierigkeit wird erfasst nach von der Person des Arbeiters und seinen Fähigkeiten unabhängigen → Anforderungsarten. – 2. *Arten/ Methoden*: a) *Analytische Arbeitsbewertung* (z.B. nach den Anforderungsmerkmalen des → Genfer Schemas): (1) *Rangreihenverfahren*: Alle Arbeiten werden für jedes Anforderungsmerkmal gesondert verglichen. Im Anschluss daran wird eine Rangreihe gebildet. Die Rangreihenbildung wird erleichtert durch Heranziehung vorher analysierter und bewerteter Schlüsselarbeiten (sog. Richtbeispiele). Die Rangreihenordnung muss in einen Zahlenausdruck umgewandelt werden, der für die Ermittlung des Lohnes oder Lohnwertes verwendet werden kann. *Sonderform*: → Direkt-Geld-Methode. – (2) *Stufen(wert)zahlverfahren* (Punktbewertung): Für jedes Bewertungsmerkmal werden Anforderungsstufen verbal beschrieben und zusätzlich durch Punkte festgelegt, die die unterschiedliche Höhe der Anforderungen bez. einzelner Merkmale beschreiben. Zur Bewertung dienen z.B. Bewertungstafeln. Alle Arbeiten werden für jedes Anforderungsmerkmal gesondert eingestuft. Die Arbeitsbewertung für einen Arbeitsplatz ergibt sich aus der Summe aller Punktwerte (→ Wertzahlsumme). – Durch die Zunahme geistiger Tätigkeiten wird analytische Arbeitsbewertung zugunsten der summarischen Arbeitsbewertung zurückgedrängt. – *Lohnsatzermittlung*: Die gefundene Wertzahl wird mit einem Geldfaktor multipliziert und der sich ergebende Betrag mit einem gleichbleibenden Grundbetrag hinzugezählt. Für die am niedrigsten bewertete Arbeit (geringste Punktzahl) wird der Mindestlohn bzw. der niedrigste tarifliche Normallohn gezahlt. Der errechnete → Grundlohn kann dem Zeit- oder Akkordlohn zugrunde gelegt werden. – b) *Summarische Arbeitsbewertung*: (1) *Rangfolgeverfahren*: Eine Liste aller im Betrieb vorkommenden Arbeiten wird aufgestellt und jeder Arbeitsplatz durch Vergleich mit dem anderen in Bezug auf die Anforderungen an den Menschen summarisch bewertet und in eine Rangfolge gebracht. – *Sonderform*: Merkmalsvergleich. (2) *Lohngruppenverfahren*: Schwierigkeitsstufen werden summarisch beschrieben und in Stufen oder Lohngruppen zum Ausdruck gebracht. Diesen Stufen oder Lohngruppen werden Vergleichsarbeiten oder Richtbeispiele zugeordnet. Die zu bewertenden Arbeiten werden mit diesen Richtbeispielen verglichen und in diejenige Schwierigkeitsstufe eingestuft, deren Richtbeispiel hinsichtlich der summarisch betrachteten Anforderungshöhe am weitestgehenden mit der einzuordnenden Tätigkeit übereinstimmt. Wenn die Lohngruppen durch ein solches System von Richtbeispielen ergänzt sind, spricht man von *Katalogisierungsverfahren*. – *Lohnsatzermittlung*: Aufgrund der durch die Arbeitsbewertung abgeleiteten Rangordnung der Arbeiten werden diese mit der Aufeinanderfolge der Lohnsätze in Übereinstimmung gebracht. – c) Die *Hauptprobleme* bei allen Verfahren der Arbeitsbewertung sind die Gewichtung der Anforderungsmerkmale und die Bewertung der einzelnen Merkmale.

Arbeitserweiterung → Jobenlargement.

Arbeitsethik – 1. *Begriff*: Ethik ist ein grundlegender Teil der praktischen Philosophie; sie fragt nach den Maximen (Normen) menschlichen Tuns. Ethische Maximen werden im Laufe der → Sozialisation und Enkulturation internalisiert. – Arbeitsethik bezeichnet die im Laufe der Geschichte entwickelten, dem Wandel unterworfenen *normativen Aussagen über die objektive Wertigkeit der Arbeit.* Unter Arbeitsethik versteht man die Einstellung zur Berufstätigkeit bzw. Arbeit. – 2. *Ursprünge*: Die unterschiedlichen inhaltlichen Deutungen der Arbeitsethik stehen in engem

Zusammenhang mit religiösen, philosophischen und politischen Ideen und der Sozialstruktur der jeweiligen Gesellschaft. Die spezifischen Ausformungen der abendländischen Arbeitsethik sind in ihren Ursprüngen v.a. auf die Antike (klassische griechische Philosophie), das Christentum (Katholizismus und Calvinismus) und die Philosophie der Aufklärung (v.a. deutscher Idealismus) zurückzuführen. – 3. *Abgrenzung zur Arbeitsmoral*: Arbeitsethik ist von der Arbeitsmoral zu trennen, da Moral stets psychologisch determiniert ist. Während die Arbeitsethik nach Inhalten (Sinn des Tuns) unabhängig von den individuellen Wünschen und Bedürfnissen fragt, ist die Arbeitsmoral eine den individuellen Motiven unterliegende „subjektive" Einstellung zur Arbeit. Fazit: Arbeitsethik ist ein philosophischer, Arbeitsmoral ein psychologischer Begriff. – 4. *Formen*: protestantische Arbeitsethik, Hackerethik, destruktive Ethik.

Arbeitsfeldvergrößerung → Jobenlargement.

Arbeitsgemeinschaft Selbständiger Unternehmer e. V. (ASU) – Zusammenschluss selbstständiger Unternehmer; gegründet 1949; Sitz in Berlin. – *Ziele/Aufgaben*: Liberalisierung von Produktion und Handel. Betonen v.a. freie Marktwirtschaft und freie Eigentumsordnung. – Angeschlossen ist der *Bundesverband Junger Unternehmer (BJU)*.

Arbeitsgestaltung – Maßnahmen zur Anpassung der Arbeit an den Menschen mit dem Ziel, → Belastungen abzubauen sowie auf → Arbeitszufriedenheit und Leistung positiv einzuwirken. Arbeitsgestaltung bezieht sich auf die ergonomischen Bedingungen (Lärm, Beleuchtung, Bestuhlung etc.) und/oder auf inhaltliche Aspekte der Tätigkeit; vgl. → Arbeitsplatzgestaltung, → Ergonomie. Maßnahmen wie → Jobenrichment oder Installierung → teilautonomer Arbeitsgruppen zielen v.a. auf eine Vergrößerung des Handlungsspielraums und des → Motivationspotenzials ab. Die Arbeitsgestaltung dient neben Zufriedenheit (→ Wohlbefinden) und positiver → Einstellung zur Arbeit dem optimalen Einsatz des arbeitenden Menschen innerhalb der Grenzen der zulässigen Arbeitsbelastung (→ Ausführbarkeit, → Erträglichkeit, → Zumutbarkeit). – *Instrument der Arbeitsgestaltung:* → Job Diagnostic Survey (JDS).

Arbeitsgruppe – *Taskforce;* Mehrzahl von Personen, die über eine längere Zeitdauer zusammen an einer Aufgabe arbeitet, Rollendifferenzierung sowie Normen herausgebildet und eine Gruppenidentität entwickelt hat. – Vgl. auch → Gruppenarbeit, → teilautonome Arbeitsgruppe.

Arbeitsleistung – im engeren, auf Entlohnungsfragen beschränkten Sinn, das von einem Arbeitnehmer in einem vorgegebenen Zeitraum erreichte mengenmäßige Arbeitsergebnis. Neben der → Arbeitszufriedenheit als personalwirtschaftliches Basiskonzept interpretiert, interessieren die Bestimmungsfaktoren der Arbeitsleistung in Form von Leistungsdisposition (angeborene körperliche und geistige Voraussetzungen), Leistungsfähigkeit (Ergebnisse individuellen Lernens) und Leistungsbereitschaft (motivationale Voraussetzungen). Neben diesen personbezogenen Determinanten hängt das Arbeitsergebnis auch von situativen Faktoren wie arbeitsorganisatorischen Regelungen, ergonomischen Zweckmäßigkeiten bei der Gestaltung des → Arbeitsplatzes, der Arbeitsumgebung und der Bewegungstechnik sowie von einer motivkongruenten, auf das individuelle „Wollen" zugeschnittenen Anreizgestaltung (→ Individualisierung) ab.

Arbeitsmedizin – Teilbereich der Arbeitswissenschaft; beschäftigt sich mit dem Einfluss der Arbeit auf den Menschen. – Ziel ist die Gesunderhaltung des Menschen am Arbeitsplatz und die Erhaltung der beruflichen Leistungsfähigkeit durch Prävention, Therapie und Rehabilitation.

Arbeitsmittel – 1. *Begriff:* Gegenstände, die unter Ausnutzung physikalischer, chemischer, biologischer oder sonstiger

Naturgesetze technische Arbeit verrichten, d.h. Betriebsmittel i.e.S. – *Beispiele:* Maschinen, Werkzeuge und Vorrichtungen. – 2. *Arbeitsrechtliche Regelungen:* Arbeitsmittel, die zur Durchführung der Arbeit benötigt werden, hat i.d.R. der Arbeitgeber dem Arbeitnehmer zur Verfügung zu stellen. – Da die Ausübung der Arbeit für den Arbeitgeber unter dessen Weisungsgewalt (Direktionsrecht) erfolgt, ist besitzrechtlich der Arbeitgeber Besitzer, der Arbeitnehmer Besitzdiener (§ 855 BGB). – Nach Beendigung des Arbeitsverhältnisses hat der Arbeitnehmer die ihm überlassenen Arbeitsmittel herauszugeben; er hat *kein Zurückbehaltungsrecht* wegen etwaiger Gegenansprüche. – Vgl. auch Arbeitsschutz.

Arbeitsmotivation – Beweggründe des Individuums zur Arbeitsleistung. – *Unterscheidungen:* 1. Arbeitsmotivation als *hypothetisches Konstrukt,* das der Erklärung der inhaltlichen Ausrichtung, der Intensität sowie der Zeitdauer des Arbeitsverhaltens dient. – 2. *Inhaltstheorien* der Arbeitsmotivation spezifizieren die Art der zugrunde liegenden Bedürfnisse (z.B. → Bedürfnishierarchie von Maslow). – 3. *Prozesstheorien* der Arbeitsmotivation thematisieren den Vorgang der Motivaktualisierung und berücksichtigen wesentlich kognitive Variablen (→ Erwartungswert-Theorie).

Arbeitsorganisation – Organisatorische Gestaltung nach Art, Umfang und Bedingungen aller Elemente des Arbeitens. – Vgl. auch Organisation, → Betriebsorganisation, → Arbeitsgestaltung, → Joblargement, → Jobnrichment, → teilautonome Arbeitsgruppe.

Arbeitsphysiologie – Teilbereich der → Arbeitswissenschaft, der sich mit den physiologischen Funktionen des Menschen und dessen Belastbarkeit bei der Verrichtung von Arbeit befasst. Die Forschungsergebnisse der Arbeitsphysiologie bilden u.a. die Grundlage für → Arbeitsgestaltung. – Zur *angewandten Arbeitsphysiologie* gehören u.a.

Arbeitshygiene, Arbeitsschutz, Entstaubungs-einrichtungen, Arbeitsplatzbeleuchtung, Farbgestaltung der Arbeitsräume, Installation von Heizungs-, Lüftungs- und Klimaanlagen.

Arbeitsplatz – I. Allgemein: 1. *Begriff:* räumlicher Bereich, in dem der Mensch innerhalb des betrieblichen Arbeitssystems mit Arbeitsmitteln und -gegenständen zusammenwirkt. Der Arbeitsplatz ist die kleinste räumliche Struktureinheit eines Betriebs. – 2. Die *Einrichtung eines Arbeitsplatzes* erfolgt durch → Arbeitsplatzgestaltung.
II. Arbeitsrecht: 1. *Recht am Arbeitsplatz:* Es wird teilweise vertreten, das zwischen Arbeitgeber und -nehmer bestehende Arbeitsverhältnis sei zugleich als ein absolutes Recht am Arbeitsplatz zu verstehen. Eine unrechtmäßige Aussperrung verletze das Recht des Arbeitnehmers an seinem Arbeitsplatz und verpflichte nach § 823 I BGB zum Schadensersatz; dieselbe Rechtsfolge ergibt sich aber bereits aus der Anwendung des Arbeitsvertragsrechts (Aussperrung). – Vgl. auch Arbeitsplatzschutz. – 2. *Mitbestimmung am Arbeitsplatz* (§§ 81–84 BetrVG): Arbeitsplatzmitbestimmung.
III. Behindertenrecht: Auf einem bestimmten Prozentsatz der Arbeitsplätze haben (private und öffentliche) Arbeitgeber schwerbehinderte Menschen zu beschäftigen; die Einstellung ist aber lediglich eine öffentlich-rechtliche Pflicht und gibt dem einzelnen schwerbehinderten Menschen keinen Anspruch auf Beschäftigung bei einem bestimmten Arbeitgeber (§ 71 SGB IX). Wird die Verpflichtung zur Beschäftigung schwerbehinderter Menschen nicht eingehalten, hat der Arbeitgeber eine Ausgleichsabgabe zu zahlen (§ 77 SGB IX).

Arbeitsplatzanalyse – Systematische Beschreibung eines → Arbeitsplatzes und der für ihn typischen Arbeitsvorgänge zur Bestimmung der physischen und psychischen Anforderungen, die von ihm an den Menschen gestellt werden. – *Zweck:* (1) → Arbeitsplatzbewertung; (2) Verbesserung der

Arbeitsbedingungen (Erleichterung des Arbeitsvollzugs); (3) → Arbeitsbewertung im Zusammenhang mit der Lohngestaltung; (4) optimale Besetzung des Arbeitsplatzes und Mitarbeiterunterweisung.

Arbeitsplatzbewertung – Bewertung sämtlicher → Arbeitsplätze des Betriebs nach einem Punktsystem aufgrund systematischer arbeitswissenschaftlicher Untersuchung des gesamten Betriebs auf die Arbeitsbedingungen und notwendigen Arbeitsleistungen hin. – *Zweck:* (1) Festlegung der Leistungsmöglichkeit der einzelnen Betriebsteile; (2) Grundlage für die Entlohnung. – Vgl. auch → Arbeitsplatzanalyse, → Arbeitsbewertung.

Arbeitsplatzgestaltung – I. Allgemein: Gestaltung des → Arbeitsplatzes; umfasst: (1) *Anlage des Arbeitsplatzes,* um die zweckmäßigste Zusammenarbeit mit den vor- und nachgeordneten Plätzen zu gewährleisten; (2) *Installation von Transporteinrichtungen,* die einen leichten An- und Abtransport des Werkstücks ermöglichen; (3) *Ausstattung des Arbeitsplatzes nach arbeitswissenschaftlichen Gesichtspunkten;* u.a. Anpassung an die Maße des menschlichen Körpers (anthropometrische Arbeitsplatzgestaltung). – Im Zusammenhang mit der *Leistungsbewertung:* → Arbeitsplatzbewertung. – *Anordnung der Arbeitsplätze:* Produktionsprozessplanung.

II. Betriebsverfassungsrecht: Hinsichtlich geplanter Änderungen von Arbeitsplatz, Arbeitsablauf und Arbeitsumgebung hat der Betriebsrat *Unterrichtungs- und Beratungsrechte* (§ 90 BetrVG). – Stellt der Betriebsrat fest, dass Arbeitnehmer durch Änderungen der Arbeitsplätze, des Arbeitsablaufs oder der Arbeitsumgebung, die den gesicherten arbeitswissenschaftlichen Erkenntnissen über die menschengerechte Gestaltung der Arbeit offensichtlich widersprechen, in bes. Weise belastet werden, so kann er angemessene Maßnahmen zur Abwendung, Milderung oder zum Ausgleich der Belastung verlangen (§ 91 BetrVG); „*korrigierendes"*

Mitbestimmungsrecht. Kommt eine Einigung nicht zustande, entscheidet die Einigungsstelle.

Arbeitsplatzteilung → Job Sharing.

Arbeitsplatzwechsel – I. Arbeitsrecht: vom Arbeitnehmer herbeigeführte Beendigung des Arbeitsverhältnisses zum bisherigen Arbeitgeber und Eingehung eines neuen Arbeitsverhältnisses (Arbeitsverhältnis). – 1. *Recht zum Arbeitsplatzwechsel:* Es ist durch Art. 12 I 1, II 1 GG verfassungsrechtlich gewährleistet. – *Ausnahme* für den Verteidigungsfall: Art. 12a VI GG). Zum Maß der Betriebsbindung bei Rückzahlungsklauseln vgl. Ausbildungskosten, Gratifikation. – 2. Zum *rechtmäßigen Arbeitsplatzwechsel* ist erforderlich: (1) *ordnungsgemäße Kündigung* des Arbeitsvertrags und (2) *Einhaltung der Kündigungsfrist.* Findet der Arbeitnehmer ein bes. günstiges Stellenangebot, so ist er grundsätzlich nicht zur außerordentlichen Kündigung berechtigt; dies gilt auch dann, wenn er in der Lage ist, seinem Arbeitgeber eine gleichwertige Arbeitskraft zu stellen. Andernfalls handelt er rechtswidrig (Vertragsbruch) und ist dem Arbeitgeber zum Schadensersatz verpflichtet. – 3. Um zu vermeiden, dass der Arbeitnehmer einen doppelten Anspruch auf *Urlaub* geltend macht, schließt § 6 BUrlG den Anspruch gegen den neuen Arbeitgeber aus, soweit der frühere bereits Urlaub gewährt hat. Hat der frühere Arbeitgeber den Urlaub noch nicht gewährt, hat der Arbeitnehmer ein Wahlrecht: Er kann sich an den alten oder neuen Arbeitgeber halten.

II. Personalmanagement: systematischer Arbeitsplatzwechsel in einer Abteilung oder zwischen Abteilungen (→ Jobrotation). Dies kann zu Ausbildungszwecken (z.B. Trainer) oder zum Zwecke der Vermeidung einseitiger Belastungen (→ Arbeitsgestaltung) geschehen.

Arbeitspsychologie → Arbeits- und Organisationspsychologie.

Arbeitsraum – räumlicher Bereich, in dem Menschen innerhalb des betrieblichen Arbeitssystems arbeiten. Die Gestaltung des Arbeitsraums ist in Ergänzung der Gestaltung des Arbeitsplatzes (→ Arbeitsplatzgestaltung) Gegenstand der Arbeitswissenschaft. Es ist darauf zu achten, dass unter den Gesichtspunkten der → Arbeits- und Organisationspsychologie, → Arbeitsphysiologie und der → Arbeitsmedizin der Arbeitsraum optimal gestaltet ist, d.h. Beanspruchungen im Sinn einer Minderung der Unfallgefahr sowie der Humanisierung der Arbeit weitestgehend reduziert werden.

Arbeitsstudium – Oberbegriff für die Anwendung von Methoden und Erfahrungen zur Untersuchung und Gestaltung von Arbeitssystemen (→ Arbeitsgestaltung). – *Ziel:* Verbesserung der Wirtschaftlichkeit (→ Arbeitsbewertung) unter Beachtung der Leistungsfähigkeit (→ Eignung, Eignungsuntersuchung, → Fähigkeiten) und der Bedürfnisse der arbeitenden Menschen (→ Arbeits- und Organisationspsychologie, → Motivation). – Vgl. auch → REFA-Lehre.

Arbeits- und Organisationspsychologie – 1. *Begriff:* Beschreibung und Erklärung des arbeitsbezogenen Erlebens und Verhaltens von Personen in Organisationen. Der Übergang von der Arbeits- zur Organisationspsychologie ist vom Gegenstand her fließend. Früher wurden beide Bereiche in dem Begriff „Betriebspsychologie" zusammengefasst. – 2. *Arbeitspsychologie:* a) *Anpassung der Arbeit an den Menschen:* Im Vordergrund stehen → Arbeitsanalysen, die → Handlungsregulation im Tätigkeitsvollzug, Fragen der → Arbeitsmotivation und → Arbeitszufriedenheit, Möglichkeiten der → Arbeitsgestaltung sowie Fragen der Reduktion von → Belastung. – b) *Anpassung des Menschen an die Arbeit:* Probleme der → Qualifizierungsprozesse und betrieblichen → Sozialisation sowie Fragen der Zuordnung von Personen zu Arbeitsplätzen mithilfe der → Eignungsdiagnostik. – 3. *Organisationspsychologie:* a) *Schwerpunkt* ist die Anpassung des Menschen an den Menschen und die Analyse der sozialen Interaktion von Personen in Organisationen. – b) Wichtige *Forschungsgebiete:* Probleme der → Gruppenarbeit, Fragen der → Führung und → Führungsstile sowie Probleme der Kohäsion und Konformität in → Arbeitsgruppen einschließlich der Handhabung innerbetrieblicher → Konflikte (→ Gruppenpsychologie). – 4. *Ziel:* Während früher in der klassischen Betriebspsychologie die Steigerung von Produktivität und Leistung als Letztkriterium im Vordergrund standen, gelten heute unter dem Einfluss gesamtgesellschaftlicher Wandlungsprozesse und der → humanistischen Psychologie auch die Förderung der → Arbeitszufriedenheit und Erhaltung der Gesundheit als eigenständige Kriterien. – 5. *Stellung als Disziplin:* Die *Arbeitspsychologie* berührt speziell bei der Analyse von Mensch-Maschine-Systemen Fragen der Ingenieurwissenschaften. Forschungen zur → Belastung überlappen sich mit Fragen der medizinischen Physiologie. – In der *Organisationspsychologie* ergeben sich enge Verbindungen zur Soziologie (z.B. Bürokratieforschung). Psychologische Grundlagendisziplinen der Arbeits- und Organisationspsychologie als anwendungsorientierter Wissenschaft liegen speziell in der psychologischen Diagnostik, der Sozialpsychologie sowie der Wahrnehmungs- und Lernpsychologie. – 6. *Methodik:* Die Arbeits- und Organisationspsychologie versteht sich als empirische Wissenschaft. Kennzeichnend ist ein Methodenpluralismus: Laborforschung, Feldforschung sowie Aktionsforschung auf der Basis systematischer → Beobachtung und → Befragung. Statistisch-quantitative Analysen werden zunehmend durch qualitative Methoden ergänzt.

Arbeitsunzufriedenheit → Arbeitszufriedenheit.

Arbeitsvereinfachung – 1. *Begriff:* a) Arbeitsvereinfachung durch *horizontale Arbeitsteilung,* wobei einzelne Tätigkeiten entstehen und Industriebetriebe in funktionelle Arbeitsgebiete unterteilt werden. – b) Arbeitsvereinfachung durch *vertikale Arbeitsteilung,* wobei eine Trennung von Planung, Ausführung und Kontrolle erfolgt. – 2. *Methoden:* (1) Mechanisierung sich wiederholender Vorgänge; (2) Normung von Geräten, Werkzeugen, Produkten; (3) Schematisierung von Routinearbeiten; (4) Verkürzung der Durchlaufzeiten eines Produktes durch genaue Planung des Arbeitsganges; (5) Verwendung aufgabengerechter Werkzeuge; (6) → Arbeitsgestaltung; (7) Aufteilung einzelner Arbeitsschritte auf mehrere Personen. – 3. *Beurteilung:* Technischer Fortschritt und gewonnener Lebensstandard beruhen auf erfolgreicher Arbeitsvereinfachung. Zu weit getriebene Arbeitsvereinfachung hat demotivierende Wirkung auf Arbeitnehmer. Heute besteht eher die Tendenz, die Folgen einer zu weit getriebenen Arbeitsvereinfachung durch Vergrößerung des Arbeitsinhalts zu korrigieren.

Arbeitsvereinigung – betriebsorganisatorisches Prinzip, anzuwenden wenn Arbeitsteilungen dazu führen, dass spezialisierte Handlungsträger nicht voll ausgelastet sind, weil im speziellen Arbeitsbereich nicht genügend Arbeit anfällt. Der nicht ausgelasteten Spezialstelle werden ergänzende Hilfs- und Sonderarbeiten übertragen.

Arbeitsverteilung – I. Industriebetriebslehre: detailliertere Festlegung der Durchführung bzw. Feinplanung des Produktionsprozesses im Rahmen der Produktionsprozesssteuerung. Bei der Arbeitsverteilung geht es um die Zuordnung von Aufträgen/Arbeitsgängen zu einzelnen Kapazitätsträgern innerhalb des durch die Produktionsprozessplanung festgelegten Rahmens. Die Kapazitätsträger sind einzelne Arbeitsstationen (Menschen, Maschinen, Mensch-Maschine-Kombinationen), sodass die Aufträge dementsprechend in Arbeitsgänge aufgeschlüsselt werden müssen.

II. Personalwirtschaft/Arbeitsrecht: Arbeitszeit, → Arbeitszeitmodelle, → Personaleinsatz.

Arbeitswert – Wert eines Gutes, der sich aus dem zur Herstellung notwendigen Arbeitseinsatz ergibt, sodass die Austauschrelationen (die relativen Preise) dem Verhältnis der in den einzelnen Gütern verkörperten Arbeitszeit entsprechen. – Vgl. auch Arbeitswertlehre.

Arbeitswertzulage – freiwillige → Zulage zum Tariflohn für im Leistungs- oder im Zeitlohn tätige Arbeitnehmer, deren Lohnsätze nicht nach einem Arbeitsbewertungsverfahren (→ Arbeitsbewertung) abgestuft sind. Die Arbeitswertzulage ist an die zu leistende Arbeit gebunden (z.B. Schmutz-, Staub- und Erschwerniszulage), nicht an die Person des Arbeitnehmers.

Arbeitswissenschaft – 1. *Charakterisierung:* Inhalt der Arbeitswissenschaft ist die Analyse und Gestaltung von Arbeitssystemen, wobei der arbeitende Mensch in seinen individuellen und sozialen Beziehungen zu den technischen Elementen des Arbeitssystems Ausgang und Ziel der Betrachtungen ist (Memorandum der Gesellschaft für Arbeitswissenschaft e.V.). Arbeitswissenschaft ist somit die Wissenschaft von den Erscheinungsformen menschlicher Arbeit, speziell unter dem Gesichtspunkt des Zusammenarbeit von Menschen und des Zusammenwirkens von Menschen, Betriebsmitteln und Arbeitsgegenständen: d.h. (1) den Voraussetzungen und Bedingungen, unter denen die Arbeit sich vollzieht, (2) den Wirkungen und Folgen, die sie auf Menschen, ihr Verhalten und damit auch auf ihre Leistungsfähigkeit hat, und (3) den Faktoren, durch die Erscheinungsformen, Bedingungen und Wirkungen menschengerecht beeinflusst werden können. – 2. *Gestaltung der Arbeit* (→ Arbeitsgestaltung) nach arbeitswissenschaftlichen Erkenntnissen umfasst damit alle Maßnahmen, durch die das System Mensch und Arbeitsobjekt menschengerecht, d.h. gemessen am Maßstab Mensch und seinen Eigengesetzen, beeinflusst werden kann. Diese Aufgaben können nur durch das Zusammenwirken einschlägiger Wissenschaftsbereiche gelöst werden, bes. der Medizin, der Sozial-, Rechts- und Wirtschaftswissenschaften etc. – 3. *Entwicklung:* Erstmalig beschäftigte sich um die Jahrhundertwende Taylor sowie Gilbreth systematisch mit dem Arbeitsverhalten: Mithilfe von Zeit- und Bewegungsstudien verfolgten sie das Ziel, den Leistungsgrad des Arbeiters zu verbessern; durch konsequente Arbeitsteilung wurde die individuelle Leistung tatsächlich nachhaltig verbessert. Die Anwendung der Prinzipien von Taylor in Industriebetrieben führte jedoch zur *Zerteilung der Arbeit* (→ Taylorismus). Im Rahmen der sog. *Hawthorne-Studien* gelangten Roethlisberger u.a. zur Erkenntnis, dass auch die sozialen Bedingungen die Leistung beeinflussen (→ Human Relations). – 4. *Institutionalisierung:* Max-Planck-Institut für Arbeitspsychologie; Ausschuss für wirtschaftliche Fertigung; REFA – Verband für Arbeitsstudien, Betriebsorganisation und Unternehmensentwicklung e.V.

Arbeitszeitflexibilisierung – jede zeitlich befristete Veränderung der üblichen Lage und Dauer der Arbeitszeit. Ziel dieser Veränderungen ist die Anpassung der Arbeitszeiten an Schwankungen der Kapazitätsauslastungen, nach Möglichkeit bei gleichzeitiger Berücksichtigung der individuellen Bedürfnisse der Mitarbeiter (→ Individualisierung). – *Modelle:* → Arbeitszeitmodelle.

Arbeitszeitgestaltung – Maßnahmen zur Festlegung der pro Tag zu absolvierenden Arbeitsstunden sowie der Lage der Arbeitsstunden innerhalb des Tages bei konstanter Stundenmenge (z.B. bei → gleitender Arbeitszeit). Arbeitszeitgestaltung im Rahmen der → Arbeitszeitflexibilisierung kann zur Erhöhung der Produktivität sowie Senkung der → Fehlzeiten beitragen.

Arbeitszeitkonto – Gegenüberstellung von → Sollzeit (tägliche Sollzeit × Anzahl der Arbeitstage im Abrechnungszeitraum) und Istzeit (tatsächlich geleistete Arbeitszeit im Abrechnungszeitraum) eines Arbeitnehmers.

Am Ende des Abrechnungszeitraums wird ein Saldo gebildet: Zeitguthaben oder -schuld werden auf den Folgemonat gutgeschrieben bzw. abgezogen. Die Arbeitszeit kann auch auf eine andere Basis (z.b. Jahr) festgelegt werden. – Die einzelnen Verfahrensweisen sind als Betriebsvereinbarung festzulegen. – Das Arbeitszeitkonto ist ein unerlässliches Instrument der → Arbeitszeitflexibilisierung.

Arbeitszeitmodelle – aus verschiedenen Gründen (bessere Nutzung der betrieblichen Kapazität, Humanisierung der Arbeit, Senkung von Fehlzeiten etc.) praktizierte Arbeitszeitregelungen. Arbeitszeitmodelle reichen von der Gestaltung der täglichen bzw. wöchentlichen Arbeitszeit (→ gleitende Arbeitszeit), jährlichen Arbeitszeit (→ Sabbatical, → Jahresarbeitszeitvertrag), der Lebensarbeitszeit (→ gleitender Ruhestand) bis zu Modellen der Teilzeitarbeit (→ Job Sharing). Dabei kann die Festlegung der Arbeitszeit individuell oder gruppenbezogen erfolgen. – Vgl. auch Arbeit auf Abruf, → Modulararbeitszeit, → Tandemarbeitszeit.

Arbeitszeitstudie – Verfahren der Istzeit-Ermittlung und der Ableitung von → Sollzeiten auf der Basis gemessener → Istzeiten und der Beurteilung des Leistungsgrades. – Vgl. auch → Zeitaufnahme.

Arbeitszeitverkürzung – die lange Zeit zu beobachtende Verkürzung der Wochen-, Jahres- (durch Urlaubsverlängerung), aber auch Lebensarbeitszeit (→ gleitender Ruhestand, Senkung des Renteneintrittsalters) aus sozial-, familien-, gesundheits- oder arbeitsmarktpolitischen Gründen (Arbeitsmarktpolitik), die derzeit jedoch zum Stillstand gekommen ist bzw. sich sogar in die entgegengesetzte Richtung der Arbeitszeitverlängerung (insbesondere Erhöhung des Renteneintrittsalters) entwickelt. Die in den 1980er- und 1990er-Jahren zu beobachtende Verkürzung der Wochenarbeitszeit („Einstieg in die 35-Stunden-Woche") führte zu deren Flexibilisierung und Differenzierung bis

hin zur Ent-Standardisierung sowie zur Delegation von Tarifkompetenz von der überbetrieblichen an die betriebliche Ebene (Dezentralisierung durch Betriebsvereinbarung). Seit Mitte der 1990er-Jahre dominierte in verschiedenen Branchen die qualitativ neuartige beschäftigungssichernde Arbeitszeitpolitik, bei der Arbeitszeitverkürzungen gegen temporäre Beschäftigungsgarantien getauscht wurden. In neuerer Zeit findet Beschäftigungssicherung auch durch Arbeitszeitverlängerungen ohne entsprechenden Lohnausgleich statt. Die Anpassung von Lage und Länge der Arbeitszeit spielt häufig eine wichtige Rolle im Rahmen betrieblicher Bündnisse für Beschäftigung und Wettbewerbsfähigkeit bzw. für Arbeit. – Vgl. auch Arbeitszeitpolitik.

Arbeitszufriedenheit – 1. *Begriff:* positive (bei *Arbeitsunzufriedenheit* negative) Einstellung, die aus subjektiven Bewertungen der jeweiligen allg. und spezifischen Arbeitssituationen und der Erfahrung mit diesen resultiert. – 2. Die *praktische Bedeutung* der Arbeitszufriedenheit wird v.a. in ihren Beziehungen zu Motivation, Fehlzeiten- und Fluktuationsquoten, Unfallhäufigkeit, Krankheitsquoten und bestimmten Erkrankungen sowie allg. Lebenszufriedenheit gesehen. – 3. *Theoretische Erklärung:* Wichtige Impulse für die Arbeitszufriedenheitsforschung gingen von der Herzbergschen → Zweifaktorentheorie aus, die zwischen Hygienefaktoren (Verdienst, soziale Beziehungen, Arbeitsplatzsicherheit, physische Arbeitsbedingungen, Betriebspolitik, soziale Leistungen u.Ä.) und Motivationsfaktoren (Anerkennung, Verantwortung, Leistungserfolg, Vorwärtskommen u.Ä.) unterscheidet. Negative Ausprägungen der Hygienefaktoren führen zu Arbeitsunzufriedenheit, während positive Ausprägungen nicht zu Arbeitszufriedenheit führen, sondern lediglich zum Nichtvorhandensein von Unzufriedenheit; diese Faktoren stellen also eine Vorsorgeleistung dar. Motivationsfaktoren wirken motivierend und führen zu Arbeitszufriedenheit. – Hinsichtlich der Herausbildung von Arbeitszufriedenheit ist von *interindividuellen Differenzen* auszugehen. – 4. *Formen:* Angenommen wird, dass Anspruchsniveaus, d.h. Bedürfnisse und Erwartungen an die Arbeitssituation, mit der wahrgenommenen Arbeitssituation verglichen werden; Ergebnis kann sein, dass das Anspruchsniveau steigt, gleichbleibt oder sinkt (Anspruchsanpassung). – Zu *unterscheiden* sind entsprechend: a) *Progressive Arbeitszufriedenheit:* Entsteht, wenn der Vergleich von Anspruchsniveau und Realität positiv ausfällt und in der Folge davon das Anspruchsniveau erhöht wird. – b) *Stabilisierte Arbeitszufriedenheit:* entsteht bei positivem Soll-Ist-Vergleich ohne Erhöhung des Anspruchsniveaus. – c) *Resignative Arbeitszufriedenheit:* entsteht, wenn bei negativem Soll-Ist-Vergleich ein Gleichgewicht hergestellt wird, indem das Anspruchsniveau gesenkt wird. – 5. *Reaktionsmöglichkeiten* bei negativem Soll-Ist-Vergleich aber gleichzeitiger Erhaltung des Anspruchsniveaus: a) *Konstruktive Arbeitszufriedenheit,* bei der aus der subjektiv wahrgenommenen Diskrepanz von Anspruchsniveau und Arbeitssituation die Tendenz zur konstruktiven Veränderung entsteht, was i.d.R. nur durch Arbeitsplatzwechsel und Qualifizierung möglich ist. – b) *Fixierte Arbeitsunzufriedenheit,* bei der die wahrgenommene Situation hingenommen wird. – c) *Pseudo-Arbeitszufriedenheit,* die auf einer Verfälschung der Situationswahrnehmung beruht. – Es kann davon ausgegangen werden, dass die Grenzen zwischen den verschiedenen Formen der Arbeitszufriedenheit fließend sind. – 6. Die *Ergebnisse empirischer Untersuchungen* sind bisher kontrovers und unbefriedigend. Dies liegt an der Komplexität des Konstrukts Arbeitszufriedenheit, in dem soziale und psychische Faktoren einen multivarianten Zusammenhang bilden, und an der Schwierigkeit der Messung von Arbeitszufriedenheit. – Vgl. auch Arbeit, Entfremdung, → Betriebsklima, → Motivation.

Argumentationsrationalität – 1. *Begriff:* Kognitive Rationalität von unstrukturierten

Entscheidungen, bes. komplexen Managementscheidungen, welche die Stichhaltigkeit und Überzeugungskraft von Argumenten bei Entscheidungen thematisiert. – 2. *Determinanten:* Die Überzeugungskraft von Argumentationen und damit das Niveau der Argumentationsrationalität hängen von der Struktur und der Substanz der vorgetragenen Begründungen ab. Dabei ist im Kern zwischen der Begründungsbreite (Zahl der Argumente pro begründeter Aussage) und der Begründungstiefe (Zahl der durchlaufenen Argumentationsrunden), der Zuverlässigkeit der vorgebrachten Argumente (wahre, bewährte, plausible und mögliche Gründe) und ihrer Ausgewogenheit (Relation von Pro- und Contra-Argumenten) sowie der Angemessenheit der Auflösung von Argumentkonflikten zu trennen.

Artenschutz – Schutz und Pflege der wild lebenden Tier- und Pflanzenarten in ihrer natürlichen und historisch gewachsenen Vielfalt (vgl. § 37 BNatschG vom 29.7.2009 [BGBl. I 2542] m.spät.Änd.). Im fünften Kapitel des BNatschG (§§ 37-55) ist geregelt, welche Arten mit welchen Maßnahmen zu schützen sind. Die in der BundesartenschutzVO vom 16.2.2005 (BGBl. I 258.896) m.spät.Änd. sowie im Washingtoner Artenschutzübereinkommen (WA) i.d.F. der Verordnung (EG) Nr. 338/97 enthaltenen Arten sind bes. geschützt. Vom Aussterben bedroht sind die in Anhang I des WA aufgeführten Arten. – Zu den Schutzmaßnahmen für bes. geschützte Arten gehören weitgehende Besitz-, Vermarktungs- und sonstige Verkehrsverbote. Ein- und → Ausfuhr solcher Arten sind genehmigungspflichtig. – Die im Juni 1992 auf der UN-Konferenz für Umwelt und Entwicklung in Rio de Janeiro beschlossene Konvention zum Schutz der biologischen Vielfalt bedeutet eine verstärkte Selbstverpflichtung der Staaten zum Artenschutz; von der Bundesrepublik Deutschland gezeichnet.

ASCO – Abk. für *Association of Management Consultants Switzerland,* Verband der

Unternehmensberater in der Schweiz; 1958 gegründet; Sitz in Zürich. Die ASCO begreift sich auch als Standesvertretung und dient als Plattform für Wissen und Information im Consulting.

Assessmentcenter – umfassend angelegtes eignungsdiagnostisches Verfahren (→ Eignungsdiagnostik), bei dem mehrere Kandidaten über i.d.R. ein bis drei Tage untersucht und von mehreren Beurteilern hinsichtlich ihrer → Eignung für bestimmte Positionen beurteilt werden. Eignungsdiagnostische Verfahren, die dabei zum Einsatz kommen, sind etwa Rollenspiele, Präsentationsübungen oder eine → Postkorb-Übung. Wegen des Einsatzes dieser verschiedenen Instrumente kann die Validität des Verfahrens durch einzelne Tests zur Messung allgemeiner Fähigkeiten (→ Intelligenz, → Intelligenztest), Arbeitsproben oder strukturierte Interviews übertroffen werden.

Assoziation – I. Allgemein: Vereinigung bzw. Zusammenschluss wirtschaftlicher Organe zur Verfolgung bes. wirtschaftlicher Ziele.

II. **Psychologie:** automatischer Denkvorgang; eine gelernte Beziehung zwischen zwei kognitiven Elementen, meist einem Reiz und einer belohnten (oder bestraften) Reaktion (→ Behaviorismus). – *Bedeutung für die Werbung:* Durch Ausnutzung von Sprach- und Denkgewohnheiten werden bei den Umworbenen durch Verwendung von (1) informativen Sprachformeln bestimmte *sachbezogene Vorstellungen* ausgelöst und damit indirekt Sachinformationen vermittelt; (2) emotionalen Sprachformeln automatisch *gefühlsmäßige Vorstellungen* ausgelöst und damit indirekt emotionale Eindrücke vermittelt. – Vgl. auch → emotionale Konditionierung.

III. **Soziologie:** zumeist freiwillige Verbindung von Gruppen (aber auch einzelnen Personen) u.a. sozialen Gebilden (z.B. Organisationen) zu Gruppen-, Zweck-, Interessenverbänden (wie Gewerkschaften, Genossenschaften, Sportverbänden). – Der Begriff *Assoziierung* ist teilweise gebräuchlich zur Bezeichnung

aller sozialer Prozesse, die zu Verbindungen unter Menschen führen im Gegensatz zu Assoziationen zur Kennzeichnung aller so zustande gekommenen Kontakte, Vereinigungen etc.

IV. **Statistik:** 1. Bezeichnung für den *Zusammenhang zweier nominaler Merkmale oder speziell dichotomer Merkmale.* Die Häufigkeitstabelle (Kontingenztafel) wird für dichotome Merkmale als Vierfeldertafel bezeichnet. Zur Quantifizierung der Assoziation werden *Assoziationsmaße* berechnet, etwa der Yule'sche Assoziationskoeffizient oder der Pearson'sche Kontingenzkoeffizient. Zur Prüfung der Existenz von Assoziationen werden statistische Testverfahren eingesetzt. – 2. Assoziation wird auch als Oberbegriff für den *Zusammenhang von zwei Merkmalen beliebiger Skalierung* (Skala) verwendet, umfasst dann also auch Maß- und Rangkorrelation (Korrelation).

Attest – bei krankheitsbedingtem Fernbleiben vom → Arbeitsplatz durch den Arbeitnehmer bei seinem Arbeitgeber vorzulegende ärztliche Bescheinigung, i.d.R. nach Arbeits- oder Tarifvertrag oder auf Verlangen des Arbeitgebers bei Krankheitsdauer über drei Tage. – *Anders:* Gesundheitsattest.

Attribution – Zuschreibung von Eigenschaften und Ursache-Wirkung-Beziehungen gegenüber der Realität durch die handelnde Person zur Erleichterung der Orientierung im Alltag. Attributionen ersetzen häufig überprüftes Wissen. – *Formen: Kausal-Attribution* liegt vor, wenn die Person spezifischen Bedingungen Ursachencharakter zuschreibt; *internale Kausal-Attribution,* wenn die Person Erfolg/Misserfolg auf Bedingungen in ihr selbst (Fähigkeiten) zurückführt; *externale Kausal-Attribution,* wenn die Person Erfolg/ Misserfolg durch Bedingungen in der Umwelt (Zufall) erklärt. – Die in der → Leistungsmotivation wichtige Orientierung „Hoffnung auf Erfolg" wird attributionstheoretisch durch stabile Tendenzen der Person zu internaler

Attribution gegenüber erlebtem Erfolg zu erklären versucht.

Aufbauorganisation – 1. *Begriff*: Das statische System der organisatorischen Einheiten einer Unternehmung, das die Zuständigkeiten für die arbeitsteilige (Arbeitsteilung) Erfüllung der Unternehmungsaufgabe regelt (Organisation). – 2. Zur *Gestaltung der Aufbauorganisation* werden im Rahmen der → Stellenbildung bzw. Abteilungsbildung (→ Spezialisierung) die → organisatorischen Einheiten nach Maßgabe ihrer Kompetenzen voneinander abgegrenzt (→ Kompetenzabgrenzung) und durch → Handlungsbeziehungen miteinander verknüpft. Je nach Art dieser Abgrenzung und Verknüpfung (→ Leitungssystem) ergeben sich unterschiedliche → Organisationsstrukturen. – Vgl. auch → Hierarchie. – *Gegensatz*: → Ablauforganisation.

Aufbau- und Ablaufkontrolle – im Sinn der → EMAS-VO Kontrolle von Funktionen, Tätigkeiten und Verfahren, die sich auf die Umwelt auswirken oder auswirken können und für Politik und Ziele des Unternehmens relevant sind. – *Aufgabe*: Kontrolle für die Einhaltung der Anforderungen, die das Unternehmen im Rahmen seiner Umweltpolitik, seines Umweltprogramms und seines → Umweltmanagementsystems für den Standort definiert hat, sowie die Einführung und Weiterführung von Ergebnisprotokollen.

Aufgabe – I. Organisation: Dauerhaft wirksame Aufforderung an → Handlungsträger, festgelegte Handlungen wahrzunehmen. – Vgl. auch → Aufgabenanalyse, → Aufgabensynthese.

II. Börsenwesen: Aufgabegeschäft.

Aufgabenanalyse – *Aufgabengliederung*; Verfahren der → Organisationsmethodik. – 1. *Begriff*: Die systematische Zerlegung einer komplexen → Aufgabe in verteilungsfähige, d.h. auf Handlungsträger übertragbare Teilaufgaben nach verschiedenen Zerlegungskriterien. – 2. *Zweck* der Aufgabenanalyse ist es, die Möglichkeiten der

Bildung von Teilaufgaben zu untersuchen, die im Rahmen der anschließenden → Aufgabensynthese als „Bausteine" zu Aufgabenkomplexen für Handlungsträger zusammengefasst (→ Stellenbildung) und raum-zeitlich geordnet (→ Ablauforganisation) werden können. – 3. *Zerlegungskriterien*: Die Aufgabenanalyse kann z.b. nach den Aufgabenmerkmalen Verrichtung (→ Verrichtungsprinzip), Objekt (→ Objektprinzip) sowie Rang (→ Ranggliederung), Phase (→ Phasengliederung) und Zweck (→ Zweckgliederung) erfolgen.

Aufgabengliederung → Aufgabenanalyse.

Aufgabenhierarchie → Hierarchie.

Aufgabenorientierung – *Initiating Structure*; ist neben der → Mitarbeiterorientierung eine der bekanntesten Dimensionen des → Führungsverhaltens. Aufgabenorientierung ist gekennzeichnet durch Verhaltensweisen wie dem Definieren klarer Ziele, Aufzeigen der Wege zum Ziel, Strukturieren von Aufgaben, Aktivieren durch aufmunternde bzw. drängende Worte oder Aussprechen von Anerkennung bzw. Kritik anlässlich einer Kontrolle. Aufgabenorientierung steht tendenziell im Zusammenhang mit hoher Leistung der Arbeitsgruppe.

Aufgabensynthese – Verfahren der → Organisationsmethodik. – 1. *Begriff*: Zusammenfassung der durch → Aufgabenanalyse gewonnenen Teilaufgaben. – 2. *Zweck*: → Organisationsgestaltung. – 3. *Formen*: a) Im Rahmen der *aufbauorientierten Aufgabensynthese* (Aufgabensynthese zur Gestaltung der → Aufbauorganisation) werden die Teilaufgaben zu Aufgabenkomplexen für gedachte Handlungsträger zusammengefasst (→ Stellenbildung). – b) Mithilfe der *ablauforganisatorischen Aufgabensynthese* (Aufgabensynthese zur Gestaltung der → Ablauforganisation) werden die Teilaufgaben räumlich und zeitlich unter Berücksichtigung ihrer Interdependenzen mit den Teilaufgaben anderer Handlungsträger geordnet.

Aufgabenumfeld – Das Aufgabenumfeld beinhaltet im Rahmen des Stakeholder-Ansatzes Anspruchsgruppen, die konkrete Anforderungen an das Unternehmen stellen können. Hierzu zählen als branchenspezifische Gruppen Lieferanten, Kunden und Wettbewerber. Anteilseigner und Kreditgeber sowie Mitarbeiter, Staat und Öffentlichkeit zählen als regulative Gruppen zum erweiterten Aufgabenumfeld.

Aufmerksamkeitsprämie → Prämie, die zusätzlich zu einer bestimmten Grundlohnform für bes. Aufmerksamkeitserfordernisse bei der Arbeit gezahlt wird (→ Prämienlohn). Aufmerksamkeitsprämie kann sowohl → Qualitätsprämie als auch Quantitätsprämie (→ Mengenleistungsprämie) sein.

Auftrag – I. Bürgerliches Recht: Vertrag nach §§ 662–674 BGB, durch den sich eine Partei (der Beauftragte) verpflichtet, ein ihr von der anderen Partei (dem Auftraggeber) übertragenes Geschäft für diese unentgeltlich sorgfältig auszuführen. – **1.** *Annahme:* Wer zur Besorgung gewisser Geschäfte öffentlich bestellt ist oder sich erboten hat, muss, wenn er einen Auftrag nicht annimmt, Ablehnung unverzüglich dem Auftraggeber anzeigen (§ 663 BGB). – **2.** *Pflichten:* a) Der *Beauftragte* ist verpflichtet, dem Auftraggeber die erforderlichen Auskünfte zu geben, über den Stand des Geschäfts zu geben und nach Beendigung des Auftrags Rechenschaft abzulegen (Rechenschaftslegung, § 666 BGB). Er hat dem Auftraggeber alles, was er zur Ausführung des Auftrags erhält und aus der Geschäftsbesorgung erlangt, herauszugeben (§ 667 BGB). – b) Der *Auftraggeber* muss dem Beauftragten die Aufwendungen, die er zum Zwecke der Ausführung des Auftrags gemacht hat und für erforderlich halten durfte, ersetzen (§ 670 BGB) bzw. auf Verlangen dem Beauftragten hierüber einen Vorschuss leisten (§ 669 BGB). – **3.** *Beendigung:* Der Auftrag kann von dem Auftraggeber jederzeit widerrufen werden. Der Beauftragte kann jederzeit kündigen (§ 671 BGB). – Vgl. auch Geschäftsbesorgungsvertrag, Bankauftrag. – **4.** *Sonderfall:* Der dem Handelsvertreter erteilte Auftrag ist kein Auftrag im Sinn des BGB, sondern Annahme eines Angebots, wenn der Handelsvertreter ein Abschlussvertreter, oder Angebot zum Vertragsschluss, wenn er Vermittlungsvertreter ist.

II. Organisation: Organisatorisches Hilfsmittel der Betriebssteuerung: Die beauftragte Stelle wird zur Ausführung einer Leistung verpflichtet. – Bestimmte Funktionsstellen (→ Instanzen) haben dabei das Recht, Aufträge zu erteilen. Die Auftragserteilung kann sowohl schriftlich als auch mündlich erfolgen.

III. Wirtschaftsinformatik: Job.   .

Auftragszeit (T) → Vorgabezeit für das Ausführen eines Auftrags durch einen Menschen. T besteht aus → Rüstzeit (t_r) und → Ausführungszeit (t_a); Gliederung im Einzelnen vgl. Abbildung „Auftragszeit". Wichtig v.a. für

Auftragszeit T

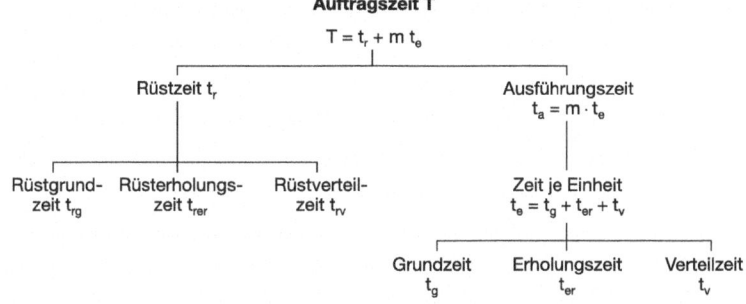

$$T = t_r + m \, t_e$$

Rüstzeit t_r Ausführungszeit $t_a = m \cdot t_e$

Rüstgrundzeit t_{rg} Rüsterholungszeit t_{rer} Rüstverteilzeit t_{rv} Zeit je Einheit $t_e = t_g + t_{er} + t_v$

Grundzeit t_g Erholungszeit t_{er} Verteilzeit t_v

Lohnformen, Produktionsprozessplanung und Kalkulation.

Ausfuhr – *Export*.

I. Begriff: 1. *Allgemein:* entgeltliche oder unentgeltliche Abgabe der in einem Wirtschaftsgebiet produzierten Sachgüter *(Sachgüter- bzw. Warenausfuhr)* und/oder von Dienstleistungen *(Dienstleistungsausfuhr)* in fremde Wirtschaftsgebiete. Teil des Außenhandels. – *Gegensatz:* Einfuhr. – 2. *Deutsches Außenwirtschaftsrecht:* Verbringen von Sachen und Elektrizität aus dem dt. Wirtschaftsgebiet nach fremden Wirtschaftsgebieten (§ 4 II Nr. 4 AWG). – 3. *Zollrecht:* Verbringen von Gemeinschaftswaren aus dem (EU-)Zollgebiet (Art. 3 ZK) im Rahmen des Ausfuhrverfahrens (Art. 161 ZK). Beim Verbringen von Nichtgemeinschaftswaren spricht der Zollkodex (ZK) von Wiederausfuhr (Art. 182 ZK).

II. Arten: 1. *Direkte Ausfuhr:* Direktausfuhr; *indirekte Ausfuhr:* Ausfuhrhandel. – 2. *Sichtbare Ausfuhr:* Ausfuhr von Waren (Sachgütern der Ernährungswirtschaft, Rohstoffen, Halb- und Fertigwaren); *unsichtbare Ausfuhr:* Erbringung von Dienstleistungen für ausländische Auftraggeber (z.B. Vermittlungsleistungen inländischer Banken für Ausländer, Dienstleistungen für im Inland reisende Ausländer, Vertretertätigkeit für Ausländer, Vergabe von Lizenzen an Ausländer, Versicherungsleistungen, Transportleistungen). – Vgl. auch Auslandsgeschäft.

III. Regelungen im Außenwirtschaftsgesetz: Nach den Bestimmungen des Außenwirtschaftsgesetzes (AWG) ist die Ausfuhr grundsätzlich genehmigungsfrei (§ 1 AWG). Allerdings sieht das Gesetz Möglichkeiten vor, dieses Prinzip einzuschränken. Nach § 5 AWG dürfen außenwirtschaftliche Aktivitäten einer Beschränkung unterworfen werden, um die Erfüllung zwischenstaatlicher Vereinbarungen zu erfüllen, denen das Parlament zugestimmt hat. Darüber hinaus darf die Warenausfuhr beschränkt werden, um die Bedarfsdeckung an lebenswichtigen Gütern im eigenen Lande sicherzustellen (§ 8 I AWG). – Vgl. auch Ausfuhrverfahren, Boykott, Ausfuhrverbot, Embargo, Exportkontrolle.

IV. Steuerrecht: Gewinne aus der Ausfuhr von Waren werden üblicherweise nur im Land des Exporteurs den direkten Steuern unterworfen (Betriebsstättenprinzip), dagegen fallen indirekte Steuern für die ausgeführten Waren oder Dienstleistungen typischerweise im Land des Importeurs an (Bestimmungslandprinzip; Ausfuhrlieferung). Ausfuhrlieferungen sind in Deutschland von der Umsatzsteuer befreit.

V. Zollrecht: Bei der Ausfuhr von Gemeinschaftswaren bzw. der Wiederausfuhr von Nichtgemeinschaftswaren geht es nur in zweiter Linie um die Erhebung von Abgaben. Denn Ausfuhrzölle würden den allseits gewünschten Export behindern. An erster Stelle steht die Frage, ob exportiert werden darf. Vielfältige Verbote und Beschränkungen sowie handelspolitische Regelungen auf EU-Ebene und im nationalen Recht schränken die Ausfuhr ein. Im Ausfuhrverfahren werden auch die Nachweise für die Umsatzsteuer erstellt.

VI. Bedeutung/Besonderheiten: 1. *Bedeutung:* Ausprägung der → Internationalisierungsstrategie grenzüberschreitend tätiger Unternehmungen auf der Basis unterschiedlicher → Internationalisierungsmotive. – 2. *Vorteile/Nachteile:* Eine reine Ausfuhrorientierung grenzüberschreitend tätiger Unternehmungen ist weniger ressourcenaufwändig und damit risikoärmer als die Produktion im Ausland. Dem stehen jedoch die Risiken von Handelshemmnissen sowie die ausländischen Marktrisiken (z.B. Zahlungsrisiken) gegenüber. Außerdem besteht keine Möglichkeit, Faktorkostenunterschiede zwischen In- und Ausland zu nutzen. Häufig wird deshalb die Form der Ausfuhr lediglich als (frühe) Phase im Rahmen des Internationalisierungsprozesses und des internationalen Wachstums gesehen. – 3. Bei der Vorbereitung und Abwicklung von Ausfuhr kommt der *Ausfuhrfinanzierung* bes. Bedeutung zu. Im Handel mit Geschäftspartnern weniger hoch industrialisierter Länder sind nach wie vor sog. Counter-Trades (Kompensationsgeschäfte) verbreitet.

VI. Gesamtwirtschaftliche Bedeutung: Außenhandel.

Ausführbarkeit – arbeitswissenschaftlich anerkanntes Kriterium für menschengerechte Arbeitsgestaltung: Eine Arbeit ist dann ausführbar, wenn sie so organisiert ist, dass ein Mensch ohne Gefährdung seines Lebens bei Berücksichtigung seiner biologischen Gegebenheiten tätig werden kann. Die Arbeit sollte den Körpermaßen, den Körperkräften und dem Sinnesapparat des Menschen entsprechen.

Ausfuhrmarktforschung Auslandsabsatzforschung, → Auslandsabsatzmarktforschung, → interkulturelle Konsumentenforschung.

Ausführungszeit (t) – Der Begriff Ausführungszeiten entstand in Verbindung mit dem REFA-Verband, gegründet 1924 (Verband für Arbeitsstudien und Betriebsorganisationen e. V.). – Die Ausführungszeit und Rüstzeit gehören zusammen zur Auftragszeit. Sie ist von der Auftragsgröße abhängig, dementsprechend handelt es sich also um eine variable Größe. – Zur Ausführungszeit zählen alle nach der Vorbereitungszeit (Rüstzeit) entstehenden Arbeitszeiten. Die Ausführungszeit und die Rüstzeit zusammen nennt man gesamte Vorgabezeit, die zur Erledigung eines gesamten Arbeitsganges an einen Auftrag benötigt wird:

$$t_a = m * t_e$$

t_a = Ausführungszeit, m = Menge, t_e = Zeiteinheit pro Menge

Ausgleichsgesetz der Planung – 1. *Begriff*: Regel zur Berücksichtigung der Interdependenzen zwischen einzelnen Teilplänen und Beseitigung auftretender Diskrepanzen. – 2. *Merkmale*: Bestimmend für eine integrierte → Gesamtplanung ist der schwächste Teilbereich *(Minimumsektor, Engpassbereich)*, der z.b. in der Leistungserstellung, -verwertung oder im Finanzbereich liegen kann. Der Minimumsektor kann wechseln, sodass eine entsprechende Änderung der Planung erforderlich wird. Kurzfristig lässt sich der Minimumsektor nicht beseitigen, langfristig wird versucht, den Engpassbereich auf das Niveau der anderen Teilbereiche, z.b. durch Erweiterungsinvestitionen, einzuregulieren. – Vgl. auch → Plankoordination, → Unternehmensplanung.

Auslandsabsatzmarktforschung – 1. *Begriff*: Teilbereich der Absatzmarktforschung bezogen auf ausländische Märkte, und zwar aus dem Blickwinkel eines Unternehmens, das bereits auf bestimmten Auslandsmärkten tätig ist oder dies beabsichtigt. Auslandsabsatzmarktforschung und Betriebsforschung bilden die Auslandsabsatzforschung. – 2. *Ziel der Auslandsabsatzmarktforschung* ist die systematische Suche, Sammlung, Aufbereitung und Interpretation von Informationen über Auslandmärkte und ihre Besonderheiten. Im Rahmen der Auslandsabsatzmarktforschung gewonnen Informationen dienen als Entscheidungsgrundlage für die Internationalisierungsentscheidung, für die Wahl der → Internationalisierungsstrategie, der → internationalen Marktsegmentierung, der Allokation von Marketingbudgets auf die verschiedenen Auslandsmärkte, der Selektion von Auslandsmärkten sowie der Planung und Gestaltung des internationalen Marketing-Mix. Der Auslandsabsatzmarktforschung kommt somit eine zentrale Stellung im Rahmen der Informationsbeschaffungsfunktionen zu. – 3. *Probleme* können begründet sein in Sprache, kultureller Prägung der ausländischen Wirtschaftssubjekte, Wirtschaftsstruktur des Auslandsmarktes, Gepflogenheiten etc. Problematisch ist die Verfügbarkeit von aktuellen, zuverlässigen und möglichst aussagekräftigen Statistiken und sonstigen wichtigen Informationsgrundlagen bes. im Hinblick auf die Vergleichbarkeit der jeweiligen Länderdaten. – 4. *Bedeutung*: Der Auslandsabsatzmarktforschung kommt wegen des erhöhten Risikos der Auslandstätigkeit, dem Umfang der zur Verfügung stehenden bzw. zu erhebenden Informationen sowie deren Kosten eine bes. Rolle zu. – Vgl. auch → interkulturelle Konsumentenforschung.

Auslandseinsatz – *International Transfer, Overseas Assignment*. 1. *Begriff/Gründe*: Übernahme von Tätigkeiten durch ins Ausland entsandte Mitarbeiter (→ Expatriates). Je nach Dauer des Auslandseinsatzes, arbeitsvertraglichen und steuerlichen Regelungen werden unterschiedliche Formen des Auslandseinsatzes (Dienst-/Geschäftsreise, Abordnung, Delegation, Auslandstätigkeit, Versetzung) unterschieden. Die Gründe der Unternehmung, Mitarbeiter trotz hoher Kosten ins Ausland zu entsenden, sind vielfältig: Know-How-Transfer, Erwerb internationaler Erfahrung, Koordination der Austauschbeziehungen zwischen Muttergesellschaft und Auslandsgesellschaft(en), Herausbildung einer unternehmensweit einheitlichen Vision. Die Stellenbesetzung im Ausland wird durch die strategische Grundhaltung des Unternehmens stark beeinflusst (→ ethnozentrisch, → polyzentrisch, → regiozentrisch, → geozentrisch). – 2. Der *Entsendungsprozess* kann in verschiedene Phasen unterteilt werden: Suche und Selektion sowie Vorbereitung und Training des Mitarbeiters, Auslandseinsatz und → Repatriierung. – Vgl. auch → interkulturelles Management, → interkulturelles Training, → EPRG-Modell.

Auslandsniederlassung – I. Allgemein: Grundeinheit eines grenzüberschreitend tätigen Unternehmens im Ausland, die keine eigenständige juristische Person verkörpert (→ internationale Mutter-Tochter-Beziehungen). Vorteile sind die geringeren formaljuristischen und steuerrechtlichen Auflagen, Nachteile u.a. der eingeschränkte Zugang zu den Kapitalmärkten und geringere Akzeptanz im Gastland im Vergleich zur rechtlich selbstständigen → Auslandstochtergesellschaft.

Auslandsniederlassungen können sich auf einzelne betriebliche Funktionen (z.B. Vertrieb) beschränken oder auch die gesamte betriebliche Funktionspalette (einschließlich Produktion) abdecken. – *Gegensatz*: → Auslandstochtergesellschaft.

II. Außensteuerrecht: 1. *Qualifizierung*: Auslandsniederlassungen sind nach Außensteuergesetz steuerlich als ausländische Betriebsstätten zu qualifizieren. – 2. *Meldepflicht*: Die Gründung und der Erwerb von Auslandsniederlassungen muss den Finanzbehörden mitgeteilt werden (§ 138 AO). – 3. *Einkünfte* aus Auslandsniederlassungen sowie das darin eingesetzte *Vermögen* bzw. die daran gehaltene *Beteiligung* unterliegen bei dem inländischen Stammhaus bzw. den inländischen Anteilseignern der unbeschränkten Steuerpflicht. Für die steuerliche Berücksichtigung von Auslandsverlusten können dabei u.U. verschärfte Anforderungen gelten. – 4. Zur *Vermeidung oder Milderung* der im Zusammenhang mit der Besteuerung im Ausland auftretenden Doppelbesteuerung greifen verschiedene Methoden zur Vermeidung der Doppelbesteuerung ein.

Auslandstochtergesellschaft – Grundeinheit des internationalen Unternehmens im Ausland, die eine eigene Rechtspersönlichkeit verkörpert (internationales Management). Die Errichtung einer Auslandstochtergesellschaft kann über Neugründung im Ausland oder durch Akquisition eines ausländischen Unternehmens (→ internationale Akquisition) erfolgen. Die Auslandstochtergesellschaft muss mit Eigenkapital ausgestattet werden. Die juristische Eigenständigkeit entbindet die Muttergesellschaft nicht immer von der Haftungsverantwortung (→ globale Unternehmenshaftung). Auslandstochtergesellschaften können sowohl reine Vertriebsgesellschaften als auch produzierende Gesellschaften sein. Aufgrund geografischer Entfernung, kultureller und struktureller Unterschiede zwischen Heimat- und Gastland (internationales Management) entstehen im

Vergleich zu nationalen Tochtergesellschaften bes. Anforderungen an das internationale Management (→ internationale Mutter-Tochter-Beziehungen). – *Gegensatz:* → Auslandsniederlassung.

Ausnahmeregelung – die situationsabhängige Behandlung eines Einzelfalls, die (eigentlich) den Regelungen der Organisation zuwiderläuft.

Ausschussverwertung – Maßnahmen zur zweckentsprechenden Verwertung anfallenden Ausschusses: (1) Verkauf als Zweite Wahl; (2) Nachbearbeitung zur Herstellung des vollwertigen Zustandes; (3) Verwendung als Ausgangsmaterial für ein anderes Produkt; (4) Nachbearbeitung und Verwendung in einem anderen Erzeugnis; (5) Verschrottung und Verkauf als Schrott oder Altmaterial. – Vgl.

auch → Recycling, Entsorgung, Ausschussverhütung.

autokratischer Führungsstil → Führungsstil.

autonome Arbeitsgruppe → teilautonome Arbeitsgruppe.

Autonomiekosten – treten auf bei prozessbedingten Interdependenzen zwischen nicht koordinierten organisatorischen Teileinheiten. Autonomiekosten beeinflussen die Effizienz autonomer Entscheidungsfindung organisatorischer Teileinheiten. →

autoritärer Führungsstil → Führungsstil.

AWIDAT – *Abfallwirtschaftsdatenbank;* Datenbank, die im Rahmen des Informations- und Dokumentationssystems → UMPLIS beim → Umweltbundesamt (UBA) betrieben wird.

B

Bargründung – Form der → Gründung einer AG, bei der das Eigenkapital durch Geldeinlagen der Gründer aufgebracht wird. – *Gegensatz:* → Sachgründung, → Schein-Bargründung.

Barlohn → Geldlohn.

BDA – Abk. für → Bundesvereinigung der Deutschen Arbeitgeberverbände e. V.

BDU – Abk. für *Bundesverband Deutscher Unternehmensberater e. V.*, Wirtschafts- und Berufsverband der Management- und Personalberater in Deutschland; 1954 gegründet; Sitz in Bonn und Berlin. – 1. *Aufgaben:* Der BDU verfolgt den Zweck, die wirtschaftlichen und rechtlichen Rahmenbedingungen der Branche zu sichern, die Inanspruchnahme externer Beratung zu fördern, Qualitätsmaßstäbe durch Berufsgrundsätze durchzusetzen und so letztlich den Leistungsstandard der Consulting-Branche zu erhöhen. Daneben organisiert er u.a. Fachverbände, Arbeitskreise, Beratertage, Konferenzen und bietet Dienstleistungen wie Seminare und Workshops, die teilweise auch von Nichtmitgliedern in Anspruch genommen werden können. Der BDU ist Mitglied in der European Federation of Management Consultancies Associations (→ FEACO) und im International Council of Management Consulting Institutes (→ ICMCI). – 2. *Mitglieder:* Dem BDU gehören rund 13.000 Berater an, die sich auf 530 Mitgliedsfirmen verteilen (Stand 2006). Voraussetzungen für eine Mitgliedschaft (bei Gesellschaften für einen der Geschäftsführer) sind u.a. fünf Jahre hauptberufliche Berufserfahrung als Unternehmensberater (davon drei Jahre selbstständig oder in Leitungsfunktion) und Referenzen (drei Ansprechpartner bei Kunden und zwei Gespräche mit BDU-Mitgliedern). Die Mitgliedsunternehmen im BDU erzielen einen Marktanteil von rund 25 Prozent am Gesamtbranchenumsatz. – 3.

Geschichte: Der BDU wurde 1954 als „Bund Deutscher Unternehmensberater" ins Vereinsregister eingetragen. Bis Ende der 1960er-Jahre entstanden in Deutschland noch etwa zehn weitere Beraterverbände, die sich aber später dem BDU anschlossen oder ihre Tätigkeit einstellten. 1974 wurde auf die „persönliche Mitgliedschaft" verzichtet, sodass neben qualifizierten Beratern auch Beratungsunternehmen Mitglied im BDU werden können. Um den Verband nach Jahren des Wachstums wieder stärker auf die Unternehmensberaterbranche auszurichten, wurde 1995 der Verband für die Softwareindustrie BVIT e. V. ausgegliedert, inzwischen Teil des Bundesverbands Informationswirtschaft, Telekommunikation und neue Medien e. V. (BITKOM).

Beanspruchung → Beanspruchung und Belastung.

Beanspruchung und Belastung – Unter *Belastung* versteht man objektive, von außen auf den Menschen einwirkende Faktoren wie z.B. Lärm, Zeitdruck oder widersprüchliche Erwartungen an Mitarbeiter. – Unter *Beanspruchung* versteht man die subjektiven Folgen dieser Belastungen, die sich in a) physische (z.B. Beanspruchung des Herz-Kreislaufsystems, der Muskulatur etc.) und b) psychische Beanspruchung (z.B. Beanspruchung der Aufmerksamkeit, des Gedächtnisses etc.) unterteilen lassen. Die Begriffe psychische Beanspruchung und Belastung sind in der DIN 33405 aufgeführt. Durch eine Diskrepanz zwischen der Beanspruchung einer Person und ihrer jeweiligen Bewältigungsmöglichkeit (z.B. Fähigkeiten) können sich sowohl positive (z.B. höhere Aktivierung) als auch negative Beanspruchungsfolgen (z.B. Stress, → Monotonie etc.) ergeben.

Bedürfnis – 1. *Marketing:* Wunsch, der aus dem Empfinden eines Mangels herrührt. Man unterscheidet: natürliche Bedürfnisse,

gesellschaftliche Bedürfnisse (Kollektiv-
bedürfnisse) und Grundbedürfnisse. – 2.
*Marktpsychologie/Arbeits- und Organisations-
psychologie:* → Motiv.

Bedürfnishierarchie – 1. *Begriff:* Hierarchische Ordnung der → Bedürfnisse in der
Form einer Pyramide (Maslow); vgl. Abbildung „Bedürfnishierarchie". Die Basis der Pyramide besteht in physiologischen Bedürfnissen, während sich in der Spitze das Bedürfnis
nach Selbstverwirklichung findet. Zwischen
diesen Extremen liegen, von unten nach oben
betrachtet, die Bedürfnisse nach Sicherheit,
Zugehörigkeit und Wertschätzung. Die Hypothese der hierarchischen Motivaktivierung
besagt, dass ein nächst höheres Bedürfnis erst
dann aktualisiert wird, wenn das hierarchisch
untergeordnete Bedürfnis befriedigt ist. Situative Bedingungen, die z.B. eine Befriedigung
des Bedürfnisses nach Wertschätzung (Anerkennung) ermöglichen, gewinnen demnach erst nach der Befriedigung der untergeordneten Bedürfnisse den Charakter eines
→ Anreizes. – 2. *Beurteilung:* Die Bedürfnishierarchie ist die bekannteste Klassifikation
von Bedürfnissen; sie hat im Sinn der → humanistischen Psychologie auf die Praxis der
→ Arbeitsgestaltung wesentlich Einfluss genommen. Theoretische Fundierung sowie
empirische Evidenz für die Klassifikation der
Bedürfnisse und die Hypothese der hierarchischen Motivaktivierung sind im Gegensatz zu
ihrem Bekanntheitsgrad unzureichend.

Bedürfnishierarchie

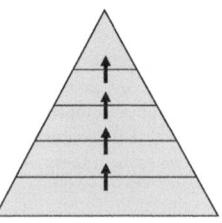

Bedürfnis nach
Selbstverwirklichung
Bedürfnis nach
Wertschätzung
Bedürfnis nach
Zugehörigkeit
Bedürfnis nach
Sicherheit
Physiologische
Bedürfnisse

Bedürfnislohn – Teil des Arbeitsentgelts, der
nicht oder nicht allein an der Leistung des
Arbeitnehmers für den Betrieb ausgerichtet
ist, sondern darauf, welchen Geldbetrag der
Arbeitnehmer benötigt, um das Existenzminimum (Living Wage) oder einen angemessenen Lebensstandard (Cultural Wage) finanzieren zu können. Die Berücksichtigung bes.,
das Existenzminimum bestimmender sozialer Verhältnisse (z.B. Kinderzahl) und die Bestrebungen, den cultural wage zu einem festen Bestandteil der Lohnbemessung zu
machen, sind jüngeren Datums, z.B. Soziallohn des Bergbaus. Insgesamt hat sich jedoch
eine Kombination aus Bedürfnislohn und
→ Leistungslohn durchgesetzt, wobei zu einem bedürfnisorientierten Basisbetrag leistungsbezogene Bestandteile hinzugerechnet
werden.

Befehlsgewalt – veraltet für → Weisungsbefugnis.

Befehlsweg – *Befehlskette;* veralteter Begriff
der Organisation für die vertikale → Kommunikationsbeziehung zur Übermittlung von
Weisungen.

Beförderung – *Transport.*

I. Verkehrsrecht und -politik: die durchgeführte Ortsveränderung von Personen und
Sachen. – Vgl. auch Verkehr.

II. Personalwirtschaft: i.d.R. hierarchischer
Aufstieg. Mit der Beförderung wird einem
Mitglied einer zivilen Organisation ein höherer Dienstgrad oder eine verantwortungsvol-
lere Dienststellung übertragen. – Vgl. auch
Versetzung, → Karriereplanung, Personalentwicklung, → Personalmanagement.

Befragung – 1. *Begriff:* Informationsgewin-
nungsmethode zur Erhebung von Daten. Gegenstand von Befragungen ist z.B. die Gewinnung von Informationen über bisheriges
Kaufverhalten, zukünftiges Verhalten sowie über Einstellungen und Motive der Befragten. – *Anders:* → Beobachtung. – 2. *Anlässe:* a) Befragung zu wissenschaftlichen
oder staatspolitischen Zwecken durch For-
schungsinstitute oder freiberufliche Forscher
(Enquete). – b) Befragung im Interesse der

Marktforschung bei allen Fragestellungen des Marketings, die aufgrund einer intervenierenden Variablen oder aus wirtschaftlichen Gründen nicht durch → Beobachtungen beantwortet werden können. – 3. *Formen:* a) Nach dem *befragten Personenkreis:* Expertenbefragung und Abnehmerbefragung (Verbraucherbefragung, Händlerbefragung). – b) Nach den *Befragungsformen:* Persönliche Befragung (Interview), schriftliche Befragung, telefonische Befragung (Telefonbefragung) und Internetbefragung oder Onlinebefragung. Die Auswahl der Befragungsform erfolgt u.a. nach der Länge der Befragung (persönlich: lange Befragungen möglich, telefonisch ist in der Mitte, schriftlich und online nur kurze Befragungen), nach den Kosten (persönlich: hoch, telefonisch: mittel, online und schriftlich niedrig), nach den notwendigen Stimuli (z.B. kann man Bilder persönlich und online gut zeigen) und nach der erforderlichen Schnelligkeit (persönlich und schriftlich langsam, telefonisch und online schnell). – c) Nach der *Zahl der zu untersuchenden Themen:* Einthemenbefragung und Mehrthemenbefragung (Omnibus-Befragung). – d) nach der Häufigkeit der Befragung: Einmalbefragung (Befragung wird einmalig durchgeführt, auch Ad-hoc-Befragung) oder Wiederholungsbefragung (Befragung wird in regelmäßigen Abständen wiederholt, um Veränderungen zu erfassen), wobei hier unterschieden wird zwischen Panelbefragung (Fragen werden stets an die gleiche Stichprobe gerichtet) und Wellenbefragung (wechselnde Stichproben). – e) nach der *Arten der Fragestellung (Befragungstaktik):* (1) Direkte Befragung; (2) indirekte Befragung: Die Auskunftsperson wird durch geschickte und psychologisch zweckmäßige Formulierung der Fragen veranlasst, über Sachverhalte zu berichten, die sie bei direkter Befragung aus den verschiedensten Gründen verschwiegen oder verzerrt wiedergegeben hätte, oder Zusammenhänge werden durch Korrelationsanalysen oder experimentelle Anordnungen herausgefunden, ohne dass diese Beziehungen

den Auskunftspersonen selbst bewusst werden. Zu den Frageformen vgl. Fragebogen. – 4. *Probleme:* Problematisch sind Befragungen u.U. deshalb, weil mit dieser Methode nicht das erhoben wird, was sie zu erheben beabsichtigt (Validität). Die Antworten können falsch oder verzerrt sein, weil die Befragten keine wahre Auskunft geben möchten, weil sie sich nicht mehr richtig erinnern, weil sie die Frage falsch verstehen oder weil durch die Art der Befragung (z.B. Reihenfolge der Fragen, Art der Antwortalternativen) das Antwortverhalten systematisch beeinflusst wird. – 5. *EDV-Einsatz bei Befragungen:* computergestützte Datenerhebung.

Behaviorismus – verhaltenswissenschaftliche Forschungsrichtung. – *Kerntheorie* ist die unmittelbare Erklärbarkeit menschlichen Verhaltens durch Beobachtung der auf den Menschen einwirkenden Reize und der dadurch ausgelösten Reaktionen. Nach dieser Auffassung werden Verhaltensweisen erworben, entweder durch die Koppelung von Hinweisreizen und Verhaltensweisen oder durch die Belohnung von Verhaltensweisen. – *Grundlage* ist das Stimulus-Response-Konzept (SR-Konzept), das jedem Reiz eine bestimmte Reaktion zuordnet, ohne Berücksichtigung der Vorgänge im Organismus des Menschen (z.B. Denken, Fühlen etc.; Organismus als Blackbox); Käufer-und Konsumentenverhalten. – *Weiterentwicklung des Behaviorismus:* Neobehaviorismus.

Belastung – I. Arbeitspsychologie: → Beanspruchung und Belastung.

II. Buchführung: Die Eintragung eines Buchungspostens im Soll eines Kontos („belasten"). Das zu belastende Konto steht im Buchungssatz der doppelten Buchführung an erster Stelle, z.B. Kassakonto an Warenverkaufskonto (Belastung Kasse). – *Gegensatz:* Gutschrift.

III. Grundstücksrecht: In Abt. 2 und 3 des Grundbuchs eingetragene Rechte eines Dritten an einem Grundstück; in Abt. 2 Beschränkungen des Eigentums wie

Grunddienstbarkeiten und Nießbrauch; in Abt. 3 die häufigeren Belastungen wie Hypotheken und Grundschulden.

Belegschaft – Gesamtheit aller im Betrieb tätigen Arbeitnehmer: Arbeiter und → Angestellte, einschließlich der Auszubildenden, ausschließlich leitende Angestellte. – Beziehung zum Arbeitgeber geregelt durch Betriebsverfassung. – Vgl. auch → Stammbelegschaft.

Beleuchtung – zu berücksichtigen wegen der Erhaltung der Sehkraft und des Leistungsvermögens der Arbeitnehmer sowie zur Vermeidung vorzeitiger → Ermüdung (Betriebsunfälle). – 1. Einlass von *Tageslicht* in die Arbeitsräume in möglichst breitem Strom, jedoch ohne direkte Sonnenbestrahlung der Arbeitsplätze oder Werkstücke. Empfohlen wird eine Kombination aus indirekter und gleichmäßiger Raumausleuchtung und geeigneten Arbeitsplatzleuchten für die individuelle Lichtgestaltung. – 2. Bei *künstlicher* Beleuchtung ist auf angemessene Lichtstärke zu achten und auf zweckentsprechende Stellung der Lichtquelle zum Werkstück (ggf. bewegliche Aufhängung oder Blendschutz). Große Helligkeitsunterschiede sind zu vermeiden.

Belohnungsmacht – Macht eines Individuums, die aus seiner Möglichkeit resultiert, andere zu belohnen.

Benachteiligung am Arbeitsplatz → Job Discrimination.

Benchmarking – Instrument der Wettbewerbsanalyse. Benchmarking ist der kontinuierliche Vergleich von Produkten, Dienstleistungen sowie Prozessen und Methoden mit (mehreren) Unternehmen, um die Leistungslücke zum sog. Klassenbesten (Unternehmen, die Prozesse, Methoden etc. hervorragend beherrschen) systematisch zu schließen. Grundidee ist es, festzustellen, welche Unterschiede bestehen, warum diese Unterschiede bestehen und welche Verbesserungsmöglichkeiten es gibt. – *Schritte:* (1) Auswahl des Objektes (Produkt, Methode, Prozess), das

analysiert und verglichen werden soll. (2) Auswahl des Vergleichsunternehmens. Dabei ist wichtig, festzulegen, welche Ähnlichkeiten zur Gewährungsleistung der Vergleichbarkeit gegeben sein müssen. (3) Datengewinnung (Analyse von Sekundärinformationen; Gewinnung von Primärinformationen, z.B. im Rahmen von Betriebsbesichtigungen). (4) Feststellung der Leistungslücken und ihrer Ursachen. (5) Festlegung und Durchführung der Verbesserungsschritte. – Vgl. auch Betriebsvergleich.

Benutzervorteil – 1. *Begriff:* Das Instrument der Benutzervorteile stellt ein nicht fiskalisches umweltpolitisches Instrument dar (Umweltpolitik). Benutzervorteile existieren, wenn den Nutzern umweltfreundlicher Produkte oder Verfahren Vorteile eingeräumt werden. Materielle, ideelle oder sonstige konsumnutzensteigernde Wirkungen sind möglich. Ob diese Vorteile genutzt werden, liegt in der Entscheidungskraft der Kunden. – 2. *Benutzervorteile im engeren und weiteren Sinne:* Es wird in Benutzervorteile im engeren und im weiteren Sinne unterschieden: a) Benutzervorteil i.e.S. umfassten einen Nutzen der zeitlich oder intensitätsmäßig stärker bzw. gleich ist. b) Benutzervorteil i.w.S. umfassen ideell-umweltbezogene Vorteile. Hierzu zählen auch Kostenvorteile bei Betriebs- oder Investitionskosten. – 3. *Vor- und Nachteile:* Vorteile sind u.a. in der Marktkonformität und der Anreizwirkung zur Benutzung umweltfreundlicher Produkte und Verfahren zu sehen. Des Weiteren wird die Sensibilisierung des Produzenten bzw. des Nutzern gestärkt. Die allg. geringen Nebeneffekte und die Möglichkeit einer idealen Nutzenstiftung (z.B. Blauer Engel) sind ebenso als positiv zu bewerten, wie die z.T. simultane Verminderung anderer Risiken und die geringe Regelungstiefe. Als nachteilig kann jedoch der freiwillige Charakter und die geringe Zielgenauigkeit hervorgehoben werden.

Beobachtung – 1. *Begriff:* Erhebungsmethode in der Marktforschung; systematische, planmäßige Erhebung von Daten ohne → Befragung. Bei der Beobachtung wird von einem oder mehreren Beobachtern von außen erkennbares Verhalten registriert. – 2. *Arten:* a) *Nach dem Eingreifen des Beobachters:* (1) *Teilnehmende Beobachtung:* Der Beobachter nimmt aktiv auf der gleichen Ebene wie der Beobachtete am Ablauf des Geschehens teil. Relativ selten, z.b. wenn zu beobachtendes Verhalten erst durch Versuchsleiter induziert werden muss. Stärkere Bedeutung bei der Messung von Wahrnehmung (z.b. → Blickregistrierung, Hautwiderstandsmessung, Messung der Pupillenreaktion). (2) *Nicht-teilnehmende Beobachtung:* Der Beobachter greift nicht aktiv in das Geschehen ein. Relativ häufig; Anwendung v.a. im Einzelhandel, wobei die Beobachtung durch fotomechanische Apparate durchgeführt wird (z.b. Messung der Kundenfrequenzen und des Kundenstroms, Messung der Abverkäufe durch die Scanner-Technologie). – b) *Nach den Beobachtungsbedingungen:* (1) *Feldbeobachtungen:* Das Verhalten der Beobachtungsobjekte wird in ihrer normalen Umgebung studiert; Beobachtungseffekte entfallen weitgehend. – Vgl. auch Feldforschung. (2) *Laboratoriumsbeobachtungen:* Die Beobachtung erfolgt unter künstlich geschaffenen Bedingungen (Schnellgreifbühne); Beobachtungseffekte sind häufiger. – Vgl. auch Laborforschung. – c) *Nach dem Beobachtenden:* Hier ist zu unterscheiden, ob die Beobachtung durch einen Menschen stattfindet oder unter Einsatz technischer Geräte erfolgt (z.b. kann die Erfassung der Verkäufe mit Scannerkassen im Supermarkt als Beobachtung aufgefasst werden). – 3. *Nachteile:* Das beobachtete Verhalten erlaubt nur begrenzt einen Rückschluss auf die dahinter liegenden Beweggründe (Einstellung, → Motiv, Bedarf) des Probanden. Deshalb wird die Beobachtung häufig auch mit der Befragung verknüpft, indem z.b. ein Videofilm über die Beobachtung abgespielt und der / die Beobachtete dazu befragt wird.

beratende Ingenieure – externe Berater mit technischem und/oder wissenschaftlichem Schwerpunkt. Beratende Ingenieure verfügen über Expertenwissen, das aufgrund seiner Komplexität oder Spezialisierung in den meisten Unternehmen nicht vorgehalten werden kann und deswegen extern zugekauft wird. Als typische Beispiele für beratende Ingenieure sind Spezialisten für bestimmte Fertigungsverfahren oder Umweltschutzbestimmungen zu nennen. – Vgl. auch Consulting, → Engineering Consulting.

Beraterausbildung – Die Ausbildung zum Unternehmensberater findet meist „on-the-Job" statt. Größere Beratungsunternehmen bieten zusätzlich eigene Ausbildungsveranstaltungen an. Seminare zu Aspekten der Unternehmensberatung werden darüber hinaus von eigenständigen Trainingsinstituten durchgeführt. Eine umfassende Weiterbildung für Berater auf Hochschulniveau, die mit dem MBA (Master of Business Administration) abschließt, bietet die Fachhochschule Nordwestschweiz an. Eine Zertifizierungsmöglichkeit besteht als Certified Management Consultant (CMC).

Beratereinsatz – 1. *Begriff:* auf einem bewussten Auswahlprozess beruhende Heranziehung eines Beraters bzw. eines Teams von Beratern zur Lösung einer Aufgabenstellung. – 2. *Auswahl:* Die Auswahl wird durch eine Reihe von Faktoren beeinflusst. Umfasst die Aufgabenstellung z.b. rechtliche Auflagen, so sind die Kenntnisse von Wirtschaftsprüfern und Auditoren gefragt. Zur Rekrutierung von Mitarbeitern werden Personalberater herangezogen, zur Steueroptimierung Steuerberater, zur Unterstützung in Rechtsfragen Anwaltskanzleien, für technische Aufgaben Ingenieurbüros, für Fragen der Unternehmensgestaltung und -optimierung Unternehmensberater oder Investmentbanker. – 3. *Erfolgsfaktoren:* a) *Kriterien der Beraterauswahl:* Bei der Beraterauswahl sollte nicht nur auf die fachliche Kompetenz (→ Beraterausbildung), sondern auch auf das Auftreten, die soziale Kompetenz und die Bereitschaft zum Know-how-Transfer großen Wert gelegt werden. Bei Inkompatibilitäten kann bereits eine passive Resistenz der Beteiligten zur Beeinträchtigung der Beratungsergebnisse führen. – b) *Kooperation und Aufgabenverteilung*: Unternehmen, die sich für eine externe Beratung entscheiden, sollten eine klare Vorstellung von Art und Umfang der Beratungsaufgabe und von der Rolle des Beraters haben (Consulting). Für den Erfolg der Beratung ist es darüber hinaus ausschlaggebend, dass realistische Erwartungshaltungen die Zusammenarbeit von Beratern und Mitarbeitern fördern, die Aufgabenverteilung klar festgelegt wird und die vereinbarten Zulieferungen in Personentagen und Daten auch tatsächlich erfolgen. Frühere einseitige Berateraktivitäten sind heute generell einem integrativen Arbeitsansatz gewichen, in dem Mitarbeiter und Berater gemeinsam Lösungsverfahren entwerfen und ggf. implementieren. Die Mitarbeit von Angestellten des Unternehmens ist allerdings von der spezifischen Aufgabe der Beratung abhängig. Strategische Fragen, Änderungen des Geschäftsportfolios durch Expansion oder Schließung von Geschäftsbereichen und Kommunikationsauftritte sind i.d.R. dem Eigner, den Vorständen und/oder dessen Stabsmitgliedern vorbehalten, die Einführung von Systemen und die damit verbundene Neugestaltung von Prozessen und Schnittstellen (→ Prozessberatung) bedürfen hingegen der Mitarbeit größerer Kundengruppen. – c) *Kontinuität:* Ein allzu häufiger Beratereinsatz (oder -wechsel) kann bei den Mitarbeitern eine Abwehrhaltung erzeugen, wenn diese mehrfach ähnliche Informationen zusammenstellen müssen oder keine nachhaltigen Verbesserungen erkennen können. Dies gilt insbesondere bei Restrukturierungsprojekten, in denen ein Personalabbau absehbar und als unvermeidlich erkannt wird. Um die Zusammenarbeit mit Beratungsfirmen auf eine beständigere Basis zu stellen und um die Kostentransparenz zu erhöhen, schließen größere Unternehmen häufig ab einem bestimmten Einkaufsvolumen Rahmenverträge mit ausgewählten Beratungshäusern ab, durch die Beratungsschwerpunkte und Tagessätze festgelegt werden. Davon ausgehend werden die Fachabteilungen zur Offenlegung ihres Beraterbedarfs und -budgets veranlasst, und Beratungsaufträge werden von der Zustimmung der zentralen Einkaufsstelle abhängig gemacht.

Beraterkarriere – beruflicher Werdegang eines Beraters, idealtypisch gekennzeichnet durch fünf Beraterstufen. Die Erreichung einer Beraterstufe ist abhängig von Zielerfüllung, Projektbewährung, positivem Kundenfeedback, vorgeschriebenen Ausbildungslehrgängen zur Wissensvermittlung (→ Beraterausbildung) und einer Mindestverweildauer in der jeweiligen Stufe. Die Ernennung zum Partner, d.h. zum Berater auf der obersten Stufe, bedarf einer langjährigen erfolgreichen Tätigkeit im Beratungsgeschäft, der Genehmigung der Geschäftsleitung aufgrund einer bes. Prüfung der Zustimmung der Partnergruppe. Experten können den Titel Prinzipal erwerben, der sie aufgrund ihres hohen Spezialistentums und der damit verbundenen Außenwirkung je nach Einzelfall von der Personalverantwortung entbindet (Chefberater). Generell sind Managementberater intern einem intensiven Wettbewerb ausgesetzt, der einen hohen Einsatz und einen starken Leistungswillen erfordert. I.d.R. führen häufige Reisen dazu, dass die freie Zeit für Partnerschaften oder Familie beschränkt wird. Eine Beratertätigkeit gilt als Sprungbrett für eine Karriere in der Industrie oder in anderen Dienstleistungszweigen, denn die Fähigkeiten, die ein Berater durch die internationale und interkulturelle Zusammenarbeit innerhalb der Beraterteams und mit Kunden erworben hat, werden auch von anderen potenziellen Arbeitgebern als Bereicherung empfunden. Dem verbreiteten Prinzip des „up or out", nach dem ein Berater in einem bestimmten Zeitraum eine nächste Karrierestufe zu erreichen hat oder ihm das Verlassen des Unternehmens nahegelegt wird, weicht zunehmend Karrieremodellen, die eine lebenslange Beraterlaufbahn ermöglichen.

Beraternutzen – 1. *Begriff:* Vorteile, die der Auftraggeber aus der Erfüllung des Beratungsvertrags zieht und die ggf. auch auf die Gesamtwirtschaft übergreifen. Der Beraternutzen wird neuerdings auch unter dem Begriff $\rightarrow$ Return on Consulting (RoC) diskutiert. – 2. *Bandbreite:* a) *Kundenbezogene Vorteile:* I.d.R. gewinnt der Kunde durch den $\rightarrow$ Beratereinsatz Zeit und/oder Erkenntnisse, wozu er mit der eigenen Infrastruktur nicht in der Lage wäre. Weiterhin resultiert Beraternutzen aus der Wissensübertragung während des Consulting-Projekts (bspw. über die angewandte Methodik), dem Erfahrungszuwachs und einer i.Allg. umfänglichen Betrachtung von für die Beratung bedeutsamen Ursache-Wirkungs-Verhältnissen. Beratungsbegriffe und -konzepte wie bspw. Wertschöpfungskette (Wertschöpfungsanalyse) oder Business Process Reengineering (BPR, Prozessberatung) führen zu einer neuen betriebswirtschaftlichen Transparenz und Organisationsbetrachtung. – b) *Gesamtwirtschaftliche Effekte:* Der volkswirtschaftliche Nutzen von Beratung liegt in der Erhöhung Übertragung von Best-Practice-Beispielen.

Beratung – Abgabe und Erörterung von Handlungsempfehlungen durch Sachverständige, wobei von den Zielsetzungen des zu Beratenden und von relevanten Theorien unter Einbeziehung der individuellen Entscheidungssituation des Auftraggebers auszugehen ist. Beratung gehört auch zum Aufgabengebiet des Wirtschaftsprüfers (WP); ein direkter Zusammenhang mit Prüfung besteht nicht. In der Praxis sind Beratungs- und Prüfungstätigkeit gelegentlich miteinander verbunden. Dies kann dazu führen, dass der Wirtschaftsprüfer aufgrund der Beratungstätigkeit seine Unbefangenheit bei der Prüfungstätigkeit verliert.

Beratungsprodukt – standardisierte Abfolge von Beratungsschritten zur Lösung eines spezifischen Problems oder zur Schaffung eines $\rightarrow$ Beraternutzens. Ein Beratungsprodukt kann ein unternehmensspezifisches Produkt sein, das durch einen innovativen Ansatz eine Wettbewerbsdifferenzierung bewirkt, oder ein allgemein eingeführtes Consulting-Produkt wie z.b. die Gemeinkosten-Wertanalyse oder die $\rightarrow$ Due Diligence. Es umfasst i.d.R. sog. Tools (Werkzeuge), die zur Erarbeitung der Lösung des Kundenproblems herangezogen werden, wie bspw. die Bestimmung der kritischen Erfolgsfaktoren, die Berechnung eines Barwertes oder die Gestaltung eines Workshops. Beratungsprodukte erleichtern als immaterielle Vermögensgüter den Wissenstransfer innerhalb eines Beratungsunternehmens und dienen der Differenzierung des Unternehmens im Markt.

Bereichsbildung $\rightarrow$ Spezialisierung.

Bereichsplanung und -kontrolle – 1. *Begriff:* Querschnittsorientiertes, operatives Planungs- und Kontrollsystem ($\rightarrow$ operative Planung), das sich auf eine Vielzahl unterschiedlicher Planungsobjekte in einem Führungsbereich (z.B. ein $\rightarrow$ Profitcenter) bezieht. – 2. *Merkmale:* Als Planungsobjekte werden die einzelnen Funktionsbereiche angesehen. – *Beispiele:* Beschaffungsplanung, Produktionsplanung, $\rightarrow$ Absatzplanung, Forschungs- und Entwicklungsplanung (F&E). – Die Bereichsplanung und -kontrolle ist meist kurzfristig (i.d.R. bis zu einem Jahr) orientiert. – 3. *Arten:* a) Sie kann als *rein quantitative Kennzahlenplanung* betrieben werden, die gleichzeitig Budgetcharakter ($\rightarrow$ Budget) besitzt; auch als $\rightarrow$ Wirtschaftsplanung bezeichnet. Die $\rightarrow$ Kontrolle von Planabweichungen kann in diesem Fall z.B. über ein Management by Exception erfolgen. – b) Sie kann sich aber auch auf *Maßnahmen* beziehen, die zur Erreichung bestimmter Zielvorgaben durchgeführt werden sollen. – Vgl. auch $\rightarrow$ Unternehmensplanung.

Berichtssysteme – I. Management: Subsysteme von EDV-gestützten Management-Informationssystemen. – *Formen der*

Berichterstattung: (1) Standardberichte: zeitlich und in der Form gleichförmige Abgabe (z.B. Angebotsstatistiken, Umsatzstatistiken); (2) Ausnahmeberichte: flexible Gestaltung von Form, Inhalt und Berichtszeiträumen.

II. Internationale Unternehmen: → internationales Berichtssystem.

Beruf – dauerhaft angelegte, i.d.R. eine Ausbildung voraussetzende Betätigung, die Arbeitskraft sowie Arbeitszeit überwiegend in Anspruch nimmt. Nach Art. 12 GG besteht das Recht, den Beruf frei wählen zu können, allerdings ohne Gewährleistung der Möglichkeit zum tatsächlichen Tätigwerden. Eine Sondergruppe bilden die freien Berufe (Arzt, Architekt, Rechtsanwalt usw.). – Eine berufliche Tätigkeit kann in einem Angestelltenverhältnis oder als selbstständige Tätigkeit ausgeübt werden. Angestellt arbeiten kann man in Vollzeit oder in Teilzeit, es ist auch möglich, neben einem Hauptberuf zusätzliche Nebentätigkeiten auszuüben. – Die statistische Einordnung erfolgt mithilfe der Klassifizierung der Berufe.

berufliche Sozialisation → Sozialisation.

Berufspsychologie – Zweig der → Psychologie, der die Bedingungen feststellt, unter denen ein spezieller Beruf erfolgreich ausgeführt werden kann. – Vgl. auch → Arbeits- und Organisationspsychologie.

Beschaffungsorganisation → Teilbereichsorganisation für den betrieblichen Funktionsbereich „Beschaffung". Die Hierarchieebene unterhalb der Beschaffungsleitung kann z.B. nach Beschaffungsmärkten, -handlungen (z.B. Warenannahme) oder verschiedenen mit den beschafften Produktionsfaktoren herzustellenden Produkten gegliedert werden (Segmentierung).

Beschäftigungspolitik – 1. *Charakterisierung:* Das Hauptziel der Beschäftigungspolitik des Staates und der Tarifpartner liegt in der Aufrechterhaltung bzw. Wiederherstellung einer Vollbeschäftigungssituation (bzw. eines hohen Beschäftigungsstandes).

In quantitativer Hinsicht ist ein hoher Beschäftigungsstand mit der Beschäftigung aller arbeitsfähigen und arbeitswilligen Erwerbspersonen gleichzusetzen. Dabei werden bestimmte Personengruppen, wie z.B. Ausländer, Ältere, Behinderte etc. nicht ausgenommen. Die Erreichung dieses Ziels bedeutet allerdings nicht, dass die Arbeitslosenquote gegen null tendieren muss, da in einem marktwirtschaftlichen System ein gewisses Ausmaß an friktioneller Arbeitslosigkeit stets gegeben und für die Bewältigung des Strukturwandels notwendig ist. In qualitativer Hinsicht bedeutet ein hoher Beschäftigungsstand, dass die Arbeitsplätze nicht nur der Zahl nach mit dem Erwerbspersonenangebot übereinstimmen, sondern auch bestimmte qualitative Anforderungen erfüllen sollen, wie z.B. Beschäftigungsmöglichkeiten in zeitlich gewünschtem Umfang auf Teilzeitarbeitsplätzen, Beschäftigungschancen in der erworbenen Qualifikationsstufe (Vermeidung unterwertiger Beschäftigung) sowie Verbesserung der Beschäftigungsstruktur nach folgenden Gesichtspunkten: Qualifikation (Verringerung des Anteils der An- und Ungelernten) (Humankapitaltheorien), Risiko am Arbeitsplatz (Verringerung der Gesundheitsgefährdung und der Unfallhäufigkeit), Sektoren (Abbau von Monostrukturen und der Konzentration der Beschäftigung auf einen oder wenige Wirtschaftszweige) sowie Regionen (Herstellung der Einheitlichkeit der Lebensverhältnisse in Deutschland). – 2. Die staatliche Beschäftigungspolitik umfasst drei *Strategiebereiche:* a) *Nachfragepolitik* (Erhöhung der Nachfrage nach Erwerbspersonen) mit folgenden Instrumenten: (1) *nachfrageorientierte Wirtschaftspolitik (Konjunkturpolitik),* z.B. Steuer- und Zinssenkungen, Erhöhung der Staatsausgaben (Fiskalpolitik, Geldpolitik). (2) *angebotsorientierte Wirtschaftspolitik,* z.B. Verbesserung der Produktions- und Investitionsbedingungen, marktwirtschaftliche Erneuerung und Förderung des Wettbewerbs durch Deregulierungsmaßnahmen,

Liberalisierung des Ladenschlussgesetzes, des Arbeitsrechts und der → Arbeitnehmerüberlassung sowie Privatisierung der Arbeitsvermittlung und Berufsberatung. (3) *Technologiepolitik, z.b.* Verbesserung der internationalen Wettbewerbsfähigkeit durch Produkt- und Prozessinnovationen sowie der Förderung des Humankapitals der Erwerbspersonen. (4) → Arbeitszeitverkürzung und -flexibilisierung, z.b. Verkürzung der jährlichen Arbeitszeit bei gleichzeitiger Verlängerung der Betriebszeiten, Umwandlung von Voll- in Teilzeitarbeitsplätze sowie Einführung von Teilruhestandsphasen gegen Ende des Erwerbslebens (Arbeitszeitpolitik). (5) *beschäftigungsorientierte Lohnpolitik, z.b.* Abschluss von Tariflohnsteigerungen unterhalb des Produktivitätszuwachses, Reduzierung der Lohnnebenkosten, Förderung des Strukturwandels hin zum tertiären Sektor (Tarifpolitik). – b) *Angebotspolitik* (Anpassung des Angebots an Erwerbspersonen an die verfügbare Zahl der Arbeitsplätze) mit folgenden Instrumenten: (1) *Verkürzung der Erwerbslebensdauer,* z.b. vorzeitiges Ausscheiden aus oder späteres Eintreten in den Arbeitsmarkt durch expansive Bildungspolitik, Einführung von Sabbaticals und Langzeiturlaubsphasen, Erwerbsunterbrechung durch Mutterschafts- und Erziehungszeiten, Betreuung pflegebedürftiger Personen sowie Fortbildung und Umschulung zur Weiterbildung. (2) *Aussiedler- und Ausländerpolitik, z.b.* Maßnahmen zur Integration, Anreize zum Verbleib im Herkunftsland, wachstumsorientierte Einwanderungspolitik. (3) *Wanderungspolitik, z.b.* Förderung der regionalen und beruflichen Mobilität von Erwerbspersonen (Arbeitskräftemobilität). – c) *Arbeitsmarkt-Ausgleichspolitik* oder *Arbeitsmarktpolitik im engeren Sinne* (Ausgleich von Angebot und Nachfrage am Arbeitsmarkt) mit folgenden Instrumenten: (1) *Arbeitsvermittlung, z.b.* Maßnahmen zur Beschleunigung des Arbeitsmarktausgleichs sowie zur qualitativen Verbesserung des Vermittlungserfolges, Kooperation privater und öffentlicher

Arbeitsvermittlung, Arbeitsvermittlung unter dem Dach des Arbeitnehmerüberlassungsgesetzes, Förderung der internationalen Berufs- und Arbeitsberatung sowie der Arbeitsvermittlung. (2) *Qualifizierungspolitik, z.b.* Förderung der allg. und der beruflichen Ausbildung sowie der beruflichen Weiterbildung mit dem Ziel des Erwerbs von Schlüsselqualifikationen.

Beschwerde – I. Personalwirtschaft: Antrag auf Abänderung einer Maßnahme, durch welche sich der Beschwerdeführer verletzt fühlt. Die häufigsten Gegenstände von Beschwerden im Betrieb sind ungenügende Entlohnung, schlechte Arbeitsbedingungen, unzureichende Sozialleistungen, schlechte Zusammenarbeit der Kollegen, Vorgesetztenverhalten, unbefriedigende Regelung der Arbeitszeit. Generell ist jede geäußerte subjektiv empfundene Unzufriedenheit als Beschwerde zu behandeln.

II. Zivilprozessordnung: Durch das ZPO-Reformgesetz vom 27.7.2001 (BGBl. I 1887, 3138) wurde das Beschwerderecht (§§ 567–577 ZPO) neu geregelt. Die sog. einfache, an eine Frist nicht gebundene Beschwerde wurde abgeschafft und durch die sofortige Beschwerde, die weitere Beschwerde an das nächsthöhere Gericht durch die Rechtsbeschwerde ersetzt. Die gesetzlich nicht geregelte außerordentliche Beschwerde in Fällen *greifbarer Gesetzwidrigkeit* wird in der höchstrichterlichen Rechtsprechung nicht mehr als statthaft angesehen.

III. Strafverfahren: Beschwerde ist gegen alle von den Gerichten im ersten Rechtszug oder im Berufungsverfahren erlassenen Beschlüsse und gegen Verfügungen des Gerichts zulässig, soweit das Gesetz sie nicht ausdrücklich ausschließt und soweit sie nicht der Urteilsfällung vorausgehen (§§304, 305 StPO). Gegen Beschlüsse und Verfügungen des Bundesgerichtshofs (BGH) ist keine Beschwerde zulässig. Dasselbe gilt für das Oberlandesgericht, allerdings nicht bei einer Reihe von Entscheidungen, die es als erstinstanzliches Gericht trifft. Hilft das Gericht, dessen Entscheidung mit der Beschwerde angefochten ist, selbst nicht ab, ist sie spätestens vor Ablauf von drei Tagen dem Beschwerdegericht vorzulegen (§ 306 II StPO). In bes. Fällen sind die *weitere* und die *sofortige Beschwerde* gegeben (§§ 310, 311 StPO).

IV. Finanzgerichtsbarkeit: 1. In der *Finanzgerichtsbarkeit* (§§ 128–133 FGO) gegen (1) Entscheidungen des Finanzgerichts, die nicht Urteile (Revision) oder Vorbescheide sind; (2) gegen Entscheidungen des Vorsitzenden des Finanzgerichts oder des Berichterstatters; (3) gegen die Nichtzulassung der Revision. In Streitigkeiten über Kosten ist die Beschwerde nicht gegeben; dies gilt nicht für die Beschwerde gegen die Nichtzulassung der Revision. Die Beschwerde ist schriftlich beim Finanzgericht binnen zwei Wochen nach Bekanntgabe der Entscheidung einzulegen. Das Finanzgericht hilft der Beschwerde ab oder legt die Sache dem Bundesfinanzhof (BFH) zur Entscheidung vor. Die Beschwerde hat nur dann aufschiebende Wirkung, wenn sie die Festsetzung eines Ordnungs- oder Zwangsmittels zum Gegenstand hat. – 2. Die Beschwerde als frühere Form des außergerichtlichen Rechtsbehelfs ist ab 1.1.1996 aufgehoben; nur noch Einspruch ist zulässig.

V. Verwaltungsgerichtsbarkeit: 1. *Rechtsmittel* gegen Entscheidungen des Verwaltungsgerichts, des Vorsitzenden oder Berichterstatters, die nicht Urteile oder Gerichtsbescheide sind; zulässig, soweit nicht im Einzelfalle ausdrücklich ausgeschlossen (§ 146 VwGO). Die Beschwerde ist *binnen zwei Wochen* nach Bekanntgabe der Entscheidung beim Verwaltungsgericht einzulegen. Über die Beschwerde entscheidet das Oberverwaltungsgericht. Im Verfahren des vorläufigen Rechtsschutzes prüft es nur die dargelegten Gründe (§ 146 IV VwGO). – 2. Gegen Beschlüsse des *Oberverwaltungsgerichts* ist die Beschwerde an das Bundesverwaltungsgericht (BVerwG) grundsätzlich nicht zulässig (§ 152 VwGO). – 3. Die Beschwerde hat nur

dann *aufschiebende Wirkung,* wenn sie die Festsetzung eines Ordnungs- oder Zwangsmittels zum Gegenstand hat. Die unter 1. Genannten können aber auch sonst bestimmen, dass die Vollziehung der angefochtenen Entscheidung einstweilen auszusetzen ist (§ 149 VwGO).

VI. Freiwillige Gerichtsbarkeit: freiwillige Gerichtsbarkeit.

VII. Öffentliches Recht: Die Beschwerde ist nur in bes., gesetzlich ausdrücklich zugelassenen Fällen möglich.

VIII. Anders: Dienstaufsichtsbeschwerde.

Besichtigung – 1. Maßnahme im Rahmen der → *Öffentlichkeitsarbeit* eines Unternehmens: → Betriebsbesichtigung. – 2. *Zollrechtliche Maßnahme:* Durchsuchung, Überholung, Zollbeschau.

Best Practice – Im betrieblichen Bereich stellen Benchmarks (→ Benchmarking) Orientierungs- oder Zielgrößen dar, die eine objektive Bewertung der eigenen Leistung im Vergleich zu anderen Unternehmen ermöglichen. Im Rahmen des Benchmarking werden jedoch nicht nur Kennzahlen miteinander verglichen und Leistungslücken quantifiziert, sondern die zugrunde liegende Vorgehensweise zur Erreichung der Benchmarks ergründet. Dabei sollen herausragende, exzellente Praktiken entdeckt und im eigenen Unternehmen umgesetzt werden, um dadurch nachhaltige Verbesserungen oder sogar Wettbewerbsvorteile zu erlangen. Im Kern beinhaltet Benchmarking damit das Streben, zum „Besten der Besten" zu werden (japanisch: Dantotsu). Best-Practice Benchmarking bedeutet die Orientierung am „Klassenbesten". Hierbei wird bewusst nach Unternehmen außerhalb der eigenen Branche gesucht, die bestimmte Prozesse oder Funktionen hervorragend beherrschen. Dem liegt die Erfahrung zugrunde, dass an sich ähnliche Prozesse in verschiedenen Branchen unterschiedlich effizient sind, da die wettbewerbsrelevanten Faktoren variieren.

Beteiligungsgesellschaft der Gewerkschaften AG (BGAG) → Deutscher Gewerkschaftsbund (DGB).

Beteiligungsunternehmen → Joint Venture.

Betreibermodelle – I. Infrastrukturpolitik: 1. *Begriff:* Privater Betrieb von Einrichtungen der Infrastruktur, häufig in Form eines → Joint Ventures zwischen Privatunternehmen und öffentlicher Körperschaft (Public Private Partnership, Infrastrukturpolitik). Verbreitet im kommunalen Bereich, z.B. Abfallentsorgung. – 2. *Unterscheidung:* Es kann unterschieden werden zwischen Betreibermodellen, bei denen die Infrastruktureinrichtung entweder bereits vorhanden ist oder von der öffentlichen Hand erstellt wird (öffentliche Investition – privater Betrieb), und Betreibermodellen, bei denen auch die Investition durch Private erfolgt (s. auch → BOO, → BOOT).

II. Internationales Management: 1. *Begriff:* Form des internationalen Anlagengeschäfts mit Komplettlösungen zumeist hoch technischer Systeme. Im Kern beinhaltet die Abwicklung internationaler Projekte nach dem Betreibermodell neben Planung, Bau und Finanzierung der Anlage Betrieb und Vermarktung des Outputs des Systems. Dies bedeutet für den bisherigen Anlagen- und Systemlieferanten sowie für den Generalunternehmer eine Ausweitung des Angebotsspektrums um die Funktionen Finanzierung und Betreiberschaft. – 2. *Ziele:* a) *Ziel des Anbieters* ist es, Marktanteile im internationalen Wettbewerb zu gewinnen und abzusichern (Erwerben einer Komplettlösung mit keinem oder nur geringem eigenen Kapitaleinsatz; Angebot eines neuen Produktes, d.h. Dienstleistung in Form des Betreibens einer Anlage). Ihnen stehen Risiken entgegen, die wegen der Komplexität und Ungewissheit dieser Aktivitäten einer sorgfältigen Prüfung vor Ort unterzogen werden müssen. – b) *Ziele des Nachfragers:* Aus Sicht der Nachfrager sind es neben dem Bedarf an komplexen technischen Systemen

und ihrem Output bes. Fragen der Finanzierung, die Betreibermodelle attraktiv, zunehmend sogar als einzig gangbaren Weg zur Realisierung von komplexen Problemlösungen erscheinen lassen.

Betriebliches Umweltinformationssystem – Abk. *BUIS*; 1. *Begriff:* Ein Betriebliches Umweltinformationssystem (BUIS) ist ein organisatorisch-technisches System zur systematischen Erfassung, Verarbeitung und Bereitstellung umweltrelevanter Informationen in einer Organisation. Ziele sind die Erfassung betrieblicher → Umweltbelastungen und die Unterstützung von Umweltschutzmaßnahmen (vgl. Hilty, Kürzl u.a. 1995, S.7). BUIS können sowohl als Basis für die Informationsversorgung externer Akteure als auch zur innerbetrieblichen Entscheidungsunterstützung eingesetzt werden. – 2. *Aufbau eines BUIS:* Typischerweise werden BUIS als Erweiterungen für bestehende → Informationssysteme im Unternehmen eingesetzt. Diese Erweiterung der Input- und Outputgrößen beinhaltet → Umweltaspekte in Form von Mengen- und Qualitätskennzahlen. – 3. *Einsatzbereiche eines BUIS:* Mögliche Einsatzbereiche für BUIS sind u.a. beim Controlling, bei der → Kommunikation der betrieblichen → Umweltleistung (→ Umweltberichterstattung), beim Abfall- und Gefahrenstoffmanagement, bei der Emission- und Abfallvermeidung und der Konstruktion.

betriebliche Umweltökonomik – Hauptsächliche Fragestellungen sind: (1) warum umweltbezogene Aspekte in betriebliche Entscheidungen integriert werden sollten. Neben der Erfüllung gesetzlicher Auflagen kommen dabei eine Harmonisierung von Unternehmens- und Umweltzielen (z.B. Energieeinsparungen führen zu Emissions- und Kostenverminderungen) und die Ausschöpfung von Marktpotenzialen infrage, sofern die Zahlungsbereitschaft von Konsumenten auch von → Umweltaspekten beeinflusst wird. Letzteres ist nach empirischen Untersuchungen nur dann in großem Ausmaß zu erwarten, wenn sich die positiven Umweltwirkungen auch im Produkt selbst ausdrücken. (2) In welcher Weise Umweltaspekte in die betriebliche Planung (→ Unternehmensplanung) integriert werden sollten. Neben der Anwendung und Fortentwicklung traditioneller betriebswirtschaftlicher Instrumente, z.B. im Ökomarketing oder bei der Erfassung von Umweltschutzkosten, werden auch eigens entwickelte Instrumente wie das → Ökoaudit zur Früherkennung und Verminderung umweltbezogener Risiken eingesetzt.

betriebliche Willensbildung – diejenigen Anordnungen und bestimmenden Maßnahmen, die zur Erreichung der Unternehmensziele notwendig sind. Träger der betrieblichen Willensbildung sind die Eigentümer des Unternehmens oder die von ihnen mit der Geschäftsführung betrauten Manager. Die Autonomie der betrieblichen Willensbildung wird durch die vom Gesetzgeber verfassten Regelungen eingeschränkt. Dies gilt bes. für die Regelungen des BetrVG und des MitbestG.

Betriebsausflug – meist eintägige vom Arbeitgeber geförderte betriebliche Veranstaltung (Ausflug, Reise) mit geselligem Angebot. Die Teilnahme an einem Betriebsausflug muss freiwillig sein und allen Betriebsangehörigen offen stehen; Druck, gleichgültig welcher Art, darf nicht ausgeübt werden. Zweck des Betriebsausfluges ist die Förderung der Zusammengehörigkeit („Verbesserung des Betriebsklimas"). Für die Veranstaltung eines Betriebsausfluges gibt es *keine zwingende rechtliche Grundlage*. Auch das Mitbestimmungsrecht des Betriebsrats beschränkt sich auf die vor- oder nachzuarbeitende Arbeitszeit bzw. das Ausmaß der anzurechnenden Arbeitszeit. – *Sachzuwendungen* des Arbeitgebers an die Arbeitnehmer aus Anlass eines Betriebsausfluges (z.B. Bewirtung, Geschenke, Fahrtkosten) gehören nicht zum Arbeitsentgelt, sind daher steuer- und sozialversicherungsfrei, solange sie einen gewissen Rahmen nicht überschreiten. Zuwendungen für teilnehmende Angehörige werden den jeweiligen Arbeitnehmern zugerechnet. Auch für den Arbeitgeber sind die Sachzuwendungen steuerfrei, wenn sie sich unterhalb der gesetzlichen Obergrenzen bewegen.

Betriebsbeauftragte – 1. *Begriff:* Die Institution des Betriebsbeauftragten wurde durch den Gesetzgeber geschaffen, um die behördliche Fremdüberwachung durch eine institutionalisierte Eigenüberwachung zu ergänzen. Hinzu kommt eine Stärkung der betrieblichen Eigeninitiative, die sich z.B. durch Schutzvorkehrungen vor potenziell schädlichen Umwelteinwirkungen äußern kann. Das Institut ist Ausdruck des (umweltpolitischen) → Kooperations- und Vorsorgeprinzips. – Für bestimmte → Umweltmedien (Wasser, Boden, Luft) und Ereignisse (z.B. Störfälle) sind Betriebsbeauftragte u.U. als rechtlich verpflichtend gegeben. Hierzu zählen z.B. Betriebsbeauftragte für → Abfall, Betriebsbeauftragte für Immissionsschutz, Betriebsbeauftragte für Gewässerschutz, Gefahrstoffbeauftragte, Störfallbeauftragte. Die Bestellung eines freiwilligen Umweltschutzbeauftragten ist möglich, wie ihn der Verband der Betriebsbeauftragten für Umweltschutz (VBU) vorsieht. – 2. *Aufgaben:* Gesetzlich sind den Betriebsbeauftragten folgende Kontroll-, Informations-, und Intuitivaufgaben zugeordnet: 1) *Kontrollaufgaben:* Kontrolle der Anlagen und Einhaltung von Vorschriften im Betrieb sowie Kontrolle der Rechtsverordnungen, Bedingungen und Auflagen, 2) *Informationsaufgabe:* a) Der Betriebsbeauftragte muss die Betriebsangehörigen über die von den Anlagen ausgehenden schädlichen Umwelteinwirkungen informieren. Außerdem soll er über Maßnahmen zur ihrer Verhinderung Auskunft geben. b) Der Betriebsbeauftragte hat eine jährliche Berichtspflicht gegenüber dem Anlagenbetreiber über die beabsichtigten Maßnahmen. – 3) *Intuitivaufgaben:* a) Der Betriebsbeauftragte hat ein Vortragsrecht gegenüber dem Anlagenbetreiber bei Vorschlägen und Bedenken. b) Initiative zur Entwicklung und Einführung umweltfreundlicher Verfahren und Erzeugnisse.

c) Der Betriebsbeauftragte hat die Aufgabe zu Investitionsentscheidungen, die für den Gewässerschutz, den Immissionsschutz und die Abfallversorgung bedeutsam seien können Stellung zu nehmen. – 3. *Organisatorische Verankerung:* Die organisatorische Stellung des Betriebsbeauftragten ist nicht durch den Gesetzgeber geregelt. Es bietet sich eine Integration in Form einer Kopplung an eine Linienstelle an, da so das Linienorgan und auch der Betriebsbeauftragte in die Pflicht genommen werden können. Bei der Integration sollte darauf geachtet werden, dass der Betriebsbeauftragte seinen Kontroll-, Informations- und Intuitivaufgaben gerecht werden kann.

Betriebsbeauftragter für Umweltschutz – gesetzlich geforderter Funktionsträger für Immissionsschutz (BImSchG), für Gewässerschutz (Wasserhaushaltgesetz) und für → Abfall (Abfallgesetz) in bestimmten Unternehmen mit Rechten und Pflichten im Interesse des Umweltschutzes. Schriftliche Bestellung durch den Anlagenbetreiber; Anzeigepflicht der Bestellung bei der zuständigen Behörde. – *Aufgaben:* Eintreten für Entwicklung und Einführung umweltfreundlicher Verfahren und Erzeugnisse; Überwachung von Vorschriften, Bedingungen und Auflagen im Interesse des Gewässerschutzes; Eintreten für Entwicklung und Einführung zur Vermeidung oder Verminderung des Abwasseranfalls; ordnungsgemäße und schadlose Verwertung im Betrieb entstehender Rückstände; ordnungsgemäße Entsorgung von Rückständen; Aufklärung der Betriebsangehörigen über vom Betrieb verursachte Umweltbelastungen. Vor entsprechenden Investitionsentscheidungen müssen von den Betriebsbeauftragten für Umweltschutz Stellungnahmen eingeholt werden. Betriebsbeauftragte für Umweltschutz haben Vortragsrecht bei der Geschäftsleitung und sind durch Benachteiligungsverbot geschützt. – *Neue Bereiche:* Sicherheitsbeauftragter, Gefahrgutbeauftragter, Störfallbeauftragter, Strahlenschutzbeauftragter, Energiebeauftragter.

Betriebsbesichtigung – in Form eines „Tages der offenen Tür" oder regelmäßig stattfindende Veranstaltung. – *Ziele:* (1) das Unternehmen über den engen Kreis der Mitarbeiter hinaus bekannt zu machen (Public Relations (PR), → Personalwerbung); (2) neue Mitarbeiter mit dem Unternehmen bekannt und vertraut zu machen; (3) Nachwuchswerbung zu betreiben. – *Voraussetzungen:* Sorgfältige Vorbereitung und gute Organisation der Besichtigungsroute, der Darstellung des Produktionsprozesses, der Vorträge etc., Gefahrenstellen müssen bes. geschützt werden.

Betriebsbilanz – Instrument für Erfassung und Bewertung der Umweltauswirkungen wirtschaftlicher Tätigkeiten. – *Inhalt:* (1) Inputseite: Betriebliche Inputs getrennt nach Stoffen (Materialien) und → Energie; (2) Outputseite: Produkte und stoffliche und energetische → Emissionen. Quantitativer-Überblick über im Betrieb eingesetzte Stoffe und Energie (Materialstrombilanzierung innerhalb definierter Systemgrenzen).

Betriebseröffnung – *Geschäftseröffnung.* 1. *Allgemein:* Gewerbeanmeldung. – 2. *Steuerrecht:* Die Betriebseröffnung muss dem Finanzamt bzw. der Gemeinde, in dessen Bezirk die Betriebseröffnung erfolgt, nach amtlichen Vordruck angezeigt werden (§ 138 I AO). – Begründung von Betriebsvermögen: Bewertung in der Eröffnungsbilanz nach § 6 I Nr. 6 EStG.

Betriebsführung – Betriebsleitung, → Management.

Betriebsgliederung → Betriebsorganisation, Organisation.

Betriebshandbuch – Hilfsmittel der innerbetrieblichen Information, von Großfirmen als Wegweiser für neue Mitarbeiter herausgegebene Einführungsschrift. Das Betriebshandbuch ist kein Ersatz für eine Arbeitsordnung. – *Mögliche Inhalte:* allg. Hinweise auf Altersversorgung, Arbeitszeit, Aufstiegsmöglichkeiten, Ausbildungsfragen, Ausflüge; Beanstandungen und Beschwerden, Beförderungen, Betriebsausschüsse,

Betriebsbesichtigungen, Betriebskranken-kasse, Betriebsordnung, Betriebsrat, Bezug von Werkserzeugnissen; Einstellungsunter-suchung, Erfindungen, erste Hilfe, Erzeug-nisübersicht; Fahrgeldzuschuss, Feiertags-bezahlung, Feuerschutz; Geheimhaltung, Geschäftsleitung, Gesundheitsdienst, Ge-werkschaft und Betrieb; Haftpflicht; Lageplan des Werkes, Leistungsprämien, Lohnabrech-nung (Regelung des Systems und Berechnung der Abzüge); Notruf; Organisationsplan; Pau-sen, Pensionskasse; Rationalisierung, Rau-chen; Sanitätsdienst, Sicherheitsvorschriften, Sonderzahlungen, soziale Einrichtungen und Maßnahmen, Sterbegeld; Torkontrolle; Über-stundenregelung, Unfallschutz, Unfallverhü-tung, Unterstützungskasse, Urlaub; Verbes-serungsvorschlagswesen; Werkarzt. Daneben sollte das Betriebshandbuch auch über die → Unternehmenskultur, Unternehmungsge-schichte, → Unternehmensleitbilder u.Ä. in-formieren.

Betriebsklima – Sammelbegriff für das sub-jektive Erleben eines Betriebes durch seine Mitarbeiter mit Vorgängen der zwischen-menschlichen Interaktion und Kommunika-tion als Schwerpunkt. Betriebsklima äußert sich auch in der individuellen → Arbeitszu-friedenheit und im Leistungsverhalten. Enge, wissenschaftlich wenig geklärte Beziehung zur → Organisationskultur. Maßnahmen zur Verbesserung des Betriebsklimas: Raum für eigenverantwortliches Handeln, flache Hier-archien, kooperativer Führungsstil.

Betriebsmodell – 1. *Begriff*: Spezielles In-put-/ Output-Modell, das innerbetriebliche Abhängigkeiten formal in Strukturmatrizen abbildet, wodurch mithilfe des Matrizenkal-küls die Möglichkeit alternativer Kalkulati-ons- und Ermittlungs- sowie periodischer Kontrollrechnungen eröffnet wird (gleich-zeitige Verwendung als Richtkosten- und Mengenplanungsmodell). – 2. *Merkmale*: Die erfassten Abhängigkeiten zwischen Er-zeugung, Werkstoffeinsatz, Verarbeitungs-zeiten und Verarbeitungskosten werden in linearen Verbrauchsfunktionen dargestellt, deren Koeffizienten (Richteinsatz bzw. Ver-brauchsstandards) die Strukturmatrix bilden. Durch die formale Matrizendarstellung kön-nen die Betriebsmodelle den Verfahren des Operations Research (lineare Optimierung) zugänglich gemacht werden.

Betriebsorganisation – *Betriebsgliederung*; Gestaltung des inneren Betriebsgeschehens nach bestimmten Ordnungsprinzipien. – Vgl. auch Organisation.

Betriebsplanung → Unternehmensplanung.

Betriebspsychologie → Arbeits- und Orga-nisationspsychologie.

Betriebssport – vom Betrieb geförderte Möglichkeit der sportiven Freizeitgestal-tung. Unterstützung durch Bereitstellung von Räumlichkeiten, Sportplätzen, Geräten, u.U. auch von einheitlichem Sportdress für Wett-spiele und durch Gründung von Betriebs-sportvereinen/Betriebssportgruppen. Die Ausgestaltung des Betriebssportes ist meist Gegenstand innerbetrieblicher Vereinbarun-gen. – *Zweck*: a) Gesundheitsförderung durch Bewegungsausgleich und Entspannung; b) Pflege eines fairen und kameradschaftlichen Zusammenwirkens; c) Bindung an das Un-ternehmen. – Betriebssport unterliegt dem Schutz der *gesetzlichen Unfallversicherung*, wenn er der allg. körperlichen Ertüchtigung der Betriebsangehörigen dient und ihnen ei-nen Ausgleich für die körperliche Beanspru-chung während der Arbeit gibt. Allerdings besteht kein Versicherungsschutz bei Sport-wettkämpfen mit betriebsfremden Mann-schaften. Landesbetriebssportverbände bie-ten eigene auf die Belange des Betriebssports ausgerichtete Versicherung an.

betriebswirtschaftliche Statistik – I. Be-griff: Analyse und Interpretation von in- oder extern anfallendem Zahlenmaterial des Be-triebs/der Unternehmung mittels statistischer Methoden und Verfahren zum Zwecke der Planung und Kontrolle unternehmerischer Dispositionen.

II. Teilbereiche: 1. *Personalstatistik:* Erfassung und Zählung der beschäftigten Arbeitnehmer a) nach Art der Tätigkeit, etwa tätige Inhaber, leitende Angestellte, gelernte, angelernte oder ungelernte Arbeiter, Anlernlinge, Auszubildende und Praktikanten; ggf. unter bes. Kennzeichnung der Spezialarbeiter; b) nach Alters- und Lohngruppen; c) nach Verteilung der Beschäftigten auf die betrieblichen Funktionsbereiche: (1) die in der Fertigung Beschäftigten auf Werkstätten, Abteilungen, Arbeitsgruppen, einzelne Kostenstellen; (2) die kaufmännischen Angestellten auf die Kostenstellen Verwaltung, Vertrieb, Einkauf u.Ä.; d) nach Arbeitsausfällen durch Saisoneinflüsse, Betriebsunfälle, Berufskrankheiten unter Berücksichtigung der Altersgliederung und der Ergebnisse von Reihenuntersuchungen bzw. sonstiger Unterlagen über die Gesundheitsverhältnisse der Belegschaft. – 2. *Leistungsstatistik:* a) Errechnung des *Beschäftigungsgrads* aufgrund der Arbeitsstundenkapazität (Produkt aus betriebsüblicher, durchgehend gleichbleibender Arbeitszeit und der nach Anlagen und Einrichtungen „normalen" Beschäftigtenzahl) sowie der effektiv geleisteten Stundenzahl, die infolge periodischer Feiertage an Werktagen, Betriebsunterbrechungen, Krankheiten, Unfällen und anderen Ursachen stets gegenüber der kapazitiven Stundenzahl zurückbleibt. – b) Ermittlung der *Arbeitsintensität* durch Vergleich der Arbeitsstundenkapazität (Arbeitsplätze gewichtet mit der wöchentlichen Schichtzeit) mit der Arbeitsstundenleistung (Zahlen aus der Lohnbuchführung). – c) Ermittlung der *Pro-Kopf-Leistung,* wobei die menschliche Arbeitsleistung mit der Arbeitsstundenleistung gleichgesetzt werden muss. Sie ist zu beziehen (1) auf die Zahl der Beschäftigten und auf die Höhe der Lohnsumme, um die relative Leistung einer Abteilung oder des Gesamtbetriebs im Zeitvergleich oder im innerbetrieblichen Vergleich zu messen, oder (2) auf den Mengenausstoß, sog. Ausbringung, zu Standardkosten. – d) Berechnung des *Kapazitätsausnutzungsgrades:* – (1) Die Leistung der Betriebsmittel kann dabei aufgrund der Erfahrung auf die „normalen" Leistungsstunden festgelegt werden, sodass sich ein Verhältnis zwischen technisch möglichen und effektiven Leistungsstunden als prozentualer Ausnutzungsgrad ergibt. Innerbetrieblicher Vergleich von Abteilung zu Abteilung sowie auch im Zeitablauf oder durch Betriebsvergleich. – (2) Berechnung nach der kapazitiven Ausbringung, d.h. nach den Umsätzen in Mengen oder zu Verrechnungspreisen, so z.B. zur Leistungskontrolle beim Filialvergleich. – 3. *Lagerstatistik:* a) Einkaufsstatistik für Ermittlung der Mindesteindeckung: Statistik über Lieferfristen, Umschlagsgeschwindigkeit, Bestellungen, Lieferterminverzögerungen, Fehlmengen. – b) Statistik der Absatzwirtschaft: Marktanalyse, Statistik des Auftragseingangs zur Bestimmung der optimalen Losgröße, Kundenstatistik (Zahlungsfristen, regionale Verteilung der Abnehmer für die Werbung). – c) Statistik der Vorrats- und Anlagenwirtschaft mittels (1) Fortschreibung der Zu- und Abgänge von Anlagengegenständen; (2) Kontrolle der zeitlichen Verteilung von Reparaturen und der örtlichen Verteilung von Ausschuss durch Materialfehler; (3) Bestandsstatistik für Lehren und Werkzeuge; (4) Bezugsziffern für die durchschnittliche Lagerdauer bzw. Umschlagsgeschwindigkeit. – 4. *Statistik der Kostenstruktur und Kostenentwicklung* (u.a. für den Betriebsvergleich): a) Statistik der Kostenarten aus der Kostenrechnung; b) Bezugsziffern zwischen Einzel- und Gemeinkosten sowie zwischen Einzelkosten untereinander bei unterschiedlichem Beschäftigungsgrad; c) diverse weitere Statistiken, wie z.B. Statistik des Anteils bestimmter Kostenarten an den Gesamtkosten einzelner Erzeugnisse, Zusammensetzung der Personalkosten, Ausschuss und Nacharbeit beim Anlauf von Losfertigungen zur Ermittlung kalkulatorischer Anlaufkosten. – 5. *Bilanzstatistik* im zwischenzeitlichen und zwischenbetrieblichen Vergleich, soweit nicht durch abweichende Bewertung unmöglich. – 6. *Statistik der Preise:* Preisstatistik. – 7.

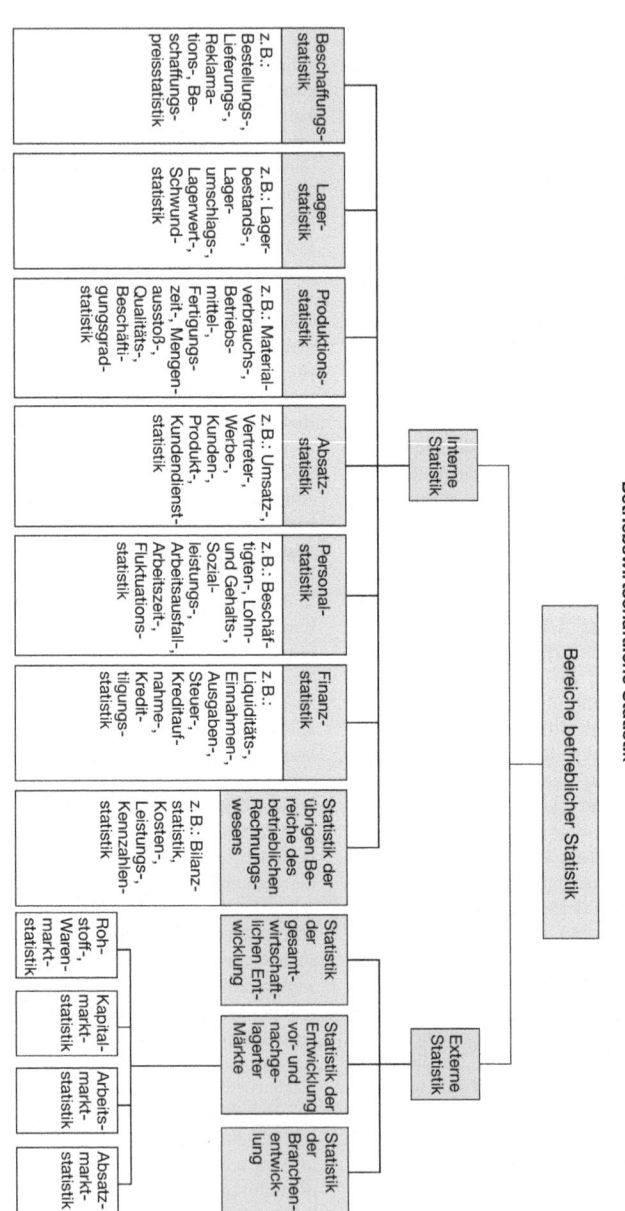

Statistische Qualitätskontrolle: a) Anwendung von Stichprobenverfahren (Zufallsstichprobenverfahren) auf die Gut-Schlechtprüfung oder auf die messende Prüfung zur Erfassung von Materialmängeln oder Fertigungsfehlern während des Produktionsprozesses, häufig mittels Kontrollkarten. – b) Prüfung der Produktionsvorgänge auf Ausschussanteil und Qualitätsmerkmale mithilfe statistischer Entscheidungsverfahren nach sog. Prüfplan und mithilfe statistischer Testverfahren. Bereiche betrieblicher Statistik in anderer Gliederung vgl. Abbildung „Betriebswirtschaftliche Statistik".

Betriebswohnung – Werkswohnung.

Betroffenheit → ökologiebedingte Betroffenheit.

Beurteilungsbogen – standardisiertes Formblatt zur → Mitarbeiterbeurteilung; über Inhalt und Form hat der Betriebsrat mitzubestimmen. Jährlich ausgefüllter Beurteilungsbogen wird der → Personalakte beigefügt.

Beurteilungskonflikt → Konflikt.

Bewegungsstudie – Verfahren der → Arbeitsanalyse, begründet von Lillian Gilbreth: Beobachtung der körperlichen Bewegungen während der Arbeit mit Untersuchung wie die Bewegungen effektiver und kosteneffizienter gestaltet werden können. Aufgrund der Bewegungsstudie können Grundsätze über den Zusammenhang von Schnelligkeit, Bewegungsform, Wirksamkeit der Arbeitsvollzugsweise und des Fertigungsfortschrittes aufgestellt werden.

Bewerbung – 1. *Charakterisierung:* Der Bewerber wirbt in eigener Sache, d.h. für seine eigene Person, um eine Stellung, ein Amt oder eine sonstige Tätigkeit zu erlangen. Grund der Bewerbung kann im Reagieren auf ein → Stellenangebot oder im Wunsch eines Bewerbers liegen, bei einer bestimmten Unternehmung zu arbeiten (Initiativbewerbung). – *Formen:* Die Bewerbung kann mündlich, schriftlich oder wie heute üblich

über elektronische Medien (E-Mail, Onlineformular, Bewerberwebsite) erfolgen. Von der Beurteilung der Bewerbung hängt es in den meisten Fällen ab, ob der Bewerber zu einer persönlichen Vorstellung eingeladen wird. – 2. *Teile:* a) *Deckblatt:* Hauptfunktionen des Deckblattes ist es einen Akzent zu setzen. Bestimmte Details der Persönlichkeit wie Name und Foto werden hervorgehoben. – b) *Anschreiben:* Dieses ist der eigentliche Werbebrief. Mit dem Anschreiben will der Bewerber die Aufmerksamkeit der umworbenen Firma auf sich lenken. Aus diesem Grund müssen im Anschreiben auch alle die Tatsachen aufgeführt sein, die den Bewerber für die Stellung geeignet machen. – c) *Lebenslauf:* Er ist eine sachliche Darstellung der bisherigen Tätigkeiten, Leistungen und Qualifikationen des Bewerbers in chronologischer oder fachbezogener Folge. Wenn ein handgeschriebener Lebenslauf verlangt wird, deutet dies auf die Erstellung eines graphologischen Gutachtens hin. – d) *Beweismittel:* Die dem Lebenslauf beigefügten Unterlagen (Zeugniskopien, Prüfungsergebnisse, Bescheinigung) sind die Beweismittel der im Lebenslauf gesondert aufgeführten Leistungen. Weitere Bestandteile einer Bewerbung können sein: die sog. Dritte Seite (zur weiteren Darstellung der eigenen Person, → Motivation, Qualifikation), das Kompetenzprofil (gesonderte Präsentation von Fachwissen und Schlüsselqualifikation die Bezug zum Anforderungsprofil besitzen), Referenzen (in Form von Arbeitsproben oder Benennung von Projekten und ehemaligen Vorgesetzten). Obwohl ein Foto nach dem Allgemeinen Gleichbehandlungsgesetz (AGG) heute keine Bedingung mehr für eine Bewerbung sein darf, wird die Verwendung aus Darstellungsgründen dennoch weiter empfohlen. Vgl. auch AGG im Arbeitsrecht. – 3. *Onlinebewerbung:* Bewerbung via → Internet bzw. E-Mail durch Erstellen, Einscannen, Hochladen und Verschicken von Dateien mit persönlichen Daten mittels PCs.

Bewertungskonflikt → Konflikt.

Beziehungspromotor – Person, die im Rahmen kooperativer Unternehmensstrategien die Aufgabe hat, Kooperationspartner zu finden und zusammenzuführen, den Dialog zwischen diesen zu fördern und deren Verhalten im Sinn einer gedeihlichen Zusammenarbeit zu beeinflussen. Dementsprechend werden an ihn hohe Anforderungen hinsichtlich seiner sozialen, aber auch fachlichen Kompetenz gestellt.

Bezugsgruppe – *Mitgliedschaftsgruppe;* Gruppe, an deren wahrgenommenen Normen sich der Einzelne orientiert, wobei dieser kein Mitglied der Bezugsgruppe zu sein braucht. Der vom einzelnen empfundene soziale Druck der Bezugsgruppe führt nach den Vorstellungen der *Bezugstheorie* zu gruppenkonformen Wahrnehmungen und Beurteilungen und normiert das Konsumentenverhalten.

BfB – Abk. für → Bundesverband der Freien Berufe.

Big Business – 1. *Begriff:* amerikanische Bezeichnung für großbetriebliche Wirtschaftsform in Unternehmenszusammenschlüssen und Großunternehmungen. Big Business ist Gegenstand heftiger Auseinandersetzungen in Wirtschaft und Politik. – 2. *Kritik wird vorgebracht:* (1) wegen zu starker wirtschaftlicher und politischer Machtkonzentration, (2) wegen der gesamtwirtschaftlich unerwünschten Vernichtung selbstständiger, mittelständischer Existenzen, (3) wegen der unvermeidlichen Neigung zu Bürokratisierung und Unwirtschaftlichkeit (X-Ineffizienz), (4) wegen der zwangsläufig erforderlichen stärkeren Beteiligung des Staates am Wirtschaftsleben zur Kontrolle der Machtstellung von Big Business und zur Unterstützung von Not leidenden Großbetrieben bei drohendem Zusammenbruch.

Bilanzplanung → Planbilanz.

Blickaufzeichnung → Blickregistrierung.

Blickregistrierung – *Blickaufzeichnung;* Verfahren der Aktivierungsforschung zur Messung des Blickverhaltens bzw. der visuellen Informationsaufnahme durch Registrierung der Augenbewegung. – *Verfahrensweise:* Die Augenbewegung (Saccaden = Sprünge des Auges, Fixationen = Verweilpunkte) wird aufgezeichnet. Nur während Fixationen (Dauer ca. 300 ms) erfolgt eine Informationsaufnahme. Technisch realisiert mittels Spezialbrille und Videoaufzeichnung oder durch Beobachtung der Probanden mit versteckter Kamera. – *Anwendung:* Messung der Aufmerksamkeitswirkung von Anzeigen oder eines Fernsehspots sowie der Informationsaufnahme einzelner Bild- bzw. Textelemente.

Blockplanung – 1. *Begriff:* Verfahren zur systematischen Aktualisierung und Konkretisierung der Pläne durch Fortschreibung. – 2. *Merkmale:* Basis ist meist eine Unterteilung des langfristigen Plans in Jahresabschnitte, von denen die ersten Abschnitte (Anzahl der Abschnitte bilden einen „Block") detailliert geplant werden. Nach Ablauf des „Blocks" wird der Gesamtplan überarbeitet, wobei der nächste „Block" detailliert geplant wird. Die Revision der Periodenpläne erfolgt also nach *mehreren* Perioden. – Gibt es keine zeitliche Überlappung von Plänen gleicher und unterschiedlicher Fristigkeit, so spricht man vom *Prinzip der Reihung,* andernfalls vom *Prinzip der Staffelung.* – *Anders:* → rollende Planung.

Board of Directors → Board System, → Organisationsverfassung.

Board System – Spezifische → Organisationsverfassung der Unternehmensführung. Das Board System vereinigt Geschäftsführung und Kontrolle in einem Gremium *(Vereinigungsmodell).* – *Gegensatz:* Aufsichtsratssystem. Neudeutsch bezeichnet man das mit den beiden Gegensatzbegriffen *One-Tier-*Modell und *Two-Tier-*Modell. – 1. *Rechtlich* vertritt der *Board of Directors* in der US-amerikanischen Corporation (Aktiengesellschaft (AG)) das Unternehmen nach außen; ihm obliegt: (1) Wahl und Abberufung der Officers (Leitende Angestellte), i.d.R. President, Vice-President, Secretary, Treasurer und Controller; (2) Verwaltung des Vermögens der Corporation im Interesse der Aktionäre; (3) Formulierung der langfristigen Unternehmenspolitik und Kontrolle der Zielerreichung; (4) Entscheidung über die Gewinnverwendung (Ausschüttung, Thesaurierung); (5) Berichterstattung an die Aktionäre. – 2. In der *Praxis* besteht der Board aus Inside-Directors (hauptberufliche Manager) und ehrenamtlichen Outside Directors; Geschäftsführung und Macht obliegen faktisch dem Inside-Director (→ Managerherrschaft). – 3. Trends zur *Trennung von Geschäftsführung und Kontrolle* kommen zum Ausdruck in Begriffen wie Audit Committee, Monitoring Model, Non-Executive Directors oder Two-Tier Board. – 4. *Gründe* für die Entwicklung: Ungelöste Kontrollprobleme des Vereinigungsmodells (keine institutionalisierte Fremdkontrolle); Professionalisierung des Managements; interessenpluralistische Öffnung des Board (Mitbestimmung); zunehmende → personelle Verflechtungen. Daher rechtspolitische Forderungen zur binnenorganisatorischen Aufspaltung in „Management Board" und „Supervisory Board", dem Kontrolle und Mitwirkung bei wichtigen unternehmenspolitischen Entscheidungen obliegt. Insofern Annäherung an das Aufsichtsratssystem.

BOO – Abk. für *Build Own Operate;* Begriff im internationalen Anlagengeschäft bzw. im Rahmen der Erbringung von Infrastrukturleistungen durch Private (→ Betreibermodell): Ein privater Investor plant und errichtet eine Anlage (z.B. Entsorgungsanlage) und ist auch für den laufenden Betrieb verantwortlich.

BOOT – Abk. für *Build Own Operate Transfer;* Modell im internationalen Anlagengeschäft bzw. im Rahmen der Erbringung von Infrastrukturleistungen durch Private (→ Betreibermodell): Ein privater Investor plant und errichtet eine Anlage (z.B. Entsorgungsanlage). Für eine bestimmte Zeit übernimmt er auch den Betrieb, die Anlage geht dann aber in staatlichen Besitz über.

BOT → BOOT.

Bottom-up-Planung – 1. *Begriff:* Hierarchisches Planungsprinzip; von unten nach oben. – 2. *Merkmale:* Die einzelnen Organisationseinheiten stellen für ihre Verantwortungsbereiche Detailpläne auf, die im Rahmen der Planung der übergeordnet Planungseinheit dann koordiniert werden. Im Gegensatz dazu steht das → Top-down-Prinzip.

Brachzeit – *Stillstandzeit;* nach → REFA-Verband für Arbeitsstudien, Betriebsorganisation und Unternehmensentwicklung e.V. Teil der Betriebsmittel-Grundzeit, erfasst das planmäßige erholungsbedingte und ablaufbedingte Unterbrechen der Nutzung eines Betriebsmittels.

Brainstorming – 1. *Begriff:* → Kreativitätstechnik, bei der mehrere Personen nach bestimmten Regeln in einer Gruppe Lösungsalternativen sammeln. – 2. *Ablauf:* a) Dem Brainstorming wird eine Problemanalyse vorangestellt, aus der eine Fragestellung entwickelt wird. – b) Der Moderator stellt die Fragestellung vor und gibt die Regeln bekannt. c) Während der Sitzung motiviert der Moderator die Teilnehmer zur Abgabe von Ideen, achtet auf die Einhaltung der Regeln und protokolliert die Ideen und Diskussionen. d) Nach der Sitzung werden die gesammelten Ideen geordnet und protokolliert. Diese werden anschließend an die Gruppe oder Experten zur weiteren Entwicklung und Ausarbeitung versandt. – 3. *Regeln:* a) Freies Spiel der Gedanken ist erwünscht, jede Idee ist willkommen. b) Die Quantität und nicht die Qualität oder Realisierbarkeit der Vorschläge ist das entscheidende Kriterium. c) Ideen der Anderen sollen aufgenommen und weiterentwickelt werden, es gibt kein Urheberrecht auf Ideen. d) Killerphrasen, Kritik und Selbstkritik an den genannten Ideen sind streng verboten. – 4. *Kritik:* Obwohl diese Methode vielfach eingesetzt wird, scheint sie doch hinsichtlich Anzahl und Qualität der gesammelten Ideen schlechter zu sein als Methoden, bei denen zunächst in Einzelarbeit Ideen gesammelt werden, mit denen dann in der Gruppe weitergearbeitet wird. Beim Brainstorming wird gesprochen, beim Brainwriting werden schriftliche Impulse weiterentwickelt.

Branche – Sammelbezeichnung für Unternehmen, die weitgehend substituierbare Produkte oder Dienstleistungen herstellen (bspw. Automobilbranche, Elektronik, Pharmaindustrie). Als weitere Abgrenzungskriterien können die eingesetzte Fertigungstechnik oder die verwendeten Grundmaterialien herangezogen werden. Umfängliche Branchenklassifikationen werden von verschiedenen statistischen Ämtern erstellt (vgl. Wirtschaftszweigsystematiken). – Vgl. Wirtschaftszweig.

Branchenanalyse → Wettbewerbsstrategie.

Branchenlebenszyklus → Lebenszyklus.

Branchen-Wettbewerbsvorteils-Matrix → Wettbewerbsvorteils-Matrix.

Bruttoarbeitsentgelt – *Bruttolohn;* Arbeitsentgelt vor Abzug von Steuern (Lohnsteuer, Solidaritätsbeitrag, ggf. Kirchensteuer) und Sozialversicherungsbeiträgen (i.d.R. Rentenversicherung, Krankenversicherung, Arbeitslosenversicherung, Pflegeversicherung) (→ Lohnabzüge). Der Bruttolohn dient als Grundlage zur Berechnung von Steuer- und Sozialversicherungsbeiträgen. Ggf. sind Lohnsteuerfreibeträge zu den Sozialversicherungsbeiträgen hinzuzurechnen. – *Berechnung*: Bruttolohnermittlung.

Bruttolohn → Bruttoarbeitsentgelt.

Budget – I. Finanzwissenschaft: 1. *Begriff*: andere Bezeichnung für den Haushaltsplan, den Finanzplan eines Zeitabschnitts, den Voranschlag von öffentlichen Einnahmen und Ausgaben für ein Haushaltsjahr (Etat). – 2. *Merkmale*: Das Budget ist *Instrument* der Finanzpolitik. – Vgl. auch optimales Budget. – 3. *Sprachliche Herkunft*: Wahrscheinlich kelt. für bulga, Ledermappe, die den Haushaltsplan umschloss.

II. **Betriebswirtschaftslehre:** 1. *Begriff*: meist kurzfristiger operativer → Plan, der die Allokation von Ressourcen steuert, z.B. Personal- oder Investitionsbudget. 2. *Merkmale*: Häufig umfasst das Budget auch Angaben über die Herkunft der Ressourcen (meist finanziell verstanden), z.B. Gewinn- und Umsatz-Budget. a) *I.e.S.* umfasst Budget nur *quantifizierbare Angaben (Vollzugsziffern-Budget).* – b) *I.w.S.* beinhaltet Budget auch einen Katalog von in der nächsten Periode zu ergreifenden *Maßnahmen (Aktions-Budget).* – Vgl. auch Budgetierung, → Budgetierungsmodell. – 3. *Das Budget im innerbetrieblichen Rechnungswesen*: a) *Finanzplan*: Aufstellung sämtlicher in einem bestimmten Zeitraum zu erzielenden Einzahlungen und der erforderlichen Auszahlungen zur Ermittlung und Vorgabe des Kapital- und Geldbedarfs (Finanzplan). Die von den einzelnen mittelbewirtschaftenden Stellen einzubehaltenden Sollzahlen des Budgets müssen laufend mit den Istzahlen (laut Buchhaltung) verglichen und abgestimmt werden; ggf. sind kurzfristige Finanzierungsmaßnahmen (Finanzierung) erforderlich, um die Liquidität und Zahlungsbereitschaft des Unternehmens zu erhalten. – b) *Kostenbudget*: Neben Zahlungsgrößen werden auch Kosten und Erlöse budgetiert (Kostenbudget). – 4. *Aktuelle Diskussion*: Aufgrund der mit einer Budgetierung verbundenen Nachteile (Aufwand, Negierung aktueller Marktentwicklungen, Vergangenheitsorientierung etc.) wird unter dem Stichwort „beyond budgeting" nach alternativen Ansätzen gesucht. So versucht man z.B. über ein → Benchmarking aktuelle Marktentwicklungen in die Budgets einfließen zu lassen.

Budgetierungsmodell – 1. *Begriff*: → Planungsmodell, das den Charakter eines Simulationsmodells (Simulation) besitzt. – 2. *Merkmale*: Es wird nicht versucht, ein Gesamtoptimum zu ermitteln; vielmehr sollen Budgetierungsmodelle die Beziehungen zwischen verschiedenen Teilbudgets durch Gleichungssysteme abbilden und „Was wäre, wenn ...“- sowie „Was müsste geschehen, dass ...“-Fragen zulassen, mit deren Hilfe sich die Konsequenzen einzelner Parametervariationen ermitteln lassen.

Budgettechnik – *Begriff*: Planungstechnik, auf dem → Budget aufbauend. – Vgl. auch Budgetierung.

Build Own Operate → BOO.

Build Own Operate Transfer → BOOT.

Bundesarbeitskreis Umweltbewusstes Management B.A.U.M. – Der Bundesarbeitskreis Umweltbewusstes Management B.A.U.M. ist ein politisch neutral wirkender Arbeitskreis, der das Ziel der Sensibilisierung von Unternehmen, Institutionen, Politik und der Bevölkerung für die Probleme und Chancen des vorsorgenden Umweltschutzes sowie für Fragen einer nachhaltigen Wirtschaftsweise, der Einführung von Methoden und Maßnahmen zum Umwelt- und Nachhaltigkeitsmanagement (→ Nachhaltigkeit) von Unternehmen und der Verbreitung integrierter Systeme zur vorsorgenden Unternehmensführung verfolgt. Der 1984 gegründete Arbeitskreis besteht aus über 500 Unternehmen aller Größen und Branchen, sowie Verbänden, Institutionen und Einzelpersonen. B.A.U.M. e. V. wirkt in zahlreichen Gremien von Verbänden, Wirtschaft, Medien und Politik beratend mit. – Jedes Mitglied erklärt mit der Unterzeichnung eines Ehrenkodex für umweltbewusstes Management, der aus zehn Verhaltensleitlinien besteht, den Umweltschutz zur seinem vorrangigen Unternehmenziel.

Bundesumweltministerium – Das Bundesministerium für Umwelt, Naturschutz und Reaktorsicherheit (BMU) wurde 1986 als Reaktion auf den Reaktorunfall von Tschernobyl gebildet. Zuvor waren die Ministerien Inneres, Gesundheit und Landwirtschaft gemeinsam für die Belange des Umweltschutzes verantwortlich. Zu den nachgeordnete Behörden gehören das → Umweltbundesamt (UBA), das Bundesamt für Naturschutz sowie das Bundesamt für Strahlenschutz. – Im Zuständigkeitsbereich des Bundesministerium für Umwelt, Naturschutz und Reaktorsicherheit liegen die Leitlinien der Strategien der Umweltpolitik, der Schutz der Erdatmosphäre, die Luftreinhaltung, der Schutz der Binnengewässer und Meere, der Grundwasserschutz, die Abwasserbehandlung, Bodenschutz und Altlastensanierung, die Vermeidung, Verwertung und Entsorgung von → Abfällen, die Lärmbekämpfung, der Schutz der menschlichen Gesundheit vor Gefahrstoffen, die Vorsorge gegen Störfälle in Industrieanlagen, der → Naturschutz, die Landschaftspflege und -planung, die Sicherheit kerntechnischer Einrichtungen, die Förderung von Umwelttechnologien, aber auch die Aufklärung der Bevölkerung in Umweltfragen und die internationale Zusammenarbeit.

Bundesverband der Freien Berufe (BfB) – Dachverband von über 90 Spitzenvereinigungen und Landesorganisationen der Freien Berufe, Sitz in Berlin. – *Aufgaben*: Interessenvertretung der freiberuflich Schaffenden; in Bezug auf Steuern, Sozialpolitik, Berufsbildung, Umwelt. Zusammenfassung der Freien Berufe, Sicherung ihrer sozialen Grundlagen, Stärkung des Einflusses der frei und selbstverantwortlich schaffenden Persönlichkeit auf das öffentliche Leben; Pflege der Beziehungen der freien Berufe untereinander.

Bundesverband der Selbständigen e. V. (BDS) – älteste Interessenvertretung der mittelständischen Unternehmen in Deutschland; Sitz in Berlin. – *Aufgaben*: Unterstützung mittelständischer Unternehmen bei Existenzgründung, Rechtsfragen und der täglichen Unternehmenspraxis. Interessenvertretung über ihm angehörende Abgeordnete aus allen Parteien auf Landes-und Bundesebene; auf europäischer Ebene werden die Interessen des Verbandes von der europäischen Dachorganisation der Selbstständigen, UEAPME (European Association of Craft, Small and

Medium-Sized Enterprises) vertreten; praxisorientierte Publikationen.

Bundesverband Junger Unternehmer (BJU) → Arbeitsgemeinschaft Selbständiger Unternehmer e. V. (ASU).

Bundesvereinigung der Deutschen Arbeitgeberverbände e. V. (BDA) – Zusammenschluss von Fachspitzen- und überfachlichen Landesverbänden der dt. Privatwirtschaft; Sitz in Berlin. – *Aufgaben:* Wahrnehmung der gemeinschaftlichen sozialpolitischen Belange auf Bundes-, europäischer und internationaler Ebene; u.a. in den Bereichen Sozial- und Tarifpolitik, Arbeitsrechtspolitik, Bildungs-, Personal- und Gesellschaftspolitik.

Burnout – Stressreaktion, die dadurch gekennzeichnet ist, dass meist ehemals beruflich sehr engagierte Personen emotional erschöpft sind, mit anderen Personen in der Arbeit zynisch umgehen und sie eher als Objekte denn als Personen behandeln sowie den Eindruck haben, dass sie in ihrer Arbeitstätigkeit keine Erfüllung mehr finden. Ursprünglich wurde diese Stressreaktion vornehmlich bei Mitarbeitern in Pflegeberufen beobachtet. Zunehmend scheint sie aber auch bei anderen Berufsgruppen aufzutreten, deren Tätigkeit durch eine hohe Dichte sozialer Interaktion und die Forderung gekennzeichnet ist, zu anderen freundlich zu sein (z.B. Stewardessen, Verkäufer, Freizeitanimateure etc.).

Büro Führungskräfte der Wirtschaft (BFW) – der Bundesagentur für Arbeit angeschlossene Behörde (Zentralstelle für Arbeitsvermittlung [ZAV]) mit spezieller Aufgabenstellung; Sitz in Frankfurt a.M. – *Aufgabe:* Vermittlung von Führungskräften. – *Ziel* ist es, den Besonderheiten bei der Vermittlung von Führungskräften Rechnung zu tragen. – Vgl. auch → Personalberatung, → Managementberatung.

bürokratischer Führungsstil → Führungsstil.

Business Angels – vermögende Privatpersonen, die eigenes Geld, Zeit oder beruflich erworbene Kompetenzen in der Hoffnung auf einen finanziellen Gewinn in junge Unternehmen (→ Start-up-Unternehmen) investieren und damit an den Risiken und Chancen der Unternehmensentwicklung teilhaben.

Business Charter for Sustainable Development – freiwillige Erklärung der Internationalen Handelskammer (ICC). – *Inhalt:* Unterzeichner verpflichten sich, in Übereinstimmung mit den 16 Prinzipien der Charta ihre → Umweltleistungen zu verbessern, Führungsgrundsätze anzuwenden, die eine solche Verbesserung bewirken, ihren Fortschritt zu messen und über diesen intern und extern angemessen zu berichten. Von zahlreichen multinationalen Unternehmen unterzeichnet.

Business Development Services – Abk. *BDS*, nicht finanzielle Leistungen, die Unternehmen zur Verfügung gestellt werden. Dazu zählen Trainings und Consulting, aber auch Marketingunterstützung und IT-Lösungen. Sog. BDS-Provider bieten Produkte an, die der Entwicklung der Klein- und Mittelindustrie dienen sollen. Das BDS-Konzept wird v.a. im Rahmen der → Entwicklungsländerberatung angewendet.

Business Plan – *Geschäftsplan, Geschäftskonzept;* Beschreibung von unternehmerischen Vorhaben, in denen die unternehmerischen Ziele, geplante → Strategien und Maßnahmen sowie die Rahmenbedingungen dargestellt werden. Der Business Plan soll im Wesentlichen die unterschiedlichen Phasen der Unternehmensentwicklung mit bes. strategischer Bedeutung darstellen. Typischerweise wird ein Business Plan im Rahmen von Unternehmensgründungen, bei der Einführung von neuen Produkten oder zur Einleitung von Umstrukturierungsmaßnahmen erstellt. In diesem Zusammenhang soll der Business Plan verschiedene Funktionen erfüllen, z.B. die Prüfung der Durchführbarkeit des Vorhabens, die Kommunikation mit potenziellen Finanzierungs- oder Kooperationspartnern sowie die Planung und Kontrolle des unternehmerischen Vorhabens im Rahmen eines nachträglichen Soll-Ist-Vergleichs. Ein Business Plan besteht idealerweise zunächst aus einer Executive Summary, die in prägnanter Form komprimierte Auskunft über das Vorhaben gibt. Anschließend werden die geplanten Produkte und/oder Dienstleistungen beschrieben, das Management vorgestellt, der Markt und Wettbewerb analysiert, Aussagen zu Marketing und Vertrieb getroffen, benötigtes Personal und die Organisation skizziert, wichtige Realisierungsschritte beschrieben, Chancen und Risiken diskutiert, die Finanzplanung dargestellt und Aussagen zu Kapitalbedarf und Finanzierungsalternativen getroffen.

Business Process Redesign → Business Process Reengineering.

Business Process Reengineering – Analyse der → Ablauforganisation und der → Aufbauorganisation eines Unternehmens im Hinblick auf seine Orientierung an → Geschäftsprozessen. Dabei wird bes. das Gestaltungspotenzial der Informationstechnologie dazu genutzt, Geschäftsprozesse neu zu organisieren und massive organisatorische Änderungen vorzunehmen. Ziel ist es, die Zahl der organisatorischen Schnittstellen zu minimieren. Der Geschäftsprozess (Kernprozess) wird zum zentralen Strukturierungskriterium der Organisation. Es reicht nicht aus, vorhandene Abteilungen zu reorganisieren und überkommene Abläufe zu optimieren; vielmehr ist eine völlige Neugestaltung der wesentlichen Unternehmensprozesse notwendig, d.h. jener Tätigkeiten, die zusammengenommen einen Wert für die Kunden schaffen. Ausgangspunkt des Business Process Reengineering ist daher eine konsequente Kundenorientierung. – Vgl. auch → Prozessorganisation.

Business Reengineering → Business Process Reengineering.

Business Transformation – 1. *Begriff:* allg. eine fundamentale Wende in der Beziehung eines Unternehmens zu Einzelpersonen und zu seinem wirtschaftlichen und gesellschaftlichen Umfeld. In einer Business Transformation werden alle Beziehungen des Unternehmens neu definiert. In den 1990er-Jahren wurde Business Transformation von der Beratungsfirma Gemini Consulting als ganzheitliches → Beratungsprodukt entwickelt. – 2. *Grundmodell:* Das unter Anlehnung an biologische Funktionsweisen von Gemini Consulting entwickelte Modell der Business Transformation weist die folgenden vier Hauptdimensionen auf – die sog. vier „R" der Transformation: (1) Im *Reframing,* d.h. im Prozess der Einstellungsänderung, verändert das Unternehmen sein Selbstbild und seine Vorstellung von den eigenen Möglichkeiten. (2) Im *Restructuring,* d.h. in der Phase der Restrukturierung, rüstet sich das Unternehmen, damit es ein wettbewerbsfähiges Leistungsniveau erreicht. Die entsprechenden Maßnahmen folgen der Notwendigkeit, schlank und fit zu sein. (3) Das *Revitalizing* (die Revitalisierung) gilt als der bedeutendste Faktor. Er soll Wachstum bewirken. Hier unterscheidet sich die Business Transformation von einer bloßen Sanierung. (4) Das *Renewing* (die Erneuerung) beschäftigt sich mit der menschlichen Seite der Transformation. Hier sollen die Mitarbeiter motiviert werden und neue Fertigkeiten erwerben, damit sich das Unternehmen insgesamt regenerieren kann. Das Renewing ist die schwierigste Dimension in der Business Transformation Eine gelungene Business Transformation ist das Ergebnis einer Umgestaltung der genetischen Architektur eines Unternehmens, die gleichzeitig und abgestimmt – wenn auch mit unterschiedlichen Geschwindigkeiten – in allen vier genannten Dimensionen durchgeführt wird. In jüngster Zeit wird das Konzept der Business Transformation auch im IT-Consulting angewendet.

C

Cafeteria-System – 1. *Begriff:* Konzept individualisierter Entgeltgestaltung. Die Arbeitnehmer erhalten die Möglichkeit, sozial- und/oder übertarifliche Leistungen aus vorgegebenen Alternativen den persönlichen Bedürfnissen und Präferenzen entsprechend auszuwählen. – Vgl. auch Individualisierung. – 2. *Ziele:* Neben der Individualisierung von Sozialleistungen, der erweiterten Selbstbestimmung am Arbeitsplatz und der Verbesserung der → Corporate Identity soll eine bessere Steuerung der Kosten der Sozialleistungen gewährleistet werden. – 3. *Formen:* Variabel wählbar sind z.B. die Art der Bezahlung, die Form einer Erfolgsbeteiligung, die Art der Sozialleistung (Zuschuss zur Lebensversicherung, Arbeitgeberdarlehen u.Ä.). Der Arbeitnehmer kann sich somit aus einem Angebot an Sozialleistungen und übertariflichen Entgeltbestandteilen sein individuelles „Menü" zusammenstellen. Da nur übertarifliche Entgeltbestandteile darunter fallen können, ist die Bedeutung in der Praxis bislang beschränkt.

Captive Fund – bezeichnet i.w.S. einen Venture-Capital- oder Private-Equity-Fund, der einen wesentlichen Kapitalgeber hat. Dies kann ein Corporate Fund sein, dessen Investor, z.B. ein Industrieunternehmen, i.d.R. sowohl finanzielle als auch strategische Interessen hat. Dagegen spricht man von einem Captive Fund i.e.S., wenn dessen Kapitalgeber eine Finanzinstitution ist. Im Gegensatz dazu spricht man von einem → Independent Fund, wenn dieser nicht von einem Kapitalgeber alleine finanziert und kontrolliert wird, sondern aufgrund der gestreuten Anteile unabhängig agiert.

Carbon Disclosure Project – Abk. *CDP*; das Carbon Disclosure Project ist eine unabhängige und nicht kommerzielle Organisation, die im Jahr 2000 gegründet wurde. Ziel des Projektes ist, Informationen für Investoren, Gesellschaften und Regierungen bereitzustellen. Die Organisation besitzt die größte Datenbank an Treibhausemissionsdaten von Unternehmen und deren Strategien bezüglich des → Klimawandels. Zur Datensammlung werden jährlich standardisierte Fragebögen erstellt.

CEDI – Abk. für → Conféderation Européenne des Independants.

Certified Management Consultant – Abk. *CMC*, international gültiges, professionelles Gütesiegel für Unternehmensberater. Das Zertifizierungsverfahren für die Anerkennung als CMC wurde von dem International Council of Management Consulting Institute (ICMCI), der internationalen Vereinigung zur Qualitätssicherung der Unternehmensberatung, eingeführt. In Deutschland ist der Bundesverband Deutscher Unternehmensberater e.V. (→ BDU) als Mitglied des ICMCI berechtigt, das Zertifizierungsverfahren durchzuführen.

CFO – Abk. für *Chief Financial Officer*, dt. Finanzvorstand.

CGB – Abk. für → Christlicher Gewerkschaftsbund Deutschlands.

Chaebol – südkoreanisches Unternehmensnetzwerk, das Unternehmen aus einer Vielzahl unterschiedlicher Branchen umfasst. Insgesamt existieren in Südkorea etwa 30 große Unternehmensnetzwerke, die als Chaebol klassifiziert werden können (u.a. Hyundai, Samsung, LG). Chaebols sind grundsätzlich in Familienbesitz. Die Chaebolfamilie übt die auf Clanstrukturen und Eigentum basierende Kontrolle über das Netzwerk aus. An der Spitze steht der sog. „Chongsu" (Vorsitzende). Zahlreiche Spitzenpositionen im Chaebol werden von Familienmitgliedern eingenommen, wobei Familienzugehörigkeit im Sinne von „Blutsverwandtschaft" zu verstehen ist. Weitere Charakteristika von Chaebols sind geringe Kapitalbeteiligungen an den einzelnen Netzwerkunternehmen und eine stark kreditbasierte Kapitalstruktur. – Generell sind Transaktionen mit Unternehmungen außerhalb des Chaebols auf wenige Bereiche beschränkt. Die Kontrolle durch die Chaebolfamilie ist das wichtigste Unterscheidungskriterium zu japanischen Keiretsus, die auch von außerhalb der Familie stammenden Managern geführt werden. Chaebols sind stärker hierarchisch aufgebaut und die Entscheidungsfindung hat ausgesprochen vertikalen Charakter. Im Gegensatz zu Keiretsus sind das Senioritätsprinzip und lebenslange Beschäftigungsverhältnisse für Beschäftige im Unternehmensnetzwerk weniger ausgeprägt. Außerdem befinden sich Keiretsus größtenteils im Besitz der Netzwerkunternehmen.–– Vgl. auch → internationale Unternehmensnetzwerke.

Change Agent – Bezeichnung für den Berater im Prozess der → Organisationsentwicklung. Abweichend vom klassischen Klient-Berater-Verhältnis bringt sich der Change Agent in den Entwicklungsprozess ein und beeinflusst diesen, indem er forciert, steuert, bremst etc. Der Change Agent muss über die Techniken der Verhaltenssteuerung verfügen.

Change Communications – 1. *Begriff:* Change Communications bezeichnet das Kommunikations- und Verhaltensmanagement zur Unterstützung tiefgreifender Veränderungsprozesse von Unternehmensstrategien und -strukturen an aktualisierte Rahmenbedingungen (→ Change Management). – 2. *Ziel:* Das Ziel von Change Communications ist, auf weiche Faktoren von Organisationen Einfluss zunehmen. Weiche Faktoren wie Meinungen, Stimmungen und Emotionen sind das Ergebnis gruppendynamischer Prozesse, die geeignet sind, die geplante Zielerreichung des Veränderungsprozesses negativ und positiv zu beeinflussen. – 3. *Aspekte:* Die Entstehung erfolgskritischer weicher

Faktoren lässt sich mit kollektivierbaren mentalen Modellen erklären. In der kognitionspsychologischen Forschung beschreiben sie als individuelle Speicher handlungsleitenden Wissens den Zusammenhang zwischen individueller Wahrnehmung, Interpretation und Handlung. Durch Sozialisierung können nen diese individuellen Konstrukte sich einander annähern. Sie werden so zu kollektivierten mentalen Modellen und können personenübergreifende Bewertungen von sachlichen und persönlichen Aspekten im Veränderungsprozess hervorrufen. Damit können sie konvergentes Verhalten von Promotoren und Widerständlern als Gruppen in einem Change-Prozess erklären. – 4. *Instrumente:* Durch die Handlungsrelevanz persönlicher und sachlicher Bewertungen von Veränderungsprozessen in Führungskräfte- und/oder Mitarbeitergruppen umfasst Change Communications die Einflussnahme auf informative (Wahrnehmung), edukative (Verständnis) und emotionale (Gefühle) Aspekte. Dies erfordert, Change Communications als disziplinenübergreifende Disziplin mit Kommunikation (persönliche, mediale und instrumentelle Kommunikation) und Verhaltensmanagement (Führungsstil, Anreizsetzung etc.) anzuwenden. – 5. *Abgrenzung:* Change Communications ist also eine anlassbezogene, prozessuale, interdisziplinäre und damit kampagnennahe Kommunikationsmanagementdisziplin, die Change Management mit der Einflussnahme auf weiche Faktoren unterstützt.

Change Management – laufende Anpassung von Unternehmensstrategien und -strukturen an veränderte Rahmenbedingungen. Wandel repräsentiert heute in Unternehmen nicht mehr den Sondervorgang, sondern eine häufig auftretende Regelerscheinung. Alle Prozesse der globalen Veränderung, sei es durch Revolution oder durch geplante Evolution, fallen in das Aufgabengebiet des Change Managements. – Zu den harten, revolutionären Ansätzen zählen die Modelle der Corporate Transformation und

Business Transformation, die innerhalb des Reengineering propagiert werden. Weiche, stärker evolutionär angelegte Ansätze stammen aus der → Organisationsentwicklung. Sie war über Jahrzehnte das dominierende Paradigma des Change Managements. Charakteristisch für Organisationsentwicklung ist das Harmoniepostulat zwischen den Zielsetzungen des Unternehmens und der betroffenen Mitarbeiter.

Charisma – In der psychologischen Führungsforschung versteht man unter Charisma ein Persönlichkeitsmerkmal, das sich in bestimmten Situationen (z.B. in einer Krise) in ein bestimmtes Verhalten des Führenden übersetzt (z.B. sinngebend), um dann bei den Geführten über den Prozess der Identifikation mit dem Führenden zum Effekt (z.B. gesteigerte Motivation) zu führen. Charisma wird nicht als dauernd und situationsunabhängig angesehen, wie andere Persönlichkeitsmerkmale (z.B. Intelligenz).

charismatischer Führungsstil → Führungsstil.

Checklistenverfahren – Methode zur systematischen Gestaltung von Entscheidungsprozessen. Alle entscheidungsrelevanten Faktoren werden übersichtlich in Listen zusammengestellt. In ähnlich gelagerten Entscheidungssituationen werden diese Checklisten wiederum als Hilfsmittel herangezogen und dabei ergänzt und korrigiert. Durch Kumulation von Erfahrungen sollen Prüflisten entstehen, die alle für die Entscheidungssituation wesentlichen Faktoren enthalten. – *Problematisch* ist die Bestimmung der jeweiligen Faktor-Entscheidungsgewichte (Nutzwertanalyse).

Christlicher Gewerkschaftsbund Deutschlands (CGB) – Bundesgeschäftsstelle mit Sitz in Berlin; gegründet 1959. – *Aufgaben:* Zusammenfassung aller dt. christlichen Gewerkschaften; Bestimmung der Ziele des Bundes auf allen Gebieten gewerkschaftlicher Betätigung; Vertretung der Mitglieder auf nationaler und internationaler

Ebene. – Angeschlossen ist der *Deutsche Handels- und Industrieangestellten-Verband (DHV)*.

Citizenship Report → Nachhaltigkeitsbericht.

Club of Rome – Der Club of Rome ist eine → Non-Profit-Organisation (NPO), die sich für eine lebenswerte und nachhaltige Zukunft der Menschheit einsetzt. Gegründet wurde der Club of Rome 1968 von Aurelio Peccei und Alexander King in Rom. Das Ziel der Gesellschaft ist der Einsatz für eine lebenswerte und nachhaltige Zukunft der Menschheit (→ Nachhaltigkeit). Die Gesellschaft veröffentlicht regelmäßig „Berichte an den Club of Rome" und bisher drei Auflagen des Buches → Limits to Growth (dt. Titel: „Grenzen des Wachstums").

CML-Methode – 1. *Begriff:* Die CML-Methode ist ein mehrdimensionaler Ansatz der Ökobilanzierung (→ Ökobilanz). Entwickelt wurde die Methode am „Centrum voor Milieukunde" in Leiden (Niederlande) von Heijungs et al. (1992). Die Systemgrenze der Methode ist Cradle-to-Grave (→ Cradle-to-Cradle) mit weltweitem Geltungsbereich. Bewertungsobjekte können Produkte, Prozesse oder ganze Betriebe sein, wobei Stoff- und Energieflüsse in unterschiedlichen Wirkungskategorien bewertet werden. Das Ziel der CML-Methode ist es in quantitativer Weise alle direkten stofflichen und energetischen Austauschbeziehungen zwischen der natürlichen Umwelt und dem Produktsystem abzubilden. Der Methode liegt einerseits die Annahme zugrunde, dass → Emissionen mit gleicher Wirkung medienübergreifend zusammengefasst werden können und andererseits die auswirkungsorientierte Klassifizierung von Stoff- und Energieströmen zur → Wirkungsabschätzung. Zur Methodik gehören die fünf Schritte: Zieldefinition, Sachbilanz, Klassifizierung, Charakterisierung und Verbesserung. Als Ergebnis ergibt sich ein mehrdimensionales, ungewichtetes Wirkungsprofil. – 2. *Kritische Würdigung:*

Das Verfahren entspricht den internationalen Normbemühungen, da es sowohl Zieledefinition, → Sachbilanz, Wirkungsanalyse und Bewertung abdeckt. Des Weiteren bietet die CML-Methode erhebliche Gestaltungsmöglichkeiten für die Anwendung im Unternehmen. Eine eindeutige Interpretation der Ergebnisse ist jedoch nur bei Dominanz einer Handlungsalternative möglich.

CO2-Fußabdruck – 1. *Begriff:* Der CO_2-Fußabdruck ist ein eindimensionaler Ansatz der Ökobilanzierung. Er ist ein Teil des ökologischen Fußabdrucks, der von Wackernagel und Rees 1994 entwickelt wurde. Der Fokus liegt auf den Klimawirkungen menschlicher Aktivitäten. – 2. *Methodik:* Die Systemgrenze der Methode ist Cradle-to-Gate (s. → Cradle-to-Cradle) mit weltweitem Geltungsbereich. Betrachtet werden können Tätigkeiten von Individuen, Ländern, Regionen, Organisationen, Unternehmen oder Branchen, aber auch Prozesse sowie der Lebenszyklus von Produkten und Dienstleistungen. Bewertet werden direkte und indirekte Treibhausgasemissionen. Die Ergebnisse bieten eine Hilfestellung bei der Bewertung des eigenen Beitrags zum → Klimawandel. Er wird angenommen, dass Treibhausemissionen (Treibhauseffekt) ein Indikator für Umweltbeanspruchung sind. Bei der Methode werden folgende Verfahrensschritte durchlaufen: Bestimmung der Bewertungsmethode, Spezifizierung der Systemgrenze und des Geltungsbereichs, Erfassung der Emissionsdaten und Berechnung, Verifizierung der Ergebnisse (optional) und Offenlegung des Ergebnisses (optional). – 3. *Kritische Würdigung:* Der CO_2-Fußabdruck legt den Fokus auf eine als relevant erachtete Umweltentwicklung und visualisiert die Klimawirkung von Bewertungsobjekten. Produkte bzw. Dienstleistungen können einerseits verglichen werden und andererseits können auch Verbesserungspotenziale erkannt werden. Es konnte jedoch bisher kein Konsens zur Messung des CO_2-Fußabdrucks erzielt werden und die Aussagekraft einer eindimensionalen Kennzahl ist stark eingeschränkt, da weitere Auswirkungen nicht berücksichtigt werden.

Coaching – I. Personal: Personalentwicklungskonzept, bei dem ähnlich wie im Sport die Aufgabe einer Führungskraft u.a. darin gesehen wird, durch individuelle Betreuung der Mitarbeiter auf ihr Leistungsverhalten einzuwirken und einen Ausgleich zwischen Unternehmensanforderungen und Mitarbeiterbedürfnissen zu schaffen und damit Hilfestellung zur Selbstmotivation zu geben. – Vgl. auch → Counseling.

II. Health Care Management: 1. *Begriff:* Coaching ist eine spezielle Form des Case Managements. Beim Coaching-Ansatz wird eher ein breites Behandlungsspektrum vorgehalten, wohingegen das Case Management prinzipiell ein spezielleres, tiefgründigeres Wissen erfordert. – 2. *Merkmale:* Im Coaching sind verschiedenste Berufsfelder vereint und konkretisiert, ohne diese zu ersetzen. Insbesondere in niedrigschwelligen und stärker psychosozialen Gesundheitssituationen erhält dieser Ansatz eine bes. Bedeutung. Im Gegensatz zur klassischen, hierarchisch orientierten Leistungserbringer-Patient-Beziehung, ist die Beziehung des Coachs zum Patienten gleichberechtigter. Das Coaching hat einen stark koordinierenden Charakter. Mittels Coaching soll dem Patienten eine praktikable und transparente Orientierungshilfe im Gesundheitswesen ermöglicht werden. Außerdem sollen Schnittstellen zwischen sämtlichen, an der Gesundheitsversorgung beteiligten Akteuren überwunden und gleichzeitig die Effektivität der Versorgung erhöht werden. Koordination von Terminen und Behandlungen, Suche und Zusammenstellung patientenrelevanter Informationen in laienverständlicher Sprache oder Sicherstellung der Abrechnung und Kostenerstattung von Behandlungen sind nur einige Aufgaben des Coachings. Erfolgsfaktoren des Coachings sind einerseits der Vorzug niedrigschwelliger Ressourcen in Form von speziell qualifizierten Pflegepersonals vor der Höchstressource Arzt und dadurch der Einsatz von Gesprächszeit (im Gegensatz zur hektischen Situation in einer Praxis wird hier gezielt der Zeitdruck aufgehoben) und andererseits die Nutzung moderner Informationstechnologien (elektronische Patientenakte). – 3. *Formen:* Wesentliche Formen des Coachings sind: a) *Patientencoaching,* umfasst die informationelle, transparente und koordinierende Unterstützung des Patienten im Gesundheitswesen. Von der individuellen Vorsorge (z.B. Ernährung) bis hin zu chronischen Versorgungsmaßnahmen bietet das Coaching eine individuelle Hilfestellung für den Patienten. Gleichermaßen stellt das Coaching durch seine koordinierende Funktion zwischen Patient und Leistungserbringer, aber auch zwischen den einzelnen Leistungserbringern bzw. Sektoren, eine allg. Entlastung für die Versorgungssituation dar. Das umfassende Aufgabengebiet des Coachings bedarf einer fundierten und weitreichenden Ausbildung bez. rechtlicher, organisatorischer, medizinischer und gesundheitswesenspezifischer Aspekte. Die durchaus enge Beziehung des Coachs zum Patienten bedarf darüber hinaus höchster Integrität auf der Suche nach einer angemessenen Versorgung und nicht zuletzt der Schweigepflicht. – b) *Gesundheitscoaching,* ist eine Teilaufgabe des Patientencoachings. Aufgabengebiete beider Formen gehen fließend ineinander über. Im Gegensatz zum Patientencoaching umfasst das Gesundheitscoaching jedoch sämtliche Bereiche des alltäglichen Lebens (z.B. Work-Life Balance, Ernährung, Stressmanagement). Patientencoaching konzentriert sich insbesondere auf Inhalte des medizinischen Leistungsspektrums. Verstärkt ist hier fundiertes Wissen über Krankheiten erforderlich. Demgegenüber kann Gesundheitscoaching quasi überall Anwendung finden. Vorrangig soll das Gesundheitscoaching bereits im Vorfeld einer Krankheit dem Patienten eine Hilfestellung geben, weshalb v.a. Wissen über Prävention und gesundes Leben notwendig sind. Gesundheitsschwächende Faktoren sollen aufgedeckt sowie Strategien zur Vermeidung aufgezeigt und gemeinsam erarbeitet werden.

Collaborative Engineering – wird gemeinsames Bearbeiten einer Aufgabe durch verteilte Akteure bezeichnet. Es ist eine Form der unternehmensübergreifenden integrierten Zusammenarbeit über den gesamten → Lebenszyklus eines Produktes oder einer Technologie, wobei der Schwerpunkt der Aktivitäten im Bereich der Produktentwicklung liegt. Collaborative Engineering zielt auf die gemeinsame Erarbeitung technologischer bzw. wettbewerblicher Vorteile, die durch einzelne Akteure allein nicht erreichbar wären. Die Realisierung von Collaborative Engineering bedingt u.a. intensive Kommunikation zwischen den Partnern und geeignete Organisationsformen zur Steuerung überbetrieblicher Arbeitsgruppen. Informationstechnische Konzepte wie das → Internet und begleitende personalwirtschaftliche Aktivitäten wie → Coaching können ergänzend zum Ansatz gebracht werden, um die Effektivität des Collaborative Engineering-Prozesses zu erhöhen.

Community Development Venture Capital – Sonderform der Venture-Capital-Finanzierung. Sie zeichnet sich durch die sog. „Double Bottom Line" aus, d.h. neben der Erzielung finanzieller Ziele werden auch nicht-finanzielle Ziele verfolgt. Wenn auch der Begriff auf eine rein regionalpolitische Ausrichtung hindeutet, so können die angestrebten, nicht-finanziellen Ziele sehr vielfältig sein. Denkbar sind etwa die Schaffung von Arbeitsplätzen für bestimmte Bevölkerungsgruppen oder in wirtschaftlich rückständigen Regionen bis hin zur Förderung von umweltfreundlichen Produkten.

Community of Practice → Wissensmanagement.

Concurrent Engineering – *Simultaneous Engineering;* integrierende Konstruktionsmethodik, die in den letzten Jahrzehnten unter den Anforderungen kürzerer Produktlebenszyklen, der Beschleunigung und Kostenreduzierung in der Entwicklung sowie der zunehmenden IT-Integration an Bedeutung gewonnen hat. Concurrent Engineering ist im Gegensatz zur sequentiellen Vorgehensweise bei der Entwicklung auf eine weitgehende Parallelisierung der Arbeitsschritte gerichtet. Unterstützende Methoden, Techniken und Technologien sind z.b. Teamarbeit, Projektmanagement, Kundenintegration, Zuliefererintegration, Kooperation mit Systemzulieferern, FMEA, Target Costing, CAD, Rapid Prototyping, Virtual Reality und verteiltes Entwickeln.

Conféderation Européenne des Indépendants (CEDI) – *Europaverband der Selbstständigen;* europäische Interessenvertretung der Selbstständigen, der Klein- und Mittelbetriebe, der freien Berufe und des übrigen Gewerbes. – In der Bundesrepublik Deutschland vertreten durch den *Conféderation Européenne des Indépendants Bundesverband Deutschland e. V.* in Bexbach.

Consensus Management – 1. *Allgemein:* japanische Managementtechnologie (→ Technologie), um investitionsintensive Innovationsvorhaben bezogen auf Produkte und/ oder Produktionssysteme in einer mittel- und langfristigen Perspektive der Unternehmensentwicklung zu beschreiben und den einzelnen Unternehmensbereichen zu präsentieren; dabei wird das Ziel verfolgt, ausgehend von einem Konsens auf lokaler Ebene (z.B. in der Arbeitsgruppe, in welcher die Idee entstanden ist), eine stufenweise Erweiterung des Konsenses zu erreichen, und zwar zunächst in horizontaler Richtung im Bereich der eigenen Abteilung, dann in den direkt bzw. indirekt betroffenen anderen Abteilungen (Ebene der Abteilungsleiter) und anschließend in vertikaler Richtung bis zur Unternehmensleitung. – 2. *Leitideen:* a) Konsens als Zustimmung/ Genehmigung darf nicht als „fauler Kompromiss" missverstanden werden. – b) Es werden die Bereiche der Planung sowie auch der Realisierung (Vollzugssystem) in den Prozess des Consensus Management einbezogen. – c) Eine Entscheidung wird erst

dann zur Realisierung freigegeben, wenn alle (wichtigen) Bereiche ihre Zustimmung gegeben haben. – d) Die Ablehnung eines Vorschlages ohne detaillierte fachliche Begründung ist nicht möglich. – 3. *Funktionen:* a) *Informationsbeschaffung:* Aufgrund des Strebens nach Konsens werden Informationen (z.B. Ideen und Verbesserungsvorschläge) aus allen wichtigen Unternehmensbereichen und Ebenen erfasst und auf Realisierbarkeit und Zweckmäßigkeit geprüft. Damit wird die Gefahr reduziert, durch einseitig (z.B. technisch) orientierte Innovationsprojekte die Erfolgswahrscheinlichkeit von Haus aus zu verringern. – b) *Persönliche Information und Kommunikation:* Diskussion des Innovationsprojektes baut eventuelle Skepsis ab bzw. die Berücksichtigung von Einwänden fördert das gegenseitige Vertrauen. – c) *Motivation:* Aufgrund von a) und b) wird gleichzeitig eine hohe Motivation aller in die Entscheidungsvorbereitung einbezogenen Bereiche erreicht. – 4. *Anwendung:* Das Instrument des Consensus Management ist ebenso wie das Just-in-Time-Prinzip (Just in Time (JIT)) aus der Praxis der japanischen Unternehmen entwickelt worden und hat in der japanischen Geisteshaltung seine Wurzeln; obwohl eine wissenschaftliche Aufarbeitung noch aussteht, erscheint die Beschäftigung mit Consensus Management aus wissenschaftlicher und anwendungsbezogener Sicht auch in Kultur- und Wirtschaftsräumen außerhalb Japans geboten: Während nämlich die Führungskräfte in japanischen Unternehmen nur ca. 20 bis 30 Prozent ihrer Zeit für die Überwindung interner → Innovationsbarrieren aufwenden und die Innovationszeiten insgesamt um ca. 30 Prozent kürzer sind als in anderen OECD-Staaten, beträgt der hierfür erforderliche Zeitanteil der Führungskräfte in Unternehmen der Bundesrepublik Deutschland gemäß einschlägigen Studien bis zu 50 bis 80 Prozent.

Consideration → Führungsverhalten.

Consulting Banking – 1. *Begriff:* junges, zu ihren originären Aufgaben komplementäres Geschäftsfeld der Banken, dessen Gegenstand die Beratung der Kapitalnehmer ist. Im Wesentlichen werden dazu die Auswirkungen der Unternehmensstrategie gewerblicher Kunden auf deren Liquiditäts-, Ertrags- und Vermögenslage simuliert, um die nachhaltige Kapitaldienstfähigkeit und die mit einer Kapitalvergabe verbundenen Risiken für die Bank bzw. für den Investor frühzeitig abschätzen zu können. – 2. *Leistungsangebot:* In der Praxis werden die folgenden Leistungen angeboten: Bilanzstruktur-, Liquiditäts- und Ertragsanalysen in Verbindung mit einer Rating-Beratung (Rating), Stärken-/ Schwächen-Analysen und eine um die Leistungsbereiche des Kreditnehmers erweiterte Betrachtung des Finanzbereichs, → Gründungsberatung, Unternehmensbewertung in Verbindung mit M&A-Beratung (Mergers & Acquisitions) und klassische Nachfolgeberatung. – 3. *Ökonomischer und aufsichtsrechtlicher Hintergrund:* Die Schaffung des Consulting Banking geht auf vermehrte Aufgaben der Bankkunden im Risikomanagement zurück, zu deren Erfüllung die Banken aktive Unterstützung anbieten, nicht zuletzt um sich gegen die eigenen, mit der Kundenbeziehung verbundenen Risiken abzusichern. Die europäische Finanz- und Kreditwirtschaft musste ab dem Jahr 2000 immense Mittel zur Deckung von Wertberichtigungen in der Unternehmens- und Gewerbefinanzierung aufbringen. Da es auch im kostenintensiven Investmentbanking nach den Einbrüchen an den Aktienmärkten zur Jahrtausendwende zu dramatischen Ertragseinbußen kam, mussten die europäischen Banken und Sparkassen Maßnahmen in Angriff nehmen, um ihre Ertragsprobleme zu lösen und ihr Risikomanagement zu verbessern. Sie müssen Geschäfte, die keine ausreichenden Erträge bringen, möglichst schnell aufgeben, die Übernahme von Risiken durch mehr Informationen und bessere Kontrollsysteme steuern sowie angemessene Preise fordern (Risk-adjusted Pricing).

Da die traditionellen Gewerbekredite an die mittelständische Kundschaft in Deutschland durchschnittlich nur zu rund 30 Prozent besichert sind – also einen Blankoanteil von 70 Prozent aufweisen – müssen sich viele Kreditnehmer auf gründliche Prüfungen ihrer Ertrags- und Finanzlage einlassen. Die von der Bankenaufsicht definierten Mindestanforderungen an das Kreditgeschäft (MaK) fordern von allen Kreditinstituten im Wesentlichen drei Punkte: (1) eine Neuausrichtung der Geschäftspraxis und der Arbeitsabläufe auch im Gewerbefinanzierungsgeschäft, d. h. die Entwicklung einer nachhaltigen Risikostrategie, die Überprüfung der → Aufbauorganisation und der → Ablauforganisation, die Professionalisierung des Managements der Kundeninformationen und der hereingenommenen Sicherheiten bzw. der internen Risikokontrolle, eine gesonderte Intensivbetreuung von Unternehmen in der Krise oder in der akuten Sanierungs- oder Abwicklungsphase sowie ein System zur präzisen Messung und Steuerung latenter und akuter Risiken; (2) die konsequente Trennung der Kundenbetreuung, der Sachbearbeitung einschließlich Rating und der Risikosteuerung und -überwachung; (3) die laufende Überprüfung und Anpassung der Qualifikationen und der Kompetenzen der Mitarbeiter. In der Praxis bedeutet dies, dass bei gewerblichen Finanzierungen an die folgenden Qualitätselemente verlangt und von den Bank- und Wirtschaftsprüfern geprüft werden: (1) fest vorgegebene Standards für eine zeitnahe Informationsbeschaffung vom Kunden, (2) eine unabhängige Finanzierungskontrolle innerhalb der Bank (Vier-Augen-Prinzip), (3) interne sog. Stress-Szenario-Analysen (Szenarioanalyse) zur Erkundung möglicher Problemverläufe von Finanzierungen bzw. im Geschäft der Kreditnehmer, (4) interne Verfahren zur Aufklärung gegenteiliger Auffassungen bei der Beurteilung und Überwachung der Firmenkunden und ihrer Kapitaldienstfähigkeit, (5) klar definierte Standards bei der Umschuldung von Unternehmen und (6) Verlagerung der Betreuung problematischer Firmenkunden in Spezialistenteams.

Consulting Engineers – beratende Ingenieursfirmen, bes. im Anlagengeschäft bzw. Systemgeschäft von wichtiger Funktion. Consulting Engineers entstehen aus Ingenieurfirmen, verselbständigten Ingenieurabteilungen von Betreiber- und Anlagenanbieterunternehmungen und Vertriebsunternehmungen (Handelsunternehmungen, Produktionsverbindungshandel) des Investitionsgütersektors; letztere erlangen durch das Lösen von Verkettungs- und Schnittstellenproblemen ergänzend zum vorhandenen Abwicklungs-Know-how erhebliches technisches Know-how. – *Funktionen:* (1) Auf *Nachfragerseite:* Planungs- und Projektierungsleistungen, Steuerung von Beschaffungsaktivitäten (Ausschreibungen, Lieferantenauswahl) und/oder Überwachung der gesamten Projektabwicklung; i.d.R. sehr großer Einfluss der Consulting Engineers auf den Kaufprozess. (2) Auf *Anbieterseite:* Anbieter von Anlagen, im Wesentlichen ohne eigene Lieferinteressen für Hardware; ihre Leistungsschwerpunkte liegen in der Projektierung, Abwicklung und im Bereich der Verfahrenstechnologie. (3) *Zwischen beiden Marktseiten* als Mittler.

Consulting Governance – Consulting Governance bezeichnet die Gesamtheit der Grundsätze für das Handeln des Beraters im Sinne eines Verhaltenskodex. Der Begriff wird häufig im normativen Sinne verwendet, wobei grundlegend auf ein effizientes und zielorientiertes Vorgehen der Berater geachtet wird. Vorschläge umfassen u.a. die Gestaltung der Zusammenarbeit mit Kunden, die Bearbeitung von Beratungsmandaten, den Umgang mit Wettbewerbern oder Wettbewerbern des Beratungskunden. Bei der Festlegung und Kontrolle der Grundsätze spielen Berufsverbände wie der Bundesverband Deutscher Unternehmensberater e.V. (→ BDU) eine wesentliche Rolle. Daneben legen größere Beratungsunternehmen z.T. auch

eigene Verhaltensregeln fest, die mithilfe interner Trainingsprogramme an die Mitarbeiter vermittelt werden und integraler Bestandteil des Consulting-Angebotes für die Kunden sind.

Controllingmanagementorganisation
→ Funktionsmanagementorganisation.

Coopetition → Kooperation von Wettbewerbern im Sinn der Bildung von → strategischen Allianzen, um durch die Bildung von Wertschöpfungsnetzen Erträge zu stabilisieren bzw. zu optimieren. Coopetition verhindert einen ruinösen Preiswettbewerb und führt damit zu Wettbewerbsvorteilen für beide Anbieter (Win-Win-Strategie).

Coping – 1. *Begriff:* Handlung einer Person, die darauf abzielt, eine belastende Situation zu bewältigen. – 2. *Strategien:* Meist werden die zwei Formen problembezogenes vs. emotionsbezogenes Coping unterschieden. Beim problembezogenen Coping versucht eine Person, eine Änderung der belastenden Situation oder der Problemursachen (z.B. Lärmquellen ausschalten) herbeizuführen; ggf. wird darunter auch die Neuinterpretation einer Situation gefasst. Beim emotionsbezogenen Coping versucht eine Person, die ausgelösten Emotionen (Angst, Ärger) etc. zu bewältigen, bspw. durch Entspannen, Ablenken, Bewegen etc.

Corporate Citizenship – bezeichnet das gesellschaftliche Engagement von Unternehmen, wodurch sich diese als „gute Bürger" präsentieren. Typische Formen des Engagements sind Spenden- und Sponsoringmaßnahmen – Spenden, Sponsoring – (inkl. Cause-Related Marketing), pro-bono-Aktivitäten, die Einrichtung von Stiftungen oder die Freistellung von Mitarbeitern für gemeinnützige Zwecke (Corporate Volunteering). Für professionell ausgestaltetes Corporate Citizenship ist zudem die strategische Zusammenarbeit mit Regierungs- oder Nicht-Regierungs-Organisationen charakteristisch, etwa in Form von Public Private Partnerships. Vielfach wird Corporate Citizenship als Teil von Corporate Social Responsibility verstanden. Des Weiteren bestehen Überschneidungen zu den Bereichen Marketing und → Personalmanagement.

Corporate Culture → Unternehmenskultur.

Corporate Identity – 1. *Corporate Identity als Kommunikationskonzept:* Das Corporate Identity-Konzept kann als ein strategisches Konzept zur Positionierung der Identität oder auch eines klar strukturierten, einheitlichen Selbstverständnisses eines Unternehmens, sowohl im eigenen Unternehmen als auch in der Unternehmensumwelt, gesehen werden. Die strategische Verknüpfung eines solchen Konzepts liegt darin, dass im Rahmen einer Positionierung dieses Selbstverständnisses und Selbstbildes auch eine Reihe zentraler strategischer Elemente wie Technologieorientierung, Produkt-/Marktfelder, strategische Grundorientierungen, Beziehung zu Mitarbeitern, Abnehmern, Lieferanten und Konkurrenten, verhaltenssteuernde Normen etc. geklärt werden müssen. Über die Entwicklung eines deutlichen „Wir-Bewusstseins" soll das Corporate Identity-Konzept nach innen eine → Unternehmenskultur als Netzwerk von gelebten Verhaltensmustern und Normen etablieren und sicherstellen, dass die Vielzahl der Entscheidungsbeteiligten auf der Basis eines einheitlichen Unternehmensbildes bzw. Firmenimages und Unternehmensleitbildes entscheidet und handelt. Dadurch wird eine wesentlich höhere Kompatibilität und Synergie der Unternehmensaktivitäten ermöglicht sowie über die Identifikation mit dem Unternehmen und deren Politik erhebliches Motivationspotenzial freigesetzt (vgl. auch Behavioral Branding). Nach außen geht es darum, dass die durch verbales und nonverbales Verhalten gesendeten Signale mit dem erarbeiteten Konzept übereinstimmen und so bei den verschiedenen Adressatenkreisen wie Öffentlichkeit, Kunden, Presse, Kapitalgeber, Lieferanten, potenzielle Arbeitnehmer etc., den Aufbau eines Firmenimages ermöglichen, die mit dem Corporate Identity-Konzept

übereinstimmen; man kann hier von *Image-Fit* sprechen. – 2. *Corporate Identity als Konzept strategischer Unternehmensführung:* Das Corporate Identity-Konzept ist in diesem Sinn nicht nur ein Kommunikationskonzept, sondern ein zentraler Bestandteil der strategischen Unternehmensführung und -planung und eine wesentliche Erfolgsvoraussetzung zu einer kontinuierlichen und strategiekonformen Umsetzung strategischer Konzepte ins operative Geschäft. Die Geschlossenheit und Konsistenz der Strategieumsetzung, der Strategie-Fit ist dabei eine der Stoßrichtungen von Corporate Identity-Konzepten. – 3. *Elemente:* (1) Corporate Behaviour, (2) Corporate Communication und (3) Corporate Design. – 4. Das Corporate Identity-Konzept stellt zudem den Rahmen für das Brand Identity-Konzept (Markenidentität) – Vgl. auch → internationale Corporate Identity.

Corporate Language – einheitliche unternehmensspezifische Sprache, die ein wesentlicher Bestandteil des Corporate Behavior ist. Sie übt einen erheblichen Einfluss auf die → Corporate Identity (nach innen wie nach außen) und damit auf das Corporate Image aus.

Corporate Networks – unternehmensweites Kommunikationsnetz, mit dem auch räumlich getrennte Standorte (Produktionsstätten, Niederlassungen, Filialen etc.) sowie Geschäftspartner (Lieferanten) zusammengefasst werden können. – Vgl. auch → Intranet, Business TV.

Corporate Responsibility Rating – 1. *Begriff:* Das Corporate Responsibility Rating wurde von der oekom research AG 1993 entworfen. Erste ökologieorientierte Ratings (→ Ökoratings) wurden 1994 durchgeführt und betrachten neben der ökologischen auch die soziale Performance. – 2. *Bewertungskriterien (Social Rating):* Mitarbeiter und Zulieferer, Gesellschaft und → Produktverantwortung, Corporate Governance und Wirtschaftsethik. – 3. *Bewertungskriterien (Environmental Rating):*

Umweltmanagement, → Produkte und Dienstleistungen, → Ökoeffizienz.

Corporate Venture Capital – durch Industrieunternehmen oder deren Tochtergesellschaften, die selber keine Finanzinstitutionen sind, hauptsächlich für junge, nicht börsennotierte Wachstumsunternehmen bereitgestelltes Venture-Capital. Dabei verfolgen die Kapitalgeber nicht nur finanzielle Ziele, sondern auch strategische Ziele wie Stärkung von Geschäftsfeldern, Zugang zu (technischen) Innovationen und Diversifikation. Neben der Bereitstellung von Eigenkapital werden auch Ressourcen und Managementunterstützung zur Verfügung gestellt.

Cost-Constraint-Analyse – 1. *Begriff*: Technik, mit der die Widerstände, die bei der Implementierung eines Planes oder einer Strategie bei den Betroffenen auftreten könnten, schon in der Planungs- bzw. Analysephase berücksichtigt werden können. – 2. *Merkmale*: Die Cost-Constraint-Analyse umfasst die Ermittlung der potenziellen Widerstände gegen eine bestimmte Alternative, die Bewertung der Kosten der Überwindung bzw. Neutralisierung dieser Widerstände sowie die Einschätzung des möglichen Nutzens der Überwindung bzw. Neutralisierung. Sie kann damit zu einer Veränderung in der Reihenfolge der präferierten Alternativen führen.

Counseling – Instrument der Personalentwicklung. Durch Counseling soll dem Mitarbeiter mittels einer geplanten und überwachten Form der Arbeitsdurchführung die Möglichkeit gegeben werden, eigene Erfahrungen zu sammeln. Die Aufgabe des Vorgesetzten ist hier darauf gerichtet, durch Hilfestellung und Anregung das Hineinwachsen in eine neue Aufgabenstellung zu erleichtern. – Vgl. auch → Coaching, → Mentoring.

Cradle-to-Cradle – 1. *Begriff*: Mithilfe des Cradle-to-Cradle-Konzepts soll die Intelligenz natürlicher Systeme für die Entwicklung neuer Produkte genutzt werden. Hierzu zählen z.B. die Effektivität des Nährstoffkreislaufs. – 2. *Ziel*: Ziel ist es, eine friedliche Koexistenz von Wirtschaft und Natur zu ermöglichen. – Entwickelt wurde das Konzept durch Braungart und McDonough (vgl. Braungart/ McDonough 2005). Es folgt dabei dem Grundgedanken, das → Abfall gleichbedeutend mit Nahrung ist. Der „Cradle-to-Cradle"-Gedanke will das „Cradle-to-Grave"-Modell ablösen, in dem Stoffströme, die mit dem Produkt zusammenhängen, als unerwünschter Output in die Natur zurückgegeben werden, ohne je wieder für eine Nutzung vorgesehen zu sein und darüber hinaus die Umwelt mit Schadstoffen anreichern. Anstelle dessen sollen Verbrauchsgüter in einem biologischen Nährstoffkreislauf geführt werden und Gebrauchsgüter in technischen Kreisläufen organisiert werden.

Critical Incident Technique (CIT) – halbstandardisiertes Verfahren zur empirischen Anforderungsanalyse. Grundidee ist es, bestimmte Verhaltensweisen (bzw. „kritische Ereignisse") als bes. erfolgreich oder nicht erfolgreich im Hinblick auf ein bestimmtes Ziel zu klassifizieren. Dazu wird die zu befragende Person aufgefordert, aus dem eigenen Erlebnisbereich über wichtige, „kritische" Ereignisse in der Vergangenheit zu berichten. – *Anwendung* u.a. bei der Erhebung von Anforderungen für die → Eignungsdiagnostik oder die Gestaltung von Trainingsmaßnahmen. – Vgl. auch → Arbeitsgestaltung, → Arbeits- und Organisationspsychologie.

Cross Border Leasing – Form der Exportfinanzierung. Grenzüberschreitende Leasingverträge, d.h. Leasingnehmer und Leasinggeber sind in unterschiedlichen Staaten ansässig und unterliegen verschiedenen steuerlichen Rechtsordnungen. Gegenstand von Cross Border Leasings als Instrument der Absatzförderung und der Außenhandelsfinanzierung sind häufig kapitalintensive Investitionsgüter (Flugzeuge, Schiffe, Schienenfahrzeuge, Industrieanlagen etc.). Cross Border Leasing zielt auf die Ausnutzung von Unterschieden in den steuerlichen Rechtsordnungen, die zwischen den Staaten des Leasinggebers und

Leasingnehmers bestehen, da bisher keine international einheitlichen Beurteilungsmaßstäbe – insbesondere in der Frage der steuerlichen Zurechnung des Leasing-Gegenstandes beim Leasingnehmer oder Leasinggeber – existieren (vgl. Arbitrage). – *Vorteile für den ausländischen Leasingnehmer:* Gewährleistung der Finanzierung der Anschaffungskosten ohne Bereitstellung entsprechender Liquidität; langfristige Nutzung zu flexiblen Zahlungsbedingungen (z.b. Kopplung der Leasingrate an erzielte Erträge); (in vielen Ländern) Bilanzneutralität, u.U. Steuerstundungseffekt durch bilanzielle Aktivierung und Abschreibung des Leasing-Gegenstandes beim Leasinggeber und beim Leasingnehmer (Doppelaktivierungsleasing, Double Dip Leasing); geringe Leasingraten aufgrund der Verrechnung von Abschreibung und Finanzierungskosten mit der Steuerlast des Leasinggebers. – *Nachteile für den ausländischen Leasingnehmer:* Risiken ergeben sich v.a. aus den meist sehr langen Laufzeiten der Cross Border Leasings, bspw: Änderungen der steuerrechtlichen Beurteilung des Cross Border Leasings (steuererhöhende Wirkung); Instandhaltungskosten des Leasing-Gegenstandes können vorab nicht mit Sicherheit abschließend bestimmt werden; Gerichtsstand ist i.d.R. im Sitzstaat des Leasinggebers; Verlustrisiko, wenn durch Doppelaktivierung des Leasing-Gegenstandes (Double Dip Leasing) rechtlich zwei Eigentümer existieren.

Cross Cultural Management → interkulturelles Management.

Cross-Impact-Analyse – *Interaktionsanalyse;* quantitative Methode, die Wechselwirkungen zwischen den relevanten Faktoren, Trends, Ereignissen etc. eines bestimmten Problemfeldes (Interaktionseffekte) aufzeigt und damit Verständnis für Zusammenhänge schaffen soll. – *Ziel* ist die Identifikation möglicher Kettenreaktionen im Problemfeld als Basis für die Bildung von Szenarien (→ Szenario-Technik). – *Darstellungsmittel:* → Cross-Impact-Matrix.

Cross-Impact-Matrix – Darstellungsmittel im Rahmen der → Cross-Impact-Analyse. – *Vorgehensweise:* In der Kopfzeile und -spalte werden die ausgewählten Ereignisse (meist in chronologischer Reihenfolge ihres Eintretens geordnet) eingetragen. Dann werden die isolierten und konditionalen Wahrscheinlichkeiten, z.B. mithilfe der → Delphi-Technik, geschätzt.

Cross Licensing – wechselseitiges Lizenzabkommen zwischen den Inhabern voneinander unabhängiger oder abhängiger Patente. Die Einräumung des Nutzungsrechts eines Patents kann unentgeltlich oder entgeltlich erfolgen. Cross Licensing-Maßnahmen werden vorangetrieben, um einerseits Patentstreitigkeiten zwischen Unternehmen zu vermeiden oder um andererseits bei Unternehmenskooperationen eine Know-how-Basis für die gemeinsame Arbeit zu schaffen, ohne im Gegenzug aufwendige Bewertungs- und Kompensationsaktivitäten durchführen zu müssen. Cross Licensing ist bes. in der IT-Industrie üblich und ein wichtiges Mittel, um den → Technologietransfer zu unterstützen.

Customer Lifetime Value Management – Ausrichtung aller kundenrelevanten Schlüsselprozesse und Maßnahmen am Kundenwert. Dazu werden Kundengewinnung, Produkt- und Dienstgestaltung, Kundenbeziehungsmanagement und Kundenmonitoring „individualisiert" ausgestaltet.

Customizing – I. Management: Planung, Steuerung und Kontrolle aller auf den Markt ausgerichteten Unternehmensaktivitäten mit dem Ziel der Erlangung eines Wettbewerbsvorteils durch individuelle Befriedigung der Kundenbedürfnisse. Die Differenzierung von Produkten und Dienstleistungen ist eine Reaktion auf den gesellschaftlichen Individualisierungsprozess, der sich in zunehmendem Maße auch im individualisierten Käufer- und Konsumentenverhalten widerspiegelt. – *Gegensatz:* → Standardisierung.

II. Wirtschaftsinformatik: Anpassung der Standardsoftware an kundenindividuelle Anforderungen. Die Anpassung umfasst sowohl die Auswahl und Parametrisierung der Funktionen, als auch die Adaption der Daten zur Unternehmensstruktur (Organisationsstruktur). Im letzteren Fall entspricht das Customizing der Pflege bes. dauerhafter Stammdaten in der zugrunde liegenden Datenbank. Die Parametrisierung der vordefinierten Programmfunktionen kann auf verschiedene Arten erfolgen. Im Extremfall umfasst sie das Programmieren von Teilfunktionen mithilfe einer Metasprache (Makrosprache).

D

Dachkampagne → internationales Marketing.

DAG – Abk. für → Deutsche Angestellten-Gewerkschaft.

Dantotsu → Best Practice.

defensives Umweltmanagement – Strategie im Rahmen des Umweltmanagements. Bei einem defensiven Umweltmanagement verhalten sich die Unternehmen gegenüber der Umweltgesetzgebung so, dass sie immer nur gerade die jeweiligen vorgeschriebenen Mindestanforderungen erfüllen. – *Gegensatz:* → offensives Umweltmanagement.

Definition des Geschäfts – Erweiterung der Abgrenzungsproblematik des → strategischen Geschäftsfelds (Produkt/Markt-Orientierung). Zu berücksichtigen sind die drei Dimensionen potenzielle Nachfragesektoren, Funktionserfüllung und verwendete Technologien. Eine vertiefende Definition erfolgt über das Kaufverhalten der Abnehmer, den Ressourcenbedarf und die vorhandenen Fähigkeiten sowie die Kostensituation.

Defreezing → Organisationsentwicklung.

degressiver Akkord – Sonderform des → Akkordlohns, bei der der Stundenlohn in Abhängigkeit vom Leistungsgrad degressiv verläuft. Grundgedanke ist der Schutz der Arbeitnehmer vor Überanstrengung. – *Am bekanntesten:* Rowan-Lohn. – *Gegensatz:* → Progressiver Akkord.

Delegation – 1. *Organisation:* Übertragung von → Kompetenz (und → Verantwortung) auf hierarchisch nachgeordnete → organisatorische Einheiten, auch als Kompetenzdelegation bezeichnet. Der Delegationsgeber hat darauf zu achten, ob der Delegationsnehmer von seiner Kompetenz und → Motivation her zur selbstständigen Erfüllung der zu übertragenden Aufgaben fähig ist. – Vgl. auch → Führungsstil. – 2. *Öffentliches Recht:* Übertragung der Zuständigkeit zur Wahrnehmung bestimmter hoheitlicher Befugnisse auf einen anderen Verwaltungsträger, z.b. kann nach Art. 60 III GG der Bundespräsident seine Befugnisse auf dem Gebiet des Begnadigungsrechts auf andere Behörden übertragen.

Delegationsbereich – *Kompetenzbereich;* Bereich, der einer → organisatorischen Einheit aufgrund der → Delegation zugewiesen worden ist.

Delphi-Technik – *Delphi-Methode, Delphi-Verfahren.* 1. *Begriff:* Form der Expertenbefragung. – 2. *Ziel/Nutzen:* Zusammenführung und Analyse von Expertenmeinungen. Ihr Nutzen ist primär heuristischer Natur. – 3. *Ablauf:* Experten werden in mehreren Durchgängen zu einer komplexen Problemstellung einzeln schriftlich befragt. Die Gesamtergebnisse jedes Durchgangs werden dabei zu Beginn des folgenden Durchgangs jedem der beteiligten Experten zur Kenntnis gegeben. Unterschiedliche Beurteilungen von Eintrittswahrscheinlichkeiten möglicher Ereignisse in der Zukunft werden miteinander konfrontiert. Mit der Zeit ergibt sich eine Konvergenz und Verengung des Bereichs der durch die Experten abgegebenen Schätzwerte, da die „überzeugendsten" Argumente langfristig in dem Kreis der Befragten diffundieren sollten. Oft konvergieren die Meinungen auch zu polarisierenden Standpunkten. – 4. *Annahmen:* Experten kennen die Zukunft besser als andere; mehrere Experten prognostizieren nicht schlechter als ein einzelner. – 5. *Probleme:* Unklar ist, ob die Meinung, gegen die die Gruppe konvergiert, einen tiefgründig reflektierten Konsens oder nur das Ergebnis der Tendenz darstellt, dass sich die weniger Überzeugten den stärker Überzeugten anpassen. Es lassen sich Tendenzen feststellen, dass Befragte sich in Richtung der Allgemeinheit korrigieren. – 6. *Anwendung*: Unterstützung der → Szenario-Technik.

Dematerialisierung – Neugestaltung von Produkten unter Betrachtung des Material- und Energieaufwands auf verschiedenen Prozessschritten des gesamten Produktlebensweges.

demokratischer Führungsstil → Führungsstil.

Denken – psychischer Prozess, der der Informationsverarbeitung dient. Das Individuum verfügt über kognitive Abbildungen von Problemstrukturen, die es aktiv manipuliert, um die erlebte Situation zu strukturieren und bestehende Probleme zu lösen. In diesem Sinn wird das Denken auch gelegentlich als „Probehandeln" umschrieben. Man unterscheidet ein *divergentes*, neue Verbindungen suchendes, wenig kontrolliertes Denken, das für die Kreativität wichtig ist von einem *konvergenten*, regelgebundenen, schlussfolgernden, kontrollierenden Denken.

Design for Environment – 1. *Begriff*: Das Design for Environment (DfE) ist ein Konzept zur Reduzierung von → Umweltauswirkungen von Produkten, Prozessen oder Dienstleistungen. – 2. *Merkmale*: Der Ansatzpunkt des DfE ist die Entwicklungs-/Designphase. Durch die Integration in frühe Entwicklungsphasen kann u.U. eine Reduzierung der Umweltauswirkungen über den gesamten → Lebenszyklus bewirkt werden. Diese Entwicklung wurde durch die Norm ISO/TR 14062:2002 (Umweltmanagement – Integration von Umweltaspekten in Produktdesign und -entwicklung) aufgegriffen.

Detailplanung → Feinplanung.

Deutsche Angestellten-Gewerkschaft (DAG) – ehemals gewerkschaftliche Einheitsorganisation der Angestellten, konfessionell und parteipolitisch unabhängig; gegründet 1945; Sitz in Berlin. – Am 2.7.2001 ist die DAG in der Vereinten Dienstleistungsgewerkschaft (ver.di) aufgegangen.

Deutsche Anpassungsstrategie an den Klimawandel – 1. *Begriff*: Die Deutsche Anpassungsstrategie an den → Klimawandel wurde am 17.12.2008 beschlossen. Zentrale Zielsetzung ist die Begrenzung des Anstiegs der globalen Durchschnittstemperatur auf weniger als 2° C über dem vorindustriellen Niveau. Grundlage für die Deutsche Anpassungsstrategie an den Klimawandel ist Ankündigung im Klimaschutzprogramm 2005 gemäß Art. 4 der Klimarahmenkonvention. – 2. *Ziele*: Das grundlegende und langfristige Ziel ist „...die Verminderung der Verletzlichkeit bzw. der Erhalt und die Steigerung der Anpassungsfähigkeit natürlicher, gesellschaftlicher und ökonomischer Systeme". Die Teilziele sind: Gefahren und Risiken zu benennen und zu vermitteln, Bewusstsein zu schaffen und Akteure zu sensibilisieren, Entscheidungsgrundlagen zu bieten und Handlungsmöglichkeiten aufzuzeigen, Verantwortlichkeiten abzustimmen/ festzulegen, Maßnahmen zu formulieren und umsetzen. – 3. *Auswirkungen des Klimawandels in Deutschland*: Neben den globalen Auswirkungen des Klimawandels zeigt die Strategie insbesondere Veränderungen und ihre Auswirken für einzelne Regionen der Bundesrepublik Deutschland auf. – Ein geringeres Wasserangebot wird v.a. in zentralen Teilen Ostdeutschlands, dem nordostdeutschen Tiefland und dem südostdeutschen Becken zu erwarten sein. Im Gegensatz dazu werden Niederschläge in den links- und rechtsrheinischen Mittelgebirgen zunehmen. Hitzebelastungen sind in höherem Maß für die Region Oberreihngraben zu erwarten. In Alpenregionen muss neben dem Schmelzen von Gletschern und der verringerten Schneesicherheit, auch mit einem erhöhten Gefahrenpotenzial durch Muren gerechnet werden. In Küstenregionen ist bes. mit einem Anstieg des Meeresspiegels zu rechnen.

Deutsche Bundesstiftung Umwelt (DBU) – Die Deutsche Bundesstiftung Umwelt (DBU) wurde 1990 aus Mitteln des Verkaufs der bundeseigenen Salzgitter AG gegründet und ist eine der größten Stiftungen in Europa. Sie fördert Projekte aus den Bereichen Umwelttechnik, → Umweltforschung und → Naturschutz sowie Umweltkommunikation und Naturgüterschutz. Der Schwerpunkt der Förderung liegt auf kleinen und mittelständischen Unternehmen, um das Potenzial dieser Unternehmen zu nutzen und diesen finanzielle Unterstützung zu gewährleisten.

Deutsche Emissionshandelsstelle – *Begriff:* Die Deutsche Emissionshandelsstelle (DEHSt) ist die zuständige nationale Behörde zur Umsetzung der marktwirtschaftlichen Klimaschutzinstrumente und ist eine Abteilung im → Umweltbundesamt (UBA). – *Merkmale: Die DEHSt* wurde 2004 als zuständiges Organ i.S.d. → Treibhausgas-Emissionshandelsgesetzes (TEHG) gegründet. Zu ihren Aufgaben gehören die Umsetzung der marktwirtschaftlichen Klimaschutzinstrumente des Kyoto-Protokolls sowie des Emissionshandels und der projektbasierten Mechanismen Joint Implementation (JI) und Clean Development Mechanism (CDM).

Deutsche Gesellschaft für Nachhaltiges Bauen – *Abk. DGP;* die Deutsche Gesellschaft für Nachhaltiges Bauen (DGNB) e. V. stellt sich der Aufgabe, Wege und Lösungen aufzuzeigen und zu fördern, die nachhaltiges Bauen (→ Nachhaltigkeit) ermöglichen. Dies betrifft neben der Planung von Gebäuden auch deren Ausführung und Nutzung. Im Mittelpunkt ihrer Arbeit steht die Vergabe eines Zertifikats für nachhaltige Bauwerke.

Deutsche Nachhaltigkeitsstrategie – *Begriff:* Die Deutsche Nachhaltigkeitsstrategie „Perspektiven für Deutschland" wurde am 17.4.2002 von der Bundesregierung beschlossen. Grundlage der Strategie ist, dass Probleme wie der → Klimawandel, die Zersiedlung der Landschaft, der Verlust biologischer Vielfalt, die Rohstoffnutzung und der demografische Wandel als vorhanden anerkannt werden. Die Strategie dient einerseits als Grundlage für die Festlegung von Zielen und andererseits auch als Ausgangspunkt zur Auswahl geeigneter Maßnahmen, wobei immer die Auswirkungen auf ökologische, ökonomische und soziale Aspekte zu berücksichtigen sind. Die Strategie beinhaltet die vier zentralen Leitlinien: Generationengerechtigkeit, Lebensqualität, Sozialer Zusammenhalt und Internationale Verantwortung. – Vgl. auch → Nachhaltigkeit.

Deutscher Frauenrat – *Bundesvereinigung Deutscher Frauenverbände und Frauengruppen gemischter Verbände e. V.*, gegründet 1951; Sitz in Berlin. – *Aufgaben:* Durchsetzung der Chancengleichheit für Frauen in allen gesellschaftlichen Bereichen.

Deutscher Gewerkschaftsbund (DGB) – Vereinigung von Einzelgewerkschaften; nicht rechtsfähiger Verein; gegründet im Oktober 1949 in München. Sitz in Berlin. – *Zweck/ Grundsätze:* Zusammenfassung aller Gewerkschaften zu einer wirkungsvollen Einheit und Vertretung der gemeinsamen gesellschaftlichen, wirtschaftlichen, sozialen und kulturellen Interessen. – *Ziele:* (1) Im sozialpolitischen Bereich: v.a. Vertretung der Arbeitnehmerinteressen im nationalen und internationalen Sozial- und Gesundheitspolitik (einschließlich Umweltschutz), in der Sozialversicherung (einschließlich Selbstverwaltung), in der Arbeitsmarktpolitik und Arbeitssicherheit sowie im Sozial- und Arbeitsrecht. (2) Im wirtschaftspolitischen Bereich: v.a. Ausbau der Mitbestimmung und Vertretung der Arbeitnehmerinteressen in allen politischen Bereichen. – Der DGB ist demokratisch aufgebaut. – Seine Satzung legt die Unabhängigkeit gegenüber den Regierungen, Verwaltungen, Unternehmern, Konfessionen und politischen Parteien fest. Das Organisationsgebiet erstreckt sich auf das Gebiet der Bundesrepublik Deutschland (einschließlich neue Bundesländer). – Der DGB ist *Mitgliedsorganisation* des Europäischen Gewerkschaftsbundes (EGB) und des Internationalen Bundes Freier Gewerkschaften (IBFG). Der DGB vertritt außerdem die dt.

Gewerkschaftsinteressen bei internationalen Organisationen wie der EU und UN. – Folgende acht *Gewerkschaften* gehören dem DGB an: IG Bauen-Agrar-Umwelt;IG Bergbau, Chemie und Energie;Gewerkschaft Erziehung und Wissenschaft;IG Metall;- Gewerkschaft Nahrung-Genuss-Gaststätten;Gewerkschaft der Polizei;TRANSNET;- Vereinte Dienstleistungsgewerkschaft (ver. di). – Seit 1974 sind die gemeinwirtschaftlichen Unternehmen des DGB und seiner Einzelgewerkschaften in der *Beteiligungsgesellschaft für Gewerkschaften AG (BGAG)* vereinigt.

Deutscher Handels- und Industrieangestellten-Verband (DHV) → Christlicher Gewerkschaftsbund Deutschlands (CGB).

Dezentralisation – Begriff der Organisation: Die Verteilung von Teilaufgaben auf verschiedene → Stellen, die im Hinblick auf die Merkmale einer → Aufgabe, z.B. Verrichtungsaspekt (→ Verrichtungprinzip), Objektaspekt (→ Objektprinzip) oder räumlicher Aspekt, gleichartig sind. Dezentralisation nach einem Kriterium ergibt zugleich eine Zentralisation nach einem der übrigen Aufgabenmerkmale. – *Gegensatz:* → Zentralisation.

dialektische Planung – 1. *Begriff:* Methode zur Unterstützung von Analyse- und Planungsprozessen, in denen es um schlecht strukturierte Probleme geht, für die keine operationale Problemdefinition vorliegt und die aus ganz unterschiedlichen Blickwinkeln betrachtet werden können. – 2. *Merkmale:* Die dialektische Planung kann dazu beitragen, die verschiedenen Sichtweisen explizit darzustellen und weiterzuentwickeln. – 3. *Methodik:* Die einzelnen Argumentationen (z.B. von operativen Führungskräften) werden als „Thesen" aufgefasst und systematisch mit „Antithesen" (die z.B. von den Planungsstäben formuliert werden) konfrontiert. Im Idealfall können dann „Synthesen" entwickelt werden, die die verschiedenen Sichtweisen berücksichtigen bzw. sich als nicht haltbar erweisende Aussagen eliminieren.

Dienstanweisung – Hilfsmittel im Rahmen der Organisation, mit dem die Erledigung von solchen Geschäftsvorfällen im Voraus genau festgelegt wird, die sich häufig wiederholen, sodass sich Arbeitsanweisungen erübrigen. Meist schriftlich. Die Dienstanweisung enthält die Bestimmung von Zuständigkeit, Termin und Form der Erledigung. – Vgl. auch → Weisung.

Dienstleistungsunternehmen – *Dienstleistungsbetriebe;* Unternehmen, die Dienstleistungen erstellen und verkaufen. Sie gliedern sich in: (1) Handelsunternehmen; (2) Verkehrsbetriebe, Telekommunikationsunternehmen; (3) Banken; (4) Versicherungsgesellschaften; (5) sonstige Dienstleistungsunternehmen, wie Gaststätten- und Beherbergungsgewerbe, Schneider, Friseure, Theater, Kinos, Schulen, Krankenhäuser, Wohnungsvermietungen, ferner die freien Berufe, wie Ärzte, selbstständige Wirtschaftsprüfer, Kommissionäre, Makler, Agenten.

Dienstweg – Begriff der Organisation für den meist starr vorgeschriebenen → Kommunikationsweg.

differenzielle Psychologie – Teilgebiet der → Psychologie. Die differenzielle Psychologie beschäftigt sich mit der Frage nach Unterschieden zwischen und Gemeinsamkeiten von Personen im Erleben und Verhalten.

Diffusionskurve – Der Prozess der Ausbreitung von Umweltwissen kann mithilfe einer → Diffusionskurve dargestellt werden (s. Steger 1993, S. 249 ff.). Die Anzahl der Berichte in den Medien zu einem bestimmten Thema wird als Funktion der Zeit abgebildet. Die Funktion verdeutlicht, wann und in welchem Umfang ein Thema in den Medien an Bedeutung gewinnt. Diese Informationen können für Unternehmen einen Anhaltspunkt für das öffentliche Interesse an einem bestimmten Thema darstellen und Grundlage für den Zeitpunkt und die Art von z.B. Strategie-, Image- und Produktveränderungen sein. Am Beispiel des Umweltthemas kann der Zeitpunkt der Reaktion wie folgt unterschieden werden. Wann ein Unternehmen zu reagieren beginnt, hängt von der gewählten Unternehmensstrategie ab. Unternehmen mit einer defensiven → Umweltstrategie warten Maßnahmen der Behörden ab. Ökologieorientierte Unternehmen werden vor den Maßnahmen der Behörden reagieren.

Dilemma der Kontrolle – 1. *Begriff*: Ist eine Folge zweier unterschiedlicher Zielsetzungen der → Kontrolle. – 2. *Merkmale*: Einerseits soll Kontrolle die Einhaltung des Geplanten sichern; dies ist nur möglich, wenn alle Beteiligten die Planinhalte unterstützen. Andererseits können die Pläne aber auf Prämissen beruhen, die sich als falsch erweisen. Daraus ergibt sich das Dilemma. – 3. *Problemhandhabung*: Die Möglichkeit der Planrevision muss in die Überlegungen miteinbezogen werden und im Bewusstsein der Mitarbeiter verankert sein; nur so kann die Kontrolle auch eine Lernfunktion erfüllen. Genau damit wird aber die Unterstützung der Planinhalte wieder untergraben.

DIN EN ISO 14001 – 1. *Begriff*: Die DIN EN ISO 14001 ermöglicht seit 1996 Organisationen bzw. Organisationseinheiten ihr → Umweltmanagementsystem zertifizieren zu lassen. – 2. *Erste Bestandsaufnahme – Überprüfung der aktuellen Situation*: Die erste Bestandsaufnahme dient zur Überprüfung der aktuellen Situation (DIN EN ISO 14001, A.1) mit dem Ziel, dass alle Umweltaspekte der Organisation als Grundlage zum Aufbau des Umweltmanagementsystems berücksichtigt werden. Die Bestandsaufnahme sollte vier wesentliche Bereiche umfassen: Ermittlung von → Umweltaspekten, Ermittlung rechtlicher Verpflichtungen und anderer Anforderungen, zu denen sich die Organisation verpflichtet , Überprüfung bestehender Umweltmanagementpraktiken und -verfahren, Auswertung früherer Unfälle. – 3. *Umweltpolitik*: Die Umweltpolitik bietet einen Rahmen für Maßnahmen für das Festlegen umweltbezogener Zielsetzungen und Einzelziele.

Sie stellt die Gesamtabsicht und Ausrichtung einer Organisation in Bezug auf ihre → Umweltleistung dar. – 4. *Organisatorische Verankerung – Umweltmanagementsystem*: Ein Umweltmanagementsystem (DIN EN ISO 14001 3.8.) ist der Teil des Managementsystems einer Organisation, der dazu dient, ihre Umweltpolitik zu entwickeln und zu verwirklichen und ihre Umweltaspekte zu handhaben. – 5. *Ziele und Maßnahmen – Programm*: Programme zum Erreichen ihrer Zielsetzung und Einzelziele müssen von der Organisation eingeführt, verwirklicht und aufrecht erhalten werden. Die Programme müssen sowohl die Festlegung der Verantwortlichkeit für das Erreichen der Zielsetzungen und Einzelziele als auch die Mittel und den Zeitrahmen für ihr Erreichen festlegen. – 6. *Dokumentation*: Die Dokumentation des Umweltmanagementsystems muss nach DIN ISO 14001 folgende Aspekte beeinhalten: Die Umweltpolitik, die Zielsetzung und die Einzelziele, die Beschreibung des Geltungsbereiches des Umweltmanagementsystems, die Beschreibung der Hauptelemente des Umweltmanagementsystems und ihrer Wechselwirkung sowie Hinweise auf zugehörige Dokumente, Dokumente, die von dieser Norm gefordert werden und Dokumente, die von der Organisation als wichtig empfunden werden. – 7. *Umweltbetriebsprüfung – Internes Audit*: Die Umweltbetriebsprüfung ist ein Prozess, der systematisch und unabhängig durchführt und dokumentiert wird. Diese internen Audits müssen in festgelegten Abständen durchgeführt werden. Die Organisation hat dies zu gewährleisten. – 8. *Bestimmung der Umweltleistung*: Die Norm definiert Umweltleistung als messbare Ergebnisse des Managements der Umweltaspekte in einer Organisation. (DIN EN ISO 14001, 3.10) – 9. *Externe Prüfung – Zertifizierung/Registrierung*: Neben der Bestätigung der Konformität durch Dritte, die ein Interesse an der Organisation haben und der Bestätigung durch einen Externen, kann die Organisation ihr Umweltmanagementsystem durch eine externe

Organisation zertifizieren lassen. Diese Organisationen sind privatwirtschaftlicher Natur und eine Veröffentlichung von Dokumenten ist nicht vorgesehen. – 10. *Ständige Verbesserung des Umweltmanagements:* In der Norm wird die ständige Verbesserung als wiederkehrender Prozess zur Weiterentwicklung, um Verbesserungen der umweltorientierten Leistung insgesamt in Übereinstimmung mit der Umweltpolitik der Organisation zu erreichen beschrieben.

Direkt-Geld-Methode – Rangreihenverfahren der → Arbeitsbewertung, bei dem die Beanspruchungshöhe durch einzelne Anforderungsarten direkt in Geld ausgedrückt wird. Geldlohnsätze werden auf die Anforderungsarten verteilt.

Direktor – in der Praxis verbreiteter, aber bez. des betroffenen Personenkreises uneinheitlich verwendeter Titel für bestimmte herausgehobene Mitglieder der → Führungshierarchie. Teils werden der Leiter der Unternehmung (→ Generaldirektor), häufiger die Handlungsträger an der Spitze größerer → organisatorischer Teilbereiche als Direktor bezeichnet, wobei zusätzliche Abstufungen (z.B. Abteilungsdirektor) weitere Statusdifferenzierungen zum Ausdruck bringen können.

Direktorialprinzip – Verfahren der hierarchischen Willensbildung (→ Hierarchie) in → organisatorischen Einheiten, in denen mehrere → Handlungsträger zusammengefasst sind. Entscheidungen, die die multipersonale Organisationseinheit als Ganzes betreffen, werden allein von der → Singularinstanz an der Spitze des → organisatorischen Teilbereichs, der die restlichen zur Einheit gehörenden Handlungsträger hierarchisch untergeordnet sind, getroffen *(Direktorialsystem).* – Vgl. auch → Willensbildung. – *Gegensatz:* → Kollegialprinzip.

Direktorialsystem → Direktorialprinzip.

Diskontinuität → strategische Frühaufklärung.

Disposition – 1. *Organisation:* Die situationsabhängige Regelung eines Einzelfalls im Rahmen der dauerhaft und umfassend angelegten Organisation (instrumentaler Organisationsbegriff). Das Verhältnis von Organisation zu Disposition bestimmt den → Organisationsgrad. – *Gegensatz:* → Improvisation, → Ausnahmeregelung. – Vgl. auch → Dispositionsfähigkeit. – 2. *Recht:* Verfügung.

Dispositionsfähigkeit – Zielkriterium für die Messung der → organisatorischen Effizienz. Die durch die Organisation beeinflusste Fähigkeit einer Unternehmung, rechtzeitig auf Veränderungen im Entscheidungsfeld reagieren zu können.

dispositiver Faktor – nach Gutenberg Bezeichnung für denjenigen Produktionsfaktor, der die Elementarfaktoren menschliche Arbeitskraft, Betriebsmittel und Werkstoffe kombiniert. Die Kombination der Elementarfaktoren erfolgt durch die Geschäftsführung, wobei diese sich der Planung und Organisation als Hilfsmittel bedient. Geschäftsleitung, Planung und Organisation bilden den dispositiven Faktor.

Diversifikation – *Diversifizierung.* 1. *Begriff:* Ausweitung des Leistungsprogramms auf neue Produkte und neue Märkte. Diversifikation ist Mittel der Wachstums- und Risikopolitik der Unternehmung (Wachstumsstrategie). Weil man weder die Kunden kennt, noch über Erfahrungen mit den Produkten verfügt, gilt diese Strategie als riskant. Die Diversifikation kann entweder intern oder extern erfolgen. Interne Eintrittstrategien sind die interne Diversifikation, die Eigenentwicklung, die Lizenznahme und der Zukauf von Handelsware. Externe Eintrittsstrategien sind die Akquisition und die Kooperation (Joint Venture, Allianzen u.Ä.). – 2. *Richtungen:* a) *Horizontale Diversifikation:* Ausweitung des Produktprogramms um solche Leistungen, die mit den bisherigen Produkt-Markt-Kombinationen in einem sachlichen Zusammenhang stehen. – b) *Vertikale Diversifikation:* Aufnahme von Produkten, die zu einer vor- oder nachgelagerten Produktionsstufe gehören. – c) *Laterale Diversifikation:* Zwischen den alten und den neuen Produkt-Markt-Kombinationen besteht kein sachlicher Zusammenhang mehr. – 3. *Instrument zur Strategieauswahl:* → Produkt/Markt-Matrix. – Vgl. auch → Wertschöpfungsstrategie.

Division – 1. *Division i.w.S.:* → organisatorischer Teilbereich, der nach dem → Objektprinzip gebildet ist. – 2. *Division i.e.S.:* Synonym für → Sparte.

Divisionalorganisation – *divisionale Organisationsstruktur, Divisionalisierung.* 1. *Divisionalorganisation i.w.S.:* → Organisationsmodell, das nach dem → Objektprinzip gebildet ist. – 2. *Divisionalorganisation i.e.S.:* Synonym für → Spartenorganisation.

Dow Jones Sustainability Indexes – 1. *Begriff:* Die Dow Jones Sustainability Indexes, die sich in globale (DJSI Word) und europäische Indizes (DSJI STOXX) untergliedern, enthalten die besten Unternehmen einer Branche bezüglich ihrer Nachhaltigkeitsleistung. – 2. *Aufnahmekriterien:* Unternehmen können nur in die Dow Jones Sustainability Indexes aufgenommen werden, falls sie sowohl erfolgreich Chancen umsetzen als auch Risiken reduzieren hinsichtlich einer nachhaltigen Unternehmensführung. – 3. *Bewertungskriterien:* Die Bewertungskriterien der Dow Jones Sustainability Indexes unterteilen sich in globale Bewertungskriterien und branchenspezifische Kriterien: a) Die globalen Bewertungskriterien sind für alle Industriezweige identisch. Hierzu gehören globale Nachhaltigkeitsaspekte in Bereichen wie Unternehmensführung, Umweltmanagement, Menschenrechte, Versorgungskettenmanagement, Risikomanagement oder Arbeitspraktiken. Die einzelnen Kriterien werden gewichtet, um die Bedeutungen der einzelnen Kategorien hervorzuheben. b) Branchenspezifische Kriterien beziehen sich auf spezielle Sektoren und werden im gesamten

Analyseprozess mit 50 Prozent gewichtet. – Vgl. auch → Nachhaltigkeit, Dow Jones Index.

Downcycling – Bei vielen Recyclingkreisläufen sinkt mit jeder Verarbeitungsstufe das Wertniveau des Recyclats (z.B. Fasern werden kürzer, Kunststoffmoleküle werden brüchig). Mit fortschreitender Anzahl der Wiederverwertungszyklen verschlechtert sich so die Qualität oder müssen vermehrt Primärrohstoffe zugegeben werden (Kaskadenprinzip). – Vgl. auch → Recycling.

DSD – Abk. für → Duales System Deutschland.

duale Berufsausbildung – 1. *Begriff:* in der Bundesrepublik Deutschland übliches Berufsausbildungssystem mit dualer Struktur; berufliche Erstausbildung Jugendlicher, die an zwei Lernorten (Berufsschule und Betrieb) mit unterschiedlichen Ausrichtungen durchgeführt wird. – 2. *Merkmale:* inhaltlich-zeitliche Verknüpfung einer überwiegend fachpraktischen Ausbildung im Betrieb (betriebliche Ausbildung) und/oder in einer überbetrieblichen Ausbildungsstätte mit einer fachtheoretisch-allgemeinen Bildung in der Berufsschule. – 3. *Rechtliche Regelungen:* Zweiteilung der Zuständigkeiten für die rechtliche Regelung der betrieblichen und schulischen Berufsausbildung: (1) Die Ausbildung in den Betrieben wird bundeseinheitlich durch das Berufsbildungsgesetz (BBiG) geregelt. – (2) Kultusminister und -senatoren der Länder sind für den Unterricht an den berufsbildenden Schulen zuständig. Es werden vom Bund einheitliche Ausbildungsordnungen erstellt, während die Länder gesondert Lehrpläne bzw. Richtlinien für die Berufsschulen erlassen. Der Kultusministerkonferenz der Länder (KMK) obliegt die vorbereitende Koordination der einzelnen Lehrpläne durch die Erarbeitung gemeinsamer Rahmenlehrpläne. – Die Durchführung der Berufsausbildung regeln, soweit detaillierte Vorschriften nicht bestehen, die *„zuständigen Stellen"*, z.B. Industrie- und

Handelskammern, Handwerkskammern, Landwirtschaftskammern, Ärztekammern. Sie führen ein Verzeichnis der Berufsausbildungsverhältnisse (Lehrlingsrolle), bilden Prüfungsausschüsse und erlassen Prüfungsordnungen für die Ausbildungsabschluss- und -zwischenprüfungen und stellen zur Beratung und Kontrolle der Ausbildungsbetriebe einen Ausbildungsberater. – 4. *Finanzierung*: Es ist eine Mischfinanzierung in öffentlicher (Berufsschule) und privatwirtschaftlicher (Betrieb) Verantwortung. I.d.R. werden die Personalausgaben für die Lehrer an öffentlichen Berufsschulen von den Ländern getragen; der jeweilige Schulträger (kreisfreie Städte, Landkreise) übernimmt die Sachausgaben sowie die Ausgaben für das Verwaltungspersonal. Die anerkannten privaten Berufsschulen erhalten je nach Länderregelung Finanzhilfen zu den Sach- und Personalausgaben. Die Ausbildungsbetriebe finanzieren die Kosten der betrieblichen Ausbildung (Personalkosten, Sachkosten) eigenständig (einzelbetriebliche Finanzierung). Durch die Kritik an dem einzelbetrieblichen Finanzierungsmodus haben sich eigenständige Organisations- und Finanzierungsweisen von betrieblicher Ausbildung entwickelt. So werden die überbetrieblichen Ausbildungsstätten (z.B. Lehrwerkstätten) zumeist durch Zuschüsse des Bundes sowie der jeweiligen Bundesländer finanziert. Die Tariffondfinanzierung erfolgt über ein Umlagesystem und die Verbundfinanzierung je nach Kooperationsform im Sinne eines Ausgleichsprinzips. – 5. *Probleme*: Aufgrund der unterschiedlichen Zuständigkeiten bei der Planung und Durchführung der Berufsausbildung weichen die Ausbildungspläne für den schulischen und betrieblichen Teil der Ausbildung z.T. erheblich voneinander ab; zudem sind die betriebliche und schulische Ausbildung sachlich und zeitlich nur wenig aufeinander abgestimmt. Zur Behebung dieses Problems wurde von der Kultusministerkonferenz der Länder ein Koordinierungsausschuss eingesetzt, der u.a. die Aufgabe hat,

die Abstimmung der Ausbildungsordnungen und Rahmenlehrpläne vorzunehmen. – Vgl. auch Bildungspolitik und den umfangreichen von der Bundesregierung jährlich vorgelegten Berufsbildungsbericht.

Duales System Deutschland (DSD) – von beteiligten Gruppen (Industrie, Handwerk, Handel, Entsorger) in eigener Verantwortung privatwirtschaftlich geschaffenes flächendeckendes Wertstoff-Sammelsystem. „Dual" heißt private Entsorgung und Verwertung des Verpackungsabfalls, der restliche Hausmüll bleibt weiterhin kommunale Entsorgungsaufgabe. Recyclingfähige Produkte sind an einem → Grünen Punkt zu erkennen. Ähnliche Initiativen in zahlreichen anderen Ländern.

Due Diligence – engl. für *gebührende Sorgfalt*; 1. *Begriff*: sorgfältige Prüfung und Analyse eines Unternehmens, insbesondere im Hinblick auf seine wirtschaftlichen, rechtlichen, steuerlichen und finanziellen Verhältnisse, die durch einen potenziellen Käufer eines Unternehmens vorgenommen wird. – 2. *Ziel* einer Due Diligence ist es, sich so weit wie möglich abzusichern, dass die Annahmen und Voraussetzungen, auf die sich ein Kaufangebot für ein Unternehmen bezieht, zutreffen und alle relevanten Risiken identifiziert worden sind. – 3. Die *Durchführung* einer Due Diligence wird grundsätzlich von Fachleuten vonseiten des Käuferunternehmens und unter Zuhilfenahme von externen Beratern vorgenommen. Im Rahmen dieser Prüfung werden verschiedene Informationsquellen genutzt, wobei insbesondere Unternehmensunterlagen bzw. -daten analysiert und Gespräche mit dem → Management des Zielunternehmens geführt werden. Eine Due Diligence bezieht sich dabei i.d.R. auf verschiedene Teilbereiche, von denen v.a. die Financial Due Diligence (Prüfung der finanziellen Lage), Market bzw. Commercial Due Diligence (Marktanalyse, Analyse des Geschäftsmodells), Legal Due Diligence (Prüfung rechtlicher Aspekte) und Tax Due Diligence (Prüfung steuerlicher Aspekte) von hoher Bedeutung sind. Darüber hinaus werden Formen der kulturellen, technischen, mitarbeiterbezogenen sowie der umweltbezogenen Due Diligence von immer größerer Bedeutung. Eine Due Diligence findet insbesondere vor Abschluss des Unternehmenskaufvertrages statt, wobei manche Teilaspekte auch danach durchgeführt werden können. – Vgl. auch Market Due Diligence, → Umwelt-Due-Diligence.

dynamische Muskelarbeit – rascher Wechsel von Kontraktion und Erschlaffung der Muskeln. Dynamische Muskelarbeit ist weniger ermüdend als die → statische Muskelarbeit wegen besserer Durchblutung.

E

Early Stage – Begriff aus der Venture-Capital-Finanzierung. Umfasst im Rahmen des chronologischen Phasenmodells die frühen Unternehmensphasen → Seed Stage und → Start-up, d.h. von der Forschung und Produktkonzeption über die Unternehmensgründung bis hin zur Aufnahme der operativen Geschäftstätigkeit. Aufgrund des frühen Stadiums ist eine Innenfinanzierung aus Umsätzen für die Unternehmen in diesen Phasen meist nur eingeschränkt möglich.

Ecklohn – tariflich festgesetzter Stundenlohn für eine mittlere Facharbeitergruppe, aus dem sich durch prozentualen Zu- oder Abschlag die Tariflöhne für die übrigen Gruppen errechnen lassen, wenn deren Verhältnis untereinander durch → Arbeitsbewertung exakt festgelegt ist. Im Rahmen von Lohnverhandlungen geht es i.d.R. nur um die Neufestsetzung des Ecklohns.

Eco-Balanced Scorecard – Das Konzept der Eco-Balanced Scorecard wurde zum Beginn der 1990er-Jahre von Kaplan und Norton (s. Kaplan/ Norton 1996) entwickelt. Ihr liegt die Corporate Scorecard von Schneideman zugrunde. Zu den Anwendungsbereichen der Eco-Balanced Scorecard gehören die Bewertung von Organisationen, Standorten und einzelnen Mitarbeitern. Sie zielt dabei auf die Bereitstellung eines strategischen Managementsystems mit Kommunikations-, Koordinations-, und Steuerungsaufgaben, das zur Umsetzung der Vision, des Leitbildes (→ Unternehmensleitbild) sowie der → Strategien eines Unternehmens dient ab. Insbesondere ihre Flexibilität und die Möglichkeit der Einbeziehung weicher Faktoren (z.B. Kundenorientierung) in die Bewertung einzubeziehen erhöht das Potenzial der Eco-Balanced Scorecard. – Vgl. Balanced Scorecard.

Eco-Indicator 99 – 1. *Begriff:* Eco-Indicator 99 ist ein Verfahren zur Ökobilanzierung (→ Ökobilanz). Über den gesamten Lebenszyklus sollen Schädigungen der natürlichen Umwelt bewertet werden. Bewertungskategorien sind dabei die menschliche Gesundheit, die Qualität der → Ökosysteme und natürliche → Ressourcen (vgl. Müller-Wenk 2000, S. 11). Das Verfahren wird auch von Software-Lösungen, wie z.B. von Umberto, SimaPro und Eco-It, angewendet. – 2. *Entwicklung:* Der Eco-Indicator 99 ist eine Weiterentwicklung des Eco-Indicators 95 aus dem Jahre 1995. Entwickelt wurde er im Auftrag des Niederländischen Umweltministeriums von Pré Consultants zur Unterstützung der Produktentwicklung. – 3. *Geltungsbereich und Systemgrenze:* Der Geltungsbereich ist durch die verwendete Datengrundlage auf Europa beschränkt, jedoch ist die Methodik grundsätzlich weltweit anwendbar. Da es sich bei dem Eco-Indicator 99 um ein lebenszyklusorientiertes Konzept handelt, ist die Systemgrenze „Cradle-to-Grave" (s. → Cradle-to-Cradle). – 4. *Bewertungsobjekt und Bewertungsgröße:* Der Eco-Indicator 99 untersucht Produkte über ihren gesamten Lebenszyklus und bewertet dabei die gesamten Stoff- und Energieflüsse (Elementarflüsse). – 5. *Ziele und Annahmen:* Durch den Einsatz des Eco-Indicator 99 kann der aus den Wirkungen eines Produktes resultierender Schaden bewertet werden. Beeinträchtigungen der Humangesundheit, der Ökosystemqualität und des Ressourcenvorrats können aufgezeigt werden. Es wird dabei grundsätzlich von der Annahme ausgegangen, dass die Ergebnisse der einzelnen Wirkungskategorien aggregiert werden können. – 6. *Vorgehensweise:* a) Abschätzung der unmittelbaren Wirkungen der Stoff- und Energieflüsse, b) Abschätzung des Schadens dieser Wirkung auf die Schutzobjekte, c) Normalisierung und Gewichtung, d) Berücksichtigung von Unsicherheiten. – 7. *Ergebnis:* Der Eco-Indicator

99 liefert als Ergebnis eine Punktzahl in Form einer aggregierten Kennzahl (Eco-Indicator Points). – 8. *Kritische Würdigung:* Die offen dokumentierte und nachprüfbare Abschätzung der Wirkungen und Schäden und die Orientierung an der ISO 14040 sind positive Merkmale der Methode. Ebenso kann die einfache und transparente Anwendung für häufig verwendete Stoff- und Energieflüsse hervorgehoben werden. Insbesondere die Einbindung in verschiedene Softwarelösungen erhöht die praktische Relevanz der Methode. Inwieweit die subjektive Gewichtungen und der teilweise Ausschluss von räumlichen und zeitlichen Aspekten von Bedeutung ist wird stark durch den konkreten Anwendungsfall bestimmt. Zweifelsfrei ist jedoch, dass die Aussagekraft einer eindimensionalen Kennzahl stark eingeschränkt ist.

Economic Value Added (EVA) – Kennzahl, die im Rahmen eines umfassenden Performancemessungs- und Wertsteigerungskonzepts zur Anwendung kommt. Der Economic Value Added-Ansatz errechnet ein wertorientiertes Residualeinkommen der zu bewertenden Investition. Eine Investition ist nach diesem Ansatz dann wertschaffend, wenn sie einen positiven „Spread" (Differenz) zwischen tatsächlicher Rendite und den geforderten Kapitalkosten erwirtschaftet. Das Residualeinkommen errechnet sich als: Residualeinkommen (EVA) = (realisierte Rendite – Kapitalkosten) x eingesetzes Kapital. Die realisierte Rendite wird errechnet als das Verhältnis von operativem Ergebnis zu eingesetztem Kapital. Die geforderten Kapitalkosten errechnen sich unter Rekurs auf das Capital Asset Pricing Model (CAPM) aus den gewogenen Gesamtkapitalkosten. Bei der Bestimmung des eingesetzten Kapitals wird auf die Aktivagrößen abzüglich nichtverzinsbarer Fremdkapitalgrößen zurückgegriffen.

ECONSENSE – Arbeitskreis des „Forum Nachhaltige Entwicklung", gegründet 2001 (auf Anregung des Bundesverbands der Deutschen Industrie (BDI)). – *Mitglieder:* zwei Dutzend Unternehmen (z.b. Allianz, BASF, BMW bis VW), die das Leitbild der nachhaltigen Entwicklung in ihre Unternehmensstrategien integriert haben.

E-Consulting – *Electronic Consulting;* Abwicklung von Beratungsleistungen mithilfe von elektronischen Kommunikationsmedien anstelle einer persönlichen Beratung vor Ort. E-Consulting kann in Form einer individuellen Onlineberatung realisiert werden, bei dem ein Kunde seine Fragen und Anliegen elektronisch an einen Berater weiterleitet, der nach kurzer Zeit antwortet und damit eine klassische Beratungsleistung für einen bestimmten Kunden erbringt. Der Begriff wird darüber hinaus auch auf die Nutzung von elektronischen Trainingsprogrammen zu grundlegenden Beratungsthemen bezogen, die den Kunden von Beratungsunternehmen zur Verfügung gestellt bzw. verkauft werden. I.d.R. wird eine ergänzende Onlineberatung angeboten, sodass sich diese Beratungsform von reinen Trainings- und Fortbildungsprogrammen in elektronischer Form klar unterscheidet.

Educentives – Wortzusammensetzung aus *Education* und → Incentives; Motivationsprogramme mit Eventcharakter, die eine Verknüpfung von Bildung und Wissen mit Spaß und Unterhaltung zum Ziel haben und sowohl für Mitarbeiter als auch Kunden eingesetzt werden können.

Edutainment – Kombination der Wörter *Education* und *Entertainment.* – Spielerische Vermittlung von Wissen bei gleichzeitigem großen Unterhaltungswert. Anwendung in der Aus-, Fort- und Weiterbildung sowie im Marketing, z.B. bei Unternehmenspräsentationen.

Effectuation – *Herbeiführung.* 1. *Begriff:* Ausdruck aus dem Bereich der Entrepreneurship-Forschung geprägt durch die ursprüngliche Forschungsarbeit von Saras D. Sarasvathy. Der Effectuation-Ansatz beschreibt eine von (erfahrenen) Entrepreneuren eingesetzte Vorgehensweise zur Lösung von Problemen und zur Entscheidungsfindung. Bietet ein Entrepreneur a) neue Produkte in einem neuen Markt, oder – b) ein neues → Produkt in einem etablierten Markt, oder – c) ein etabliertes Produkt in einem neuen Markt an, erhält er die Möglichkeit, den Markt zu gestalten bzw. zu steuern. – 2. *Merkmale:* Der Effectuation-Ansatz basiert auf der Annahme, dass Marktprognosen für die in a) bis c) beschriebenen Szenarien nicht getroffen werden können, da die Zukunft nicht vorhersehbar, wohl aber gestaltbar ist. Effectuation beschreibt einen dynamischen und interaktiven Prozess, der es erlaubt, neue Artefakte (künstlich herbeigeführte Veränderungen oder Bedingungen) zu erschaffen. Weitere Merkmale des Effectuation-Ansatzes sind, dass der Entrepreneur seine Entscheidungen aufgrund der ihm zur Verfügung stehenden → Ressourcen trifft und gezielt versucht, Partnerschaften mit Stakeholdern einzugehen, um seine Geschäftsidee umzusetzen. Entscheidungen trifft er nicht im Hinblick auf eine zu erwartende Rendite, sondern abhängig von seiner Verlusterwartung im Rahmen einer vorher definierten individuellen Grenze. Unwägbarkeiten versucht er nicht durch strikte Planung zu vermeiden, sondern für sich und seine Geschäftsidee gewinnbringend zu nutzen und reagiert dementsprechend flexibel auf Veränderungen. – 3. *Einschränkungen:* In etablierten Märkten mit etablierten Produkten ist der Effectuation-Ansatz quasi bedeutungslos, bzw. kommt nicht zur Anwendung, da in einem solchen Umfeld Marktprognosen von ausreichender Verlässlichkeit getroffen werden können, die Gestaltungs- und Steuerungsmöglichkeiten jedoch als gering angesehen werden müssen. Der Effectuation-Ansatz bildet somit einen Gegenpol zur strategischen Planung. – Vgl. auch Entrepreneurship.

Effizienz der Organisation → organisatorische Effizienz.

Eigenschaftstheorie der Führung – Theorie, die auf den Ansätzen der Great-Man-Theroy (Anfang des 20. Jahrhunderts) basiert

und die den Führungserfolg eines Vorgesetzten aus bestimmten persönlichen Fähigkeiten und Eigenschaften abzuleiten versucht. Solche Eigenschaften sind in unterschiedlicher Ausprägung vorhandene, physische (wie Größe, Statur, Konstitution, Gesundheit etc.) und psychische (wie Durchsetzungsvermögen, Leistungsbereitschaft, Intelligenz, Initiative etc.) Persönlichkeitsmerkmale, die zeitlich stabil sind und in unterschiedlichen Situationen zum Ausdruck kommen. Der klassische Ansatz der Eigenschaftstheorie der Führung ging soweit, ein einziges Merkmal (oder eine Merkmalskombination) zu finden, die über den Führungserfolg entscheidet. Zwar gibt es Persönlichkeitseigenschaften, die den Führungserfolg generell oder in bestimmten Situationen begünstigen (→ Führungseigenschaften), insgesamt wird der Ansatz, nicht zuletzt aufgrund seiner einseitigen Betrachtungsweise, jedoch stark kritisiert und als überholt betrachtet; Partielle Rehabilitation der Eigenschaftstheorie der Führung in Gestalt der charismatischen Führung (→ Führungsstil). – *Gegensatz:* → Interaktionstheorie der Führung

Eigenverantwortlichkeit – I. Organisationsmanagement: ist dadurch gekennzeichnet, dass jeder Handlungs- bzw. Entscheidungsträger nur für seine eigenen Handlungen bzw. Entscheidungen verantwortlich ist. Auf den Ebenen unterhalb der Spitze der → Hierarchie entsteht Eigenverantwortlichkeit durch → Delegation von Handlungs- und Entscheidungskompetenzen.

II. Wirtschaftsprüfung: Eigenverantwortlichkeit des Wirtschaftsprüfers.

Eignung – Gesamtheit aller Merkmale und Eigenschaften, die einen Menschen befähigen, eine bestimmte Tätigkeit erfolgreich auszuüben. Hierbei stehen diese Merkmale oder Eigenschaften immer nur in Bezug auf eine bestimmte Tätigkeit. Geeignet ist eine Person in dem Umfang, in dem ihre Merkmale und Eigenschaften den Anforderungen einer bestimmten Tätigkeit entsprechen (z.B. Schreibmaschine schreiben können, CAD-System bedienen, Buchhaltung führen etc.). Häufig Eignungsmerkmale: Wissen, Können, Erfahrung, körperliche Leistungsfähigkeit. Feststellung mittels diverser Verfahren der → Eignungsdiagnostik. – Der Begriff der Eignung wird oftmals auch darüber hinaus auf das Ausmaß angewendet, in dem die Interessen, Bedürfnisse und Wertvorstellungen einer Person dem Befriedigungspotenzial des Arbeitsplatzes entsprechen.

Eignungsdiagnostik – psychologische Teildisziplin, die die Zuordnung von Person und Arbeitsplatz/Arbeitsinhalt auf der Basis von Informationen über die Person sowie mithilfe von Anforderungsanalysen mit dem Ziel zu optimieren versucht, Eignungs- und Anforderungsprofil aufeinander abzustimmen. Informationen über die Personen werden mithilfe eignungsdiagnostischer Instrumente, wie z.B. psychologischer Tests (z.B. Persönlichkeitstests, Tests zur Messung allgemeiner kognitiver Fähigkeiten), biographischer Fragebögen, Einstellungsinterviews oder Simulationsverfahren (z.B. Arbeitsprobe, Assessment Center) erhoben. Die höchsten Zusammenhänge mit der Berufsleistung (Validität) weisen Tests zur Messung allgemeiner kognitiver Fähigkeiten (→ Intelligenz; → Intelligenztest) auf, gefolgt von Arbeitsproben, strukturierten Interviews, Erhebung von Fachkenntnissen und → Assessmentcenter. Deutlich schlechter schneiden die → Graphologie oder unstrukturierte Interviews ab. Die Qualitätsstandards zur Eignungsfeststellung sind in der DIN 33430 formuliert. – *Angewandt* bei der Berufsberatung und Personalberatung sowie der Personalentwicklung.

eindimensionale Organisationsstruktur → Organisationsstruktur, bei der durch Verwendung nur eines Kriteriums für die → Kompetenzabgrenzung auf einer Hierarchieebene → organisatorische Teilbereiche gebildet werden, die nur auf einen Handlungsaspekt ausgerichtet sind. – *Gegensatz:* → mehrdimensionale Organisationsstruktur.

Einheit – 1. *Organisation:* → organisatorische Einheit. – 2. *Statistik:* Erhebungseinheit.

Einheitsgründung – *Simultangründung, Übernahmegründung;* Form der → Gründung einer AG, bei der die Gründer das gesamte Grundkapital (Aktien) übernehmen.

Einlinienprinzip → Einliniensystem.

Einliniensystem – 1. *Begriff:* Grundform eines → Leitungssystems, bei der hierarchisch untergeordnete organisatorische Einheiten → Weisungen nur von jeweils einer übergeordneten → Instanz erhalten (Einlinienprinzip, Instanzenweg). Das Einliniensystem geht zurück auf das von Fayol geprägte Prinzip der Einheit der Auftragserteilung. – Vgl. auch → Fayol-Brücke. – 2. *Vorteile:* Klare Unterstellungsverhältnisse; eindeutige und übersichtliche Abgrenzung von → Kompetenz und Festlegung von → Kommunikationswegen. – *Nachteile:* Evtl. Überlastungen, mangelnde Spezialisierung der Zwischeninstanzen, Schwerfälligkeiten in Kommunikations- und Entscheidungsprozess (→ Dispositionsfähigkeit), Informationsfilterung.

Einstellung zur Arbeit – Affekte und kognitive Haltungen gegenüber der eigenen Arbeitstätigkeit (z.B. → Arbeitszufriedenheit), der Arbeitsgruppe oder gegenüber der ganzen Organisation. – Vgl. auch → Klima.

Eintrittsstrategien → Markteintrittsstrategien.

Einwegverpackung – Verpackung zur einmaligen Nutzung mit anschließender Entsorgung (z.B. Einwegflaschen, Getränkedosen, Behältnisse aus Pappe und Papier). Gemäß Abfallgesetz ist die Bundesregierung durch Rechtsverordnung zur Einschränkung der Verwendung von Einwegverpackung und Einführung einer Rücknahmepflicht für Mehrwegverpackungen ermächtigt. – *Gegensatz:* → Mehrwegverpackung.

Einzelakkord – Form des → Akkordlohns, bei der sich das Entgelt im Gegensatz zum → Gruppenakkord nicht auf die Leistung einer Gruppe von Arbeitnehmern, sondern auf die eines einzelnen Arbeitnehmers bezieht.

EKS – Abk. für *energo-kybernetisches System, engpassorientiertes System;* Managementlehre, der eine Sicht von Manager, Umwelt und zu steuerndem Unternehmen als System zugrunde liegt. D.h., dass die Elemente sich nur in gemeinsamer Abstimmung miteinander entwickeln können. Die Beseitigung von Engpässen (Bedürfnisbefriedigung oder Problemlösung auf der Seite des Kunden und Kräftekonzentration auf der Seite des Unternehmens) wird somit zum Ziel von → Management. Die EKS wird bereits in verschiedenen Problemfeldern erfolgreich angewandt.

Elementarzeitverfahren → Systeme vorbestimmter Zeiten (SvZ).

EMAS-VO – seit April 1995 unmittelbare Rechtskraft in allen Mitgliedsländern der EU; dt. Kurzform: *„EG-Öko-Audit-Verordnung"* (→ Ökoaudit) oder *„EMAS"* (Environmental Management and Audit Scheme). – *Inhalt:* (1) Weiterentwicklung aus der finanziellen Abschlussprüfung nach dem Rechnungslegungsgesetz und der Zertifizierung nach der ISO 9000 Serie zur Qualitätssicherung, jedoch mit dem Schwerpunkt „Verbesserung der betrieblichen → Umweltleistung". (2) Werkzeug für die systematische, periodische und objektive Erfassung der Umweltfolgen bestimmter Unternehmenstätigkeiten, mit dem die Einhaltung der Umweltgesetze (→ Umweltgesetzgebung), der selbst gesetzten Ziele im Rahmen des Umweltprogramms sowie die organisatorische Verankerung überprüft wird. – *Formen:* Art. 12 EMAS-VO schafft die Möglichkeit zweier unterschiedlicher Systeme: Mit und ohne Zertifizierungüber eineNormfür → Umweltmanagementsysteme. – *Ablauf:* (1) Erste → Umweltprüfung (wesentliche umweltbezogenen Daten des Unternehmens, → Energie, → Rohstoffe, → Emissionen, → Abfall, → Lärm, Basisinformationen über Umweltorganisation und

→ Unternehmensleitbild); (2) betriebliche Umweltplanung (Ziele der verbindlich formulierten Umweltpolitik zu definieren und ein darauf bezogenes Maßnahmenpaket zu erstellen); (3) Aufbau eines Umweltmanagementsystems (Verankerung einer leistungsfähigen Organisation des betrieblichen Umweltschutzes); (4) Umweltbetriebsprüfung (regelmäßige Überprüfung der umweltbezogenen Daten, der Erreichung der Umweltziele und der Erfüllung des Umweltprogramms, der Eignung der Organisation des Umweltmanagements und der technischen Umweltschutzeinrichtungen); (5) → Umwelterklärung (zu veröffentlichen; beschreibt die wesentlichen Daten, Leistungen und Absichten des Unternehmens); (6) Umweltbegutachtung von einem externen, unabhängigen → Umweltgutachter; (7) Umweltaudit-Teilnahmebestätigung (für den jeweiligen Standort, Verwendung der Teilnahmeerklärung in der Öffentlichkeitsarbeit). – *Novellierung:* Die EMAS wurde 2001 erneuert (jetzt: EMAS II; Veränderungen: Organisation statt Standortbezug, neues Logo, Festlegungen an ein Managementsystem dürfen von der → DIN EN ISO 14001 übernommen werden.

Emission – I. Umweltpolitik: an die → Umweltmedien abgegebene → Abfälle aus Produktion, Distribution und Konsum. Häufig auf → Schadstoffe (Schadstoffemissionen) beschränkt. – Nach Bundes-Immissionsschutzgesetz (BImSchG) von Anlagen (Betriebsstätten, Maschinen, Geräte, Grundstücke) ausgehende Luftverunreinigungen, Geräusche, Erschütterungen, Licht, Wärme, Strahlen und ähnliche Umwelteinwirkungen. – *Anders:* → Immissionen.

II. Bank- und Börsenwesen: Ausgabe von Aktien und anderen Wertpapieren, d.h. ihre Unterbringung im Publikum und Einführung in den Verkehr. Die Schaffung von Wertpapieren ihre Herstellung und Vollziehung durch den Aussteller ist noch keine Emission. Während eine Selbstemission nur für Kredit- und Finanzdienstleistungsinstitute selbst in Frage kommt, ist die Regel eine Fremdemission. Dabei übernimmt ein Konsortium professioneller Finanzdienstleister die Abwicklung der Emission, meist in Form eines Übernahmekonsortiums (Emissionsgeschäft) oder in Form eines Begebungskonsortiums. Im letztgenannten Fall wird für den Emittenten kein Risiko übernommen. – Das gegenwärtig bevorzugte Emissionsverfahren ist das Bookbuilding.

Emissionshandel – 1. *Ziel* des Emissionshandels ist, die Atmosphäre im Hinblick auf die → Emission von Treibhausgasen in ein kostenpflichtiges Gut zu verwandeln, indem die Emission solcher Gase an den Besitz von Berechtigungen zur Emission von Treibhausgasen geknüpft wird. – *Das Konzept:* Jeder Emittent von Treibhausgasen darf nur die Menge an → Schadstoffen in einer Periode freisetzen, für die er über Emissionsrechte verfügt. Dem Emittenten steht es frei, ob der die höchstens zugelassene Menge an Schadstoffen freisetzt oder versucht, die Schadstoffmenge durch technische Innovationen oder Installation von Filtern etc. zu verringern. Erreicht er eine Reduktion der Emissionsmenge, verfügt er über überschüssige Emissionsrechte. Diese kann er an solche Emittenten weiterveräußern, für die etwa eine Nachrüstung der Anlagen höhere Kosten verursacht als der Erwerb zusätzlicher Emissionsrechte. Auf diese Weise bildet sich ein Markt für Emissionsrechte. Verantwortliche haben die Wahl, entweder im Bereich der eigenen Anlage Emissionen zu reduzieren oder Berechtigungen von anderen Verantwortlichen zuzukaufen. Der → Emissionshandel ist ein kosteneffizientes Instrument, mit dem genau definierte Reduktionsziele erreicht werden können: Es wird für die betroffenen Unternehmen eine wirtschaftliche Anreizstruktur geschaffen, ihre Emissionen zu verringern oder zu vermeiden, um durch Emissionen veranlasste Betriebskosten zu vermeiden. – 2. *Duchführung:* a) Der Emissionshandel basiert auf einem sog. Cap-and-Trade-System, also ein Emissionshandel mit absoluter Mengenbegrenzung. Dabei wird die Gesamtzahl der vom Staat ausgegebenen Berechtigungen im Hinblick auf ein verfolgtes Emissionsziel festgesetzt (Cap); beim Emissionshandel in der EU ergeben sich die nationalen Reduktionsziele aus den Vorgaben des Kyoto-Protokolls, aufgeschlüsselt für die Mitgliedsstaaten durch eine Lastenverteilungsvereinbarung des Ministerrats (*Burden Sharing*). Um die Belastung für Unternehmen durch den Emissionshandel zu reduzieren, sieht das europäische Emissionshandel-System eine weitgehend kostenfreie Grundausstattung von Emittenten mit Berechtigungen bis zum Jahre 2012 vor. Soweit diese Grundausstattung die Emissionen eines Unternehmens jedoch nicht vollständig abdeckt, ist das Unternehmen entweder zur Reduzierung seiner Emissionen oder zum Zukauf von Berechtigungen verpflichtet die auf dem Markt angeboten werden (Trade). – b) Nach der Richtlinie 2003/87/EG des Europäischen Parlaments und des Rates über ein System für den Handel mit Treibhausgasemissionszertifikaten in der Gemeinschaft (ABl. EG Nr. L 275, S. 32), die am 25.10.2003 in Kraft getreten ist, ist seit dem 1.1.2005 ein gemeinschaftsweites Emissionshandel-Systems eingerichtet. Dadurch sollen Verpflichtungen aus dem Protokoll von Kyoto zum Rahmenabkommen der Vereinten Nationen über Klimaveränderungen vom 11.12.1997 (BGBl. 2002 II 966) erfüllt werden. Das Emissionshandel-System soll zunächst nur die Emission von CO_2 erfassen. Seit 2008 können die Mitgliedsstaaten daneben auch die übrigen im Kyoto-Protokoll erfassten Gase einbeziehen. Erfasst sind zunächst nur die Emissionen von Anlagen in den durch Anhang I der Richtlinie bestimmten bes. emissionsintensiven Sektoren. Die Richtlinie sieht u.a. vor, dass den Unternehmen von 2008 bis 2012 mind. 90 Prozent der Berechtigungen kostenlos zugeteilt werden (Art. 10 der Richtlinie). Ziel ist, dass die EU und ihre Mitgliedsstaaten in dieser Periode ihre Treibhausgasemissionen gegenüber dem Stand von 1990 um 8 Prozent senken. Die Festsetzung der Gesamtmenge der in einem Mitgliedsstaat zuzuteilenden Berechtigungen obliegt den Mitgliedsstaaten, die auch die Verteilung des nationalen Kontingents zu regeln haben. In dem Treibhausgas-Emissionshandelsgesetz (TEHG) vom 21.7.2011 (BGBl. I 1475) m.spät.Änd., mit dem die Richtlinie in dt. Recht umgesetzt worden ist, werden den Unternehmen nach Maßgabe des Zuteilungsgesetzes 2012 (ZuG 2012) vom 7.8.2007 (BGBl. I 1788) Berechtigungen in einer gewissen Höhe zugeteilt. Das TEHG regelt die Handelsperioden ab 2013. Ab dem 1.1.2012 sind auch für Luftverkehrstätigkeiten Berechtigungen erforderlich. Das TEHG enthält die Grundlinien des Emissionshandelssystems und regelt im Detail alle Fragen der Zuteilung (§§ 7 ff. TEHG) und des Handels von Berechtigungen (§ 8 TEHG) sowie die darauf bezogenen Sanktionen (§§ 29 ff. TEHG). Es wird ein Emissionshandelsregister eingeführt, das die Konten für Berechtigungen und ein Verzeichnis der geprüften und berichteten Emissionen enthält (§ 17 TEHG). – Vgl. dazu auch die Zuteilungsverordnung 2012 (ZuV 2012) vom 13.8.2007 (BGBl. I 1941).

Emissionsrecht → Emissionshandel, → Umweltzertifikat.

Emissionsrechtehandel → Emissionshandel.

Emotion – *Affekt, Gefühl, psychische Erregung;* innere Empfindung, die angenehm oder unangenehm empfunden und mehr oder weniger bewusst erlebt wird, z.B. Freude, Angst, Kummer, Überraschung. Die Emotion ist ein komplexes Muster aus physiologischen Reaktionen (z.B. Steigerung des Blutdrucks), Gefühlen (z.B. Liebe, Wut), kognitiven Prozessen (Interpretation, Erinnerung und Erwartung einer Person) sowie Verhaltensreaktionen (z.B. lachen, weinen). – Als individueller Aspekt des Konsumentenverhaltens vielfältige Einsatzmöglichkeiten in der *Werbung,* u.a. zur Steigerung der Aufmerksamkeitswirkung von Werbemitteln durch emotionale Bilder, Texte etc. – Vgl. auch → Aktivierung, → emotionale Konditionierung.

emotionale Intelligenz – Fähigkeit eines Menschen, die → Emotionen eines anderen zu erkennen und in adäquater Weise darauf zu reagieren. In Managemententscheidungen fließen zwangsläufig neben rationalen Elementen auch Elemente einer emotionalen Vernunft ein. Die stark emotionsgetönte Intuition wird daher zu einer eigenen produktiven Managementkompetenz. Die Emotionsarbeit lässt sich über vier Grunddimensionen beschreiben: (1) Die Notwendigkeit subjektiver Aufmerksamkeit, die beim Zurschaustellen des emotionalen Ausdrucksverhaltens aufgebracht werden muss; (2) die Häufigkeit des (erwünschten) emotionalen Ausdrucksverhaltens; (3) die Vielfalt unterschiedlicher Emotionen, die im Rahmen einer Arbeitsrolle erwartet werden; (4) der Grad empfundener Dissonanz. – Es gibt Versuche, den Grad der emotionalen Intelligenz mithilfe → psychologischer Testverfahren zu erfassen und in Parallelität zum → Intelligenzquotienten (IQ) eine Kennziffer für die emotionale Intelligenz (EQ) zu erarbeiten. Die emotionale Intelligenz ist nahe verwandt mit dem Konzept der sozialen Kompetenz.

emotionale Kompetenz → emotionale Intelligenz.

emotionale Konditionierung – Lernvorgang, der eine emotionale Reaktion auf bislang neutral empfundene Reize hervorruft: Ein neutraler Reiz (z.B. Markenname) wird wiederholt mit einem emotionalen Reiz (z.B. emotionales Bild) gekoppelt, bis der vormals neutrale Reiz in der Lage ist, die beabsichtigte emotionale Reaktion (→ Emotion) hervorzurufen. – *Einsatz* v.a. bei Werbung auf gesättigten Märkten.

Employer Branding – 1. *Begriff:* Employer Branding kennzeichnet den Aufbau und die Pflege von Unternehmen als Arbeitgebermarke. – 2. *Ziel:* Angesichts des zunehmenden Personal- und Fachkräftemangels sowie Talentwettbewerbs vieler Branchen und Unternehmen, dienen der Aufbau und die Pflege einer Arbeitgebermarke dazu, sich gegenüber Mitarbeitern und möglichen Bewerbern als attraktiver Arbeitgeber zu positionieren, um so einen Beitrag zur Mitarbeitergewinnung und –bindung zu leisten. – 3. *Aspekte:* Die Anwendung des Markenmanagements als Employer Branding findet sich in der Literatur einschlägig seit Mitte der 1990er-Jahre. Betont wird hierbei die nachhaltige Formulierung und Einlösung von Leistungsversprechungen für aktuelle und künftige Arbeitnehmer. Mit der Ausweitung des Markenkonzepts findet zugleich eine Debatte von Gemeinsamkeiten und Unterschieden der Arbeitgebermarkenbildung und des → Personalmarketings statt. Wenn man Personalmarketing in Anlehnung an das Marketingverständnis als marktorientierte Unternehmensführung bezeichnet, so ist das Personalmarketing eine arbeitsmarktorientierte Managementdisziplin mit dem Ziel, Mitarbeiter für eine Organisation zu gewinnen. In Theorie und Praxis wird aber die Personalbindung z.T. zum Personalmarketing hinzugerechnet, sodass es über die eigentliche Personalrekrutierung am Arbeitsmarkt hinausreicht. Man könnte daher die Arbeitgebermarkenbildung als Instrument des Personalmarketings verstehen, das in Form des Arbeitgebermarkenversprechens die Ausgestaltung des Personalmarketingmix prägt.

Empowerment – 1. *Begriff:* engl. für *Bevollmächtigung;* in den USA gebräuchliche Bezeichnung für vom Management initiierte Maßnahmen, die die Autonomie und Mitbestimmungsmöglichkeiten von Mitarbeitern rund um ihren Arbeitsplatz erweitern. Empowerment bezeichnet somit die Weitergabe von Entscheidungsbefugnissen und Verantwortung durch Vorgesetzte an Mitarbeiter. Empowerment konkretisiert sich u.a. in einer (weitgehend) selbstbestimmten Gestaltung des Arbeitsablaufs, dem Zugang zu gewünschten Informationen und intensivierter (aufgabenbezogener) Kommunikation

mit Kollegen und Vorgesetzten. – 2. *Vorteile* des Empoverments sind auf organisationaler Ebene der Abbau von Hierarchie, weniger Bürokratie und Leistungsoptimierung sowie auf Mitarbeiterebene motivationale Effekte. Mit Ansätzen zur Mitbestimmung und zur → Humanisierung der Arbeit ist Empowerment nur bedingt vergleichbar.

End-of-the-Pipe-Technologien – Abk. *EOP;* 1. *Begriff:* End-of-the-Pipe-Technologien sind additive ökologieorientierte Verfahrensinnovationen. EOP-Technologien sind dem eigentlichen Leistungserstellungsprozess nachgeschaltet. Häufige Einsatzbereiche sind z.B. bei der Luftreinhaltung, der Abwasserbehandlung, der Abfallbeseitigung und dem Lärmschutz zu finden. – 2. *Abgrenzung IUT- von EOP-Technologien:* EOP-Technologien reduzieren nicht die Entstehung von Umweltbelastungen. Dadurch grenzen sie sich von den → integrierten Technologien ab. Diese berücksichtigen ebenfalls inputrelevante Vorstufen und outputrelevante Folgestufen. Der Übergang zwischen den beiden Technologieausprägungen kann jedoch fließend sein.

Energie – Fähigkeit, physikalische Arbeit zu leisten und damit Veränderungen im oder am Stoff zu bewirken; für Produktion notwendig. Energie ist an das Vorhandensein eines Energieträgers gebunden; in der Natur isoliert in gespeicherter Form nicht möglich. – Es gilt: Energie = → Exergie + → Anergie (1. Hauptsatz der Thermodynamik).

Energie-Autarkie – Energieautarkie ist ein Konzept, das, anstatt einer zentralen Energieversorgung durch großtechnische Anlagen, die Energiebereitstellung dezentral, nahe am Endverbraucher vorsieht. Die dezentrale Energieversorgung einer Gemeinde, Region oder dem Verbraucher selbst mithilfe von erneuerbaren Energien trägt global gesehen zur Unabhängigkeit von der Bereitstellung der Energie aus dem Ausland sowie einer verminderten Nutzung von fossilen Energieträgern bei. Im Freistaat Bayern ist bspw. Energieautarkie ein politisches Ziel.

energo-kybernetisches System → EKS.

Engineering Consulting – 1. *Begriff:* Beratung in Bezug auf technische Fragestellungen und Aspekte, Teilgebiet des Consultings. – 2. *Inhalte:* Engineering Consulting kann sowohl Fragen des Product Engineering als auch des Process Engineering umfassen. Dabei bedient man sich externer Hilfe zur Abdeckung spezifischen Know-hows oder spezieller Expertise, die im eigenen Unternehmen aus Gründen der technischen Komplexität nicht vorhanden ist, aus finanziellen Gründen nicht ständig vorgehalten werden kann oder aus Kapazitätsgründen die internen technischen Ressourcen unterstützen soll. – 3. *Anwendungsmöglichkeiten:* Konkrete Anlässe für den Einsatz des Engineering Consultings können notwendige Kostensenkungen des Produkts oder seiner Produktion sein, aber auch die Entwicklung neuer Produkte oder neuer Produktionsverfahren, notwendige Verbesserungen bei Fertigungsdurchlaufzeiten oder anderen Leistungsparametern rund um das Produkt oder seine Produktion. – Vgl. auch → beratende Ingenieure.

Engineering Data Management – *Product Data Management;* Planung, Steuerung und Kontrolle der Datenhaltung und -verwaltung bei einer Produktentwicklung von der Produktidee bis zum Markteintritt, teilweise auch darüber hinaus während des gesamten Produktlebenszyklus.

Engpass – 1. *Begriff:* Auftreten knapper Kapazitäten i.w.S., z.B. Absatz, Finanzen, Maschinenkapazitäten, Beschaffung, Organisation, dispositiver Faktor. – 2. *Merkmale:* Aufgabe der Unternehmensplanung ist es u.a., Engpässe durch Anpassungsprozesse zu beseitigen mit dem Ziel der Harmonisierung der betrieblichen Teilbereiche. – Vgl. auch → Ausgleichsgesetz der Planung.

Engpassbereich → Ausgleichsgesetz der Planung; → Engpass.

engpassorientiertes System → EKS.

EN ISO 14005 – 1. *Begriff:* Die Norm EN ISO 14005 „Environmental management system – Guide to the phased implementation of an environmental management system including the use of environmental performance evaluation", zeigt Möglichkeiten auf wie Umweltmanagementansätze eingeführt werden können. – 2. *Abgrenzung:* Im Gegensatz zu einem → Umweltmanagementsystem sind diese Ansätze weniger umfassend und einfacher umzusetzen. Dadurch können diese insbesondere für kleine und mittelständische Unternehmen interessant sein. Außerdem können Umweltmanagementansätze, im Sinne eines Stufenansatzes, den Einstieg in ein Umweltmanagementsystem nach → EMAS-VO bzw. → DIN EN ISO 14001 dienen.

Enquete-Kommission Schutz des Menschen und der Umwelt – 1. *Begriff:* Die Enquete-Kommission „Schutz des Menschen und der Umwelt – Ziele und Rahmenbedingungen einer nachhaltig (→ Nachhaltigkeit) zukunftsverträglichen Entwicklung" des Deutschen Bundestages definierte 1998 vier ökologische Kernregeln. – 2. *Ökologische Kernregeln:* (1) Regeneration: Erneuerbare Naturgüter, wie z. B. Holz oder Fischbestände, dürfen nur im Rahmen ihrer Regenerationsfähigkeit genutzt werden. (2) Substitution: Nicht erneuerbare Naturgüter, wie Energieträger und Materialien, dürfen nur in dem Umfang genutzt werden, in dem ein gleichwertiger Ersatz geschaffen wird. (3) Anpassungsfähigkeit: Schadstoffe und andere Substanzen dürfen nur im Rahmen der Anpassungsfähigkeit der → Ökosysteme freigesetzt werden. (4) *Vermeidung unvertretbarer Risiken:* Technische Großrisiken mit möglicherweise katastrophalen Auswirkungen auf die → Umwelt sind zu vermeiden.

Entlohnung – Arbeitsentgelt, betriebliche Lohngestaltung, → internationale Entlohnung.

Entlohnungspolitik – betriebliche Lohngestaltung.

Entrepeneur – Unternehmer.

Entscheiden – kognitiver Prozess der Wahl zwischen Alternativen; in der Psychologie häufig modelliert über den Nutzen (Utility) einer jeden Alternative multipliziert mit der subjektiven Wahrscheinlichkeit (Expectancy) der Zielerreichung, wobei die Höhe des Produkts den Ausschlag in der Wahlsituation gibt (SEU-Entscheidungstheorie). – In der Marktpsychologie wird bei der Analyse von Konsumentscheidungen zwischen „echten" bzw. vollständigen Entscheidungen im Sinn dieses Modells und verkürzten Abläufen durch → Habitualisierung, Kontraktbildung und impulsives Verhalten (Reizkauf) differenziert.

Entscheidungsbaum – I. Entscheidungstheorie: Darstellung mehrstufiger Entscheidungen. Der Entscheidungsbaum wird aus einer Erweiterung des Zustandsbaums gewonnen, indem in den einzelnen Zeitpunkten neben den erwarteten Umweltzuständen zusätzlich die verfügbaren Aktionen einbezogen werden. – Darstellungsweise: Die rechteckigen Knoten, a und b, kennzeichnen Entscheidungspunkte (zum Zeitpunkt t), von denen Kanten a_1, a_2 bzw. b_1, b_2 ausgehen, die mögliche Aktionen repräsentieren; diese zeigen auf weitere Knotenpunkte, die denkbaren Umweltzustände 1 bzw. 2, 3. Mögliche Umweltentwicklungen mit den Übergangswahrscheinlichkeiten W_{ij} werden durch die folgenden Kanten abgebildet, die in neue Entscheidungsknoten münden. Eine Aktionskette (z.B. a_1, b_1) bildet eine → Strategie, die zusammen mit einer Umweltentwicklung (z.B. Zustand 1, 2) ein bestimmtes Entscheidungsergebnis hervorruft. – Die Entscheidung zum Zeitpunkt t = 0 kann dadurch bestimmt werden, dass auf dem Wege der Rückwärtsrechnung die Erwartungswerte der Ergebnisse der Entscheidungsalternativen errechnet und auf jeder Stufe die weniger vorteilhaften Alternativen demiaiert werden (Roll-back-Verfahren). – Vorteil: Vollständige Abbildung der

Entscheidungssituation. – Nachteil: Mangelnde Übersichtlichkeit; diese verhindert die Anwendbarkeit der Entscheidungsbaumanalyse für die Mehrzahl realer Problemstellungen. – Reduktionen der Risiken, die dadurch entstehen, dass eine weniger wahrscheinlich angenommene Umweltsituation eintritt, möglich durch: (1) Laufende Anpassung der Pläne (→ rollende Planung, → Blockplanung) oder (2) weitgehend flexible Handhabung wichtiger Entscheidungen (→ flexible Planung); Aufstellung von → Eventualplänen. – Vgl. auch Abbildung „Entscheidungsbaum – Beispiel".

Entscheidungsbaum – Beispiel

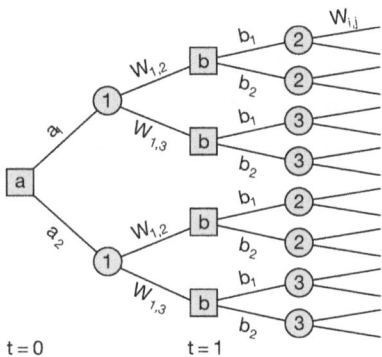

II. Arbeits- und Organisationspsychologie: Auf Vroom und Yetton zurückgehendes Verfahren, wonach der Grad der Partizipation der Geführten am Entscheidungsprozess des Führenden im Sinn der → Situationstheorien der Führung u.a. abhängig zu machen ist von dem Grad der Aufgabenkomplexität, Informationsstand des Führenden, Akzeptanzbedarf der Entscheidung bei den Geführten, von der Zielhomogenität von Führendem und Geführten und dem Grad von → Konflikten innerhalb der → Arbeitsgruppe. – Beurteilung: Das Modell ist empirisch tendenziell bestätigt und spezifiziert zugleich Bedingungen für das Eintreten von → Synergie.

Entscheidungsdelegation → Delegation.

Entscheidungsdezentralisation – Dezentralisierung von Entscheidungskompetenzen auf verschiedene Stellen. – 1. Entscheidungsdezentralisation *i.w.S.*: Verteilung der Entscheidungskompetenz auf mehrere Instanzen. – 2. Entscheidungsdezentralisation *i.e.S.*: Verteilung der Entscheidungskompetenz auf eine niedrige hierarchische Ebene. – *Gegensatz:* → Entscheidungszentralisation.

Entscheidungseinheit → organisatorische Einheit mit → Entscheidungskompetenz.

Entscheidungshierarchie – die → Hierarchie der organisatorischen Entscheidungseinheiten, die im Rahmen der → Organisationsgestaltung entsteht und der arbeitsteiligen Lösung der komplexen Entscheidungsaufgabe der Unternehmung dient. Durch horizontale (→ Spezialisierung) und vertikale (→ Delegation) Aufteilung dieses Gesamtentscheidungssystems werden hierarchisch geschichtete Teilentscheidungsprobleme gewonnen und den Entscheidungseinheiten zusammen mit den entsprechenden → Entscheidungskompetenzen übertragen. – Vgl. auch → Organisationsstruktur, → Führungshierarchie.

Entscheidungskompetenz → Kompetenz für die Durchführung von Entscheidungshandlungen.

Entscheidungszentralisation – Zentralisierung von Entscheidungskompetenzen bei einer Stelle. – 1. Entscheidungszentralisation *i.w.S.*: Bündelung von Entscheidungskompetenz bei einer Stelle. – 2. Entscheidungszentralisation *i.e.S.*: Bündelung von Entscheidungskompetenzen bei einer Stelle, die auf einer hierarchisch höheren Ebene angesiedelt ist. – *Gegensatz:* → Entscheidungsdezentralisation.

Entschleunigung – 1. *Begriff:* Der Begriff Entschleunigung beschreibt die bewusste Verlangsamung der auf allen Stufen der Wertschöpfung stattfindenden Prozesse und somit eine Verlangsamung der Stoff-, Energie- und Informationsströme (vgl. Günther/Lehmann-Waffenschmidt 2005, S. 10). – 2. *Ziel:* Ziel der Entschleunigung ist es eine geringere Nutzung der → Umweltfunktionen zu erreichen. Des Weiteren kann eine Entschleunigung auch zur Maximierung des Kundennutzens führen, da insbesondere kurze → Lebenszyklen, z.B. in der Unterhaltungselektronik z.T. als persönliche Belastung angesehen werden. Ein bewusstes Bremsen dieser Entwicklung kann so u.U. sowohl das Wohlbefinden des Kunden als auch die Schonung der natürlichen Umwelt ermöglichen.

Entsorgungslogistik – Anwendung der Logistikkonzeption (Logistik) auf Reststoffe, um mit allen Tätigkeiten der raum-zeitlichen Transformation, einschließlich der Mengen- und Sortenänderung, einen ökonomisch und ökologisch effizienten Reststoff-Fluss zu gestalten. Zu den Objekten der Entsorgungslogistik gehören als Reststoffe sämtliche rein stofflichen Nebenprodukte von Produktions-, Distributions- und Konsumtionsprozessen. Nach dem Kriterium „Verwendbarkeit/ Verwertbarkeit" lassen sich die Reststoffe weiter aufteilen in nicht mehr wiedereinsetzbare Rückstände und recyclingfähige Wertstoffe. Auf einer dritten Ebene sind nach dem Aggregatzustand Abwasser, Abfall und (feste Bestandteile der) Abluft zu unterscheiden. In die Konzeption der Entsorgungslogistik fließen neben ökonomischen auch ökologieorientierte Ziele ein. Während zu den erstgenannten vornehmlich Kosten- und Serviceziele im Bereich der Entsorgung zählen, beziehen sich die letztgenannten auf die Erreichung einer hohen Wiedereinsatzquote sowie auf eine möglichst umweltgerechte Durchführung der entsorgungslogistischen Prozesse der Lagerung, des Transports, des Umschlags, der Sammlung und Trennung (Sammel- und Trennverfahren) sowie der Verpackung.

Entspannungstechniken – psychologische Übungen, mit denen eine Entspannungsreaktion (z.B. Muskelentspannung, Reduzierung der kortikalen Aktivität etc.) herbeigeführt werden kann. Die Entspannungstechniken dienen meist dazu, Stress oder Belastungsreaktionen zu mindern. Sie werden auch im Rahmen von psychotherapeutischen Maßnahmen (z.B. Behandlung von Angststörungen) eingesetzt. Bewährte Verfahren sind etwa die Progressive Muskelentspannung oder das Autogene Training.

Entwicklung → Forschung und Entwicklung (F&E).

Entwicklungsgesetze technischer Systeme – Der sowjetische Wissenschaftler G.S. Altschuller extrahierte aus zahlreichen Patentschriften Entwicklungsmuster, die er anhand von statistischen Häufungen zu Entwicklungsgesetzen technischer Systeme zusammenfasste. Sie beschreiben die idealtypische Entwicklung eines technischen Systems. Unterschieden werden vier Phasen, die ein technisches System durchlaufen kann: die Statik, die Kinematik, die Dynamik und die Evolution. G.S. Altschuller ordnete jeder Phase spezifische Gesetzmäßigkeiten zu, nach denen sich das technische System verhält. In der vierten Phase, der Evolution, kann das System in ein anderes System übergehen. Die Entwicklungsgesetze technischer Systeme bieten dem Nutzer Basisinformationen über den Entwicklungsstrang einer Technologie an. Zur weitergehenden Steuerung von Technologien, z.B. im Rahmen der → Technologieplanung, eignen sie sich nicht.

Entwicklungsländerberatung – *Development Consulting*; Beratungsdienstleistungen, die im Rahmen der internationalen Entwicklungszusammenarbeit erbracht werden. Dabei kann grundlegend zwischen Technischer Zusammenarbeit (TZ) und Finanzieller Zusammenarbeit (FZ) unterschieden werden. Kennzeichnend für die Entwicklungsländerberatung ist das Dreiecksverhältnis von Berater, Auftraggeber bzw. Finanzier (i.d.R. eine Geberorganisation) und Empfänger der Beratungsleistung im Partnerland. Entwicklungsländerberatung wird auf allen Ebenen erbracht: der Makroebene (Politikberatung), der Mesoebene (Institutionenentwicklung, Capacity Building) und der Mikroebene. Beratungsunternehmen sind in großem Umfang an Entwicklungsprojekten beteiligt, bereiten diese vor und/oder führen sie durch. Bedeutende Geberorganisationen der bilateralen Entwicklungszusammenarbeit im deutschsprachigen Raum sind: KfW-Bankengruppe, Deutsche Gesellschaft für technische Zusammenarbeit (GTZ) GmbH, Internationale Weiterbildung und Entwicklung gGmbH (InWEnt), Direktion für Entwicklung und Zusammenarbeit (DEZA). Zu den zahlreichen multilateralen Geberorganisationen gehören: UNDP, Weltbank, European Bank of Reconstruction and Development (EBRD) sowie regionale Entwicklungsbanken, z.B. die Asian Development Bank (ADB). Auch viele Nichtregierungsorganisationen (NRO) sind auf diesem Gebiet tätig.

Entwicklungsorganisation – Organisation des organisatorischen Teilbereichs, in welchen die unternehmerischen Entwicklungsaufgaben zentralisiert sind. Die Ebene der Hierarchie unterhalb der Leitung der Entwicklungsabteilung kann z.B. nach unterschiedlichen Märkten, technologischen Verfahren oder (zu entwickelnden) Produkten gegliedert werden (→ Spezialisierung).

Environmental Assessment → strategische Frühaufklärung.

Environmental Forecasting → strategische Frühaufklärung.

Environmental Scanning → strategische Frühaufklärung.

EPRG-Modell – *EPRG-Schema, EPRG-Konzept*. Idealtypisches Führungskonzept der internationalen Unternehmung von Perlmutter. Man unterscheidet dabei vier Orientierungen bzw. → strategische Grundhaltungen: E = → ethnozentrisch, P = → polyzentrisch, R = → regiozentrisch, G = → geozentrisch. – Vgl. auch → Führungskonzepte im internationalen Management.

Equator-Principles – 1. *Begriff:* Equator-Principles sind freiwillige Richtlinien für die Berücksichtigung von Sozial- und Umweltfragen. – 2. *Entwicklung:* 2002 durch Banken, um Umweltfragen bei der Finanzierung → internationaler Projekte einheitlich zu berücksichtigen. 2009 haben bereits über 60 Banken, die in über 20 Ländern tätig sind, die Equator-Principles unterzeichnet. Sämtliche Projektdarlehen ab einer Größe von 10 Mio. US-Dollar sollen nach den Regeln der Equator-Principles kategorisiert werden, die auf den Ökologie- und Sozialstandards der Weltbank basieren.

ereignisorientierte Planung – 1. *Begriff:* Vorgehensweise bei der Planung, nach der Pläne nicht in periodischen Abständen, sondern (zur Gewährleistung der Planungsaktualität) in Abhängigkeit von wichtigen Ereignissen aufgestellt bzw. revidiert werden. – 2. *Merkmale:* Damit soll die Aktualität der Pläne in einem dynamischen Umfeld erhöht werden. Abkehr vom Neuaufwurfsprinzip zum → Net-Change-Prinzip.

Erfahrungskurve – 1. *Charakterisierung:* Grundgedanke der Erfahrungskurve ist das bekannte Phänomen, dass die Produktivität mit dem Grad der Arbeitsteilung steigt. Diese Erkenntnis findet Eingang in den *Lernkurveneffekt,* der besagt, dass mit zunehmender Ausbringung die Arbeitskosten sinken. Die Aussage der Lernkurve wird auf die Verdopplung der kumulierten Produktionsmenge x bezogen, die ein Sinken der direkten Fertigungskosten y (bzw. Lohnkosten/ Mengeneinheit) um einen konstanten Prozentsatz bewirkt. – 2. *Aussage:* Bei der Erfahrungskurve wird die Aussage der Lernkurve auf die Stückkosten erweitert: Die realen Stückkosten eines Produktes gehen jedes Mal um einen relativ konstanten Anteil (20–30 Prozent) zurück, sobald sich die in Produktmengen ausgedrückte Produkterfahrung verdoppelt (vgl. Abbildung „Erfahrungskurve"). Die Stückkosten umfassen die Kosten der Produktionsfaktoren, die an der betrieblichen

Wertschöpfung beteiligt sind (Fertigungskosten, Verwaltungskosten, Kapitalkosten etc.). Die Aussage der Erfahrungskurve gilt sowohl für den Industriezweig als Ganzes als auch für den einzelnen Anbieter; inzwischen wurden auch Erfahrungskurveneffekte in nichtindustriellen Branchen (z.b. Lebensversicherungen) nachgewiesen. – 3. *Prämisse:* Alle Kostensenkungsmöglichkeiten (Lerneffekt, Betriebs- und Losgrößendegressionseffekte, Produkt- und Verfahrensinnovation etc.) werden genutzt. Die Problematik dieser Prämisse, die Erfahrungskurve trotz ihres quantitativen Ansatzes eher als ein qualitatives, grundlegendes Denkschema und Verhaltensmodell zu sehen, liegt nahe; sie trifft i.Allg. lediglich Tendenzaussagen zum Kostenverlauf.

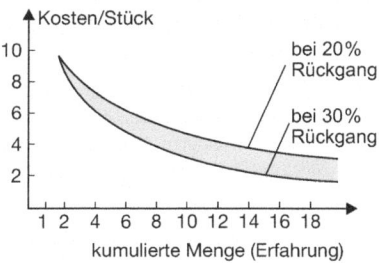

Erfahrungskurve

Erfolgsbereich → Profitcenter.

Erfolgsbeteiligung – individual- oder kollektivvertragliche Vereinbarung eines Arbeitgebers mit seinen Mitarbeitern, die additiv zum tarifvertraglich festgesetzten Lohn regelmäßig einen Anteil am Erfolg des Unternehmens gewährt. Neben der Einkommenswirkung für den Mitarbeiter verfolgt die Erfolgsbeteiligung gesellschaftspolitische, sozialpolitische, personalpolitische, steuer- bzw. finanzierungspolitische Ziele für das Unternehmen. Erfolgsbeteiligung kann orientiert sein am erzielten Gewinn (→ Gewinnbeteiligung), am Ertrag (→ Ertragsbeteiligung) oder an der Leistung (→ Leistungsbeteiligung). Zu welcher Form eine Erfolgsbeteiligung erfolgt, ist abhängig von der Rechtsform sowie vertraglichen Abmachungen zwischen den Partnern. – Vgl. auch → materielle Mitarbeiterbeteiligung.

Erfolgsposition → Führungsmodelle.

Ergebnisbeteiligung – Beteiligung der Arbeitnehmer an dem durch ihre Mitarbeit erzielten Erfolg des Betriebes, wesentlicher Betriebsteile oder der Gesamtheit der Betriebe eines Unternehmens, z.b. aufgrund von Materialersparnissen, Verminderung des Ausschusses oder der Fehlzeiten, sorgfältiger Wartung der Arbeitsgeräte und Maschinen, Verbesserung der Arbeitsmethoden und der Qualität der Erzeugnisse sowie sonstiger Produktions- und Produktivitätssteigerungen. Der Erfolg ist nach betriebswirtschaftlichen Gesichtspunkten jeweils für bestimmte Berechnungszeiträume zu ermitteln; die Ergebnisbeteiligung vor deren Beginn zu vereinbaren. Der Arbeitgeber hat den beteiligten Arbeitnehmern auf Verlangen Auskunft über die Richtigkeit der Berechnung der Ergebnisse zu geben; auf Wunsch des Arbeitgebers haben die beteiligten Arbeitnehmer aus ihrer Mitte nicht mehr als drei Beauftragte zur Wahrnehmung dieser Auskunftsrechte zu wählen, die über vertrauliche Angaben Stillschweigen zu bewahren haben. – *Anders:* → Gewinnbeteiligung.

ergebnisorientierte Führung → Management by Results.

Ergonomie – Teilgebiet der → Arbeitswissenschaft und dient der optimalen Gestaltung von Arbeitssystemen in Bezug auf die Abstimmung zwischen Mensch, Maschine und Arbeitswelt. Die Ergonomie beruht auf der Erforschung der Eigenarten und Fähigkeiten des menschlichen Organismus und schafft dadurch die Voraussetzungen für eine Anpassung der Arbeit an den Menschen sowie umgekehrt. Diese Anpassung liegt sowohl im Bereich der körpergerechten Gestaltung der Arbeitsplätze (→ Arbeitsgestaltung), der Beschränkung der Beanspruchung durch die Arbeit auf ein zulässiges Maß (→ Humanisierung der Arbeit) und der Gestaltung der

Umwelteinflüsse, als auch im Bestreben nach einem wirtschaftlicheren Einsatz menschlicher Fähigkeiten (Definition nach → REFA-Verband für Arbeitsstudien, Betriebsorganisation und Unternehmensentwicklung e. V.).

Erhaltungsfortbildung – Reaktivierung von beruflichen Fertigkeiten und Fähigkeiten, z.B. nach längerer Berufsuntätigkeit. – *Anders:* → Anpassungsfortbildung.

Erholungszeit – ist ein Bestandteil der Auftragszeit i.S.d. → REFA-Verband für Arbeitsstudien, Betriebsorganisation und Unternehmensentwicklung e. V. Sie umfasst die Zeitdauer der Tätigkeitsunterbrechung, die zum Abbau der tätigkeitsbedingten Arbeitsermüdung erforderlich ist. Sie hängt von der Höhe und Dauer der Beanspruchung des Menschen ab, dient der Reproduktion der körperlichen und geistigen Spannkraft. Diese sind zur Erhaltung der → Normalleistung notwendig.

Erkenntnis → Kognition.

Ermüdung – Abnahme der Leistungsfähigkeit, hervorgerufen durch arbeitsbedingten Kräfteverbrauch (Arbeitsermüdung) oder Ermüdungsreize (z.B. ermüdende atmosphärische, klimatische Bedingungen, unzureichende Schlaf- und Erholungsmöglichkeit im Gegensatz zum normalen biologischen Tag/Nacht-Rhythmus). Die Ermüdungserscheinungen zeigen sich in physischen und psychischen Veränderungen. Arbeitspausen (Pausen) verlangsamen den Ermüdungsprozess: Die lohnendste Pause ist diejenige, bei der der Verlust an Arbeitsbereitschaft am kleinsten und die Erholungswirkung am größten ist; am besten kurz vor dem Absinken der Höchstleistung einzulegen (→ Pausengestaltung).

Ermüdungsstudie – Untersuchung der Arbeitsbelastungen, die eine Arbeit bei → Normalleistung an den Arbeitenden stellt, und methodische Ermittlung des für den Ermüdungsausgleich erforderlichen Erholungszeitzuschlag (prozentuales Verhältnis von

→ Erholungszeit zu Grundzeit) aus den Erkenntnissen der Arbeitsphysiologie und -psychologie.

Erneuerbare Energien – Als erneuerbare Energien (regenerative Energien) werden, im Gegensatz zu den fossilen Energieträgern wie Öl, Kohle und Gas, Energieformen bezeichnet, die nicht auf endliche Ressourcen zurückgreifen. Der Ausbau der erneuerbaren Energien trägt im Wesentlichen zur → Nachhaltigkeit bei. So kann durch die Nutzung von Sonnen-, Wind-, Wasser-, Bioenergie oder Geothermie den Ausstoß von CO_2 verringert und zugleich die Abhängigkeit von fossilen Energieträgern verringert werden. In Deutschland werden regelmäßig Gesetze verabschiedet (z.B. Erneuerbare-Energien-Gesetz (EEG), EEWärmeG, EnEV), um die Nutzung erneuerbaren Energien sowie die Steigerung der Energieeffizienz zu fördern.

Errichtungsinvestition → Gründungsinvestition.

Erschwerniszulage – zusätzlicher Lohn bei bes. schwerer Arbeit. – 1. *Arbeitsrecht:* → Zulage, durch die bes. Belastungen des Arbeitnehmers entgolten werden sollen, sofern sie nicht bereits bei der Entgeltfestsetzung Berücksichtigung fanden, z.B. für Schmutz, Säure, Gase, Nässe, Lärm, Gefahr. Ein Anspruch besteht nur dann, wenn eine Erschwerniszulage tarifvertraglich, durch Betriebsvereinbarung oder einzelvertraglich vereinbart ist. Die Erschwerniszulagen gehören zum Arbeitsentgelt. – 2. *Verwaltungsrecht:* Zulage für Empfänger von Dienst- und Anwärterbezügen zur Abgeltung bes. bei der Bewertung des Amtes oder bei der Regelung der Anwärterbezüge nicht berücksichtigter Erschwernisse nach der VO über die Gewährung von Erschwerniszulagen i.d.F. vom 3.12.1998 (BGBl. I 3497) m.spät.Änd.

Ersparnisprämie – Art des → Prämienlohns, gewährt für wirtschaftlichen Einsatz und Verbrauch von Werkstoffen, Material, Hilfsstoffen und Energie. Häufig bezogen auf die bewerteten prozentualen Verbrauchsabweichungen (Abweichungen). Wegen der Interdependenz von Leistungsgrad und Ersparnis ist häufig eine Kombination der Ersparnisprämie mit der → Mengenleistungsprämie sinnvoll.

Erträglichkeit – arbeitswissenschaftlich anerkanntes Kriterium für menschengerechte Arbeitsgestaltung nach Rohmert. Eine Arbeit wird dann als erträglich bezeichnet, wenn die Leistungsgrenzen der arbeitenden Menschen – auch unter dem Aspekt der langfristigen Belastungsdauer – nicht überschritten werden. Die Gesundheit der Arbeitsperson muss unversehrt bleiben.

Ertragsbeteiligung – Form der → Erfolgsbeteiligung. Grundlage der Ertragsbeteiligung ist der buchhalterisch ermittelte Ertrag einer Rechnungsperiode. Bei der Ertragsbeteiligung wirken sich somit neben den Leistungseinflüssen auch die Einflüsse des Marktes aus.

Erwartungs-Valenz-Theorie → Erwartungswert-Theorie.

Erwartungswert-Theorie – *Valenz-Instrumentalitäts-Erwartungs-(VIE)-Theorie;* Prozesstheorie der Motivation, die zu erklären beansprucht, wie die Motivation menschlichen Verhaltens zustande kommt. Dabei steht – im Gegensatz zu Inhaltstheorien der Motivation (→ Bedürfnishierarchie) – der prozessuale Charakter im Vordergrund. Wichtigste Vertreter der Erwartungswert-Theorien sind John W. Atkinson (1957) und Victor Harald Vroom (1964) – *Grundgedanken:* a) *Weg-Ziel-Gedanke:* Menschen werden diejenigen Wege einschlagen, von denen sie vermuten, dass sie zu einem als erstrebenswert erachteten Ziel führen. – b) *Idee der Gratifikation:* Menschliches Verhalten wird im Wesentlichen durch Belohnungen und Bestrafungen (positive und negative Gratifikationen) beeinflusst; eine hohe Leistungsbereitschaft entsteht immer dann, wenn die individuelle Erwartung besteht, ein bestimmtes Verhalten führe zu bestimmten Gratifikationen, und wenn außerdem diese Gratifikationen als wertvoll erachtet werden, d.h. positive Valenz besitzen. – Vgl. auch → Weg-Ziel-Ansatz der Führung.

Escalating Commitment – Phänomen der Verlusteskalation in Entscheidungsprozessen. Z.B. werden häufig im Innovationsmanagement Projekte zu spät abgebrochen, sodass ein erheblicher finanzieller Schaden verursacht wird. Verlusteskalation tritt v.a. dann auf, wenn Entscheidungsträger aus persönlicher Präferenz oder wegen erwarteter hoher persönlicher Verluste an Entscheidungen trotz drohender Verluste festhalten und es keine Kontrollmechanismen gibt oder sie nicht greifen, dies zu verhindern. Noch größer wird das Problem, wenn entstandene Fehlentscheidungen vertuscht werden, womöglich durch das Eingehen neuer Risiken, um den entstandenen Schaden wieder gut zu machen.

Essenszuschuss – vom Arbeitgeber gewährte Zuschüsse zur Verbilligung von Mahlzeiten für die Arbeitnehmer. Steuerfrei, wenn der Zuschuss direkt an die Kantine, Gaststätte etc. gegeben wird und der Kostenanteil des Arbeitnehmers mind. so hoch ist wie der amtliche Sachbezugswert (2009: Mittag- bzw. Abendessen 2,73 Euro, Frühstück 1,53 Euro). Ist der Sachbezugswert geringer, ist der Unterschiedsbetrag steuer- und beitragspflichtig. – Das Gleiche gilt für *Essensmarken,* die für verbilligte Mahlzeiten an Arbeitnehmer ausgegeben werden.

ethisches Investment – In den USA werden zwischen 10 und 13 Prozent der Fondsvermögen nach ethischen Gesichtspunkten angelegt. In Deutschland liegt der Anteil der angebotenen Nachhaltigkeitsfonds (2004 Volumen ca. 1,6 Mrd. Euro) trotz großer Zuwachsraten bei unter 1 Prozent. An verschiedenen Börsen existieren inzwischen Nachhaltigkeitsindezes, wie z.B. → Dow Jones Sustainability Index, FTSE4Good-Global oder Nature-Aktien-Index (NAI). – *Probleme:* Glaubwürdigkeitsfrage, Widersprüche bei Auswahlkriterien, keine Mindeststandards.

ethnozentrisch – mögliche → strategische Grundhaltung international tätiger Unternehmungen gegenüber dem Ausland bzw. ihren Auslandstochtergesellschaften. Die ethnozentrische Unternehmung verfolgt eine weitestgehende Entscheidungszentralisierung im Heimatland und versucht Konzepte, Strategien und Praktiken, die sich im Stammland als erfolgreich erwiesen haben, auch im Ausland zu realisieren. Dabei werden Unterschiede in der Kultur zwischen Heimatland und Gastländern weitgehend vernachlässigt. – Vgl. auch → EPRG-Modell, → geozentrisch, → polyzentrisch, → regiozentrisch.

European Multistakeholderforum – Das „European Multi-Stakeholder Forum on Corporate Social Responsibility" (CSR EMS Forum) ist eine Institution der Europäischen Kommission. Unter der Leitung der dieser bringt das European Multi-Stakeholder Forum Unternehmen, Gewerkschaften und Non-Governmental Organizations (NGO) zusammen, um Innovationen, Annäherung und Transparenz in existierenden CSR-Praktiken voranzutreiben. Dies geschah erstmals im Oktober 2002.

EU-Umweltaktionsprogramme – 1. *Begriff:* Seit 1974 werden auf europäischer Ebene Umweltaktionsprogramme verabschiedet. Diese werden von der Europäischen Kommission ausgearbeitet, vom Europäischen Parlament beraten und vom Europäischen Rat nach Art. 189b EG-Vertrag (Mitentscheidungsverfahren), beschlossen. – 2. *Zweck:* Der Zweck der Programme ist eine Orientierung für den politischen Willensbildungsprozess. – 3. *Umsetzung:* Für die Umsetzung der erlassenen Umweltaktionsprogramme gibt es grundsätzlich zwei Möglichkeiten: Rechtsvorschriften und Richtlinien. Rechtsvorschriften, wie z.B. Verordnungen, gelten direkt in allen Mitgliedsländern. Richtlinien hingegen müssen zunächst in nationales Recht umgesetzt werden. – 4. *Aktuell:* Das aktuellste (sechste) Umweltaktionsprogramm verfolgt das Ziel der Umsetzung der

EU-Nachhaltigkeitsstrategie von 2001 (European Commission 2000). Schwerpunkte des Programms sind der Klimaschutz, die Biovielfalt, der Schutz natürlicher Ressourcen und die → Abfallentsorgung.

EU-Wasserrahmenrichtlinie – 1. *Begriff:* Die EU-Wasserrahmenrichtlinie (EU-WRRL) dient der Schaffung eines Ordnungsrahmens für Maßnahmen der Gemeinschaft im Bereich der Wasserpolitik. Sie sollte zur Verbesserung des Zustands der Gewässer und zur grundsätzlichen Harmonisierung des Gewässerschutzes beitragen. – 2. *Ziele:* Zu den übergeordneten Zielen der Studie zählen (vgl. Art. 1 EU-WRRL): a) Der Schutz und die Verbesserung des Zustandes aquatischer Ökosysteme und des Grundwassers. Eingeschlossen werden darin auch direkt vom Wasser abhängige Landökosysteme. b) Die nachhaltige Nutzung von Wasserressourcen soll gefördert werden. c) Das Einleiten und Freisetzen prioritär gefährlicher Stoffe soll beendet werden. Außerdem sollen prioritäre Stoffe schrittweise reduziert werden. d) Die Reduzierung der Verschmutzung des Grundwassers. e) Die Auswirkungen von Überschwemmungen und Dürren sollen gemindert werden. – 3. *Festlegungen:* Durch die Richtlinie wurden u.a. folgende Festlegungen beschlossen: Die Gewässerbewirtschaftung soll nach Flusseinzugsgebieten organisiert werden. Die Gewässerschutzziele sollen stärker auf die Ökologie ausgerichtet werden. Weitere Festlegungen sind die kombinierte Anwendung von Emissions- und Immissionsprinzip (→ Emission), die Deckung der internen und → externen Kosten wasserwirtschaftlicher Maßnahmen und Beteiligung der Öffentlichkeit.

Evaluation – Sammelbezeichnung für den systematischen Einsatz von Methoden, die dazu dienen, die Erreichung eines vorab festgelegten Ziels einer Intervention (z.B. Training, Einarbeitungsmaßnahme, Gehaltssystem etc.) nach deren Durchführung zu überprüfen. Als Evaluationskriterien z.B. für Trainings lassen sich folgende unterscheiden:

subjektive Äußerungen der Trainingsteilnehmer (z.B. Zufriedenheit mit dem Training), Lerngewinn (z.B. Wissenstest am Ende eines Trainings), Verhaltensänderung durch das Training (z.B. Videoaufnahmen vor und nach dem Training) und Verhaltensergebnisse (z.B. Leistungssteigerung in einer Abteilung). Die möglichst systematisch und standardisiert erhobenen Evaluationskriterien sollten auf die Ziele der Interventionsmaßnahme abgestimmt sein: Wenn nur die Zufriedenheit der Teilnehmer erreicht werden soll, genügt die Messung der Zufriedenheit, wenn das Ziel auch Verhaltensänderungen umfasst, sollten diese auch erhoben werden, um eine Auskunft über die Qualität der Maßnahme zu erhalten.

Event Pacing – fallweises Anpassen der Unternehmensstrategie an veränderte Umweltbedingungen. Letztere entstehen z.B. durch neue Aktivitäten der Mitbewerber, durch das Auftreten innovativer Technologien oder durch eine Veränderung der Kundenbedürfnisse. – Vgl. auch → Time Pacing.

Eventualplan – 1. *Begriff:* Alternativer Plan für eine Periode, der gegenüber einem gegebenen Plan auf anderen Prämissen bzw. Szenarios aufbaut. – 2. *Merkmale:* Mit der Ausarbeitung mehrerer solcher Pläne will man erreichen, dass man auf unterschiedliche Umweltentwicklungen angemessen reagieren kann (→ flexible Planung, → Eventualplanung). Zu Beginn einer Periode wird dann der Plan gewählt, der auf den „richtigen" Planprämissen aufbaut.

Eventualplanung – 1. *Begriff:* Bei Entscheidungen unter Unsicherheit ergriffene Maßnahme, um sich besser auf die möglichen Situationen einzustellen und so die Auswirkungen der Ungewissheit zu mindern. – 2. *Merkmale:* Sukzessiver Entscheidungsprozess. – 3. *Methodik:* Bei mehreren möglichen Datenkonstellationen (Umweltsituationen) wird jeweils die dazu optimale Handlungsalternative bestimmt (→ Eventualplan), aber die Entscheidung zur Durchführung einer bestimmten Alternative noch nicht getroffen. Die so erstellte mehrwertige Prognose wird „in die Schublade gelegt" und abgewartet, welche der Datenkonstellationen tatsächlich eintrifft, um dann die dazugehörige Entscheidung zu treffen. – 4. *Beurteilung:* Eventualplanung ist v.a. dann sinnvoll, wenn die zukünftige Entwicklung sehr undurchsichtig ist und die Unternehmensleitung mit plötzlichen Änderungen der Marktsituation rechnen muss, bei denen keine Zeit bleibt, die erforderlichen Umstellungsmaßnahmen zu planen. Aus diesem Grund und wegen der relativen Aufwendigkeit mehrerer detaillierter Planungen, von denen letztlich nur eine realisierbar wird, in der Praxis nur selten angewendet. – Vgl. auch → flexible Planung.

evolutionäres Management → strategisches Management.

EWIV – Abk. für *Europäische wirtschaftliche Interessenvereinigung.*

Executive Search – von Unternehmen veranlasste Personalsuche mit dem Ziel, eine gehobene Leitungsposition zu besetzen; Teilbereich der Human Resource Beratung (→ Personalberatung). Der Auftrag umfasst im Idealfall eine klare Beschreibung des Wunschkandidaten ebenso wie der zu besetzenden Stelle (Branche, Aufgaben, organisatorisches Umfeld, Entscheidungsspielräume, kulturelles Profil, finanzielle Ausstattung). Die Personalberatung ermittelt anhand ihrer Datenbasis geeignete Kandidaten, die mittels direkter Ansprache beworben werden. Anschließend werden diejenigen Kandidaten, die in die engere Auswahl gezogen wurden, dem Auftraggeber anhand eines Exposés vorgestellt und zum Gespräch eingeladen. Das Honorar der Personalberatung hängt prinzipiell von der Gehaltsstufe des Kandidaten ab.

Exergie → Energie, die sich in jede Energieform verwandeln lässt. – *Gegensatz:* → Anergie.

Existenzgründer – 1. *Begriff im Rahmen des Bürgerlichen Rechts:* Natürliche Person, die eine gewerbliche oder selbstständige

berufliche Tätigkeit aufnimmt (§ 507 BGB). Der Existenzgründer wird beim Darlehensvermittlungsvertrag und beim Verbraucherdarlehen und sonstigen Finanzierungshilfen wie ein Verbraucher und nicht wie ein Unternehmer behandelt, es sei denn der Nettodarlehensbetrag oder Barzahlungspreis übersteigt 50.000 Euro . – 2. *Begriff im Rahmen der Einkommensteuer:* Die gesonderte Behandlung von Existenzgründern per se wurde abgeschafft und in die generelle Förderung kleiner und mittlerer Betriebe überführt. – 3. *Auswirkungen:* Kleine und mittlere Betriebe können gemäß § 7g EStG einen Investitionsabzugsbetrag steuerlich geltend machen. Dieser hat im Rahmen des Unternehmensteuerreformgesetzes 2008 die sog. Ansparabschreibung für Existenzgründer abgelöst.

Exit – geplanter Ausstieg von Private-Equity- oder Venture-Capital-Gesellschaften aus einer Beteiligungsanlage zur Realisierung einer finanziellen Rendite. Die Veräußerung kann im Zuge eines Verkaufs an die ursprünglichen Eigentümer (Repurchase), ein Industrieunternehmen (Trade Sale), eine nachfolgende Private-Equity- oder → Venture-Capital-Gesellschaft (Secondary Sale) oder im Wege eines Börsenganges (Going Public) erfolgen.

Expansion Stage – Begriff aus der Venture-Capital-Finanzierung. Im Rahmen des chronologischen Phasenmodells im Anschluss an die Start-up- Phase. Dient der Finanzierung des Unternehmenswachstums, z.B. durch Ausweitung von Produktionskapazitäten oder Ausbau von Vertriebskanälen, normalerweise kurz vor oder nach Erreichen des Break-Even-Punktes (Break-Even-Point).

Expatriate → Führungskraft eines Unternehmens im → Auslandseinsatz.

Experiment – Versuchsanordnung in der → Psychologie und Marktforschung. – 1. *Begriff:* Planmäßige Erhebung empirischer Sachverhalte zur Prüfung von Hypothesen. Dabei müssen mehrere Arten von Variablen unterschieden werden. Die *Testvariable* oder *unabhängige Variable* ist die Variable, deren

Einfluss von Interesse ist. Im Beispiel eines neuen Getränks, für das überprüft werden soll, ob eine Einführung lohnend ist, ist das die Variable „Einführung" vs. „Nichteinführung". Die *Zielvariable* oder *abhängige Variable* ist die Variable, für die untersucht werden soll, wie sie sich verändert, wenn die Testvariable verändert wird. Im Beispiel kann dies der Marktanteil des neuen Getränks sein. Darüber hinaus gibt es häufig noch *intervenierende Variable* oder *Störvariable*, die auch die Zielvariable beeinflussen, deren Einfluss aber nicht interessiert. Das *Testdesign* legt fest, wie welche Daten erhoben werden. Aufgabe des Testdesigns ist es, den Test so zu gestalten, dass der Einfluss der intervenierenden Variablen entweder zu eliminiert wird oder aber herausgerechnet werden kann. – 2. *Arten:* a) *Laboratoriums-Experiment:* Experiment unter künstlich geschaffenen Bedingungen; Ziel ist es, die intervenierenden Variablen möglichst konstant zu halten *Feld-Experiment:* Experiment unter normalen sozialen Umweltbedingungen. – b) *Projektive Experiment:* Der Forscher schafft von sich aus die Bedingungen, die das zu untersuchende Geschehen beeinflussen; *Ex-Post-Facto-Experiment:* Im normalen Ablauf der Ereignisse werden nachträglich bereits abgeschlossene Wirkungszusammenhänge rekonstruiert. – c) Eine weitere Differenzierung der Experimente ergibt sich aus der Kombination der *Zahl verwendeter Untersuchungsgruppen* (Experimental Group = E, Control Group = C) sowie der *Zeitpunkte der Messung* (vor Eintritt des Wirkungsfaktors = B, nach Eintritt des Wirkungsfaktors = A): (1) *EBA-Typ:* Die Vorher- und Nachhermessungen werden ausschließlich bei der Experimental Group durchgeführt. Nachteilig ist hier, dass zeitabhängige intervenierende Variable wie z.B. das Wetter nicht herausgerechnet werden können (2) *CB-EA-Typ:* Die Messung vor Eintritt des Wirkungsfaktors wird bei der Kontrollgruppe, die Messung nach Eintritt des Wirkungsfaktors bei der Versuchsgruppe durchgeführt. Nachteilig ist, dass gruppenabhängige Störgrößen wie

z.b. andere Soziodemografie der Mitglieder der Experimentalgruppe und der Kontrollgruppe nicht herausgerechnet werden kann (3) *EBA-CBA-Typ:* Dieser Typ entspricht den klassischen Grundsätzen des Experiments. Es erfolgt eine Trennung in Personen, die dem Wirkungsfaktor ausgesetzt waren (Versuchsgruppe), und in solche, die von ihm nicht erreicht wurden (Kontrollgruppe). Für beide Gruppen wird das Untersuchungsmerkmal vor (Vorperiode) und nach (Testperiode) Eintritt des Wirkungsfaktors gemessen. Der Testeffekt ergibt sich dann aus (B/A)/(D/C), wobei A: Zielvariabe Experimentalgruppe Vorperiode, B: Zielvariable Experimentalgruppe Testperiode, C: Zielvariable Kontrollgruppe Vorperiode, D: Zielvariable Kontrollgruppe Testperiode. Ergibt sich hier ein Wert von z.B. 1,24, so besagt dies, dass die Testvariable einen Einfluss von 24 Prozent hat. (4) *EA-CA-Typ:* Hier wird zwar zwischen Versuchs- und Kontrollgruppe unterschieden, man beschränkt sich aber auf eine Messung des Untersuchungsmerkmals, die zeitlich nach der Auswirkung des Faktors liegt. Nachteilig ist auch hier, dass a priori bestehende Unterschiede zwischen den Gruppen nicht herausgerechnet werden können.

Exportkooperation → Kooperation.

Exportmarktforschung → Auslandsabsatzmarktforschung, → interkulturelle Konsumentenforschung.

externe Kosten – *ökologische Folgekosten, soziale Kosten.* 1. *Begriff:* Kosten, die zwar durch einzelwirtschaftliches Handeln entstehen, aber von der Allgemeinheit bzw. Dritten getragen werden (externalisierte Kosten). – 2. *Formen:* (1) Im Bereich der *Natur* (Okkupation der Landschaft: Zersiedlung, Mülldeponien u.a.) und Belastungen der Medien Boden (Erschöpfung der Ressourcen, Verkarstung etc.), Luft (Rauch, Gase u.a.) und → Wasser (Wasserverschmutzung, -erwärmung); (2) im Bereich des *Menschen* (psychische Belastungen: → Schichtarbeit, → Akkord etc. oder physische Belastungen:

Arbeitsunfälle, Berufskrankheiten etc.). – 3. *Folge:* Ökologische Schäden werden als negative externe Effekte betriebswirtschaftlich *nicht* als leistungsbedingter (und kostenrelevanter) Güterverzehr betrachtet. Ressourcenverbrauch/ Umweltbelastungen gehen nicht mit den „ökologisch wahren Preisen" in die Preiskalkulation ein. Kein Regulativ wie bei mit Preisen bewerteten „knappen" Gütern, wo ein Mehrverbrauch zu einem Preisanstieg führt (d.h., kein Knappheitsindikator gegeben). – 4. *Entwicklung:* Teile dieser Effekte müssen Betriebe inzwischen in der Kostenrechnung durch gesetzgeberische Restriktionen übernehmen (Auflagen, Abgaben, Versicherungsprämien). Natur wird zu einem (betrieblichen) „Produktionsfaktor". – Vgl. auch externer Effekt.

extrinsische Motivation – bezieht sich auf einen Zustand, bei dem wegen äußerer Gründe, d.h. wegen der Konsequenzen der Handlungsergebnisse (z.B. positive Personalbeurteilung, Gehaltssteigerung etc.), gehandelt wird. – *Gegensatz:* → intrinsische Motivation.

F

F&E – Abk. für → Forschung und Entwicklung.

F&E-Controlling – führt koordinierende sowie unterstützende, bes. informationsversorgende Aktivitäten aus, um dem F&E-Management eine zielorientierte Planung, Steuerung und Kontrolle der F&E-Potenziale und F&E-Prozesse zu ermöglichen. So nimmt das F&E-Controlling im Gegensatz zum realisationsanweisenden F&E-Management eine realisationsvorbereitende Funktion wahr. Strategisches F&E-Controlling unterstützt das F&E-Management durch die Bereitstellung von Informationen und Methoden, die z.B. die Datenerfassung und -aufbereitung sowie die Selektion von F&E-Projekten ermöglichen. Geeignete Methoden sind die → Delphi-Technik, → Szenario-Technik, Verfahren der Investitionsrechnung, Nutzwertanalysen, → Portfolio-Analysen und → Roadmapping. Operatives F&E-Controlling umfasst die Gebiete F&E-Bereichs-Controlling und F&E-Projekt-Controlling. Das F&E-Bereichs-Controlling überwacht die effiziente Mittelverwendung im F&E-Bereich und nimmt ggf. Einfluss auf die Allokation des F&E-Budgets. Das F&E-Projekt-Controlling kontrolliert und steuert die Planung und Durchführung von F&E-Projekten hinsichtlich Zeitdauer, Kosten und Qualität. Als unterstützende Methoden werden u.a. die Meilensteintrendanalyse und die Projektdeckungsrechnung zum Einsatz gebracht. Soll durch das F&E-Controlling die F&E-Effektivität sowie die F&E-Effizienz erhöht werden, so muss neben der Risikobegrenzung die Erhaltung der Kreativität der Akteure in der F&E erreicht werden.

Fachausschuss – Gruppe von sachverständigen Personen, die zur Prüfung spezifischer Fragen und/oder zur Ausarbeitung von Gutachten zusammentritt: (1) Innerhalb der Regierung; (2) innerhalb des Parlaments (Bundestagsausschüsse); (3) innerhalb von Interessenverbänden oder politischen Parteien; (4) innerhalb von Unternehmungen (Gremium).

Fachkenntnisse – Anforderungsart im Rahmen der → Arbeitsbewertung. Fachkenntnisse setzen sich zusammen aus: 1. *Berufsausbildung:* a) *Zweckausbildung:* (1) Anweisung (bis ein Jahr): notwendigste Stoff- und Maschinenkenntnisse, bloßes Vertrautsein mit bestimmten Bewegungsabläufen; (2) Anlernen (etwa 0,5 – 1,5 Jahre): regelmäßige, praktische und theoretische Anlernung, die begrenzte und genau umrissene Kenntnisse bez. Werkstoff und Betriebsmittel vermittelt; (3) Anlernausbildung (etwa 1,5 – 2,5 Jahre): systematische Anlernung einer als Anlernberuf anerkannten Tätigkeit mit festgelegter Prüfungsordnung. – b) *Fachausbildung* (drei Jahre): (1) abgeschlossene Handwerkslehre, sodass alle Arbeiten des Berufs fachgemäß ohne fremde Hilfe ausgeführt werden können; (2) höchstes fachliches Können: bes. langjährige Berufserfahrung und Schulung durch umfassende Praxis und fundierte theoretische Kenntnisse. – 2. *Berufserfahrung:* Kenntnisse, die über die Fach- und Zweckausbildung hinaus durch praktische Tätigkeit im Berufszweig erworben werden.

Fachkompetenz – Fähigkeit, fachbezogenes und fachübergreifliches Wissen zu verknüpfen, zu vertiefen, kritisch zu prüfen sowie in Handlungszusammenhängen anzuwenden. Es handelt sich um rein fachliche Fertigkeiten und Kenntnisse, die i.d.R. im Rahmen einer Ausbildung erworben und durch Fortbildung erweitert werden. Gilt neben → Sozialkompetenz und → Methodenkompetenz als (nach wie vor wichtigster) Teil einer umfassenden Handlungskompetenz.

Fachkraft für Arbeitssicherheit – (FAS, SiFa oder FASi) wird in Deutschland durch das Arbeitssicherheitsgesetz vorgeschrieben. Person, die vom Arbeitgeber unter den gleichen Voraussetzungen wie ein Betriebsarzt schriftlich zu bestellen ist und der bestimmte Aufgaben (v.a. Unterstützung des Arbeitgebers beim Arbeitsschutz und bei der Unfallverhütung in allen Fragen der Arbeitssicherheit einschließlich der menschengerechten Gestaltung der Arbeit) zu übertragen sind (Sicherheitsingenieure, -techniker und -meister). – *Rechtliche Regelung:* Gesetz über Betriebsärzte, Sicherheitsingenieure und andere Fachkräfte für Arbeitssicherheit vom 12.12.1973 (BGBl. I 1885) m.spät.Änd. – Vgl. auch Sicherheitsingenieur.

Facility Management – *Gebäudemanagement;* integrative, ganzheitliche Betrachtungsweise interner Service-Leistungen, die das Anlagevermögens eines Unternehmens betreffen. Facility Management beschäftigt sich mit der Zweckmäßigkeit und Wirtschaftlichkeit von Gebäuden und Anlagen über deren gesamte Lebensdauer hinweg. Ziel ist es, Gebäude und Anlagen auf die dort arbeitenden Menschen und die betrieblichen Bedürfnisse einzustellen, um eine höchstmögliche Wertschöpfung aus dem Zusammenwirken sämtlicher Ressourcen eines Unternehmens zu erreichen.

Fähigkeit – geistige, praktische Anlage, die zu etwas befähigt. Voraussetzung, die neben der → Motivation zur Leistungserbringung erforderlich ist (Leistung = Motivation · Fähigkeit). Fähigkeiten können sowohl angeboren *(Begabungen)* als auch erworben *(Fähigkeiten)* sein und variieren nach dem Grad ihrer Ausprägung von Person zu Person. – Die Feststellung von *Fähigkeitsunterschieden* zum Zwecke der individuellen Leistungsvorhersage ist Gegenstand der → Eignungsdiagnostik.

Faktorenanalyse – Verfahren der multivariaten Statistik zur Datenverdichtung. Bei der Faktorenanalyse werden Variablen (z.B. Einzeleigenschaften von Produkten) zu wenigen, wesentlichen und nicht beobachteten Variablen (sog. Faktoren) verdichtet. Faktorenanalyse wird u.a. im Marketing und in den Bereichen Psychologie und Soziologie verwendet. Ein Beispiel sind Intelligenztests, in denen die Ergebnisse vieler Einzeltests (Merkmale) zu übergeordneten Gruppen von Merkmalen (sog. Faktoren) zusammengefasst werden.

Fall-Methode – *Case Method;* betriebswirtschaftliche Ausbildungsmethode im Hochschulunterricht sowie bei der Aus- und Weiterbildung von Führungskräften (Personalentwicklung), entwickelt in den USA. Nutzung realer oder simulierter Situationen oder praktischer Beispiele aus der betrieblichen Praxis und deren Bearbeitung durch die Lernenden in Arbeitsgruppen zur Aneignung und Festigung von fachlichem, methodischem und sozialem Wissen und Können (Fokus Entscheidungsfindung). Eine *Weiterentwicklung* der Fall-Methode sind → Unternehmensplanspiele.

Familienlohn – Bezeichnung für die Bemessung des Arbeitsentgeltes unter Berücksichtigung der Kopfzahl und des Alters der Familienmitglieder eines Arbeitnehmers, häufig in Form eines Zuschlags. Sonderform des → Soziallohns.

Familienzulage – Erhöhung des Arbeitsentgelts aus wohlfahrts- oder bevölkerungspolitischen Motiven; im dt. Sozialrecht seit 1.1.1955 berücksichtigt durch das Kindergeld. Zuvor seit 1952 ähnliche Einrichtung im Bergbau, die aufgrund von Versuchen am Ende des vorigen Jahrhunderts erstmalig 1918 in Frankreich eingeführt worden war und später auch in Belgien und Großbritannien analog der franz. Gesetzgebung gesetzlich geregelt wurde.

Farbgestaltung – Maßnahme der Arbeitsgestaltung, dient psychologischen, organisatorischen und sicherheitstechnischen Zwecken. – 1. *Psychische Auswirkungen:* Unter Ausnutzung der farbpsychologischen Erkenntnisse werden → Arbeitsräume farblich so gestaltet, dass diese je nach zu leistender

Arbeit emotional stimulierend, beruhigend, die Konzentration fördernd o.ä. wirken. – 2. *Organisatorische Zwecke:* Die unterschiedliche farbliche Gestaltung von Abteilungsräumen kann die organisatorische Gliederung verdeutlichen. Durch farbliche Gestaltung von Medien, Unterlagen und Handhabungselementen können diese schnell und irrtumsfrei erfasst werden. – 3. *Sicherheitstechnische Zwecke:* Die signalisierende Wirkung von Farbe wird zu gezieltem Einsatz im sicherheitstechnischen Bereich verwendet, bes. kontrastierende Farben (rot/weiß), (schwarz/gelb). Die Lichtquellen können durch entsprechende farbliche Gestaltung des Untergrundes besser ausgenutzt werden.

Fayol-Brücke – eine auf Fayol zurückgehende horizontale → Kommunikationsbeziehung zwischen Handlungsträgern der gleichen Ebene der Hierarchie, mit der, zur Steigerung der → Dispositionsfähigkeit, von der strengen Anwendung des → Einliniensystems abgewichen wird.

FEACO – Abk. für *European Federation of Management Consultancies Associations*, europäische Dachorganisation der nationalen Managementberatungsverbände; 1960 gegründet; Sitz in Brüssel. – 1. *Aufgaben:* Unterstützung, Förderung und Entwicklung der → Managementberatung und ihre Repräsentation auf europäischer Ebene. Außerdem sollen die Interessen der Mitgliedsverbände unterstützt und ihre Zusammenarbeit gefördert werden. Zu den Dienstleistungen zählt u.a. die Organisation von Arbeitsgruppen und Diskussionsforen. – 2. *Mitglieder:* Mit ihren Mitgliedsverbänden repräsentiert die FEACO in 22 europäischen Ländern mehr als 3.000 Consulting-Firmen (2009). Das entspricht einem Anteil von etwa 40 bis 70 Prozent des Marktes für Managementberatung in den jeweiligen Mitgliedsländern. Seit 2002 können auch nicht europäische Beraterverbände und große Beratungsunternehmen Mitglied werden. Zu den Mitgliedern zählt

der Bundesverband Deutscher Unternehmensberater e.V. (→ BDU).

Fehlzeiten – in Stunden oder Tagen gemessene Abwesenheit der Mitarbeiter vom Arbeitsplatz. – *Arten:* (1) motivational bedingte Abwesenheit (Absentismus); (2) krankheitsbedingte Abwesenheit; (3) sonstige Abwesenheit aufgrund von Zusatzurlaub, Fortbildung etc. – Motivational bedingte Abwesenheit ist i.d.R. ein Indikator für fehlende → Arbeitszufriedenheit und für die Qualität der Personalführung. – *Versuche zur Reduzierung bzw. Begrenzung der Fehlzeiten:* (1) Fehlzeitenbrief (Betonung der Notwendigkeit der Anwesenheit des Mitarbeiters und Appell an die Solidarität); (2) Rückkehrgespräch (Aufdecken von die Abwesenheit beeinflussenden Schwachstellen im Unternehmen); (3) motivational ansprechende Gestaltung der Arbeit als Fehlzeitenprophylaxe; (4) Gesundheitsförderungsmaßnahmen zur Prävention von Erkrankungen.

Fehlzeitenquote – zeigt auf, welcher prozentuale Anteil der Sollarbeitszeit durch Fehlzeiten verloren geht:

Fehlzeiten / Sollarbeitszeit * 100 = x %.

Feiertagszuschlag → Zuschlag zum normalen Arbeitsentgelt, den der Arbeitnehmer dafür erhält, dass er an gesetzlichen Feiertagen arbeitet. Gesetzlich ist diese Zahlung allein für Besatzungsmitglieder von Seeschiffen (§ 90 III SeemG) sonst durch Tarifvertrag oder Betriebsvereinbarung geregelt. Die Höhe des Feiertagszuschlags kann bis zu 100 Prozent zum effektiven Lohn betragen; für Arbeit an hohen Feiertagen (Weihnachten, Ostern, Pfingsten, Neujahr und 1. Mai) bis zu 150 Prozent. – *Lohnsteuerliche Behandlung:* Feiertagszuschläge können bis zu 125 Prozent des Grundlohns steuerfrei sein, an den Weihnachtsfeiertagen und am 1. Mai bis zu 150 Prozent. Allerdings darf der maßgebliche Grundlohn max. mit 50 Euro pro Stunde angesetzt werden, auch wenn er tatsächlich höher sein sollte (§ 3b EStG).

feindliche Übernahme – Kauf eines Unternehmens (Mergers & Acquisitions) durch ein anderes Unternehmen, der gegen den Willen des Managements des übernommenen Unternehmens erfolgt.

Feinplanung – *Detailplanung; Merkmale*: Kurzfristige Planung mit weit gehender Differenzierung der durchzuführenden Maßnahmen, sodass eine Abstimmung zwischen den einzelnen Teilplänen möglich ist. Im Gegensatz dazu steht die → Grobplanung.

Feldtheorie – auf K. Lewin zurückgehende theoretische Konzeption zur Erklärung menschlichen Verhaltens. Das Verhalten (V) wird dabei aus der Gesamtheit zugleich gegebener Tatsachen, die z.T. der Person (P) und z.T. der Umwelt (U) angehören, abgeleitet (V = f(P, U)). Alle diese zugleich gegebenen Tatsachen werden miteinander verbunden, sodass das Feld als dynamisch zu interpretieren ist. Was innerhalb dieses dynamischen Feldes für die einzelnen Personen bestimmt wird, ist ihr Lebensraum, bzw. ihr psychologisches Feld. – In der → Markt- und Werbepsychologie hat die Feldtheorie das Entstehen psychologischer Marktmodelle angeregt. Hier wird innerhalb von n-dimensionalen Räumen der Ort der Konsumenten und der Ort miteinander konkurrierender Meinungsgegenstände bestimmt. Aus der Distanz der Personen zu diesen Gegenständen lässt sich – mittelbar oder unmittelbar – die Präferenz der Personen für bestimmte Alternativen ableiten.

Fernlernen → Telelearning.

Fertigungsorganisation – *Produktionsorganisation;* Organisation des organisatorischen Teilbereichs, in welchem die unternehmerischen Fertigungsaufgaben zentralisiert sind. Die Ebene der Hierarchie unterhalb der Leitung der Fertigungsabteilung kann z.B. nach unterschiedlichen Ressourcen (z.B. Werken) Fertigungsverfahren oder herzustellenden Produkten gegliedert werden (→ Spezialisierung).

Festgehaltsklausel – eine Art Wertsicherungsklausel, bei der die vertragliche Vereinbarung über Geldsummenschulden zur Sicherung der Wertbeständigkeit nicht in einem nominellen Betrag, sondern auf das jeweilige Gehalt einer bestimmten Gehaltsgruppe bezogen ausgedrückt ist, z.B. „Zwei Monatsgehälter eines Beamten der Besoldungsgruppe B 6 im Zeitpunkt der Zahlung" etwa bei einer Rentenvereinbarung.

Festlohn – eine Art von Vertragslohn (in ähnlicher Form auch → Pensumlohn oder Kontraktlohn bezeichnet). Das Entgelt wird auf Zeitbasis für eine Tagesleistung (Measured Day Work) vereinbart.

Finanzholding → Holdingstruktur, → internationale Finanzholding.

Firmengründung → Gründung.

Firmen-Image – Public Relations (PR).

Fixum – fester Teil des Entgelts, das ein Handelsvertreter neben Provision bezieht, unabhängig davon, ob seine Tätigkeit zu einem sofort greifbaren Erfolg führt oder nicht.

flexible Altersgrenze – I. Personalwirtschaft: → Arbeitszeitflexibilisierung, → Arbeitszeitmodelle.

II. Beschäftigungspolitik: Arbeitszeitpolitik.

III. Rentenversicherung: Möglichkeit für Versicherte, unter bestimmten Voraussetzungen die Vertragslaufzeit zu verkürzen oder zu verlängern und etwa bereits vor Vollendung des 67. Lebensjahres Altersrente zu beziehen. Die Laufzeitverkürzung verringert die Leistungen entsprechend. Die Regelung wurde zunächst in der gesetzlichen Rentenversicherung eingeführt, in Anpassung daran auch in der privaten Lebensversicherung und der betrieblichen Altersvorsorge (hier liegt das Mindestalter für den Renteneintritt bei 60 Jahren). Die Regelungen zum gesetzlichen Rentenalter und dessen Flexibilisierung wurden im Grundsatz wirkungsgleich auch für die Pensionen der Beamten übernommen.

IV. Betriebliche Altersversorgung: Betriebsrentengesetz (BetrAVG).

flexible Arbeitszeit → Arbeitszeitflexibilisierung, → Arbeitszeitmodelle.

flexible Planung – 1. *Begriff:* Entscheidungsverfahren zur Lösung mehrstufiger Entscheidungen unter Ungewissheit. – 2. *Merkmale:* Die Entscheidungssituation lässt sich prinzipiell in Form eines → Entscheidungsbaumes abbilden. Im Fall quantifizierbarer Alternativen auch lineare Optimierung und dynamische Optimierung. – 3. *Methodik:* Da mit zunehmender Informationsverbesserung im Zeitablauf zu rechnen ist, werden zukünftige Aktionen im Planungszeitpunkt noch nicht endgültig fixiert, andererseits können sie wegen zeitlicher Interdependenzen bei der gegenwärtigen Entscheidung nicht unbeachtet bleiben, da diese auch die Ergebnisse zukünftiger Aktionen beeinflusst. Bei flexibler Planung wird daher nur die gegenwärtig zu ergreifende Maßnahme endgültig festgelegt, während zukünftige Aktionen nur bedingt geplant werden, indem für jeden künftigen Umweltzustand eine optimale Aktion ermittelt wird. – 4. *Ergebnis:* → Eventualpläne. – Vgl. auch → Eventualplanung.

Flow-Erleben – bes. positives emotionales Erleben bei einer Tätigkeit, das dadurch charakterisiert ist, dass eine Person ganz auf ihr Tun konzentriert ist und darin aufgeht, sich selbst dabei vergisst, das Zeitgefühl weitgehend verloren ist („Die Zeit vergeht wie im Flug"). Dieses emotionale Erleben kann sich dann einstellen, wenn die wahrgenommenen Anforderungen der Tätigkeit den Fähigkeiten entsprechen. Der → Anreiz bei einer solchen Handlung liegt nicht in erwarteten Handlungskonsequenzen (→ extrinsische Motivation), sondern in der Ausführung der Handlung selbst (→ intrinsische Motivation).

Fluktuation – Meist wird darunter der Abgang oder die Abgangsrate von Arbeitnehmern verstanden, im weiteren Sinne kann auch die Austauschrate oder der Wechsel von Personal gemeint sein. – In Zeiten der Hochkonjunktur werden ansteigende, bei allgemeinem Rückgang der Beschäftigung sinkende Fluktuationsraten beobachtet. Bei Beschäftigungseinschränkungen kann die Fluktuation verbunden mit einem Einstellungsstopp die Personalanpassung erleichtern und Maßnahmen der Personalfreisetzung (v.a. betriebsbedingte Kündigungen) vermeiden helfen. – Mögliche Ursachen: (1) überbetriebliche: Branche, Region, Infrastruktur etc.; (2) betriebliche: Unzufriedenheit mit Arbeitsinhalt, Arbeitszeit, Entlohnung, unbefriedigende Zusammenarbeit etc.; (3) persönliche, z.B. Bestandteil der individuellen Karriereplanung. – Die *Fluktuationsanalyse* spielt eine bedeutende Rolle. Ihr Ziel besteht darin, Gründe und Motive für den Arbeitsplatzwechsel in Erfahrung zu bringen und daraus zielgerichtete Maßnahmen zu entwickeln, die Fluktuation im Rahmen der betrieblichen Gegebenheiten und die damit verbundenen Kosten zu senken. – Eine *Fluktuationsstatistik* liefert Daten für die → Personalbedarfsermittlung und Informationen über Betriebsklima, Führungssystem etc.

Flusskostenrechnung – 1. *Begriff:* Die Flusskostenrechnung ist ein stoff- und energieflussbezogener Kostenrechnungsansatz und erlaubt Aussagen zur Ressourceneffizienz. – 2. *Entwicklung:* Das Verfahren der Flusskostenrechnung wurde in den 1990er-Jahren unter Bearbeitung des Instituts für Management und Umwelt sowie des Instituts für ökologische Wirtschaftsforschung entwickelt. Als Ausgangsbasis diente die Reststoffkostenrechnung. – 3. *Geltungsbereich, Systemgrenze, Bewertung:* Die Flusskostenrechnung kann weltweit zur Bewertung von Unternehmen angewendet werden. Betrachtet werden bei der Bewertung innerbetriebliche Materialflüsse. – 4. *Ziel und Annahmen:* Ziel der Flusskostenrechnung ist ein effizienter und reduzierter Einsatz von Material und → Energie durch die Identifikation von Verbesserungsmaßnahmen und Öko-Effizienzpotenzialen. – Dem Verfahren liegen folgende Annahmen zugrunde: Der zugrundeliegende Kostenbegriff der Flusskosten (Summe aus Materialkosten, Systemkosten und Kosten für Lieferung und Entsorgung), umfasst alle Kosten, die im Rahmen der betrieblichen Wertschöpfung anfallen, Kosten für die Lieferung und Entsorgung sind Kosten für den Erhalt und die Abgabe von Material von bzw. nach außen. – 5. *Methodik:* – 1) Materialflussrechnung: a) Materialflussmengenrechnung, b) Materialflusswerterechnung, c) Materialflusskostenrechnung. – 2) Systemkostenrechnung. – 6. *Ergebnis:* Das Informationssystem kann auf materialflussbezogene Konsistenz geprüft werden. Des Weiteren entsteht eine materialflussbezogene Präzisierung der Strukturen und Verrechnungsweisen in der Kostenrechnung und ökologische und ökonomische Maßnahmen können entwickelt werden. – 7. *Kritische Würdigung:* Das Verfahren eignet sich bes. für Unternehmen mit hohen Material- und Energiekosten. Die Methode ermöglicht einem völlig neuen Zugang zu Materialkosten, was zu einer hohen Praxisrelevanz führt. Des Weiteren sind hohe Übereinstimmungen mit den ökonomischen Unternehmenszielen festzustellen.

fokales Unternehmen – zentrales Unternehmen in einem → strategischen Netzwerk, dem die Aufgabe der Selektion bei der Aufnahme von Unternehmen in das Netzwerk, die Koordination der spezialisierten Aktivitäten der Netzwerkunternehmen sowie die Steuerung des Wissenstransfers und die Evaluierung der erbrachten Leistungen innerhalb des Netzwerkes zufällt. – Vgl. auch → Netzwerkorganisation.

Foreign Direct Investment (FDI) – Direktinvestitionen.

Forschung → Forschung und Entwicklung (F&E).

Forschungsorganisation – Organisation des organisatorischen Teilbereichs, in welchem die unternehmerischen Forschungsaufgaben zentralisiert sind. Die Ebene der Hierarchie unterhalb der Leitung der Forschungsabteilung kann z.B. nach unterschiedlichen Ressourcen (etwa Laboratorien), nach Grundlagenforschung und angewandter Forschung

oder nach unterschiedlichen Forschungsgegenständen gegliedert werden (→ Spezialisierung).

Forschung und Entwicklung (F&E) – 1. *Begriff:* Suche nach neuen Erkenntnissen unter Anwendung wissenschaftlicher Methoden und in geplanter Form. *Forschung* ist der generelle Erwerb neuer Kenntnisse, *Entwicklung* deren erstmalige konkretisierende Anwendung und praktische Umsetzung. Die neuen Kenntnisse können sich sowohl auf Produkte als auch auf (Herstellungs-)Verfahren und Produkt- sowie Verfahrensanwendungen erstrecken. Entbehrt Forschung noch eines realen Verwertungsaspekts, so handelt es sich um Grundlagenforschung. Die angewandte Forschung ist dagegen bereits auf konkrete Anwendungsmöglichkeiten hin ausgerichtet. – Eine bes. Form des Konzipierens (von Produkten) vollzieht sich beim Konstruieren bzw. bei der Konstruktion. Im Gegensatz zur Entwicklung entbehrt dies meist des Merkmals der Neuheit, weil es sich vorwiegend auf ein kombinatives Anwenden bekannter Konstruktionsprinzipien beschränkt. Das Konstruieren zielt zudem stets nur auf ein Gestalten geometrisch exakt zu definierender Produkte hin. – 2. *Prozess der Forschung und Entwicklung:* a) *Planung:* Diese Phase umfasst: (1) *eindeutige Zielplanung:* Die Ergebnisse müssen sich jeweils unter Berücksichtigung der zeitlichen Dimension in projektbezogenen Pflichtenheften und generell in den F&E-Programmen niederschlagen. (2) *Mittelplanung:* Planung der Verfügbarkeit benötigter Ressourcen im Sinne von zu investierenden Geräten etc. und freizustellendem oder einzustellendem Personal, aber auch von einzusetzenden Budgets, stets bez. Volumina, Zweckbindung und Zeit. (3) *Projektplanung:* Planung der einzelnen Projekte und zwar hinsichtlich ihres Entstehens, ihrer Beurteilung in jeweils unterschiedlichen Reifestadien und ihrer Abläufe (Arbeits-, Reihenfolge- und Terminplanungen). – b) *Organisation:* Mögliche Ansatzpunkte für die Organisation von F&E-Aktivitäten bilden Überlegungen zur

Institutionalisierung derselben als unternehmungsautonome oder unternehmungsübergreifende Gemeinschaftsforschung oder als (kommerzielle) Auftragsforschung. Außerdem werden innerbetriebliche Fragen wie bspw. die nach der Organisationsstruktur in einem F&E-Bereich und dessen Einbringung in die Unternehmenshierarchie geklärt. – c) *Kontrolle:* Berichte über Ereignisse, Zwischenergebnisse, Fehlschläge, Verzögerungen etc. an eine nach Projekten differenzierende und von Abrechnungszeiträumen ggf. absehende Kosten- und Budgetüberwachung, um nötigenfalls die Plansätze rechtzeitig revidieren oder andernfalls in die Abwicklung der F&E-Projekte regulierend eingreifen zu können. – 3. *Probleme:* a) Beim Übergang der in F&E erarbeiteten Erkenntnisse aus dem F&E-Bereich bzw. Konstruktionsbereich heraus in die eigene Produktion oder die fremde Produktion bei Lizenznehmern stellen sich Probleme des → Technologietransfers. Dies ist die Übermittlung konzeptuell gewonnener Informationen an die meist anderen Denkschemata verhafteten Informationsverwerter. – b) Die Schwierigkeiten einer *Beurteilung der Effizienz* von F&E resultieren großenteils aus den Besonderheiten der sich hier vollziehenden Leistungserstellungen: (1) Die *Einmaligkeit,* mit der jeweils ein Produkt erstellt werden soll. (2) Mehrfache *Unsicherheiten* bez. Erfolg und Kosten, die auf dem Weg dorthin wirksam werden. (3) *Kenntnisse, Intellekt und Kreativität des F&E-Personals* prägen die F&E-Prozesse mehr als die sonst markanten repetitiven Tätigkeiten. – Vgl. auch → technischer Fortschritt, → Innovation, Technologiemanagement.

Fortbildung – Fortbildung ist neben der Berufsausbildungsvorbereitung, der Berufsausbildung und der beruflichen Umschulung ein Teilbereich der Berufsbildung. Sie zielt i.e.S. auf jene Qualifikationen, die bereits in einem Ausbildungsberuf erworben wurden; andernfalls ist weiter gefasst von Weiterbildung oder Umschulungen bzw. von Lebenslangem

Lernen und Erhalt der Employability (Beschäftigungsfähigkeit) die Rede.

Franchising → internationales Franchising.

Freelancer – angelsächsische Bezeichnung für freiberuflich Tätige, i.d.R. von mehreren Arbeitgebern Aufträge erhaltende Personen, die nicht wie ein Arbeitnehmer in das Unternehmen des Auftraggebers eingegliedert sind. Im Gegensatz dazu bezieht sich der Begriff Freiberufler nicht auf die Art eines Beschäftigungsverhältnisses, sondern ist die Sammelbezeichnung für ganz bestimmte wissenschaftliche und künstlerische Berufe (z.B. Ärzte, Architekten, Psychologen, Rechtsanwälte usw.), die sog. Freiberufe.

Free-Rider-Problem – Das Free-Rider-Problem beschreibt einen Zustand bei dem der Verbraucher über vorhandene umweltpolitische Instrumente informiert sind und ihre Zahlungsbereitschaft sinkt, da sie wissen, dass die Kosten internalisieren werden müssen und kein Anreiz für die Unternehmen über ihre höhere Preisbereitschaft geschaffen werden muss.

Freeze-out – 1. *Begriff* des US-amerikanischen Gesellschaftsrechts. Es handelt sich um eine Maßnahme der Kontrollmehrheit einer Aktiengesellschaft (AG), die dazu führt, dass Minderheitsaktionäre unfreiwillig ihre Beteiligung an der Gesellschaft verlieren. – *Formen:* (1) Auflösung der Gesellschaft und Neugründung ohne die Minderheitsaktionäre; (2) Veräußerung des Betriebsvermögens (Sale of Assets) an eine von der Kontrollmehrheit neugegründete Gesellschaft, dann Auflösung der alten Gesellschaft; (3) Zusammenlegung von Aktien zur Reduzierung der Zahl der Aktionäre (Reverse Stock Split). Die Minderheitsaktionäre, die nur noch über Bruchteile einer Aktie verfügen, werden in Geld ausgezahlt und scheiden aus der Gesellschaft aus; (4) Verschmelzung (Merger) mit einer von den Mehrheitsaktionären beherrschten Gesellschaft. Die Minderheitsaktionäre erhalten lediglich rückkaufbare Vorzugsaktien, Schuldverschreibungen oder Bargeld (häufigste Form des Freeze-Out). – Zentrales *Problem* des Freeze-Out ist der Schutz der Minderheitsaktionäre, bes. ihr angemessener Wertausgleich. – 2. *Nach dt. Aktienrecht* (§ 327a AktG) kann die Hauptversammlung einer Aktiengesellschaft oder Kommanditgesellschaft auf Aktien auf Verlangen eines Aktionärs, dem Aktien in Höhe von 95 Prozent des Grundkapitals gehören (Hauptaktionär), die Übertragung der Aktien der Minderheitsaktionäre gegen angemessene Barabfindung beschließen. Einzelheiten über die Festlegung der Höhe der Barabfindung, die Vorbereitung und Durchführung der Hauptversammlung, die Eintragung des Übertragungsbeschlusses und die gerichtliche Nachprüfung der Abfindung in den §§ 327b–f AktG.

Freezing → Change Management, → Organisationsentwicklung.

Freistellung – Maßnahme des Arbeitgebers, widerruflich oder unwiderruflich auf die Arbeitsleistung des Arbeitnehmers zu verzichten. Die Pflicht zur Fortzahlung der vereinbarten Vergütung bleibt bestehen, da der Arbeitgeber grundsätzlich verpflichtet ist, den Arbeitnehmer gemäß dem bestehenden Arbeitsverhältnis zu beschäftigen (ggf. auch nach einer Kündigung). Dieser Anspruch kann ausnahmsweise bei berechtigten Interessen des Arbeitgebers entfallen oder wenn der Arbeitnehmer auf seinen Anspruch verzichtet.

Freizeit – Zeit außerhalb der Arbeitszeit, über deren Nutzung der Einzelne selbst (frei) entscheiden kann.

Fremd- und Selbstselektion – Die Frage der Besetzung einer Position in einer Organisation kann aus der Perspektive der Organisation oder der der Bewerber betrachtet werden. – a) Aus der Perspektive der Organisation spricht man von *Fremdselektion:* Aus einem Pool von Bewerbern werden mit mehr oder weniger zuverlässigen eignungsdiagnostischen Verfahren die geeignetsten Personen ausgewählt (→ Eignungsdiagnostik). – b) Aus der Perspektive der Bewerber spricht

man von *Selbstselektion:* Bewerber wählen aus mehreren Stellenangeboten dasjenige aus, das ihnen am ehesten zusagt. Meist sind die inhaltlichen Aspekte der Tätigkeit letztendlich entscheidender, wenn das Gehalt einen notwendigen Schwellenwert überschreitet.

Frühaufklärung → strategische Frühaufklärung, → operative Frühwarnung.

Früherkennung → operative Frühwarnung, → strategische Frühaufklärung.

Früherkennungssystem (FES) – signalisiert im Gegensatz zu → Frühwarnsystemen nicht nur einseitig latente Marktbedrohungen. Früherkennungssysteme gehen von der Grundannahme aus, dass mit demselben Instrumentarium auch spezifische Marktchancen frühzeitig signalisiert werden können. Früherkennungssysteme sind demzufolge eine spezielle Art von Informationssystemen, die ihren Benutzern sowohl latente Marktbedrohungen als auch -chancen mit zeitlichem Vorlauf vor deren akutem Eintritt signalisieren. Früherkennungssysteme stützen sich hierbei auf Informationsquellen/Methoden der Sekundär- und Primärforschung (Marktforschung). – Vgl. auch → operative Frühwarnung.

Frühindikatoren – Konjunkturindikatoren, → operative Frühwarnung, → strategische Frühaufklärung.

Frühwarnsysteme – 1. *Begriff/Charakterisierung:* Spezielle Art von Informationssystemen, die ihren Benutzern latente, d.h. verdeckt bereits vorhandene Gefährdungen in Form von Reizen, Impulsen oder Informationen mit zeitlichem Vorlauf vor deren Eintritt signalisieren. – *Besonderheiten gegenüber anderen Informationssystemen:* a) Bestimmte (neuartige) Erscheinungen sowie Veränderungen/Entwicklungen bekannter Variablen in den beobachteten Bereichen werden als Anzeigen im Sinn von Indikatoren oder Signalen für latente Bedrohungen frühzeitig wahrgenommen und analysiert. – b) Im Fall (neuartiger) Erscheinungen oder gravierenden Veränderungen bekannter Variablen (z.B.

bei signifikanten Abweichungen von vorgegebenen Grenzen oder für zulässig gehaltenen Entwicklungen) werden für die Benutzer verständliche Frühwarninformationen ausgestoßen. – c) Benutzern wird wegen des zeitlichen Vorlaufs solcher Informationen die Chance zur Ergreifung präventiver Maßnahmen mit dem Ziel der Abwehr oder Minderung signalisierter Bedrohungen eingeräumt. – 2. *Ausgestaltungsformen und Anwendbarkeit von einzelwirtschaftlich orientierten Frühwarnsystemen:* a) *Ausgestaltungsformen:* Generell hat sich eine Differenzierung in eigen- und fremdorientierte Frühwarnsysteme ergeben. (1) *Eigenorientierte Frühwarnsysteme* richten sich auf die Früherkennung von Chancen und Bedrohungen bei ihren Benutzern/ Trägern selbst aus. Es lassen sich bisher drei Generationen erkennen: *Hochrechnungsorientierte Frühwarnsysteme, indikatororientierte Frühwarnsysteme* und *strategische Frühwarnsysteme* (→ operative Frühwarnung; → strategische Frühaufklärung). (2) *Fremdorientierte Frühwarnsysteme* konzentrieren sich speziell auf die Früherkennung von Bedrohungen bei Marktpartnern (Kunden, Lieferanten, Konkurrenten). Praxisrelevanz (wenn auch umstritten) haben fremdorientierte Frühwarnsysteme in denjenigen Ansätzen erlangt, die speziell aus der Sicht von Gläubigern (v.a. Banken), Eigenkapitalgebern oder potenziellen Anlegern mittels der über die (fremde) Unternehmung verfügbaren und zumeist vergangenheitsorientierten Daten Erkenntnisse über deren zukünftige Entwicklung ableiten wollen. Dies geschieht hauptsächlich mithilfe sog. Insolvenzprognosen aus Jahresabschlusszahlen. – Neben betrieblichen Frühwarnsystemen, die nur von einer Unternehmung getragen und genutzt werden, haben *überbetriebliche Frühwarnsysteme* Bedeutung erlangt, die als Träger mehrere Unternehmungen gleicher oder unterschiedlicher Branchen haben, ergänzt durch eine neutrale Institution (z.B. privates oder staatliches Forschungsinstitut), die als Zentrale des Systems fungiert. – b) *Anwendbarkeit:*

Die Anwendbarkeit speziell von einzelwirtschaftlich orientierten Frühwarnsystemen wird durch die Praxis bestätigt. Dennoch ist ihre Erforschung keineswegs abgeschlossen. Vielmehr ergeben sich deutliche Entwicklungstendenzen in Aufbau und Anwendung solcher Systeme, bes. im Hinblick auf eine Fortsetzung der Erforschung und Erprobung zuverlässiger Frühwarnindikatoren, eine stärkere Integration von Elementen strategischer und operativer Frühwarnsysteme sowie eine stärkere Nutzung überbetrieblicher Frühwarnsysteme.

Frühwarnung → operative Frühwarnung, → strategische Frühaufklärung.

FuE – Abk. für → *Forschung und Entwicklung (F&E).*

Führer – 1. *Formeller Führer:* Leiter einer Gruppe, der seine Autorität und Kompetenz aufgrund hierarchischer Position zugewiesen bekommt (ernannte Führung). – 2. *Informeller Führer:* faktischer Leiter einer Gruppe. Er nimmt die Führerrolle aufgrund gruppenspezifischer Rollenverteilung ein. Seine Autorität resultiert überwiegend aus der Zuschreibung und Wahrnehmung der aktuellen Gruppennorm als persönliche Eigenschaft des Führers (fundamentaler Attributionsfehler). – Vgl. auch → Führung, → Führungsstil, → Führungsverhalten.

Führung – durch Interaktion vermittelte Ausrichtung des Handelns von Individuen und Gruppen auf die Verwirklichung vorgegebener Ziele; beinhaltet asymmetrische soziale Beziehungen der Über- und Unterordnung. – Neben der Orientierung auf die Erreichung von Zielen durch Individuen und Gruppen in Organisationen, Unternehmen, Betrieben etc. bestehen Führungsfunktionen in der Motivation der Mitarbeiter (Untergebenen) und in der Sicherung des Gruppenzusammenhalts. – Führung wird allg. als *psychologische und soziale Fähigkeit einer Person im Umgang mit Menschen* betrachtet. Neben Persönlichkeitseigenschaften des Vorgesetzten haben weitere Faktoren wie die fachliche

Autorität, die situativen Bedingungen, der Einsatz von → Führungstechniken und die sozialen Beziehungen eine entscheidende Bedeutung für eine erfolgreiche Führung, die dadurch zu einem komplexen sozialen Prozess wird. – Führungskompetenz ist durch die formelle Organisation definiert und abgegrenzt *(formelle Führung)*. In Arbeitsgruppen kann sich eine *informelle Führung* herausbilden; diese erfolgt durch Mitarbeiter ohne formelle Führungsposition, die aufgrund ihrer Persönlichkeit, Fachkompetenz und Erfahrung bes. geachtet werden und daher Einfluss ausüben. – Vgl. auch Autorität, → Führungsstil, → Führungstechniken, → Führungstheorien, → Führungssituation, → Motivation, → Personalführung.

Führung durch Alternativen → Management by Alternatives.

Führung durch Beteiligung → Management by Participation.

Führung durch Zielvereinbarung → Management by Objectives.

Führungseigenschaften – Merkmale erfolgreicher Führungskräfte. Zu den Führungseigenschaften zählen u.a. Merkmale wie: höhere Intelligenz, mehr Selbstvertrauen, Dominanz, Befähigung zur Situationsdiagnostik und Verhaltensflexibilität. Die Korrelation zwischen diesen Merkmalen und dem Führungserfolg ist jedoch nur schwach positiv und streut von Untersuchung zu Untersuchung. – Vgl. auch → psychologische Testverfahren, → Eigenschaftstheorie der Führung.

Führungsentscheidung – Entscheidung, die nach Gutenberg durch folgende *Merkmale* gekennzeichnet ist: (1) Führungsentscheidungen haben Bedeutung für die Vermögens- und Ertragslage der Unternehmung; (2) Führungsentscheidungen sind auf das Unternehmen als Ganzes gerichtet; (3) Führungsentscheidungen sind nicht delegierbar (→ Delegation). – *Beispiele*: Entscheidungen im Rahmen der Unternehmenspolitik, Koordinierung der → organisatorischen Teilbereiche, geschäftliche Maßnahmen von außergewöhnlicher betrieblicher Bedeutsamkeit, Besetzung von Führungspositionen.

Führungsgrundsätze – *Grundsätze der Zusammenarbeit, Führungsleitsätze, Führungsrichtlinien*. Führungsgrundsätze sind generelle Verhaltensempfehlungen für das Zusammenleben und -arbeiten von Menschen in Unternehmungen. Sie sollen eine einheitliche Grundlage für das unternehmensweit gewünschte Führungsverhalten schaffen (Normierung der Führungsbeziehungen). Im Einzelnen haben Führungsgrundsätze eine (1) Steuerungsfunktion, (2) Standardisierungsfunktion, (3) Entlastungsfunktion, (4) Orientierungsfunktion, (5) Harmonisierungsfunktion, (6) Legitimationsfunktion, (7) Public Relations-Funktion. Die einzelnen Grundsätze betreffen bes. Zielsetzung, Delegation und Information; Kommunikation und Kooperation; Kontrolle und Mitarbeiterbeurteilung; Partizipation und Motivation sowie Mitarbeiterförderung. Inhaltlich ist eine Abstimmung mit dem → Unternehmensleitbild erforderlich.

Führungshierarchie – 1. *Begriff*: die → Hierarchie der Handlungsträger mit → Weisungsbefugnis (→ Entscheidungshierarchie). – 2. *Stufen (Managementebenen, Führungsebenen)*: → Top Management, → Middle Management, → Lower Management. Es handelt sich dabei um eine verbreitete, infolge uneinheitlicher Grenzziehungen und situativer Abhängigkeiten aber nur bedingt aussagekräftige Einteilung. Während bei einer zumindest dreistufigen Führungshierarchie das Top- und das Lower Management mit der obersten und der untersten Führungsebene gleichgesetzt werden können, umfasst der Bereich des Middle Management je nach der Leitungstiefe der Führungshierarchie eine oder mehrere Führungsebenen. – 3. *Bezeichnung von Handlungsträgern* in Abhängigkeit von ihrer Einordnung in die Führungshierarchie z.B.

als → Abteilungsleiter, Hauptabteilungsleiter, Bereichs- oder Divisionsleiter bis hin zur Geschäftsführung bzw. zum Vorstandsvorsitzenden (CEO, → Generaldirektor).

Führungskonzepte → Führungstechniken.

Führungskonzepte im internationalen Management – 1. *Begriff:* Führungskonzepte im internationalen Management beziehen sich auf die gesamtunternehmensbezogene Gestaltung des Managements internationaler Unternehmen. – 2. *Arten:* Es lassen sich zwei Typen abgrenzen: a) *Fähigkeitsansätze:* Diese zielen auf die Entwicklung von spezifischen Managementfähigkeiten in → internationalen Unternehmungen ab, welche diesen erlauben, jegliche denkbare Umweltsituation zu bewältigen. Fähigkeiten sind hier als „Organisational Capabilities" zu verstehen. Beispielhaft seien → transnationale Unternehmungen oder die Heterarchie von G. Hedlund und D. Rolander genannt. Dem Heterarchie-Modell folgend weist ein erfolgreiches Unternehmen eine Vielzahl von Zentren auf, während die Auslandsgesellschaften strategische Rollen einnehmen und normativ koordiniert werden. Die Unternehmensumwelt wird als Nutzenpotenzial verstanden. – b) *Kontingenzansätze:* Sie basieren auf der Annahme, dass ein erfolgreiches Unternehmen eine Abstimmung mit der vorgefundenen und wahrgenommenen Unternehmensumwelt vornehmen muss. So fordert die Machtpositionsmatrix von Y. Doz und C.K. Prahalad, dass geeignete organisatorische Antworten auf die vielfältige Unternehmensumwelt durch eine entsprechende Anpassung der im Unternehmen vorhandenen Machtpositionen geschaffen werden. Das Management von Machtpositionen wird mit dem strategischen Management gleichgesetzt. Machtpositionen konkretisieren sich in unterschiedlichen Unternehmensstrukturen. Somit wird das Management von Machtpositionen, welches u.a. die adäquate Besetzung von Schlüsselpositionen und Standardisierung umfasst, zum zentralen Instrument der Ausrichtung der Struktur und der Strategie auf Umweltgegebenheiten.

Führungskräfte – Personen mit Personal- und Sachverantwortung. Haben aufgrund ihrer (relativ hohen) hierarchischen Stellung Einfluss auf das gesamte Unternehmen oder seine wichtigsten Teilbereiche. – Vgl. auch leitender Angestellter.

Führungskräfteentwicklung – Teilbereich der Personalentwicklung.

Führungslehre – 1. *Begriff:* Lehre, die auf die Darstellung aller zum Verständnis des Führungsprozesses erforderlichen Tatbestände zielt. Als Basis bedarf die Führungslehre einer theoretischen Führung (→ Führungstheorie). – 2. Die Führungslehre stellt menschliches Handeln in den Zusammenhang von Aufgabe, Gruppenumwelt und Organisation. Dabei ist stets ein spezifisches Bild vom Menschen als Grundlage der Verhaltenserklärung und damit der Führung. – 3. Die *konkrete Entwicklung* der Führungslehre reicht von rationalen Ansätzen in der Scientific-Management-Lehre über gruppenpsychologische Erklärungen bis hin zu Ansätzen, die vom → Menschenbild der modernen Management-Philosophie geprägt sind. – Vgl. auch → Führungsstil, → Führungstechniken, → Weg-Ziel-Ansatz der Führung.

Führungsmodelle – I. Allgemeines: 1. *Begriff:* Modelle zur Unterstützung der Führung als Managementfunktion. Normative Denkmodelle, die Aussagen dazu treffen, wie die Funktion „Führung" unter bestimmten Bedingungen im Unternehmen ausgeübt werden sollte. – 2. *Bedeutung:* Führungsmodelle werden teilweise sehr kritisch betrachtet; einige haben im Zusammenhang mit der Führungsphilosophie eines → strategischen Managements Beachtung gefunden, in der Annahme, sich über Führungsmodelle dem Phänomen der Unternehmenskultur konzeptionell nähern zu können.

II. Wichtige Einzelmodelle: 1. *Theorie Z:* Sie basiert auf einem durch Ouchi (1981) durchgeführten Vergleich der Führung in amerik.

und japanischen Unternehmen mit dem Ergebnis, dass die erfolgreichen amerik. Unternehmen in ihrem Führungsstil den japanischen sehr nahe kommen. Unternehmen vom Typ Z zeichnen sich durch eine etablierte und homogene Unternehmenskultur aus. Ouchi schlägt darauf aufbauend ein 13-Stufen-(Organisations-)Entwicklungsmodell zu einer Organisation vom Typ Z für die weniger erfolgreichen amerik. Unternehmen vor. Dabei zielt er ab auf Umorientierung der Aufmerksamkeit auf die menschlichen Beziehungen in der gesamten Organisationsgemeinschaft. – 2. *7F-Modell:* Das von McKinsey (Pascale und Athos, 1981) entwickelte Führungsmodell weist auf die Notwendigkeit hin, dass es zur Erreichung der Unternehmensziele folgende 7F optimal zu nutzen und aufeinander abzustimmen gilt: Führungsstrategie, Führungsfähigkeiten, Führungssystem, Führungsstil, Führungsstruktur, Führungsziele/Leitmotive sowie das Ziel- und Wertesystem der Führungskräfte. Dabei gibt es keine allgemeinverbindliche Lösung; vielmehr muss jedes Unternehmen ein eigenes und nur für sich selbst „optimales" 7F-Profil entwickeln. – 3. *Strategische Erfolgsposition:* Das von Pümpin (1982) entwickelte Führungsmodell betont die Notwendigkeit der Abstimmung von Strategie, Kultur und Führungssystemen (→ Misfit-Analyse). Unter Erfolgsposition ist eine in einer Unternehmung durch den Erwerb von Fähigkeiten bewusst geschaffene Voraussetzung zu verstehen, die es diesem ermöglichen soll, im Vergleich zur Konkurrenz überdurchschnittliche Ergebnisse zu erzielen. Sie darf von der Konkurrenz nicht ohne weiteres kopierbar sein und muss auf Voraussetzungen basieren, die von hoher Zukunftsträchtigkeit sind (→ strategische Grundhaltung). Um ihren langfristigen Erfolg zu sichern, müssen alle führungsrelevanten Systeme auf den Ausbau der strategischen Erfolgsposition ausgerichtet werden: Machtzentren, Mitarbeiterentwicklung, Berichtswesen, Strategien, Planung,

Disposition, Organisation, Führungsstil, Managementeinsatz und Arbeitsmethodik.

Führungsprozess – Prozess der zweckgerichteten Verhaltensbeeinflussung (direkt oder indirekt) des Geführten bzw. der Geführten durch den Führenden. Es handelt sich um eine wechselseitige, asymmetrische Beziehung zwischen Führendem und Geführtem; asymmetrisch, da das Ausmaß des Einflusses des Geführten gering ist. Führungsprozess ist i.e.S. der Prozess der Willensdurchsetzung, i.w.S. der → Willensbildung (einschließlich Zielsetzung), Willensdurchsetzung und Willenssicherung.

Führungssituation – Umstände, unter denen sich Führung vollzieht. Die Führungssituation umfasst alle sachlichen und sozialen Bedingungen, die für das Führungsverhalten zu einem gegebenen Zeitpunkt von Bedeutung sind, wie etwa das Gruppenziel, die Gruppenstruktur, die Aufgabenstellung, die Bedürfnisse und Einstellungen der → Gruppenmitglieder, die Erwartungen fremder Gruppen, der institutionelle Rahmen etc.

Führungsspanne → Leitungsspanne.

Führungsstil – I. Begriff: typische Art und Weise des Verhaltens von Vorgesetzten gegenüber einzelnen Untergebenen und Gruppen.

II. Arten: Zunächst wurden in der Führungsforschung die drei Formen demokratischer (Führungskraft beteiligt die Geführten aktiv an Entscheidungen), autoritärer (Führung in unumschränkter Selbstherrschaft ohne Berücksichtigung der Geführten) und Laissez-faire Führungsstil (Führungskraft lässt die Geführten weitgehend bei allem gewähren) unterschieden. Am weitesten verbreitet ist die Unterscheidung der verhaltensorientierten Führungsforschung in Mitarbeiter- und Aufgabenorientierung (→ Führungsverhalten).

III. Beurteilung: Die genannten Führungsstile sind idealtypisch, d.h. in der Realität in reiner Form selten vorfindbar. Modifikationen und

Mischungen von Führungsstilen entstehen durch die Persönlichkeit des Vorgesetzten und die Stärke seiner Positionsmacht, durch die situativen Bedingungen, in denen geführt wird, sowie durch die Ansprüche, Qualifikationen, Erfahrungen und Kompetenzen der Mitarbeiter und die Art der sozialen Beziehungen in der Gruppe. Deshalb gewinnt der Begriff der *Situativen Führung* immer mehr an Bedeutung. Die Ausprägungen der Kompetenz und des Engagements von Mitarbeitern sind dabei ausschlaggebend für die Anwendung der unterschiedlichen Führungsstile. – Vgl. auch → Führung, → Führungstechnik, → Führungstheorie, → Führungssituation.

Führungstechniken – *Führungskonzepte;* Vorgehensweisen und Maßnahmen der Personalführung zur Verwirklichung vorgegebener Ziele, der Gestaltung der → Führungssituation und der Behandlung der Untergebenen. Führungstechniken beziehen sich auf (1) die Formen von Anweisungen, (2) die Durchführung von Kontrolle, (3) den Einsatz von Lob und Tadel, (4) die Vorbereitung von Entscheidungen, (5) die Behandlung von Beschwerden, (6) die Information der Untergebenen und (7) die Delegation von Aufgaben und Verantwortung. Diese Führungstechniken werden im Rahmen unterschiedlicher → Führungsstile und allgemeiner Managementtechniken als Führungsmittel in unterschiedlicher Ausformung angewendet.

Führungstheorien – Aussagensysteme zur Erklärung von Führungserfolg. Bes. Beachtung haben folgende führungstheoretische Grundpositionen gefunden: (1) der eigenschaftstheoretische Ansatz, der zur Führung bes. prädestinierende Persönlichkeitsmerkmale in den Vordergrund stellt (→ Eigenschaftstheorie der Führung); (2) die situationstheoretische Perspektive, die auf die Bedeutung des Umfelds (Aufgabenstruktur sowie Kompetenz und Engagement von Mitarbeitern usw.) für das Führungshandeln abstellt (→ Situationstheorie der Führung); (3)

die Interaktionstheorie, die Führungserfolg als *Wechselwirkung* zwischen Persönlichkeitsmerkmalen und situativen Bedingungen des Führungshandelns interpretiert (→ Interaktionstheorie der Führung); (4) der → Weg-Ziel-Ansatz der Führung, der die Führungsproblematik aus der Mitarbeiterperspektive beleuchtet; (5) die Theorie der Führungssubstitution, die die Frage stellt, unter welchen Bedingungen Führung überflüssig ist.

Führungsverhalten – 1. *Bekannteste Beschreibungsdimensionen:* (1) *Mitarbeiterorientierung (Consideration):* Besorgtheit, Wertschätzung gegenüber den Geführten, Zugänglichkeit der Führenden; (2) *Aufgabenorientierung (Initiating Structure):* Zielpräzisierung, Kontrolle, Vorrangigkeit der Aufgabenerfüllung. Beide sind tendenziell unabhängig voneinander und insofern auf der Verhaltensebene kombinierbar. – Hohe Mitarbeiterorientierung kann den über hohe Leistungsorientierung vermittelten Leistungsdruck tendenziell abpuffern. – 2. *Beurteilung:* Generalisierende Aussagen zur Wirksamkeit von Consideration und Initiating Structure auf → Arbeitszufriedenheit und Leistung sind kaum möglich; tendenziell ist eine sinnvolle Kombination erfolgversprechend. – Vgl. auch → Situationstheorie der Führung, → Führungsstil.

Führungszeugnis – 1. von dem *Unternehmer* auf Wunsch des Arbeitnehmers auch über Verhalten und Leistung auszustellendes Zeugnis. – 2. Zeugnis über den den Antragsteller betreffenden Inhalt des *Bundeszentralregisters* (also z.B. über strafgerichtliche Verurteilungen); es ist bei der Meldebehörde am Wohnsitz zu beantragen. Eine Übersendung an andere Personen als an den Antragsteller ist grundsätzlich unzulässig, Ausnahme: für die Vorlage bei Behörden (§ 30 BZRG) oder bei der Erteilung an Behörden auf deren Betreiben (§ 31 BZRG). Was Inhalt des Führungszeugnisses sein darf, regeln die §§ 32 ff. BZRG.

Funktion – I. Organisation: Teilaufgabe zur Erreichung des Unternehmungsziels. – *Beispiele:* Beschaffung, Produktion, Absatz, Verwaltung. – *Funktion als Grundlage der Organisationsstruktur:* → Funktionalorganisation.

II. Mathematik: 1. *Begriff:* Eine Funktion dient der Beschreibung von Zusammenhängen zwischen mehreren verschiedenen Faktoren. Bei einer Funktion – einer eindeutigen Zuordnung – wird jedem Element der einen Menge genau ein Element der anderen zugewiesen; jedem x wird genau ein y zugeordnet und nicht mehrere. – 2. *Arten:* a) *Zweidimensionale Funktion:* $y = f(x)$,

d.h. y ist eine Funktion von x (y gleich f von x). – b) *Mehrdimensionale Funktionen:* $y = f(x_1, x_2, ..., x_n)$.

Dabei wird y als die abhängige Variable und x bzw. x_i als die unabhängige Variable bezeichnet. Der Definitionsbereich ist der Gesamtbereich der Werte, die für die unabhängigen Variablen zugelassen sind. Der Wertebereich ist die Menge der Funktionswerte, die die abhängige Variable y annimmt. – 3. *Darstellung:* Eine Funktion kann durch eine Funktionsgleichung, eine Tabelle oder durch einen Graphen dargestellt werden.

III. Informatik: Unterprogramm, das als Ergebnis genau einen Wert zur Verfügung stellt (z.B. das Resultat einer Berechnung). Die benötigten Eingangsgrößen werden i.Allg. als Parameter an die Funktion übergeben. Ausgangsgröße ist der Funktionswert selbst.

Funktionalorganisation – *funktionale Organisationsstruktur, Funktionsorganisation, Funktionsgliederung, Verrichtungsorganisation.* 1. *Begriff:* Organisationsmodell (→ Organisationsstruktur), bei dem die → Kompetenz aufgrund verrichtungsorientierter → Spezialisierung nach betrieblichen → Funktionen (wie Beschaffung, Produktion, Absatz und Verwaltung) gegliedert wird. Bei reiner Funktionorganisation entstehen somit auf der zweiten Hierarchieebene → organisatorische Teilbereiche, in denen jeweils die Kompetenz für eine betriebliche Funktion im Hinblick auf sämtliche im Unternehmen hergestellten Produkte zusammengefasst ist (vgl. Abbildung „Funktionalorganisation – Grundmodell"). – 2. *Beurteilung der organisatorischen Effizienz:* Die Vorteilhaftigkeit einer Funktionorganisation hängt vom Grad der Homogenität des Produktprogramms (Diversifikationsgrad) ab. – a) Die Funktionorganisation ermöglicht, bei einem homogenen Produktprogramm, die Nutzung funktionsbezogener Synergieeffekte (z.B. Beschaffungssynergien). Diese Synergieeffekte sind gewöhnlich höher als die Koordinationskosten, die aufgrund der innerbetrieblichen Leistungsverflechtungen zwischen den betrieblichen Funktionsbereichen anfallen. Je heterogener das Produktprogramm, desto ungünstiger wird das Verhältnis von Synergieffekten und Koordinationskosten. – b) Bei dynamischen Umwelten hängt die organisatorische Effizienz von der Fähigkeit zur rechtzeitigen Reaktion auf Umweltveränderungen ab. Mit steigender Heterogenität des Produktprogramms und wachsender Umweltdynamik stellen jedoch Koordinationsanforderungen eine rechtzeitige, die spezifischen Belange der einzelnen Produkte und Märkte ausreichend berücksichtigende Reaktion auf Änderung und Umwelt zunehmend in Frage. – c) Eine Modifizierung der Funktionorganisation in Richtung einer

Funktionalorganisation – Grundmodell

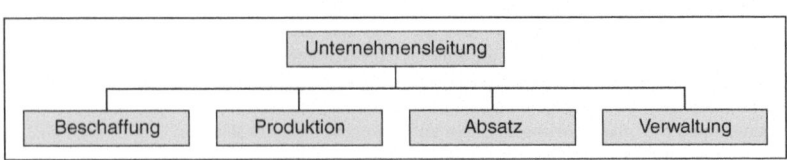

→ mehrdimensionalen Organisationsstruktur oder der Übergang zu einer reinen Sparten- oder Regionalorganisation kann somit geboten sein.

Funktionalstrategie – der Teil eines → strategischen Programms, der Aussagen zu den hinsichtlich der betriebswirtschaftlichen Funktionen Beschaffung, Absatz, Produktion, Distribution etc. zu verfolgenden Strategien trifft. – Fünfte Stufe eines → Strategienfächers.

Funktionenanalyse – 1. *Begriff:* Die Funktionenanalyse ist eine nach DIN EN 12973 (vgl. DIN EN 12973:2000 „Europa-Norm Value Management") standardisierte Methode. Die Methode betrachtet nicht das → Produkt bzw. die Dienstleistung im Ganzen, sondern die Haupt- und Nebenfunktionen, welche das Produkt bzw. die Dienstleistung ausmachen. Diese nutzerbezogenen Funktionen beschreiben, wie das Produkt oder die Dienstleistung die Bedürfnisse des Nutzers während seiner Lebensdauer erfüllt. – 2. *Ziel:* Die Funktionenanalyse zielt auf eine Identifikation von Funktionen ab und versucht zu messen, inwieweit ein Produkt oder eine Dienstleistung diese erfüllen (Erfüllungsgrad). Für Unternehmen ergibt sich daher die Aufgabe Ziele zu setzen, die gewünschten Ergebnisse messbar zu definieren und Mittel zu suchen, um diese zu erreichen. – 3. *Wirkungen:* Drei grundlegende Wirkungen weist die Funktionsanalyse auf: (1) Zunächst sollen Funktionen eines Produktes, eines Systems oder einer Organisation bestimmt werden. (2) Außerdem wird die Funktionserfüllung quantifiziert und (3) die Kommunikation in der Entwicklung verbessert.

Funktionendiagramm – 1. *Begriff:* Spezielles aufbauorientiertes → Organigramm in Matrixform. – 2. *Elemente:* a) Aufgaben (aus Aufgabengliederungsplan). – b) Aufgabenträger (aus Aufgabenverteilungsplan). – 3. *Funktionen:* Die einzelnen Beziehungen des Aufgabenträgers zu einer Aufgabe. Funktionendiagramm gibt in der Vertikalen die Gesamtfunktion eines Aufgabenträgers und in der Horizontalen die einzelnen Funktionen an, die zur Erledigung einer Einzelaufgabe notwendig sind.

Funktionsgliederung → Funktionalorganisation.

Funktionsmanagementorganisation – 1. *Begriff:* Konzept einer → mehrdimensionalen Organisationsstruktur, bei der eine gegebene Grundstruktur durch die organisatorische Verankerung einer bestimmten (wichtigen) → Funktion ergänzt wird. – 2. *Formen:* a) Die Institutionalisierung dieser Funktion kann auf einen → Zentralbereich beschränkt oder bereichsübergreifend angelegt sein. – b) Zentralbereiche für Funktionen können als Kernbereich (Kernbereichs-Funktionsmanagement), als Richtlinienbereich (Richtlinien-Funktionsmanagement), als Matrixbereich (Matrix-Funktionsmanagement), als Servicebereich (Service-Funktionsmanagement) und als Stab (Stabs-Funktionsmanagement) ausgeformt werden. – 3. Bei der *Auswahl* der sich hieraus ergebenden Gestaltungsalternativen sind die angestrebte Reichweite für die Berücksichtigung der Funktion im arbeitsteiligen Entscheidungsprozess der Unternehmung und die spezifischen Vor- und Nachteile der Zentralbereichsformen abzuwägen. – 4. *Beispiele* für die organisatorische Verankerung konkreter Funktionen: (1) Controllingmanagementorganisation, (2) Logistikmanagementorganisation, (3) Organisationsmanagementorganisation, (4) Personalmanagementorganisation, (5) Riskmanagementorganisation.

Funktionsmeistersystem – von Taylor entwickeltes → Leitungssystem, bei dem eine → Stelle mehreren → Instanzen unterstellt wird. Taylor sieht vier für die Planung zuständige *Funktionsmeister des Büros (Clerks)* vor: Arbeitsverteiler, Unterweisungsbeamter, Zeitmeister, Kostenmeister sowie vier für die Arbeitsdurchführung zuständige *Funktionsmeister der Werkstatt (Bosses):* Verrichtungsmeister, Geschwindigkeitsmeister,

Prüfmeister, Instandhaltungsmeister. – Für die *Beurteilung* der → organisatorischen Effizienz des Funktionsmeistersystems gelten analog die generellen Vor- und Nachteile ei nes → Mehrliniensystems.

Funktionsorganisation → Funktionalorganisation.

Funktionsträger → Handlungsträger.

Gage – Bezeichnung des Entgelts für Schauspieler, Musiker und Artisten.

Gap-Analyse – *Lückenanalyse;* Instrument des → strategischen Managements. – 1. *Ziel:* Darstellung von Abweichungen zwischen auf unterschiedlichen Annahmen basierenden, zukünftigen Entwicklungsverläufen des Geschäfts (Gap, Lücke). Es erfolgen Interpretation dieser Lücke und Vorschläge zu ihrer Schließung. – 2. *Darstellung der Gap-Analyse in einem Koordinatensystem:* Auf der Ordinate steht der Lückenindikator (z.B. der Umsatz), auf der Abszisse die Zeit. Die unterste Kurve ist i.d.R. die Extrapolation des Basisgeschäfts. Die oberste Kurve stellt die Entwicklung des Geschäfts unter der Annahme dar, dass alle Potenziale des Unternehmens genutzt werden, um zukünftige Gelegenheiten wahrzunehmen und Gefahren zu umgehen; es können zukünftig zu erwartende Veränderungen im Bestand der Potenziale des Unternehmens mit einbezogen werden (→ Potenzialanalyse). – Vgl. auch Abbildung „Gap-Analyse".

3. *Folgerungen:* Die Lücke zwischen den auf unterschiedlichen Annahmen zur Nutzung der Potenziale des Unternehmens basierenden Entwicklungslinien ist Anlass zu Überlegungen hinsichtlich Veränderungen in den → Wertschöpfungsstrategien (z.B. Marktdurchdringung über neue Produkte), die die Lücke schließen könnten. – 4. *Differenzierung:* Die Gesamtlücke kann auch differenzierter betrachtet werden, z.B. über Unterteilung in operative und strategische Lücke. Ihre Trennungskurve ist die Entwicklungslinie des Geschäfts unter der Annahme der bestmöglichen Nutzung aller bestehenden Potenziale, während die Obergrenze der strategischen Lücke auch zukünftig zu erwartende Potenzialveränderungen mit einschließt. – 5. *Beurteilung:* Die Gap-Analyse ist ein eher grobes, wenig differenziertes und exploratives Instrument. Vertiefende Methoden der strategischen Analyse, z.B. → Produkt/Markt-Matrix oder → Portfolio-Analyse, sollten sich deshalb der Gap-Analyse anschließen.

Gap-Analyse

Zielwert, z.B. Umsatz

Entwicklungsgrenze

Strategische Lücke

Neugeschäft

Potenzielles Basisgeschäft

Operative Lücke

Basisgeschäft

Gegenwart   Planungshorizont   Zeit

Garantielohn → garantierter Mindestlohn.

garantierter Mindestlohn – Ergänzung des reinen Akkordsystems (→ Akkordlohn) durch einen festen Mindestlohn. Der Mindestlohn entspricht dem Lohn, den der Arbeitnehmer bei Zeitlohn erhalten würde.

Gebäudemanagement → Facility Management.

Gedächtnis – wird als ein Speichersystem konzeptualisiert, in dem Erfahrungen unterschiedlich lange bewahrt werden. Obwohl Gedächtnismodelle einen hohen Anspruch haben, wurden sie fast ausschließlich im Kontext des verbalen Lernens untersucht. Dabei werden Prozesse der Speicherung durch eine Lernkurve, Prozesse des Verlustes der gespeicherten Information durch eine Vergessenskurve visualisiert. Voneinander abgehoben werden meist ein Ultrakurzzeitspeicher (UKZS), den man mit dem der Sinnesorgane gleichsetzen kann, ein Kurzzeitspeicher (KZS) und ein Langzeitspeicher (LZS). – In der Marktpsychologie werden häufig das Ausmaß und die Dauer der Informationsspeicherung mithilfe von Wiedergabe- (Recall-) und Wiedererkennungs- (Recognition-)Verfahren untersucht.

Gegenstromverfahren – 1. *Begriff*: Kombination der Top-down- und → Bottom-up → -Planung der → Unternehmensplanung. – 2. *Merkmale*: Die Manager, die für die Umsetzung der Pläne einer Ebene verantwortlich sind, sollen diese Pläne auch erstellen. Im Rahmen eines Top-down-Vorlaufs erfolgt dann die Plankonkretisierung bis auf die untersten Ebenen der Hierarchie. Vor dem Hintergrund von Machbarkeitskriterien und eigener Gestaltungsvorschläge läuft dann der Bottom-up-Rücklauf ab, der zu einer Korrektur der übergeordneten Pläne sowie zu einer schrittweisen Konsensfindung der am Planungsprozess Beteiligten führt. Das Problem, dass man über untergeordnete Ziele nicht entscheiden kann, ohne die übergeordneten zu kennen, und umgekehrt, entfällt.

Gegenzeichnung – I. Organisation: Kontrollmaßnahme, die überall da vorzuschreiben ist, wo Willensäußerungen untergeordneter Organe durch verantwortliche leitende Personen zu decken sind.

II. Handelsrecht: Gesamthandlungsvollmacht, Gesamtprokura.

Gehaltsklassen – definierte Verdienstspannen von Angestellten. Die Mitarbeiter werden in Bezug auf das Arbeitsentgelt entsprechend der betrieblichen Vergütungspolitik bzw. entsprechend den tarifvertraglichen Regelungen einer Gehaltsklasse zugeordnet. Die Zuordnung kann z. B. auf einem Arbeitsbewertungssystem basieren, das die Anforderungshöhe der Stelle ermittelt.

Geldakkord → Akkordlohn.

Geldfaktor – Begriff der → Arbeitsbewertung. Bei Zeitakkord ist der Geldfaktor mit der → Vorgabezeit zu multiplizieren, um den → Akkordlohn pro Stück zu erhalten.

$$\text{Geldfaktor} = \frac{\text{Akkordrichtsatz}}{60}.$$

Der Geldfaktor entspricht dem Akkordrichtsatz (= Stundenlohn für Akkordarbeit bei Normalleistung) geteilt durch 60. Der Geldfaktor stellt also den Lohn pro Minute der Vorgabezeit dar. – *Anders:* → Steigerungsfaktor.

Geldlohn – in Geld bezahltes Arbeitsentgelt; heute grundsätzlich übliche Entlohnungsform. Sowohl bar ausgezahltes Entgelt als auch bargeldlose Lohn- und Gehaltszahlung stellt Geldlohn dar. In der Frühzeit des Kapitalismus musste der Geldlohnanspruch des Arbeitnehmers in harten Kämpfen durchgesetzt werden, da die Betriebe v. a. bei ungünstiger Marktlage versuchten, das Absatzproblem teilweise durch Entlohnung der Arbeiter mit Betriebsprodukten zu lösen (→ Trucksystem). Grundsätzlich zulässig sind Sachbezüge (§ 107 II GewO). – *Gegensatz:* → Naturallohn.

Gemeinkosten-System-Engineering
→ Gemeinkostenwertanalyse.

Gemeinkostenwertanalyse – *administrative Wertanalyse, Gemeinkosten-System-Engineering, Overhead Value Analysis, Value Administration.* 1. *Begriff:* Verfahren zur Reduzierung von (Kostenträger-)Gemeinkosten, bes. im Bereich der mit Verwaltungsaufgaben befassten Kostenstellen; spezielle Form der Wertanalyse. – 2. *Vorgehensweise:* Auf der Basis von Analysen des Verhältnisses von Kosten und Nutzen jeder Leistung der Gemeinkostenbereiche („Infrastruktur") wird mit → Kreativitätstechniken ermittelt, wo sich Kosten einsparen lassen, ohne dass Nutzen verloren geht. – 3. *Phasen:* a) *Vorbereitungsphase:* Umfasst u.a. die Vorbereitung und Schulung der Beteiligten, die Projektorganisation und die Projektplanung. – b) *Analysephase:* Kostenstelle für Kostenstelle werden von den dort Verantwortlichen die jeweils erstellten Leistungen erfasst, deren Kosten abgeschätzt, die Kosten dem vermuteten Nutzen der jeweiligen Leistungen gegenübergestellt, für die Leistungen mit schlechtem Kosten-Nutzen-Verhältnis Einsparungsvorschläge unterbreitet, für diese konkrete Realisationspläne entwickelt und diese Pläne einem zentralen Lenkungsausschuss zugeleitet. Dieser überprüft in Zusammenarbeit mit dem Betriebsrat die Durchsetzbarkeit der Maßnahmen. – c) *Durchführungsphase:* Die in der Analysephase entwickelten Pläne bzw. Maßnahmen werden realisiert. – 4. *Bedeutung:* Innerhalb eines → strategischen Managements bietet die Gemeinkostenwertanalyse ein methodisches Gerüst für die Formulierung von Rationalisierungsstrategien zur Verbesserung der Wettbewerbsposition des Unternehmens.

gemischte Gründung – Kombination aus → Bargründung und → Sachgründung.

Generaldirektor – in der Praxis teilweise verwendeter Titel für den Leiter der Unternehmung. → Kompetenzen des Generaldirektors sind nicht einheitlich umrissen. Position ist meist als → Singularinstanz an der Spitze der → Führungshierarchie angesiedelt; Leitung der untergeordneten Handlungsträger erfolgt nach dem → Direktorialprinzip.

generische Aktivitäten → Wettbewerbsstrategie.

generische Strategien → Wettbewerbsstrategie.

Genfer Schema – 1950 bei einer internationalen Konferenz für Arbeitsbewertung in Genf vorgeschlagenes Schema, das zur Bewertung verschiedene Anforderungsmerkmale heranzieht. Die Anforderungskategorien geistige Anforderungen, körperliche Anforderungen, Verantwortung und Arbeitsbedingungen werden unter den Gesichtspunkten erforderliches Können bzw. auftretende Belastung betrachtet, sodass insgesamt sechs Anforderungsarten entstehen. – Vgl. auch Abbildung „Genfer Schema".

Genfer Schema

	Können	Belastung
1. Geistige Anforderung	x (Kenntnisse)	x (geistige Belastung)
2. Körperliche Anforderung	x (Geschicklichkeit)	x (Muskelarbeit)
3. Verantwortung	x	–
4. Arbeitsbedingungen	–	x

Das Genfer Schema wurde seither weiterentwickelt und wirkte sich auf die Gestaltung der modernen analytischen Arbeitsbewertungssysteme und die Definitionen der Entgeltgruppen in Tarifverträgen aus.

geozentrisch – mögliche → strategische Grundhaltung international tätiger Unternehmungen gegenüber dem Ausland bzw. ihren Tochtergesellschaften. Sie ist durch die Überlegung geprägt, dass die optimale Allokation von Ressourcen nur durch gleichzeitige Nutzung von Standardisierungs- und Anpassungsvorteilen möglich ist. Muttergesellschaft und ausländische

Tochtergesellschaften werden nicht als unabhängige Unternehmenseinheiten, sondern als integrative Teile eines weltweiten Unternehmensnetzes betrachtet. Unabhängig von den jeweiligen Gastlandbedingungen werden in der Muttergesellschaft und in den ausländischen Tochtergesellschaften diejenigen Managementtechniken eingesetzt, die die globale Effizienz des Unternehmens maximieren. – Vgl. auch → EPRG-Modell, → ethnozentrisch, → polyzentrisch, → regiozentrisch.

Gerechtigkeit in Organisationen – Eine wesentliche Einflussgröße auf Arbeitseinstellungen und die → Arbeitsmotivation ist die wahrgenommene Gerechtigkeit in einer Organisation. Vier Aspekte lassen sich unterscheiden: die Verfahrensgerechtigkeit, die Verteilungsgerechtigkeit, die interpersonale und die informationale Gerechtigkeit. – a) Die *Verfahrensgerechtigkeit* bezieht sich darauf, inwieweit ein Entscheidungsprozess (z.B. Besetzung einer Position, Entlohnung) als fair oder angemessen angesehen wird. Sechs Merkmale beeinflussen (vermutlich), ob ein Entscheidungsprozess als fair angesehen wird: (1) Konsistenz (d.h. das Verfahren sollte immer in der gleichen Weise ablaufen), (2) Unvoreingenommenheit (d.h. der Prozess soll unabhängig durch Eigeninteressen derjenigen sein, die ihn durchführen), (3) Genauigkeit (d.h. alle für den Prozess relevanten Informationen sollen genutzt werden), (4) Korrekturmöglichkeit (d.h. Möglichkeiten für die Revision von (Fehl-) Entscheidungen sollten vorgesehen sein), (5) Repräsentativität (d.h. die Interessen aller am Entscheidungsprozess Beteiligten sollten berücksichtigt werden) und (6) ethische Rechtfertigung (d.h. das Verfahren sollte allg. moralischen Standards nicht widersprechen). – b) Die *Verteilungsgerechtigkeit* bezieht sich auf die Frage, als wie fair oder angemessen das *Ergebnis* einer Entscheidung angesehen wird. Die Wahrnehmung der Verteilungsgerechtigkeit erwächst aus dem sozialen Vergleich mit anderen Personen: Eine Person strebt an, dass

das Verhältnis ihrer Nettobelohnung (N_p) für ihren Einsatz (I_p) jenem entspricht, das sie bei anderen Personen (N_A/I_A) wahrnimmt. Eine unfaire Verteilung liegt demnach vor, wenn gilt: (1) $N_p/I_p > N_A/I_A$ oder (b) $N_p/I_p < N_A/I_A$. Im Fall (1) entsteht das Gefühl der „Überbezahlung", im Fall (2) das der „Unterbezahlung". Wenn die Verteilung als unfair empfunden wird, führt das zur Motivation von Verhalten, das das Ungleichgewicht wieder ausgleicht. – c) Die interpersonale Gerechtigkeit bezieht sich auf auf die Wahrnehmung der sozialen Interaktion bei der Entscheidungsfindung. Beurteilt wird dabei, wie viel Respekt der Person entgegengebracht wird, die von einer Entscheidung betroffen sein wird. – d) Die informationale Gerechtigkeit schließlich bezieht sich darauf, inwiefern das Informationsverhalten der entscheidungstreffenden Person wahrheitsgemäß ist, Begründungen und spezifische Informationen enthält sowie zeitnah erfolgt.

Gesamtplanung – 1. *Begriff*: Systematische Zusammenfassung und gegenseitige Abstimmung aller betrieblichen Teilpläne (→ Planbilanz). – 2. *Merkmale*: Integration der partiellen Maßnahmen zu einem geschlossenen System. Durchführung i.d.R. in Form der → Simultanplanung. – 3. *Gegensatz*: → Teilplanung. – Vgl. auch → Unternehmensplanung, → Plankoordination.

Geschäftsbereich → Sparte.

Geschäftsbereichsorganisation → Spartenorganisation.

Geschäftseröffnung → Betriebseröffnung.

Geschäftsmodell – 1. *Ursprung*: Der Begriff *Geschäftsmodell* hat sich insbesondere im Zeitraum von 1998 bis 2001 etabliert. Dies belegt eine Studie zur Nennungshäufigkeit des Begriffs „Geschäftsmodell" in Wirtschaftszeitungen wie WirtschaftsWoche, Focus Magazin, Capital, Frankfurter Allgemeine Zeitung und Financial Times Deutschland. – 2. *Abgrenzung Geschäftsmodell und Strategie*: Forschende in der Betriebswirtschaftslehre sind sich grösstenteils einig, dass die Begriffe

Strategie und *Geschäftsmodell* verschiedenes bezeichnen. Trotzdem werden beide Begriffe insbesondere in nichtwissenschaftlichen, teilweise aber auch in wissenschaftlichen Publikationen als Synonyme verwendet. Gemäß Magretta beschreibt ein Geschäftsmodell die Funktion einzelner Komponenten einer Unternehmung sowie deren Interaktion. Ein Geschäftsmodell tätigt damit keine Aussagen zur Wettbewerbssituation. Im Gegensatz dazu beschreibt eine Strategie, wie sich ein Unternehmen im Verhältnis zur Konkurrenz abgrenzen und einen nachhaltigen Wettbewerbsvorteil erarbeiten kann. – 3. *Unterschiedliche Definitionen*: Seit 1998 wurden viele Definitionen von Geschäftsmodellen vorgeschlagen; manche Definitionen sind detaillierter, andere kompakter. Trotzdem konnte bisher noch keine allgemeingültige Definition erarbeitet werden. Zott et al. bieten eine umfangreiche Übersicht zu den aktuellen Definitionen. Timmers lieferte eine der ersten Definitionen für ein Geschäftsmodell (1998): „… an architecture for the product, service and information flows, including a description of the various business actors and their roles, and a description of the potential benefits for the various business actors, and a description of the sources of revenues". Eine neue, relative kurze Definition haben Osterwalder und Pigneur (2010) beigetragen: „A business model describes the rationale of how an organization creates, delivers, and captures value." Bieger und Reinhold (2011) liefern eine der detailliertesten Definitionen: „Ein Geschäftsmodell beschreibt die Grundlogik, wie eine Organisation Werte schafft. Dabei bestimmt das Geschäftsmodell, (1) was ein Organisation anbietet, das von Wert für Kunden ist, (2) wie Werte in einem Organisationssystem geschaffen werden, (3) wie die geschaffenen Werte dem Kunden kommuniziert und übertragen werden, (4) wie die geschaffenen Werte in Form von Erträgen durch das Unternehmen „eingefangen" werden, (5) wie die Werte in der Organisation und an Anspruchsgruppen verteilt werden

und (6) wie die Grundlogik der Schaffung von Wert weiterentwickelt wird, um die Nachhaltigkeit des Geschäftsmodells in der Zukunft sicherzustellen.") – 4. *Geschäftsmodelltypologie*: Bisher hat sich noch kein eindeutiges System an Geschäftsmodelltypen herausgebildet. Im Folgenden findet sich eine unvollständige Aufzählung von weit verbreiteten Geschäftsmodelltypen: – Unbundling business models (entflechtungs-orientierte Geschäftsmodelle): Geschäftsmodelle, welche die drei Bereiche Kundenbeziehungen, Produktinnovation sowie Bereitstellung und Wartung von Infrastrukturen zu unterschiedlichen Ausprägungen vereinen (Beispiel: Deutsche Telekom, Swisscom). – Long-tail business model (Nischenprodukt-orientiertes Geschäftsmodell): eine überlegene Logistik ermöglicht es einem Unternehmen, normalerweise unrentable Nischenprodukte anzubieten (Beispiel: Amazon.com, Ebay. com). – Multi-sided platform business model (mehrseitige Plattform-Geschäftsmodell): Eine Plattform ermöglicht die Interkation von zwei oder mehr unabhängigen Gruppen. Der Wert für eine einzelne Gruppe entsteht durch die Präsenz einer anderen Gruppe (Beispiel: Google.com; die Gruppen sind Werbekunden und Suchmaschinennutzer. Je mehr Nutzer, die Google-Suchmaschine verwenden, desto mehr Daten hat Google, um die Suchergebnisse zu verbessern. Und je größer der Marktanteil der Google-Suchmaschine, desto mehr Werbekunden platzieren ihre Anzeigen mittels Google. Das wiederum stärkt Googles Verhandlungsposition zur Preisgestaltung. In diesem Geschäftsmodell gibt es mehrere positive leistungsstarke Regelkreise.) – Freemium business model (Freemium-Geschäftsmodell): eine Standard-Dienstleistung wird unentgeltlich angeboten; erweiterte Funktionalitäten bedürfen eines kostenpflichtigen Abonnements (Bespiel: Xing Online Community). – Tied products business model (verbundene Produkte Geschäftsmodell): ein kostengünstiges oder unentgeltliches Erstprodukt oder Dienstleistung motiviert die

Nutzung zukünftiger kostenpflichtiger Ersatzprodukte oder Dienstleistungen (Beispiel: Gillette, HP Farbtintenstrahldrucker). Auch bekannt als Bait-and-Hook- oder Razorblade-Geschäftsmodelle. – Open business model (offenes Geschäftsmodell): ein auf Kooperationen basiertes Geschäftsmodell, welche externe Experten nutzt, um Wert zu schaffen und zu sichern (Beispiel: GlaxoSmith-Kline). – 5. *Nutzen eines Geschäftsmodells*: Ein Geschäftsmodell zeigt die logischen Zusammenhänge der Geschäftstätigkeit eines Unternehmens auf. Laut Bieger (2011) ergeben sich durch Verwendung einer Geschäftsmodellperspektive drei konkrete Nutzenkomponenten. Der erste Nutzen bietet die Analyse des aktuellen Geschäftsmodells. Sie stellt die Geschäftstätigkeit einer Unternehmung und deren Beziehungen in vereinfachter Weise dar. Die wesentlichen Elemente des Geschäftsmodells sowie deren systemische Beziehungen werden aufgezeigt. Dieser Analyseprozess führt zu einer Konkretisierung von Teilen des Geschäftsmodells sowie zu einer konsistenten und integrierten Ausgestaltung der aktuellen logischen Zusammenhänge im Unternehmen. Der zweite Nutzen ist die Planung des zukünftigen Geschäftsmodells, welche dazu dient, bestehende Tätigkeiten sowie das bestehende Geschäftsmodell weiterzuentwickeln. Der dritte Nutzen besteht in einer einfacheren Kommunikation mit Anspruchsgruppen. Mithilfe eines Geschäftsmodells wird die Kommunikation bei der Geschäftstätigkeit und deren Grundmechanismen in einem vereinfachten und strukturierten Bild gegenüber internen und externen Anspruchsgruppen dargelegt. Insbesondere die Mechanismen der Wertschaffung zur Umsetzung der Organisations- bzw. Unternehmensstrategie können plausibel erklärt werden.

Geschäftsordnung – Richtlinien, nach denen die Arbeit von Gremien abgewickelt wird, soweit sie gesetzlich oder satzungsmäßig nicht geregelt ist. Wichtige in der Geschäftsordnung zu regelnde Punkte: Einberufung zur Sitzung, Tagesordnung, Vorsitz,

Abstimmungsmodus, Minderheitsvotum, Protokollführung, Redezeitbegrenzung, Berichterstattung, Geschäftsführung zwischen den Sitzungen. – Die Geschäftsordnung bestimmt in einem Entscheidungsgremium die Reihenfolge, in der über die Alternativen abgestimmt wird. Bei Auftreten des Condorcet-Paradoxons kann die Geschäftsordnung für den Ausgang der Gruppenentscheidung ausschlaggebend sein (binäre Abstimmungsverfahren).

Geschäftsplan → Business Plan.

Geschäftsprozess – Folge von Wertschöpfungsaktivitäten (Wertschöpfung) mit einem oder mehreren Inputs und einem Kundennutzen stiftenden Output. Geschäftsprozesse können auf verschiedenen Aggregationsebenen betrachtet werden, z.B. für die Gesamtunternehmung, einzelne Sparten- oder Funktionalbereiche. Der Geschäftsprozess ist zentraler Betrachtungsgegenstand des → Business Process Reengineering. – Vgl. auch → Prozessorganisation.

Geschäftsprozessoptimierung → Business Process Reengineering.

Geschäftsprozessorganisation → Organisationsgestaltung, die sich an → Geschäftsprozessen orientiert. – Vgl. auch → Prozessorganisation.

Geschäftssystem → Wettbewerbsstrategie.

Geschäftsverteilungsplan – Plan zur übersichtlichen Erfassung und Darstellung geschäftlicher Arbeitsaufgaben im Unterschied zu Arbeitsplan und → Organigramm. Zweck ist eine persönliche sowie sachliche Tätigkeits- und Kompetenzabgrenzung, die klare Verantwortungsbereiche schafft und die betriebliche Zusammenarbeit fördert.

Geschicklichkeit → Anforderungsart im Rahmen der Arbeitsbewertung. Geschicklichkeit ist nur dann zu bewerten, wenn sich die einzelnen Bewegungen und Griffe des Arbeitenden in bes. Weise ständig wechselnden oder plötzlich auftretenden Anforderungen anpassen müssen. – Vgl. auch → Genfer Schema.

Gesellschaft für Ökologie (GfÖ) – gegründet 1970; Geschäftsstelle in Berlin; ca. 1.400 Mitglieder weltweit (2013). – *Aufgaben:* Förderung der Zusammenarbeit aller auf ökologischen Gebieten arbeitenden Disziplinen; Förderung einer ökologisch orientierten Ausbildung; Vertretung ökologischer Belange in der Öffentlichkeit sowie bei gesellschaftlichen und wirtschaftspolitischen Entscheidungen.

Gesellschaft für Organisation e. V. (GfO) – gegründet 1922. – *Ziel:* Förderung der im Bereich der Wissenschaft, Wirtschaft und Verwaltung mit Organisation betrauten Personen. – *Aufgaben:* Aus-, Fort- und Weiterbildung für Organisatoren und andere Führungskräfte (geschlossene mehrwöchige Lehrgänge, Fachseminare); Erfassung und Entwicklung anderweitiger Forschungen und Erfahrungen auf den einschlägigen Gebieten; dezentrale Öffentlichkeitsarbeit durch Fachtagungen, Kongresse und Fachgruppenarbeit. – *Publikation:* Zeitschrift Führung + Organisation (zfo). – *Ausbildungsinstitution:* Akademie für Organisation (afo).

gesellschaftliche Strategien – 1. *Begriff:* Strategien innerhalb eines → strategischen Managements mit dem Ziel, Unternehmen gegenüber der öffentlichen Meinung zu positionieren. Gesellschaftliche Strategien erscheinen zunehmend erforderlich: Unternehmen und Produkte zeigen eine immer größer werdende Anfälligkeit gegenüber sozialen Konflikten. Gesellschaftspolitische Diskussionen und Auseinandersetzungen treten derzeit v.a. in den Bereichen Umwelt-, Gesundheits-, Konsumentenschutz, Sozialpolitik und Beziehungen zur Dritten Welt auf. Gesellschaftspolitischer Handlungsbedarf ist erforderlich; derartige Auseinandersetzungen, die größtenteils öffentlich ausgetragen werden, verlangen neuartige Fähigkeiten vom Management, eigenständige gesellschaftliche Strategien und oft auch andere Organisationsstrukturen. – 2. *Ansätze:* a) *Strategischer*

Ansatz: Die externen Probleme der Interaktion zwischen Unternehmung und sozio-ökonomischem Umfeld werden untersucht; Fragen der Kommunikation mit dem Umfeld, frühzeitige Identifikation von neuen Ereignissen und Entwicklungen im Umfeld (→ strategische Frühaufklärung) und Handlungs- und Kommunikationsstrategien gegenüber dem Umfeld. – Vgl. auch → Wirtschaftspublizistik. – b) *Organisatorischer Ansatz:* Die internen Gestaltungsprobleme der Organisationsstrukturen und der Führungssysteme werden untersucht: Diskussion, wie eine gesellschaftsbezogene Unternehmenspolitik intern durchgeführt werden kann und wie andererseits die Aufnahme und Verarbeitung von Umfeldereignissen organisatorisch verwirklicht werden sollte. – c) *Führungsbezogener Ansatz:* Aufgabe und Rolle der Führungsspitze im Interaktionsprozess zwischen Unternehmung und Gesellschaft werden untersucht. – Organisatorischer und führungsbezogener Ansatz befassen sich mit der Transformation der bereits erfassten Umfeldereignisse in strategische Reaktionen. Dabei ist es wichtig, dass gesellschaftliche Strategien nicht nur reaktiv entwickelt werden, sondern dass über einen proaktiven Ansatz bereits laufend eine vertrauensbildende Politik gegenüber der Öffentlichkeit betrieben wird.

gesellschaftliche Verantwortung der Unternehmensführung – Forderung an Manager von (Groß-)Unternehmen (→ Unternehmensverfassung). – 1. *Idee:* Freiwillige Einbeziehung der Interessen verschiedener Bezugsgruppen – Anspruchsgruppen – der Unternehmung (Konsumenten, Arbeitnehmer, Geldgeber, Gesellschaft) in unternehmerische Entscheidungen. Bei Konflikten ist es Aufgabe der Unternehmensführung (Manager), ethisch tragfähige Lösungen zu erarbeiten. Die Idee kann als Reaktion auf die Kritik an der kapitalistischen Unternehmensverfassung, der Machtstellung von (Groß-) Unternehmen und den Legitimationsdefiziten der → Managerherrschaft in Publikumsgesellschaften verstanden werden. – 2.

Herausforderungen bestehen im Kern in der Vereinbarkeit von ethischen Ansprüchen und dem erwerbswirtschaftlichen Prinzip. Ansatzpunkte hierfür liegen in der investiven Wirkung von Selbstbindungsmechanismen, welche den Aufbau von Reputation, Integrität, Vertrauen usw. ermöglichen. – 3. *Operationalisierung und Implementierung* durch → Verhaltenskodizes und Instrumente wie Sozialbilanz, Code of Conduct oder Deutscher Corporate Governance Kodex. – 4. *Kritik:* a) Von *wirtschaftsliberaler* Seite: Kollektivistisch und unvereinbar mit den Prinzipien einer freiheitlichen Marktwirtschaft, sofern das erwerbswirtschaftliche Prinzip vernachlässigt wird. – b) Aus *demokratietheoretischer* Sicht: Elitär-personalistischer Lösungsansatz. – c) *Weitere Kritikpunkte:* Mangelhafte Operationalität der zu berücksichtigenden Interesseninhalte; pseudo-normative Leerformel. – 5. *Bedeutung:* Keine Alternative zur Reform der Unternehmensverfassung (Mitbestimmung, Verbraucherpolitik, Publizität, Umweltschutz), aber im Rahmen der → Unternehmensethik und Corporate Social Responsibility von Bedeutung.

Gesundheit – Entsprechend der Auffassung der WHO umfasst Gesundheit das vollständige physische, soziale und mentale Wohlbefinden. Gesundheit ist damit mehr als nur die Abwesenheit von Krankheit oder Gebrechlichkeit.

Gewässergüte – Ausdruck der → Umweltqualität beim Umweltmedium Oberflächengewässer. – *Kriterien:* (1) Im Gewässer befindliche Organismen, (2) Sauerstoffgehalt, (3) hygienisch-bakteriologische Merkmale. – *Güteklassen:* (1) Nicht oder wenig verschmutzt; (2) mäßig verschmutzt; (3) stark verschmutzt; (4) übermäßig verschmutzt.

Gewinnbeteiligung – I. Erfolgsbeteiligung: 1. *Mitarbeiter eines Unternehmens* partizipieren am Gewinn des beschäftigenden Unternehmens; ggf. verbunden mit einer → Kapitalbeteiligung. Grundlage ist eine freiwillige Vereinbarung. Bezugsgröße der Gewinnbeteiligung ist zumeist der Bilanzgewinn, s. Bilanzgewinn (-verlust). – Die in der Praxis auftretenden Unterschiede ergeben sich aus der Funktion der Gewinnbeteiligung und dem Auszahlungs- und Verfügungsmodus. – 2. *Gewinnbeteiligung der Vorstands- und Aufsichtsratsmitglieder* (Tantieme): soll in einem angemessenen Verhältnis stehen zu den Aufgaben des Vorstands- oder Aufsichtsratsmitglieds und der Lage der Gesellschaft (§§ 87 I, 113 I AktG). Fragen der Gewinnbeteiligung, wie überhaupt des Salärs von Vorständen, sind angesichts von Firmenpleiten und Korruptionsfällen immer wieder Gegenstand der öffentlichen Diskussion. Neben moralischen Fragen geht es dabei auch um Rechtsfragen, so u.a. darum, ob eine gesetzliche Deckelung rechtlich möglich ist und eingeführt werden sollte.

II. Versicherungswirtschaft: Überschussbeteiligung.

III. Verteilungstheorie und -politik: Vermögensumverteilungspolitik.

gleitende Arbeitszeit – *Gleitarbeitszeit.* 1. *Begriff:* Arbeitszeitmodelle zur Flexibilisierung und Individualisierung der Arbeitszeit. Die Arbeitszeit wird nicht auf bestimmte Anfangs- und Endtermine festgelegt. Der Arbeitnehmer kann innerhalb eines bestimmten Rahmens den Zeitpunkt des persönlichen Arbeitsbeginns und -endes selbst bestimmen. – *Ziel:* Erhöhung der individuellen Gestaltungsspielräume und Entlastung des Berufsverkehrs in Ballungsgebieten. – Die *Modelle* der gleitenden Arbeitszeit reichen von der Gestaltung der täglichen über die wöchentliche bis zur jährlichen Arbeitszeit oder sogar der Lebensarbeitszeit (→ Sabbatical, → Jahresarbeitszeitvertrag). – 2. *Zeiten:* Die gleitende Arbeitszeit setzt sich zusammen aus der *Gleitspanne* (z.B. von 7 bis 9 Uhr und von 15 bis 19 Uhr) und der *Kernarbeitszeit* (Zeit zwischen den Gleitzeiten). In der Kernarbeitszeit muss der Arbeitnehmer im Betrieb anwesend sein, innerhalb der Gleitspanne darf der Arbeitnehmer selbst disponieren. In den jeweiligen Arbeitszeitmodellen wird jedoch die zulässige Anzahl von Plus- oder Minusstunden gegenüber der Normalarbeitszeit festgelegt, die sich höchstens anhäufen dürfen. Außerdem kann ein Zeitraum festgelegt werden, innerhalb dessen ein Ausgleich erfolgen muss. – 3. Die *Einführung* der gleitenden Arbeitszeit ist – falls ein Betriebsrat existiert – mitbestimmungspflichtig (§ 87 Nr. 2 BetrVG). Auch bei Gleitzeit sind die Regelungen des Arbeitszeitgesetzes einzuhalten. – 4. Zum *Nachweis* der geleisteten Arbeitszeit ist in geeigneter Weise eine Zeiterfassung (z.b. durch elektronische Zeiterfassungsgeräte) zu gewährleisten.

gleitender Lohn → Indexlohn.

gleitender Ruhestand – allmählicher Übergang von der Vollarbeit in den Ruhestand. Die Arbeitszeit wird stufenweise reduziert. Den Rahmen für die Gestaltungsmodalitäten bildet seit 1996 das Altersteilzeitgesetz (ATG). Ziel ist es, durch stufenweise Kürzung der Arbeitszeit ab dem 55. Lebensjahr den Wechsel vom aktiven Arbeitsleben in den Ruhestand zu erleichtern; ferner Entlastung der Renten und Arbeitslosenversicherung von den Kosten der Frühverrentungspraxis. Die Förderung der Altersteilzeit durch die Arbeitsagentur läuft Ende 2009 aus. – Vgl. auch → Arbeitszeitmodelle, Vorruhestand.

Gleitzeit → gleitende Arbeitszeit.

Global Accounts – Strategisch bedeutsame Schlüsselkunden (Key Accounts), die an verschiedenen internationalen Standorten gleichzeitig weltweit standardisierte bzw. kompatible Produkte oder Dienstleistungen nachfragen (vgl. → globale Strategie, → globale Branche). In Literatur und Praxis existieren eine Vielzahl weiterer Begrifflichkeiten (z.B. International Key Account, Multinational Account, Worldwide Account) die definitorisch nicht eindeutig voneinander abgegrenzt sind. Überwiegend werden diese Begriffe jedoch als Synonym für Global Accounts verwendet. – *Vorteile/Nachteile für den Anbieter:* Durch eine enge Bindung der Global Accounts an den Anbieter können Absatzmenge, Kundenzufriedenheit, Umsatz und Gewinn gesteigert und oft längerfristig gesichert werden. Global Accounts haben einen guten internationalen Marktüberblick und können detaillierte Angebotsvergleiche durchführen (vgl. → internationale Beschaffungspolitik (global sourcing)), um niedrigere Preise durchzusetzen. Aufgrund der großen Beschaffungsbudgets werden zudem die Einkäufe meist gebündelt (Economies of Scale). Aus dieser Konzentration ergeben sich für den Anbieter Gefahren bei Kundenverlust, denen durch den Einsatz spezieller Key Account Manager und bes. durch eine globale Preisgestaltung begegnet werden kann. Die Betreuung von Global Accounts verursacht zudem oft hohe Kosten durch spezifische Anpassungen der Produkte oder Geschäftsprozesse an die Anforderungen des Kunden.

Global Citizenship – Bedingt durch die zunehmende → Globalisierung stehen Unternehmen immer mehr vor der Herausforderung, bei der Lösung der drängendsten gesellschaftlichen Probleme der Länder, in denen sie tätig sind oder aus denen sie ihre Rohstoffe beziehen, mitzuwirken. Wirtschaften und gesellschaftliche Verantwortung, zwei ehemals getrennte Bereiche werden dadurch miteinander verknüpft und somit auch die Zielfunktionen Gewinnmaximierung und Wohlfahrtsmaximierung. – Die ISO-Norm 26000 „Gesellschaftliche Verantwortung" sieht folgende Kernthemen als wesentlich: (1) Organisationsführung, (2) Menschenrechte, (3) Arbeitspraktiken, (4) Umwelt, (5) faire Betriebs- und Geschäftspraktiken, (6) Konsumentenanliegen, (7) Einbindung und Entwicklung der Gemeinschaft.

globale Branche – Begriff, der die Wettbewerbssituation in einer → Branche beschreibt. In einer globalen Branche wird die Wettbewerbsposition, die ein Unternehmen in einem bestimmten Land inne hat, erheblich von seiner Stellung in anderen Ländern beeinflusst und umgekehrt. Es handelt sich dabei um eine über Ländergrenzen hinweg verknüpfte Gesamtheit von Märkten, auf denen Unternehmen weltweit konkurrieren. – *Beispiele:* Halbleiterindustrie, Luftfahrtindustrie, Markt für Kopiergeräte. – Vgl. auch → globaler Wettbewerb, → globale Unternehmung, → Globalisierung.

globale Rationalisierung – genauer: *Konzept der globalen Rationalisierung*; ein auf die Ziele des Gesamtunternehmens gerichteter Prozess der zunehmenden unternehmenspolitischen Integration der in mehreren Ländern angesiedelten Teileinheiten eines internationalen Unternehmens. Dabei wird die weltweite Standardisierung und Vereinheitlichung unternehmensinterner Maßnahmen, Programme und Managementprozesse sowie die Zentralisierung der Organisationsstruktur trotz des Fortbestehens länderspezifischer Besonderheiten angestrebt. – Vgl. auch → globales Management.

globaler Wettbewerb – weltweiter Wettbewerb zwischen grenzüberschreitend tätigen Unternehmen. Kennzeichnend für Unternehmen, die einem globalen Wettbewerb ausgesetzt sind, ist eine ausgeprägte Standardisierung sowie das Streben nach Realisierung von Skaleneffekten durch ausgeprägte internationale Koordination. – Vgl. auch → globale Branche, → globale Unternehmung, → Globalisierung.

globales Management → Management von grenzüberschreitenden Unternehmensaktivitäten, das (häufig innerhalb einer → globalen Branche) auf die Erzielung von Wettbewerbsvorteilen auf der Basis von → Globalisierungsstrategien gerichtet ist. Neben der Ausnutzung nationaler Unterschiede von z.B. Lohnniveaus (→ internationale Standortpolitik) zielt das globale Management auf die Realisierung von Vorteilen durch Economies of Scale in der Materialwirtschaft, der Fertigung, im Marketing, aber auch im Management-Know-How/Managementerfahrung; es wird daher auch von → globaler Rationalisierung gesprochen. Organisatorisch effektiv im

Hinblick auf eine weltweite Ausrichtung der Unternehmensaktivitäten und globale Rationalisierung unter weitgehendem Verzicht auf regionale Differenzierung ist eine Zentralisierung aller unternehmenspolitischen und strategischen Entscheidungen auf die Muttergesellschaft. – Vgl. auch → Globalisierung.

globales Marketing – internationales Marketing.

globale Strategie – strategische Grundorientierung einer → internationalen Unternehmung (→ internationale Strategie), welche den Weltmarkt als eine homogene Gesamtheit ansieht und dementsprechend nach Produkt- und Prozessstandardisierung strebt, um Wettbewerbsvorteile mittels Skaleneffekten zu erreichen. Kernelement einer globalen Strategie ist das Streben nach globaler Effizienz; Zentralisierung ist das bedeutsamste organisatorische Gestaltungsmerkmal. – *Mögliche Vorteile einer globalen Strategie:* Kostenreduktion durch Größenvorteile, Steigerung der Verhandlungsmacht gegenüber Anspruchsgruppen (Zulieferer, Gewerkschaften, etc.), verbesserte Qualität eines standardisierten Produktprogramms, erhöhte Kundenpräferenz durch weltweit einheitliche Verfügbarkeit. – *Mögliche Nachteile einer globalen Strategie:* Verlust lokaler Wettbewerbsfähigkeit durchmangelnde Anpassung an lokale Markt- bzw. Kundenanforderungen, Motivationsverluste lokaler Mitarbeiter durch Zentralisierung von Entscheidungskompetenzen, steigende Koordinationskosten durch Ausweitung von Berichtssystemen und erhöhten Personalbedarf, steigender Logistikaufwand und Handelsschranken. – Vgl. auch → Globalisierung.

globales Unternehmen → globale Unternehmung.

globale Unternehmenshaftung – Die der Diskussion um eine globale Unternehmenshaftung zugrunde liegende Fragestellung lautet, inwieweit Ansprüche gegen eine ausländische Tochtergesellschaft auch gegenüber der Muttergesellschaft geltend gemacht werden können. Diese Frage wird einerseits durch die jeweiligen nationalstaatlichen Haftungsregime bestimmt (Konzernrecht), andererseits durch die im internationalen Privatrecht geregelte Frage, welche nationale Rechtsordnung auf einen internationalen Haftungsfall angewendet werden soll und wo der Gerichtsstand liegt. Hinzu kommt noch die Problematik der faktischen Durchsetzung eines Haftungsanspruches über nationalstaatliche Grenzen hinweg. Sofern die einzelnen Gesellschaften der internationalen Unternehmensgruppe rechtlich als juristische Personen zu qualifizieren sind, gilt der Grundsatz der Haftungsseparation. Demnach haften die Gesellschafter einer juristischen Person (insbesondere die Muttergesellschaft, die Anteile an einer rechtlich selbstständigen ausländischen Tochtergesellschaft hält) grundsätzlich nicht für deren Schulden. Dieser Grundsatz kann jedoch bei einer mißbräuchlichen Verwendung der Leitungsmacht der Muttergesellschaft zum Schaden der Tochtergesellschaft und deren Minderheitsgesellschafter (z.b. bei Unterkapitalisierung der Tochtergesellschaft) u.U. durchbrochen werden.

globale Unternehmung – *globales Unternehmen, Global Player;* Form des internationalen Unternehmens, die weitestgehend nur in → globalen Branchen vertreten ist und sich hier einem → globalen Wettbewerb stellen muss. Charakteristisch für die globale Unternehmung ist das Bestreben, über die weltweite Koordination aller Unternehmensaktivitäten Skalen- und Synergieeffekte (Economies of Scale, → Synergie) zu verfügen und gleichzeitig alle weltweit relevanten Märkte zu bedienen bzw. zu bearbeiten. – Vgl. auch → globale Branche, → globaler Wettbewerb, → globales Management, → globale Strategie, → Globalisierung.

Globalisierung – I. Allgemein: Form der Strategie einer grenzüberschreitend tätigen Unternehmung (→ globale Unternehmung), bei der Wettbewerbsvorteile weltweit mittels Ausnutzung von Standortvorteilen

(→ internationale Standortpolitik) und Erzielung von Economies of Scale aufgebaut werden sollen. Bes. Bedeutung im Rahmen des → globalen Wettbewerbs v.a. in → globalen Branchen. Prominentester Vertreter der Globalisierung ist Theodore Levitt, der in dem 1983 erschienenen Aufsatz „The Globalization of Markets" das „Ende der multinationalen Konzerne", die eine differenzierte, länderspezifische Marktbearbeitung betreiben, prophezeite. – *Theoretisches Fundament* der Globalisierungs-These ist die Konvergenztheorie, wonach unterschiedliche Sozialisationen sich aufgrund technischer und wirtschaftlicher Entwicklung immer weiter annähern, womit auch kulturelle Differenzen allmählich obsolet werden. War die These der Globalisierung ursprünglich auf die → internationale Produktpolitik (und internationale Programmpolitik) beschränkt, so vollzog sich nach und nach eine Ausweitung auf das gesamte internationale Marketing-Mix und schließlich das gesamte Unternehmenstätigkeit internationales Management. Kritiker der Globalisierungs-These bezweifeln die Konvergenztheorie und betonen hingegen die mangelnde Standardisierbarkeit der meisten Produkte und sonstigen Unternehmensaktivitäten aufgrund unterschiedlicher sozio-ökonomischer, natürlich-technischer, sozio-kultureller und politisch-rechtlicher Länderspezifika. – Vgl. auch → globales Management, → globale Strategie, → internationale Strategie.

II. Umweltpolitik: Tendenz zur Intensivierung weltweiter Verflechtungen in ökonomischen, politischen, kulturellen und informationstechnischen Bereichen. Globalisierung ist verknüpft mit der Tatsache, dass auch lokale anthropogene Handlungen globale Auswirkungen haben können. Die Globalisierung erfordert interdisziplinäre Forschungsansätze zur Erfassung komplexer Systemzusammenhänge (Interdisziplinarität). Ein Instrument zur verbesserten internationalen Bekämpfung von Umweltproblemen ist Joint Implementation. – Vgl. auch Entropie.

III. Ethik: Im Zuge der Globalisierung nehmen sowohl Kooperationsmöglichkeiten als auch Interessenkonflikte (Wettbewerb) zu. Für Unternehmen erwachsen hieraus neue Herausforderung im Hinblick auf ihre → Verantwortung, auf ordnungspolitischer Ebene nimmt der Bedarf an verlässlichen Regelsystemen (Regeln) zu. Bei letzteren stellt sich aus wirtschaftsethischer Sicht v.a. die Frage nach moralischen Grundwerten und -prinzipien, die diesen Regelsystemen zugrunde liegen. Nach verbreiteter Auffassung muss es als fraglich gelten, ob es gelingen kann, einen weltweit einheitlichen verbindlichen Wertekonsens zu erzielen, auch wenn nach Meinung vieler mind. die Menschenrechte als universelle Grundwerte Anerkennung finden sollten.

Globalisierungsstrategie – Prozess der Veränderung der strategischen Grundorientierung einer → internationalen Unternehmung mit dem Ziel, eine → globale Strategie auf der Ebene der Gesamtunternehmung oder bestimmter Teilbereiche der Unternehmung (→ Global Accounts, → Global Sourcing, etc.) umzusetzen.

Globalplanung → Grobplanung.

Global Player → globale Unternehmung.

Global Sourcing → internationale Beschaffungspolitik.

Graphologie – Technik der psychodiagnostischen Auswertung der individuellen Handschrift. Die Graphologie geht von der Grundannahme aus, dass das Verhalten des Menschen von einem relativ konstanten Faktorensystem bestimmt wird und die individuelle Handschrift eine geeignete Verhaltensstichprobe ist, um auf die Persönlichkeit des Individuums zu schließen. – *Anwendung* heute sehr selten bei der Personalauswahl. – *Beurteilung*: Nach heutiger Erkenntnis gibt es keinen Zusammenhang zwischen graphologischen Urteilen und dem Berufserfolg. – *Vgl. auch* → Eignungsdiagnostik.

Gremium → Kollegium.

grenzüberschreitende Vertragsgestaltung → internationaler Vertrag.

Grobplanung – *Globalplanung; Merkmale:* Langfristige Planung der Entwicklungsrichtungen und Angabe der wesentlichen Ausrichtungspunkte. – *Gegensatz:* → Feinplanung.

Gründerbericht → Gründungsbericht.

Gründergesellschaft → Vorgesellschaft.

Grundgehalt – Gehaltsbestandteil, der unabhängig von der konkreten Arbeitssituation oder der Leistung des Mitarbeiters gezahlt wird.

Grundlagenforschung → Forschung und Entwicklung (F&E).

Grundlastfähigkeit – die niedrigste Tagesbelastung eines Stromnetzes. Grundlastfähig sind jene Technologien, die diese Leistung konstant liefern können. Zur Deckung der Grundlast werden traditionell Kraftwerke betrieben, die eine konstante Leistung liefern können. Die Deckung der Grundlast wird mit zunehmendem Anteil fluktuierender erneuerbarer Energiequellen wie Sonnen- oder Windenergie verkompliziert, da die Leistungsschwankungen dieser Energiesorten kompensiert werden müssen.

Grundlohn – I. Personalwirtschaft: tariflich festgelegtes Entgelt für die übliche Arbeitsleistung in verschiedenen Lohnformen.

II. Sozialrecht: Seit 01.01.1989 richtet sich die Bemessung der Beiträge zur gesetzlichen Krankenversicherung nach den beitragspflichtigen Einnahmen bis zur Beitragsbemessungsgrenze (§ 223 SGB V). Bei versicherungspflichtig Beschäftigten werden die Beiträge vom Arbeitsentgelt aus der Beschäftigung errechnet (§ 226 SGB V). Bei Beschäftigten, die freiwillig versichert sind, sieht § 240 II SGB V die Anwendung derselben Grundsätze wie für pflichtversicherte Beschäftigte vor. Als beitragspflichtige Mindesteinnahmen für freiwillige Versicherte gilt

jedoch der 90. Teil der monatlichen Bezugsgröße. Für freiwillige Mitglieder, die hauptberuflich erwerbstätig sind, gilt als beitragspflichtige Einnahme für den Kalendertag der
30. Teil der monatlichen Bemessungsgrenze,
bei Nachweis niedrigerer Einnahmen, jedoch
mind. der vierzigste der monatlichen Bezugsgröße (§ 240 IV SGB V). Für die übrigen Versicherten (Rentner, Studenten u.a.) gelten z.T.
unterschiedliche Regelungen (§§ 226 ff. SGB
V).

III. Steuerrecht: Begriff, der zur Berechnung
der steuerfreien Nachtarbeits-, Sonntags- und
→ Feiertagszuschläge von Bedeutung ist.

Gründung – *Firmengründung, Geschäfts-
gründung, Unternehmensgründung, Unter-
nehmungsgründung.*

I. Allgemein: 1. *Begriff:* Errichtung eines arbeitsfähigen, erwerbswirtschaftlichen Betriebs. Erforderliche Maßnahmen: Planung
(der Beschaffung, der Leistungserstellung,
des Absatzes, der Finanzierung und der Organisation), Beschaffung der Erstausstattung an
Kapital, an Personal, an Betriebsmitteln und
ggf. Waren oder Stoffen, Aufbau der inneren und äußeren Organisation. – **2.** *Arten der
Gründung:* (1) → Bargründung; (2) → Sachgründung; (3) → gemischte Gründung. – **3.**
Erforderlichenfalls Handelsregistereintragung: Für Personen und Personenvereini-
gungen mit deklaratorischer, für Kapitalgesellschaften mit konstitutiver Wirkung. – **4.**
Gewerbeerlaubnis: Falls nach der GewO vorgeschrieben, beim Ordnungsamt der zuständigen Gemeinde zu beantragen.

II. Personengesellschaften: Gesellschaft
bürgerlichen Rechts (GbR), Kommanditgesellschaft (KG), offene Handelsgesellschaft
(OHG).

III. Kapitalgesellschaften: Gesellschaft mit
beschränkter Haftung (GmbH), GmbH &
Co. KG, Unternehmergesellschaft (UG),
→ Gründung einer AG, Gründung einer SE.

IV. Stille Gesellschaft: stille Gesellschaft.

Gründung einer AG – **I. Ablauf: 1.** Die *Satzung* (Gesellschaftsvertrag) einer AG ist in
notariell beurkundeter Form durch die Gründer festzustellen (§§ 2, 23, 28 AktG). Die Satzung muss Folgendes bestimmen: (1) Firma
und Sitz der Gesellschaft; (2) Gegenstand
des Unternehmens; (3) Höhe des Grundkapitals; (4) die Nennbeträge der Aktien sowie
die Zahl der Aktien jeden Nennbetrags bzw.
die Zahl der Stückaktien und Angaben über
die Aktiengattungen; (5) ob die Aktien auf
den Inhaber oder auf den Namen ausgestellt
werden; (6) die Zahl der Mitglieder des Vorstands oder die Regeln zur Festlegung dieser
Zahl; (7) Form der Bekanntmachungen der
Gesellschaft; (8) ggf. die einzelnen Aktionären eingeräumten Sondervorteile; (9) ggf. den
Gründerlohn; (10) im Fall der → Sachgründung den Gegenstand der Sacheinlage bzw.
Sachübernahme, die Person, von der die Gesellschaft den Gegenstand erwirbt, und den
Nennbetrag der bei der Sacheinlage zu gewährenden Aktien oder die bei der Sachübernahme zu gewährende Vergütung (§§ 23,
25–27 AktG). – **2.** Gleichzeitig mit der Feststellung der Satzung findet die *Übernahme
der Aktien* durch die Gründer gegen Einlagen
statt (Simultangründung, → Einheitsgründung). Mit Übernahme aller Aktien durch
die Gründer ist die Gesellschaft *errichtet*
(§ 29 AktG). Die Errichtung der Gesellschaft
ist nicht an die Voraussetzung geknüpft, dass
die Einlagen geleistet sind. Bis zur Eintragung
in das Handelsregister (Handelsregistereintragung) besteht die Gesellschaft als → Vorgesellschaft der Gründer, die bereits passiv
parteifähig, grundbuchfähig und insolvenz-
fähig ist, während ihre aktive Parteifähig-
keit umstritten ist (nur teilweise Regelung in
§ 41 AktG). – **3.** Notariell beurkundete *Bestellung* des ersten *Aufsichtsrats* (AR) und – nicht
zwingend – des *Abschlussprüfers* für das erste
Geschäftsjahr durch die Gründer. – **4.** Bestellung des ersten *Vorstands* durch den AR (§ 30
AktG). – **5.** *Gründungsprüfung* und Erstattung
des → *Gründungsberichts* durch die Gründer und Prüfung des Hergangs der Gründung

einer AG durch den Vorstand und AR, deren Ergebnisse in einem Prüfungsbericht darzulegen sind. Falls eine → qualifizierte Gründung stattfindet, hat zusätzlich eine Sonderprüfung durch einen → Gründungsprüfer (zumeist einen Wirtschaftsprüfer) stattzufinden (§§ 33 II–35 AktG). – 6. *Leistung der Einlagen* (§ 36a AktG): Im Fall der Bareinlage muss der eingeforderte Betrag mind. ein Viertel des Nennbetrags und bei Ausgabe der Aktien über pari auch den Mehrbetrag umfassen. Sacheinlagen sind vollständig zu leisten, die Übertragung von Vermögensgegenständen ist innerhalb von fünf Jahren nach Eintragung der Gesellschaft in das Handelsregister zu bewirken. Da die Aktien erst nach Eintragung der Gesellschaft in das Handelsregister ausgegeben werden dürfen, wird die Leistung der Einlage durch Ausgabe von Kassenscheinen quittiert. – 7. *Anmeldung* der Gesellschaft durch sämtliche Gründer, Mitglieder des Vorstands und Mitglieder des AR zur Eintragung in das Handelsregister (§§ 36, 37 AktG). Gemäß § 37 I 1 AktG sind der Betrag, zu dem die Aktien ausgegeben werden, und der darauf eingezahlte Betrag anzugeben; des Weiteren ist die Verfügbarkeit des eingezahlten Betrags durch Einzahlungsbelege nachzuweisen. Gemäß § 37 IV AktG sind der Anmeldung die Satzung und Urkunden über die Gründung einer AG, Urkunden über die Bestellung von Vorstand und AR, eine Liste der Mitglieder des AR samt Adressen und ausgeübten Berufen, der Gründungsbericht, die Prüfungsberichte von Vorstand, AR und Gründungsprüfer sowie die Verträge, die den Festsetzungen zu Sondervorteilen von Aktionären und zu Sacheinlagen und Sachübernahmen zugrunde liegen, und eine Berechnung des der Gesellschaft zur Last fallenden Gründungsaufwands beizufügen. – 8. *Prüfung des Registergerichts*, ob die Gesellschaft ordnungsgemäß errichtet und angemeldet ist (§ 38 AktG). – 9. *Eintragung in das Handelsregister,* mit der die Gesellschaft die eigene Rechtspersönlichkeit erlangt (konstitutive Wirkung der Eintragung gemäß § 6 HGB

i.V. mit § 3 AktG). Vor der Eintragung besteht rechtlich eine → Vorgesellschaft. – 10. *Ausgabe der Aktien* durch Eintausch der Kassenscheine. Inhaberaktien dürfen nur ausgegeben werden, wenn das Grundkapital voll eingezahlt ist. Stehen Einlagen aus, darf die Gesellschaft nur Namensaktien ausgeben oder für den Fall einer baldigen Einzahlung der noch ausstehenden Einlagen die Kassenscheine gegen Zwischenscheine (Interimsscheine) eintauschen (§ 10 AktG).

II. **Formen:** 1. *Bargründung:* Sämtliche Aktien werden gegen Bareinlage übernommen, Normalfall gemäß § § 36 II, 54 II AktG. – 2. *Sachgründung:* Sämtliche Aktien werden gegen Sacheinlage übernommen. Bei einer Sachgründung muss die Satzung gemäß § 27 I AktG festsetzen: den Gegenstand der Sacheinlage, die Person, von der die Gesellschaft den Gegenstand erwirbt, und den Nennbetrag, bei Stückaktien die Zahl der bei der Sacheinlage zu gewährenden Aktien. – 3. *Gemischte Gründung:* Die Aktien werden z.T. gegen Sacheinlagen und z.T. gegen Bareinlagen übernommen. – 4. *Qualifizierte Gründung, welche in den* folgenden Fällen gemäß § 33 II AktG eine Gründungsprüfung eroderlich macht: (1) Ein Mitglied des Vorstandes oder des AR gehört zu den Gründern; (2) bei der Gründung werden für Rechnung eines Mitglieds des Vorstands oder AR Aktien übernommen; (3) bei Zahlung von Gründerlohn; (4) Gründung mit Sacheinlagen oder -übernahmen. – 5. → *Nachgründung* (§ 52 AktG): Näheres s. dort.

III. **Kosten:** 1. *Arten:* (1) Gebühren für die *Beurkundung* (des Gründungsvertrags, der Satzung, ggf. zusätzlicher Verträge im Rahmen der Gründung einer AG und der Beschlüsse der ersten Hauptversammlung); (2) Gebühren für die *Eintragung* in das Handelsregister, bei Einbringung von Grundstücken die Gebühren für die Umschreibung im Grundbuch; (3) ggf. Gebühren für die *Gründungsprüfung;* (4) *Druckkosten* (für den Druck z.B. der Aktien, ggf. der Zwischenscheine, der Satzung, der Einladungen zur Hauptver-sammlung; (5) Kosten für *Veröffentlichungen* (z.b. Gesellschaftsblätter, Bundesanzeiger). – 2. *Behandlung im Jahresabschluss:* Aufwendungen für die Gründung des Unternehmens und für die Beschaffung des Eigenkapitals dürfen nach § 248 I Nr. 1 und 2 HGB in die Bilanz nicht als Aktivposten aufgenommen werden. Dagegen durften Aufwendungen für die Ingangsetzung (und Erweiterung) des Geschäftsbetriebs als Bilanzierungshilfe vor dem 1.1.2010 aktiviert werden. Seitdem sind die entsprechenden vormaligen HGB-Vorschriften jedoch gestrichen.

IV. Buchung: 1. *Bargründung: Beispiel a):* Aktienausgabe zum Nennwert (Pari-Emission), Grundkapital 300.000, 40 Prozent Einzahlung auf Geldkonten; Buchung: Ausstehende Einlagen 180.000, Geldkonten 120.000 an gezeichnetes Kapital 300.000. – *Beispiel b):* Überpari-Emission zum Kurs von 120 Prozent, Grundkapital nominell 300.000, Einzahlung auf Geldkonten 30 Prozent des Nominalkapitals zzgl. Agio, Ausgabekosten 10.000 bezahlt über Geldkonten; Buchung: Ausstehende Einlagen 210.000, Geldkonten 150.000, Finanzaufwendungen 10.000 an gezeichnetes Kapital 300.000, Kapitalrücklage 60.000, Geldkonten 10.000. – 2. *Sachgründung: Beispiel:* Grundkapital 500.000, Ausgabekurs 200 Prozent, 200.000 nominell werden aufgebracht durch Einbringung eines Gebäudes zum Zeitwert von 400.000, der Rest von 300.000 nominell Einzahlung von 25 Prozent zzgl. Agio auf Geldkonten; Buchung: Ausstehende Einlagen 225.000, bebaute Grundstücke 400.000, Geldkonten 375.000 an gezeichnetes Kapital 500.000, Kapitalrücklage 500.000. Die Kosten der Gründung sind als Aufwand in der Gewinn- und Verlustrechnung zu erfassen.

V. Besteuerung: 1. *Beginn der Steuerpflicht:* (1) Beginn der Körperschaftsteuerpflicht mit Feststellung der Satzung, auch schon als Vorgesellschaft, wenn die Gesellschaft einen nach außen hin in Erscheinung tretenden Geschäftsbetrieb aufnimmt; (2) Beginn der Gewerbesteuerpflicht mit der Eintragung in das Handelsregister, der Vorgesellschaft ggf. schon mit dem Zeitpunkt der Aufnahme einer nach außen hin in Erscheinung tretenden Geschäftstätigkeit. – 2. *Ertragsteuerliche Hinweise zur Einlage:* (1) Die Bareinlage löst weder auf Seiten des Leistenden noch auf Seiten der Gesellschaft Einkommen- bzw. Körperschaftsteuer oder Gewerbesteuer aus. (2) Sacheinlagen können beim Einbringen zur Auflösung stiller Rücklagen der eingebrachten Wirtschaftsgüter führen, denn die Übertragung der Wirtschaftsgüter gegen Aktien ist grundsätzlich eine Veräußerung (Tausch). Veräußerungsgewinne aus den betreffenden Wirtschaftsgütern sind einkommen-, körperschaft- und/oder gewerbesteuerpflichtig (Betriebsvermögen, wesentliche Beteiligungen, private Veräußerungsgeschäfte). Sacheinlagen sind jedoch unter bestimmten Umständen nach dem Umwandlungssteuergesetz steuerneutral möglich (Einbringung in eine Kapitalgesellschaft). – 3. *Umsatzsteuerrechtliche Hinweise* für Gründungen mit Sacheinlagen: Falls der Einbringende Unternehmer im Sinn des § 2 UStG ist, die übrigen Voraussetzungen des § 1 I UStG erfüllt sind und keine Geschäftseinbringung im Ganzen (§ 1 Ia UStG) vorliegt, sind die Einbringung von Geldforderungen, Wertpapieren und Geschäftsanteilen sowie die Übernahme von Verbindlichkeiten gemäß § 4 Nr. 8c, f, g UStG und, soweit sie unter das Grunderwerbsteuergesetz fällt, die Einbringung von Grundstücken gemäß § 4 Nr. 9a UStG von der USt befreit, nicht jedoch die Einbringung anderer Sachen (z.B. bewegliche Anlagegegenstände, Vorräte). – 4. Die *Kosten der Ausgabe der Aktien* sind in vollem Umfang als Betriebsausgaben abzugsfähig. Die Grunderwerbsteuer gehört in diesem Rahmen nicht zu den Emissionskosten. – 5. Zur *Kapitalverkehrsteuerpflicht bei Gründung in anderen europäischen Ländern:* Kapitalverkehrsteuer (Gesellschaftsteuer).

Gründungsberatung – Beratung von Unternehmen, Unternehmern oder angehenden Unternehmern vor oder während der Gründungsphase. Die Gründungsberatung umfasst i.d.R. die folgenden Themenfelder, die in dieser Phase erfolgskritisch sind: Geschäftsplanung, interne Organisation, Finanzierung, Beschaffung von Fremdkapital, Suche von Kooperationspartnern für Vertrieb, Entwicklung, Produktion oder andere Tätigkeiten, Prüfung und Beantragung von Fördermitteln. Aufgrund der oft angespannten finanziellen Situation in der Gründungsphase kann die Gründungsberatung als Consulting for Equity erfolgen, d.h., der Berater erhält sein Honorar ganz oder teilweise in Form von Geschäftsanteilen des von ihm beratenen Unternehmens und hat damit einen deutlichen Anreiz, den Kunden zum Erfolg zu führen (Beteiligungshonorar).

Gründungsbericht – von den Gründern einer Aktiengesellschaft schriftlich zu erstattender Bericht über den Hergang der Gründung – Bar- oder Sachgründung – (§ 32 I AktG), in welchem die wesentlichen Umstände darzulegen sind, von denen die Angemessenheit der Leistungen für Sacheinlagen oder Sachübernahmen abhängt, nämlich (1) vorausgegangene Rechtsgeschäfte, die auf den Erwerb durch die Gesellschaft abgezielt haben, (2) Anschaffungs- und Herstellungskosten aus den letzten beiden Jahren und (3) im Falle des Übergangs eines Unternehmens auf die Gesellschaft die Betriebserträge aus den letzten beiden Geschäftsjahren. Im Gründungsbericht ist ferner anzugeben, ob und in welchem Umfang bei der Gründung für Rechnung eines Mitglieds des Vorstands oder des Aufsichtsrats Aktien übernommen worden sind und ob und ggf. in welcher Weise ein Mitglied des Vorstands oder des Aufsichtsrats sich einen bes. Vorteil oder für die Gründung oder ihre Vorbereitung eine Entschädigung oder Belohnung ausbedungen hat. Durch die Pflicht zur Erstellung des Gründungsberichts soll der Schutz gegen unzulängliche, insbesondere betrügerische Gründungen verstärkt

werden und eine Basis für die Gründungsprüfung durch Vorstand und Aufsichtsrat (§ 33 I AktG), die Gründungsprüfer (§ 33 II AktG) sowie schließlich das Registergericht (§ 38 AktG) geschaffen werden.

Gründungsbilanz – Eröffnungs- bzw. Anfangsbilanz, die bei Errichtung eines (der Buchführungspflicht unterliegenden) Betriebes aufzustellen ist (§ 242 HGB). – 1. *Inhalt/Gliederung:* Die Gründungsbilanz muss über Zusammensetzung und Werte der eingebrachten Vermögensgegenstände und über die Kapitalverhältnisse Aufschluss geben. In der Gründungsbilanz einer AG muss das Grundkapital (Mindesthöhe 50.000 Euro; § 7 AktG), in der Gründungsbilanz einer GmbH das Stammkapital (Mindesthöhe 25.000 Euro; § 5 GmbHG), in der Gründungsbilanz einer Unternehmergesellschaft das Stammkapital (Mindesthöhe 1 Euro; § 5a GmbHG) unter dem Posten „gezeichnetes Kapital" auf der Passivseite ausgewiesen werden. Die ausstehenden Einlagen auf das gezeichnete Kapital sind auf der Aktivseite vor dem Anlagevermögen gesondert auszuweisen; die davon eingeforderten Einlagen sind zu vermerken. Die nicht eingeforderten ausstehenden Einlagen dürfen auch von dem Posten „gezeichnetes Kapital" offen abgesetzt werden; dann ist der verbleibende Betrag als Posten „eingefordertes Kapital" in der Hauptspalte der Passivseite auszuweisen; außerdem ist der eingeforderte, aber noch nicht eingezahlte Betrag unter der Forderungen gesondert auszuweisen (§ 272 HGB). – 2. *Bewertung:* Die Bewertungsgrundsätze für den Jahresabschluss (v.a. Anschaffungswert-, Realisations- und Imparitätsprinzip) gelten sinngemäß. Für den Jahresabschluss des Kaufmanns ist die Bewertung der Vermögensgegenstände und Schulden in §§ 252–256 sowie 240 III und IV HGB geregelt.

Gründungsfinanzierung – Maßnahmen der Kapitalbedarfsermittlung und Kapitalbeschaffung im Rahmen der → Gründung eines Unternehmens (Finanzentscheidungen,

Finanzplanung, Finanzierung, Eigenkapital, Fremdkapital). Davon abzugrenzen sind Finanzierungsvorgänge in späteren Phasen des Lebenszyklus eines Unternehmens, die der Expansionsfinanzierung zuzurechnen sind. – 1. *Determinanten des Kapitalbedarfs (stark variierend je nach Wirtschaftszweig):* Im Rahmen der Gründung v.a. Ausgaben für (1) den Kauf oder die Herstellung von Grundstücken, Gebäuden, Maschinen und Einrichtungsgegenständen, (2) den Erwerb von Patenten, Lizenzen, Konzessionen und ähnlichen Rechten, (3) die Ingangsetzung des Geschäftsbetriebs, (4) Personal-, Material-, Energie- und andere laufende Kosten sowie zur Überbrückung der Produktionsdauer, der Lagerzeiten und der zu gewährenden Zahlungsziele als auch (5) die Unterhaltung von Finanzmittelreserven. – 2. Determinanten der *Kapitalbeschaffung:* Die Verfügbarkeit von Finanzierungsquellen der Eigen- und/oder Fremdfinanzierung bedingt sich v.a. durch die Ertragskraft der Neugründung und dem Risiko-Rendite-Profil des Geschäftsmodells. Darüber hinaus kann der Unternehmensgründer ein bestimmtes Verhältnis von Eigen- und Fremdkapital anstreben, welches sich zum einen durch Rentabilitätserwägungen (Einfluss der Kosten des Fremdkapitals im Vergleich zu denen des Eigenkapitals unter Berücksichtigung der steuerlichen Auswirkungen; Rentabilität, Leverage-Effekt) und zum anderen durch Sicherheitsüberlegungen (Aufrechterhaltung der Liquidität im Sinn des finanziellen Gleichgewichts) ergeben kann.

Gründungsfonds → Gründungsstock.

Gründungsgeschäfte – rechtlich notwendige Geschäfte einer natürlichen Person zur Schaffung der Voraussetzungen für die Aufnahme der Geschäftstätigkeit eines Unternehmens. Gründungsgeschäfte zählen noch nicht zum Betrieb des Unternehmens.

Gründungsidee – bezeichnet den Geschäftsgegenstand eines potenziellen Gründungsunternehmens. Gründungsideen können

einer beruflichen Tätigkeit der Gründer (→ Existenzgründer) entstammen oder privat entstanden sein. Je nach Auslöser unterscheidet man zwischen Geschäftsideen, die aus der Wahrnehmung eines nicht gedeckten Kundenbedürfnisses entstanden sind, und solchen, denen eine technologische → Innovation bzw. noch nicht für ein Produkt genutzte → Technologie zugrunde liegt.

Gründungsinvestition – *Errichtungsinvestition; Erstinvestition;* Gesamtausgaben für die Errichtung und Erstausstattung eines Betriebs sowie für den Aufbau seiner inneren und äußeren Organisation bis zur erstmaligen Erstellung von Gütern oder Dienstleistungen. Gründungsinvestitionen haben i.d.R. die langfristige Bindung des eingesetzten Kapitals zur Folge. – *Anders:* Folgeinvestition.

Gründungsjahr – Jahr der → Gründung oder der Handelsregistereintragung eines Unternehmens.

Gründungskosten – Gesamtheit der Aufwendungen für die Schaffung der rechtlichen Existenz eines Unternehmens wie: Gründerlohn, Provisionen, Notar- und Gerichtskosten. – Gründungskosten sind *nach Steuerrecht* als Betriebskosten abzusetzen. Eine Aktivierung der Gründungskosten als Vermögensgegenstand ist nach § 248 I HGB (ebenso wie die Aktivierung von Kosten der Eigenkapitalbeschaffung) nicht erlaubt. Dagegen sind Aufwendungen für die Ingangsetzung und Erweiterung des Geschäftsbetriebes als Bilanzierungshilfe aktivierungsfähig. – Gründungskosten stehen nicht in Zusammenhang mit dem Leistungsprozess des Betriebes und stellen somit *keine Kosten* im Sinn der Kostenrechnung dar. – Vgl. auch → Gründung einer AG.

Gründungsprüfer – Vom Gericht bestellter Prüfer, der neben den Mitgliedern des Vorstands und des Aufsichtsrats den Hergang der → Gründung einer AG zu prüfen hat, falls es sich um eine → qualifizierte Gründung handelt (§ 33 AktG). – Vgl. auch → Gründungsprüfung.

Gründungsprüfung – Prüfung der → Gründung einer AG. – 1. *Umfang:* Namentlich ist festzustellen, ob die Angaben der Gründer zur Übernahme der Aktien und zu den Einlagen auf das Grundkapital richtig und vollständig und ob die für den Gründerlohn und die Sacheinlagen oder Sachübernahmen gewährten Leistungen angemessen sind (§ 34 I AktG). – 2. *Prüfer:* (1) Die Mitglieder des Vorstands und des Aufsichtsrats; (2) zusätzlich ein oder mehrere vom Gericht bestellte Prüfer (→ Gründungsprüfer) im Fall der → qualifizierten Gründung; (3) anstelle des Gründungsprüfers kann auch der beurkundende Notar die Prüfung durchführen, wenn ein Mitglied des Vorstandes oder Aufsichtsrats zu den Gründern gehört oder bei der Gründung für Rechnung eines Vorstands- oder Aufsichtsratsmitglieds Aktien übernommen worden sind (§ 33 III AktG). – 3. *Prüfungsbericht:* Über jede Prüfung ist unter Angabe des Gegenstands jeder Sacheinlage oder Sachübernahme und der zur Ermittlung des Werts herangezogenen Bewertungsmethode schriftlich zu berichten. Je ein Exemplar des Prüfungsberichts ist dem Gericht und dem Vorstand einzureichen. Jedermann hat das Recht, den Bericht bei dem Gericht einzusehen (§ 34 III AktG).

Gründungsstock – Kapital für die Gründung und die ersten Betriebskosten eines Versicherungsvereins auf Gegenseitigkeit (VVaG). Die Bildung, Verzinsung und Tilgung sind in der Satzung mit Zustimmung der Bundesanstalt für Finanzdienstleistungsaufsicht (BaFin) zu regeln. Der Gründungsstock muss grundsätzlich in bar eingezahlt werden. Er wird aus den Jahresüberschüssen der ersten Jahre durch Bildung einer Verlustrücklage getilgt.

Grüner Punkt – Kennzeichen auf Verpackungen, die nach Gebrauch dem → Dualen System Deutschland (DSD) zuzuführen sind. Entscheidend für die Vergabe des Grüner Punktes sind die Verwertungsgarantien der beteiligten Unternehmen. Die Kennzeichnung ist kein Signet für bes.

umweltverträgliche Produkte (→ Umweltzeichen).

Gruppenakkord – Form des → Akkordlohns, bei der im Gegensatz zum → Einzelakkord nicht ein einzelner Arbeitnehmer, sondern eine Gruppe von Arbeitnehmern nach ihrer Leistung entlohnt wird. Probleme entstehen bei der Verteilung des Gruppenakkords auf die einzelnen Gruppenmitglieder. Der individuelle Anteil bemisst sich meist nach dem Verhältnis der tariflichen Grundlohnansprüche. Bei → teilautonomen Arbeitsgruppen können die individuellen Anteile nach in der Gruppe festzulegenden Schlüsseln verteilt werden.

Gruppenarbeit – von Vertretern der Human-Relations-Bewegung empfohlene Form der Arbeitsorganisation, die der Befriedigung sozialer Bedürfnisse (→ Bedürfnishierarchie) dienen soll und z.B. in der → teilautonomen Arbeitsgruppe realisiert wird. Gruppenarbeit kann unter spezifischen Voraussetzungen → Synergie-Effekte produzieren.

Gruppenbedürfnis – *Gemeinschaftsbedürfnis, Gesellungsstreben;* zu den sozialen Bedürfnissen (→ Bedürfnishierarchie) zählendes Grundmotiv, das den Menschen veranlasst, mit anderen Individuen Kontakt aufzunehmen bzw. die Gesellschaft anderer zu suchen. – Vgl. auch Gruppe.

Gruppendenken – *Groupthink;* hohe Konformität in der Einschätzung und Bewertung spezieller komplexer Situationen durch die Mitglieder der Gruppe. Das Phänomen des Gruppendenkens wird mit für eine ganze Reihe von Unfällen oder Desastern (z.B. Absturz des Spaceshuttle Challenger; Reaktorunfall in Tschernobyl) verantwortlich gemacht.

Gruppendynamik – Forschungsrichtung innerhalb der → Humanistischen Psychologie, die auf K. Lewin (1890–1947) zurückgeht und v.a. durch die Betonung der dynamischen Zusammenhänge von Gruppenphänomenen (Herausarbeitung der wechselseitigen Abhängigkeiten) Bedeutung erlangt hat (→ gruppendynamisches Training).

gruppendynamisches Training – *Laboratory Training, Sensitivity Training;* in den USA unter dem Einfluss von K. Lewin entwickelte Trainingsform zum Aufbau neuer sozialer Interaktionsmuster im Sinn der → Humanistischen Psychologie. Analyse der „hier und jetzt" ablaufenden gruppendynamischen Prozesse, Experimentieren mit dem eigenen Verhalten sowie Rückkopplung (Feedback) anderer zur Wirkung des eigenen Verhaltens. Der Lernprozess betont Erfahrung (statt Übung) und schließt emotional-affektive Prozesse mit ein. *Ergebnisse:* Erhebliche Streuung der Wirksamkeit des gruppendynamischen Trainings bei den Teilnehmern; Übertragung (Transfer) des Erlernten am Anwendungsort i.d.R. nur, sofern parallel die betriebliche Situation mit verändert wird (→ Organisationsentwicklung).

Gruppenforschung – Forschungsgebiet der → Sozialpsychologie. Gegenstand ist die Gruppe, ihr Wesen, ihre Entstehung, ihre Wirkungsweise, ihre Beziehung zum Individuum und zu anderen Gruppen. Je nach Betonung des psychologischen oder soziologischen Aspekts steht dabei das Individuum oder die Gruppe im Vordergrund.

Gruppenklima – Unter dem Gruppenklima versteht man das Ausmaß der geteilten Wahrnehmung von Gruppenmitgliedern über spezifische Einstellungsbereiche, wie etwa die Kommunikation innerhalb der Gruppe oder das Verständnis über die gemeinsamen Aufgaben. Da es sich um die geteilte Wahrnehmung handelt, kann etwa bei Befragungen immer auch geprüft werden, ob es sich tatsächlich um ein Klimaphänomen handelt, weil überprüft werden kann, ob und inwieweit die Gruppenmitglieder in ihren Wahrnehmungen übereinstimmen. I.d.R. ist das Gruppenklima auf spezifische Bereich

ausgerichtet, man spricht dann also von einem Gruppenklima für Gerechtigkeit, Innovation o.ä.

Gruppenkohäsion – Ausmaß des Zusammenhalts in → Arbeitsgruppen. Die Gruppenkohäsion hängt wesentlich von der Attraktivität der Gruppe für den einzelnen ab. Gruppenkohäsion ist umso größer, je eher Vorteile im Hinblick auf die Erreichung persönlicher Ziele zu erwarten sind, z.B. im Hinblick auf Prestige, das mit der Zugehörigkeit zu dieser Gruppe verbunden ist und die Möglichkeiten, innerhalb der Gruppe eigene Bedürfnisse zu befriedigen. – *Folge hoher Gruppenkohäsion* ist i.Allg. eine relativ starke Verhaltensnormierung der Gruppenmitglieder; hohe Gruppenkohäsion führt dann zu hoher Gruppenleistung, wenn die Leistungsnorm (→ Gruppennorm) in der Gruppe hoch ausgeprägt ist.

Gruppenmitglied – jeder Angehörige einer bestimmten Gruppe, ungeachtet der Position, die er darin einnimmt; entscheidend ist, dass er an der Aktivität (→ Interaktion) der Gruppe teilnimmt, ihre Normen (→ Gruppennorm) und Ziele im Wesentlichen akzeptiert, sich ihr zugehörig fühlt und auch von den übrigen Mitgliedern angenommen wird.

Gruppennorm – eine von der Mehrheit der Mitglieder einer Arbeitsgruppe geteilte Auffassung über erwünschtes Verhalten von → Gruppenmitgliedern.

Gruppenpsychologie – Gebiet der → Sozialpsychologie. Gegenstand der Gruppenpsychologie sind v.a. die Probleme, die bei der Zusammenarbeit mehrerer Individuen auftreten. – *Beispiel:* Eine Idealgruppe umfasst je nach ihrer Aufgabe sechs bis zehn Mitglieder; Beteiligung am Arbeitserfolg durch Gruppenprämien. – Vgl. auch → Gruppenarbeit, → Gruppendynamik, → Organisationsentwicklung.

Güteprämie → Qualitätsprämie.

Habitualisierung – Gewohnheitsbildung, die in der Arbeitspsychologie bei maximal gelernten Arbeitsvollzügen im Sinn eines automatisierten Handelns relevant wird und in der Marktpsychologie als vereinfachte Entscheidung interpretiert wird. Ausgelöst wird habitualisiertes Verhalten meist durch spezifische → Reize, deren Bedeutung erlernt wurde und die häufig als Schlüsselinformation mit einer Vielzahl von Informationen verbunden sind.

Handlungsbeziehungen → Interaktionen zwischen → Handlungsträgern bzw. → organisatorischen Einheiten, z.B. in Form von → Kommunikationsbeziehungen oder dem betrieblichen Materialfluss.

Handlungskompetenz – Oberbegriff für → Fachkompetenz, → Methodenkompetenz und → Sozialkompetenz. Ist die Fähigkeit, zielgerichtet, aufgabengemäß, der Situation angemessen und verantwortungsbewusst betriebliche Aufgaben zu erfüllen und Probleme zu lösen.

Handlungsregulation – Regulierung des Arbeitsprozesses (u.a. im Rahmen der Mensch-Maschine-Interaktion) in Abhängigkeit von der Erfahrung und der Komplexität der Aufgabe auf der intellektuellen, perzeptiv-begrifflichen und/oder sensomotorischen Ebene. Im Gedächtnis der Mitarbeiter sind operative Abbildsysteme gespeichert, die sich auf die gedankliche Vorwegnahme des Arbeitsergebnisses, das Wissen um die Ausführungsbedingungen sowie die Hypothesen zu den erforderlichen Operationen beziehen, um vom Istzustand zum Sollzustand zu gelangen. Hohe → Monotonie verbindet sich mit sehr einfachen operativen Abbildsystemen und Handlungsregulation auf der sensomotorischen Ebene.

Handlungsspielraum – definiert die Möglichkeiten, die jemanden offen stehen, um zu handeln. – Vgl. auch → Arbeitsgestaltung.

Handlungsträger – *Funktionsträger*; gedachte (abstrakte) Person, die durch Handlungen in → organisatorischen Einheiten an der Erfüllung der Unternehmungsaufgabe beteiligt ist. – Vgl. auch → Organisationsmitglieder, → Verantwortungsträger.

Harmonogramm – *Arbeitsablaufschaubild*; spezielles ablauforientiertes → Organigramm; grafische Darstellung zweier oder mehrerer zueinander in Beziehung stehender Ablaufschritte (z.B. Fertigung und Fertigungskontrolle) und ihrer gegenseitigen Abstimmung.

harte und weiche Faktoren – 1. *Begriff*: In der Unternehmensführung wird zwischen harten und weichen Faktoren unterschieden, die den Erfolg eines Unternehmens bestimmen. Harte Faktoren (hard facts) lassen sich in betriebswirtschaftlichen Kennzahlen wie Kosten, Kapitalumschlag oder Durchlaufszeiten ausdrücken. Man spricht von ökonomischer Objektivierung durch Kennziffern. Zu den weichen Faktoren (soft facts) zählen Images, Stimmungen, aber auch Wissen und daraus resultierendes Verhalten (De-/Motivation) sowie Handlungsweisen (Unterstützung/Widerstand). Solche Faktoren heißen weich, weil sie gar nicht oder nur mit Hilfsindikatoren als Kennzahlen darstellbar sind. Ihre ökonomische Handlungsrelevanz ergibt sich aus der Kraft gruppendynamischer Prozesse. – 2. *Ziel*: In ihrer analytisch exakten Darstellunghandlungs- und entscheidungsrelevanter Parameter dienen harte Faktoren der Mess- und Steuerbarkeit der Organisation. Ist ein Faktor hart und damit organisierbar, gilt er als erfass- und steuerbar. Ist ein Faktor weich und damit subjektiv, ist er aufgrund seiner personenübergreifenden Konstitution analytisch nicht exakt messbar und bestenfalls beeinflussbar. Da die Ursachen weicher Faktoren gruppendynamische Prozesse sind, ist ihre Entstehung und damit Relevanz nicht konstant. V.a. in evolutorischen Prozessen (Change Management, Markteintritt...) kann ihre Relevanz erfolgskritisch sein. Deshalb sollten diese Faktoren mit in solche Managementprozesse einbezogen werden. – 3. *Aspekte:* Entsprechend wird zwischen Führungsansätzen und Strategien unterschieden, die auf harte oder weiche Faktoren setzen. Besonders deutlich wird diese Unterscheidung in der Entwicklung der → Change Management- und → Change Communications-Debatte, aber auch an der Ideengeschichte des Marketings in der Betriebswirtschaft: Die sich auf harte Faktoren stützende Strategie (auch als E-Strategie [economic value] bezeichnet) basiert auf Finanzkennzahlen (hard approach), die z.T. mithilfe der Kybernetik erster Ordnung als Plan- und Regeltheorie (Wert-Management-Kreislauf) die kennzahlenorientierte Unternehmensführung betont. Strategien, die auf weiche Faktoren setzen (auch als O-Strategien [organizational capability/organisationale Kompetenz] bezeichnet), geht es darum, eine Unternehmenskultur mit adäquatem Humankapital zu entwickeln (soft approach). Mit der Kybernetik zweiter Ordnung wird ergänzend zur Kybernetik erster Ordnung in der systemvergleichenden Beobachtungstheorie u.a. nach handlungsrelevanten handlungs- und entscheidungsumgebenden Umfeldparametern gesucht, was in der geschlossenen Systemtheorie der Unternehmung zur Frage der Steuerungsskepsis führt. – 4. *Hintergrund:* Die Unterscheidung harter und weicher Faktoren führt zurück auf die klassische Ökonomie und der dort verorteten wertmanagementorientierten Betriebswirtschaft (Value-based-Management; materieller Wertebegriff). Sie arbeitet analytisch geprägt und steht in der wirtschaftstheoretischen Tradition rationaler Entscheidungen (rational choice). Dem gegenüber steht das *Werte*management

kultureller Werte bestimmter Bezugsgruppen einer Organisation (*im*materieller Wertebegriff). Streng genommen und ursprünglich sind Wert- und Wertemanagement modelltheoretisch unvereinbar. Denn ursprünglich wird das Marktgleichgewicht mathematisch-physikalisch geprägt analysiert, und der Modellmensch homo oeconomicus wird als Durchschnittsentscheider angenommen, der der perfekten Entscheidungsrationalität (perfekt informiert, unendlich schnell, rational und autonom entscheidend) gehorcht. Die mit dieser physikalisierten Wirtschaftstheorie scharfen Trennung von harten und weichen Faktoren wird zum Teil kritisiert und stattdessen ihre gegenseitige Abhängigkeit diskutiert (relational choice). So findet hier eine methodologische Erweiterung des Individualismus um den Relationalismus statt, der u.a. zur zusätzlichen Anerkennung von Sozialkompetenz (soft skills) als Managementkompetenz führt. – 5. *Instrumente:* Mit der Balanced Scorecard liegt ein Managementsystem vor, das versucht, harte Faktoren und mithilfe von Hilfsindikatoren auch weiche Faktoren zu erfassen, indem zentrale Wirkungszusammenhänge zwischen Faktoren und Unternehmenserfolg abgebildet und so gesteuert werden sollen.

Harvard-Konzept – Verhandlungsmethode, die auf vier Grundsätzen zum Führen erfolgreicher Verhandlungen aufbaut: (1) Der Verhandlungsgegenstand und die verhandelnden Personen sollten voneinander getrennt behandelt werden. (2) Im Mittelpunkt der Verhandlungen sollten die Interessen der Verhandelnden, nicht ihre Positionen stehen. (3) Vor einer Entscheidung sollten verschiedene Wahlmöglichkeiten offen gelegt und geprüft werden. (4) Das Ergebnis der Verhandlung sollte auf objektiven Entscheidungsprinzipien aufbauen.

Harzburger Modell – 1. *Begriff:* von R. Höhn (Leiter der Akademie für Führungskräfte der Wirtschaft, Bad Harzburg) 1956 ins Leben gerufene „Führung im Mitarbeiterverhältnis mit Delegation von Verantwortung". – 2. *Zentrale Zielsetzungen:* a) *Autoritäre Führung überwinden:* Das auf Befehl und Gehorsam beruhende Prinzip der Führung von Mitarbeitern wird als unzeitgemäß abgelehnt. – b) *Verantwortung delegieren:* Dies soll nicht nur das Abgeben von Arbeit heißen, sondern die Schaffung von eigenen Bereichen, die durch → Stellenbeschreibungen genau abgegrenzt sind. – Genaue *Verhaltensanweisungen* im Einzelnen. Die große Menge der im Harzburger Modell zu beachtenden Vorschriften macht es zu einem starren, reglementierenden Modell, das die autokratische durch eine bürokratische Führung ablöst. – 3. *Beurteilung:* Die Erfahrungen mit dem Harzburger Modell sind geteilt; als Führungskonzept (→ Führungstechnik) umstritten.

Hauptabteilung – größerer → organisatorischer Teilbereich.

Hausgehilfin – I. Begriff: *Hausangestellte;* Arbeitnehmerin, die Hausarbeit gegen Entgelt leistet und i.d.R. zum Haushalt ihres Arbeitgebers gehört. – *Anders:* Haushaltshilfe.

II. Steuerrecht: Der Lohn der Hausgehilfin ist steuerpflichtig (Einkünfte aus nichtselbständiger Arbeit), wenn das Arbeitsverhältnis nicht als geringfügiges Beschäftigungsverhältnis behandelt und der Lohn vom Arbeitgeber pauschal versteuert wird. – Der Arbeitgeber kann für die Kosten einer Hausgehilfin die Steuerermäßigung für haushaltsnahe Beschäftigungsverhältnisse nutzen.

Hawthorne-Effekt – Vom Hawthorne-Effekt spricht man, wenn die Ursache von beobachteten Verhaltenseffekten nicht die manipulierte *abhängige Variable* ist (z.B. Beleuchtungsintensität), sondern auf das Wissen der teilnehmenden Personen zurückzuführen ist, dass sie an einer Studie teilnehmen. Unter Bezugnahme auf die Hawthorne-Experimente von Mayo (→ Human Relations) vorgenommene spezifische Erklärung beobachteter Verhaltensänderungen im Betrieb.

Head Hunting – gezielte Abwerbung von Mitarbeitern aus anderen Unternehmen unter Einschaltung darauf spezialisierter Personalberater. Erschlossen wird ein Mitarbeiterkreis, der sich ohne direkte Ansprache nicht auf eine Stelle bewerben würde. In USA weit verbreitet; zunehmende Bedeutung auch in Deutschland.

Hemmnisse – Störfaktoren, die einen Entscheidungsprozess verlangsamen, behindern oder gänzlich blockieren können. Zur Analyse der Hemmnisse ist das Entscheidungsfeld mit allen relevanten Akteuren des Entscheidungsprozesses (z.B. für eine umweltfreundliche Beschaffung: Beschaffungsabteilung, Finanzabteilung, Umweltabteilung, Rechtsabteilung, Lieferanten) zu untersuchen. Hemmnisse können z.B. aus fehlenden Zielen, fehlenden Regelungen, fehlenden Informationen, fehlendem Wissen und fehlenden Anreiz- und Sanktionssystemen resultieren.

Heterarchie → Führungskonzepte im internationalen Management.

Hierarchie – I. Organisation: 1. *Begriff:* System der Über-/ Unterordnung zwischen → organisatorischen Einheiten. Bei einer gegebenen Anzahl von organisatorischen Einheiten ist eine Hierarchie umso steiler (flacher), je höher (niedriger) die Zahl der Hierarchieebenen ist. Hierarchie stellt dabei das grundlegende Ordnungssystem von Organisationen und sozialen Systemen dar. – 2. *Arten:* a) *Zielhierarchie* legt als Zweck-Mittel-Hierarchie das angestrebte Handeln einer Organisation fest. – b) *Aufgabenhierarchie* beschreibt die aus den Unternehmenszielen abgeleiteten operationalen Teilaufgaben. – c) *Stellenhierarchie* legt das Stellengefüge fest, in welchem den einzelnen organisatorischen Einheiten operationale Teilaufgaben zugewiesen werden. – d) *Personenhierarchie* bezeichnet die Positionierung der Stelleninhaber innerhalb einer hierarchischen Ordnung. – 3. *Zweck:* Hierarchie besitzt Koordinationsfunktion, indem eine übergeordnete Stelle untergeordneten Stellen Anweisungen erteilt, die darauf gerichtet sind, den spezialisierten

Aufgabenvollzug zielentsprechend auszurichten.

II. Theorie der Unternehmung: kapitalistische Unternehmung, Theorie der Unternehmung.

hierarchisches Motivationsmodell → Inhaltstheorien der Motivation.

Hilfsarbeiter – ein Arbeiter ohne branchenspezifische Berufsausbildung, der ungelernt (→ angelernter Arbeiter) gering qualifizierte Tätigkeiten (Hilfstätigkeiten) ausführt. – Vgl. auch ungelernter Arbeiter.

Hilfsarbeiterlohn – meist Zeit-, selten Akkordlohn für ungelernte Arbeiter oder → angelernte Arbeiter. – *Kostenrechnungstechnische Erfassung und Verrechnung:* Hilfsarbeiterlöhne können *Fertigungslöhne* sein, sofern sie sich dem Kostenträger direkt, d.h. ohne Verrechnung über Kostenstellen im Betriebsabrechnungsbogen (BAB), zurechnen lassen. Meist jedoch nur Verrechnung als *Gemeinkostenlöhne (Hilfslöhne),* oftmals als Kostenstelleneinzelkosten möglich, da die Hilfsarbeiter i.d.R. bestimmten Kostenstellen als Arbeitskraft zugeteilt und die für sie erwachsenden Lohnkosten diesen zuzurechnen sind; bei „fliegenden Kolonnen" oder vielseitig beanspruchten Einzelkräften ist eine Aufteilung anteilig (nach Zeit- oder Mengeneinheiten) der für die Kostenstellen erbrachten Arbeitsleistung erforderlich.

Holdingstruktur – 1. *Begriff:* Spezielle Form der Geschäftsbereichs- oder → Spartenorganisation, bei der unterhalb einer Obergesellschaft (Holding) auf der zweiten hierarchischen Ebene die Geschäftsbereiche der Sparten (Tochtergesellschaften) als gesellschaftsrechtlich selbstständige → organisatorische Einheiten tätig sind. – 2. *Formen:* a) Bei der *Managementholding* besitzt die Obergesellschaft Kompetenz in allen finanzwirtschaftlichen und strategischen Fragen. Die Tochtergesellschaften sind nur autonom im Hinblick auf die operativen Entscheidungen. – b) Bei der *Finanzholding* besitzt die Obergesellschaft nur Kompetenz in allen finanzwirtschaftlichen Fragen. – Vgl. auch → Konzernorganisation.

Homo reciprocans – *Begriff:* Gegenpol zum klassischen Denkmodell des Homo oeconomicus. Mithilfe des Modells des Homo reciprocans sollen Motive für die Berücksichtigung ökologischer Knappheit in Entscheidungen von Wirtschaftssubjekten erklärt werden. Dem Konzept liegt die Annahme zugrunde, das Entscheidungen nicht perfekt sein müssen, sondern ausreichend (eingeschränkte Rationalität) um das Überleben zu sichern. – *Grundgedanke:* Reziprozität kann Rationalisierungskriterium sein. – *Zwei mögliche Richtungen der Reziprozität:* Negativ als Zwang (z.B. rechtliche Anforderungen), positiv als Geschenk. – *Weitere Motivation:* Tausch und Gegenseitigkeit.

HR-Consulting → Personalberatung.

Huckepack-Gründung – beschreibt eine Finanzierungsalternative bei der eine Innovationsprojekt durch ein bestehendes Unternehmen oder eine vorher aufgebaute → Gründung finanziert wird. Die vorhandene Wirtschaftseinheit mit ihrem Cashflow und den für die Neuentwicklung ggf. vorhandenen Instrumenten und → Ressourcen ermöglicht die Innenfinanzierung des Vorhabens und bietet der Gründerperson (→ Existenzgründer) gleichzeitig ein Basiseinkommen wie auch Marktkontakte und erste Markterfahrungen.

Humanisierung der Arbeit – zusammenfassende Bezeichnung für alle auf die Verbesserung des Arbeitsinhaltes und der Arbeitsbedingungen gerichtete Maßnahmen um die Arbeitswelt möglichst menschengerecht zu gestalten. – *Bedeutungsinhalte:* 1. *Maßnahmen zum Gesundheitsschutz am Arbeitsplatz und zur Arbeitsplatzgestaltung* (→ Ergonomie) um gesundheitliche Risiken und körperliche Belastungen zu minimieren. – 2. *Arbeitsorganisatorische Maßnahmen,* die darauf abzielen, die psychische Arbeitsbelastung zu minimieren, etwa durch Abbau von

Monotonie (→ Jobrotation), Erweiterung des Tätigkeitsspielraumes (→ Jobenlargement), sowie Erweiterung der Verantwortung (→ Jobenrichment). – 3. *Psychologische Arbeitsgestaltung,* d.h. Abstimmung der Arbeit auf die individuellen arbeitsbezogenen Motive (→ Job Diagnostic Survey).

humanistische Psychologie – auf Autoren wie McGregor, Maslow, Argyris und Schein zurückgehende Richtung der Psychologie, nach der im Unterschied zur bürokratischen Organisation nicht die Kontrolle der Person, sondern deren Selbstentfaltung und Möglichkeit zur authentischen Kommunikation im Vordergrund stehen soll. – *Bedeutung:* Von der humanistischen Psychologie sind wesentliche Impulse auf die Humanisierung der Arbeitswelt (→ Humanisierung der Arbeit) ausgegangen.

Human Relations – in den USA im Anschluss an die Hawthorne-Experimente entstandene Bewegung, die die Pflege der zwischenmenschlichen Beziehungen zwischen Führenden und Geführten sowie zwischen den Gleichgestellten zu fördern versucht. Human Relations wird von sozialkritischer Seite häufig mit dem Argument kritisiert, dass hier in manipulativer Weise eine Anpassung an bestehende Verhältnisse gefördert werde ohne dass objektive Arbeitsbedingungen verbessert würden.

Human Resource → Humanvermögen.

Human Resource Accounting → Humanvermögensrechnung.

Human Resource Management – im angelsächsischen Bereich durchgängig benutzte Bezeichnung für → Personalmanagement; mittlerweile auch in Deutschland, überwiegend in mittelständischen und großen Unternehmen regelmäßig verwendet. Betont werden soll der *Ressourcencharakter* des Personals. – Zu inhaltlichen Aspekten vgl. → Personalwirtschaft.

Humanvermögen – I. Betriebswirtschaftslehre: *Human Resource;* Gesamtheit der Leistungspotenziale (Leistungsreserve), die einem Unternehmen durch seine Mitarbeiter zur Verfügung gestellt werden. Begriffsbildung entsprechend dem allg. betriebswirtschaftlichen Vermögensbegriff: Summe aller Ressourcen, über die eine Unternehmung zur wirtschaftlichen Nutzung bzw. zum Verzehr verfügen kann. Erfasst werden soll nicht der Arbeitnehmer selbst, sondern sein der Unternehmung zur Verfügung gestelltes Leistungspotenzial, das sich ergibt aus dem Produkt seines Leistungsangebotes mit dem Zeitraum, über den er die Leistung anzubieten in der Lage ist; das Leistungsangebot ist bestimmt durch die individuelle Leistungsfähigkeit und Leistungsbereitschaft (Leistungsmotivation). – *Quantitative Bewertung und Darstellung:* → Humanvermögensrechnung.

II. Volkswirtschaftslehre: alternativer Begriff zum in der Öffentlichkeit umstrittenen Konzept des „Humankapitals". Als Humanvermögen wird dabei nicht nur die Erwerbskapazität von Individuen (etwa als Barwert ihrer durch Erwerbsarbeit erzielbaren Einkommen) bezeichnet, sondern ein breiteres Spektrum menschlicher Fähigkeiten und Potenziale.

Humanvermögensrechnung – *Human Resource Accounting;* aus den USA stammender Ansatz, das dem Unternehmen zur Verfügung stehende → Humanvermögen zu erfassen. Unzureichende Einschätzung des Humanvermögens kann zu personalpolitischen Fehlentscheidungen führen: Personalpolitische Rationalisierungsstrategien, mit denen Abbau von Personal (→ Personalfreisetzung) verbunden ist, erweisen sich häufig ausschließlich als Abbau von Humanvermögen. Zur Bewertung gibt es verschiedene Prinzipien: kostenorientierte Modelle *(Human Resource Cost Accounting),* Bewertung mit Anschaffungskosten (Brummet/Flamholtz/Pyle 1968), Bewertung mit Opportunitätskosten (Hekimian/Jones 1967), Bewertung mit Wiederbeschaffungskosten (Flamholtz 1974). Der letztere Ansatz ist der umfassendste, da damit die (für neu einge-stellte Mitarbeiter erst zu erlernende) Qualifikationen am stärksten berücksichtigt werden.

Hygienefaktoren – Bestandteil der Zweifaktorentheorie der → Arbeitszufriedenheit. Hygienefaktoren verhindern die Entstehung von Unzufriedenheit, ihre positive Ausprägung trägt jedoch nicht zur Zufriedenheit bei. – *Beispiele:* → Führungsstil, Unternehmenspolitik und -verwaltung, Arbeitsbedingungen, Beziehungen zu Gleichgestellten, Unterstellten und Vorgesetzten, Status, Arbeitssicherheit und Gehalt.

ICMCI – Abk. für *International Council of Management Consulting Institutes*, internationale Dachorganisation von Managementberatungsverbänden und -instituten; 1987 gegründet. – 1. *Aufgaben:* Ziel des ICMCI ist es, die Zusammenarbeit zwischen den Consulting-Verbänden und -Instituten zu intensivieren, um gemeinsame Ziele schneller umzusetzen. Dazu zählen insbesondere die Entwicklung und Erhöhung der Berufsstandards, die Registrierung und Zertifizierung von Managementberatern sowie die weltweite Anerkennung des CMC-zertifizierten Beraters (Certified Management Consultant). Der „Code of Professional Conduct" (Verhaltenskodex) enthält u.a. Begriffsdefinitionen, Aufnahmebedingungen und Grundlagen für die Zusammenarbeit zwischen den Mitgliedsorganisationen. – 2. *Mitglieder:* Im ICMCI sind 50 Länderorganisationen (2013) vertreten, die über einen qualifizierten Zertifizierungsprozess für Managementberater verfügen. Um Mitglied werden zu können, müssen sich die Länderorganisationen als Standesvertretung der Managementberater im jeweiligen Land ausweisen, hinsichtlich Zertifizierung/Aufnahmebedingungen und Verhaltenskodex die ICMCI-Voraussetzungen erfüllen sowie über eine Leitung (Geschäftsführung, Vorstand) verfügen, die die Ziele des ICMCI bei ihren Mitgliedern umsetzen kann. Zu den Mitgliedern zählt der Bundesverband Deutscher Unternehmensberater e. V. (→ BDU).

Ideenfindungsmethoden → Kreativitätstechniken.

IGOs – Abk. für *International Governmental Organizations;* internationale Organisationen, die unter staatlicher Trägerschaft stehen und nicht gewinnorientiert sind, z.B. WTO (World Trade Organization). Im Gegensatz zu → INGOs basieren IGOs auf völkerrechtlichen Verträgen. IGOs sind im „Yearbook of International Organizations" (herausgegeben von der Union of International Associations UIA) verzeichnet.

Image – Konzept aus der → Markt- und Werbepsychologie, das als die Quintessenz der Einstellungen verstanden werden kann, die Konsumenten einem Produkt, einer Dienstleistung oder einer Idee entgegenbringen. Wie Einstellungen stammen Images aus der direkten oder indirekten Erfahrung. Bei ihnen lassen sich (1) kognitive (Was weiß ich über den Gegenstand?), (2) evaluative (Wie werte ich den Gegenstand?) und (3) konative (Wie möchte ich dem Gegenstand gegenüber handeln?) Komponenten voneinander abheben. Für die Imageanalyse gibt es eine Vielzahl von quantitativen (auf Skalierungsverfahren beruhenden) und qualitativen Verfahren. Der Imagegestaltung dienen marketingpolitische Instrumente, also der Preis, die Produktgestaltung, die Werbung und der Absatzweg. – *Firmenimage:* Public Relations (PR).

Imitationsstrategie – Die strategische Entscheidung, als Imitator einer → Innovation am Markt aufzutreten, ist eine Variante der Timing-Strategie für Innovationen. Im Vorfeld der Entscheidung zur Einführung einer Produktimitation ist das → Monitoring interessanter Märkte und Technologiefelder von Bedeutung. Die Entscheidung für oder gegen eine Produktimitation fällt nach eingehender Analyse der zu überwindenden Markteintrittsbarrieren (→ Markteintrittsschranken). Für die erfolgreiche Umsetzung der Imitationsstrategie ist die Erfüllung des Imitationsziels, d.h. der bestmöglichen Nachahmung einer bereits am Markt eingeführten Innovation, notwendig, um die hieraus resultierenden Imitationsvorteile abzuschöpfen. Der erfolgreiche Markteintritt, z.B. mit einer Produktimitation, stellt einen Anreiz für weitere

Marktteilnehmer dar, ebenfalls einen Markteintritt zu wagen. Für den Imitator besteht die strategische Aufgabe darin, potenziellen Wettbewerbern den Markteintritt zu verwehren.

immaterielle Mitarbeiterbeteiligung – Partizipation der Mitarbeiter an Entscheidungen, u.U. als Folge → materieller Mitarbeiterbeteiligung. Immaterielle Mitarbeiterbeteiligung kann sich grundsätzlich auf den Arbeitsplatz (Arbeitsplatzmitbestimmung) oder die Unternehmensebene beziehen. In Großunternehmen gesetzlich geregelt durch Mitbestimmungsgesetz (MitbestG), Betriebsverfassungsgesetz 1952 (BetrVG), Montan-Mitbestimmungsgesetz (Montan-MitbestG), in mittelständischen Betrieben verschiedene Modelle freiwillig vereinbarter immaterieller Mitarbeiterbeteiligung. Mitwirkungsmöglichkeiten der Mitarbeiter von Informations- und Kontrollrechten bis zu Mitsprache- und Mitbestimmungsrechten. Zumeist handelt es sich um eine Komponente der betrieblichen Partnerschaft (→ Partnerschaft). Ausübung der immateriellen Mitarbeiterbeteiligung in Partnerschaftsausschüssen, Beiräten oder ähnlichen Organen, denen bisweilen recht weit reichender Einfluss auf wichtige Unternehmensentscheidungen eingeräumt wird.

Immission – Immissionen resultieren aus → Emissionen und können demnach nur durch Maßnahmen gegen Emissionsquellen bekämpft werden. Allerdings sind Emissionen und Immissionen bei diffundierenden → Schadstoffen unterschiedlich, sodass zusätzlich zur Bekämpfung an der Quelle auch darauf geachtet werden muss, wie sich die Emissionen im Raum verteilen. Das *Bundes-Immissionsschutzgesetz* umfasst allg. Grundlagen und Regelungen zum Schutz von Menschen sowie Tieren, Pflanzen und Sachen vor Luftverunreinigungen, Geräuschen, Erschütterungen, Licht, Wärme, Strahlen und ähnliche Umwelteinwirkungen.

Improvisation – die vorübergehende Regelung einer begrenzten Anzahl von Teilhandlungen im Rahmen der arbeitsteiligen (Arbeitsteilung) Aufgabenerfüllung der Unternehmung. I.d.R. Anwendung, wenn sich ständig ändernde Situationsbedingungen keine dauerhafte Lösung ermöglichen. – *Gegensatz:* (1) Die dauerhaft und umfassend angelegte Organisation (instrumentaler → Organisationsbegriff); (2) die einzelfallbezogene → Disposition.

In-Basket-Methode → Postkorb-Übung.

Incentives – I. Wirtschafts-/Finanzpolitik: Durch wirtschafts- oder finanzpolitische (bes. steuerliche) Maßnahmen bewirkte Erhöhung der (ökonomischen) Leistungsbereitschaft. Diese äußert sich in privaten Haushalten meist in einer Erhöhung des Arbeitsangebots und in Unternehmen meist in einer Erhöhung der Investitionen. – *Gegensatz:* Disincentives.

II. Arbeits- und Organisationspsychologie: → Anreiz.

Independent Fund – bezeichnet im Gegensatz zu einem → Captive Fund, einen Venture-Capital- oder Private-Equity-Fund, der nicht von einem Kapitalgeber dominiert wird, sondern aufgrund der gestreuten Anteile unabhängig agiert.

Indexlohn – *gleitender Lohn;* Entlohnungssystem, bei dem der *Reallohn* stabil gehalten wird (gleiche Kaufkraft). Maßstab für die Kaufkraft des Geldes ist meist der Verbraucherpreisindex für Deutschland (VPI) bzw. Harmonisierter Verbraucherpreisindex (HVPI), ggf. auch Goldpreis und Kurs für fremde Währung. Eine Anwendung des Indexlohns ist sinnvoll, wenn eine Volkswirtschaft unter erheblichen Geldwertschwankungen zu leiden hat, in normalen Zeiten jedoch nicht zweckmäßig wegen der komplizierten Berechnung. In der Bundesrepublik Deutschland sind Indexbindungen als Bestandteil des Tarifvertrages rechtlich zulässig. Die Kopplung des Lohns an den

Verbraucherpreisindex gilt als inflationsfördernd und -verstärkend.

indirekte Lenkung → pretiale Lenkung.

individualisierte Organisation → Individualisierung.

Individualisierung – 1. *Begriff:* Individualisierung ist ein personalwirtschaftliches Programm, das der Einzigartigkeit bzw. Individualität der Mitarbeiter systematisch Rechnung zu tragen sucht. Durch Individualisierung lässt sich gezielt auf deren Freiheitsbedürfnis sowie allg. auf den Subjektcharakter lebendiger Arbeit (→ Personalwirtschaft) positiv eingehen, womit zugleich ein unternehmensethisches Anliegen angesprochen ist. Weil Individualität, determiniert durch Leistungsdisposition, Leistungsfähigkeit und Leistungsbereitschaft, auch im Leistungsverhalten Ausdruck findet, wird mit Individualisierung aber auch die Interessenlage von Unternehmen berührt. – Institutionelle Verkörperung konsequent verfolgter Individualisierung ist das individualisierte Unternehmen im Sinn einer konkreten Utopie. Mit dieser Charakterisierung soll zum Ausdruck gebracht werden, dass eine vollständige Individualisierung lediglich einen idealtypischen, in der Unternehmensrealität nicht zu erreichenden Endzustand darstellt, dem man sich durch gezielte Gestaltungsmaßnahmen allerdings schrittweise annähern kann. – 2. *Programmpunkte:* Wenn die im Hinblick auf ihre überdauernden und momentanen Leistungsvoraussetzungen (Leistungsdisposition und Leistungsfähigkeit) bestehenden Unterschiede und darüber hinaus auch die motivationale Differenziertheit (Leistungsbereitschaft) der Mitarbeiter systematische Berücksichtigung finden soll, dann kann dies dadurch erfolgen, dass (a) seitens des Unternehmens den Mitarbeitern eine Mehrzahl von Arbeitssituationen offeriert werden, zwischen denen diese (b) mittels selbstbestimmten Entscheidens das ihnen zusagende, d.h. ihren Bedürfnissen und Wünschen am besten entgegen kommende Arrangement auswählen

können. – Damit sind zugleich die beiden zentralen Programmpunkte der personalwirtschaftlichen Individualisierung angesprochen, nämlich Wahlmöglichkeiten schaffen und Selbstselektion ermöglichen. – Was den ersten Programmpunkt *Wahlmöglichkeiten schaffen* anbelangt, so bilden dabei verschiedene Bereiche personalwirtschaftlichen Gestaltens und Handelns den nahe liegenden Ansatzpunkt. Als solche können v.a. die Arbeitszeit, das Entgelt- und das Karrieresystem, die Tätigkeiten, die Gruppenbeziehungen sowie die Mitarbeiterführung gelten. Zu beachten ist dabei, das die Individualisierungspotenziale innerhalb der genannten Gestaltungsbereiche und Handlungsfelder aus der Natur der Sache heraus oder aufgrund gesetzlicher und (kollektiv-)vertraglicher Regelungen unterschiedlich groß ausfallen. So sind sie bspw. bez. der Entgeltgestaltung durch Tarifverträge und Betriebsvereinbarungen beträchtlich eingeschränkt bzw. bleiben – etwa in Form von → Cafeteria-Systemen – weitgehend der Entlohnung von Führungskräften vorbehalten. Ganz anders stellen sich die Verhältnisse im Hinblick auf Arbeitszeitregelungen dar, wo von einem breiten Spielraum für Gestaltungsmöglichkeiten auszugehen ist. – In dem mit *Selbstselektion ermöglichen* bezeichneten zweiten Programmpunkt kommt zunächst die Überzeugung zum Ausdruck, dass Menschen bzw. Mitarbeiter i.d.R. selbst am besten wissen, welche der unternehmensseitig offerierten Alternativen ihnen am meisten zusagen. Allerdings setzt die Wahrnehmung der Chance zur Selbstselektion Aufklärung voraus. Nur in solchen Fällen kann von informierten Entscheidungen zwischen den grundsätzlich verfügbaren Wahlmöglichkeiten gesprochen werden. Ferner muss Selbstselektion im Prinzip als Daueroption verfügbar sein. Die Erfüllung dieser Zusatzbedingung öffnet das Individualisierungskonzept gegenüber Lernprozessen, wie sie in der Realität an der Tagesordnung sind. Ferner können sich die Präferenzen der Mitarbeiter im Laufe der Zeit verschieben; dies etwa deshalb, weil sich ihre Lebensumstände und -pläne – etwa im Zuge einer neuen familiären Situation oder altersbedingt – verändern. – 3. *Prozessuale und unternehmenskulturelle Merkmale:* Personalwirtschaftliche Individualisierung ist ein umfassender und ggf. auch langwieriger Prozess organisationalen und individuellen Lernens, der zweckmäßigerweise im Geist der → Organisationsentwicklung voranzutreiben ist. V.a. bei der Einführung des Konzepts erweist sich eine umfassende Information der Mitarbeiter – etwa durch die Unternehmensleitung, das Personalressort oder die Fachabteilungen – als unumgänglich. Wie alles Neue, so ist auch Individualisierung für ihre Nutznießer zunächst einmal mit Unsicherheit verbunden, stellt sie sich doch als ausgesprochen mehrdeutige Innovationssituation dar. Dass bei der Implementierung auch die Verfolgung einer Partizipationsstrategie zweckmäßig ist, versteht sich von selbst; ebenfalls, dass eine Beteiligung des Betriebsrats i.d.R. schon deshalb erforderlich wird, weil die unternehmensseitig angebotenen Wahlmöglichkeiten vielfach die Mitwirkungs- und Mitbestimmungsrechte dieses Organs der Arbeitnehmer-Interessenvertretung tangieren. – Schließlich ist davon auszugehen, dass sich Individualisierung in unternehmenskultureller Hinsicht (nachhaltig) bemerkbar macht: Als „Kultur des Unterschieds", die Individualität dadurch berücksichtigt, dass den Bedürfnissen, Interessen, Neigungen und Fähigkeiten der einzelnen Mitarbeiter im Rahmen des unternehmensseitig Möglichen konsequent Rechnung getragen wird. Eine solche Kultur wirkt darüber hinaus vertrauensbildend, denn es wird den Mitarbeitern signalisiert, dass sie als Individuen akzeptiert, ernst genommen sowie gefördert werden und das Unternehmen ihnen die Fähigkeit zubilligt, verantwortlich über ihr eigenes Wollen zu entscheiden. I.d.R. wird sich dies nicht nur vorteilhaft auf das Leistungsverhalten der Mitarbeiter auswirken, sondern auch positive Außeneffekte haben, die insbesondere im

Zusammenhang mit der Personalgewinnung Bedeutung erlangen können.

Individualkommunikation – I. Kommunikationswissenschaft: 1. *Charakterisierung:* Form der → Kommunikation; Interaktion zwischen identifizierten Partnern. Typisch ist der (häufige) Rollenwechsel, der Sender wird zum Empfänger und umgekehrt; Individualkommunikation ist direkt, wechselseitig und bietet die Möglichkeit unmittelbarer Kontrolle durch Rückkopplung. – 2. Die *Unterscheidung zwischen Individualkommunikation und Massenkommunikation* ist durch die jüngste Entwicklung der Medientechnik problematisch geworden; zunehmend wird für alle Formen der Kommunikation der Begriff Telekommunikation verwandt.

II. Wirtschaftsinformatik: Form der Kommunikation, bei der die Kommunikationspartner für die Informationsübermittlung exklusiv ausgewählt werden. Für Individualkommunikation die über ein Netz erfolgen soll, wird deshalb ein Vermittlungsnetz benötigt. – *Gegensatz:* Massenkommunikation.

Indoktrination – beeinflussende Maßnahmen zur Erzielung einer möglichst weit gehenden Harmonisierung der Interessen und Wünsche der Unternehmer, des Betriebes und der Mitarbeiter, um Friktionen in der Kooperation beim betrieblichen Leistungsprozess zu minimieren. – *Mittel:* Innerbetriebliche Information, Schulung und Weiterbildung, Vorbildung der Führungskräfte, → Organisationskultur u.a.

Industrial Engineering – 1. *Begriff:* Interdisziplinäres Betätigungsfeld, das sich mit der Untersuchung, Erklärung und Gestaltung des management-technologischen Bereichs (→ Managementtechniken) befasst. – 2. *Hauptanwendungsgebiete:* → Unternehmensplanung, Verbesserung und Einführung integrierter Mensch-Maschine-Systeme; dabei Konzentration der Bemühungen auf Funktionsfähigkeit dieser Systeme und bes. auf die Anpassung der maschinellen Sachmittel- und personalen (Menschen) Systemelemente. – 3.

Spezielle Untersuchungsbereiche: Verhaltensweisen und -prozesse der im System kooperierenden Menschen, Managementtechniken, Verfahrensanalysen, Qualitätstest und -kontrolle, Computertechnik und Informationsbe- und -verarbeitung im Rahmen der EDV, stochastische und deterministische Planungsmodelle. – 4. *Berufsmäßige Institutionalisierung* des Industrial Engineering ist in den USA stark ausgeprägt. In der Bundesrepublik Deutschland ist das Industrial Engineering mit dem Wirtschaftsingenieurwesen vergleichbar.

Industrial Organization → Industrieökonomik.

Industrial Relations – Arbeitsbeziehungen bzw. Arbeitgeber-Arbeitnehmer-Beziehungen. Diese finden ihren Niederschlag zwischen Institutionen (→ Arbeitgeberverbände, Gewerkschaften) sowie Verfahren und Regeln (Arbeitskämpfe etc.).

Industrieökonomik – *Theory of Industrial Organization.* 1. *Begriff:* Eine von der Theorie geleitete empirische Forschung zur Organisation und Struktur der Industrie i.w.S. Im Mittelpunkt der Industrieökonomik steht die Frage, ob das bei der Herstellung von Gütern und Dienstleistungen erzielte Ergebnis für die gesellschaftliche Wohlfahrt zufriedenstellend ist. – 2. *Ausgangspunkt* ist das „*Structure-Conduct-Performance-Paradigma*", das besagt, dass sich das Ergebnis einer „Industry" (Branche) durch die Struktur und das Verhalten der Unternehmen in ihr erklären lässt. Die Struktur beinhaltet die Rahmenbedingungen, die die Unternehmen einer „Industry" in ihren Entscheidungen beachten müssen. Im Rahmen dieser Gegebenheiten besteht für die „Industry" ein gewisser Handlungsraum, der das erreichbare Ergebnis festlegt. Dieser stochastische Zusammenhang wird in neueren Beiträgen zur Industrieökonomik abgewandelt, indem retrograd auch von einer Einflussnahme des Ergebnisses auf das Verhalten und auch die Struktur ausgegangen wird. – 3. *Ansätze:* Vgl. Abbildung „Industrieökonomik

– Ansätze". – 4. *Anwendung:* a) Ursprünglich wurde die Industrieökonomik in der Regierungspolitik und in der Rechtsprechung genutzt. Struktur und Verhalten sind Ansatzpunkte für die Wirtschafts- und Wettbewerbspolitik (allgemeine Wirtschaftspolitik). Sie sind auch Kriterien für die Beurteilung der Marktmacht und deren Auswirkung auf das Ergebnis in der Antitrust-Gesetzgebung und -Rechtsprechung. – b) Aktuell erfährt die Industrieökonomik aus dem Bereich der → Wettbewerbskonzepte innerhalb eines → strategischen Managements neue Impulse (Analyse des Unternehmerverhaltens mithilfe spieltheoretischer Ansätze).

informale Organisation → informelle Organisation.

Information – 1. *Begriff:* Derjenige Anteil einer Nachricht, der für den Empfänger einen Wert besitzt. Durch Informationen werden beim Wirtschaftssubjekt bestehende Wahrscheinlichkeitsurteile bez. entscheidungsrelevanter Daten oder Ereignisse (z.B. Tauschmöglichkeiten oder technische Innovationen) verändert. – 2. *Merkmale:* a) Eine Information kann als immaterielles Gut charakterisiert werden, das i.d.R. auch bei mehrfacher Nutzung nicht verbraucht wird. Informationskäufer erhalten eine, meist zu geringen Grenzkosten herstellbare, Kopie der Information, können aber die Rechte der Informationsnutzung in vollem Umfang erwerben. Als wirtschaftliches Tauschobjekt i.e.S. ist deshalb nicht die Information selbst, sondern das Recht, sie zu nutzen, zu betrachten (Verfügungsrechte). – b) Informationen zeichnen sich des Weiteren dadurch aus, dass sie (v.a. angesichts neuerer Informations- und Kommunikationstechniken) extrem schnell und preiswert transportierbar sind. – c) Wegen der erwähnten Eigenschaften treten bei der Produktion und Distribution von Informationsprodukten erhebliche Economies of Scale auf.

Industrieökonomik – Ansätze

	Marktstruktur	Marktverhalten	Marktergebnis
Bain (1968)	1. Anbieter-konzentrationsgrad 2. Nachfrager-konzentrationsgrad 3. Grad der Produkt-differenzierung 4. Eintrittsbedingungen	1. Festsetzung von Preisen und Mengen der Anbieter 2. Festsetzung von Vertriebskosten und Produktpolitik 3. „Predatory and Exclusionary Tactics" 4. Nachfrageverhalten	1. technische Effizienz der Produktion 2. Preis/Grenzkosten der Produktion 3. Output/möglichen Output bei Preis gleich Grenzkosten 4. Verkaufsförderungs-/Produktionskosten 5. Produkteigenschaften 6. Fortschritt
Caves (1972)	1. Anbieterkonzentration 2. Produktdifferenzierung 3. Marktschranken 4. Wachstumsrate der Marktnachfrage 5. Preiselastizität der Nachfrage 6. Nachfrage-konzentration	1. Politik der Preisfestsetzung 2. Politik der Qualitätsbestimmung 3. Politik der Markträumung	1. Vollbeschäftigung und Preisstabilität 2. Fortschritt, Forschung und Innovation 3. Effizienz (Profit Rates, Efficient Scale of Production, Sales Promotion and Product Changes)
Koch (1974)	1. „Industry"-Reife 2. öffentliche Regulierung 3. Produktdifferenzierung 4. Anbieter- u. Nach-fragekonzentration 5. Eintrittsbarrieren 6. Kostenstrukturen 7. vertikale Integration 8. Diversifikation 9. „Scale Economies"	1. Kollusion 2. Preisstrategie 3. Produktstrategie 4. Anpassung an Wechsel 5. Forschung und Innovation 6. Werbung 7. „Legal Tactics"	1. Output 2. Outputwachstum 3. technologischer Fortschritt 4. Beschäftigung 5. allokative Effizienz 6. „Cross-Efficiency" 7. Einkommensverteilung
Shepherd (1979)	1. Marktanteil 2. Konzentration 3. Eintrittsbarrieren 4. vertikale Modelle 5. andere – Lebenszyklen – Wachstum – Zufallsprozesse – Regierungspolitik	1. Preisverhalten – gemeinsame Gewinnmaximierung – Preisdiskriminierung 2. Marktausschluss	1. Preis-Kosten-Modelle 2. Effizienz: statisch und dynamisch 3. Einkommensverteilung 4. „Content"
Scherer (1980)	1. „Economics of Scale" 2. Fusionisten und Konzentration 3. Regierungspolitik 4. stochastische Determinanten	1. Preisverhalten 2. Produktstrategie und Werbung 3. technologische Innovation 4. „Plant Investment" 5. „Legal Tactics"	1. Produktions- und allokative Effizienz 2. Fortschritt 3. Vollbeschäftigung 4. Einkommensverteilung

Informationskette – Reihe verbundener → Informationen, wobei die vorhergehende die folgende Information auslöst.

Informationsmanagement – I. Betriebswirtschaft: Die wirtschaftliche Bedeutung von → Information liegt in deren Eigenschaft als Wirtschaftsgut, → Wettbewerbs- und Produktionsfaktor. Mangelhaftes Informationsverhalten (Nachfrage, Angebot) erhöht generell das Risiko für den Misserfolg von Entscheidungen und Maßnahmen in den verschiedenen Institutionen (Unternehmen, Ministerien, Standesvertretungen etc.). Spezielle Bedeutung hat Informationsmanagement für das Unternehmen in Verbindung mit strategischer Planung und Innovationsmanagement gewonnen. Einer jeden Innovation gehen technische Erfindungen voraus, die als Invention bezeichnet werden. Neben der technischen Machbarkeit wird dann im Rahmen verschiedener Testphasen die Marktfähigkeit der Invention überprüft. Verspricht die Neuerung einen Erfolg, dann kommt es zur Markteinführung. Die Invention wird dann zur Innovation. Bei dem heute vorherrschenden → Innovationswettbewerb sind „zufällig" entstehende Innovationen bei Weitem nicht mehr ausreichend, sodass das Informationsmanagement unter diesem Aspekt bes. relevant ist. Im Hinblick darauf, dass jeder → Innovationsprozess zunächst als immaterieller Prozess der Beschaffung, Aufbereitung und Verdichtung von Information beginnt, kann – bezogen auf Innovationsprojekte – mangelnde Informationsbeschaffung zu Ineffizienz und Misserfolg am Markt führen. Die notwendige strategische Ausrichtung von Innovationsvorhaben setzt die Existenz einer Unternehmensstrategie voraus, deren Formulierung ebenfalls an die Verfügbarkeit der erforderlichen Information gebunden ist, und zwar aus dem Unternehmen selbst (Erkennen von Stärken und Schwächen) und aus der Umwelt des Unternehmens (Erkennen von Chancen und Risiken). Informationen für die Innovationsplanung betreffen etwa die Bereiche technische, wirtschaftliche,

soziale und politische Entwicklung, Wettbewerbssituation, Rechtsvorschriften, Ökologie, Management-Technologien (→ Technologie) etc. Ermittlung des Informationsbedarfes und Beschaffung der erforderlichen Information sind Teilaufgaben eines umfassenden Informationsmanagements, für welches folgende drei Aufgabenbereiche unterschieden werden können: (1) Informationsbedarfsplanung, (2) Informationsressourcen-Management zur Nutzung von Information als (unternehmerische) Ressource und als Wettbewerbsfaktor, d.h. Bewirtschaftung von Information in analoger Weise, wie dies z.B. für Material, Betriebsmittel und Personal gilt und (3) Informationssystem-Management zur Konzeption, Realisierung und Nutzung eines den Anforderungen der einzelnen Institution entsprechenden Informationssystems, welches über die geläufigen EDV-Anwendungen hinausgeht und auch Kommunikation zwischen den Unternehmensbereichen, das betriebliche Vorschlagswesen, Dokumentation von Ideen, Entscheidungen und Argumente, die laufende Erfassung und Auswertung von Vertreterberichten, Reklamationen, Berichte des Kundendienstes etc. sowie auch die Information der Mitarbeiter über Unternehmenssituation, Ziele und Strategien umfasst. – Vgl. auch IT-Management.

II. Informationsökonomik: Betrachtet man → Information als unternehmerische → Ressource, so muss sie dem Management und damit der Planung, Organisation und Kontrolle zugänglich gemacht werden. Aufgabe des Informationsmanagements ist es, dafür zu sorgen, dass Informationen effektiv (zielgerichtet) und effizient (wirtschaftlich) eingesetzt werden. Informationsmanagement ist somit ein integraler Bestandteil und eine Querschnittsfunktion der Unternehmensführung.

III. Informatik: *Informationswirtschaft, Informationslogistik.* 1. *Begriff:* Disziplin, die sich mit dem Management von Informations- und Kommunikationssystemen beschäftigt. – 2. *Aufgaben:* Planung, Steuerung und Überwachung der Informationsquellen, -senken, -übertragungswege und der informationsverarbeitenden Systeme. – 3. *Ebenen*: a) *operatives Informationsmanagement*: Entwicklung und Anpassung von → Informationssystemen, Konfigurations- und Netzwerkmanagement, Sicherungs- und Katastrophenmanagement, Rechnerbetrieb und Wartung; – b) *strategisches Informationsmanagement*: Planung der Informationsinfrastruktur (Informationsbedarfsanalyse), Personalplanung, Datenmanagement, Planung des Sicherungskonzeptes. – 4. *Querschnittsfunktionen*: Der Aufgabenbereich des Informationsmanagements überlappt sich mit den Disziplinen des Controllings sowie des Sicherheits-, des Personal- und des Qualitätsmanagements.

Informationspflicht – 1. *Allgemein*: Generelle Anweisung an einen Handlungsträger, einem anderen Handlungsträger bestimmte → Informationen regelmäßig oder unregelmäßig zu übermitteln. – 2. *Bürgerliches Recht*: Nach der Verordnung über Informations- und Nachweispflichten nach bürgerlichem Recht (BGB-InfV) i.d.F. vom 5.8.2002 (BGBl. I 3002) m.spät.Änd. i.V. mit den Vorschriften des Bürgerlichen Gesetzbuchs treffen v.a. den Unternehmer beim Verbrauchervertrag zahlreiche Informations-, Kundeninformations- und Nachweispflichten. – *Beispiel*: Der Verbraucher muss beim Fernabsatzvertrag informiert werden über die Identität des Unternehmers, seine ladungsfähige Anschrift, wesentliche Merkmale sowie über den Preis der Ware oder Dienstleistung, das Bestehen eines Widerrufsrechts oder Rückgaberechts und andere Angaben. Bei Verletzung der Informationspflicht verlängert sich die Frist für den Widerruf des Verbrauchervertrags.

Informationsrecht – I. Organisation: 1. *Begriff*: Recht eines Handlungsträgers, bestimmte → Informationen regelmäßig oder unregelmäßig zu empfangen, die zur Erfüllung der ihm übertragenen → Aufgaben notwendig sind. Generelles Informationsrecht

über alle betrieblichen Tatbestände hat das → Top Management. Jede übergeordnete → Instanz hat ein Informationsrecht über alle ihr untergeordneten → Stellen. – 2. *Formen*: a) *Aktives Informationsrecht*: Informationsempfänger muss, ohne dass eine Anforderung von ihm ergeht, mit Informationen versorgt werden. – b) *Passives Informationsrecht*: Informationsempfänger wird nur dann mit Informationen versorgt, wenn dies von ihm angefordert wird.

II. Betriebsverfassungsgesetz: 1. *Allgemein*: Beteiligungsrecht des Betriebsrats und der Arbeitnehmer. Informationsrechte sind nicht unmittelbar auf die Mitwirkung und Mitbestimmung gerichtete Rechte, insoweit stellen sie eine Vorstufe dar. Das Gesetz gewährt z.B.Informationsrechte für die Durchführung allg. Aufgaben des Betriebsrats (§ 80 II BetrVG) und für die Ausübung von Zustimmungsverweigerungsrechten (§ 99 I BetrVG). – 2. *Informationsrecht der Arbeitnehmer über die wirtschaftliche Lage des Unternehmens* (§ 110 BetrVG): Wirtschaftsausschuss.

III. Handelsrecht: Publizität, Publizitätsprinzip.

Informationssystem – 1. *Begriff*: Summe aller geregelten betriebsinternen und -externen Informationsverbindungen sowie deren technische und organisatorische Einrichtung zur Informationsgewinnung und -verarbeitung. Das Informationssystem ist der formale Teil des gesamten betrieblichen → Kommunikationssystems. – 2. *Computergestütztes Informationssystem*: Betriebliches Informationssystem, Führungsinformationssystem (FIS), Marketing-Informationssystem (MAIS), → Personalinformationssystem; *branchenspezifisch*: Banken-Informationssystem, computergestütztes Reisebuchungssystem, computergestütztes Versicherungsinformationssystem, computergestütztes Warenwirtschaftssystem (WWS). – 3. *Aufgaben*: Rechtzeitige Versorgung der Handlungsträger mit allen notwendigen und relevanten

→ Informationen in wirtschaftlich sinnvoller Weise. Informationssystem bildet Medium für Entscheidungsfindung und -durchsetzung des Managements und ist somit Grundlage für den gesamten Managementprozess. Im Informationssystem vollzieht sich der Informationsprozess.

Informationsübermittlung – Phase des betrieblichen Informationsprozesses, in der eine räumliche Übertragung von → Informationen zwischen dem Informationssender und -empfänger erfolgt (→ Kommunikation).

Informationsverarbeitung – I. Organisation: Umwandlung, Verwertung und Ein- und Umsetzen von → Informationen im Hinblick auf ihre betriebliche Zwecksetzung. Phase des betrieblichen Informationsprozesses.

II. Marketing/Werbung: Die Phase der Informationsverarbeitung schließt sich der Informationsaufnahme an. Durch diesen Wahrnehmungsprozess gelangen ausgewählte Informationen in den Kurzzeitspeicher des Gedächtnisses, wiederum Ausschnitte davon in umorganisierter Form in den Langzeitspeicher und werden dort zum Wissen über den Gegenstand. Informationsverarbeitung wird beeinflusst vom persönlichen Wertesystem (→ Motivation) des Individuums und dessen Involvement. Darüber hinaus wird die Informationsverarbeitung von der Stärke des aufgenommenen Reizes beeinflusst.

III. Entscheidungstheorie: *IV-Ansatz;* Ansatz zum Entscheidungsverhalten einer Einzelperson (Individualentscheidung). Der betrachtete Mensch wird v.a. als informationsverarbeitendes System gesehen *(kognitiv-empirischer Ansatz). – Charakterisierung:* (1) Informationsbeschaffung und -verarbeitung sind wichtige Teile der Entscheidung; (2) situations- und kontextabhängige Sicht der Entscheidung; (3) Integration von Entscheidungsfällungsinstrumentarien und Eigenschaften des Menschen.

Informationsweg – 1. *Begriff:* Organisatorisch festgelegte → Kommunikationsbeziehung zwischen mind. zwei betrieblichen Handlungsträgern zum Austausch von → Informationen. In ihrer Gesamtheit bilden Informationswege das formale → Kommunikationssystem, in dem sich der Informationsprozess vollzieht. – 2. *Unterscheidungskriterien:* a) Im Rahmen des Hierarchieverlaufs in *vertikaler* oder *horizontaler* Richtung (→ Kommunikationsweg). – b) Möglichkeit der *einseitigen* oder *zweiseitigen* Benutzung. *Mehrstufige* Informationswege bilden → Informationsketten. – 3. *Bedeutung:* Die Informationswege sind die Medien des betrieblichen Informationsflusses. Von ihrer Struktur und Leistungsfähigkeit hängt daher auch die Effizienz des unternehmerischen Führungs- und Steuerungsprozesses ab. – Vgl. auch → Kommunikation.

Informationswertanalyse – *Information Value Analysis.* 1. *Begriff:* Methode zur Analyse und Bewertung von Informationsstrukturen und -flüssen und zur Entwicklung von Verbesserungsvorschlägen im Hinblick auf die langfristige Planung betrieblicher Informationssysteme, aufbauend auf Konzepten der Wertanalyse. – 2. *Ziele:* Verkürzung der Zeiten des Informationsdurchlaufs durch die betrachtete Einheit (z.B. eine Abteilung oder einen Prozess), Erhöhung des Informationswerts, Senkung des Aufwands für die Zurverfügungstellung einer Information. – 3. *Vorgehen:* zunächst Prüfung der vorhandenen Informationsträger (Schriftgut, Formulare, Drucklisten, Masken u.a.) auf ihre Funktion und Bedeutung hin anhand von quantitativen und qualitativen Kriterien, dann Prüfung der Verbesserungsmöglichkeiten (z.B. Vermeidung von Datenredundanzen, Änderungsaufwand).

informelle Organisation – *informale Organisation;* die inoffiziellen, personen- und situationsabhängigen Verhaltensmuster der → Organisationsmitglieder. – *Gegensatz:* (formelle) Organisation.

Infotainment – multimediale Vermittlung von Informationen mit hohem

Unterhaltungswert für die Teilnehmer (z.B. Erlebnisfernsehen). Einsatz z.B. in der Aus-, Fort- und Weiterbildung (→ Edutainment).

INGOs – Abk. für *International Non-Governmental Organizations;* internationale Organisationen (Internationales Management), die unter privater Trägerschaft geführt werden und nicht gewinnorientiert sind, z.B. internationale Unternehmerverbände. INGOs werden im „Yearbook of International Organizations" (herausgegeben von der Union of International Associations UIA) aufgenommen. – Vgl. auch → IGOs.

Inhaltstheorien der Motivation – Gruppe von Motivationstheorien, deren gemeinsames Merkmal darin besteht, dass sie eine Klassifikation der Motivziele anbieten. Die Theorie der → Bedürfnishierarchie nach Maslow sowie die Zweifaktorentheorie von Herzberg sind bekannte Ansätze der Inhaltstheorien.

Initiating Structure → Aufgabenorientierung, → Führungsverhalten.

inkrementale Planung – Planung, die ausgehend vom Istzustand schrittweise versucht, die wahrgenommenen Mängel abzubauen. Dabei lässt man sich von dem Grundsatz der Machbarkeit leiten. Aufgrund hoher Problem- und Umweltkomplexität wird die Planung eines Gesamtentwurfs (→ synoptische Planung) nicht als sinnvoll angesehen.

Inkubator – Einrichtungen bzw. Institutionen, welche Existenzgründer im Rahmen der Unternehmensgründung unterstützen. Der Gründer hat i.d.R. neben dem Zugriff auf fachliche Beratung, Qualifikation oder Coaching Unterstützung durch die notwendige Infrastruktur wie Büroräume und Kommunikationstechnologie. Zudem wird ein Zugang zu Netzwerken unterstützt. Inkubatorenzentren sind häufig öffentliche Institutionen wie Technologiezentren zur Förderung von Existenzgründung oder mit Venture-Capital-Gesellschaften bzw. → Business Angels verknüpft. Der Begriff Inkubator stammt ursprünglich aus dem Bereich der Medizin, wo

er für die Bezeichnung von Brutkästen verwendet wird.

innerbetriebliche Weiterbildung – im Betrieb durchgeführte Maßnahmen der Personalentwicklung zur Intensivierung des Wissens und der Fähigkeiten. – *Vorteil* gegenüber außerbetrieblichen Maßnahmen der Weiterbildung: Beeinflussbarkeit des Programmes hinsichtlich der Struktur der Teilnehmer und der Firmeninteressen. – *Nachteil:* häufig zu speziell auf die Situation des arbeitgebenden Unternehmens zugeschnittenes Programm.

innere Kündigung – *innere Emigration.* 1. *Begriff:* nicht explizit geäußerte mentale Verweigerung engagierter Leistung eines Mitarbeiters. Der Mitarbeiter will zwar seine Stellung behalten (keine Kündigung als offizielle und rechtlich wirksame Beendigung des Arbeitsverhältnisses), beabsichtigt aber, sich aufgrund der von ihm als frustrierend empfundenen Arbeitssituation nicht (über ein minimal erforderliches Maß hinaus) zu engagieren. Die innere Kündigung vollzieht sich als lautloser Prozess, ist deshalb auch für Vorgesetzte und Unternehmensführung nur schwer zu erkennen und einzudämmen. – 2. Als *Möglichkeiten zur Lösung des Problems innere Kündigung* gelten: bessere Sinnvermittlung für die Mitarbeiter; kontinuierliche Mitarbeitergespräche; Förderung und Entwicklung einer vertrauensbasierten Unternehmungskultur; Gestaltung von Umgangsformen und interner Kommunikation; Selbsthinterfragung des Vorgesetzten und Veränderung seines Selbstverständnisses; Einrichtung kreativitätsfördernder, kleinerer Organisationseinheiten; Vermitteln und Umsetzen von Visionen.

Innovation – I. Allgemein: Bezeichnung in den Wirtschaftswissenschaften für die mit technischem, sozialem und wirtschaftlichem Wandel einhergehenden (komplexen) Neuerungen. – Bisher liegt *kein geschlossener, allg. gültiger* Innovationsansatz bzw. keine allg. akzeptierte Begriffsdefinition vor. Gemeinsam sind allen Definitionsversuchen die

Merkmale: (1) *Neuheit* oder *(Er-)Neuerung* eines Objekts oder einer sozialen Handlungsweise, mind. für das betrachtete System und (2) *Veränderung* bzw. *Wechsel* durch die Innovation in und durch die Unternehmung, d.h. Innovation muss entdeckt/ erfunden, eingeführt, genutzt, angewandt und institutionalisiert werden. – *Anders:* Invention.

II. Betriebswirtschaftslehre: 1. *Begriffsinterpretationen:* (1) *Leitvorstellung* bzw. *Denkhaltung von Unternehmern und Managern:* Beim innovativen Unternehmen z.B. finden Neuerungen ihren Niederschlag in der Unternehmens- und Produktpolitik; (2) *Sozialtechnologie,* z.B. als Programme oder Ansätze zur Beschreibung, Erklärung und Beeinflussung des geplanten organisatorischen Wandels; (3) *strategisches Konzept:* (Technische) Innovationen dienen als „Waffe" im (internationalen, technologischen) Wettbewerb und helfen dem Unternehmen, Wachstum zu erzielen; (4) *analytische Variable* (bei gesamtwirtschaftlicher Betrachtungsweise): Innovation bzw. → technischer Fortschritt ist das erklärende Moment, warum eine Produktionsfunktion eine nächsthöhere Stufe der wirtschaftlichen Entwicklung oder des Wachstums erreicht. – 2. *Betrachtungsweisen:* a) Innovation als *Problem:* (1) An- und Verwendung von Erfindungen (Inventionen) ist das Problem (Hier ist die Lösung, wo ist das Problem?). (2) Für viele Probleme werden keine Ideen, Forschungs- und Entwicklungsergebnisse oder Inventionen gefunden, weil man sie nur in eingegrenzten Lösungsräumen zu finden sucht, → Kreativitätstechniken und teamartige Projektgruppen für innovative Problem- und Aufgabenstellungen sind Lösungsalternativen (Hier ist das Problem, wo ist die Lösung?). (3) Für Kundenprobleme müssen Innovationen gefunden werden, die ihnen helfen, durch deren An- und Verwendung ihre Probleme zu lösen (Hier ist unsere Kundengruppe, wo ist deren Problem und wo ist unsere Lösung für deren Problem?). – b) Innovation als *Objekt:* Innovation ist eine subjektiv neue Idee, Verfahrensweise

(Prozess-Innovation) oder ein neues Produkt (Produkt-Innovation); das „neue Objekt" bildet den Gegenstand der Untersuchung, wie man ihn vorwiegend bei Arbeiten aus der Diffusionsforschung findet (→ Adoption, Diffusion). – c) Innovation als *Prozess:* Innovation ist ein Prozess, der sich von der Exploration und Analyse eines Problems, der Ideensuche und -bewertung, Forschung, Entwicklung und Konstruktion, Produktions- und Absatzvorbereitung bis zur Markteinführung, d.h. in mehreren Phasen innerhalb und außerhalb der Organisation, abspielen kann; es benötigt ein institutionalisiertes unternehmerisches Subsystem (Technologiemanagement), wenn die Innovation nicht dem Zufall überlassen werden soll. Die einzelnen Phasen sowie ihre Gesamtheit bilden Untersuchungsgegenstände, z.B. → Forschung und Entwicklung (F&E), betriebliche Organisationsforschung, Marketing, → strategisches Management oder → Industrieökonomik. – 3. *Organisatorische Aspekte:* a) Aufgrund dieses vielfältigen komplexen und dynamischen Problemfeldes (technischer) Innovation ist Innovation *Führungsaufgabe strategischer und operativer Art.* Technologischer sowie wirtschaftlicher Vollzug erfolgen in drei betrieblichen *Teilprozessen:* (1) Forschungs- und Entwicklungsvorhaben werden innerhalb oder außerhalb der Unternehmung erfolgreich durchgeführt; Ergebnisse der Forschung, Entwicklung sowie Konstruktion, Inventionen bzw. „Innovationsideen" werden der Unternehmung ausreichend zur Verfügung gestellt (→ Technologietransfer). (2) Die Führung erkennt die ökonomische Relevanz der Forschungs- und Entwicklungsergebnisse/Investitionen (→ technologische Voraussagen, → Technologiefolgenabschätzung) und besitzt die Innovationsbereitschaft und -fähigkeit, die ursprünglichen Erfindungen produktionsreif zu entwickeln, herzustellen und zu vermarkten bzw. als Verfahrensinnovationen einzusetzen. (3) Ein Technologiemanagement wird institutionalisiert, um eigene Forschungs- und Entwicklungsvorhaben oder technisches

Know-how durch Technologietransfer nicht der Eigendynamik und dem Zufall zu überlassen, sondern gezielt eine Innovation zu erzielen. – b) Mit dem Führungsproblem rücken weitere Aspekte und Faktoren von (technischen) Innovationen im Unternehmen in den Vordergrund: Die Notwendigkeit von Innovation für Unternehmen führt im konkreten Innovationsprozess zu *inner- und außerbetrieblichen Folgeproblemen* (erhebliche Innovationswiderstände, Akzeptanzprobleme), die durch das innovierende Unternehmen als weitere Führungsprobleme mitbewältigt werden müssen: (1) Das Objekt der Innovation (Produkt-, Material-, Informations- und/oder Verfahrensinnovation) induziert i.d.R. *Sozialinnovationen*, z.B. Veränderungen der → Ablauforganisation, Verhaltensänderung bei den Organisationsmitgliedern mittels → Organisationsentwicklung, Verhaltensänderungen bei Lieferanten und Kunden. (2) Innovative Problemstellungen zeichnen sich durch *dominante Merkmale* wie Neuheitsgrad, Komplexität, Unsicherheit/Risiko und Konfliktgehalt aus. (3) Innovationen werden innerbetrieblich durch *sozial-organisatorische Bedingungen* unterstützt (Zielsystem, Anreizsystem, Führungsstil, Projektmanagement etc.). (4) *Spezifische Führungsfunktionen, -techniken und -attitüden eines Fach- und Machtpromotors* als Mitwirkungsformen des Managements. (5) *Schaffung innovationsfördernder Rahmenbedingungen* sowie Erfassung und Förderung „kreativen" *Personals* mittels betrieblichen Vorschlagswesens, → Qualitätszirkeln, Erfinder-Beauftragten etc. (6) Bereitstellung von *Risikokapital* (Venture-Capital). (7) Berücksichtigung von marktorientierten Diffusionsbedingungen und -determinanten als Probleme eines *Innovationsmarketings* (Variablen der Kunden, Variablen des Sozialsystems, Variablen und Instrumente des Marketings) als auch wahrgenommene Charakteristika der Innovation durch den potenziellen Kunden (relativer Vorteil, Anschaulichkeit des Vorteils, „spielerische" Aneignungsmöglichkeiten der Vorteile der Innovation,

Neuartigkeit/Komplexität, Grad der Anpassung an bestehende Struktur wie Kompatibilität und Integrationsfähigkeit).

Innovationsbarrieren – Ursachen für das Verzögern bzw. Verhindern von Innovationsprojekten aufgrund ablehnendem intuitiven und z.t. irrationalen menschlichem Verhalten gegenüber (Er-)Neuerungen, z.B. durch das Festhalten an Gewohnheit und Tradition. Die Barriereforschung ist ein eigener sozial- und organisationspsychologischer Bereich der → Innovationsforschung. Die Analyse und Berücksichtigung von Ursachen von Innovationsbarrieren kann den Erfolg von Innovationen auch positiv beeinflussen (→ Consensus Management).

Innovationscontrolling – Informationsbeschaffung, Entscheidungsunterstützung und Koordination des Innovationsmanagements unter Berücksichtigung der zeit- und kostenoptimierten Planung und Realisierung des Innovationsprogramms oder konkreter Innovationsprojekte. Induziert wird die Entwicklung eines Innovationscontrollings häufig durch die Einsicht, dass neue Produkte in der Markteinführung nicht erfolgreich waren und die Entwicklung und Produktion nicht den Marktanforderungen entsprachen bzw. zu teuer oder technisch nicht befriedigend realisiert wurden. Das Innovationscontrolling wird am → Innovationsprozess ausgerichtet. Neben der Ableitung von Innovationszielen des Unternehmens aus Umsatz-, Gewinn- und Wertsteigerungszielen durch Anwendung der → Gap-Analyse unterstützt das Innovationscontrolling die Ideenbewertung und -auswahl. Projekt- und programmbezogene Innovationsbudgets und ihre Quantifizierung z.B. durch das Target Budgeting stellen weitere Aufgaben des Innovationscontrolling dar. Das Innovationscontrolling bildet eine Querschnittsfunktion zum Projektcontrolling bzw. der Absatzwirtschaft. Qualitative und quantitative Verfahren sowie Kennzahlen bzw. Kennzahlensysteme unterstützen die Transparenz der Zielerreichung des Innovationsmanagements.

Innovationsfähigkeit – Leistungsfähigkeit einer Institution, bezogen auf das Hervorbringen von Neuerungen. Innovationsfähigkeit wird bestimmt durch → Innovationspotenzial und → Innovationsklima. Kriterien zur Beurteilung der unternehmerischen Innovationsfähigkeit nach European Management Forum: (1) Hohe Wachstumsrate im Vergleich zu Unternehmen der gleichen Branche, (2) beachtenswerte soziale Leistungen, (3) Verhalten in wirtschaftlichen Krisensituationen, (4) Qualität von Planungsmechanismen, (5) externe Beziehungen, (6) rationeller Einsatz materieller Ressourcen, (7) Organisation der Produktion, (8) Geschäftsdynamik, (9) Umfang von Forschung und Entwicklung, (10) Auslandsaktivitäten, (11) finanzielle Sicherung der Zukunft, (12) Persönlichkeit der Unternehmensleitung.

Innovationsforschung – Teil der Wirtschaftswissenschaften; beschäftigt sich mit der Beschreibung und Erarbeitung von Erklärungsansätzen für die Entstehung von → Innovationen als Grundlage für die Ableitung von Gestaltungsempfehlungen für → Innovationsprozesse. Im Hinblick auf die hohe wirtschaftliche Bedeutung der Innovation besitzt die Innovationsforschung neben der volkswirtschaftlichen eine ausgeprägte betriebswirtschaftliche Orientierung, wobei u.a. folgende Fragestellungen im Vordergrund stehen: (1) Woher kommen die Anregungen für erfolgreiche Innovationen? (2) Welche Erfolgsfaktoren bestimmen die innerbetriebliche Realisierung von Innovationen? (3) Welche Faktoren bestimmen den Markterfolg eines neuen Produktes? (4) Wie planen, organisieren und kontrollieren erfolgreiche Unternehmen den Produktplanungs- und -entwicklungsprozess? (5) Wie können potenzielle Kundenprobleme erkannt und in Innovationsprojekten berücksichtigt werden? Zur Beantwortung dieser Fragen versucht die Innovationsforschung durch empirische

Untersuchungen Kenntnisse über Innovationsprozesse zu erweitern und zu vertiefen. Das einzelne Unternehmen erwartet von der Innovationsforschung u.a. generelle Informationen über das Innovationsverhalten anderer Unternehmen der Branche, anderer Branchen und anderer Staaten als Grundlage für Analogieschlüsse für das eigene Innovationsverhalten (z.B. Kriterien erfolgreicher Innovationen, → Innovationsbarrieren) und speziell die Entwicklung und Bereitstellung von Instrumenten, deren Anwendung die Durchführung von Planungs- und Entscheidungsprozessen, die zur Klärung der genannten Fragen erforderlich sind, unterstützt und erleichtert. Die Innovationsforschung hat als vergleichsweise junge Disziplin zwar bereits sehr wesentliche und für die Gestaltung und Durchführung von Innovationsprozessen in der Praxis sehr hilfreiche Ergebnisse erarbeitet, jedoch ohne dass eine konsistente „Theorie der Innovation" existiert. In Anbetracht der Ambivalenz bes. der technischen Innovation wird in jüngster Zeit Innovationsforschung häufig verbunden mit → Wirkungsforschung, welche v.a. mit der Entwicklung von z.T. sehr umfassenden Konzepten wie der → Technologiefolgenabschätzung, der → Technikbewertung oder der → Technikwirkungsanalyse beschäftigt ist.

Innovationsführer – Die → Strategie, als Innovationsführer am Markt aufzutreten, ist eine Variante der Timing-Strategie für → Innovationen. Der Innovationsführer versucht durch seine technologische Kompetenz, ein zeitlich befristetes Monopol aufzubauen und Markteintrittsbarrieren, z.B. durch Schutz der entwickelten Technologie durch gewerbliche Schutzrechte, zu schaffen. Weitere Markteintrittsbarrieren gegenüber möglichen Imitatoren sind die Etablierung der Marktführerposition, der Aufbau von Abnehmerloyalitäten, das Setzen von Produktstandards und die Nutzung von Erfahrungskurveneffekten. Als Innovationsführer am Markt aufzutreten birgt jedoch ein Risiko, wie sich aus der hohen Rate an Misserfolgen bei

Produktinnovationen ersehen lässt. Ein Unternehmen, das plant, als Innovationsführer aufzutreten, sollte folgende Fähigkeiten aufweisen: (1) Beherrschung des Standes der Technik im relevanten Technologiefeld, (2) Verfügbarkeit von ausreichenden Investitionsmitteln und bei Bedarf auch Venture-Capital, (3) erhöhte Flexibilität und geringe Regelungsintensität innerhalb der Organisationsstruktur.

Innovationshöhe – Abstand einer → Innovation gegenüber bisherigen Lösungen; dieser kann den Umfang der → Produktfunktionen (v.a. der Gebrauchsfunktionen) betreffen, die Art der technischen Realisierung (verwendete Produkt-Technologien), den Funktionserfüllungsgrad, Erscheinungsbild (Design) etc. Die Frage einer „optimalen" Innovationshöhe ist zu klären, weil eine zu „große" Innovationshöhe dem Unternehmen zwar Wettbewerbsvorteile gegenüber Mitbewerbern ermöglicht, jedoch das Risiko mangelnder Akzeptanz und, damit verbunden, eines nur sehr langsamen Adoptions- und Diffusionsprozesses zunimmt.

Innovationsklima – für ein Unternehmen spezifische Rahmenbedingungen bzw. organisatorische Voraussetzungen für das Hervorbringen von Neuerungen. Innovationsklima ist Voraussetzung für unternehmerische → Innovationsfähigkeit. Internes Innovationsklima ist eng verwandt mit dem Organisationsklima und -niveau und wird v.a. vom Führungsstil und dem Ausmaß der informellen Kommunikation geprägt. Öffentliches Innovationsklima ist Ergebnis der Politik auf lokaler, regionaler und staatlicher Ebene in Form von Innovations-, Technologieförderungs-, Bildungs-, Steuerpolitik sowie sonstigen Teilbereichen der Politik, z.B. Umweltpolitik.

Innovationskooperation – Zusammenarbeit zweier oder mehrerer Unternehmen zur Realisierung eines oder mehrerer Innovationsprojekte als Alternative zur Eigen- oder Fremdentwicklung.

Innovationskooperationen können rechtlich unterschiedlich ausgestaltet werden. Je nach Ausgestaltungsart kann die Innovationskooperation umfassende marktbeeinflussende Rahmenvereinbarungen nach sich ziehen. (1) Zweckgebundene Innovationskooperationen fußen auf vertraglicher Basis, (2) → Joint Ventures sind rechtlich selbstständig und (3) informelle Kooperationen bestehen ohne explizite vertragliche Regelungen. Unterschieden werden außerdem die Partner innerhalb einer Innovationskooperation. Unter horizontaler Innovationskooperation wird der Zusammenschluss zwischen zwei direkten Wettbewerbern verstanden. Die vertikale Innovationskooperation bezeichnet den Zusammenschluss von Kunden und Lieferanten, und die diagonale Innovationskooperation verbindet marktfremde Unternehmen, z.B. zur Verbesserung des gemeinsamen Umweltschutzes. Die Entscheidung für oder gegen eine → Innovationskooperation wird aus der → Innovationsstrategie abgeleitet.

Innovationsportfolio – Mittel zur gemeinsamen Entwicklung der Geschäftsfeld- und → Technologieplanung eines Unternehmens. Eingesetzt wird das Innovationsportfolio zur gezielten Suche nach zu bearbeitenden Innovationsfeldern. Die Erfolgsdimensionen Innovationsfeldstärke und Innovationsfeldattraktivität bilden den Rahmen für das Innovationsportfolio. Die unternehmensinterne Erfolgsdimension Innovationsfeldstärke setzt sich aus den Hauptindikatoren Differenzierungs- und Implementierungspotenzial zusammen. Das Differenzierungspotenzial symbolisiert die Fähigkeit eines Unternehmens sich durch technologische Innovationen von den Wettbewerbern abzuheben. Das Implementierungspotenzial einer → Technologie wird, durch die Fähigkeit, sie in eine abgegrenzte Marktleistung einzubetten, beschrieben. Die unternehmensexterne Erfolgsdimension Innovationsfeldattraktivität besteht aus den Hauptindikatoren Problemlösungs- und Diffusionspotenzial. Das Weiterentwicklungspotenzial und der zeitliche Aufwand sowie das Entwicklungsrisiko einer Technologie fließen in den Hauptindikator Problemlösungspotenzial ein. Abgegrenzt wird der Hauptindikator vom Diffusionspotenzial, welches die Marktdurchdringungschancen technologischer Entwicklungen abbildet. Ergebnis der Betrachtung durch das Innovationsportfolio ist die Positionierung der Innovationsfelder. Unter Zuhilfenahme der strategischen Geschäftsplanung lassen sich für die identifizierten Innovationsfelder Investitionsprioritäten ableiten.

Innovationspotenziale – Voraussetzung und Mittel, um eine → Innovationsfähigkeit zu gewährleisten, welche für das Erreichen der angestrebten Position im → Innovationswettbewerb erforderlich ist. Die rechtzeitige Umsetzung von Innovationspotenzialen in marktfähige Innovationen erfolgt im Zuge von → Innovationsprozessen, wobei die Innovationsbereitschaft von größter Bedeutung ist. Abgesehen von technischen Innovationspotenzialen als Voraussetzung für technische Innovationen, ist Innovationspotenzial in Form von Teamfähigkeit, Organisationsformen für (Klein-)Gruppenarbeit, → Motivation, → Kooperation, → Organisationsentwicklung oder Mitarbeiterführung größtes Augenmerk beizumessen.

Innovationsprozess – Hauptobjekt der → Innovationsforschung, bezeichnet die Umsetzung existierender und/ oder neuer Erkenntnisse in marktfähige (neue) Problemlösungen. Der wirtschaftliche Bezug der → Innovation ergibt sich daraus, dass Erfolg bzw. Misserfolg von Innovationen ausschließlich von deren Akzeptanz am Markt bestimmt wird. So darf der Innovationsprozess nicht nur rein technischen Aspekten organisiert werden, sondern muss bes. bei der technischen Innovation als interdisziplinärer Prozess gestaltet werden und Mitarbeiter aus allen wichtigen Unternehmensbereichen einbeziehen. Dem Innovationsprozess als Umsetzungsprozess sind bei technischen Innovationen Aufgaben der → Forschung

und Entwicklung (F&E) vorgelagert, deren Ziel die Gewinnung neuer naturwissenschaftlich-technischer Erkenntnisse im Zuge von Erfindungs-/ Inventionsprozessen ist. Der Innovationsprozess endet mit der Einführung der neuen Problemlösung am Markt. Phasen des Innovationsprozesses am Beispiel der Produktinnovation: (1) Erfassung von Bedarf und Dringlichkeit von Maßnahmen der Innovation; (2) funktionsbezogene Planung; (3) Produktentwicklung; (4) Produktgestaltung; (5) Produktionsüberleitung; (6) Markteinführung.

Innovationsrate – Kennzahl zur Operationalisierung des Anteils von Neuprodukten am Gesamtumsatz eines Unternehmens bezogen auf einen definierten Zeitraum. Unter Neuprodukten werden alle Produkte subsummiert, die je nach Branchenzugehörigkeit des Unternehmens von diesem z.B. in den letzten drei, fünf oder neun Jahren eingeführt wurden.

Innovationsstrategie – steht in direkter Abhängigkeit zur übergeordneten Unternehmensstrategie und dient als strategischer Ausrichtungspunkt der → Innovationsprozesse. Um die durch das Unternehmen angestrebten Ziele effektiv und effizient zu erreichen, ist die Innovationsstrategie mit den übrigen Teilstrategien, wie z.B. der Marketing- oder Technologiestrategie, abzugleichen. Die Innovationsstrategie wird in einem schrittweisen Prozess entwickelt. Ausgangspunkt dieser Entwicklung ist die Grundsatzentscheidung, Innovationsaktivitäten durchzuführen. In einem ersten Schritt wird die Analyse der strategischen Ausgangsposition in Bezug auf unternehmensinterne wie -externe Rahmenbedingungen durchgeführt. Im Anschluss daran wird die strategische Zielposition unter Berücksichtigung zentraler Faktoren wie Kosten, Qualität und Zeit bestimmt. Der dritte und letzte Schritt der Innovationsstrategie-Entwicklung umfasst die Festlegung der strategischen Mittel zur Erreichung der gesetzten Innovationsziele. Insgesamt befriedigt die abgeleitete Innovationsstrategie unterschiedliche Aspekte. (1) Ergebnisorientierte Aspekte der Innovationsstrategie umfassen die Abgrenzung des relevanten Innovationsbereichs und der Innovationsgegenstände sowie Grundaussagen zu Innovationsarten und anzuwendender Timing-Strategie. (2) Potenzialbezogene Aspekte der Innovationsstrategie werden durch Identifikation und Festlegung der Kernkompetenzen sowie Aufbau und Erhalt eines Wissens- und Technologiepools präzisiert. (3) Prozessbezogene Aspekte der Innovationsstrategie werden durch Identifikation relevanter Informationsquellen oder den Zukauf von Technologien oder Wissen über den Markt festgelegt.

Innovationswettbewerb – wirtschaftlicher Leistungswettstreit zwischen Wirtschaftssubjekten am Markt auf der Grundlage des Hervorbringens und der Diffusion von Innovationen. Die Frage des optimalen Zeitpunktes für das Einführen eines neuen Produktes am Markt ist zumindest unter folgenden zwei Aspekten zu betrachten: (1) Rechtzeitigkeit, bezogen auf die potenziellen Abnehmer, und (2) Rechtzeitigkeit, bezogen auf die Konkurrenz. – *Antriebskräfte:* Verhalten der Konkurrenz und der Konsumenten, technologische Entwicklung (auch in fremden Branchen), geänderte bzw. neue Bedürfnisse von Kunden oder wirtschaftliche Situation des Unternehmens. Offenkundiges Zeichen für einen intensiven Innovationswettbewerb in einer Branche ist die Präsentation von neuen Produkten in immer kürzeren Zeitabständen, wobei der tatsächliche Innovationsgrad oft sehr gering ist (Scheininnovation). Dies erfordert unternehmensintern eine Verkürzung der Innovationszeiten. Der Innovationswettbewerb und bes. die zunehmende Innovationsdynamik wird aus betriebs- und volkswirtschaftlicher Sicht zunehmend fragwürdig, v.a. in Zusammenhang mit der durch diese(n) mitverursachten und beschleunigten Schädigung und z.T. irreversiblen Zerstörung der → natürlichen Umwelt. – Vgl. auch Technologiemanagement.

Inside-out-Planung – 1. *Begriff:* → Planungsphilosophie, bei der man davon ausgeht, dass das Unternehmen gegenüber der Umwelt eine gewisse Autonomie besitzt und diese beeinflussen kann. – 2. *Merkmale:* Planungsüberlegungen setzen an den eigenen Zielen an und betrachten erst in zweiter Linie die Anpassungserfordernisse der Umwelt. – *Gegensatz:* → Outside-in-Planung.

Instanz – Element der → Aufbauorganisation. – 1. *Begriff:* Eine Leitungseinheit (→ organisatorische Einheit) mit → Weisungsbefugnis gegenüber den ihr hierarchisch untergeordneten → organisatorischen Einheiten (z.B. → Stellen), die je nach dem Instanzaufbau der Unternehmung selbst Instanzcharakter haben können. – 2. *Arten* (nach der Zahl der Handlungsträger, mit denen eine Instanz besetzt ist): a) → Singularinstanz; b) → Pluralinstanz. – 3. *Instanzenaufbau:* Hierarchie der Instanz.

Instanzentiefe → Leitungstiefe.

Instanzenweg → Einliniensystem.

institutioneller Umweltschutz – Der institutionelle Umweltschutz ist ein fiskalisches und über staatliche Ausgaben gesteuertes Instrument zur Umsetzung umweltpolitischer Ziele. Infolge der Finanzierung des institutionellen Umweltschutzes werden die Aktivitäten der Akteure der Umweltpolitik (z.B. → Sachverständigenrat für Umweltfragen (SRU), → Bundesumweltministerium, Deutsche Bundesstiftung Umwelt) initiiert und gefördert. So entsteht eine indirekte Wirkung auf die Prinzipien der Umweltpolitik. – Vgl. auch Umweltschutz.

Insurance Management – Risikomanagement.

Integration – Herstellung einer Einheit oder Eingliederung in ein größeres Ganzes.

I. **Unternehmenstheorie:** dynamisch-evolutorische Theorie der Unternehmung, Governance-Structure-Theorie der Unternehmung, Grenzen der Unternehmung, Theorie der Mehrproduktunternehmung,

Transaktionskostentheorie der Unternehmung.

II. Organisation: → Koordination.

III. Außenwirtschaft: Zusammenführung zweier oder mehrerer Volkswirtschaften. Dies reicht von der Verringerung bzw. dem Abbau von tarifären Handelshemmnissen und nicht tarifären Handelshemmnissen bis zur Vereinheitlichung verschiedener Bereiche der Wirtschaftspolitik. – Als *handelspolitische Maßnahme* bedeutet Integration die Verringerung oder Beseitigung von Handelshemmnissen zwischen den integrierenden Ländern, bei Aufrechterhaltung der Handelshemmnisse gegenüber Drittländern. Behalten die Länder ihre eigenen Handelspolitiken gegenüber Drittländern, spricht man von einer *Freihandelszone*, gehen sie zu einer gemeinsamen Handelspolitik nach außen über, spricht man von einer *Zollunion*. In einem gemeinsamen Markt (in der EU auch Binnenmarkt genannt, vgl. EU und EG, EEA) werden die sog. vier Freiheiten realisiert: Freiheit des Waren- und Dienstleistungsverkehrs, Kapitalmarktintegration sowie die Freizügigkeit der Arbeitnehmer und Niederlassungsfreiheit. In einer Wirtschaftsunion als dann folgende Stufe der Integration ist die Wirtschaftspolitik (Fiskal- und Strukturpolitik, Sozialpolitik) zumindest koordiniert. Findet zudem eine gemeinsame Zentralbank mit einer gemeinsamen Währung Anwendung, dann ist mit der Wirtschafts- und Währungsunion die höchste Stufe der wirtschaftlichen Integration realisiert (Beispiel EU, EWWU). – *Wirkungen:* Handelsschaffung, Handelsablenkung. – Vgl. auch regionale Integration, Regionalismus, Handelspolitik, Wirtschaftsunion, Währungsunion.

IV. Wettbewerbstheorie: wirtschaftlicher oder rechtlicher Zusammenschluss mehrerer Unternehmen (Unternehmenszusammenschluss). Integration und → Unternehmenskonzentration werden häufig synonym verwendet. – *Arten:* (1) Horizontale Integration: Zusammenschluss von Unternehmen derselben Produktionsstufe; (2) Vertikale Integration: Zusammenschluss von Unternehmen unterschiedlicher, durch Angebots- und Nachfragebeziehungen verbundener Produktionsstufen. – Zur Bedeutung der Integration für die strategische Planung vgl. → Wertschöpfungsstrategie.

integrierte Produktpolitik – Verbesserungen von Produkten durch Berücksichtigung der Umweltauswirkungen während des gesamten → Lebenszyklus (vernetztes, ganzheitliches Denken: F&E, Ressourcen, Fertigung, Transport, Nutzung, Verwertung bis zur Entsorgung).

integrierter Umweltschutz – 1. *Begriff:* Umweltpolitischer Ansatz der Unternehmensführung mit dem Ziel, Emissionen und Abfälle gar nicht erst entstehen zu lassen. Statt Reparatur erfolgt Vermeidung oder zumindest Verwertung (Präventivkonzept). – 2. *Möglichkeiten:* Emissionsarme Produktionsverfahren, Aufbereitung und Rückführung von Materialströmen, Abfallvermeidungs-/Abfallverwertungsmaßnahmen, Produktgestaltung. – 3. *Ebenen:* a) Produktebene (z.B. Produktrecycling, Öko-Design); b) Produktions- bzw. Prozessebene. – *Formen:* Statt Denken und Handeln in Kategorien von Einzelproblemen (z.B. Abwasserbehandlung) bzw. einzelner Umweltmedien (Luft, Wasser, Boden) Gesamtüberblick über alle umweltrelevanten Tatbestände des Betriebes und der Umwelt als Ganzes. – 4. *Voraussetzung:* GanzheitlicheKonzepte (umweltbezogene Strategien, Managementsysteme, Informations-, Organisationsstrukturen, Dokumentationssysteme und Controllingsysteme etc.). – *Gegensatz:* additiver Umweltschutz. – Vgl. auch präventiver Umweltschutz, Vorsorgeprinzip.

integriertes Management – Die zunehmende Komplexität und Dynamik der durch das → Management zu bewältigenden Aufgaben hat in vielen Unternehmungen zu einer verstärkten organisatorischen Arbeitsteilung und persönlichen → Spezialisierung der Mitarbeiter geführt. Die sich auf diesem Wege abzeichnende Tendenz, unverbundene Insellösungen für Teilprobleme zu entwickeln, steht der Forderung nach vernetzten Systemen und ganzheitlichem Verhalten entgegen. Ansätze eines integrierten Managements versuchen, grundsätzliche Interdependenzen von notwendigerweise zu berücksichtigenden Elementen des Managements innerhalb eines umfassenden Bezugsrahmens aufzuzeigen und Methoden für deren gegenseitige Abstimmung bereitzustellen.

integrierte Technologien – Abk. *IUT*; 1. *Begriff*: Integrierte Technologien sind neben den additiven → End-of-the-pipe-Technologien (EOP-Technologien) eine Ausprägung von Verfahrensinnovationen. – 2. *Abgrenzung IUT- von EOP-Technologien*: IUT-Technologien reduzieren, im Gegensatz zu den additiven EOP-Technologien, unter Berücksichtigung inputrelevanter Vorstufen und outputrelevanter Folgestufen bereits die Entstehung von Umweltbelastungen. Reine EOP-Technologien sind dem Leistungserstellungsprozess nachgeschaltet. Der Übergang zwischen den beiden Technologieausprägungen kann jedoch fließend sein. – 3. *Ökologische Vorteilhaftigkeit von IUT-Technologien*: EOP-Technologien setzten das Prinzip der Beseitigung um, welches im Vergleich zum Vermeidungsansatz der IUT-Technologien grundsätzlich eine geringere Priorität aufweist. Es gilt der Grundsatz: Vermeiden ist besser als Verwerten oder Beseitigen. Jedoch ist die ökologische Vorteilhaftigkeit differenziert zu betrachten. Es ist im Einzelfall zu prüfen, welche Technologie als ökologisch vorteilhaft zu betrachten ist. Die Leistungsfähigkeit von EOP-Technologien ist begrenzt und im Zeitpunkt ihres maximalen Entwicklungsgrades existieren weiterhin hohe Entwicklungspotenziale der IUT-Technologien (vgl. Kreikebaum 1990, S. 120). – 4. *Ökonomische Vorteilhaftigkeit*: Die Frage welche, Technologieform ökonomisch vorteilhaft ist, kann nicht verallgemeinert werden. EOP-Technologien können i.d.R. schnell und kostengünstig eingeführt werden, jedoch steigen die

Kosten bei zunehmender Entlastungsforderung i.d.R. überproportional an. Die Kosten für IUT-Technologien sind für eine maximal zu erreichende Ökologieverträglichkeit fix (Zabel 1995, S.14). Welche Alternative ökonomisch vorteilhaft ist, hängt daher i.d.R. von gesetzlich vorgeschriebenen bzw. selbst angesetzten Reduzierungszielen ab.

Intelligenz – in der Psychologie ein hypothetisches Konstrukt (d.h. eine Erklärung für ein nicht direkt beobachtbares Phänomen), das die erworbenen kognitiven Fähigkeiten und Wissensbestände einer Person bezeichnet, die ihr zu einem gegebenen Zeitpunkt zur Verfügung stehen. Je nach theoretischer Auffassung werden meist verschiedene Formen der Intelligenz unterschieden, z.B. a) fluide (Fähigkeit, Beziehungen zu erfassen und anzuwenden) vs. kristalline (verbale und sprachgebundene Fähigkeiten) Intelligenz, oder b) sieben eigenständige Formen der Intelligenz (Raumvorstellung, Sprachverständnis, Wortflüssigkeit, Rechenfertigkeit, Induktion, Wahrnehmungsgeschwindigkeit und mechanisches Gedächtnis). Entsprechend der unterschiedlichen theoretischen Konzeptualisierungen der Intelligenz gibt es vielfältige → psychologische Testverfahren zur Messung der Intelligenz, die häufig in der → Eignungsdiagnostik eingesetzt werden. Viele metaanalytische Ergebnisse zeigen den hohen Zusammenhang zwischen Intelligenz und Ausbildungs- oder Berufserfolg.

Intelligenzalter – Bezeichnung der praktischen Psychologie für die dem jeweiligen Lebensalter von Kindern und Jugendlichen entsprechenden Anforderungen. Versagt ein Kind bei den für sein Alter angegebenen Aufgaben, so hat es gegenüber seinen Altersgenossen einen Intelligenzrückstand; kann es auch Aufgaben höheren Alters lösen, hat es einen Intelligenzvorsprung. – Vgl. auch → Intelligenzquotient (IQ).

Intelligenzquotient (IQ) – *Entwicklungsquotient (EQ)*; von W. Stern eingeführter Ausdruck für das Verhältnis von

→ Intelligenzalter (IA) oder Entwicklungsalter (EA) zum Lebensalter (LA):

$$IQ = \frac{IA}{LA} \cdot 100$$

Bei durchschnittlich Intelligenten ergibt sich ein IQ von 100. Zur verbalen Umschreibung einzelner IQ-Stufen wird häufig folgende *Klassifizierung* benutzt.

140 und höher	extrem hohe Intelligenz
120–139	sehr hohe Intelligenz
110–119	hohe Intelligenz
90–109	durchschnittliche Intelligenz
80–89	niedrige Intelligenz
70–79	sehr niedrige Intelligenz
unter 70	extrem niedrige Intelligenz

Intelligenztest – psychologisches Verfahren zur Bestimmung der intellektuellen Leistungsfähigkeit. Der Intelligenztest besteht aus einer Reihe von Problemaufgaben, die unter Standardbedingungen einer oder mehreren Personen (Probanden) zur Bearbeitung vorgelegt werden. Aus den richtigen Lösungen (Rohwert) wird durch Vergleich mit Normwerten (etwa der Leistungsverteilung einer für die Gesamtbevölkerung repräsentativen Stichprobe) das relative Leistungsniveau (Standardwert) ermittelt. Dieser Standardwert kennzeichnet die Position des Einzelnen im Vergleich zu allen anderen Personen der jeweiligen Bezugsgruppe und wird zur Einschätzung seiner intellektuellen Leistungsfähigkeit benutzt; er ist also nicht ein direktes Maß der → Intelligenz. – Vgl. auch → Intelligenzquotient (IQ).

Interaktion – 1. *Begriff:* Wechselseitige Beziehung, die sich über unmittelbare oder mittelbare Kontakte zwischen zwei oder mehreren Personen ergibt, d.h. die Summe dessen, was zwischen Personen in Aktion und Reaktion geschieht. Auf Interaktion baut das gesamte in einer Unternehmung ablaufende Geschehen auf. – 2. *Arten:* a) *Funktionale Interaktion:* Ergibt sich vorwiegend aus Erfordernissen

und Zusammenhängen der formal geplanten Struktur und formaler Arbeitsabläufe in der Unternehmung. – b) *Optionale Interaktion:* Vorwiegend zurückzuführen auf die in den persönlichen Bedürfnissen, Einstellungen und Zielen begründeten freien Wahlen der Organisationsteilnehmer zur Aufnahme interpersonaler Kontakte; Ergänzung zur funktionalen Interaktion. – 3. Quantitative und qualitative *Messung* von Interaktion kann mittels eines Interaktiogramms (Atteslander) erfolgen.

Interaktionsanalyse → Cross-Impact-Analyse.

Interaktionstheorie der Führung – Ansatz der Führungsforschung und Führungslehre, der davon ausgeht, dass → Führung ein interaktiver Prozess ist, beeinflusst von den Persönlichkeitsmerkmalen der Geführten und des Führers sowie der relevanten Situation. – Vgl. auch → Führungstheorien.

Interdependenz – I. Wirtschaftstheorie: Bezeichnung für die gegenseitige Abhängigkeit und Beeinflussung volkswirtschaftlicher Größen. Bei makroökonomischen keynesianischen und neukeynesianischen Totalmodellen handelt es sich meistens um vollständig interdependente ökonomische Systeme, die nicht rekursiv, sondern nur simultan gelöst werden können. – Vgl. auch Totalanalyse, Totalanalyse offener Volkswirtschaften.

II. Entscheidungstheorie: 1. *Sachliche Interdependenz (horizontale Interdependenz):* Die bei einer Zeitpunktbetrachtung bestehenden Wechselbeziehungen zwischen verschiedenen Entscheidungsfeldern in einer Unternehmung. – 2. *Zeitliche Interdependenz (vertikale Interdependenz):* Wechselbeziehungen zeitlich aufeinander folgender Entscheidungen (mehrstufige Entscheidung).

III. Organisationstheorie: 1. *Begriff:* gegenseitige Abhängigkeit → organisatorischer Einheiten bei ihrer Aufgabenerfüllung. – 2. *Formen:* a) *Gepoolte Interdependenz:* Mehrere organisatorische Einheiten greifen auf eine Ressource zu. – b) *Sequenzielle*

Interdependenz: Ein Objekt wird nacheinander von verschiedenen organisatorischen Einheiten einmal bearbeitet. – c) *Reziproke Interdependenz:* Ein Objekt wird nacheinander von mehreren organisatorischen Einheiten bearbeitet, kehrt dabei aber wieder zu einer organisatorischen Einheit zurück, die das Objekt bereits bearbeitet hat.

Interim Management – Beim Interim Management arbeiten selbstständig tätige Interim Manager für einen definierten Zeitraum (üblicherweise 3-18 Monate) i.d.R. in unternehmerischer Verantwortung in einem Unternehmen in einer Führungsposition der ersten und zweiten Ebene. Interim Manager werden in unterschiedlichen Situationen und Aufgabengebieten eingesetzt, z.B. zur Überbrückung bei unvorhersehbaren Vakanzen beim Ausfall einer Führungskraft, zur Restrukturierung und Sanierung, im Projektmanagement, zur Einführung neuer Programme oder bei der → Gründung, Übernahme oder Veräußerung von Unternehmen. Vermittelt werden die Einsätze der Interim Manager über ein persönliches Netzwerk oder einen Interim Provider, ein Unternehmen (oder auch eine Einzelperson), das Interim Manager gewerbsmäßig vermittelt.

interkulturelle Konsumentenforschung – Untersuchung und Erfassung von Konsumentenverhaltensmustern in unterschiedlichen Kulturräumen (bes. Untersuchung von Risiko- und Informationsverhalten, Werten, Einstellungen, Lebensstil, Kaufentscheidungen, Einkaufsgewohnheiten, Medianutzung, Schenkverhalten). Ergebnisse der interkulturellen Konsumentenforschung sind u.a. Entscheidungsgrundlage für Planungs- und Gestaltungsprozesse des internationalen Marketing. Interkulturelle Konsumentenforschung wird eingesetzt zur Erfassung und Beschreibung grenzüberschreitender bedarfshomogener Marktsegmente (→ internationale Marktsegmentierung, → Auslandsabsatzmarktforschung), der Selektion von Auslandsmärkten sowie zur Gestaltung des internationalen Marketing-Mix. Im Rahmen der interkulturellen Konsumentenforschung ist kritisch zu hinterfragen, inwieweit mit einem verwendeten Forschungsdesign und Messinstrumentarium tatsächlich kulturelle Differenzen und nicht nur kulturbedingt unterschiedliche Reaktionsweisen auf die verwendeten Methoden ermittelt werden.

interkulturelles Management – *multikulturelles Management, Cross-Cultural Management.* 1. *Begriff:* Interkulturelles Management ist Teil des internationalen Managements. Im Unterschied zu diesem ist interkulturelles Management nicht auf die Koordination des Unternehmens gegenüber dessen gesamter Umwelt (ökonomische, technische, rechtliche Umwelt etc.), sondern ausschließlich auf das Umweltsegment „Kultur" gerichtet. Ziel des interkulturellen Managements ist der erfolgreiche Umgang mit Managementproblemen in interkulturellen Überschneidungssituationen. Unter Kultur kann ein kommunikativ vermitteltes, dynamisches Orientierungssystem verstanden werden, das Grundannahmen über die menschliche Existenz, Werte, Normen und Symbole bereithält. Die Kulturinhalte unterscheiden sich zwischen den jeweiligen Kulturträgern, sie sind infolge von Sozialisationsprozessen einer beliebigen und schnellen Veränderung entzogen und prägen das konkrete Handeln der Angehörigen von sozialen Einheiten (Nationen, Organisationen, Gruppen). – 2. *Ansätze:* Aus Managementsicht ergibt sich das Problem, wie eine einheitliche Führung eines gleichzeitig in mehreren Ländern und damit mehreren Kulturen oder Kulturkreisen präsenten Unternehmens (Multikulturalität) erfolgreich realisiert werden kann. Hilfestellungen hierzu kann die kulturvergleichende Managementforschung geben, in deren Zentrum die Entwicklung von Theorien und Modellen über den Einfluss kultureller Faktoren auf die Managementprozesse steht. Als Teil der kulturvergleichenden Managementforschung zeigt die vergleichende Landeskulturforschung

kulturspezifische Unterschiede und Gemeinsamkeiten anhand bestimmter Unter-
suchungsdimensionen, z.b. Risikofreudig-
keit, auf. Interkulturelle Studien gehen über
einen Vergleich insofern hinaus, als sie Problemfelder bei Begegnungen von Angehörigen unterschiedlicher Kulturen (z.b. bei Ge-
schäftsverhandlungen oder bei der Führung
von Mitarbeitern durch entsandte Manager)
analysieren und damit Ansatzpunkte für das
Management derartiger Interaktionssituati-
onen (Akzeptanz von Mehrdeutigkeit in kulturellen Überschneidungssituationen, Entwicklung einer synergetischen Kultur etc.)
bieten. – Ein zentraler Aspekt des interkulturellen Managements besteht in der Suche
nach eindeutigen Aussagen darüber, wie die
→ Unternehmenskultur (und die sich darin widerspiegelnde Landeskultur) zwischen
den Tochterunternehmen und der Muttergesellschaft transferiert werden soll. Für diesen Kulturtransfer lassen sich drei grundsätzlich verschiedene Alternativen entwickeln
(vgl. Abbildung „Interkulturelles Management – Drei Strategien zum Kulturtransfer"): a) *Monokulturelle Strategie:* Die Unternehmenskultur der Heimatbasis wird auf die
Auslandsniederlassung übertragen. Man sieht
also die eigene Unternehmenskultur den ausländischen gegenüber als dominant an und
sorgt durch entsprechende Managementakti-
vitäten dafür, dass in den ausländischen Niederlassungen eine zur Muttergesellschaft
identische Unternehmenskultur entsteht. – b)
Multikulturelle Strategie: Tochtergesellschaften entwickeln eigene Unternehmenskultur
und passen diese der eigenen Landeskultur
an. Das Ergebnis ist dann eine Situation, bei
der die Tochtergesellschaften sogar eine voll-
kommen andere Unternehmenskultur aufweisen können als die Muttergesellschaft. – c)
Mischkulturstrategie: Die Kulturvermischung
findet zwischen den Tochtergesellschaften
und der Muttergesellschaft statt, und als Ergebnis entsteht eine einheitliche Unternehmenskultur. Anders als bei der reinen Mo-
nokultur, die auf einen Kulturexport der

Muttergesellschaft zu den Töchtern hinaus-
läuft, findet hier eine Kultursynthese statt.

**Interkulturelles Management –
Drei Strategien zum Kulturtransfer**

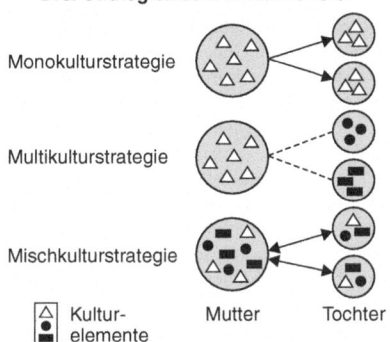

interkulturelles **Training** – Maßnahmen, die
der Vorbereitung von ins Ausland zu entsen-
denden Mitarbeitern (z.b. → Expatriate) auf
andersartige Kulturräume sowie einer Optimierung des Interaktionsverhaltens zwischen Angehörigen unterschiedlicher Kulturen dienen (→ Auslandseinsatz). Ziele
derartiger Maßnahmen sind eine Verdeutli-
chung der kulturell geprägten Werte-, Nor-
men- und Handlungsstruktur der jeweiligen
Fremdkultur(en), eine Sensibilisierung für
kulturelle Unterschiede und eine Vermittlung
von Fertigkeiten für eine erfolgreiche interkulturelle Kooperation. Interkulturelle Trai-
ningsmethoden können in inhaltsorientierte
(Vermittlung von Wissen über Fremdkultu-
ren) und prozessorientierte (Verbesserung
der sozialen Sensibilität sowie des zwischen-
menschlichen Interaktionsverhaltens) unterteilt werden. – Vgl. auch → interkulturelles
Management.

intermittierende Beratung – auch als Ze-
braeinsatz bezeichneter Beratungsansatz, bei
dem der Einsatz der Berater abwechselnd
vor Ort und dann für einen Zeitraum fern-
gesteuert von Sitz des Beraters aus durchgeführt wird. Eine intermittierende Beratung
wird u.a. dann durchgeführt, wenn eine große

geografische Distanz zwischen dem Sitz des Beraters und der zu beratenden Organisation besteht, z.B. in der → Entwicklungsländerberatung.

internalisierte Effekte – 1. *Begriff:* Ist sowohl die Verursachung einer Umweltbelastung als auch die Verantwortung für diese für ein Unternehmen gegeben, dann können diese Effekte als internalisiert bezeichnet werden. Ist die Verantwortung durch das Unternehmen nicht gegeben, dann wird von externen Effekten gesprochen. In diesem Kontext können Effekte auch als Kosten und Erlöse angesehen werden. – 2. *Ausprägungen:* Alle Anforderungen der Stakeholder (Anspruchsgruppen) sind für alle Umweltgüter internalisiert, die auf dem Markt erworben wurden. Außerdem sind alle Effekte internalisiert, denen z.B. eine öffentlich-rechtlicher Verpflichtungen zugrunde liegt. – 3. *Schwierigkeit:* Internalisierte Effekte sind oft in anderen Kostenpositionen enthalten und eine Isolation ist nötig, um diese präzise ausweisen zu können. Des Weiteren existieren Erfassungsschwierigkeiten z.B. durch Langzeit- und Distanzeffekte. – 4. *Internalisierung externer Effekte:* Externe Effekte, also solche die das Unternehmen bisher zwar verursacht, jedoch aufgrund fehlender Ansprüche der Stakeholder oder rechtlicher Verpflichtungen keine Verantwortung übernimmt, können freiwillig internalisiert werden. Ob und in welchem Umfang Unternehmen externe Effekte internalisieren, ist durch ihre → Ökologieorientierung bestimmt bzw. inwieweit eine zukünftige zwangsweise Internalisierung abzusehen ist.

International Business Studies → internationale Betriebswirtschaftslehre.

internationale Akquisition – Form der Direktinvestition, die durch den Erwerb von Beteiligungen (Geschäftsanteile, Vermögensanteile) an einem im Ausland ansässigen Unternehmen oder durch den vollständigen Erwerb eines ausländischen Unternehmens gekennzeichnet ist. Die Motive können – neben reinen Finanzinvestitionen – sein:

Zugang zu → Ressourcen (z.B. Rohstoffe, aber auch Know-how), schneller Markteintritt, Erfüllung oder Umgehung von Local Content-Vorschriften (Local Content), Erzielung von Economies of Scale und Economies of Scope, Verbesserung der Marktpräsenz und der Marktanteile. – Vgl. auch internationales → Joint Venture.

internationale Beschaffungspolitik – 1. *Begriff:* Internationale Beschaffungspolitik ist auf die Sicherstellung der erforderlichen Qualität und die Verfügbarkeit von Roh-/Hilfs-/Betriebsstoffen, Vorprodukten und Dienstleistungen gerichtet, wobei die systematische Nutzung internationaler Beschaffungsquellen und damit eine Erweiterung der Bedarfsdeckungsmöglichkeiten im Vordergrund steht. International tätige Unternehmen können ihren Bedarf über die lokalen Beschaffungsmärkte, über Drittländer sowie konzernintern über andere Unternehmenseinheiten decken. Durch die internationale Präsenz können internationale Unternehmen Unvollkommenheiten der Märkte für die Minimierung der Beschaffungskosten nutzen, wobei es jedoch produktspezifisch hinsichtlich Qualitätszielen und Kostenzielen zu optimieren gilt. – 2. *Beschaffungsorganisation:* Die strategische Relevanz der Beschaffung erfordert eine Koordination auf Gesamtunternehmungsebene. Im Einzelfall ist zu entscheiden, ob und welche Materialien zentral über ein Mutterhaus oder dezentral durch Auslandseinheiten bezogen werden (Global Sourcing). Eine weitere Variante besteht darin, dass der Konzernbedarf materialspezifisch gebündelt und von einer Auslandseinheit beschafft wird. Zunehmende Bedeutung erhalten aus strategischer Perspektive der Aufbau und die Pflege internationaler Lieferantenbeziehungen. Beispiele hierfür sind die Förderung von Leistungspotenzialen der internationalen Lieferanten sowie deren (Know-how-)Nutzung in Bezug auf Innovationen, Qualität, Logistik (Just in Time (JIT)) u.a.

internationale Betriebswirtschaftslehre – *International Business.* 1. *Begriff:* Multi- bzw. interdisziplinär ausgelegte Bearbeitung von Problemen der internationalen Unternehmenstätigkeit. – 2. *Internationale Unternehmenstätigkeit:* → Internationale Unternehmungen zeichnen sich gegenüber rein nationalen Unternehmen dadurch aus, dass ihre Beschaffung, Leistungserstellung oder -verwertung in mind. zwei Volkswirtschaften erfolgt. Nach der Art der grenzüberschreitend transferierten Ressourcen bzw. der Dauerhaftigkeit der eingegangenen internationalen Bindung kann dabei zwischen (1) dem Außenhandel mit Sachgütern, (2) dem Außenhandel mit Dienstleistungen, (3) internationalen kooperativen Arrangements ohne Kapitalbeteiligung (z.B. Lizenzhandel, Franchise, → internationale strategische Allianzen) sowie (4) der Tätigung direktinvestiver Auslandskapitalanlagen (z.B. Zweigniederlassungen oder Tochtergesellschaften) differenziert werden. – 3. *Entscheidungsprobleme* der internationalen Betriebswirtschaftslehre liegen v.a. in den Feldern: (1) Verstehen interkultureller Differenzen (→ interkulturelles Management); (2) Umweltwahl (Standortpolitik); (3) internationaler Ressourcentransfer; (4) integrative Gestaltung des internationalen Wertschöpfungssystems. – Vgl. auch internationales Management.

internationale Corporate Identity – Entwicklung des Selbstbildes eines grenzüberschreitend tätigen Unternehmens, das sowohl nach innen auf die Einstellung der Mitarbeiter als auch nach außen auf das Erscheinungsbild des Unternehmens gerichtet ist. Gerade die Gestaltung des äußeren Erscheinungsbildes prägt die Art und Weise der Wahrnehmung des Unternehmens durch Außenstehende wie Kunden, Lieferanten, Kreditgeber oder Kooperationspartner und somit dessen Fremdbild. Die internationale Corporate Identity wird durch materielle, interaktionale und sprachliche Symbole geprägt. Materielle Symbole wie Bauwerke oder Unternehmenslogo manifestieren das äußere Erscheinungsbild einer Unternehmung. Werte, Normen und Einstellungen werden als interaktionale Symbole bezeichnet und vermitteln einen Eindruck von den herrschenden Grundannahmen in der Unternehmung. Sprachliche Symbole bieten durch den im Unternehmen vorhandenen Sprachstil ebenfalls einen Zugang zur Unternehmungskultur. Für international tätige Unternehmen stellt sich die bes. Herausforderung, über die Vermittlung ihrer internationalen Corporate Identity zu einer Annäherung ihrer Fremdbilder in unterschiedlichen Ländern beizutragen. In unterschiedlichen Kulturkreisen tätigen Unternehmen fällt es im Vergleich zu rein nationalen Unternehmen tendenziell schwerer, eine Identity (im Sinn eines „Wir-Gefühls") zu entwickeln, denn die unterschiedlichen Erfahrungsbereiche weisen i.d.R. nur wenige Schnittmengen auf.

internationale Dachkampagne – internationales Marketing.

internationale Distributionspolitik – alle grenzüberschreitenden Entscheidungen über Distributionsziele, die Wege der zu vermarktenden Leistungen von den Orten und Ländern ihrer Entstehung zu den Ländern und Orten der Endkäufer sowie die Planung, Realisation und Kontrolle der Maßnahmen zur strategiekonformen Gestaltung der Distributionsprozesse. Damit können der internationalen Distributionspolitik drei Aufgabenkomplexe subsumiert werden: (1) die Wahl der Distributions- bzw. Vertriebswege und damit verbunden die Wahl der Distributionsorgane; (2) das strategiekonforme Management des internationalen Distributionssystems; (3) die physische Distribution der auf verschiedenen internationalen Märkten nachgefragten Absatzleistungen.

internationale Entlohnung – Regelung der Entlohnung (Arbeitsentgelt) von Mitarbeitern in internationalen Unternehmungen unter verschiedenen kulturellen, ökonomischen, politischen und rechtlichen Umweltbedingungen. Die Entlohnungspolitik kann

→ ethnozentrisch anhand einheitlicher Richtlinien des Stammhauses ausgerichtet sein, oder → polyzentrisch entsprechend lokaler Regelungen. Bei befristeten → Auslandseinsätzen werden die betreffenden Mitarbeiter üblicherweise weiterhin vom Stammhaus entlohnt. Finanzielle Anreize für einen Auslandseinsatz dienen u.a. auch als Kompensation der hierdurch für den Mitarbeiter entstehenden Zusatzkosten. Die Vergütungsstruktur bei einem Auslandseinsatz sieht meist zusätzlich zum direkten Gehalt Zusatzleistungen vor: Auslandszulage, Lebenshaltungskostenausgleich, Wohnzulage, Auslandsversicherung, Kosten für die Ausbildung der Kinder. Die internationale Entlohnungspolitik bewegt sich in einem Spannungsfeld zwischen der Berücksichtigung lokaler Rahmenbedingungen (z.B. unterschiedliche Lebenshaltungskosten) einerseits sowie der Sicherstellung einer internationalen Vergleichbarkeit von Entgeltstrukturen andererseits.

internationale Fertigung → internationale Produktion.

internationale Finanzholding – entweder eine als Bindeglied zwischen einer Muttergesellschaft im Stammland und Unternehmenseinheiten in Gastländern angesiedelte Beteiligungsverwaltungsgesellschaft oder eine Spitzeneinheit im internationalen Unternehmensverbund. Die internationale Finanzholding ist Teil eines Unternehmensverbundes oder Konzerns. Kennzeichen einer Finanzholding ist der auf Dauer angelegte Erwerb sowie die Verwaltung von Beteiligungen an rechtlich selbstständigen Unternehmenseinheiten. Die internationale Finanzholding ist zwischen internationalen institutionellen Investoren mit Portfolio-Investitionen in unterschiedlichen Ländern und einer strategischen Managementholding mit Tochtergesellschaften in unterschiedlichen Ländern einzuordnen. Bei der internationalen Finanzholding beschränkt sich die gemeinsame Führung auf die Finanzierungsfunktion. Problematisch für

die internationale Finanzholding ist die internationale Vergleichbarkeit der Erwerbskandidaten sowie der internationale Vergleich des Erfolgs der einzelnen Unternehmenseinheiten. Von Bedeutung für den internationalen Vergleich sind bes. unterschiedliche Besteuerungssysteme sowie die Entwicklung von Wechselkursen, Inflationsraten, Zinsen und politischen Risiken. Vorteile für die internationale Unternehmensführung können aus der Ansiedlung der Finanzholding an einem steuerlich und finanziell privilegierten Standort resultieren. Wenn eine Finanzholding in einem (im Verhältnis zum Stammland) niedriger besteuerten Land eingerichtet wird, sind steuerliche Nachteile von Gewinnausschüttungen an die Muttergesellschaft verringerbar.

internationale Finanzpolitik → internationales Finanzmanagement.

internationale Forschung und Entwicklung – 1. *Begriff:* Internationale F&E zeichnet sich dadurch aus, dass die Projektakteure aus verschiedenen Ländern stammen und/oder Projektaktivitäten grenzüberschreitend arbeitsteilig unter Einsatz von Ressourcen aus mehreren Ländern durchgeführt werden. – 2. *Motive:* Gründe → internationaler Unternehmungen, F&E-Aktivitäten (→ Forschung & Entwicklung) vom Stammland in Gastländer zu verlagern oder zusätzliche F&E-Aktivitäten in Gastländern neu anzusiedeln, sind vielfältig: In Branchen, in denen es weltweit führende Know-how-Zentren gibt (z.B. Computertechnologie), ist eine Ansiedelung in der Nähe dieser Zentren erforderlich, um rasch auf deren Ressourcen zugreifen zu können. Bei lokal differenzierenden Grundstrategien (internationales Management) müssen die Produkte den spezifischen Marktbedürfnissen angepasst werden; eine Verlagerung der F&E in Schwerpunktländer vermeidet von vornherein eine einseitige „Heimatmarktentwicklung", wodurch kostenintensive Anpassungen entfallen und die Wahrscheinlichkeit für den Markterfolg steigt. Durch internationale Kooperationen können die F&E-Kosten gesenkt werden (z.B. Airbus-Entwicklung). Die lokale Präsenz ist häufig Voraussetzung, um an internationalen F&E-Förderprogrammen/-mitteln zu partizipieren. – 3. *Organisation:* Je nach Motiv können F&E-Verantwortungen an → Auslandstochtergesellschaften bzw. → Auslandsniederlassungen abgegeben werden, Unternehmensteile im Ausland frühzeitig in den F&E-Prozess einbezogen oder internationale F&E-Kooperationen aktiv eingegangen werden.

internationale Führungskräfteförderung
→ Auslandseinsatz, → internationale Personalentwicklung.

internationale Kapitalstruktur – Die Kapitalstruktur von Unternehmen unterliegt als Folge der Internationalisierung der Unternehmenstätigkeit gleichfalls einem Internationalisierungsprozess, welcher dadurch charakterisiert werden kann, dass die finanziellen Ressourcen eines Unternehmens nicht mehr ausschließlich oder überwiegend nur von heimischen Kapitalgebern in Inlandswährung, sondern in gewissem Umfang von ausländischen Kapitalgebern bereitgestellt werden und/oder mit Zahlungsströmen, die in Auslandswährung denominiert sind, verbunden sind. Für die Beurteilung des Ausmaßes der Internationalität der Kapitalstruktur sind folglich bes. zwei Aspekte der Kapitalbeschaffung von Relevanz. Zum einen ist die geografisch-kulturelle Zuordnung der Kapitalgeber zu berücksichtigen. Eine internationale Kapitalstruktur zeichnet sich dadurch aus, dass die Kapitalgeber aus unterschiedlichen Ländern stammen. Mit zunehmender kultureller Distanz zwischen den Kapitalgebern und dem Heimatland des Unternehmens nimmt dabei tendenziell die Internationalität der Kapitalstruktur zu. Zum Zweiten bedarf es einer Identifikation der Währung(en), in welcher (in welchen) die im Rahmen des Kapitalüberlassungsvertrags vereinbarten Zahlungsströme denominiert sind.

Der Internationalisierungsgrad einer Kapitalstruktur steigt demzufolge tendenziell mit Abschluss von Kapitalüberlassungsverträgen, innerhalb derer Zahlungsströme vereinbart sind, die in fremder Währung denominiert sind. Die Fremdkapitalstruktur großer Unternehmen weist typischerweise einen relativ hohen Grad an Internationalisierung auf, der durch die Aufnahme von Kapitalressourcen, z.B. am Euro-Geldmarkt etwa über die Emission von Euro-Notes oder Euro Commercial Papers (ECP) und am Euro-Kapitalmarkt über die Ausgabe von Euro-Bonds, resultiert (Euromärkte). Doch auch die Internationalisierung des Eigenkapitals dieser Unternehmen wird zunehmend forciert. Internationale Börsenlistings sind eine Möglichkeit zur Internationalisierung des Eigenkapitals; als wichtigstes Hemmnis gegen Börsennotierungen im Ausland gelten die Offenlegungsanforderungen ausländischer Börsenaufsichtsbehörden. Die Heterogenität der Rechnungslegung bewirkt so eine (partielle) Segmentierung der nationalen Kapitalmärkte, welche die optimale Allokation von Kapital beeinträchtigt.

internationale Kommunikationspolitik – 1. *Begriff:* Entscheidungen über den grenzüberschreitenden Einsatz informations- und kommunikationsbezogener Instrumente zur Übermittlung von Informationen und Bedeutungsinhalten, die der Beeinflussung von Meinungen, Einstellungen, Erwartungen und Verhaltensweisen gemäß spezifischer Zielsetzungen dienen. Überlegungen zum adäquaten, internationalen Instrumenteinsatz zielen auf Möglichkeiten einer inhaltlichen Standardisierung (Ermittlung einer zielgruppengerechten Ansprache, z.B. ernst oder humorvoll, rational oder emotional), einer formalen Standardisierung (Bestimmung verbaler und visueller Gestaltungselemente, z.B. können Werbebotschaften wortgetreu übersetzt werden?) sowie einer Standardisierung der Mediaplanung (Welche Werbeträger können zur Erreichung länderübergreifender Zielgruppen eingesetzt werden?). Die

Kommunikationsinstrumente (Werbung, Public Relations (PR), Behavioral Branding, Verkaufsförderung und persönlicher Verkauf) sind auf die Markenindentität abzustimmen und u.a. nach länderspezifischen Markt- und Wettbewerbsstrukturen, Einkaufsgewohnheiten, Medienstruktur, Agenturkompetenz sowie rechtlich-politischen (Werbebeschränkungen, Zulässigkeit vergleichender Werbung) und kulturellen Besonderheiten (Sprache, Tradition, Einstellungen etc.) auszuwählen und zu gestalten. – 2. *Möglichkeit der Organisation* der internationalen Kommunikationspolitik zwischen Stammhaus und ausländischen Unternehmenseinheiten: (1) zentrale Planung und Ausführung der internationalen Werbepolitik und Anpassung der Werbemittel an die jeweiligen Zielmärkte, soweit erforderlich (v.a. Sprache), (2) Kooperation und Abstimmung zwischen Zentrale und lokalen Einheiten bei Planung, Gestaltung und Durchführung, (3) autonome Planung und Durchführung der Kommunikationspolitik durch nationale Unternehmenseinheiten bei zentraler Budgetkontrolle. Eine Orientierung am → internationalen Produktlebenszyklus ist unerlässlich, da je nach Phasenstadium spezifische Kommunikationsaktivitäten erforderlich sind. Bei der Umsetzung sind bei der internationalen Mediaplanung v.a. die inhaltliche, zeitliche und mengenmäßige Abstimmung des internationalen Mediaplans (Streuplan), Sprachbarrieren als Verbreitungsgrenze oder grenzüberschreitende Reichweiten einzelner Kommunikationsträger (z.B. Satellitenfernsehen) zu bedenken. – Vgl. auch internationales Marketing, → internationale Public Relations, → Kommunikationspolitik.

internationale Kooperation – *Internationale Partnerschaft.* 1. *Begriff:* eine auf vertraglicher Grundlage basierende, grenzüberschreitende Zusammenarbeit zwischen rechtlich selbstständigen Unternehmen. – 2. *Formen:* Es werden internationale Kooperationen mit und ohne Kapitalbeteiligung unterschieden. – *Beispiele* für internationale

Kooperationen ohne Kapitalbeteiligung: → internationale Lizenzen, → internationales Franchising, → internationale Projekte, virtuelle Kooperationen. Unter internationalen Kooperationen mit Kapitalbeteiligung fallen internationale → Joint Ventures. Internationale Unternehmensnetzwerke und internationale strategische Allianzen können sowohl mit als auch ohne Kapitalbeteiligung auftreten.

internationale Koordination – 1. *Begriff:* Unter internationaler Koordination versteht man die Abstimmung der Unternehmensaktivitäten im internationalen Unternehmensverbund, die aufgrund zahlreicher Interdependenzen zwischen den geografisch verstreuten Unternehmensteileinheiten notwendig ist. Ziel einer Abstimmung ist die Erzielung von Synergieeffekten im Unternehmen. Die internationale Koordination bewegt sich in einem Spannungsfeld zwischen zentraler Kontrolle im Unternehmensverbund und Autonomie der ausländischen Tochtergesellschaften einer Unternehmung. Während über zentrale Kontrolle sichergestellt werden kann, dass in den Auslandsgesellschaften Entscheidungen im Einklang mit der Zentrale getroffen werden, fördert die Autonomie des Tochtergesellschaftsmanagements Motivation, unternehmerische Initiative und lokale Anpassung. – 2. *Koordinationsinstrumente:* Koordination kann über den Einsatz unterschiedlicher etwa struktureller (→ Entscheidungszentralisation), personenorientierter (→ Auslandseinsatz), technokratischer (→ Berichtssysteme) oder kultureller (→ internationale Corporate Identity) Instrumente erfolgen. – Vgl. auch → internationale Mutter-Tochter-Beziehungen.

internationale Lizenz – 1. *Begriff:* kooperative Auslandsmarkteintrittsstrategie (→ internationale Kooperation, → internationale Markteintrittsstrategien, → Lizenz). Mit der Lizenz räumt der Inhaber eines gewerblichen Schutzrechts (z.B. Patent) oder eines urheberrechtlichen Verwertungsrechts die aus diesen

Rechtspositionen resultierenden, wirtschaftlich verwertbaren Teilrechte dem Lizenznehmer ein. Bei internationalen Lizenzverträgen stammen Lizenzgeber und -nehmer aus unterschiedlichen Ländern. – 2. *Entgelte für Lizenzierung:* Der Lizenznehmer zahlt für die Inanspruchnahme der intangiblen Vermögenswerte Lizenzgebühren. Diese treten i.d.R. in Form von Pauschallizenzgebühren oder laufenden Lizenzgebühren auf. Welche Höhe die jeweiligen Gebühren dabei annehmen, variiert in Abhängigkeit von Faktoren wie Innovationsgehalt, Laufzeit und räumlicher Gültigkeit der Lizenz. – 3. *Vorteile/Nachteile:* Der Lizenzgeber erhält Lizenzgebühren sowie die Möglichkeit, den ausländischen Markt (des Lizenznehmers) zu erschließen. Die Vergabe von internationalen Lizenzen ist v.a. für kleinere Unternehmungen mit geringer Kapitalausstattung und Auslandserfahrung geeignet. Der Markteintritt durch internationale Lizenzen ist sinnvoll, wenn Zielländer Importe und Direktinvestitionen ausländischer Unternehmen behindern. Probleme von internationalen Lizenzen können unterschiedlicher technologischer und kultureller Entwicklungsstand oder mangelhafte Kontrollmöglichkeiten sein, sodass die vom Lizenzgeber erwartete Qualität der Marktbearbeitung durch den Lizenznehmer nicht gewährleistet ist. Die Etablierung des Lizenznehmers zum potenziellen Konkurrenten auf Auslandsmärkten sowie der Wegfall bestimmter Absatzmärkte, die vom Lizenznehmer exklusiv beliefert werden, sind als Nachteile anzuführen. – Vgl. auch → Lizenz.

internationale Managementaus- und -weiterbildung → internationale Personalentwicklung.

internationale Managemententwicklung → internationale Personalentwicklung.

internationale Markenpolitik – im internationalen Markt Gestaltung von Produktname und Markenzeichen. Ziel der internationalen Markenpolitik ist, dem Produkt bzw. Unternehmen Differenzierungspotenzial im

internationalen Wettbewerb und damit Wiederverkauf und Schutz vor Imitation durch die Konkurrenz zu sichern (internationaler Marketing-Mix). Strategien der internationalen Markenpolitik können sein, einen Auslandsmarkt durch die Neueinführung einer eigenen Marke oder durch den Kauf einer im Ausland bereits etablierten Marke zu erschließen. Zu beachten ist eine länderspezifische, kommunikationsgerechte Modifikation der Markenelemente (Markenname und -zeichen) nach kulturellen und warenzeichenrechtlichen Aspekten. Im Rahmen der internationalen Markenpolitik ist die Entscheidung zwischen dem Einsatz von Welt-, Regional- und Lokalmarken zu treffen. Das Madrider Markenabkommen bietet die Möglichkeit einer internationalen Markenanmeldung mit Wirkung für alle Vertragsstaaten. Seit 1996 besteht die Möglichkeit, eine Gemeinschaftsmarke mit einheitlicher Wirkung für die gesamte EU beim Europäischen Markenamt in Alicante anzumelden.

internationale marketingpolitische Instrumente – internationales Marketing.

internationale Marktauswahl – Auslandsmarktselektion, internationales Marketing.

internationale Marktbearbeitungsstrategien – internationales Marketing.

internationale   Markteintrittsstrategien – 1. *Begriff:* Wahl der Form des Zuganges zu Auslandsmärkten: (1) → Ausfuhr bzw. Export (direkt/ indirekt); (2) internationale Know-how- und Technologieverträge: Übertragung schlüsselfertiger Anlagen, technische Serviceverträge, → internationale Lizenzen, Koproduktionen, → internationales Franchising; (3) Direktinvestitionen: (a) Beteiligungen: → Joint Ventures, → strategische Allianzen, internationale Unternehmensnetzwerke, (b) Alleineigentum: Neugründung, → Akquisition. – 2. *Entscheidungskriterien:* Je nach Unternehmenssituation (z.B. Unternehmensstrategie, internationaler Strategie, Kapitalausstattung) und externer (Markt-) Situation (Marktgröße, Wettbewerb) ist aus

verschiedenen Alternativen der Markterschließung zu wählen. Länderspezifische Kriterien (Länderrating) sind: Vertriebsnetz und
Qualifikation potenzieller Auslandsmarkt-
partner, tarifäre und nicht-tarifäre → Markteintrittsschranken, politisch-soziale Situation. Die politische Stabilität eines Landes
ist eine zentrale Entscheidungsgröße zur Bestimmung des Kapitaleinsatzes im Ausland
(Länderrisiko). – Vgl. auch internationales
Marketing.

internationale Marktsegmentierung – 1.
Begriff: Aufspaltung des Weltmarktes in Teil-
märkte mit dem Ziel, in sich möglichst homogene, nach außen aber möglichst heterogene
Segmente abzugrenzen (Marktsegmentierung), um eine Selektion von Auslandsmärkten und eine segmentgerechte Marktbearbeitung vornehmen zu können. – 2. *Verfahren:*
Im Rahmen einer Grobauswahl werden zunächst Ländersegmente anhand spezifischer
Länderkriterien gebildet. Segmentierungskriterien können sozio-ökonomischer (Bruttonationaleinkommen, Kaufkraft etc.),
politisch-rechtlicher (Länderrisiko, Wirt-
schaftssystem etc.), natürlich-technischer
(Klima, Infrastrukturen etc.) und sozio-kultureller Natur (Religion, Sprache, Wertesystem, Kaufverhalten etc.) sein. Anschließend
wird innerhalb der ausgewählten Ländermärkte zwischen verschiedenen Nachfrage-
segmenten differenziert (z.B. nach Einkommen, Geschlecht etc.). Einen weiteren
Ansatz stellt dagegen die weltweite bzw. über
Ländergrenzen hinweg gehende Segmentierung von Abnehmern nach verschiedenen
kaufrelevanten Merkmalen dar (z.B. Jugendliche mit gleichen Interessen). – Vgl. auch
→ Auslandsabsatzmarktforschung, → interkulturelle Konsumentenforschung.

internationale Marktwahlstrategien – internationales Marketing, Auslandsmarktselektion.

**internationale Mutter-Tochter-Beziehun-
gen** – Gesamtheit aller formalen und infor-
malen Beziehungen, welche zum einen die

Zusammenarbeit zwischen der Muttergesellschaft im Heimatland und den Unternehmenseinheiten im Ausland sowie zum anderen die Zusammenarbeit zwischen den
Unternehmenseinheiten im Ausland (→ Auslandsniederlassung, → Auslandstochtergesellschaft) regeln. Die Ausgestaltung dieser Beziehungen kann auf unterschiedliche
Weise etwa über einen Austausch von Finanz-
mitteln, von Unterstützungs- und Serviceleis-
tungen, über Leistungsverflechtungen und
Entscheidungsbeteiligung erfolgen. Je nach
konkreter Ausgestaltung ergeben sich unterschiedliche Konsequenzen für die → internationale Koordination im Unternehmensverbund. Die Gestaltung der internationalen
Mutter-Tochter-Beziehungen bewegt sich in
einem Spannungsfeld zwischen Akzeptanz
der Unternehmenseinheiten im Ausland als
gleichberechtigte Partner im internationalen Unternehmensverbund (→ Dezentralisation) und der Notwendigkeit zur abgestimmten Gestaltung der Unternehmensaktivitäten
(→ Zentralisation).

internationale Partnerschaft → internationale Kooperation.

internationale Personalentwicklung – *International Management Development;* Teil
der Personalpolitik (Personalentwicklung,
→ Personalmanagement), der auf die Förderung von Mitarbeitern hinsichtlich der aus
einer internationalen Unternehmenstätigkeit resultierenden Aufgaben abzielt. Die internationale Personalentwicklung umfasst die
für eine grenzüberschreitende Unternehmenstätigkeit notwendigen Veränderungen relevanter persönlicher Merkmale (Kenntnisse/
Wissen, Erfahrungen, Fähigkeiten), alle hierauf einwirkenden Maßnahmen der Aus- und
Weiterbildung sowie die gezielte Vermittlung
von Erfahrungen. Internationale Personalentwicklung bezieht sich auf die Zielgruppe der
international tätigen Mitarbeiter eines Unternehmens. Häufig eingesetzte Instrumente
zur Vermittlung des Wissens und der Fähigkeiten, die im Rahmen einer erfolgreichen

Betätigung in fremdkulturellen Kontexten für notwendig erachtet werden, stellen der → Auslandseinsatz, die Bildung internationaler Arbeitsgruppen, internationale → Jobrotation und interkulturelles Training dar. Ziel der internationalen Personalentwicklung ist einerseits die Mitarbeitermotivation (Berücksichtigung individueller Bedürfnisse, Aufzeigen beruflicher Entwicklungschancen) und andererseits die Versorgung des Unternehmens mit entsprechend qualifizierten Mitarbeitern. – Vgl. auch → internationales Personalmanagement.

internationale Planung → internationale Unternehmensplanung.

internationale Preiskalkulation → internationale Preispolitik.

internationale Preispolitik – *internationales Preismanagement.* 1. *Begriff:* Alle Maßnahmen der Preisgestaltung, -durchsetzung und -sicherung auf Auslandsmärkten (internationales Marketing). Ziele der internationalen Preispolitik sind Kostendeckung, Wettbewerbsbeeinflussung und Nachfragelenkung innerhalb des Produktmix. Zentrale preispolitische Gestaltungsparameter sind Preisbezugsbasis (Leistungsumfang), Preiszähler (Entgelt) und Preisdifferenzierung. – 2. *Preisstrategien:* a) *Abschöpfungspreispolitik:* Umsatzmäßiges Abschöpfen des Auslandsmarktes durch Hochpreispolitik, danach schrittweise Preisabsenkung. – b) *Penetrationspreispolitik:* Niedrigpreispolitik für hohe anfängliche Marktdurchdringung in Auslandsmärkten mit hoher Preiselastizität. Entscheidend für die Wahl der Preisstrategie ist die Phase des → internationalen Produktlebenszyklus, in der sich das jeweilige Produkt im jeweiligen Markt befindet. – 3. *Internationale Abstimmung der Preisstrategien:* a) *Preisdifferenzierung:* Als Differenzierungskriterien können die Nationalität oder grenzüberschreitende Markteinheiten (→ internationale Marktsegmentierung), die jeweils in weitere Subeinheiten unterteilt werden können, herangezogen werden. Voraussetzung

ist eine geringe grenz- bzw. segmentüberschreitende Markttransparenz. Ziel der internationalen Preispolitik ist also, Märkte mit attraktiven Preiselastizitäten auszumachen und dort entsprechende Preisgestaltung und -durchsetzung sicherzustellen. Informationen über Preiselastizitäten und optimale Preisstellung sind mittels → Auslandsabsatzmarktforschung und → interkultureller Konsumentenforschung zu erheben. – b) *Standardisierung:* Bei auf allen Auslandsmärkten gleichen Preisstrategien erfolgt die Preisfestsetzung relativ zum Preisniveau des jeweiligen Landes. – 4. *Internationale Preiskalkulation:* Bei der Kalkulation des Auslandspreises sind wichtige Kosteneinflussgrößen zu bedenken, die für den Auslandsmarkterfolg entscheidend sein können oder aber sogar gegen eine Auslandsmarkterschließung sprechen, z.B. Kostenarten der Exportpreiskalkulation (Exportkalkulation): (1) Auslandsspezifische Herstellkosten (z.B. Sonderausführungen, zulassungstechnische Modifikationen), (2) Exportsonderkosten (Frachten, Zölle), (3) Verwaltungsgemeinkosten für Exportvertrieb, (4) länderspezifische Kosten der Marktbearbeitung. Zu beachten sind weiterhin unterschiedliche Handelsspannen und Zwischenhandelsmargen sowie rechtliche Vorschriften (z.B. Preisbindung zweiter Hand). – 5. *Sonderformen:* (1) Internationale Mischkalkulation (preispolitisches Optimum über alle Auslandsmärkte), (2) Dumping, (3) Exportsubventionen und Ausfuhrprämien, (4) Preissicherung (→ Kurssicherung, Fakturierung in Inlandswährung, Gleitpreisklausel).

internationale Produktion – *internationale Fertigung.* 1. *Begriff:* In Abhängigkeit von einer → Internationalisierungsstrategie sind Entscheidungen institutionaler Art hinsichtlich Anzahl und Ort der produzierenden Unternehmenseinheiten im Ausland (→ Auslandstochtergesellschaften, → Auslandsniederlassungen) zu treffen (→ internationale Standortpolitik). Bei internationalen Unternehmen mit mehreren, vertikal integrierten Fertigungsstätten in verschiedenen

Ländern ergibt sich die Notwendigkeit zu einer entsprechenden Fertigungssteuerung, welche die Abstimmung zwischen den Werken zum Gegenstand hat. – 2. Art- und intensitätsmäßig sind folgende *Formen* zu unterscheiden: a) *Vorproduktion (Teilefertigung):* Die Unternehmenseinheit im Ausland übernimmt für die Muttergesellschaft eine (mehrere) vorgelagerte Stufe(n) der Produktion eines Erzeugnisses oder die Herstellung von bestimmten Teilen des Endproduktes. Es handelt sich demzufolge um einen Zulieferbetrieb, der (neben dem Stammhaus) auch andere (Fremd-)Unternehmen des Gastlandes, des eigenen Wirtschaftsgebietes und in Drittländern beliefern kann. – b) *Montage:* Zusammensetzung vorgefertigter Teile und Baugruppen zu einem fertigen Enderzeugnis (i.d.R. Fließproduktion). – c) *Konfektionierung/Formulierung:* Es lassen sich z.T. deutliche Parallelen zur Auslandsmontage ziehen, mit dem hauptsächlichen Unterschied, dass im Rahmen der Erstellung des markt- bzw. konsumreifen Enderzeugnisses auch in gewissem Umfange eine Manipulationsfunktion ausgeübt wird, z.B. durch Farb- und Formgebung, geschmackliche Zusätze und spezielle Aufbereitung. – d) *Veredelung:* Bei der Veredelung handelt es sich um die Bearbeitung, Verarbeitung oder die Ausbesserung von Waren, Teilen oder Baugruppen. Im Gegensatz zur passiven Veredelung, bei der ein gebietsfremder Vertragspartner zu Bearbeitung, Verarbeitung oder Ausbesserung eingeschaltet wird, übernimmt bei der aktiven Veredelung ein Unternehmen im Inland die Aufgabe der Bearbeitung, Verarbeitung und/ oder Ausbesserung einer Ware für ein anderes Unternehmen aus dem Ausland. – e) *Komplette Auslandsproduktion (Tochterunternehmen, Niederlassung oder Joint Venture):* Bei einer eigenen Produktion im Ausland werden alle oder zumindest die wichtigsten Fertigungsstufen eines Produktes im Gastland durchgeführt. Dies schließt Zulieferungen aus dem Mutterunternehmen nicht aus. Im Auslandsmarkt hat sich ein bis zur Endstufe reichendes Produktionssystem gebildet, sei es als Endstufe einer sukzessiven Entwicklung oder als eine von Anfang an angestrebte und bereits in der ersten Stufe realisierte Form der Betätigung in einem Zielland.

internationale Produktpolitik – 1. *Begriff:* Planung und Gestaltung des internationalen Absatzprogrammes sowie einschlägiger Zusatzleistungen im Rahmen des internationalen Marketing-Mix (marketingpolitische Instrumente, internationales Marketing). – 2. *Besonderheiten:* a) *Markterschließungsstrategien:* Es ist zu entscheiden, ob das heimische Verkaufsprogramm ohne größere Modifikationen auf Auslandsmärkte übertragen werden kann oder ob angesichts spezifischer Anforderungen des Auslandsmarktes gänzlich neue Produkte zu entwickeln sind. Die Entscheidung hierüber ist von der → internationalen Markteintrittsstrategie abhängig (→ Ausfuhr/ Direktinvestition; → Internationalisierungsstrategien). – b) *Standardisierung/Differenzierung:* Internationale Produktpolitik ist Ausgangspunkt der Auseinandersetzung über länderspezifische Differenzierung und weltweite Standardisierung (→ Globalisierung). Empirische Untersuchungen ergaben bei der Produktpolitik den höchsten Standardisierungsgrad aller absatzpolitischen Instrumente (Economies of Scale). Nötig sind hierzu jedoch länderübergreifende Bedarfsstrukturen sowie entsprechende Kostenverläufe (→ internationale Preispolitik). Hinderlich für eine weltweite Standardisierung sind bes. verwendungstechnische (z.B. Energiebedarf), rechtliche (z.B. Zulassungsgenehmigung) sowie kulturelle (z.B. Geschmacks- und Geruchsempfinden, physiologische Gegebenheiten und Assoziationen) Gegebenheiten. Hohe Bedeutung kommt daher der → Auslandsabsatzmarktforschung bzw. internationalen Marktforschung und → interkulturellen Konsumentenforschung zu. – c) Die art- und mengenmäßige Gestaltung des Absatzprogrammes sowie die Auswahl der zu bearbeitenden Zielmärkte ist auch anhand der Implikationen des → internationalen Produktlebenszyklus vorzunehmen.

internationale Projektfinanzierung → internationales Projekt.

internationale Public Relations – Teil der → internationalen Kommunikationspolitik, welcher auf die einheitliche Darstellung aller Unternehmensteile in der Öffentlichkeit der jeweiligen Präsenzländer gerichtet ist. Zur öffentlichkeitswirksamen Darstellung des Unternehmens bzw. der Branche tritt im internationalen Zusammenhang die Darstellung der jeweiligen Unternehmensnationalität. Geeignete Absender internationaler Public Relations-Maßnahmen sind aus diesem Grunde neben den einzelnen Unternehmungen und Interessengemeinschaften v.a. Handelskammern der jeweiligen Länder. Die Maßnahmen der internationalen Public Relations sind weltweit auf die → internationale Corporate Identity der Unternehmung abzustimmen.

internationaler Distributionskanal – Teil der → internationalen Distributionspolitik, der sich auf die Festlegung von Art, Zahl und Anordnung der Absatzorgane zum grenzüberschreitenden Vertrieb des internationalen Verkaufsprogrammes bezieht.

internationaler Einkauf → internationale Beschaffungspolitik.

internationale Repräsentanz – Grundeinheit des internationalen Unternehmens im Ausland, ohne eigene Rechtspersönlichkeit. Im Unterschied zu → Auslandsniederlassungen handelt es sich bei internationalen Repräsentanzen meist um kleine Büros (bestehend aus einem oder nur wenigen Mitarbeitern), deren Hauptaufgaben neben der Vermittlung von Geschäften in der Geschäftsanbahnung und Kontaktpflege mit (potenziellen) Kunden, Lieferanten, Banken und staatlichen Stellen (Ministerien) liegen.

internationaler Konzernabschluss → internationales Berichtssystem.

internationaler Produktlebenszyklus – zyklische Abfolge der Absatzmengen-Deckungs-beitrags-Entwicklung, die üblicherweise in die Phasen Einführung, Wachstum, Reife, Sättigung und Degeneration eingeteilt wird. Da sich Produkte einer Gattung oder eines Unternehmens in einzelnen Ländermärkten etwa aufgrund unterschiedlicher Informationen oder Kaufkraftentwicklungen in verschiedenen Lebenszyklusphasen befinden können, besteht die Möglichkeit, auf dem Wege einer zeitlichen Variation der Produkteinführung in den einzelnen Ländern, den internationalen Produktlebenszyklus gezielt zu beeinflussen (Relaunch).

internationaler Technologietransfer – Weitergabe von technischem und/oder Managementwissen für die Weiterentwicklung und Anwendung in unterschiedlichen Funktionsbereichen, wobei der Transfer zwischen in unterschiedlichen Ländern angesiedelten Unternehmen und/oder Unternehmensteileinheiten stattfindet (→ internationale Unternehmungen, → internationale Kooperationen, internationales → Joint Venture, → internationale Lizenz). Die internationale Produktlebenszyklushypothese (→ internationaler Produktlebenszyklus) erklärt die Verlagerung der Produktion von Industrie- in Entwicklungsländer über unterschiedliche Kostenniveaus, die mit abnehmender F&E-Intensität, → Forschung und Entwicklung (F&E), (bei zunehmender Marktdurchdringung) und ausgereiften Produktionstechnologien und -verfahren an Bedeutung gewinnen. Der unterstellte Zusammenhang, dass F&E-intensive Produktionen zunächst den gleichen Standort für F&E und Produktion bedingen, ist jedoch nicht mehr selbstverständlich. Im Rahmen der → Globalisierung ist bes. bei → globalen Unternehmungen eine zunehmende Entkoppelung zwischen F&E und Produktion zu beobachten. Während z.B. die F&E-Aktivitäten in der Nähe von Know-how-Zentren angesiedelt werden (→ internationale Forschung und Entwicklung), folgt die Wahl der Produktionsstandorte anderen Zielen (Kostenniveau, Verfügbarkeit qualifizierter Arbeitskräfte u.a.). Diese Entwicklung beschleunigt den internationalen Technologietransfer unabhängig vom Produktlebenszyklus.

internationaler Vertrag – 1. Für das Kaufvertragsrecht gilt, ebenso wie für andere Rechtsgebiete das Territorialprinzip. Danach erlangt das Recht eines Staates lediglich Geltung in dem staatlichen Hoheitsgebiet für das es ausgesprochen wurde. International sind verschiedene Rechtskreise zu unterscheiden. Dadurch sind die kaufvertragsrechtlichen Bestimmungen im Hinblick auf die Rechtstellung des Käufers und des Verkäufers von Land zu Land unterschiedlich. Ein wichtiger Aspekt beim Abschluss eines internationalen Kaufvertrages betrifft daher die Rechtswahl. – 2. Hinsichtlich der Frage, welches Recht dem internationalen Kaufvertrag zugrunde gelegt werden soll, gilt der Grundsatz der Rechtswahlfreiheit. Vereinbart werden kann das nationale Recht des Exporteurs, das nationale Recht des Importeurs, das nationale Reche eines Drittlandes (z.B. Schweizer Recht) oder das UNCITRAL-Kaufrecht. Das UNCITRAL-Kaufrecht regelt Kaufverträge über Waren zwischen Parteien, die ihre Niederlassungen in verschiedenen Staaten haben. Bestehen im Nachhinein Zweifel über die Frage des auf den Kaufvertrag anzuwendenden Rechtes, so greifen die Regelungen des Internationalen Privatrechtes. Das Internationale Privatrecht ist ein Kollisionsrecht, welches von Land zu Land unterschiedlich geregelt ist und bestimmt, nach welchem nationalen Recht der Kaufvertrag beurteilt werden soll.

internationaler Vertriebskanal → internationaler Distributionskanal.

internationales Berichtssystem – 1. *Begriff:* Alle Tätigkeiten mit dem Ziel des grenzüberschreitenden geordneten Informationsaustauschs zwischen internationalen Unternehmensteileinheiten. Einen erheblichen Teilbereich stellt hierbei die rechnungslegungsbezogene Informationsübermittlung (externes und internes Berichtswesen)

dar. – 2. *Externes Berichtswesen:* Für das internationale Management stehen im externen Berichtswesen Fragen der Konsolidierung der Jahresabschlüsse von → Auslandstochtergesellschaften und -beteiligungen im Zentrum (→ Rechnungslegung im internationalen Vergleich, Konsolidierung). Hauptkriterium des Einbezugs einer Auslandsbeteiligung in den Konsolidierungskreis der Muttergesellschaft ist das Ausmaß der Kapitalanteile sowie der ausgeübten Kontrolle, wobei die Kriterien international uneinheitlich sind. Eine Präzisierung wurde dagegen im Rahmen der EU in der Siebten EG-Richtlinie vorgenommen. Bei der Bilanzierung nicht-konsolidierter Beteiligungen bestehen zwei Varianten: Nach der Cost-Methode werden die Kosten für den Beteiligungserwerb angesetzt, nach der Equity-Methode die aktuellen Buchwerte der Beteiligungsanteile. Unabdingbar für die Erstellung der Jahresabschlusses sind Währungsumrechnungen (Funktionale Währung) sowie die Inflationsbereinigung bei Tochtergesellschaften in Ländern mit einer höheren Inflationsrate als im Stammland. – 3. Auch im *internen Berichtssystem* (Erfolgsbeurteilung der Unternehmensteileinheiten im Ausland) entstehen Probleme durch die Währungsrelationen und die unterschiedlichen Inflationsniveaus. So müssen z.B. in den laufenden Berichten, wenn sie in der Währung des Stammlandes ausgewiesen werden, Gewinne oder Verluste aus Wechselkursschwankungen eliminiert werden. Eine weit verbreitete Alternative hierzu besteht in der Verwendung von – am Ende der Vorperiode festgelegten – Planungs-Kursen auf der Basis prognostizierter Währungsrelationen. Analog kann auch mit erwarteten Kaufkraftverlusten (Inflation) verfahren werden. – 4. Neben den eher technischen Problemen der grenzüberschreitenden Berichterstattung sei auf das Problem der *richtig dimensionierten Berichtstandards* hingewiesen. Dem Bestreben zur konzernweiten Vereinheitlichung der Berichte aus Gründen der Vergleichbarkeit steht die Unterschiedlichkeit von Unternehmensgrößen entgegen, d.h. der Aufwand für die Erstellung der Berichte bes. kleiner Gesellschaften/ Niederlassungen ist in einem angemessenen Verhältnis zu halten. – Vgl. auch → internationales Controlling.

internationales Cash Management – Finanzentscheidungen, die die Allokation von Zahlungsmitteln und die Steuerung von Zahlungsströmen im internationalen Unternehmensverbund betreffen (→ internationales Finanzmanagement). Vom internationalen Cash Management wird gefordert, neben der Gewährleistung der jederzeitigen Zahlungsfähigkeit aller Teileinheiten des internationalen Unternehmens auch dem übergeordneten Rentabilitätsziel Rechnung zu tragen. Bes. Ziele des internationalen Cash Managements sind v.a. Beschleunigung der unternehmensinternen Zahlungen (bes. die zügige Verlagerung von Kassenbeständen vom Ort des Überschusses zum Ort des Bedarfs), bestmögliche Anlage des Liquiditätsüberschusses und Deckung des Finanzbedarfs unter Beachtung des Wechselkursrisikos bei den kurzfristigen Finanztransaktionen durch Wahl geeigneter Absicherungsinstrumente. Insbesondere in internationalen Konzernen kann es einen Zielkonflikt zwischen der konzernweiten Optimierung der internen Verteilung der Zahlungsmittelbestände und der Sicherung der jederzeitigen Zahlungsfähigkeit aller Teileinheiten kommen. Diese Problematik gewinnt in der Insolvenz einzelner Konzerngesellschaften bes. Bedeutung, wenn zuvor die Konzernobergesellschaft im Rahmen des Cash-Managements liquide Mittel aus dieser Gesellschaft abgezogen hat. Ein solches Vorgehen kann u.U. eine Haftung der Konzernobergesellschaft auslösen. – Kreditinstitute bieten inzwischen *Cash-Managementsysteme* an. Das Leistungsangebot umfasst „Balance Reporting" (Informationszugriff auf die weltweit geführten Konten, die über Datenverbund erreichbar sind, einschließlich Saldenübersichten und Fälligkeiten), „Money Transfer" (elektronische Kontendisposition), „Devisen-Netting" (internationales

Cash-Clearing zwischen Unternehmenseinheiten in verschiedenen Ländern in der jeweiligen Landeswährung) sowie z.T. „Treasury Management".

internationales Controlling – Ziel des internationalen Controllings ist die einheitliche Steuerung des Gesamtunternehmens durch → internationale Koordination, Überwachung und Unterstützung der ausländischen Unternehmensteileinheiten (→ internationale Mutter-Tochter-Beziehungen). Das internationale Controlling erfüllt folgende Funktionen: Abstimmung der Leistungsziele und -pläne der Tochtergesellschaften mit denen der Muttergesellschaft, Kontrolle der Zielerfüllung der ausländischen Unternehmensteileinheiten (→ internationales Berichtssystem), Unterstützung der ausländischen Unternehmensteileinheiten mit Führungsinformationen, Sicherstellung eines konzerneinheitlichen Entscheidungsverhaltens. Bes. Probleme des internationalen Controllings resultieren z.B. aus inkompatiblen Berichtssystemen, Informationspathologien, kulturell bedingten Unterschieden bez. Planungsmentalitäten. Es besteht die Gefahr, dass die ausländischen Unternehmensteileinheiten eigene Geschäftspolitiken verfolgen und folglich die Durchsetzung eines einheitlichen Führungskonzeptes erschwert wird.

internationales Finanzmanagement – *internationale Finanzpolitik*. 1. *Begriff:* Das internationale Finanzmanagement umfasst alle Aktivitäten einer grenzüberschreitend tätigen Unternehmung zur Beschaffung, Verwaltung und Verwendung von Kapital. Hierzu bedarf es der koordinierten Zusammenarbeit der mit diesen Aktivitäten betrauten Stellen innerhalb aller einschlägigen Unternehmenseinheiten in der Mutter- und den ausländischen Tochtergesellschaften. – 2. *Ziele:* Grundsätzlich ist von den gleichen Zielen wie im nationalen Finanzmanagement (Rentabilität, Liquidität, Sicherheit, Unabhängigkeit oder Shareholder-Value-Optimierung) auszugehen. Besonderheiten ergeben sich allerdings bei den internationalen Zahlungs- und Kapitalverkehrstransaktionen durch den von güter- oder dienstleistungswirtschaftlichen Aktivitäten ausgelösten Wechsel der Hoheitsgebiete. Dies betrifft bes. das Finanzierungspotenzial im internationalen Unternehmensverbund, Gewinnverwendungsentscheidungen und das Cash Management bei den unternehmensinternen Kapitalmärkten sowie Außenfinanzierungsalternativen und die Eigenkapitalstrukturgestaltung von ausländischen Tochtergesellschaften bei den externen Kapitalmärkten. Aus der gleichzeitigen Betätigung in mehreren Hoheitsgebieten bzw. Kapitalmärkten ergeben sich daher spezifische Subziele, die auf die Handhabung von Länder-, Wechselkurs- und Zinsrisiken, die Gestaltung der Vorsichts- und Transaktionskasse und die steueroptimale Ausgestaltung von Konzernverrechnungspreisen zur Nutzung von Arbitragepotenzialen gerichtet sind.

internationales Franchising – Franchisebeziehung, bei der die Vertragspartner aus unterschiedlichen Staaten stammen. Als Vorteile des internationalen Franchising, die über die Vorzüge des nationalen Franchise hinausreichen, sind die Nutzung der Marktkenntnisse des Franchise-Nehmers, die zügige Marktdurchdringung mit vergleichsweise niedrigen Investitionen im Ausland sowie die vertraglich festgeschriebene Information des Franchise-Gebers durch den Franchise-Nehmer anzuführen. Der Franchise-Geber sammelt somit zugleich Erfahrungen in dem ihm fremden Markt mit geringem unternehmerischen Risiko. Der wohl größte Nachteil für einen Franchise-Nehmer ist, dass der unternehmerische Gestaltungsspielraum eingeschränkt wird. Durch gezielte Vorgaben vom Franchise-Geber kann vom Franchise-Nehmer nur sehr bedingt auf die Geschäftspolitik Einfluss genommen werden. Für den Franchise-Geber kann insbesondere die Auswahl der zukünftigen Partner zum Problem werden. Das → Image des gesamten Franchisesystems hängt vom Verhalten der einzelnen Franchise-Nehmer ab. Franchise-Nehmer,

die nicht systemkonform agieren, können das gesamte Franchisesystem schädigen. Größere Franchisesysteme haben nicht zuletzt deshalb detaillierte Auswahlverfahren entwickelt, aus denen bestimme Franchise-Nehmer-Profile entstanden sind. – Bedeutsam für eine Entscheidung der Markterschließung durch internationales Franchising ist auch die Beachtung der unterschiedlichen internationalen Rechtssysteme mit den jeweiligen wettbewerbsrechtlichen Rahmenbedingungen. – Vgl. auch Franchise.

internationales Joint Venture → Joint Venture.

internationales Personalinformationssystem (IPIS) → Personalinformationssystem.

internationales Personalmanagement – Summe personeller Gestaltungsmaßnahmen mit grenzüberschreitender Ausrichtung zur Verwirklichung der Unternehmensziele. – Im Vergleich zum nationalen Personalmanagement ist das → internationale Personalmanagement durch erhöhte Komplexität und Unsicherheit gekennzeichnet, da sich die unternehmerische Tätigkeit auf zwei oder mehr Länder erstreckt. Unterschiedliche rechtliche Regelungen, kulturspezifische Besonderheiten und Erfordernisse verschiedener Mitarbeitergruppen (aus dem Heimatland des Unternehmens, aus dem Gastland oder aus Drittländern) sind zu berücksichtigen. – Vgl. auch → internationale Personalentwicklung, internationales Management, → interkulturelles Management.

internationales Preismanagement → internationale Preispolitik.

internationales Projekt – Bei einem Projekt handelt es sich um ein zeitlich begrenztes Vorhaben, das relativ umfangreiche, komplexe Aufgaben zum Inhalt hat und die Einbindung mehrerer Personen erfordert. Außerdem muss für ein internationales Projekt eines oder mehrere der folgenden Kriterien erfüllt sein: Die beteiligten Parteien (Auftraggeber und/oder Auftragnehmer) stammen aus mind. zwei Ländern, die Projektleitung ist international zusammengesetzt, bedeutsame Projektleistungen werden im Ausland erbracht. Verbesserte Informations- und Kommunikationstechnologie ist ein wichtiger Faktor zur Förderung internationaler Projekte. Motivatoren für internationale Projekte sind die Ermöglichung des Zugangs zu innovativen Ressourcen, insbesondere Humankapital, eine größere Vielfalt der generierten Ideen, Produkte und Prozesse, die Ausnutzung von standortspezifischer Expertise, die verbesserte Möglichkeit der Anpassung an lokale Gegebenheiten und die Ausnutzung von Steuervorteilen. – Vgl. auch → internationale Forschung und Entwicklung, → internationales Projektmanagement.

internationales Projektmanagement – 1. *Begriff*: Managementaufgaben, welche im Rahmen eines → internationalen Projektes anfallen. Neben traditionellen betriebswirtschaftlichen Fragestellungen sind hier bes. Problemstellungen relevant, welche aus den Unterschiedlichkeiten von Kultur, Rechtssystem etc. (internationales Management) resultieren. – 2. *Aufgaben*: Die Hauptaufgabe besteht in der Anpassung der Projektrealisierung an die für die Projektbeteiligten heterogenen Rahmenbedingungen und ausländischen Projektstandorte. Ein bedeutsames Aufgabenfeld stellt somit die Bildung synergetisch arbeitender multikultureller Teams dar. Hierbei ist auf eine gemeinsame Unternehmenskultur und spezielle interkulturelle Schulungen zu achten. Bei der Leitung internationaler Projekte zählen Konfliktlösung und der Einsatz moderner IuK-Technologien zu Schlüsselaufgaben. – 3. *Finanzierung*: Die Finanzierung von internationalen Projekten stellt eine der wichtigsten Aufgaben des internationalen Projektmanagements dar. Vielfach übernehmen internationale Bankenkonsortien die Rolle des Lead Manager, welche in Zusammenarbeit mit den Anbietern Finanzierungsalternativen erarbeiten. Als Lead Manager bringen die Banken hierbei selber einen Teil des benötigten Kapitals auf,

während sie in der Rolle des Financial Advisors nur vermittelnd tätig werden. Bestandteil der Projektfinanzierung ist eine im Vorfeld durchzuführende Analyse der Risiken des internationalen Projekts, bes. unter dem Aspekt der sich ergebenden Wechselkursrisiken.

internationale Standortpolitik – 1. *Begriff*: Internationale Standortpolitik befasst sich mit der Ausgestaltung der geografischen Verteilung von Unternehmenseinheiten im Ausland. Zentrale Fragen sind hierbei Ort, Höhe und Art der Direktinvestition. Einflussfaktoren auf die Standortpolitik lassen sich in länderspezifische, produktspezifische und unternehmensspezifische Kategorien einordnen. – 2. *Theoretische Begründung*: Die Hypothese einer durch branchenmäßige und/oder regionale Streuung von Wertpapieren erreichbaren Risikoreduktion des Gesamtwertpapierbestandes wird auf Sachinvestitionen übertragen. Ursache der geografischen Streuung von Unternehmenseinheiten ist nun der bewusst angestrebte verbundinterne Risikoausgleich. Dieser ist dabei umso stärker, je geringer die Korrelation zwischen den wirtschaftlichen Entwicklungen in den Gastländern ist. Dieser Prozess wird auch als geografische Arbitrage bezeichnet. Risikodiversifikation wird durch geografisch verteilte Standorte erreicht. Internationale Standortvorteile können dabei weltweit genutzt werden, bspw. durch reduzierte Transport-, Arbeits- oder Kommunikationskosten.

internationale Strategie – 1.Internationale Strategie *i.w.S.*: Die internationale Strategie beschreibt die strategische Orientierung eines Unternehmens hinsichtlich der Gestaltung der internationalen Aktivitäten. Abzugrenzen sind eine → multinationale Strategie, → globale Strategie, transnationale Strategie und internationale Strategie i.e.S. Im Rahmen einer multinationalen Strategie werden die einzelnen Ländermärkte mit höchstmöglicher Anpassung an lokale Gegebenheiten unabhängig voneinander bearbeitet. Den Auslandstochtergesellschaften wird idealtypisch völlige Autonomie gewährt. Die multinationale Strategie ist durch eine → polyzentrische Orientierung geprägt. Demgegenüber steht eine globale Strategie, in deren Rahmen grenzüberschreitende Aktivitäten hochgradig zentralisiert und standardisiert werden. Auslandsmärkte werden als homogene Ganzheit angesehen, wobei nachhaltige Wettbewerbsvorteile durch Produkt- und Prozessvereinheitlichung erreicht werden sollen. Lokale Unterschiede werden vernachlässigt bzw. als nicht existent angesehen. Die Grundorientierung ist → geozentrisch. Eine transnationale Strategie strebt nach der Verbindung von globalen, multinationalen und internationalen Strategiekomponenten. So soll bei höchstmöglicher Standardisierung eine ausreichende Berücksichtigung von lokalen Unterschieden erfolgen (→ transnationales Unternehmen). – 2. Internationale Strategie *i.e.S.:* Entsprechend einer internationalen Strategie werden im Heimatland erfolgreiche Konzepte und Produkte auf Auslandsmärkte übertragen. Der Grad der Zentralisation ist als hoch einzustufen. Der Unterschied zu einer globalen Strategie ist darin zu sehen, dass lokale Unterschiede anerkannt werden, Märkte, welche eine hohe Andersartigkeit gegenüber dem Heimatmarkt aufweisen jedoch nicht bearbeitet werden (→ ethnozentrische Grundorientierung). Als Vorteil einer internationalen Strategie wird die hohe Innovationskraft gesehen.

internationale strategische Allianz – formale Verbindung von mind. zwei aus unterschiedlichen Ländern stammenden und rechtlich selbstständigen Partnern, welche darauf abzielt, eine Marktposition und Wettbewerbsvorteile zu erarbeiten, die aus eigener Kraft nicht erreicht werden könnten. Die beteiligten Partner sind im Regelfall durch gegenseitige Minderheitsbeteiligungen miteinander verknüpft. Im Gegensatz zum internationalen → Joint Venture liegt der Fokus hierbei auf den Mutterunternehmen. Ein Beispiel für derartige Strukturen sind japanische → Keiretsu, welche einen Verbund von

einem „fokalen" Industrieunternehmen (das führende Unternehmen), einem Generalhandelshaus, einer Bank sowie zahlreichen Zulieferern darstellen. – Vgl. auch → internationale Kooperation.

internationale Transferpreisgestaltung→ Transferpreis.

internationale Unternehmensführung→ internationales Management.

internationale Unternehmensnetzwerke – 1. *Netzwerkbegriff:* Eine auf die Realisierung von Wettbewerbsvorteilen gerichtete Organisationsform ökonomischer Aktivitäten, die sich durch eher kooperative denn kompetitive und relativ stabile Beziehungen zwischen rechtlich selbstständigen, wirtschaftlich jedoch meist abhängigen, in unterschiedlichen Ländern angesiedelten Unternehmen auszeichnet (→ internationale Kooperation). Die zwischen den am Netzwerk teilnehmenden Unternehmen existierenden Beziehungen sind i.d.R. langfristig vertraglich angelegt und personell (z.B. durch Austausch von Führungskräften) sowie technisch-organisatorisch (z.B. interorganisationales Berichtssystem) abgesichert. Die Beziehungen können auch auf Kapitalbeteiligungen basieren, diese sind für diesen Kooperationstypus allerdings nicht konstituierend. Unternehmensnetzwerke sind eine ursprünglich bes. für Japan und Korea typische Organisationsform und werden dort als → Keiretsu bzw. → Chaebol bezeichnet. – 2. *Erscheinungsformen:* Es kann zwischen inter-organisationalen und intra-organisationalen Netzwerken unterschieden werden. Unter Ersterem versteht man langfristige Beziehungen zwischen zwei oder mehreren rechtlich selbstständigen und unabhängigen Unternehmungen. Intra-organisationale Netzwerke werden auch als Netzwerkunternehmungen bezeichnet. Hierbei bestehen Interdependenzbeziehungen zwischen den einzelnen Einheiten einer Unternehmung. Die Beziehungen zwischen der Muttergesellschaft und den weltweit tätigen Tochtergesellschaften werden als Netzwerk interpretiert, welches durch einen Austausch von Materialien, Kapital, Technologien, Mitarbeitern, Werten und Normen sowie durch komplexe Koordination und Kontrolle geprägt ist

internationale Unternehmensplanung – Planung der strategischen und operativen Aktionen eines internationalen Unternehmens, Bestandteil des internationalen Managements.

internationale Unternehmensverfassung – 1. Werden Unternehmen als *Sozialverband oder Koalition von Interessengruppen* betrachtet, bedarf es eines organisatorisch-institutionellen Rahmens für Führungsentscheidungen. Die Notwendigkeit für eine derartige innere Ordnung besteht darin, die Zulassung und das Einflusspotenzial von Interessengruppen auf Unternehmensentscheidungen zu begrenzen, daraus sich ggf. ergebende Konflikte zu kanalisieren und die Verantwortung des Managements gegenüber den Stakeholdern (Prinzipal-Agent-Beziehung) festzulegen. Die spezifische „Verfasstheit" eines Unternehmens ergibt sich insofern aus der Gesamtheit aller rechtlich verbindlichen konstitutiven und prozeduralen Regelungen, die nicht auf Leistungserstellungsprozesse, sondern auf die Beteiligung und das Zusammenwirken der Interessengruppen (politische Dimension) im Unternehmen gerichtet sind. – 2. *Grundlagen* hierfür finden sich überwiegend im Gesellschaftsrecht, in satzungsmäßigen Festlegungen, ggf. in Tarifverträgen oder Betriebsvereinbarungen, in → Verhaltenskodizes (z.B. im Deutschen Corporate Governance-Kodex) oder im Gewohnheitsrecht. Unternehmensverfassungen sind insoweit unmittelbar in der Tradition nationaler Rechtssysteme verankert, die ihrerseits eine im Ländervergleich durchaus unterschiedliche, teils durchaus unterschiedliche, teils divergierende Palette von konkreten Unternehmensverfassungskonzepten mit variierenden Corporate-Governance-Modellen bereithalten. – 3. Die *spezifische Ausgestaltung* einer Unternehmensverfassung ist vordergründig ein Paragraphenwerk; im Kern handelt es sich um kulturgebundene Grundannahmen über die in einer Wirtschaftsordnung angemessene Rolle von Unternehmen, die Funktion und Legitimation von Managerherrschaft etc., die zu Rechtsstrukturen geronnen sind. Im Grundsatz ist deshalb festzustellen, dass es eine internationale Unternehmensverfassung im Sinn von weitgehend vereinheitlichten Konzepten für die Verfassung international agierender Unternehmen (noch) nicht gibt. – 4. Wenn dennoch eine wachsende *Diskussion* zu diesem Begriff erkennbar ist, so stellt diese auf zwei Fragestellungen ab: (1) *Koordinationserfordernisse* innerhalb eines internationalen Unternehmens, deren Gesellschaften aufgrund geografischer Streuung in unterschiedlichen Rechtssystemen und damit mehreren Corporate-Governance-Räumen angesiedelt sind. Dies betrifft z.B. ländergrenzenüberschreitende Abstimmungen zwischen Angehörigen von einstufigen (Board- bzw. Verwaltungsratkonzept) und zweistufigen (Vorstand und Aufsichtsrat) Organstrukturen, die Wahrnehmung von Arbeitnehmerinteressen in mitbestimmten Unternehmen auf Betriebs- und Unternehmensebene (Deutschland) vs. mitbestimmungsfreien Unternehmen (USA), Kapitalbeschaffungsentscheidungen und daraus resultierende Gesellschafterrechte etc. (2) Die Herausbildung von *transnationalen Unternehmensverfassungskonzepten* wie die Europäische Wirtschaftliche Interessenvereinigung (EWIV) oder die Europa-AG (Societas Europaea). Über das nationale Recht hinaus wird damit für gesellschaftsrechtlich relevante Aktivitäten von Unternehmen in einer Region (z.B. EU) eine vereinheitlichte oder harmonisierte Verfassungsgrundlage angeboten, die sich nationalstaatlichem Regelungswerk zumindest teilweise entzieht. – Vgl. auch → Unternehmensverfassung.

internationale Unternehmung – I. Begriff: *Multinational Enterprise, Multinational Corporation*. Es existieren verschiedenartige

Vorstellungen, anhand welcher Kriterien die Abgrenzung einer internationalen Unternehmung von einem nationalen Unternehmen vorzunehmen sei. Hier sollen darunter Unternehmen verstanden werden, die eine grenzüberschreitende Geschäftstätigkeit in der Art verfolgen, dass sich die strategische und organisatorische Auslegung gegenüber einer Phase rein nationaler Betätigung ändert. Je nach Grad der Internationalität (→ Internationalisierungsgrad) liegen die Aktivitäten in unterschiedlicher Form vor. So kann das Ausmaß der im Ausland erbrachten Wertschöpfung stark variieren. Zudem können die Auslandsaktivitäten in unterschiedlicher Intensität in das Gesamtunternehmen integriert werden. Schließlich besteht Gestaltungsspielraum hinsichtlich der Wahl der bearbeiteten Auslandsmärkte in Bezug auf deren Anzahl und psychischer Distanz.

II. Rechtsform: Bei dem rechtlichen Aufbau des Gesamtsystems (statutarische Organisationsstruktur) ist die Rechtsform der Muttergesellschaft von der gesellschaftsrechtlichen Ausgestaltung der Unternehmenseinheiten im Ausland zu unterscheiden. I.d.R. ist die Muttergesellschaft eine Gesellschaft nationalen Rechts. – *Ausnahme:* Europäische Wirtschaftliche Interessenvereinigung (EWIV) und → Societas Europaea (SE). Seit mehreren Jahren wird innerhalb der Europäischen Union auch das Projekt einer „Europäischen Privatgesellschaft" (EPG) diskutiert. Die Europäische Kommission hat 2008 einen ersten Entwurf für ein Statut für eine EPG vorgelegt. – Für die ausländischen Einheiten ist jeweils die Entscheidung über die rechtliche Selbstständigkeit zu treffen. Neben Überlegungen zur Marktakzeptanz sind hierbei steuerpolitische Aspekte, Finanzierungsaspekte (→ internationales Finanzmanagement) und Haftungsfragen zu berücksichtigen. Sind innerhalb eines Unternehmensverbunds mehrere Auslandstochtergesellschaften im gleichen Land angesiedelt, ist die Gründung einer Landesgesellschaft zu erwägen, welche die Anteile der im Land

vertretenen Gesellschaften hält (Landesholding). Bei der Wahl der Rechtsform sind die landesspezifischen Besonderheiten zu beachten; i.d.R. wird es sich jedoch wegen der Haftungsbegrenzung um eine Form der GmbH oder der AG handeln. Durch die Rechtsprechung des EuGH im letzten Jahrzehnt („Centros", „Überseering", „Inspire-Art") wurde das Prinzip der Personenfreiheit zunehmend auch auf juristische Personen ausgedehnt. In einem Mitgliedsland der EU können sich nunmehr auch juristische Personen niederlassen, die nach dem Rechtsstatut eines anderen Mitgliedslandes gegründet wurden. Dadurch vervielfältigen sich die Möglichkeiten der Rechtsformwahl. Steuerpolitische Überlegungen stehen bei der Gründung von (meist reinen Finanz-) Holdinggesellschaften in niedrig besteuerten Ländern/Regionen im Vordergrund. – Vgl. auch → internationale Finanzholding.

III. Organisationsstruktur: Grundsätzlich lassen sich zwei Strukturtypen von internationalen Unternehmungen abgrenzen. Im Rahmen einer differenzierten Struktur erfolgt die organisatorische Integration sämtlicher Auslandsaktivitäten in einer Organisationseinheit, der International Division. Sämtliche für die Abwicklung der Auslandsbearbeitung notwendigen Aktivitäten sind in dieser Organisationseinheit vereinigt. Demgegenüber stehen integrierte Strukturen, bei welchen für die organisatorische Einordnung der Auslandsaktivitäten identische Gliederungskriterien angewendet werden wie bei Inlandsaktivitäten. So unterstehen bei einer integrierten Funktionalstruktur die evtl. im Ausland angesiedelten Produktionseinheiten dem Bereich Produktion, ebenso wie die im Heimat angesiedelten Einheiten. Gleiches gilt für die anderen Funktionalbereiche. Die unterschiedlichen Organisationsformen erweisen sich für verschiedene Konstellationen als geeignet. Entscheidungskriterien für die Wahl einer spezifischen Organisationsform sind etwa Umfang und Art des Auslandsengagement, strategische Grundorientierung des

Unternehmens oder Besonderheiten der Auslandsmärkte. So erscheinen etwa differenzierte Strukturen nur dann als geeignet, wenn das Auslandsengagement einen relativ geringen Umfang und Komplexität aufweist.

IV. Erklärungsansätze: 1. *Argument des monopolistischen Vorteils:* Der Anstoß für eine Produktionsaufnahme im Ausland und Voraussetzung für deren Erfolg ist die Existenz unternehmensspezifischer (monopolistischer) Vorteile, v.a. ein überlegenes technologisches und Management-Know-how, ein positives Produktimage, eingeführte Markennamen und Größenvorteile bes. in den leistungswirtschaftlichen Funktionen. Diese Vorteile ermöglichen einen Ausgleich eventueller Nachteile auf einem fremden Markt wie politische Eingriffe, Transferrestriktionen, Wechselkursrisiken, hohe Kommunikations- und Koordinierungskosten, Diskriminierung ausländischer Unternehmungen etc. – 2. *Theorie des →* internationalen Produktlebenszyklus: Grundlage dieser Theorie ist das evolutorische Marktkonzept. Mit zunehmendem Reifegrad der Produkte wechselt die Dominanz der erfolgsbestimmenden Faktoren. Von entscheidender Bedeutung sind in der Innovationsphase die Nähe zum Verbraucher, eine flexible industrielle Struktur und Ingenieurleistungen; in der Reifephase die Lohnkosten. Parallel zur Veränderung der Erfolgsdeterminanten vollzieht sich die Verlagerung der Produktion zunächst in Niedriglohn-Industrieländer (Wachstumsphase) und dann in Entwicklungsländer (Reifephase). – 3. *Theorie des oligopolistischen Parallelverhaltens:* Zahlreiche Märkte sind oligopolistisch strukturiert. Die Anbieter auf diesen Märkten beobachten bzw. antizipieren die unternehmerischen Entscheidungen ihrer Konkurrenten sehr genau und versuchen, diesen keine Vorteile erwachsen zu lassen. Deshalb werden sie auf den Aufbau einer Auslandsproduktion eines Wettbewerbers ebenfalls mit Investitionen in diesem Land reagieren, um ihren Marktanteil und den Unternehmensbestand zu verteidigen. – 4.

Theorie der Internalisierung: Unternehmungen entstehen nach der Transaktionskostentheorie dann, wenn Wirtschaftsprozesse auf (unvollkommenen) Märkten weniger effizient ablaufen als unternehmensintern. Die Leistungsfähigkeit des Marktes ist bes. eingeschränkt bei grenzüberschreitenden Ressourcentransfers, vornehmlich bei internationalen Transfers von technologischem und Management-Know-how, sodass sich hier als leistungsfähigere Alternative die unternehmensinterne Übertragung anbietet: Die unternehmensspezifische Technologie wird nicht an einen Dritten verkauft, sondern auf dem ausländischen Markt durch eine eigene Tochtergesellschaft verwertet. Auf diese Weise werden die Schwierigkeiten bei der Bewertung eines Patents oder Know-how-Bündels bei der Übertragung an ungeschulte Technologieempfänger sowie beim Technologieschutz vermieden. Unvollkommenheiten internationaler Märkte führen also zum Aufbau oder zur Übernahme ausländischer Betriebe. – 5. *Eklektischer Ansatz:* Da die einzelnen Erklärungsansätze nicht ausreichend sind, sich aber ergänzen, erscheint es sinnvoll, diese in einen umfassenden Ansatz zu integrieren. Danach können Unternehmungen nur dann ausländische Märkte bedienen, wenn sie über spezifische (monopolistische) Vorteile verfügen. Die Bedienung des Auslandsmarktes durch Auslandsproduktion wird dem Export oder der Lizenzvergabe dann vorgezogen, wenn die Eigennutzung des Know-how Internalisierungsvorteile erbringt. Der vorzugswürdige Produktionsstandort bestimmt sich nach den relevanten Standortfaktoren und Exporthindernissen.

internationale Wettbewerbsstrategie → internationale Strategie.

International Federation of Consulting Engineers – Abk. *FIDIC*, internationale Vereinigung der Ingenieurberater; Sitz in Genf. Das Akronym steht für die franz. Version des Namens. Der FIDIC sind weltweit 74 Partnerverbände angeschlossen. Sie hat

Kooperationsabkommen mit der European Federation of Engineering Consultancy Associoation (EFCA) und The Pan American Federation of Consultants (FEPAC).

International Governmental Organizations → IGOs.

Internationalisierungsberatung – 1. *Begriff:* individuelle Aufarbeitung länderübergreifender betriebswirtschaftlicher Problemstellungen zwischen einer Beratungsorganisation und einem Klienten zum Zweck der Entwicklung des internationalen Geschäfts. Teilgebiet des Consultings. – 2. *Bedeutung:* Die Internationalisierungsberatung gehört zur klassischen Managementberatung. Sie gewinnt im Kontext der → Globalisierung weiter an Bedeutung. Viele Unternehmen haben bereits umfangreiche Erfahrungen in der Außenwirtschaft gesammelt und einen ausreichenden Internationalisierungsgrad erreicht. Sie sind aber durch unterschiedliche Gründe – z.B. Sättigung des Heimmarktes, globaler Wettbewerb, verbesserte Kommunikation und Logistik – gezwungen, ihre Auslandsaktivitäten zu überdenken und zu intensivieren. Die Tendenz zur Internationalisierung verstärkt sich gegenwärtig. Die Beratungsleistung folgt dieser Entwicklung mit Beratungsprodukten innerhalb der Strategieberatung. – 3. *Aufgabe:* Die Internationalisierungsberatung hat die Aufgabe, die Perspektiven, die sich für den Klienten durch die Erweiterung des Länderspektrums ergeben, zu analysieren und daraus abgeleitete Handlungsalternativen vorzustellen. Die Internationalisierung erfordert qualitative Informationen über Märkte, Produktsegmente, Absatzkanäle, Konsumentenverhalten, Kultur und Mentalität der Partner und Absatzmittler. Im Vergleich mit der rein nationalen Marktbearbeitung verlangt sie ein höheres Maß an Koordination der vielfältigen Aktivitäten und damit ein umfangreicheres Projektmanagement. Zudem setzt sie eine sorgfältige Analyse und Kontrolle der mit dem Transfer von Kapital verbundenen Risiken voraus.

Durch die Intensivierung des Auslandsgeschäfts steigt die Komplexität der Geschäftstätigkeit, gemessen an Umfang und Natur der Regulierung (Normen, Standards, steuerliche und rechtliche Regelungen, Anforderungen an den Markteintritt). Dies muss bei der Wahl der Organisationsform und der Kommunikationsstruktur berücksichtigt werden. Auch die Anforderungen an das Management steigen (z.B. Transformationsleistung, interkulturelle Kompetenz, Beherrschen der Landessprache) und sind in der Personal- und Weiterbildungsplanung zu berücksichtigen. Ein ganzheitlicher Beratungsansatz fordert letztlich auch die Hervorhebung des strategischen Werts von Desinvestitionen. Ausgehend von der Knappheit der Ressourcen, ist die Notwendigkeit der Konzentration auf ausgewählte Märkte meist ein wichtiger Impuls zur Aufgabe bestehender Geschäftsbereiche, die sich als unwirtschaftlich erweisen. Oftmals ist nur durch die Bündelung der Kräfte ein erfolgreicher Markteintritt in einem anderen Land möglich. Wesentliches Kriterium für professionelle Desinvestition ist nicht Verlustminderung, sondern Wertsteigerung. Erforderlich ist ein Länderportfoliomanagement, das, ausgehend von der gewählten Internationalisierungsstrategie, den Marktaustritt und damit ggf. den Verkauf von Unternehmensteilen mit deutlichem Wertgewinn durchführt, um auf diese Weise andere Aktivitäten zu stützen.

Internationalisierungsgrad – Kennzahl zur Beschreibung des Verhältnisses von Inlandsaktivitäten zu den grenzüberschreitenden Aktivitäten. In Abhängigkeit vom Internationalisierungsgrad treten Veränderungen des strategischen und strukturellen Designs eines Unternehmens auf (→ internationale Unternehmung). Zur Operationalisierung des Internationalisierungsgrads werden vielfach quantitative Größen (wie etwa Auslandsumsatz, Auslandsanteil der Mitarbeiter oder der Fertigung) herangezogen. Konkret handelt es sich um sog. dichotome Maßzahlen, Streuungs- und Konzentrationsmaße sowie ihre Kombination zu Indizes oder Kennzahlenmustern. Bes. unter dem Aspekt der Veränderung von Strategie und Struktur in Abhängigkeit vom Internationalisierungsgrad sind aber auch qualitative Größen wie etwa das Ausmaß der Integration der Auslandsaktivitäten zu berücksichtigen. Zu beachten ist, dass Internationalisierung von Internationalität abzugrenzen ist. Während Internationalisierung den Prozess der Internationalisierung beschreibt, bezieht sich der Begriff „Internationalität" auf den Zustand der grenzüberschreitenden Aktivitäten eines Unternehmens zu einem bestimmten Zeitpunkt.

Internationalisierungsmotive – Triebkräfte, welche ein Unternehmen bewegen, ein Auslandsengagement vorzunehmen oder zu vertiefen; sie werden in ressourcenorientierte (verbesserter Zugang zu Kapital, → Knowhow etc.), produktionsorientierte (Produktionskostenvorteil etc.) und absatzorientierte (Ausweitung der Absatzmärkte, Unternehmenssicherung etc.) Internationalisierungsmotive kategorisiert. – Die Internationalisierungsmotive variieren in Abhängigkeit von zahlreichen Faktoren. So sind bei kleinen und mittleren Unternehmen vielfach andere Motive vorzufinden als bei Großunternehmen, da hier deutliche Unterschiede z.B. in der Finanzkraft festzustellen sind. Zudem ist die Region, in der ein Unternehmen seinen Heimatmarkt hat, relevant. Ist diese Region vergleichsweise klein, drängen Unternehmen stärker mit dem Ziel der Erweiterung des Absatzmarktes ins Ausland. Schließlich verändern sich die Internationalisierungsmotive im zeitlichen Ablauf.

Internationalisierungsstrategie – Gestaltung der Unternehmensentwicklung über das Wachstum in verschiedene Auslandsmärkte. Bedeutender Bestandteil der Internationalisierungsstrategie ist deren Dynamik und Prozesscharakter. Es existieren verschiedene Vorstellungen über die konkrete Ausgestaltung einer Internationalisierungsstrategie. Während die Uppsala-Schule (J.J. Johanson

und J.-E. Vahlne) davon ausgeht, dass dieses Wachstum als Anpassung an Umweltveränderungen und Reaktion auf einen Wissens- und Erfahrungszuwachs geschieht und nicht Ergebnis einer bewussten Strategie ist, geht der GAINS-Ansatz davon aus, dass Entscheidungsträger und ihre Merkmale eine zentrale Rolle im Internationalisierungsprozess spielen.

International Management Development → internationale Personalentwicklung.

International Non-Governmental Organizations → INGOs.

International Transfer → Auslandseinsatz.

interne Beratung – *Inhouse Consulting*. 1. *Begriff:* → Beratung durch ein Unternehmen, an dem der Auftraggeber einen Mehrheitsanteil besitzt, oder das Personal einer eigenen Beratungsabteilung des Auftraggebers. – 2. *Vor- und Nachteile:* Als Vorteile im Vergleich mit der externen Beratung gelten die bessere Kenntnis des Mutterkonzerns, bessere Beratungskonditionen und der Erhalt des Wissens im Unternehmen. Hinzu kommt, dass bei externen Tätigkeiten einer internen Beratungseinheit das → Image des Mutterkonzerns und interne Referenzprojekte vertrauensfördernd wirken. Dagegen wird argumentiert, dass interne Berater durch ihre Innensicht bestenfalls beschränkte Möglichkeiten haben, Kenntnisse über die Praxis in anderen Branchen zu erwerben, und dementsprechend kaum Wissen von außen zur Anreicherung ihrer Beratungsleistung nutzen können. Außerdem lässt sich i.d.R. der Vorteil der weitreichenden Kenntnisse über die eigene Branche nicht für die Beratung direkter Konkurrenten nutzen, sei es, weil diese fürchten, sensible Informationen preiszugeben, sei es aufgrund von Zweifeln an der Neutralität der Beratungsfirma. Zudem ist es für interne Berater schwieriger, zu firmen- oder führungspolitischen Themen Stellung zu beziehen.

interne Kommunikation – 1. *Begriff:* Interne Kommunikation kennzeichnet zum einen eine Führungsfunktion, die mithilfe von

Kommunikations- und Verhaltensmanagement ihre Organisation unterstützt. Zum anderen meint interne Kommunikation auf der operativen Ebene die geplanten Kommunikationsinstrumente (mediale und persönliche Kommunikation). Unterschieden werden zudem die strukturelle interne Kommunikation entlang von Konzern-, Abteilungs- oder Teamstrukturen sowie Kommunikationsprozesse (direkt-indirekte, bilaterale-multilaterale) und –flüsse (top-down, bottom-up, horizontal), die die formelle Organisationskommunikation kennzeichnen. Darüber hinaus umfasst der Begriff auch die informelle Kommunikation, also die aus Unternehmenssicht ungeplante Kommunikation (z.B. Gerüchte). – 2. *Ziel:* Das Ziel von interner Kommunikation ist aus strategischer Sicht, Erfolgspotenziale zu sichern, die sich aus den Unternehmenszielen ableiten, indem anhand von Wahrnehmungs-, Verständnis- und Identifikationsbeiträgen Motivation auf- bzw. Widerstand abgebaut wird. Aus konzeptioneller Sicht greift sie hierfür auf die → Corporate Identity und das interne Markenmanagement zurück. Aus operativer Sicht verfolgt sie dazu informative, edukative und/oder emotionale Ziele. Aus gesetzlicher Sicht hat die interne Kommunikation dabei die Ziele der Pflichtkommunikation der Paragraphen 81 ff. des Betriebsverfassungsgesetzes zu erfüllen wie die Unterrichtungs- und Erörterungspflichten des Arbeitgebers, bspw. über die Veränderungen von Arbeitsbereichen. – 3. *Aspekte:* Der internen Kommunikation wird vielfach ein Wandel attestiert, mit dem sie sich vom zuerst redaktionellen Instrument (Mitarbeiterzeitschrift, schwarzes Brett ...) seit etwa der 1980er-Jahre zum Führungsinstrument wandelt. Das Management der → Unternehmenskultur als Einflussnahme auf Werte und Normen mithilfe von Leitbildprozessen und internen Markenkampagnen steht hierfür wie auch die Konturierung von → Change Communications. Diese Beispiele kennzeichnen interne Kommunikation als interdisziplinäre Managementaufgabe, die auf sog. weiche

Faktoren (siehe → harte und weiche Faktoren) Einfluss nimmt und die Bedeutung der multilateralen Kommunikation – also Gruppenphänomene – für den unternehmerischen Erfolg betont. – 4. *Instrumente:* Mitarbeitermedien wie Zeitschriften und Intranet oder die persönliche Kommunikation wie Mitarbeiterveranstaltungen gehören zu den operativen Instrumenten. Zu den Instrumenten von interner Kommunikation als Führungsfunktion gehört etwa die Vorbereitung kaskadischer Information (Top-Down-Kommunikationsfluss) mittels Workshops und Trainings für Führungskräfte, um Kommunikationsinhalte und –dramaturgien zu erarbeiten, die sie in ihre Hierarchien geben, um informative, edukative und/oder emotionale Teilziele auf Führungskräfte- und Mitarbeiterebene zu erreichen. – 5. *Abgrenzung:* Interne Kommunikation ist Teil der integrierten Kommunikation. Dabei wird die Bedeutung der internen Kommunikation für die externe Kommunikation häufig betont, indem Mitarbeiter als Markenbotschafter verstanden werden (Markencommitment). Da Mitarbeitermotivation und Identifikation nicht nur von Kommunikationsinhalten und –dramaturgien abhängen, sondern zentral von erlebtem Führungskräfte- und Organisationsverhalten, gilt interne Kommunikation als Teil der → Führung.

interne Märkte – 1. *Begriff:* Interne Märkte entstehen, wenn in der Unternehmung der Leistungstransfer zwischen Unternehmungsbereichen durch Einführung interner Preise in eine Markttransaktion überführt wird. Durch den Rückgriff auf interne Preise lassen sich auch Bereichen, die keinen unmittelbaren Kontakt bzw. Zugang zum externen Markt haben, Erlöse und monetäre Bereichserfolge zuordnen (Center-Konzept). – 2. *Theoretische Grundlagen:* Die theoretische Auseinandersetzung mit internen Märkten hat eine lange Tradition. Sie beginnt in der Betriebswirtschaftslehre unter dem Einfluss volkswirtschaftlicher Marktmodelle vor etwa 100 Jahren mit Schmalenbach. Vier Strömungen beschreiben den gegenwärtigen Stand: a) *Mikroökonomische Konzepte* (v.a. Funktion interner Arbeits- und Kapitalmärkte); b) *optimale Verrechnungspreise* (v.a. Optimierung von Allokations- und Anreizeffekten); c) *strategische Positionierung* (v.a. Regelung des Zugangs zum externen Markt); d) Interne Märkte als *Organisationskonzept* (v.a.Förderung des internen Unternehmertums). – 3. *Erscheinungsformen:* a) Auf *realen Märkten* wird über den internen Preis die Allokation von Ressourcen gesteuert. So soll über den Preis bspw. sichergestellt werden, dass die Unternehmungsbereiche die Leistungen der zentralen Marktforschungseinheit auf der Grundlage von Kosten-Nutzen-Überlegungen in Anspruch nehmen. – b) Auf *fiktiven Märkten* erfüllt der Preis nur eine Benchmarking-Funktion; der Leistungsaustausch zwischen den Bereichen ist bereits durch Planung festgelegt (z.b. die Inanspruchnahme des Gießereibereichs durch verschiedenen Produktionsbereiche). Von dem Ausweis eines Bereichserfolges und dem so ausgelösten Ergebnisdruck verspricht man sich auf fiktiven Märkten eine positive Motivationswirkung. Der Ansatz des internen Preises (z.B. markt- oder kostenbasierter Preis) wird dann durch die jeweils verfolgte Motivationskonzeption bestimmt. – 4. Bei der *Beurteilung der Leistungsfähigkeit* der internen Märkte geht es generell um die Frage, ob die Unternehmungssteuerung ganz durch die Konzept einer umfassenden Unternehmungsplanung bestimmt sein soll oder ob (ergänzend) eine dezentrale Marktsteuerung praktisiert werden soll.

Internet – Die beiden Bestandteile des Begriffs Internet, nämlich *Inter* = zwischen und *Net* = Netz verweisen darauf, dass es bei dem Terminus um den Austausch von Daten zwischen Computern über Telekommunikationsnetze geht. Präziser lässt sich das Internet als ein dezentral organisiertes, globales Rechnernetz charakterisieren, das aus einer Vielzahl miteinander verbundener Einzelnetze gebildet wird und in dem die Kommunikation zwischen den einzelnen Rechnern auf der Grundlage des Transmission Control Protocol/Internet Protocol (TCP/IP) erfolgt. Die Ursprünge des Internets gehen auf die 1950er- und 1960er-Jahre zurück. Nach dem Sputnik-Schock richtete die US-Regierung 1958 im Verteidigungsministerium die Advanced Research Projects Agency (ARPA) zur Entwicklung innovativer Technologien für die militärische Nutzung ein. 1964 wurde in einem von der RAND Corporation erstellten Bericht über die Absicherung militärischer Kommandostrukturen die für das heutige Internet zentrale Idee der Paketvermittlung vorgestellt. 1969 fällte das US-Verteidigungsministerium die Entscheidung zum Aufbau eines paketvermittelnden Datennetzes ohne zentrale Steuerung und Kontrolle. Dieses sog. ARPANET sollte militärische und akademische Einrichtungen innerhalb der USA miteinander verbinden. – Bei seinem Start 1969 bestand das Netz aus vier Computern verschiedener Universitäten zwischen denen Daten mit einer Geschwindigkeit von 2,4 kbit/s übertragen werden konnten. In den folgenden Jahren wurde mit der steigenden Zahl der Teilnehmer, der internationalen Vernetzung sowie der Abspaltung des militärisch genutzten Bereichs der Wandel des ARPANET zum heute bekannten offenen Internet vollzogen. – Im Jahr 2001 nutzten ca. 495 Millionen Menschen weltweit das Internet, seitdem hat sich diese Zahl in den letzten zehn Jahren laut ITU mehr als vervierfacht. Wurde das Internet bis Ende der 1990er-Jahre noch weitgehend für eine reine Informationsbereitstellung verwendet, wird es seither zunehmend für die digitale Abwicklung von Geschäftstransaktionen und die elektronische Unterstützung von Leistungsprozessen in Unternehmen und Behörden, also für Electronic Business genutzt. – Den großen Durchbruch in der Öffentlichkeit erlangte das Internet mit der Einführung des World Wide Web (WWW) (Web), das jedem Benutzer eine grafisch unterstützte Navigation im Internet zum Auffinden von Informationen ermöglicht. Dieser 1989 von Physikern am Kernforschungszentrum CERN in Genf entwickelte Dienst integriert alle bisher genannten Dienste unter einer Oberfläche und kann auch von unerfahrenen Anwendern relativ leicht genutzt werden. Das Grundelement des WWW bilden sog. Hypertext-Seiten. Diese werden in der Beschreibungssprache HTML (Hypertext Markup Language) erstellt und unter Verwendung des Protokolls HTTP (Hyper Text Transfer Protocol) im Internet übertragen. Hypertext-Seiten besitzen zur Identifizierung innerhalb des Internets eine Adresse (URL = Uniform Resource Locator, z.B. http://www.gabler.de) und können multimediale Elemente wie Text-, Bild-, Video- und Audioinformationen enthalten. Sie werden auf sog. WWW-Servern oder -Hosts abgelegt und sind untereinander durch sog. Hyperlinks verbunden. Diese werden innerhalb der Seiten durch markierte Textelemente oder Grafiken dargestellt und bieten eine einfache Möglichkeit, kontextbezogen zu einzelnen Seiten zu verzweigen. Die Seiten eines einzelnen Informationsanbieters sind i.d.R. hierarchisch strukturiert und über eine Homepage zu erreichen. – Der Zugriff auf das World Wide Web erfolgt mittels eines auf dem lokalen Rechner installierten Browserprogramms (Browser), das die auf WWW-Servern abgelegten Hypertext-Seiten interpretiert und entsprechend darstellt. Bekannte Browser sind Google Chrome, Microsoft Internet Explorer, Mozilla Firefox, Opera und Safari. – Die Übertragungs- und Paketvermittlungsinfrastruktur des Internets wird von einer Vielzahl von unabhängigen Unternehmen betrieben, die jeweils bestimmte Subnetze kontrollieren und/ oder andere Leistungen anbieten, die für die Internetnutzung erforderlich sein können (z.B. Bereitstellung von Speicherrechnern zur Ablage von Inhalten, die über das Internet abrufbar sein sollen). Internet Access Provider verknüpfen den PC von Endkunden über eine Wähl- oder Festverbindung oder über einen xDSL-Anschluss mit einem Knotenrechner

(= Router), von dem aus Datenpakete in das eigentliche Internet eingespeist werden. Jenseits solcher Netzzugangspunkte wird der Verkehr von Internet Service Providern (ISP) über Verbindungsnetze (= Backbones) und weitere Router transportiert. Nach der räumlichen Erstreckung der Gebiete, in denen ein ISP TCP/IP-Verkehr aufnimmt und weiterleitet, werden lokale, regionale, nationale und internationale ISP unterschieden. Übergänge zwischen mehreren Internet-Subnetzen verschiedener Betreiber werden zum großen Teil an wenigen ausgewählten Orten über sog. „Peering Points" realisiert. – Das Internet stellte ein breites Spektrum unterschiedlicher Dienste bereit, die einen Austausch von Informationen ermöglichen. Hierzu gehört der Versand elektronischer Briefe (Electronic Mail, E-Mail). Dieser Dienst ist kostengünstiger und schneller als die, ironisch mit Snail-Mail (Schneckenpost) bezeichnete, herkömmliche Briefpost. Der Anwender kann empfangene oder versandte Nachrichten speichern und bearbeiten oder auch Verteilerlisten für Rundschreiben und Serienbriefe erstellen. Außerdem ist es möglich, beliebige Dateien an eine Nachricht anzuhängen. Voraussetzung zur Nutzung von Electronic Mail ist, dass der Absender die Adresse des Empfängers, unter der dieser Nachrichten erhalten kann, kennt. Eine E-Mail-Adresse, z.B. heinz.mustermann@gabler.de, setzt sich zusammen aus einer Kennung (heinz.mustermann), dem Zeichen @ (at, Klammeraffe) und einer Rechneradresse (gabler.de). Newsgroups sind elektronische Diskussionsforen zu einer Vielzahl von Themen. Artikel (Postings) einzelner Nutzer können weltweit verbreitet und gelesen werden. Die Gesamtheit der Rechner, die diesen Dienst zur Verfügung stellen wird auch als Usenet bezeichnet. Das File Transfer Protocol (FTP) dient zur systemunabhängigen Übertragung beliebiger Dateien zwischen zwei Computern. Telnet ermöglicht den Zugriff auf andere im Netzwerk befindliche Computersysteme („Remote Login"). Der Anwender kann mit Telnet bspw. die Kapazität von Großrechnern nutzen oder auf Applikationen zugreifen, die auf dem eigenen Rechner nicht zur Verfügung stehen. – Einen einfachen Einstieg in das Internet erhält der Nutzer über sog. Portale. In themenunspezifischen (= horizontalen) Portalen werden die unterschiedlichsten Links und Serviceangebote auf einer Website bereitgestellt. Diese umfassen typischerweise aktuelle Nachrichten, Börsenkurse, kostenlose E-Mail-Adressen, Preisvergleiche und Suchmaschinen. Oft kann der Nutzer das Erscheinungsbild der Seiten inhaltlich selbst gestalten, sodass bei weiteren Besuchen nur die als interessant empfundenen Inhalte angezeigt werden (= Personalisierung). Themenspezifische Portale (= vertikale Portale) konzentrieren sich dagegen auf ein Thema und liefern zu diesem umfassende Inhalte in vielfältiger Form, von allg. Überblicken bis hin zu detaillierten Angeboten, bspw. in Form themenspezifischer Diskussionsforen oder Chatrooms. Aus Anbietersicht zielen Internet-Portale auf die Erzeugung und Aggregation von Aufmerksamkeit (Inhalteanbieter), die Erzeugung von Verkehr (Netzbetreiber) sowie eine stärkere Kundenbindung und eine Einleitung von Verkäufen (Leistungsanbieter).

Intranet – unternehmens- bzw. organisationsinternes Computernetzwerk, welches auf dem Internetprotokoll TCP/IP basiert. Das Intranet dient zur Unterstützung unternehmensinterner Prozesse. Der Datentransfer zwischen Intranet und → Internet bzw. World Wide Web wird durch eine sog. Firewall reguliert.

Intrapreneuring – auch Intrapreneurship (der Begriff setzt sich zusammen aus den beiden engl. Wörtern *Intracorporate* und *Entrepreneur*) bzw. Binnenunternehmertum bezeichnet das unternehmerische Verhalten von Mitarbeitern in Unternehmen und öffentlichen Einrichtungen. Mitarbeiter sollen sich demnach so verhalten, als ob sie selbst Unternehmer (Entrepreneur) wären. – Vgl. auch Entrepreneurship.

Intrapreneurship → New Venture Management.

intrinsische Motivation – bezieht sich auf einen Zustand, bei dem wegen eines inneren Anreizes, der in der Tätigkeit selbst liegt, z.b. im Empfinden des → Flow-Erlebens gehandelt wird. Eine hohe intrinsische Motivation wird oft als Voraussetzung für kreative Leistung angesehen. Früher war man der Auffassung, dass die intrinsische Motivation durch Anreize bzw. Belohnungen (z.b. Geld) vermindert würde. Der negative Einfluss von Anreizen auf die intrinsische Motivation tritt aber nur unter ganz bestimmten Bedingungen auf, die leicht vermieden werden können: Nur wenn Personen *allein* für die Ausführung einer Tätigkeit *ohne* Bezug zu einem Leistungskriterium belohnt werden, vermindert sich die intrinsische Motivation für diese Tätigkeit. Maßnahmen zur Steigerung der intrinsischen Motivation liegen z.b. darin, → Motivatoren verfügbar zu machen oder das Motivationspotenzial der Tätigkeit zu erhöhen. – *Gegensatz:* → extrinsische Motivation.

Investitionsobjektplanung und -kontrolle – 1. *Begriff:* Planungs- und Kontrollsystem für Investitionsobjekte, für die sich eine eigenständige → Projektplanung und -kontrolle nicht lohnt, die aber zu wichtig sind, um sie summarisch im Rahmen der → Bereichsplanung und -kontrolle zu behandeln. – 2. *Merkmale:* Die Investitionsobjektplanung und -kontrolle legt für eine Klasse von Investitionsobjekten fest, wie auf den verschiedenen Stufen des Investitionsplanungs- und -kontrollprozesses (Investitionsplanung) zu verfahren ist und welche Stellen zu beteiligen sind. Durch festgelegte Verfahren der Investitionsbeantragung und -bewertung wird eine Formalisierung des Prozesses angestrebt. – Vgl. auch → Unternehmensplanung.

IPAT-Gleichung – Der Environmental Impact Index von B. Commoner, auch IPAT-Gleichung genannt, errechnet aus den Faktoren Bevölkerung (Population „P"), Ausstattung des Einzelnen mit Wirtschaftsgütern (Affluence „A") und der technologisch bedingten Schädigung durch die Wirtschaftgüter (Technology „T") eine Wirkung (Impact „I") (vgl. Commoner 1972, S. 339-363). – Commoner nimmt an, dass sich die Wirkungen der einzelnen Einflussgrößen durch Multiplikation zu einer Gesamtwirkung ergeben. – Die IPAT-Gleichung lautet: I = P * A* T.

IPCC – 1. *Begriff:* Das Intergovernmental Panel of Climate Change (IPCC) ist eine 1988 von dem United Nations Environment Programme (UNEP) und der World Meteorological Organization (WMO) errichtete Organisation mit Sitz in Genf, die sich der Aufgabe widmet den aktuellen Stand des Klimawandels zu bestimmen sowie dessen mögliche ökologische und sozial-ökonomischen Folgen abzuschätzen. – 2. *Ergebnisse:* Vom IPCC werden regelmäßig Sachstandsberichte (aktuell 4. Aufl.), Sonderberichte, technische Berichte und methodologische Berichte veröffentlicht. Laut des aktuellen Sachstandsberichtes geht das IPCC von einer Temperatursteigerung bis 2099 im Vergleich zur Basisperiode 1980-1999 um 1,1 bis 6,4 °C aus (vgl. IPCC 2007, S. 13). – Vgl. Folgen des → Klimawandels.

IPO – Abk. für *Initial Public Offering (Primary Offering, Going Public);* engl. für *Börsenersteinführung* oder *Börsengang;* erstmaliges öffentliches Angebot einer bislang nicht börsennotierten Aktiengesellschaft (AG) oder Kommanditgesellschaft auf Aktien (KGaA), Aktien des emittierenden Unternehmens zu zeichnen mit der Zielsetzung, diese an einer Wertpapierbörse zum Handel zuzulassen und zu notieren.

ISO 14000 – von der ISO erlassene Standards und Richtlinien für Managementsysteme im Bereich des Umweltmanagements. – *ISO 14000 Familie:* Die Normenreihe der ISO 14000-Familie gibt inzwischen weitere Hilfestellungen: (1) Für die Einrichtung von Umweltmanagementsystemen (ISO 14004), (2) zum Aufbau von

Umweltkennzahlensystemen, (3) zur Dokumentation der Umweltleistungen von Unternehmen (ISO 14031), (4) zur Analyse von Umweltlasten durch Produkte (ISO 14040 ff.) und (5) zur umweltbezogenen Kennzeichnung (ISO 14020 ff.).

Issue Analysis – systematische Untersuchung zur Definition eines Zustandes oder einer Problemstellung in einer Organisation. Die Issue Analysis dient der Einkreisung des Consulting-Objekts und ist Voraussetzung für die Lösungsfindung bei einem Beratungsprojekt. Vorteilhaft ist der binäre Ansatz, der sich in einem „Fragenbaum" manifestiert. – *Beispiel:* Handelt es sich um ein operationales oder ein strategisches Problem? Wenn operationales Problem: Handelt es sich im ein kosten- oder um ein umsatzbezogenes Problem? Wenn Kostenproblem: Geht es um Prozesskosten oder um Produktkosten? Wenn Prozesskosten: Ist der Prozess zu komplex, oder verursacht er einen zu hohen Aufwand? Auf diese Weise kann die Fragenkette nach Bedarf beliebig lange fortgesetzt werden. – Die Issue Analysis sollte unter Beachtung des Gesamtsystems durchgeführt werden, damit Abhängigkeiten und Störfaktoren einbezogen werden können.

Issue Monitoring – regelmäßige Beobachtung, Analyse und Bewertung gesellschaftlicher Meinungsbildungsprozesse zu für ein Unternehmen strategisch relevanten, sozialen und ökologischen Themenstellungen. Ziel ist, die Risiken, die durch eine Veränderung der Umfeldbedingungen entstehen und die zu Konflikten führen können, in einem möglichst frühzeitigen Stadium zu erkennen und Abwehrstrategien zu entwickeln. Gleichzeitig werden auch Ansatzpunkte sichtbar, wie das Unternehmen aktiv die gesellschaftliche Meinungsbildung in der Öffentlichkeit für sich nutzen kann (Public Relations (PR)). – Vgl. auch → Issue Management.

Issues Management – 1. *Begriff:* Issues Management bezeichnet das Risiken- und Chancen-Management von Organisationen. Ein

Issue (engl. für *Thema, Aspekt, Angelegenheit*) bezeichnet eine Entwicklung inner- oder außerhalb der Organisation, die dazu geeignet ist, erfolgskritischen Einfluss auf die Handlungsfähigkeit einer Organisation zu nehmen ihre Ziele zu erreichen. – 2. *Ziel:* Das Ziel des Issues Managements ist, in der medialen Öffentlichkeit oder bei bestimmten Dialoggruppen aufkommende, organisationsrelevante Themen frühzeitig zu erkennen und entsprechend zu reagieren. Issues müssen nicht unbedingt negativ sein oder sich krisenhaft entwickeln, auch wenn das Issues Management in Literatur und Praxis im Zuge der → Krisenkommunikation häufig als „Krisenradar" interpretiert wird. – 3. *Aspekte:* Im Kontext von Public Relations (PR), → Unternehmenskommunikation oder → Reputationsmanagement bezieht sich das Issues Management auf den Stakeholder-Ansatz, sodass die Identifikation und Antizipation von Stakeholder-Ansprüchen der Zweck ist. Dabei ist das Issues Management als durchgängiger Prozess zu verstehen: von der Identifikation der Issues bis zur Konzeption und Umsetzung antizipierender Maßnahmen für ihre Bewältigung. – 4. *Instrumente:* Im Rahmen von Issues Management wird zentral das Scanning und Monitoring von Issues unterschieden: Scanning meint die noch unspezifizierte Umfeldbeobachtung auf Chancen- und Risikopotenziale. Die so gesammelten Informationen werden gefiltert und verdichtet. Was als relevant für die Organisation qualifiziert ist, wird kontinuierlich und gezielt beobachtet, was dann als „Monitoring" bezeichnet wird.

Istanalyse – 1. *Begriff:* erste Phase im Phasenmodell der Systemanalyse. – 2. *Merkmale:* Der Istzustand des Problembereichs, für den ein computergestütztes betriebliches Informationssystem (Computersystem) entwickelt (bzw. ein bestehendes verändert) werden soll, wird erhoben, aufbereitet und kritisch analysiert. – 3. *Ziel:* Feststellung des Informationsbedarfs für das System, Erstellung einer Anforderungsdefinition, die als Basis für die nächste Phase (Sollkonzept) dient. – Vgl. auch Informationsbedarfsanalyse. – 4. *Methodik:* Systemabgrenzung (Festlegung des zu analysierenden Bereichs), Systemerhebung, Systembeschreibung sowie die Fakten- und Schwachstellenanalyse.

Istzeit – tatsächlich vom Menschen und Betriebsmittel gebrauchte Zeit für die Ausführung bestimmter Ablaufabschnitte (Arbeitsablauf) in einem Arbeitssystem. – *Istzeit-Ermittlung* durch direkte Messung am Arbeitsplatz durch einen Beobachter (→ Arbeitszeitstudie), durch Selbstaufschreibung bzw. Einsatz selbsttätiger Registrierinstrumente, ggf. auch durch Befragung. – *Gegensatz:* → Sollzeit.

IT-Consulting – *IT-Beratung*, Consulting von Unternehmen bei der Gestaltung von Prozessen, die durch Informationstechnologie (IT) unterstützt werden, sowie bei der Einführung von neuen IT-Systemen und -Anwendungen. Darüber hinaus unterstützen viele IT-Consultants die Unternehmen auch in den Bereichen Systementwicklung und -integration.

J

Jahresarbeitszeitvertrag → Arbeitszeitmodell zur Flexibilisierung der Arbeitszeit. Die Dauer der Arbeitszeit wird in Form einer bestimmten Stundenzahl auf Jahresbasis festgelegt und zu Beginn eines jeden Jahres fixiert. Die Verteilung des Kontingents an abzuarbeitender Arbeitszeit während des Arbeitsjahres wird zwischen Arbeitgeber und -nehmer flexibel gestaltet. – Vgl. auch → gleitende Arbeitszeit.

Jahressondervergütung – zumeist am Jahresende gezahlter Betrag, der an den Gewinn des Unternehmens, des Betriebs oder einer Abteilung oder an die Leistung des einzelnen Arbeitnehmers geknüpft ist.

Japanische Leitlinie zum Umweltrechnungswesen – 1. *Begriff:* Die Japanische Leitlinie zum Umweltrechnungswesen stellt ein Umweltkostenrechnungssystem dar, welches Elemente der traditionellen Kostenrechnung mit der Reduzierung von → Umweltaspekten verbindet. – 2. *Entwicklung:* Die „Study Group for Developing a System for Environmental Accounting" der Envionment Agency Japan veröffentlichte im Jahr 2000 eine erste Version der Leitlinie. Eine aktualisierte Version wurde 2005 veröffentlicht (vgl. Study Group for Developing a System for Environmental Accounting 2000, Ministry of the Environment Japan 2005). – 3. *Geltungsbereich, Systemgrenze, Bewertung:* Der Geltungsbereich ist Japan, jedoch wurde eine internationale Anwendung vom Verfasser angedacht. Bewertet werden können Unternehmen über die Systemgrenze „Cradle-to-Gate" (s. → Cradle-to-Cradle). Die Bewertungsgröße ist die Gegenüberstellung der Kosten für betriebliche Umweltschutzmaßnahmen und die physikalischen Umwelteinwirkungen sowie der ökonomischen Effekte durch eingesparte Kosten und höhere Erlöse. – 4. *Ziele:* Ziel der Japanischen Leitlinie ist neben der Erhöhung der innerbetrieblichen Effizienz und Effektivität der Umweltmaßnahmen auch das Umweltbenchmarking. Im Falle einer internationalen Anwendung könnten die Leitlinien Vergleiche über Landesgrenzen hinaus ermöglichen. – 5. *Vorgehen:* 1. periodenweise Ermittlung der Umweltschutzkosten, 2. Einrichtung von entsprechenden Umweltkostenstellen, 3. Aggregierung der Kosten auf Standort- und Unternehmensebene, 4. Abgrenzung der integrierten Maßnahmen, 5. Bestimmung der physikalischen Reduzierung von Umweltaspekten, 6. Bestimmung tatsächlicher und geschätzter Erlöse bzw. Kosteneinsparungen. – 6. *Ergebnis:* Die Leitlinie ermöglicht die Steuerung von nachgeschalteten Umweltschutzmaßnahmen und die Identifikation von Kostensenkungspotenzialen bei → End-of-the-pipe-Technologien. – 7. *Kritische Würdigung:* Positiv anzumerken ist, dass neben dem Versuch ein Gesamtkonzept des betrieblichen Umweltkostenrechnungswesen entworfen wird, insbesondere die Einbeziehung externer Kosten durch Wiederherstellungs- und Vermeidungskosten ist hier zu nennen. Negativ anzumerken sind jedoch die Probleme bei der Vergleichbarkeit der Daten und die Intransparenz der Material- und Energieflüsse. Außerdem werden Vorteile von integrierten Maßnahmen nicht erkannt.

Job Description → Stellenbeschreibung.

Job Diagnostic Survey – Diagnoseinstrument der psychologischen → Arbeitsgestaltung. Der von R. Hackman und R. D. Oldman in 1975 entwickelte Job Diagnostic Survey (JDS) ist als standardisierter Fragebogen aufgebaut, den der Inhaber einer Stelle ausfüllt. Ziel der Befragung ist es, das vom Stelleninhaber wahrgenommene Motivationspotenzial der Stelle zu erkunden (→ Anreize). Durch den JDS können Wirkungen von vergangenen Arbeitsgestaltungsmaßnahmen beurteilt und Potenzial zukünftiger Maßnahmen aufgedeckt werden.

Job Discrimination – I. Personalmanagement: Erscheinung, dass bestimmte Personen im Arbeitsleben benachteiligt (diskriminiert) werden, meist in Form von Unterbezahlung, Anstellung in untergeordneten Positionen oder Behinderung beim beruflichen Aufstieg.
II. Arbeitsrecht: Gleichbehandlung.

Jobenlargement – *Arbeitserweiterung, Arbeitsfeldvergrößerung;* Arbeitsgestaltungsmaßnahme, die durch Vergrößerung der Vielfältigkeit der Arbeitsvollzüge auf eine Verringerung der horizontalen Arbeitsteilung und der → Monotonie abzielt. – Vgl. auch → Arbeitsgestaltung, → Jobenrichment.

Jobenrichment – *Arbeitsbereicherung;* Maßnahme der → Arbeitsgestaltung, die durch eine Erweiterung des Entscheidungs- und Kontrollspielraums auf eine Verminderung der Arbeitsteilung abzielt. Verbindet sich häufig mit der Förderung der → Arbeitsmotivation und → Arbeitszufriedenheit. – Vgl. auch → Arbeitsgestaltung, → Jobenlargement.

Jobrotation – 1. *Systematischer Arbeitsplatzwechsel* zur Entfaltung und Vertiefung der Fachkenntnisse und Erfahrungen geeigneter Mitarbeiter oder zur Vermeidung von Arbeitsmonotonie und einseitiger Belastung im Sinn einer → Humanisierung der Arbeit, wobei i.d.R. nur der Tätigkeits- nicht aber der Entscheidungsspielraum erweitert wird. – 2. Methode zur *Förderung des Führungsnachwuchses* und zur Weiterbildung betrieblicher Führungskräfte. – 3. *Qualifizierungsmaßnahme* durch Arbeitsmarktpolitik der Arbeitsagenturen, um Mitarbeiter für unterschiedliche Arbeitsplätze zu qualifizieren und Flexibilität zu trainieren.

Jobsharing – *Arbeitsplatzteilung;* bes. Form des Teilzeitarbeitsverhältnisses. Dem Arbeitsverhältnis liegt ein zwischen dem Arbeitgeber und zwei oder mehreren Arbeitnehmern geschlossener Arbeitsvertrag zugrunde, in

dem diese sich verpflichten, sich die Arbeitszeit an einem Vollarbeitsplatz zu teilen. Innerhalb der Gesamtarbeitszeit sieht dieses *Arbeitszeitmodell* einen flexiblen Umgang mit der jeweiligen Arbeitszeit der Arbeitnehmer vor. – *Gesetzliche Grundlage:* § 13 Teilzeit- und Befristungsgesetz (TzBfG). – Für den Arbeitgeber liegt ein entscheidender Vorteil gegenüber dem reinen Teilzeitarbeitsverhältnis darin, dass der Arbeitsplatz während der gesamten betriebsüblichen Arbeitszeit besetzt ist. Die Frage, ob der Arbeitnehmer den Partner im Fall einer vorübergehenden Verhinderung vertreten muss, richtet sich nach der für den einzelnen Vertretungsfall geschlossenen Vereinbarung (§ 13 I TzBfG). Die Pflicht zur Vertretung kann auch vorab für den Fall eines dringenden betrieblichen Erfordernisses vereinbart werden; dann ist der Arbeitnehmer zur Vertretung nur verpflichtet, soweit sie ihm im Einzelfall zumutbar ist. – Wegen des *Ausscheidens eines Partners* ist die Kündigung der anderen Arbeitnehmer nicht zulässig (§ 13 II TzBfG).

Joint Venture – 1. *Begriff:* spezifische Kooperationsform. Beim Equity Joint Venture handelt es sich um eine rechtlich selbstständige gemeinsame Unternehmung zweier oder mehrere Partner mit → Kapitalbeteiligung. Die Partnerunternehmen sind jeweils mit Kapital am Joint Venture beteiligt, tragen gemeinsam das finanzielle Risiko der Investition und nehmen Führungsfunktionen im gemeinsamen Unternehmen wahr. Die Kapitalbeteiligung der Partnerunternehmen kann unterschiedlich hoch sein; i.d.R. beeinflusst die Höhe der Kapitalbeteiligung das Ausmaß der Entscheidungsbefugnis der beteiligten Unternehmen im Joint Venture. Beim Contractual Joint Venture hingegen wird kein Gemeinschaftsunternehmen gegründet, sondern es bestehen lediglich Vertragsbeziehungen, die Kosten-, Risiko- und Gewinnverteilung regeln. Sobald die Partner oder das Joint Venture und die Partner aus unterschiedlichen Staaten stammen, handelt es sich um ein internationales Joint

Venture. – 2. *Formen:* Joint Ventures lassen sich anhand zahlreicher Kriterien unterscheiden. Diese beinhalten die Zahl der Kooperationspartner, den Kooperationsbereich (Beschränkung auf einen Bereich wie z.B. Produktions-Joint-Venture vs. gesamtunternehmerisches Joint Venture), den Standort, den geografischen Kooperationsbereich, die Kapitalbeteiligung (gleiche vs. ungleiche Anteile der Partner) sowie den zeitlichen Horizont der Kooperation. – 3. *Motive:* Wesentliche Motive für eine Joint-Venture-Gründung liegen v.a. in der Aufteilung des unternehmerischen Risikos auf zwei oder mehrere Partnerunternehmen und in der Nutzung der lokalen Marktkenntnis des Partnerunternehmens. Die Kombination der Stärken des eigenen Unternehmens mit den Stärken des Partnerunternehmens erlaubt die Realisierung von Synergieeffekten und Wettbewerbsvorteilen. – 4. *Probleme:* Zu den Problemen von Joint Ventures zählen v.a. wettbewerbsrechtliche Bestimmungen, der hohe Koordinationsaufwand, der Know-How-Abfluss sowie oft interkulturelle Probleme. Außerdem neigen Joint Ventures zur Instabilität. Dies zeigt sich in ihrer häufig begrenzten Lebensdauer. – Vgl. auch → internationale Kooperation.

Jubiläumszuwendung – Zuwendung des Arbeitgebers an einen Arbeitnehmer aus Anlass eines Arbeitnehmer- oder Firmenjubiläums. Die Jubiläumszuwendung soll die Dauer der Betriebszugehörigkeit des Arbeitnehmers honorieren. Die frühere Steuerbefreiung von Jubiläumszuwendungen ist seit 1999 entfallen.

Kaizen – 1. *Charakterisierung:* Verfahren aus der japanischen Fertigungstechnik; bedeutet konsequentes Innovationsmanagement oder einfach Verbesserung. Kaizen stellt einen permanenten Verbesserungsprozess dar. Kaizen bedeutet nicht nur Produktverbesserung, sondern Verbesserung aller betrieblichen Prozesse (Entwicklung, Produktion, Vertrieb, Distribution etc.). Die Zielsetzungen sind: (1) Qualität von Anfang an; (2) Standardisierung der Arbeitsvorgänge nach den Überlegungen der beteiligten Mitarbeiter durch Identifikation mit der Aufgabe und korrektes Befolgen der selbst gesetzten Standards; (3) bewusste und eigenverantwortliche Vermeidigung von Ressourcenverschwendung (Zeit, Material); (4) eigenständiges Erkennen und Beseitigen von Schwachstellen. – 2. *Voraussetzungen:* Kaizen setzt einen kooperativen → Führungsstil voraus. Funktionsübergreifende, interdisziplinäre Zusammenarbeit in Gruppen ist ein Grundsatz der Arbeitsorganisation. Konsens statt Einzelentscheidung durch Vorgesetzte, gemeinsame klare Zielformulierungen und intensive Informationsvermittlung von oben nach unten sowie umgekehrt sind weitere wichtige Aspekte des Konzeptes. – 3. Die *Idealvorstellung* ist der qualifizierte, aktive, eigenverantwortliche und kreative Mitarbeiter, der für seinen Einsatz eine differenzierte und individuelle Anerkennung und finanzielle Entlohnung erhält.

Kapitalbeteiligung – Beteiligung des Arbeitnehmers am Kapital des arbeitgebenden Unternehmens. Das Aufbringen einer Kapitaleinlage durch den Mitarbeiter kann erfolgen durch → Erfolgsbeteiligung, Unternehmenszuwendungen, staatliche Prämien und Eigenleistungen. Die Verwendungsseite der Kapitalbeteiligung, also die Form der Kapitalbeteiligung, ist abhängig von der Rechtsform der Unternehmung. Je nach Organisationsform ergeben sich Unterschiede in der steuer-, arbeits- und gesellschaftsrechtlichen Behandlung. Zu unterscheiden ist grundsätzlich zwischen Eigen- und Fremdkapitalbeteiligungen sowie eigenkapitalähnlichen Beteiligungen (bes. stille Beteiligung). – Vgl. auch → materielle Mitarbeiterbeteiligung.

kapitalistische Unternehmensverfassung – 1. *Begriff:* → Unternehmensverfassung, in der die Eigentümer (der Produktionsmittel) mit ihren Interessen die Richtung der Unternehmenspolitik alleine bestimmen sollen (Prinzip der Einheit von Risiko, Kontrolle und Gewinn). – *Rechtlicher Rahmen:* Gesellschaftsrecht. – *Begründung* für die alleinige Auszeichnung der Eigentümer in der Unternehmensverfassung durch das Gesellschaftsmodell des (Wirtschafts-) Liberalismus sowie von ökonomischer Seite die klassische Lehre (Klassik) bzw. die Neoklassik. – 2. *Entstehung der kapitalistischen Unternehmung* als produktives System durch eine Vielzahl von Verträgen zwischen den sich am Wirtschaftsprozess beteiligenden Individuen (Vertragsmodell der Unternehmung). Der auf dem Gesellschaftsvertrag basierende Eigentümerverband (Gesellschaft) schließt mit den für die Leistungsherstellung erforderlichen Personen, den Inhabern der Rohstoffe und Vorprodukte und den Abnehmern der Produkte und Dienstleistungen Verträge ab: a) Arbeitsverträge (§ 611 BGB), in denen sich Arbeitnehmer verpflichten, für die Dauer des Arbeitsvertrages den Weisungen des Arbeitgebers Folge zu leisten (Direktionsrecht); b) Kaufverträge (§ 433 BGB) zur Verteilung produzierter Güter. – 3. *Annahmen der kapitalistischen Unternehmensverfassung:* Die Interessen von Konsumenten und Arbeitnehmern gleichen sich in einer Wettbewerbswirtschaft im Markt und nicht in der Unternehmensverfassung mit den Interessen der Kapitaleigner ab; rechtlich durch die Annahme der Richtigkeitsgewähr von freiwillig zustande gekommenen Verträgen ausgedrückt. Das öffentliche Interesse wird gewahrt durch einen über die Einhaltung bestimmter Regeln im Wirtschaftsverkehr (unlauterer Wettbewerb, Publizität) ein Gemeinwohl produzierenden Interessenausgleich zwischen den Marktpartnern. Die Herrschaft des Eigentümers in der Unternehmung wird als funktional für das Wohl aller gedacht; der Eigentümer-Unternehmer erfüllt eine „vikarische Funktion". – 4. *Kritik der kapitalistischen Unternehmensverfassung:* a) Diverse Entwicklungen in Wirtschaft und Recht können als Kritik verstanden werden, bes. *Arbeitsrecht, Verbraucherpolitik* und Publizitätsgesetz (Publizität); dadurch sollen die ungleichen Startpositionen der Marktpartner ausgeglichen und dem öffentlichen Interesse verstärkt Geltung verschafft werden. – Ökonomische Tauschvorgänge vollziehen sich im Markt *nicht machtfrei,* die Annahme der Richtigkeitsgewähr der Verträge ist somit korrekturbedürftig. – Die Fundamente der kapitalistischen Unternehmensverfassung, Eigentum und Vertrag, bleiben von diesen Korrekturen allerdings unberührt. Erst durch die *Mitbestimmung der Arbeitnehmer* und ihre Inkorporation in die zentralen Entscheidungsorgane der Gesellschaft (Aufsichtsrat (AR), Vorstand) beginnt sich die interessenmonistische kapitalistische Unternehmensverfassung zu einer interessendualistischen zu entwickeln. – b) → Managerherrschaft.

Karriereplanung – Teil der langfristigen → Personalplanung im Bereich des Führungsnachwuchses mit dem Ziel, den zukünftigen Bedarf an Führungskräften durch rechtzeitige personalpolitische Entscheidungen sicherzustellen (→ Personalmanagement). Grundlage der Karriereplanung bildet die → Mitarbeiterbeurteilung. Instrumente sind u.a. Aus- und Weiterbildungsmaßnahmen, → Jobrotation. Sichtbarer Niederschlag der Karriereplanung sind *personenbezogene Laufbahn- oder Karrierepläne* über Tätigkeitsart, -ort und -dauer eines Mitarbeiters, d.h. zugleich Regelung des → Personaleinsatzes auf

längere Sicht. Die individuelle Karriereplanung wird ergänzt durch Aufstellung normierter Laufbahnen. Zur Karriereplanung zählt auch die *Nachfolgeplanung.* Sie bietet dem Unternehmen Sicherheit bei der Nachfolge von Positionen. – Karriereplanung dient auch als *Instrument der Anreizpolitik* einer Organisation. – Vgl. auch Personalentwicklung, → Anreizsystem.

Kassationskollegialität – Abstimmungsmodus im Rahmen des → Kollegialprinzips. Die multipersonale organisatorische Einheit besteht aus gleichberechtigten Handlungsträgern, die sämtliche Entscheidungen einstimmig treffen müssen, sodass jedes Mitglied der Einheit über ein Vetorecht verfügt. – Vgl. auch → Abstimmungskollegialität, → Primatkollegialität, Einstimmigkeitsregel.

Katalogisierungsverfahren → Arbeitsbewertung.

Keiretsu – japanisches Unternehmensnetzwerk (→ Netzwerkorganisation), das sich aus einer großen Zahl verbundener Unternehmen zusammensetzt, zwischen denen (teilweise) Kapitalverflechtungen bestehen und Personalaustausch stattfinden kann. Wesentliche Charakteristika der Keiretsu sind die langfristigen und familienähnlichen, durch gegenseitiges Vertrauen gekennzeichneten Beziehungen zwischen den beteiligten Unternehmen. – Hinsichtlich der *Struktur* der Keiretsu lassen sich unterschiedliche Schichten unterscheiden. Die strategische Führung horizontaler Keiretsus besteht i.d.R. aus einem bedeutenden Industrieunternehmen, einem prominenten Generalhandelshaus und einer zentralen Großbank. Dem inneren Netzwerk der Keiretsu gehören weitere Industrie-, Handels- und Finanzunternehmen an. In den vertikalen Keiretsu steht ein Unternehmen im Mittelpunkt, das weitere Unternehmen entlang der Wertschöpfungskette um sich gruppiert, die als primäre und sekundäre Zulieferbetriebe fungieren. Daneben gibt es eine weit größere Anzahl von Subkontrakt-Unternehmen in einem äußeren Netzwerk. Hierbei

handelt es sich zumeist um hoch spezialisierte, kleinere Familienunternehmen, die bei
stark ausgeprägter funktionaler Arbeitsteilung arbeitsintensive Vorprodukte bereitstel-
len. – Die *ökonomische Bedeutung* der Keiretsu ist beträchtlich und aus veröffentlichten
Ranglisten der größten Unternehmen oft
nur unzureichend erkennbar, da die Unternehmensverflechtungen nach den geltenden
Konsolidierungskriterien teilweise nicht erfasst werden. Die sechs größten Keiretsu sind
Mitsubishi, Sumitomo, Mitsui, Fuyo, Sanwa
und Dai-Ichi-Kangyo. – *Koreanisches Pen-
dant:* → Chaebol. – Vgl. auch → internationale Unternehmensnetzwerke.

Kennzahlen in der Personalwirtschaft
→ Personalkennzahlen.

Kernarbeitszeit – determiniert den Zeitraum zwischen dem spätesten Arbeitsbeginn
und dem frühesten Arbeitsende, in der die
Arbeitnehmer am Arbeitsplatz anwesend sein
müssen. – Vgl. auch → gleitende Arbeitszeit.

Kernbereich → Zentralbereich.

Kerngruppe – an der Zielbildung (z.B. einer Unternehmung) beteiligte Gruppe von
→ Organisationsmitgliedern, die Kraft gesetzlicher oder vertraglicher Legitimierung
zur Zielfestlegung vorgesehen ist.

Kernkompetenz – komplexes und dynamisches Interaktionsmuster (Kombinationen) aus Fähigkeiten, Routinen und materiellen Aktiva. Da die materiellen Aktiva i.Allg.
imitierbar sind, sind bes. die immateriellen,
schwer imitierbaren Routinen und Fähigkeiten von Bedeutung. Fähigkeiten stellen personenabhängige, immaterielle → Ressourcen
dar, d.h. sie sind der Sammelbegriff für die
personengebundene Wissensbasis. Routinen
stellen personenunabhängige immaterielle
Ressourcen dar.

Klima – von einer sozialen Einheit (Gruppe
oder gesamte Organisation) wahrgenommene Beschreibung ihrer sozialen Einheit.
Beim Organisationsklima können z.B. Einschätzungen u.a. zu den Aspekten Kollegen,

Vorgesetzte, Information und Mitsprache,
Zusammenarbeit zwischen den Bereichen
etc. unterschieden werden.

Klimarisiken – 1. *Begriff:* Klimarisiken für
Unternehmen können in regularische Risiken, physische Risiken, rechtliche Risiken,
Reputationsrisiken und in wettbewerbs- und
strategiebezogene Risiken unterteilt werden
(vgl. Günther et. al. 2007). Jedes Risiko stellt
auch immer eine Chance dar. – 2. *Klimarisi-
koarten: Regularische Risiken* entstehen durch
staatliche Regulierung (z.B. → Emissionshandel). *Physische Risiken* entstehen durch den
Anstieg des Meeresspiegels, der Temperatur
und Veränderung der klimatischen Bedingungen. *Rechtliche Risiken* behandeln Risiken von Prozessen und Risiken durch Strafen
und Sanktionierungen (Sanktion). *Reputationsrisiken* umfassen Risiken, die das öffentliche Ansehen eines Unternehmens betreffen.
Wettbewerbs- und strategiebezogene Risiken
beinhalten Wettbewerbsfaktoren (z.B. Energieeffizienz).

Klimawandel – Unter dem Begriff Klimawandel wird in allg. Verwendung die anthro-
pogen verursachte Veränderung des Klimas
auf der Erde verstanden. – Dieser Überlegung
liegt die Annahme zugrunde, dass der Ausstoß von Treibhausgasen zu einer Erhöhung
der Jahresdurchschnittstemperaturen führt
(vgl. → IPCC). Neben Veränderungen der
Vegetationen und Niederschlagshäufigkeiten,
Anstieg des Meeresspiegels usw. ist auch mit
einer Zunahme von Extremwetterereignissen zu rechnen (s. auch → Klimarisiken). Die
Veränderungen führen daher auch für Unternehmen zu potenziellen Risiken und Chancen.

Klimawandelanpassung – Die Anpassungsmaßnahmen können technologischer Art
(z.B. Bau einer Flutmauer, Einbau einer Klimaanlage bei erhöhten Durchschnittstem-
peraturen), aber auch organisatorischer Art
sein (z.B. flexible Lagerungsmöglichkeiten für
Produktionsbetriebe, längere Ruhepausen für
Bauarbeiter bei großer Mittagshitze).

Know-how – Spezialwissen aus betrieblichen oder technischen Erfahrungen, z.B. Produktionserfahrungen, bes. Absatzerfahrungen u.ä. Das Know-how kann im Wege der Erfahrenshingabe vertraglich *(Know-how-Vertrag)* einem anderen Betrieb, ähnlich wie bei der → Lizenz, zur Verfügung gestellt werden.

Knowledge Management – Wissensmanagement.

Koalition – I. Organisation: Zeitlich begrenzter Zusammenschluss von mind. zwei Personen oder Gruppen, die gemeinsam ihre in *Verhandlungsprozessen* zum Ausgleich gebrachten Interessen zu erreichen versuchen. Nach Mitgliedschaft in der Organisation kann zwischen *internen* (Unternehmensleitung, übriges Management und Arbeitnehmer) und *externen* (z.B. nicht geschäftsführende Anteilseigner, Marktpartner, Repräsentanten des öffentlichen Interesses) Koalitionen unterschieden werden. Die Bildung von Koalitionen und Koalition-Beziehungen wird bes. im Zusammenhang politischer Prozesse und mit der Ausübung von Macht in der Organisation untersucht.

II. Arbeitsrecht: 1. *Begriff:* Vereinigungen von Arbeitnehmern oder -gebern zur Wahrung ihrer Interessen bei der Gestaltung von Arbeits- und Wirtschaftsbedingungen. Es braucht sich nicht um Zusammenschlüsse von Angehörigen eines Berufs zu handeln (Berufsverbände, Berufsverbandsprinzip). In der Bundesrepublik Deutschland grenzen sich die Arbeitnehmer- und Arbeitgeberverbände (Berufsverbände) überwiegend nach Industriezweigen (Industrieverbandsprinzip, Industriegewerkschaften (IG)) ab. – 2. *Bedeutung:* Koalitionen genießen einen bes. verfassungsrechtlichen Schutz (Art. 9 III GG), Koalitionsfreiheit. Nur Koalitionen sind tariffähig (§ 2 I TVG), zusätzlich der einzelne Arbeitgeber (Tariffähigkeit). Grundsätzlich können nur Koalitionen einen rechtmäßigen Arbeitskampf führen (Streikmonopol der Gewerkschaften, Streik). Sie dürfen ihre Mitglieder vor den Arbeitsgerichten

vertreten (Arbeitsgerichtsbarkeit). – 3. *Geschichte:* Zunächst bildeten sich im 19. Jh. die Gewerkschaften, um der Übermacht der Arbeitgeberseite entgegenzuwirken. Darauf antworteten die Arbeitgeber mit der Gründung eigener Verbände. – Vgl. auch Gewerkschaft. – 4. *Voraussetzungen* aufgrund der Entstehungsgeschichte: a) *Freiwillige Zusammenschlüsse* (Ausnahmsweise ist den Innungen Tariffähigkeit verliehen worden, § 54 III Nr. 1 HandwO). – b) *Zusammenschluss für eine gewisse Dauer* (Bestandsgarantie), nicht für einen einmaligen Zweck (Ad-hoc-Koalition), um etwa das Verbot des wilden Streiks (Streik) zu umgehen. – c) Eine *Vereinigung,* deren Zweck die Wahrung und Förderung von Arbeits- und/oder Wirtschaftsbedingungen auf der Grundlage des geltenden Tarifrechts (Tarifautonomie, Tarifvertrag) ist. – d) Eine *gegnerfreie Vereinigung,* d.h. ein Verband, der Arbeitgeber und -nehmer umfasst, ist keine Koalition. – e) Eine von der Gegenseite *unabhängige Vereinigung,* was nur bei überbetrieblicher Organisation gewährleistet ist. – *Ausnahme:* Gewerkschaften der Eisenbahner und Postbediensteten sind wegen ihrer Größe Koalition – *Nicht erforderlich:* Rechtsfähigkeit. Die Gewerkschaften sind meist als nicht rechtsfähige Vereine organisiert. – 5. *Aufnahmeanspruch:* Wegen überragender Machtstellung erkennt die Rechtsprechung grundsätzlich einen solchen Anspruch an. – 6. *Bestehende Koalitionen:* Gewerkschaften, Berufsverbände.

III. Spieltheorie: kooperative Spieltheorie.

Kognition – *Kenntnis, Erkenntnis;* in konstruktivistischer Perspektive (Konstruktivismus) ein biologisches Phänomen der Lebensbewältigung. Demnach verfügt ein Lebewesen über Kognition, wenn es in der Lage ist, seine Fortexistenz unter dem Einfluss von (störenden) Außenreizen zu erhalten. Die Zuschreibung von Kognition geschieht durch einen Beobachter des Lebewesens, wenn er bei diesem erfolgreiche Störungsbewältigung feststellt. Kognition kann also auch mit überlebensverträglichem Handeln umschrieben werden. In Bezug auf die Möglichkeit des neuzeitlichen Menschen, Erkenntnisse über seine überlebensrelevante Umwelt zu generieren, werden zunehmend Kognitionsbarrieren (Virtualisierung und Entsinnlichung der Welt, Problematik der Begrenzung des Zeithorizonts menschlicher Wahrnehmung, Komplexitätszuwachs der überlebensrelevanten Umwelt) diskutiert. Derartige neuzeitliche Tendenzen scheinen die evolutionäre Passung des Menschen und damit seine Überlebensfähigkeit zu gefährden (Koevolution). – Innerhalb des psychischen Systems werden kognitive Vorgänge, die als gedankliche oder rationale Prozesse verstanden werden, den aktivierenden Konzepten → Emotion, → Motivation und Einstellung gegenübergestellt. Die kognitiven Prozesse beziehen sich auf die Informationsaufnahme des Menschen durch die Wahrnehmung, die Beurteilung des Wahrgenommenen, die Speicherung des Wahrgenommenen im Gedächtnis sowie die Verknüpfung dieser Gedächtnisinhalte zu einem System des Wissens.

kognitive Dissonanz – 1. *Begriff:* → Kognitionen sind Erkenntnisse des Individuums über die Realität. Einzelne Kognitionen können in einer Beziehung zueinander stehen. Kognitive Dissonanz entsteht, wenn zwei zugleich bei einer Person bestehende Kognitionen einander widersprechen oder ausschließen. Das Erleben dieser Dissonanz führt zum Bestreben der Person, diesen Spannungszustand aufzuheben, indem eine Umgebung aufgesucht wird, in der sich die Dissonanz verringert oder selektiv Informationen gesucht werden, die die Dissonanz aufheben. – 2. *Beispiel:* Das Wissen über ein erhöhtes Krebsrisiko kann bei Rauchern kognitive Dissonanz hervorrufen, denn die positive Einstellung zum Rauchen steht im Widerspruch zu den unerwünschten Konsequenzen. – 3. *Möglichkeiten der Dissonanzreduktion:* (1) Vermeidung von kognitiver Dissonanz durch Nichtwahrnehmung oder Leugnen von Informationen; (2) Änderung von Einstellungen oder Verhalten

(Verzicht auf das Rauchen, Abwerten der Glaubwürdigkeit medizinischer Forschungsergebnisse); (3) selektive Beschaffung und Interpretation dissonanzreduzierender Informationen (z.B. ein starker Raucher wurde 96 Jahre alt). – 4. *Bedeutung für das Marketing:* kognitive Dissonanz kann vor und nach wichtigen Kaufentscheidungen auftreten. Sie entsteht sehr oft, wenn die betrachteten Alternativen sowohl Vor- als auch Nachteile haben. Dies führt zu einem kognitiven Konflikt für den Entscheider, wodurch es (bezogen auf den Kaufprozess) zu einer Verzögerung oder gar zu einem Nichtkauf bzw. Rücktritt vom Kauf kommen kann. Ziel des Marketings muss es deshalb sein, kognitive Dissonanz zu verhindern bzw. zu reduzieren. Möglichkeiten: Vermindern der Bedeutung einer Entscheidung, Nachkauf-Werbung auf Gebrauchsanweisungen etc.

Kollegialprinzip – 1. *Begriff:* Verfahren der gemeinsamen Willensbildung in → organisatorischen Einheiten, in denen mehrere Handlungsträger zusammengefasst sind *(Kollegialsystem)*. Entscheidungen, die die multipersonale Organisationseinheit als Ganzes betreffen, werden von sämtlichen zur Einheit gehörenden Handlungsträgern getroffen. – 2. *Abstimmungsmodi:* (1) → Primatkollegialität, (2) → Abstimmungskollegialität und (3) → Kassationskollegialität. – *Gegensatz:* → Direktorialprinzip.

Kollegialsystem → Kollegialprinzip.

Kollegium – 1. *Begriff:* Multipersonale → organisatorische Einheit, in der → Handlungsträger verschiedener Stellen zusammengefasst werden. In der Praxis werden Kollegien mit unterschiedlicher Terminologie auch als Ausschuss, Komitee, Gremium, Kommission oder → Pluralinstanz bezeichnet. – 2. *Zweck:* Als Instrument der → Koordination dient das Kollegium v.a. der unmittelbaren → Kommunikation und der Nutzung von Spezialkenntnissen seiner Mitglieder. – 3. *Arten:* a) Nach *Kompetenz* des Kollegiums: Informations-, Beratungs-, Entscheidungs- und

Ausführungs-Kollegium. – b) Nach *Zeitdauer* der Institutionalisierung des Kollegiums: Befristet oder auf Dauer angelegt.

Komitee → Kollegium.

Kommission – 1. *Organisation:* zeitlich befristetes → Kollegium. – 2. *Kommission der Europäischen Union:* Europäische Kommission.

Kommunikation – I. Kommunikationswissenschaft: 1. *Begriff:* a) *I.w.S.:* Prozess der Übertragung von Nachrichten zwischen einem Sender und einem oder mehreren Empfängern. – b) *I.e.S.:* Austausch von Botschaften oder Informationen zwischen Personen. Als Kommunikationskanäle werden die Sprache einerseits sowie die Körpersprache (nonverbale Kommunikation), u.a. Mimik, Gestik, Blickkontakt, räumliche Distanz verwendet. In der wissenschaftlichen Analyse werden die kommunizierenden Personen meist Kommunikator und Rezipient genannt, die zwischen beiden vermittelnde Nachricht auch Mitteilung oder (allg.) Zeichen. Ein abstrakter Ansatz zur Analyse von Kommunikations- und Zeichenprozessen ist die Semiotik. – 2. *Inhalt/Inhaltsaspekte:* Der Ausdruck „Mitteilung" verweist darauf, dass Kommunikator und Rezipient etwas miteinander teilen. Dieses Gemeinsame ist zunächst der „Inhalt" der Mitteilung. Es können drei Inhaltsaspekte analytisch unterschieden werden: (1) Ihr Bezug auf Objekte oder Sachverhalte *(Darstellungsfunktion),* (2) der Bezug auf Eigenschaften oder Absichten des Kommunikators *(Ausdrucksfunktion)* und (3) der Bezug auf Reaktionen der Rezipienten *(Appellfunktion).* Darüber hinaus hat jede Mitteilung auch einen *Beziehungsaspekt.* Sie definiert und reguliert die soziale Beziehung zwischen Kommunikator und Rezipient. – Vgl. auch → Kommunikationsforschung, → Kommunikationspolitik.

II. Organisation: 1. *Begriff:* Prozess, bei dem Informationen mit dem Ziel, sich über Aufgaben zu verständigen, ausgetauscht werden. Fach- und Führungskräfte verbringen den größten Anteil ihrer Arbeitszeit mit Kommunikation. Die Effizienz der Kommunikation wird neben der individuellen Fähigkeit der Personen auch wesentlich durch die → Kommunikationsstruktur beeinflusst. – 2. *Typen:* (1) Nach dem *Inhalt der Aufgabe,* in deren Rahmen die Kommunikation durchgeführt wird: Einzelfallbezogene (individualisierte), sachfallbezogene und routinefallbezogene (programmierte) Kommunikation; (2) nach der *formalen Regelung des Kommunikationsweges:* Dienstweggebundene und ungebundene Kommunikation; (3) nach der *organisatorischen Eingliederung der Kommunikationspartner:* Innerorganisatorische und organisationsübergreifende Kommunikation; (4) nach dem *auslösendem Kriterium:* Formelle (d.h. durch den Organisationsplan bestimmte) und informelle (d.h. im Rahmen zwischenmenschlicher Kontakte stattfindende) Kommunikation; (5) nach dem *Empfänger* der zu übermittelnden Information: → Individualkommunikation und Massenkommunikation; (6) nach der *Richtung des Informationsflusses:* Ein- und wechselseitige Kommunikation; (7) nach der *zeitlichen Abstimmung der Kommunikationspartner* und des damit verbundenen Erfordernisses einer Zwischenspeicherung der übermittelten Informationen: Synchrone und asynchrone Kommunikation; (8) nach den *organisatorischen Ebenen,* denen die Kommunikationspartner zugeordnet sind: Horizontale und vertikale Kommunikation.

Kommunikationsbeziehung – jeder kommunikative Zusammenhang zwischen zwei oder mehreren → Kommunikationspartnern. – 1. *Vertikale Kommunikationsbeziehung* (veraltet auch *Befehlsweg):* Zwischen → Vorgesetzten und Untergebenen oder umgekehrt; dient v.a. der Übermittlung von → Weisungen von oben sowie von Kontrollinformationen nach oben. – 2. *Horizontale Kommunikationsbeziehung:* Zwischen → Handlungsträgern gleicher Ebene der → Hierarchie. – Vgl. auch → Interaktion, → Kommunikation.

Kommunikationscontrolling – 1. *Begriff:* Das Kommunikationscontrolling meint in Übertragung und Anwendung des allgemeinen Controllingbegriffs die Planung, Steuerung und Kontrolle der → Unternehmenskommunikation. – 2. *Ziele, Methode und Instrumente:* Wenn die Reputation ein Oberziel der Unternehmenskommunikation ist, umfasst das Kommunikationscontrolling (1) die Kostenmessung für die Organisation und Bereitstellung von Kommunikationsinhalten z.b. in Form der Kostenerfassung für die Medienproduktion oder Eventorganisation, (2) die mit diesen Kosten erzielte Informationsbereitstellung bspw. in Form von Reichweitenmessungen durch Auflagenzählungen, Einschaltquoten oder Websiteaufrufen in Medien, (3a) die erreichte Wahrnehmung z.B. durch Bekanntheits- oder andere Wissensabfragen mit Instrumenten der empirischen Sozialforschung bei definierten Zielgruppen, (3b) die erreichte Verhaltensänderung durch die eingesetzten Instrumentarien belegt z.B. durch Motivationssteigerungen oder Akzeptanzsteigerungen. Da Reputation als Ziel kein Selbstzweck ist, sondern einen Wertschöpfungsbeitrag leisten soll, umfasst das Kommunikationscontrolling auch (4) erreichte Erfolgsbeiträge bspw. durch mehr Käufe für kommunizierte Leistungen oder verringerte Widerstände mithilfe von → Change Communications. – 3. *Aspekte:* Erst die integrierte Messung aller vier Ebenen erfüllt die Voraussetzung für ein vorwärtsgerichtetes Kommunikationscontrolling mit der dann möglichen Anpassung des Kommunikationsmanagements zur verbesserten Zielerreichung. Die oben genannten Ebenen werden in Anlehnung an die US-amerikanische Literatur auch hierzulande oft als (1) Input-, (2) Output-, (3a) Outgrowth-, (3b) Outcome- und (4) Outflow-Ebene bezeichnet. Z.T. wird die Evaluation der Kommunikation als Messung nur ausgewählter Teilziele im Sinne der rückwärtsgerichteten Kontrolle einzelner Kommunikationsinstrumente abgrenzt, was historisch oder pragmatisch begründbar ist.

V.a. in der wissenschaftlichen Debatte genießt das Kommunikationscontrolling eine zunehmende Aufmerksamkeit, die der praktischen Anwendung allerdings weit voraus ist. So wird etwa die Balanced Scorecard als konzeptioneller Ansatz für das Kommunikationscontrolling vielfach diskutiert, die gemäß unterschiedlicher Studien rund 60 Prozent der Unternehmen einsetzen, hier aber nur je nach Studie etwa 20 Prozent auch explizit die Unternehmenskommunikation mit umfangreichen Zielsystemen im obigen Sinne zu messen versuchen. Die Erfolgsmessung konzentriert sich aufgrund der Komplexität, der Messanfälligkeit und des monetären wie zeitlichen Aufwands bei dem Großteil der Unternehmen v.a. auf die erste und zweite Messebene. Problematisch ist bei diesen Controllingversuchen nicht nur den eindeutigen und maßgeblichen Zusammenhang von Kommunikationsinstrumenten und deren Wirkung über alle Messebenen hinweg zu belegen, da es um personenübergreifende Wahrnehmungsgrößen und damit weiche Faktoren (siehe → harte und weiche Faktoren) geht. Zudem geht diese Messung von geplanter Unternehmenskommunikation aus. In der Praxis sind aber v.a. auch ungeplante kommunikative Prozesse die erfolgskritischen, wie → Skandale von Unternehmen zeigen. Diese werden mit den obigen Messebenen aber konzeptionell gar nicht berücksichtigt.

Kommunikationsforschung – Teilgebiet der Marketingforschung. Die Kommunikationsforschung untersucht: (1) *Kommunikatoren,* ihre Merkmale, v.a. ihre Einstellungen und ihr Verhalten, ihre Position und Rolle in Medienorganisationen. (2) *Medieninhalte* auf Themen und Tendenzen, auf die Präsentation von Realität und Fiktion (Unterhaltung) hin, v.a. auch mit dem Ziel der Inferenz auf Kommunikationsabsichten und Beeinflussungspotenziale. (3) *Medien* als einzelne Institutionen und als Mediensystem, ihre Struktur und Organisation, ihre historische und gegenwärtige Entwicklung, unter technischen, ökonomischen, rechtlichen, politischen Aspekten. (4) *Publikum der Medien*, seine Merkmale, Motive und die Muster des Mediennutzungsverhaltens, wobei teils mit hohem finanziellen Aufwand in der sog. Mediaforschung das Publikum der verbreiteten Medien regelmäßig für die Zwecke der Werbung charakterisiert wird. (5) *Wirkung der Medien* auf Wissen und Vorstellungen, Einstellungen und Verhalten, auf Individuen, soziale Gruppen und gesellschaftliche Subsysteme, auf Normen, Werte und gesamtgesellschaftliche Strukturen und Prozesse.

Kommunikationsmittel – technische Einrichtungen, die der → Informationsübermittlung dienen (Telefon, Telefax u.a.). – Vgl. auch → Kommunikation, → Kommunikationspolitik.

Kommunikationsnetz – Gesamtheit der zwischen einigen oder allen betrieblichen Handlungsträgern bestehenden strukturierten → Kommunikationsbeziehungen. – *Darstellung* mithilfe von Graphen, wobei die Knoten die einzelnen → Kommunikationspartner und die sie verbindenden Kanten die → Kommunikationswege bzw. Kommunikationskanäle symbolisieren.

Kommunikationspartner – Subjekte und/oder Objekte, zwischen denen eine → Kommunikationsbeziehung besteht. Bei der Interpretation der Unternehmung als Mensch-Maschinen-System sind drei *Kontakte* von Kommunikationspartnern möglich: (1) Zwischen Mensch und Mensch (z.B. Telefongespräch), (2) zwischen Mensch und Maschine (z.B. Programmierung einer EDV-Anlage), (3) zwischen Maschine und Maschine (z.B. automatisierte Fertigung). – Vgl. auch → Kommunikation.

Kommunikationspolitik – I. Marketing: 1. *Begriff:* Teil des Marketing-Mix; Ziel- und Maßnahmenentscheidungen zur Gestaltung der Marktkommunikation als Element aktiver Marketingpolitik. Kommunikationspolitik umfasst alle Maßnahmen des Unternehmens, die darauf gerichtet sind, Informationen über

das Angebot und das Marketing eines Unternehmens nach außen an verschiedene Anspruchsgruppen und nach innen an die eigenen Mitarbeiter des Unternehmens zu vermitteln und die Empfänger im Dienste des Marketings zu beeinflussen. Der kombinierte Einsatz der verschiedenen Instrumente wird als Kommunikationsmix bezeichnet. Dieser Einsatz muss im Sinn der integrierten Kommunikation erfolgen. – 2. *Instrumente* (entweder Bestandteile der Massenkommunikation und/oder der persönlichen Kommunikation): a) Werbung *(Media-Werbung, Advertising)*: versuchte Verhaltensbeeinflussung mittels bes. Kommunikationsmittel. Werbung ist vorwiegend ein Mittel der Massenkommunikation (Above-the-Line-Kommunikation). Weitere Instrumente gehören zur Below-the-Line-Kommunikation: – b) Öffentlichkeitsarbeit *(Public Relations (PR))*: die Politik des Werbens um das Vertrauen der Öffentlichkeit. Sie wendet sich an die gesamte Öffentlichkeit und dient der Schaffung und Gestaltung des Firmenimages, um Unternehmensziele besser realisieren zu können. – c) Persönlicher Verkauf *(Personal Selling, Sales Force)*: auf dem unmittelbaren Kontakt zwischen Verkäufer und Käufer beim Absatz von Waren und Dienstleistungen beruhend. Große Bedeutung bes. beim Angebot erklärungsbedürftiger Waren (z.B. Investitionsgüter). – d) Verkaufsförderung *(Sales Promotion)*: zeitlich gezielt und marktsegmentspezifisch einzusetzendes Instrument der Kommunikationspolitik. Verkaufsförderung informiert und beeinflusst v.a. kurzfristige Verkaufsorganisationen, Absatzmittler und Käufer durch personen- und sachbezogen erweiterte Leistungen des Angebots. Käufer werden am Verkaufsort (Point of Sale (POS)) mit speziellen Maßnahmen und Methoden angesprochen. – e) *Event:* Die unmittelbar erlebbare Inszenierung von bes. Ereignissen im Rahmen der Unternehmenskommunikation. Merkmal eines Events ist die Möglichkeit zur Interaktion. – f) *Sponsoring:* finanzielle oder sachliche Unterstützung von Personen, Personengruppen, Institutionen und Veranstaltungen durch einen Sponsor, der im Gegenzug klar definierte Gegenleistungen erhält. – g) *Product Placement:* visuelle oder verbale Platzierung eines Produktes oder einer Dienstleistung im redaktionellen Teil eines Mediums bzw. in einer nicht werblichen Programmform (z.B. Spiel-, Fernsehfilm). – h) Neue Below-the-Line Werbeformen: Hierzu gehören Viral Marketing, Guerilla Marketing, Ambush Marketing oder Ambient Medien. Umsetzung. – i) Interne Kommunikation (Behavioral Branding): Umsetzung der Markenidentität mittels Kommminkation nach innen an die eigenen Mitarbeiter des Unternehmens. – 3. *Ziele:* Hauptziel der Kommunikationspolitik ist die Positionierung des Angebots, damit es für Abnehmer attraktiv wird und sich von der Konkurrenz abhebt. – 4. *Wirkung:* Umsetzung der strategischen Ziele. Strategische Ziele sind dabei die Positionierung durch Aktualität, emotionale Positionierung und informative Positionierung. So liegt z.B. die Wirkung einer emotionalen Kommunikationspolitik in den bei der Zielgruppe tatsächlich vermittelten (gemessenen) emotionalen Produkt- und Dienstleistungserlebnissen. – Vgl. auch → internationale Kommunikationspolitik.

II. Kommunikationswissenschaft: 1. *Begriff:* Durch die wachsende Bedeutung von → Information und → Kommunikation in der Gesellschaft fühlen sich der Staat und die verschiedensten Interessengruppen zunehmend herausgefordert, auf diesen Sektor einzuwirken. Seit Ende der 1960er-Jahre hat sich die Bezeichnung Kommunikationspolitik (neuerdings häufig auch *Medienpolitik*) eingebürgert für Aktivitäten, die auf die Ordnung der gesellschaftlichen Kommunikation gerichtet sind, speziell auf die Organisation des Mediensystems. – 2. Die Kommunikationspolitik steht in *enger Wechselbeziehung zur allg. staatlichen Ordnung,* zur Art der Herrschaftsstruktur, politischen Willensbildung und Repräsentation. Sie ist daher einerseits Ausdruck des in der staatlichen Ordnung angelegten

Wertsystems, andererseits bestimmt sie die Verwirklichung der Grundwerte entscheidend mit. Aus diesem Grunde kommt dem Art. 5 GG, der Meinungs-, Informations- und Pressefreiheit verbrieft, eine Schlüsselrolle für unsere staatliche Ordnung zu. Das Bundesverfassungsgericht hat diese Auffassung in mehreren Grundsatzentscheidungen bekräftigt. – 3. *Kommunikationspolitische Ordnung der Bundesrepublik Deutschland:* Kommunikationspolitische Auffassungen, Absichten, Maßnahmen konkretisieren sich vielfältig, u.a. in Memoranden, Parteiprogrammen, Gesetzen und Verordnungen. Für die kommunikationspolitische Ordnung der Bundesrepublik Deutschland sind, neben verschiedenen Artikeln des Grundgesetzes, v.a. die Landespressegesetze und die Rundfunkgesetze bzw. -staatsverträge bestimmend. Auf die Entwicklung der Kommunikationspolitik haben auch einschlägige Entscheidungen des Bundesverfassungsgerichts großen Einfluss. In der öffentlichen Diskussion spielen ferner die Berichte verschiedener Regierungskommissionen eine große Rolle, etwa der Bericht der „Kommission für den Ausbau des technischen Kommunikationssystems (KtK)“, sowie die von Zeit zu Zeit herausgebrachten Berichte der Bundesregierung über die Lage der Medien (Medienbericht). – 4. *Kommunikationspolitische Ordnung auf internationaler Ebene:* Für die Ordnung der internationalen Kommunikation sind v.a. die Ergebnisse der regelmäßigen „World Administrative Radio Conference“ bedeutsam, auf der sämtliche Frequenzzuteilungen für Radio, Fernsehen und Satellitenfunk geregelt werden. Auf anderen Handlungsebenen, v.a. in den Gremien der UNESCO, wird schon seit Jahren der Plan einer „Neuen Internationalen Informationsordnung“ kontrovers diskutiert. In diesem Zusammenhang entstand auch der viel beachtete Bericht der MacBride-Kommission, der eine Bestandsaufnahme des internationalen Kommunikationssystems und seiner Probleme zu geben versucht. – 5. *Perspektiven:* Kommunikationspolitik entwickelte sich zu einem eigenständigen Teilgebiet der Politik, zugleich auch zu einer kommunikationswissenschaftlichen Teildisziplin, einer „Solldisziplin", die sich mit den Zielen und Mitteln der gesellschaftlichen Organisation von Kommunikation befasst.

Kommunikationsprozess – Gesamtheit der kommunikativen Beziehungen (unternehmensintern wie auch -extern) und deren Ablauf im betrieblichen → Kommunikationssystem. Abgesehen von informellen Erscheinungen im Wesentlichen mit dem Begriff Informationsprozess identisch.

Kommunikationsstruktur – formale Art, wie der Informationsfluss in einer Gruppe (z.B. Projektgruppe, Abteilung) erfolgt. Es wird zwischen den Kommunikationsstrukturen Stern, Y, Kette, Kreis und Voll-Struktur unterschieden (vgl. Abbildung „Kommunikationsstruktur"). *Zentralisierte Strukturen* (z.B. der „Stern") sind gekennzeichnet durch eine hohe Gruppenleistung und eine klare Identifikation der Führungskraft, gleichzeitig aber auch durch eine hohe Unzufriedenheit der Gruppenmitglieder. *Dezentralisierte Strukturen* (z.B. „Vollstruktur") führen zu gegenteiligen Effekten.

Kommunikationssystem – Summe aller möglichen → Kommunikationsbeziehungen und → Kommunikationswege zwischen betrieblichen → Handlungsträgern. Das Kommunikationssystem weist dabei Schnittstellen zu unternehmensexternen Interessengruppen auf. – Vgl. auch → Kommunikation.

Kommunikationsweg – jede → Kommunikationsbeziehung zwischen zwei → Kommunikationspartnern im Rahmen des betrieblichen → Kommunikationssystems. – *Vertikale Kommunikationswege* berühren mehrere Ebenen der → Hierarchie (auch Befehlskette); *horizontale Kommunikationswege* verlaufen auf derselben Hierarchieebene. – Die *Leistungsfähigkeit* des Kommunikationssystems hängt von der Anzahl der Kommunikationswege und deren Kapazität ab. – Vgl. auch → Kommunikation, → Weisung.

Kompetenz – I. Öffentliches Recht: Zuständigkeit zum Erlass von Hoheitsakten, bes. die Kompetenz zur Gesetzgebung (Gesetzgebungskompetenz).

II. Organisation: 1. *Kompetenz i.e.S.:* Befugnis, Maßnahmen zur Erfüllung von → Aufgaben zu ergreifen, für deren Bewältigung der Kompetenzträger die → Verantwortung

Kommunikationsstruktur

Beurteilungskriterium	Stern	Y	Kette	Kreis	Voll-Struktur
Zentralisation	sehr hoch	hoch	mittel	niedrig	sehr niedrig
Kommunikations-vorgänge	sehr wenige	sehr wenige	mittel	viele	sehr viele
Führung	sehr hoch	hoch	mittel	niedrig	sehr niedrig
Gruppenzufriedenheit	niedrig	niedrig	mittel	mittel	hoch
individuelle Zufriedenheit der Führenden	hoch	hoch	mittel	niedrig	sehr niedrig

Quelle: Rosenstiel, L. von (2000). Grundlagen der Organisationspsychologie. Stuttgart: Schäffer-Pöschel, S. 287

trägt. – 2. *Kompetenz i.w.S.:* Sämtliche organisatorischen, d.h. offiziellen, generell und dauerhaft wirksamen Vorschriften für Handlungen in organisatorischen Einheiten. – 3. *Arten:* → Entscheidungskompetenz, → Realisationskompetenz, → Kontrollkompetenz.

Kompetenzabgrenzung – organisatorische Formulierung von → Kompetenz durch → Segmentierung und → Delegation. – Vgl. auch → Konfiguration, → Stellenbeschreibung.

Kompetenzbereich – die einer → organisatorischen Einheit zugeordneten → Kompetenzen. – Vgl. auch → Delegationsbereich, → Stellenbeschreibung.

Kompetenzdelegation → Delegation.

Kompetenzsystem – im Rahmen der → Aufbauorganisation System der für die einzelnen → organisatorischen Einheiten formulierten → Kompetenz. – Vgl. auch → Konfiguration.

Konation – die mit einer Einstellung verbundene Handlungsabsicht; sie ist somit die Prädisposition z.B. zur Wahl eines bestimmten Produktes.

Konditionieren – ein v.a. in verschiedenen Lerntheorien (→ Behaviorismus) gebräuchliches Konstrukt, das auf die Verbindung verschiedener Elemente aufgrund spezifischer Erfahrungen hinweist. – 1. Innerhalb der Theorie des *klassischen Konditionierens* (V. Pawlow) werden zwei Reize aufgrund ihrer räumlichen oder zeitlichen Nähe miteinander verbunden. Wird ein neutraler Reiz, der zunächst für das Individuum keine Bedeutung hat, häufig zusammen mit einem unbedingten Reiz, der angeborenermaßen oder aufgrund von Vorerfahrung eine bestimmte Reaktion auslöst, dargeboten, so löst schließlich auch der ursprünglich neutrale Reiz die gleiche Reaktion aus. Der neutrale Reiz wurde konditioniert. – 2. Im Rahmen der Theorie des *instrumentellen Konditionierens* (E. Thorndike) bzw. der sehr ähnlichen des operanden Konditionierens (B.F. Skinner) geht

es um den Aufbau der Verbindung eines Reizes mit einer Reaktion. Die Wahrscheinlichkeit des Auftretens einer Reaktion auf den Reiz erhöht sich, wenn die Konsequenzen, die der Reaktion folgen, für das Individuum positiv sind (Verstärkungsprinzip). – 3. Die positive Konsequenz auf das Verhalten muss nicht beim Individuum selbst auftreten; es kann sie auch bei anderen Personen beobachten. Wird aus dieser Beobachtung sichtbar, dass die beobachtete Person mit einem bestimmten Verhalten zu einem Ergebnis gelangt, das auch für die beobachtende Person positiv wäre, so wird diese mit größerer Wahrscheinlichkeit das entsprechende Verhalten zeigen. Man spricht dann von *Modelllernen* oder stellvertretender Verstärkung (A. Bandura).

Kondukte – 1. *Begriff:* Kondukte stellen unerwünschte Kuppelprodukte dar, die nicht dem Sachziel der Unternehmung zuzuordnen sind (Kondukte vom Lateinischen conducere für mit-führen, d.h. mit dem Produkt mitgeführter, unerwünschter Output). – 2. *Ausprägungen:* Diese können in fester, flüssiger, gasförmiger oder (energetischer) Form vorliegen. Die Abgrenzung von erwünschtem und unerwünschtem Output beruht auf einer relativen Einschätzung in Abhängigkeit von Zielsystem, technologischen Bedingungen, Mengenbegrenzungen, Qualitätsanforderungen, Informationsdefiziten und Zeitaspekten. Gegenstand der Wertschöpfungsstufe Entsorgung ist somit das Management von Kondukten.

Konferenz – 1. *Allgemein:* In gleichmäßigem Turnus wiederkehrende oder aus bes. Anlass anberaumte Sitzung zum allg. Erfahrungsaustausch oder zwecks Diskussion und evtl. Entscheidung über ein bestimmtes Problem. – 2. *In der Organisation:* → Kollegium.

Konfiguration – I. Informatik: 1. *Aufbau eines konkreten Computers* in einem bestimmten Betrieb; gemeint sind i.d.R. die ausgewählten Geräte bzw. Baueinheiten. – 2. *Konfiguration der Software:* Verteilung der Funktionalität von Anwendungen (z.B.

Client/Server-Systeme, Verteilte Datenbanken) wie auch das Anpassen der Programmparameter an die Gegebenheiten der Systemumgebung (z.B. Größe und Ort des Swapfiles etc.). Teilweise auch die Adaption der Funktionalität von Software an individuelle Anforderungen (→ Customizing).

II. Organisation: Äußere Form oder Gestalt der → Organisationsstruktur. In der Konfiguration spiegeln sich die Elemente und die Beziehungen des → Leitungssystems wider. Die Konfiguration wird bestimmt durch die → Leitungsspanne und die → Leitungstiefe.

Konflikt – 1. *Begriff*: Prozess der Auseinandersetzung, der auf unterschiedlichen Interessen von Individuen und sozialen Gruppierungen beruht und in unterschiedlicher Weise institutionalisiert ist und ausgetragen wird. – 2. *Arten:* a) *Grundsätzlich:* (1) Sind sich die Parteien des Konflikts bewusst, liegt ein *manifester Konflikt* vor. (2) Wenn sich die Parteien des Konflikts (noch) nicht bewusst sind, die Situation aber so angelegt ist, dass ein Konflikt sehr wahrscheinlich ist oder die Parteien sich ihrer unvereinbaren Handlungstendenz zwar bewusst sind, sie deren Verwirklichung aber noch nicht gewagt haben, dann liegt ein *latenter Konflikt* vor.–b) *Sozialer Konflikt:* Interaktion zwischen Akteuren, wobei mind. ein Akteur Unvereinbarkeiten im Denken, Fühlen und Verhalten mit dem zweiten Akteur in einer Art erlebt, dass im Realisieren eine Beeinträchtigung stattfindet. (1) *Zielkonflikt:* Zwei oder mehr in einem Abhängigkeitsverhältnis agierende Personen verfolgen unterschiedliche Ziele. (2) *Bewertungskonflikt:* Die Effektivität oder Wirkung unterschiedlicher Methoden zur Zielerreichung werden unterschiedlich bewertet. (3) *Verteilungskonflikt:* Die Parteien können sich nicht über die Verteilung von → Ressourcen (persönliche, monetäre, technische o.Ä.) einigen. (4) *Persönlicher Konflikt:* Menschen verspüren intrapsychisch unterschiedliche Entscheidungs- oder Verhaltenstendenzen. (5) *Beziehungskonflikt:* In der

zwischenmenschlichen Beziehung kommt es zu Störungen. (6) *Rollenkonflikt:* Menschen sind widersprüchlichen Rollen(-erwartungen) ausgesetzt. – c) *Konflikte in Organisationen:* Spannungssituationen, in denen voneinander abhängige Menschen versuchen, unvereinbare Ziele zu erreichen oder gegensätzliche Handlungspläne zu verwirklichen. – 3. *Funktion von Konflikten:* Konflikte führen zu einem gesellschaftlichen Wandel: zur Anpassung sozialer Normen bzw. der Entwicklung neuer sozialer Normen und Regeln. Dadurch entstehen neue soziale Strukturen und Institutionen. Hinter dieser Position, die Konflikt als funktional für die Gesellschaft definiert, steht ein Konflikt-Modell einer Gesellschaft, das auf der Annahme eines Pluralismus unterschiedlicher und auch kontroverser Interessen, Einstellungen und Werte beruht und in dem die gewaltfreie Regelung von Konflikten die zentrale Integrationsleistung darstellt. Soziale Konflikte können jedoch nicht grundsätzlich als funktional im Sinn sozialer Integration begriffen werden (v.a. Kriege, Revolutionen, Bürgerkriege).

Konfliktmanagement – Feststellung, Steuerung und Regelung von → Konflikten durch spezifische Handhabungsformen, etwa Verhandlung, Vermittlung, Schlichtung einschließlich Zwangsschlichtung. – Vgl. auch → Mediation.

Konformität – Begriff aus der Gruppenpsychologie. Konformität bezeichnet einen auf das Individuum wirkenden Druck, sich so zu verhalten, wie es in der Gruppe von ihm erwartet wird. Dieser Druck kann (1) von den mit Macht ausgestatteten Personen in der Gruppe ausgehen *(Autoritätsdruck)* aber auch (2) von der Mehrheit bestimmt werden *(Majoritätsdruck).* Die Anpassung an Verhaltensweisen der Gruppenmitglieder in den für die Gruppe wichtigen Erlebens- und Verhaltensbereichen lässt sich allerdings auch dann feststellen, wenn das Individuum bewusst keinen Druck durch die Autorität oder die Mehrheit registriert.

Konglomerat → Mischkonzern.

Konsumpsychologie → Konsum- und Marktpsychologie.

Konsum- und Marktpsychologie – Teilbereich der → Wirtschaftspsychologie. – *Begriff/Entwicklung:* Nach dem Zweiten Weltkrieg entstandener Forschungsbereich unter dem Eindruck der auftretenden Absatzprobleme (Übergang vom Verkäufermarkt zum Käufermarkt). Ökonomische Modelle zur Erklärung individuellen Kaufverhaltens, die v.a. den Preis als entscheidenden Faktor und den Konsumenten als rational nutzenmaximierend (Homo oeconomicus) ansehen, reichten nicht aus; aufgrund des gestiegenen Wohlstands verringerte sich der Zwang zum ökonomisch-rationalen Verhalten. – a) Aufbauend auf der psychologischen Marktanalyse wurden zunächst v.a. *psychologische Marktinterventionsstrategien* entwickelt: u.a. Werbepsychologie, Produktgestaltung, Verpackungsgestaltung, Preisgestaltung, Verhandlungsführung hinsichtlich Verkaufsgesprächen. – b) Von kurzer Bedeutung war die *Motivforschung*, die von einem irrationalen Käuferbild ausging. – c) Versuche, *Konzepte der allg. Sozialpsychologie* zur Erklärung von Käuferverhalten heranzuziehen (z.B. Erwartungs-Valenz-Konzeption, Leistungsmotivationstheorie (Risikovermeidung beim Kauf)) sowie *kognitionspsychologische Konzepte* (der Mensch als informationsverarbeitendes Wesen). – Vgl. auch → kognitive Dissonanz. – d) *Totalmodelle* (Howard-Sheth u.a.).

Kontingenztheorie der Führung → Führungstheorie von F. E. Fiedler. Wichtiges Kennzeichen der Kontingenztheorie der Führung ist es, dass situativen Einflüssen *(Kontingenzfaktoren)* auf den Führungserfolg eine zentrale Bedeutung eingeräumt wird, d.h. unterschiedliche Führungsstile sind in unterschiedlichen Situationen unterschiedlich effizient. Fiedler unterscheidet einen aufgaben- und einen mitarbeiterorientierten → Führungsstil. Der Führungserfolg sowohl von mitarbeiter- als auch aufgabenorientierten Führern wird nach Fiedler von der situativen Günstigkeit (Positionsmacht des Vorgesetzten, Merkmale der Aufgabenstruktur sowie interpersonellen Beziehungen) bestimmt. – Fiedler zufolge ist es bei unzureichendem Führungserfolg zweckmäßig, entweder situative Bedingungen zu verändern oder Führungspersonen anders einzusetzen. Änderungen des individuellen Führungsstils erscheinen hingegen nicht sinnvoll, da dieser eher als überdauerndes Persönlichkeitsmerkmal denn als kurzfristig veränderbares Verhaltensmuster interpretiert wird. – Vgl. auch → Leader-Match-Konzept.

Kontrolle – I. **Charakterisierung:** 1. *Begriff:* Durchführung eines Vergleichs zwischen geplanten und realisierten Größen sowie Analyse der Abweichungsursachen; nicht eingeschlossen ist die Beseitigung der festgestellten Mängel. Kontrolle ist eine Form der Überwachung, durchgeführt von direkt oder indirekt in den Realisationsprozess einbezogenen Personen oder Organisationseinheiten. – *Abgrenzung:* a) Zum *Controlling:* Controlling (Planung, Steuerung und Kontrolle) umfasst u.a. auch die Mängelbeseitigung. – b) Zur *internen Revision:* v.a. dadurch, dass Kontrolle ein ständiger Vorgang ist, der laufende Prozesse möglichst lückenlos überwacht und meist von (vorgesetzten) Mitarbeitern der gleichen Organisationseinheit durchgeführt wird. – c) Zur *Prüfung:* Der Überwachungsträger ist in den kontrollierten Prozess einbezogen (Prozessabhängigkeit). – 2. *Entscheidungsprozess-Phase:* a) *I.e.S.:* letzte Phase des Entscheidungsprozesses, d.h. der Prozess der Sicherstellung, dass die Durchführung mit dem Geplanten übereinstimmt. – b) *I.w.S.:* alle Phasen des Entscheidungsprozesses, d.h. ein überlagernder Prozess der Willensbildung und -durchsetzung. – 3. *Grundsätzliche Zwecke:* (1) Kontrollinformationen können Daten für nachfolgende Planungen liefern (sachlogische Dimension); (2) Kontrollinformationen können für die Mitarbeiterbeurteilung herangezogen werden (motivationale Dimension). Aus den teilweise verschiedenen und konfliktären Kontrollanforderungen dieser Dimensionen ergeben sich die bes. Gestaltungsprobleme der Kontrolle. – 4. Kontrolle ist häufig in ein ausdifferenziertes *Planungs- und Kontrollsystem* eingebunden. Auf diese Weise wird versucht, die Kontrolle so vollständig wie möglich durchzuführen und frühzeitig in die laufenden Prozesse einzugreifen.

II. Arten: 1. *Plan-Kontrolle:* dient der Willenssicherung. Eine Kritik am Plan ist unzulässig und würde zu einer Schwächung der Plan-Unterstützung durch die Beteiligten führen. – 2. *Prämissen-Kontrolle:* Überwachung und ggf. Revision der Planannahmen. Daraus entsteht das → Dilemma der Kontrolle, dass man einerseits zum Zweck der Durchsetzung am Plan festhalten und andererseits eine Planveränderung aufgrund von Lernprozessen möglich sein muss. – 3. *Strategische Kontrolle:* Überwachung der Realisierung von → strategischen Programmen; stellt aufgrund der nur teilweise möglichen Quantifizierung von strategischen Plänen die Unternehmensführung vor bes. Probleme. – 4. *Operative Kontrolle:* Überwachung der operativen Programme und der entsprechenden Bereiche. – 5. *Indirekte Kontrolle* der strategischen Pläne und Prämissen erfolgt im Rahmen der aus den Strategien abgeleiteten operativen Pläne und Prämissen. So können die im Rahmen des üblichen operativen Kontrollprozesses gewonnenen Informationen gleichzeitig für eine Überprüfung der Strategien und ihrer Planannahmen herangezogen werden. – *Beispiel:* Bei der Durchsprache von Preis- oder Mengenabweichungen im Rahmen einer flexiblen Plankostenrechnung ergeben sich Hinweise, dass die Ursachen nicht bei dem Kostenstellenleiter, sondern in den unzutreffenden Planerwartungen des strategischen Programms liegen. Es können sich Konsequenzen für die weitere Aufrechterhaltung der strategischen Planannahmen ergeben. – 6. *Direkte Kontrolle* bezieht sich dagegen explizit auf die Überwachung strategischer oder operativer Planaussagen.

Dort gibt es eine autonome Kontrolle, die (laufend) kalendergesteuert oder (ad hoc) ereignisgesteuert ist. – 7. *Verfahrens-Kontrolle* überprüft, ob nach den vorgeschriebenen Richtlinien gehandelt worden ist. – 8. *Ergebnis-Kontrolle* bezeichnet dagegen den Vergleich der Plandaten mit den realisierten Daten. – 9. *Ex-Ante-Kontrolle:* Versucht wird, Soll-Wird-Abweichungen zu antizipieren. – 10. *Ex-Post-Kontrolle:* Abgestellt wird auf Soll-Ist-Abweichungen.

III. Einsatzgebiete: 1. *Buchhaltung:* a) *Zweck:* Sicherung der Ordnungsmäßigkeit des Rechnungswesens, Schutz vor Vermögensverlusten durch unbefugte Zugriffe (z.B. in Kassen-, Wertpapier- oder Materialbestände), Falschbuchungen, Missbrauch und Fälschung von Belegen. Die Summe aller organisatorischen Kontrollmaßnahmen wird als internes Kontrollsystem (IKS) bezeichnet. – b) Schutz gegen *formelle Buchhaltungsfehler* durch Prüfung der Richtigkeit und Vollständigkeit der Buchungen (Kontierungsfehler, Doppelbuchungen, fehlende Buchungen), der Rechenoperationen (Additionen, Salden) und der Datentransportvorgänge (Übertragungsfehler, Konten-, Spalten- und Zahlenverwechslungen) durch Kontenkontrolle und Systemprüfungen; manuelle oder maschinelle Testläufe (z.B. bei EDV-Programmen u.Ä.), soweit nicht maschinelle oder sonstige zwangsläufige Kontrolle das Auftreten von Fehlern bereits verhindern. – c) Kontrolle der *materiellen Übereinstimmung* buchmäßig ausgewiesener Bestände mit den tatsächlich vorhandenen erfordert die Durchführung von Inventuren (z.B. Kassenprüfung, Kassensturz). – 2. *Strategisches Management:* → strategische Kontrolle.

Kontrolleinheit – *interne Revision.* → Organisatorische Einheit mit → Kontrollkompetenz.

Kontrollkompetenz → Kompetenz für die Durchführung von → Kontrollen.

Kontrollspanne → Leitungsspanne, logistische Kontrollspanne.

Konzentrationsfähigkeit – Fähigkeit zur Zusammenfassung der geistigen Kräfte, d.h. zur Bereitstellung der frei verfügbaren Energie, um diese für eine auszuführende Leistung aufmerksam und durchhaltend einzusetzen. – *Gemessen* wird Konzentrationsfähigkeit häufig mit dem Arbeitsversuch. Die vorhandene Konzentrationsfähigkeit wird in Form einer Arbeitskurve festgehalten.

Konzernorganisation – Gestaltung der Organisation eines Konzerns. Die Besonderheiten der Konzernorganisation im Vergleich zur Organisation einer rechtseinheitlich verfassten Einheitsunternehmung beruhen v.a. darauf, dass sich die organisatorischen Gestaltungsimplikationen des Organisationsrechts bei Konzernunternehmungen durch die Existenz mehrerer rechtlicher Einheiten (Konzernunternehmen) vervielfältigen und durch das Auftreten spezieller Regelungen für die (rechtsformübergreifenden) Beziehungen zwischen den Konzernunternehmen intensivieren. Dabei variiert der organisationsrechtliche Datenkranz für die Konzernorganisation v.a. mit den jeweils gewählten bzw. zur Wahl stehenden Rechtsformen der einzelnen Konzernunternehmen (z.B. AG oder GmbH) und den zugrunde gelegten Unternehmensverbindungen, z.B. faktische (§§ 311 ff. AktG), beherrschungsvertragliche (§§ 291 ff. AktG) oder eingliederungsvermittelte (§§ 319 ff. AktG) Konzernbindung. – Vgl. auch → Holdingstruktur.

Kooperation – *zwischenbetriebliche Kooperation.*

I. Begriff: Zusammenarbeit zwischen meist wenigen, rechtlich und wirtschaftlich selbstständigen Unternehmungen zur Steigerung der gemeinsamen Wettbewerbsfähigkeit. – *Intensitätsstufen der Zusammenarbeit:* (1) Informationsaustausch; (2) Erfahrungsaustausch; (3) Absprachen; (4) Gemeinschaftsarbeiten ohne Ausgliederung einer (mehrerer) Unternehmensfunktion(en); (5) Gemeinschaftsarbeiten mit Ausgliederung einer (mehrerer) Unternehmensfunktion(en);

(6) Gütergemeinschaft; (7) Bildung eines Kooperationsmanagements; (8) Gemeinschaftsgründung; (9) rechtliche Ausgliederung des Kooperationsmanagements. – Die Intensitätsstufen (7) und (9) beziehen sich auf die gesamte Kooperationsinstitution und deren Organisationsgrad, die restlichen Intensitätsstufen auf die Art und Weise der Kooperationsbeziehungen.

II. Formen: 1. Nach den *beteiligten Wirtschaftsstufen:* a) *Horizontale Kooperation:* Zusammenarbeit zwischen Wettbewerbern der gleichen Wirtschaftsstufe, die gleichartige oder eng substituierbare Güter anbieten, z.B. zwischen Herstellern von Haushaltsgeräten oder zwischen Lebensmittel-Einzelhändlern. Die Horizontal-Kooperation kann die gesamte Branche (Branchen-Kooperation) oder nur wenige Unternehmen eines Wirtschaftszweiges umfassen (Gruppen-Kooperation). b) *Vertikale Kooperation:* Zusammenarbeit zwischen Betrieben, die unterschiedlichen Wirtschaftsstufen angehören, z.B. Kooperation zwischen Industrie und Handel bei Vertriebsbindungen, bei der vertikalen Preisbindung oder innerhalb des Handels, etwa zwischen Großhandel und gewissen Einzelhändlern bei den freiwilligen Ketten. – 2. Nach den *gemeinschaftlich durchgeführten Funktionen:* a) Die Kooperation kann sich auf nahezu alle betrieblichen Funktionen erstrecken, z.B. auf Beschaffung, Produktion, Absatz und Finanzierung: *gesamtfunktionelle Kooperation.* b) Meist bleibt die Zusammenarbeit auf einzelne Funktionen beschränkt: *Teilfunktionelle* bzw. *sektorale Kooperation*, z.B. Beschaffungs-, Produktions-, Absatz-, Verwaltungs- oder Finanz-Kooperation. – 3. Nach den *Marktgebieten, auf die sich die kooperative Tätigkeit erstreckt:* a) Zusammenarbeit auf regionalen oder überregionalen *Inlandsmärkten.* b) Zusammenarbeit auf *Auslandsmärkten*, und zwar im Hinblick auf die Beschaffung (Import-Kooperation) und bez. des Absatzes (Export-Kooperation). – 4. Nach der *beabsichtigten Dauer kooperativer Aufgabenerfüllung:* a) Zusammenarbeit beim

Erhalt bzw. der Erfüllung eines Einzelauftrags *(Auftrags-Kooperation)*. b) Zusammenarbeit in bestimmten Bereichen auf längere Sicht *(kurz-, mittel- oder langfristige Kooperation)*.

III. Kartellrechtliche Beurteilung: Mit der Kooperation von Unternehmungen sind vielfältige volks- und betriebswirtschaftliche sowie steuer-, gesellschafts- und kartellrechtliche Probleme verbunden. Während manche Kooperationen, etwa von kleinen und mittleren Unternehmen, zu einer spürbaren Wettbewerbsbelebung führen, können von anderen Kooperationen Wettbewerbsbeschränkungen ausgehen, die das Marktergebnis negativ beeinflussen. Aufgrund der oben aufgezeigten großen Vielfalt an Formen und Intensitätsstufen von Kooperationen ist daher von den Kooperationsteilnehmern in jedem Einzelfall selbst zu prüfen, ob die Kooperation gegen das Verbot des § 1 GWB und des Art. 101 I AEUV verstößt oder ob eine Legalisierung gemäß der §§ 2f. GWB und Art. 101 III AEUV in Betracht kommt. Sie können dabei auf Merkblätter und Leitlinien des *Bundeskartellamts* und der Europäischen Kommission zurückgreifen, die Hilfestellung bei der Selbsteinschätzung sowie bei der Auslegung der einschlägigen kartellrechtlichen Bestimmungen geben. Ferner besteht die Möglichkeit, die Kartellbehörde um eine Entscheidung zu bitten, nach der bez. der Kooperation die Voraussetzungen des § 1 GWB und des Art. 101 I AEUV nicht vorliegen, sodass die Kartellbehörde keinen Anlass zum Tätigwerden sieht (§ 32c GWB).

IV. Kooperation im Auslandsgeschäft: → Internationale Kooperation, regionale Integration.

Kooperationslösungen – 1. *Begriff:* Kooperationslösungen sind nicht fiskalische Instrumente zur Umsetzung umweltpolitischer Ziele. Ihre Umsetzung wird in Form wechselseitiger Verträge bzw. Abkommen, rechtlich verbindliche Absprachen oder durch die Gründung von ökologiebezogener Zweckverbänden realisiert.

Beispiele für Kooperationslösungen sind Branchenabkommen, Selbstverpflichtungs- (→ Selbstverpflichtungen) und Selbstbindungsabkommen. – 2. *Kritische Würdigung:* Kooperationslösungen sind für die Teilnehmer ökonomisch effizient und grundsätzlich marktwirtschaftskonform. Außerdem weist das Instrument eine schnelle Einsatzfähigkeit und eine hohe Flexibilität auf. Auch die Vorbildfunktion und die Nutzung fachlicher Kompetenzen von Umweltverbänden sind positiv hervorzuheben. Des Weiteren besteht für Unternehmen die Möglichkeit ordnungsrechtlichen Maßnahmen zuvorzukommen. Kooperationslösungen sind jedoch nur geringfügig ökologisch effizient und ihnen fehlt u.U. eine gewisse Zielgenauigkeit. Außerdem besteht die Gefahr, dass ursprünglich geplante Umweltziele, v.a. bei rechtlich unverbindlichen Absprachen, „aufgeweicht" werden. Der Wettbewerb kann durchaus verzerrt bzw. gehemmt werden und es besteht die Gefahr, dass Kompromisse auf Kosten der Allgemeinheit getroffen werden. Des Weiteren verzögern bzw. verhindern Kooperationslösungen ordnungsrechtliche Vorhaben. Dies kann zu einer Verschleppung anstatt der Lösung von Problemen führen und eine Art umweltpolitischen Funktionalismus hervorrufen.

Kooperationsprinzip – 1. *Begriff:* Das Kooperationsprinzip ist Teil der umweltpolitischen Prinzipientrias in Deutschland (vgl. auch Vorsorgeprinzip und Verursacherprinzip). – 2. *Ziel:* Ziel des Kooperationsprinzips ist die Verankerung des Umweltschutzes als gemeinsame Aufgabe von Staat, Bürgern und Unternehmen. Anwendung findet das Prinzip in der Umweltbildung und Umweltinformation, Selbstverpflichtungserklärungen der Wirtschaft und anderer Akteure sowie der Einbindung der gesellschaftlichen Gruppen in die Weiterentwicklung der Umweltpolitik.

kooperativer Führungsstil → Führungsstil.

Koordination – I. Organisation: 1. *Begriff:* Anlass zu Koordination besteht, wenn zwischen den arbeitsteiligen (Arbeitsteilung) Handlungen der organisatorischen Einheiten → Interdependenzen existieren. – 2. *Aufgaben:* a) Koordination löst Verteilungskonflikte. – b) Koordination trägt dazu bei, dass die Arbeitsabläufe so gestaltet werden, dass Doppelarbeit vermieden wird und sich eine optimale Reihenfolge realisieren lässt. – c) Koordination führt dazu, dass die Unternehmensziele stets bewusst gemacht, in der täglichen Arbeit einheitlich angewandt und ggf. auf Verbesserungs- und Änderungsmöglichkeiten hin überprüft werden. – d) Koordination gleicht Wissens- und Wahrnehmungsunterschiede unter den → Organisationsmitgliedern aus. – 3. *Grenzen:* Der Einsatz von Koordinationsinstrumenten verursacht Kosten (→ Abstimmungskosten) und Demotivationseffekte. Ein Verzicht auf Koordination hingegen verursacht → Autonomiekosten. Im Hinblick auf die → organisatorische Effizienz stellt sich somit die Frage nach dem optimalen Koordinationsgrad.

II. Volkswirtschaft: 1. *Begriff:* Abstimmung von Wirtschaftsplänen in einer arbeitsteiligen Wirtschaft. Realgüterwirtschaftlich betrachtet besteht ein Koordinationsbedarf hinsichtlich (1) der Konsumpläne der Haushalte und der Produktionspläne der Unternehmen sowie (2) der Produktionspläne der Unternehmen, die untereinander in Zulieferbeziehungen stehen. – 2. *Arten:* a) *Marktmäßige Koordination (Ex-Post-Koordination):* Die bei juristischer (Vertragsfreiheit, *Privatautonomie*, § 311 BGB) und planerischer Selbstständigkeit gefassten Wirtschaftspläne werden schrittweise einander angepasst, wobei divergierende Wirtschaftspläne Preisbewegungen auslösen und auf die Wirtschaftspläne korrigierend zurückwirken. Eine Koordination ergibt sich allmählich nach Ablauf einiger Perioden. Überwiegendes Koordinationsprinzip in der Marktwirtschaft. – b) *Zentralplanmäßige Koordination (Ex-Ante-Koordination):* Die Abstimmung der Wirtschaftspläne erfolgt vor ihrer späteren Durchführung. Eine Koordinationsinstanz erarbeitet, ausgehend

von einer wirtschaftlichen Zielsetzung, die Leistungsbeiträge der beteiligten Wirtschaftseinheiten und weist sie als verbindliche Planvorgaben zu. Die Koordination ist bei der Planausführung ohne spätere Korrekturnotwendigkeiten somit gewährleistet. Überwiegendes Koordinationsprinzip in der Zentralverwaltungswirtschaft und in der Organisation.

III. Außenwirtschaft: regionale Integration.

Koordinationskosten → Abstimmungskosten.

Kostenführerschaft → Wettbewerbsstrategie.

Kosten-Nutzen-Analyse – 1. *Begriff:* Verfahren zur vergleichenden Bewertung von Objekten oder Handlungsalternativen; Cost-Benefit-Analyse, Nutzen-Kosten-Analyse, Benefit-Cost-Analyse. – 2. *Merkmale:* Auf der Wohlfahrtsökonomik beruhendes, v.a. in öffentlichen Haushaltswirtschaften angewendetes Verfahren, v.a. öffentlicher Infrastruktur-Investitionsvorhaben. – 3. *Methodik:* Die zukünftigen, auf den gegenwärtigen Zeitpunkt abdiskontierten privaten und gesellschaftlichen sowie pekuniären und nicht-pekuniären Kosten und Nutzen (Erträge) des einzelnen Projektes werden bestimmt und mit den entsprechenden Größen alternativer Investitionsobjekte verglichen. Gewählt wird die Alternative mit der größten Differenz zwischen Nutzen (Erträgen) und Kosten. – Begründung dieses Entscheidungskriteriums in der Wohlfahrtstheorie, nach der die Kosten eines Investitionsobjektes als Minderung, seine Erträge als Zuwachs gesellschaftlicher Wohlfahrt verstanden werden. Die Sicherung der Rationalität staatlicher Investitionsentscheidungen mittels Kosten-Nutzen-Analyse hängt u.a. davon ab, ob die einzelnen Kosten- und Nutzendeterminanten ausreichend quantifiziert werden können. – 4. *Diskussion:* Da die Bewertungsmaßstäbe der Kosten und Nutzen, der Umfang der in das Kalkül einbezogenen externen Effekte, die Wahl der relevanten Zeitperiode und damit verbunden die Bestimmung des Diskontfaktors sowie die Berücksichtigung von Nebenwirkungen nicht „objektiv" festgelegt werden können, ist die Kosten-Nutzen-Analyse manipulationsanfällig. – 5. *Anwendungsgebiete:* insbesondere Umweltökonomik und Ressourcenökonomik.

Kreativität – bezeichnet i.d.R. die Fähigkeit eines Individuums oder einer Gruppe, in phantasievoller und gestaltender Weise zu denken und zu handeln. Die Bedingungen für Kreativität werden oftmals nach den vier Ps der Kreativität eingeteilt, und zwar nach person (Person), process (Prozess), product (Produkt) und press (Umwelt). Zu den kreativitätsförderlichen Aspekten der Person gehören bspw. Personenmerkmale wie Offenheit für Erfahrung, Verantwortungsgefühl oder hohe allg. kognitive Fähigkeiten. Der Kreativitätsprozess wird meist als typische Abfolge von Problemidentifikation (Erkennen von Problemen), Vorbereitungsphase (notwendige Informationen werden gesammelt), Generierungsphase (mögliche Lösungen werden entwickelt) und Beurteilungsphase (Analyse der Lösungen) beschrieben. Die Aufgabenstellungen in den einzelnen Phasen können durch den Einsatz verschiedener Techniken unterstützt werden (z.B. Brainwriting in der Vorbereitungsphase). Kennzeichnend für kreative Produkte ist, dass sie gleichzeitig neu und angemessen, nützlich oder wertvoll für die Lösung eines Problem sind. Zu den kreativitätsförderlichen Umweltaspekten gehören bspw. das Teamklima für Kreativität und → Innovation oder eine qualitativ gute Beziehung zwischen Geführten und Führungskraft.

Kreativitätstechniken – *Ideenfindungsmethoden.* 1. *Charakterisierung:* Suchregeln oder Heuristiken (Heuristik), die individuelle Gedankengänge oder gruppenorientierte Suchprozesse stimulieren (Stimulation eines kreativen Prozesses). Eine Anwendung bietet sich v.a. bei Problemstellungen an, die kreative Lösungen erfordern (z.B. bei der Suche

nach → Innovationen). Durch den Einsatz von Kreativitätstechniken wird die Menge (sowohl in Tiefe als auch Breite) an Ideen, und damit die Wahrscheinlichkeit eine Lösung bei innovativen Problemstellungen zu finden, erhöht. Die qualitativ richtige Lösung zu finden ist jedoch nicht garantiert. – 2. *Kategorien:* (1) *Systematisch-analytische Kreativitätstechniken:* u.a. morphologischer Kasten, sequenzielle Morphologie, modifizierte Morphologie (attribute listing), progressive Abstraktion, morphologische Matrix (→ Cross-Impact-Analyse), TILMAG etc.; (2) *kreativ-intuitive Kreativitätstechniken (Kreativitätstechniken i.e.S.):* u.a. Brainstorming-Methoden (klassisches → Brainstorming, Schwachstellen-Brainstorming), Brainwriting-Methoden (Methode 635, Kartenumlauftechnik, Galerie-Methode, → Delphi-Technik, Ideen-Notizbuch-Austausch) und Methoden der intuitiven Konfrontation (Reizwortanalyse, Exkursionssynektik, Synektik, visuelle Konfrontation in der Gruppe, semantische Intuition, Bildmappen-Brainwriting). – 3. *Aspekte/Probleme:* a) *Ansatzpunkte,* um kreatives Verhalten bei Personen und Gruppen zu stimulieren: Je nach kreativitätstheoretischem Ansatz wird die Problemvorgabe (die kreative Prozesse beim Individuum oder der Gruppe herausfordern soll), die kreative Persönlichkeit, der kreative Prozess, das kreative Produkt und die kreative Umwelt favorisiert. – b) *Beschreibung des kreativen Prozesses als solchem:* Der prozessorientierten Perspektive zufolge liegt das entscheidende Kriterium im psychologischen Bezugsrahmen des Denkens, innerhalb dessen der individuelle Schöpfungsprozess möglichst effektiv verläuft, d.h. die kreative Problemlösung bzw. das kreative Produkt wird nicht als plötzlich auftretendes Ereignis betrachtet, sondern als ein Vorgang, der längere Zeit dauert. Es sind Merkmale zu finden, die allen kreativen Prozessen gemeinsam sind. – c) *Übersetzung* bzw. Übertragung des kreativen Prozesses bzw. der notwendigen Heuristiken in eine entsprechende

Kreativitätstechnik, um kreatives Verhalten von Personen oder Gruppen zu forcieren, z.B. mittels der Synektik-Methode. – d) *Beschreibung des situativen Kontextes,* um Kreativitätsblockaden bei Individuen (Auffassungssperren, emotionale Sperren, intellektuelle Sperren, Ausdruckssperren, Fantasiesperren und kulturelle Sperren), Gruppen (Konformitätsdruck, Autoritätsfurcht, interpersonale Konflikte), Organisationsabläufen und -strukturen etc. (z.b. auch durch restriktive Personalpolitik oder hierarchische Organisationsstruktur) zu eruieren, um diese einzuschränken oder zu vermeiden und um den Kreativitätsprozess, sowie den effektiven Einsatz von Kreativitätstechniken nicht zu gefährden. – 4. *Anwendung:* a) Als konkrete Methoden zur *Förderung der Kreativität:* Bei unstrukturierten/-komplexen bzw. innovativen Problemen werden Kreativitätstechniken eingesetzt, um durch sie Personen und/ oder Gruppen zu stimulieren, d.h. den Ideenfindungsprozess bei diesen zu forcieren und eine höhere Anzahl von kreativen Ideen zu erzielen, z.b. bei der Suche nach neuen Produktideen. – b) Als konkrete Methoden zur *Erzielung qualitativer Prognosen,* z.b. bei der Voraussage des technischen Fortschritts: Einen Bezugsrahmen hierzu kann eine wissenschaftliche Theorie liefern, deren Funktion darin besteht, die Vorgänge eines bestimmten Objektbereichs (hier technische Entwicklung bzw. technischer Fortschritt) zu erklären und vorauszusagen; die Strukturierung der technologischen Voraussage kann durch bedarfs- und potenzialorientierte Voraussage erfolgen. – Vgl. auch → technologische Voraussage, → Technologiefolgenabschätzung.

Kreislaufwirtschaftsgesetz (KrWG) – 1. *Zweck des Gesetzes:* Das Gesetz zur Förderung der Kreislaufwirtschaft und Sicherung der umweltverträglichen Bewirtschaftung von Abfällen – Kreislaufwirtschaftsgesetz - (KrWG) vom 24.2.2012 (BGBl. I 212) bezweckt, die Kreislaufwirtschaft zur Schonung der natürlichen Ressourcen zu fördern und den Schutz von Mensch und Umwelt bei

der Erzeugung und Bewirtschaftung von Abfällen sicherzustellen (§ 1). Kern der umweltpolitischen Zielsetzung ist die konsequente Vermeidung und Verwertung von Abfällen und damit die Förderung der Kreislaufwirtschaft. Produktion und Konsum sollen so gestaltet werden, dass möglichst wenig Abfälle entstehen, entstandene Abfälle ordnungsgemäß und schadlos verwertet werden und nicht vermeidbare und verwertbare Abfälle umweltverträglich beseitigt werden. – 2. *Geltungsbereich:* Es gilt für die Vermeidung, die Verwertung und die Beseitigung von Abfällen sowie für die sonstigen Maßnahmen der Abfallbewirtschaftung, nicht dagegen für die nach dem Lebensmittel- und Futtermittelgesetzbuch (LMGB), dem Milch- und Margarinegesetz, dem Tierseuchengesetz und dem Pflanzenschutzgesetz zu beseitigende Stoffen, für Kernbrennstoffe und sonstige radioaktive Stoffe im Sinn des Atomgesetzes (AtG), bestimmte Abfälle aus Bergbaubetrieben, für in Gewässer oder Abwasseranlagen eingeleitete oder eingebrachte Stoffe sowie für das Aufsuchen, Bergen, Befördern, Lagern, Behandeln und Vernichten von Kampfmitteln (§ 2 II mit weiteren Ausnahmen). – 3. *Inhalt:* Das KrWG enthält in § 4 die *Abfallhierarchie.* Danach sind Abfälle in erster Linie zu vermeiden, v.a. durch die Verminderung ihrer Menge und Schädlichkeit. Die weiteren Maßnahmen der Abfallbewirtschaftung sind die Vorbereitung zur Wiederverwendung, das Recycling, die sonstige Verwertung, insbesondere energetische Verwertung und Verfüllung sowie am Ende der Rangfolge die Beseitigung. Diese Pflichtenhierarchie wird ergänzt durch die *Grundpflichten* der Kreislaufwirtschaft (§ 7) sowie durch *Pflichten der öffentlich-rechtlichen Entsorgungsträger* (→ Abfallentsorgung). Hierzu tritt die sog. *Produktverantwortung,* wonach derjenige, der Erzeugnisse entwickelt, herstellt, be- und verarbeitet oder vertreibt, zur Erfüllung der Ziele der Kreislaufwirtschaft verantwortlich ist (§ 23). Ferner enthält das KrWG Regelungen über die Zulassung von

Abfallbeseitigungsanlagen (§§ 34 ff.), eine Verpflichtung der öffentlichen Hand, durch ihr Verhalten zur Erfüllung der Gesetzeszwecke beizutragen (§ 45) sowie eine Abfallberatungspflicht der Entsorgungsträger (§ 46). Überwachungsvorschriften sind in den §§ 47–55 enthalten. Die Bestellung und die Aufgaben des Betriebsbeauftragten für Abfall sind in den §§ 59, 60 geregelt. Regelungen über die Begehung von Ordnungswidrigkeiten im Sinn des KrWG und die Befugnis zur Einziehung befinden sich in den §§ 69, 70. Auf dem KrWG gründen u.a. die Nachweisverordnung vom 20.10.2006 (BGBl. I 2298) m.spät.Änd., die Verpackungsverordnung vom 21.8.1998 (BGBl. I 2379) m.spät.Änd., die Gewerbeabfallverordnung vom 19.6.2002 (BGBl. I 1938) m.spät.Änd; die Deponieverordnung vom 27.4.2009 (BGBl. I 900) m.spät. Änd., die Verordnung über die Überlassung und umweltverträgliche Entsorgung von Altfahrzeugen (Altfahrzeug-Verordnung (AltfahrzeugV)) vom 21.6.2002 (BGBl. I 2214) m.spät.Änd., die Verordnung über die Verwertung von Bioabfällen auf landwirtschaftlich, forstwirtschaftlich und gärtnerisch genutzten Böden (Bioabfallverordnung (BioAbfV)) vom 21.9.1998 (BGBl. I 2955) m.spät. Änd.; die Altholzverordnung vom 15.8.2002 (BGBl. I 3302) m.spät.Änd. – Vgl. auch → Abfall, → Abfallentsorgung.

Krise – Konjunkturphasen, Krisentheorie, Krisenmanagement, → Unternehmungskrise.

Krisenkommunikation – 1. *Begriff:* Krisenkommunikation ist der Teil des Krisenmanagements, der der Einflussnahme auf weiche Faktoren (→ harte und weiche Faktoren) dient um Unternehmenskrisen zu verhindern oder zu bewältigen. – 2. *Ziel:* Wenn Reputation das Oberziel von → Unternehmenskommunikation ist, besteht das Ziel von Krisenpräventionskommunikation darin, Reputationsschäden durch Vermeidung künftiger Krisen möglichst zu verhindern. Bei bereits eingetretenen Krisen hilft Krisenkommunikation dabei, das Ausmaß der Reputationsschäden einzugrenzen. – 3. *Abgrenzung und Instrumente:* Krisenpräventionskommunikation ist eine anlassbezogene Anwendung des Stakeholder-Ansatzes. Mithilfe des → Issues Managements wird das Organisationshandeln im Hinblick auf mögliche Stakeholder-Ansprüche überprüft und angepasst. Die Krisenprävention beinhaltet normativ anzupassende Verhaltensweisen grundlegend durch → Kulturmanagement zu verstetigen und mithilfe der Corporate Governance durchzusetzen. Zur Krisenprävention gehört auch, die Erstellung von Krisenszenarien und -plänen zu unterstützen sowie Krisenreaktionsstrukturen in Organisationen mit Blick auf die Kommunikationsbedürfnisse der Dialoggruppen einzurichten. Im Falle bereits eingetretener Krisen gehören die Führungskräfte- und Mitabeiterinformation zu den Instrumenten wie auch die Presse- und Medienarbeit. Weiter zählt die Vorbereitung des Managements auf Krisensituationen mittels Kommunikationstrainings dazu. – 4. *Aspekte:* Krisen sind aus Organisationsicht dazu geeignet, den Fortbestand einer Organisation zu gefährden, sodass Krisenkommunikation zu den strategischen Kommunikationsaufgaben gehört. Krisen sind durch ihr oft überraschendes Element und als eine Phase hoher Dynamik gepaart mit hohem Zeitdruck sowie erhöhter Aufmerksamkeit Dritter in Kombination mit Informationsknappheit sowie erhöhter Emotionalität durch z.T. persönliche Betroffenheit gekennzeichnet. Darum sind Krisen in bes. Weise geeignet, die Reputation einer Organisation und/oder ihres Managements zu beschädigen. Krisenkommunikation ist daher eine anlassbezogene Form des → Reputationsmanagements.

Krisenprogramm → Krisenmanagement.

kritische Volumina – 1. *Begriff:* Kritische Volumina ist ein Verfahren zur Ökobilanzierung (→ Ökobilanz). Dem Verfahren liegt der wissenschaftliche Standpunkt zugrunde, dass jedes Umweltmedium bis zu einem be-stimmten Grenzwert belastet werden kann, ohne das eine dauerhafte Schädigung auf-tritt. Bewertet werden Produkte über ihren gesamten → Lebenszyklus. Vier Bewertungs-kategorien: Energieverbrauch, Wasserbelas-tung, Luftbelastung und feste → Abfälle (vgl. Etterin/ Hürsch/ Topf 1992, S. 71). – 2. *Entstehung*: Ursprünglich wurde das Verfahren 1992 von Etterin, Hürsch und Topf für die Bewertung von Packstoffen entwickelt. – 3. *Geltungsbereich und Systemgrenze*: Der Geltungsbereich des Verfahrens ist auf Europa beschränkt, wobei die Systemgrenze „Cradle-to-Gate" (s. → Cradle-to-Cradle) ist, d.h. der gesamte → Lebenszyklus wird betrachtet. – 4. *Bewertungsobjekt und Bewertungsgröße*: Bewertet werden Produkte mit einem Ökoprofil. Dieses setzt sich aus den vier Kennzahlen Belastung der Luft und des Wassers sowie die Abfallmengen und den Energieverbrauch zu-sammen.

Kulturalist → Organisationskultur.

Kulturingenieur → Organisationskultur.

Kulturmanagement – 1. *Begriff*: Förde-rung, Pflege, Präsentation, Verbreitung, Ver-mittlung und Verwaltung von Kultur und ih-ren Einrichtungen sowohl im öffentlichen als auch im privaten Bereich. – 2. *Träger*: a) *Öf-fentlich*: Theater, Orchester, Museen, kom-munale Kinos, Denkmäler, Gedenkstätten, Kulturhäuser und -büros, sog. alternative Kulturzentren sowie Kulturverwaltung, Ein-richtungen für Kulturpolitik und -forschung u.a. – b) *Privatwirtschaftlich*: Verlage, Musi-kindustrie, Filmproduktion sowie gleichfalls Theater, Kinos, aber auch Orchester, Museen etc. – 3. Die *Ziele des Kulturmanagement*s weichen häufig von klassischen Unterneh-menszielen ab, denn der „Gewinn" an Kultur lässt sich kaum in Zahlen ausdrücken. Dies ist das bes. Problem der „Erfolgsmessung" im Kulturmanagement. An erster Stelle der Ma-nagementziele steht hier der ideelle und qua-litative Gewinn an Kultur. Um dies aber be-urteilen zu können, müssten verbindliche

Wertmaßstäbe gelten, an denen ein Kultur-gut gemessen werden könnte. – 4. *Aufgaben*: (1) Bereitstellung von kulturellen Grund-strukturen und Ermöglichung von kulturel-len Vorhaben; (2) angemessene zielgruppen-gerechte Vermittlung von Kunst und Kultur; (3) Pflege der traditionellen erhaltenswerten Kulturgüter. – 5. *Finanzierung*: Die öffentli-che Finanzierung von Kultur wird aufgrund der zunehmenden Belastungen der öffentli-chen Haushalte kritisch betrachtet. Mit dem wachsenden Kulturmarkt im den 1980er-Jah-ren machten sich Hoffnungen auf eine weit gehende Privatisierung kultureller Ausgaben nach amerik. Muster breit. Mäzenatentum und Sponsoring, verbunden mit unternehme-risch neu durchdachten Betriebsformen, gal-ten lange Zeit als Rettung aus der chronischen Unterfinanzierung. Unter diesen Bedingun-gen hätte jedoch bes. neuere, noch nicht etab-lierte Kultur kaum noch eine Chance.

Kumulativknappheit – 1. *Begriff*: Die Ku-mulativknappheit (ökologische Kumulativ-knappheit) ist eine Art der → ökologischen Knappheit (vgl. Müller-Wenk 1978, S. 37f). Kumulativ knappe Ressourcen sind nach ei-ner endlichen Zahl von Nutzungen erschöpft (z.B. Erdölvorkommen) oder die Aufnah-mefähigkeit eines Mediums ist erreicht. – 2. *Abgrenzung*: Neben der Kumulativknapp-heit existiert, im Rahmen der ökologischen Knappheit, die → Ratenknappheit.

Kumulierter Energieaufwand (KEA) – Abk. *KEA*; 1. *Entstehung*: Entwickelt wurde die Methode Anfang der 1990er-Jahre in Zu-sammenarbeit des Öko-Instituts, der Bau-haus-Universität Weimar, des Instituts für ressourcenschonendes Bauen, der Universi-tät Karlsruhe und des Instituts für Industri-elle Bauproduktion. Der KEA wird auch in der VDI-Richtlinie 4600, die im Rahmen der VDI-Gesellschaft Energietechnik entstand, beschrieben. – 2. *Geltungsbereich und System-grenze*: Die Methode des Kumulierten Ener-gieaufwandes ist weltweit anwendbar. Die Systemgrenze ist hierbei „Cradle-to-Gate" (s.

→ Cradle-to-Cradle). – 3. *Bewertungsobjekt und -größe:* Mithilfe des KEA können Produkte und Dienstleistungen hinsichtlich ihrer Energieflüsse und ihrer Energiebindung bewertet werden. – 4. *Ziele und Annahmen:* Der KEA stellt den Primärenergieverbrauch von Herstellung, Nutzung und Entsorgung eines Produkts oder einer Dienstleistung dar. So ermöglicht er eine energetische Beurteilung und einen Vergleich zwischen Alternativen. Bei der Bewertung wird angenommen, dass die Energiebereitstellung ein Indikator für → Umweltaspekte ist. – 5. *Kritische Würdigung:* Der KEA liefert erste Anhaltspunkte für Umweltwirkungen und die dafür notwendigen Daten sind teilweise in Datenbanken erfasst und gut ermittelbar. Außerdem ist das Ergebnis für den Entscheidungsträger leicht zu interpretieren und zu verstehen. Der Energieverbrauch, der durch die eindimensionale Kennzahl dargestellt wird, kann jedoch kein umfassendes Bild aller Umweltwirkungen bieten. Ebenfalls erschweren verschiedene Berechnungsmethoden die Transparenz und die Nachvollziehbarkeit.

Kundengliederung – 1. *Begriff:* Im Rahmen der organisatorischen Bereichsbildung erfolgt eine → Spezialisierung der → organisatorischen Einheiten nach Kundenmerkmalen. – 2. *Folge:* Die Kundengliederung führt je nach der betroffenen Hierarchieebene und je nach dem Aggregationsgrad des betrachteten Handlungskomplexes zu unterschiedlich breiter → Kompetenz der organisatorischen Einheiten. So kann eine Kundengliederung der zweiten Hierarchieebene → organisatorische Teilbereiche etwa für die unterschiedlichen Kundengruppen der Unternehmung ergeben; diese Bereiche lassen sich selbst wiederum kundenorientiert (z.B. in → Stellen) untergliedern, die auf einzelne (Groß-)Kunden ausgerichtet sind. – Vgl. auch → Marktgliederung, → Objektprinzip.

Kundenmanagementorganisation – 1. *Begriff:* Konzept einer → mehrdimensionalen Organisationsstruktur, bei dem eine

gegebene Grundstruktur durch die organisatorische Verankerung von → Kompetenz für die aus den einzelnen Kunden(-gruppen) einer Unternehmung resultierenden speziellen Aufgaben ergänzt wird. – 2. *Formen:* a) Die Institutionalisierung des Kundenmanagements kann auf einen → organisatorischen Teilbereich beschränkt oder teilbereichsübergreifend sein. – b) Die Institutionalisierung kann in Form von Kernbereichen (Kernbereichs-Kundenmanagement), → Richtlinienbereichen (Richtlinien-Kundenmanagement), Matrixbereichen (Matrix-Kundenmanagement; → Matrixorganisation), → Servicebereichen und → Stäben *(Stabs-Kundenmanagement)* erfolgen. – 3. Bei der *Auswahl* einer der sich hieraus ergebenden Gestaltungsalternativen sind die angestrebte Reichweite für die Berücksichtigung der Kundenmanagement-Perspektive im arbeitsteiligen Entscheidungsprozess der Unternehmung sowie die spezifischen Vor- und Nachteile der alternativen Bereichsformen abzuwägen.

Kursmanagement → Kurssicherung.

Kurssicherung – Absicherung gegen mögliche Verluste, welche aus einer Abweichung des erwarteten Wechselkurses vom tatsächlichen Wechselkurs resultieren. Es kann zwischen operativer Kurssicherung und strategischem Wechselkursmanagement unterschieden werden. Im Rahmen der operativen Kurssicherung werden Zahlungsströme gegen ein Wechselkursrisiko gesichert. Gängige Instrumente sind Fremdwährungsfinanzierung, Devisentermingeschäfte, Devisenfutures, Währungsswaps und Währungsoptionen. Das strategische Währungsmanagement verfolgt die gezielte Steuerung von Transaktions-, Translations- und ökonomischen Wechselkurspositionen. – *Beispiel:* Ein deutscher Exporteur hat eine in drei Monaten fällige Forderung in US-Dollar. Diese offene Position birgt ein Risiko. Eine bis dahin erfolgende Aufwertung des Euro würde den Wert der Forderung reduzieren. Die

Kurssicherung kann dadurch erfolgen, dass der Exporteur auf dem Devisenterminmarkt in Höhe der Forderung US-Dollar verkauft. Bei einem Swapsatz von Null würde ein potenzieller Verlust (Gewinn) aus der offenen Position vollständig durch den Gewinn (Verlust) aus dem Termingeschäft kompensiert werden. – Alternativ zu dem Einsatz von Devisentermingeschäften als Instrument der Kurssicherung können vom Exporteur *Devisenoptionen* verwendet werden, die ihm ein höheres Maß an Flexibilität bei begrenztem Verlustpotenzial verschaffen. – Vgl. auch Hedging und zur Regulierung EMIR.

kurzfristige Planung – Fristigkeit, → Unternehmensplanung.

L

Laboratoriumstraining – Methode der → Gruppendynamik, bei der die Teilnehmer Verhaltensänderungen nicht am Arbeits- oder am normalen Lebensplatz erproben und festigen, sondern als Trainingsgruppe (T-Group) in neutraler Umgebung. Diese Form der Selbsterfahrungsgruppe wird bei der → Organisationsentwicklung eingesetzt.

laboristische Unternehmensverfassung – interessenmonistische Variante zur → Unternehmensverfassung mit dem Ziel, die Entfremdung des Menschen in der Arbeit aufzuheben. Bekanntes Modell: Arbeiterselbstverwaltung. – 1. *Prinzipien:* Alle Entscheidungsrechte leiten sich aus der Mitarbeit im Unternehmen ab; alleinige Kontrolle der Arbeitnehmer über die Produktionsmittel und die Verteilung der Wertschöpfung. – 2. *Organisation:* Organe der Arbeiterselbstverwaltung (Legislative) und die des Managements (Exekutive). Das Arbeitskollektiv als Träger der gesamten Selbstverwaltungsrechte wählt den Arbeiterrat. Dieser legt Planungsrichtlinien und Geschäftspolitik fest, bestellt, kontrolliert und beruft Mitglieder des Exekutivvorgangs und des geschäftsführenden Organs (Direktoren) ab. Die Entscheidungen des Arbeiterrats sind vom Exekutivorgan und den Direktoren umzusetzen. – *Gegensatz:* → kapitalistische Unternehmensverfassung.

Laissez-Faire-Führungsstil → Führungsstil.

Länderanalyse – zwei Ausgestaltungsformen: 1. Länderrating, eine quantitative Länderanalyse, – 2. qualitative Länderanalyse mit Informationen zu Strukturdaten, politischen Trends, gesamtwirtschaftlicher Entwicklung, Außenwirtschaft, Finanzstatus o.Ä. einer Volkswirtschaft. Länderanalysen dienen der Risikominimierung und Potenzialeinschätzung beim Auslandsgeschäft.

Länderstrategien → internationale Markteintrittsstrategie, → internationale Standortpolitik.

langfristige Planung – Fristigkeit, → Unternehmensplanung.

Lärm – I. Arbeitswissenschaft: wesentlicher, bei der Wahl und Gestaltung des Arbeitsplatzes (→ Arbeitsplatzgestaltung) zu berücksichtigender Faktor. Lärm von bestimmter Frequenz und Lautstärke, bes. unregelmäßiger Lärm, hat gesundheitliche Schädigung und Beeinträchtigung der Arbeitsleistung zur Folge. Beseitigung oder Verminderung des Lärms kann leistungssteigernde Wirkung haben. Entscheidend ist neben der technisch gemessenen Lautstärke die individuelle menschliche Reaktion (Geräuschempfindlichkeit). – Mit folgenden *Wirkungen* muss gerechnet werden: (1) *Lärmbereich I (30–65 dB):* Lärm kann als störend und belästigend empfunden werden. (2) *Lärmbereich II (65–90 dB):* Neben den psychischen Wirkungen treten bereits Verengungen in den Blutgefäßen an Armen und Händen auf. (3) *Lärmbereich III (90–120 dB):* Gefahr einer dauerhaften Gehörschädigung. (4) *Lärmbereich IV (über 120 dB):* Überschreitung der Schmerzgrenze; bereits nach kurzer Einwirkzeit kann ein deutlicher und dauerhafter Hörverlust eintreten. – *Maßnahmen zur Lärm-Dämpfung:* schalldämpfende Baustoffe, Isolierungen, Doppelfenster, zweckentsprechende Maschinenkonstruktionen, Arbeitsplatzverlegung, Gehörschutz u.a.

II. Rechtliche Regelungen zur Lärmbekämpfung: Nach Art. 74 I Nr. 24 GG gehört die Lärmbekämpfung zur konkurrierenden Gesetzgebung des Bundes. Davon hat der Bund v.a. mit dem Bundesimmissionsschutzgesetz (BImSchG) Gebrauch gemacht. Es enthält die wesentlichen öffentlich-rechtlichen Regelungsgrundlagen zum Schutz vor und zur Bekämpfung von Lärm, soweit es um die Errichtung und den Betrieb von Anlagen und den Bau öffentlicher Straßen geht. Zu den Anlagen gehören nicht nur ortsfeste Anlagen, sondern auch Maschinen, Geräte und Fahrzeuge (vgl. § 2 BImSchG). Bedeutsam sind v.a. die auf der Grundlage des BImSchG erlassenen Rechtsverordnungen, namentlich die Verordnung über genehmigungsbedürftige Anlagen (4. BImSchV) i.d.F. vom 14.3.1997 (BGBl. I 504) m.spät.Änd.; die VerkehrslärmschutzVO (16. BImSchV) vom 12.6.1990 (BGBl. I 1036) m.spät.Änd. und die SportanlagenlärmschutzVO (18. BImSchV) vom 18.7.1991 (BGBl. I 1588, 1790) m.spät. Änd.; die Verkehrswegeschallschutzmaßnahmenverordnung (24. BImSchV) vom 4.2.1997 (BGBl. I 172); die Geräte- und Maschinenlärmschutzverordnung (32. BImSchV) vom 25.8.2002 (BGBl. I 3478). Ferner ist die Sechste Allgemeine Verwaltungsvorschrift zum BImSchG (Technische Anleitung zum Schutz gegen Lärm (→ TA Lärm)) vom 26.8.1998 (GMBl 503) von Relevanz. Das Gesetz zum Schutz gegen Fluglärm i.d.F vom 31.10. 2007 (BGBl. I 2550) m.spät.Änd. soll durch die Einführung von Lärmschutzbereichen die Allgemeinheit vor Gefahren, erheblichen Nachteilen und erheblichen Belästigungen durch Fluglärm in der Umgebung von Flugplätzen schützen; vgl. auch die Landeplatz-Lärmschutz-Verordnung vom 5.1.1999 (BGBl. I 35). – Gemäß Nr. 3.7 des Anhangs zur *Arbeitsstättenverordnung* vom 12.8.2004 (BGBl. I 2179) m.spät.Änd. ist in Arbeitsstätten der Schalldruckpegel so niedrig zu halten, wie es nach der Art des Betriebes möglich ist. Der Schalldruckpegel am Arbeitsplatz in Arbeitsräumen ist in Abhängigkeit von der Nutzung und den zu verrichtenden Tätigkeiten so weit zu reduzieren, dass keine Beeinträchtigungen der Gesundheit der Beschäftigten entstehen. Lärm ist Schall, der das Gehör schädigen kann oder zu bes. Unfallgefahren führt. Daher sind Arbeitsstätten so einzurichten und Arbeitsverfahren so zu gestalten, dass auf den Arbeitenden kein Lärm

einwirkt. Wirkt trotz des Ausschöpfens der technischen Möglichkeiten weiterhin Lärm ein, so sind → persönliche Schallschutzmittel zu tragen. Ziel der Lärmbekämpfung gemäß den Bestimmungen der Unfallverhütungsvorschriften ist jedoch die primäre Lärmminderung (Bekämpfung des Lärms an seinem Ursprung).

Latenzzeit → Reaktionszeit.

Late Stage – Begriff aus der Venture-Capital-Finanzierung. Im Rahmen des chronologischen Phasenmodells letzte Phase nach der → Expansion Stage. Umfasst Finanzierung eines etablierten Unternehmens zur Überbrückung, z.B. vor einem Börsengang oder der Veräußerung an einen Finanzinvestor oder strategischen Käufer.

Laufbahnplanung → Personalplanung, → Karriereplanung.

LBO – Abk. für *Leveraged Buyout.*

Leader-Match-Konzept – führungstheoretischer Ansatz (→ Kontingenztheorie der Führung), der die Effektivität von Führung in den Mittelpunkt der Betrachtung stellt. Ob ein Vorgesetzter (Leader) effektiv ist, hängt von seinem → Führungsstil und der Günstigkeit der Situation ab. Dabei ist der Führungsstil kein typisches Verhaltensmuster, sondern eine dauerhafte Persönlichkeitseigenschaft, die von den motivationsbestimmenden Erfahrungen bestimmt wird. – Fiedler wendet verschiedene soziometrische Verfahren zur Bestimmung des Führungsstils und der Günstigkeit der Situation an, um bei der Gestaltung Hilfen anzubieten.

Lean Management – *schlankes Management.* 1. *Charakterisierung:* Managementansatz, nach dem bes. durch die Grundprinzipien Dezentralisierung und Simultanisierung (verbunden mit kooperativen Verhaltensweisen) die Ziele Kundenorientierung und Kostensenkung für die gesamte Unternehmensführung realisiert werden (sollen). Die genannten Grundprinzipien beziehen sich dabei sowohl auf unternehmensinterne als auch auf unternehmensübergreifende Strukturen. – 2. *Grundprinzipien:* a) *Dezentralisierung:* (1) Die unternehmensinterne Dezentralisierung von Aufgaben, Kompetenzen und Verantwortungsbereichen erfolgt v.a. bei den primären Leistungsbereichen der Wertschöpfungskette. Im Mittelpunkt stehen teamorientierte Arbeitsorganisation mit intensiven Kommunikationsbeziehungen zwischen breit qualifizierten Mitarbeitern sowie mit weit reichender Dezentralisation v.a. von Aufgaben der Qualitätssicherung und der Instandhaltung. (2) Die unternehmensübergreifende Dezentralisierung bedeutet eine Verringerung der Leistungstiefe durch Zusammenarbeit mit Partnern vor- und nachgelagerter Wertschöpfungsketten. Wesentliche Bedeutung hierbei erlangen → strategische Allianzen mit Zulieferern, Händlern, Spediteuren und Recyclern. – b) *Simultanisierung:* (1) Die unternehmensinterne Simultanisierung von Prozessen äußert sich v.a. in der Aufgabe der tayloristischen Funktionsspezialisierung einzelner Leistungsbereiche. Konsequent umgesetzt wird dies z.b. im Rahmen des simultaneous engineering durch Integration und Parallelisierung von Produkt-, Prozess- und Potenzialplanung sowie -entwicklung. (2) Unternehmensübergreifende Simultanisierung von Prozessen erfolgt v.a. durch informatorische Vernetzung mit Händlern, Spediteuren und Zulieferern. Herausragende Bedeutung hat dabei die Verfolgung von Pull-Prinzipien, v.a. durch die Anwendung von Just-in-Time-Anlieferung (Just in Time (JIT)).

Leapfrogging – *Bockspringen.* 1. *Begriff:* Überspringen bzw. Auslassen einzelner Stufen im Rahmen eines vorgegebenen Prozessablaufs. – 2. *Arten:* a) *Nachfragerseitiges Leapfrogging:* Bei Kaufprozessen wird mit Leapfrogging die bewusste Entscheidung eines Nachfragers bezeichnet, eine gegenwärtig am Markt verfügbare Innovation nicht zu kaufen und die Kaufentscheidung auf eine in der Zukunft erwartete Produktgeneration zu verschieben. Verfolgt ein Anbieter das Ziel,

Nachfrager zum Leapfrogging zu bewegen, etwa weil er gegenwärtig keine marktfähigen Produkte anbietet, jedoch eine neue Generation entwickelt, so bieten sich ihm dazu folgende Möglichkeiten: (1) Durch Vorankündigung zukünftiger Produkte vor ihrer eigentlichen Markteinführung können Erwartungen hinsichtlich des Einführungszeitpunktes und der Leistungsfähigkeit auf der Nachfragerseite induziert werden. (2) Integration des Nachfragers in den Entwicklungsprozess des zukünftigen Produktes. Für Anbieter besteht hier v.a. die Möglichkeit, Prototypen frühzeitig zu präsentieren, mit Lead Usern zusammenzuarbeiten und dieses gezielt mit Produktinformationen zu versorgen sowie Beta-Tests mit dem zukünftigen Produkt durchzuführen. – b) *Anbieterseitiges Leapfrogging:* Die bewusste Entscheidung eines Anbieters, in der Entwicklung eine Produktgeneration zu überspringen und die Entwicklungsanstrengungen auf zukünftige Produkte zu konzentrieren. Dem Anbieter kann es dadurch gelingen, im Vergleich zu den Konkurrenten schneller eine ausgereifte (zukünftige) Produktgeneration auf den Markt zu bringen und die Rolle des Marktpioniers einzunehmen. Das Auslassen einer Generation bewirkt jedoch auch einen Erfahrungs- bzw. Kompetenzrückstand des Anbieters, der sich negativ auf Leistungsmerkmale des zukünftigen Produktes und damit auf die zukünftige Wettbewerbsfähigkeit auswirken kann.

Lebenslauf – Der Lebenslauf (auch Curriculum Vitae) listet die wichtigsten individuellen Daten einer Person auf, er stellt somit eine Darstellung des Lebens- und Ausbildungsganges, z.B. als Teil einer → Bewerbung. Heute meist in tabellarischer Form; Aussagefähigkeit auf Zeitfolgeanalyse und Positionenanalyse beschränkt. In nicht tabellarischer Form gibt Gestaltung und Aufbau des Lebenslaufs erste Hinweise auf die Person des Bewerbers.

Lebensstil – für eine Person oder eine Personengruppe kennzeichnende Kombination von Verhaltensweisen. Diese Kombination stellt ein Muster dar, das die Person oder Personengruppe von anderen sichtbar unterscheidet. Der Lebensstil repräsentiert kulturelle oder subkulturelle Orientierungswerte. Das Konzept des Lebensstils wurde v.a. in die Marktpsychologie aufgenommen, um zu analysieren, welche Verhaltensmuster mit welchen Konsumneigungen verbunden sind. – *Kennzeichnungsmerkmale:* (1) Psychographische Merkmale von Konsumenten, z.B. Einstellungen und → Motive; (2) Konsumverhalten: Art und Menge der konsumierten Güter. – *Bedeutung:* Segmentierungskriterium zur Bildung von homogenen Käufergruppen, die im Rahmen der Zielplanung verwendet werden (Marktsegmentierung).

Lebenszyklus – I. Betriebswirtschaftslehre: 1. *Begriff:* Konzept, das von der Annahme ausgeht, dass die zeitliche Entwicklung eines Objektindikators (z.B. Absatz eines Produktes) in charakteristische Phasen unterteilt werden kann und einem glockenförmigen Verlauf folgt, d.h. es wird von einer begrenzten Existenz des Objekts ausgegangen. – 2. *Produkt-Lebenszyklus:* Es wird davon ausgegangen, dass die Nachfrage nach einem Produkt unterschiedliche Phasen durchläuft, von seiner Entstehung und Einführung des Produktes am Markt bis hin zu dem Zeitpunkt, an dem es vom Markt verschwindet. Der Verlauf entsteht durch eine Vielzahl von Einzeleffektenn, wie bspw. die Anzahl der Adoptoren, der Kaufmenge pro Kauf, der Wiederkaufrate, der Kauffrequenz, dem Preisniveau oder dem Konkurrenzverhalten. – 3. *Teilphasen* (vgl. Abbildung „Lebenszyklus"): a) *Einführung:* startet mit der Markteinführung und endet, wenn der Stückgewinn des Produkts positiv wird; – b) *Wachstum:* bis zum Wendepunkt der Absatzmengenkurve, d.h., Absatzmengen steigen nicht mehr progressiv an; – c) *Reifezeit:* bis zum zeitlichen Maximum des

Stückgewinns. – d) *Sättigung:* gekennzeichnet durch sinkende Stückgewinne, durch i.d.R. sinkende Preise und steigende Werbekosten, Ende mit dem absoluten Umsatzmaximum; – e) *Degeneration:* erzielbare Absatzmenge nimmt zunehmend ab.

Lebenszyklus

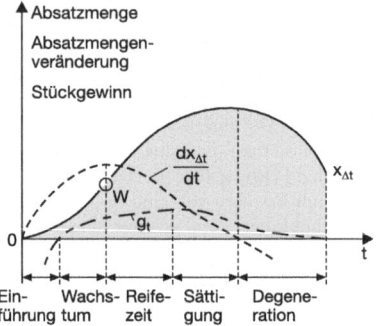

Zeitreihe der Absatzmengen $x_{\Delta t}$
Anstieg der Zeitreihe $x_{\Delta t}$
Zeitreihe der Stückgewinne g_t

4. *Kritik:* Die Phasenabgrenzung ist nur aus der Rückschau und bei erfolgreich am Markt eingeführten Produkten möglich. Das Modell suggeriert einen naturgegebenen Ablauf, es lässt dynamische Entwicklungen (z.B. technischer Fortschritt, Modeströmungen, Anspruchswandel) und Handlungen, die der Reife-, Sättigungs- und Degenerationsphase entgegenwirken, außer Acht. Es handelt sich bei der Glockenkurve um eine idealtypische Darstellung, die in der Praxis häufig abweicht. – 5. *Bedeutung:* Innerhalb des strategischen Managements soll der Lebenszyklus als Analyseinstrument Anwendung finden. Auf ihm aufbauend soll u.a. die Bestimmung des → Altersprofils des Produktionsprogramms möglich sein. Die Bedeutung ist aber relativ gering, da nur wenige Objektentwicklungen dem idealisierten Verlauf des Lebenszykluses folgen und es äußerst schwierig ist, die Position des Objekts im Lebenszyklus zu bestimmen. Vgl. auch → internationaler Produktlebenszyklus.

II. Wirkungsforschung: 1. *Allgemein:* Das Produktlebenszykluskonzept der → Wirkungsforschung betrachtet das Produktleben im Sinn einer Produktbiografie und differenziert dieses in verschiedene Phasen, wobei jedoch keine konsistente Aufteilung und Bezeichnung der einzelnen Phasen existiert. Exemplarisch sei hier das Produktlebenszykluskonzept der → Technikwirkungsanalyse genannt. – 2. *Phasen:* a) Forschung (im Sinn von Wirtschafts- oder produktnaher Forschung); b) Entwicklung und Innovation; c) Materialwirtschaft/Produktion); d) Absatz/Marketing; e) Produktnutzung (bezeichnet die Verwendung, und zwar den konsum- oder verwendungsorientierten Gebrauch oder Verbrauch von Produkten); f) Phase nach der Nutzung (setzt an dem Punkt ein, an welchem ein Produkt nicht mehr entsprechend seinem ursprünglichem Verwendungszweck gebraucht wird bzw. gebraucht werden kann, und endet dort, wo das Produkt die verschiedenen Entsorgungswege der herkömmlichen → Entsorgung oder die verschiedenen Arten des → Recycling durchläuft). – 3. *Anwendung:* Das der Wirkungsanalyse zugrunde liegende Produktlebenszyklusmodell ist als ganzheitlich zu bezeichnen; das zu untersuchende Objekt wird im zeitlichen Ablauf seines Existierens von der „Wiege bis zur Bahre" erfasst.

Leibesvisitation – 1. *Begriff:* körperliche Durchsuchung, u.a. angewandt auf Arbeitnehmer beim Verlassen des Betriebes, nur unter der Voraussetzung bes. Rechtfertigungsgründe und bei Beachtung der Verpflichtung zu völliger Gleichbehandlung. Weibliche Betriebsangehörige sind nur von Frauen zu durchsuchen. – 2. *Rechtfertigungsgründe:* (1) Schutz von Leben und Gesundheit der Belegschaft; (2) Sicherung des Betriebes und des Betriebseigentums. Umstritten ist, ob der Arbeitgeber einseitig aufgrund seines Weisungsrechtes zu Leibesvisitation berechtigt ist. Die h.M. fordert eine vertragliche Grundlage bei Einzelarbeitsvertrag, Betriebsvereinbarung oder Tarifvertrag. – 3. Verpflichtung

zur *Gleichbehandlung:* keine willkürliche Auswahl der zu visitierenden Personen, sondern möglichst stichprobenweise Leibesvisitation unter Anwendung einer Automatik (z.b. Aufleuchten eines roten Lichtes in unregelmäßigen Abständen beim Durchgang der Belegschaftsmitglieder) zur Auswahl der Betroffenen. – Vgl. auch Torkontrolle, Durchsuchung, → Werkschutz.

Leistungsbereitschaft – 1. *Allgemein:* Voraussetzung für das Erbringen von Leistungen *(Betriebsbereitschaft).* Hierzu sind nicht nur die Bereitstellung der entsprechenden Produktionsfaktoren erforderlich, sondern auch andere Vorbereitungsmaßnahmen. Aufrechterhaltung der Leistungsbereitschaft verursacht fixe Kosten (Bereitschaftskosten). – 2. *Personalwirtschaftlich:* neben Leistungsfähigkeit grundlegende Determinante des Arbeitsverhaltens. Das Ausmaß der individuellen Leistungsbereitschaft ist abhängig von der Motivstärke und den Merkmalen der Arbeitssituation (Tätigkeitsmerkmale, finanzielle Anreize, Vorgesetztenverhalten etc.). Die Leistungsbereitschaft stellt den Umfang dar, indem der Mitarbeiter bereit ist sein Leistungsvermögen der Unternehmen zur Verfügung zu stellen.

Leistungsbeteiligung – Form der → Erfolgsbeteiligung nach leistungsbezogenen Zurechnungsgrößen. Bemessungsgrundlage ist die im Abrechnungszeitraum erzielte Arbeitsleistung, wobei die individuelle, gruppenbezogene oder kollektive Arbeitsleistung für die Leistungsbeteiligung ausschlaggebend sein kann. Voraussetzung ist vielfach ein gut ausgebautes System der Kostenrechnung.

Leistungsbeurteilung → Mitarbeiterbeurteilung.

Leistungsbewertung → Arbeitsbewertung, → Lohngruppen, Leistungsgrad.

Leistungskette → Wettbewerbsstrategie.

Leistungskurve – Die Leistungskurve, auch Arbeitskurve genannt, ist die Darstellung der Arbeitsleistung eines Arbeitnehmers in

Abhängigkeit von der Tageszeit unter Berücksichtigung seiner Durchschnittsleistung (100 Prozent). Sie weist, wie man der Grafik entnehmen kann, ein Vormittags- und ein Nachmittagsmaximum auf. – Vgl. Abbildung „Leistungskurve".

Leistungskurve

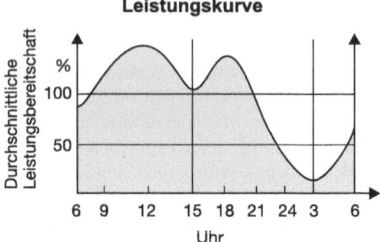

Leistungslohn – Leistungslohn wird auch leistungsorientierte Vergütung genannt. Er ist eine Form der Entlohnung, bei der nicht nur die im Betrieb verbrachte Anwesenheitszeit vergütet, sondern die während der Anwesenheitszeit vollbrachte Leistung berücksichtigt wird. – *Formen:* (1) → Akkordlohn; (2) → Prämienlohn; (3) → Zeitlohn.

Leistungsmotivation – Bestreben, die eigene Tüchtigkeit in allen jenen Tätigkeiten zu steigern oder möglichst hoch zu halten, in denen man einen Gütemaßstab für verbindlich hält und deren Ausführung gelingen oder misslingen kann (Heckhausen). Die Leistungsmotivation resultiert aus dem Zusammenspiel von Merkmalen einer Person, dem Leistungsmotiv und dem Anregungscharakter einer Situation (d.h. dem Ausmaß, in dem eine Situation das Leistungsmotiv anregt). Beim Leistungsmotiv können die zwei Komponenten „Hoffnung auf Erfolg" und „Furcht vor Misserfolg" unterschieden werden. Das Ausmaß der Leistungsmotivation beeinflusst die Anstrengung, das Wahlverhalten und die Leistung von Personen.

Leistungsorientierung → Führungsverhalten.

Leistungsprämie → Prämie.

Leistungsrestriktion – gezielte Leistungsminderung, bei der die Produktionsrate (oder die Qualitätsstufe) unter das Niveau der normalen Leistungsfähigkeit gedrückt wird (z.B. „Dienst nach Vorschrift").

Leistungszulage → Zulage.

Leitungsbefugnis → Weisungsbefugnis.

Leitungsspanne – *Führungsspanne, Kontrollspanne, Span of Control.* 1. *Begriff:* Charakteristisches Merkmal eines → Leitungssystems, das die Anzahl der → Stellen ausdrückt, die einer → Instanz direkt untergeordnet sind. Die Leitungsspanne kann dabei von → Instanz zu Instanz variieren. – 2. *Optimale bzw. maximale Leitungsspanne:* Angesichts der Grenzen der Leitungskapazitäten ergibt sich für die → Organisationsgestaltung das Problem der Festlegung der maximalen bzw. optimalen Leitungsspanne „Faustregeln" (→ Organisationsprinzipien) der älteren Organisationslehre und der Praxis, wonach die optimale Leitungsspanne zwischen drei und 25 Stellen umfasst und mit höheren Ebenen der Hierarchie abnimmt, können zumindest für eine pauschale Anwendung nicht hinreichend sachlogisch begründet und empirisch abgesichert werden. Die optimale Leitungsspanne ist vielmehr einzelfallabhängig nach einer Untersuchung der jeweiligen Einflussgrößen der Leitungskapazität und der aus den Anforderungen der → Koordination resultierenden Leitungsbelastung der betrachteten Instanz festzulegen. – Vgl. auch → Konfiguration.

Leitungssystem – *Liniensystem.* 1. *Begriff:* Im Rahmen der → Aufbauorganisation die Verknüpfung von → Stellen durch Leitungsbeziehungen, die die → Weisungsbefugnis der jeweils übergeordneten → Instanz gegenüber den Handlungsträgern der untergeordneten → organisatorischen Einheiten ausdrücken. – 2. *Grundformen:* (1) → Einliniensystem; (2) → Mehrliniensystem; (3) → Stab-Linienorganisation.

Leitungstiefe – *Gliederungstiefe, Instanztiefe.* 1. *Begriff:* Charakteristisches Merkmal eines

→ Leitungssystems, das die Anzahl der Ebenen der Hierarchie ausdrückt. Dabei ist es nicht notwendig, dass jeder → organisatorische Teilbereich eine identische Leitungstiefe aufweist. – 2. *Optimale Leitungstiefe:* Bei konstanter Zahl der → Organisationsmitglieder führt eine Verringerung der Leitungstiefe zu einer Erhöhung der → Leitungsspanne. Für jeden organisatorischen Teilbereich ist daher ein optimales Verhältnis von Leitungsspanne und Leitungstiefe wichtig. Eine Zunahme der Leitungstiefe beeinflusst die → organisatorische Effizienz aufgrund der verlängerten → Informations- und → Kommunikationswege negativ.

Lernen – absichtlicher (intentionales Lernen), beiläufiger (inzidentelles und implizites Lernen), individueller oder kollektiver Erwerb von geistigen, körperlichen und sozialen Kenntnissen und Fertigkeiten. Aus lernpsychologischer Sicht wird Lernen als ein Prozess der relativ stabilen Veränderung des Verhaltens, Denkens oder Fühlens (verarbeiteter Wahrnehmung der Umwelt oder Bewusstwerdung eigener Regungen) aufgefasst (Qualifikation).

lernende Organisation – Wissensmanagement.

Lernstatt – Gruppe von i.d.R. sechs bis acht (freiwilligen) Mitarbeitern, die eine selbst gestellte Aufgabe bearbeitet. Ursprünglich entwickelt zur besseren betrieblichen Integration von ausländischen Mitarbeitern. Erfahrungen zeigten, dass so auch betriebliche Probleme zu lösen seien (→ Hawthorne-Effekt). Die Lerngruppen beschäftigen sich z.B. mit Themen, die im Zusammenhang mit der Bildung eines Qualitätsbewußtseins, der Schaffung einer Indentifikation mit dem Betrieb, der Bereitschaft für Veränderungen, einer übergreifenden Zusammenarbeit und der persönlichen wie fachlichen Qualifikationerweiterung stehen. Unterschiedliche Beurteilung: keine quantitative bzw. qualitative Überprüfung der Ergebnisse; wegen Freiwilligkeit

keine Kontinuität in der Nutzung. – *Sonderform:* → Qualitätszirkel.

Lerntheorien – Lerntheorien sind Modelle und Hypothesen, die versuchen paradigmatisch Lernen psychologisch zu beschreiben und zu erklären. Der augenscheinlich komplexe Vorgang des Lernens, also der relativ stabilen Verhaltensänderung, wird dabei mit möglichst einfachen Prinzipien und Regeln erklärt. – 1. *Behavioristische Lerntheorien:* Geht von einem Zusammenhang zwischen beobachteten Reizen und den sich daraus ergebenden Reaktionen aus (Wiederholen von belohntem Verhalten, Unterlassen von bestraftem Verhalten). – 2. *Kognitive Lerntheorien:* Lernen als höherer geistiger Prozess; Wissenserwerb als bewusst gestalteter und komplexer Vorgang. – 3. *Theorie des sozialen Lernens:* Wissenserwerb unbewusst durch Beobachtung und Nachahmung.

Lerntransfer – 1. *Begriff:* die Fähigkeit, eine gelernte Aufgabe auf eine andere, vergleichbare Situation zu übertragen. Übertragung und Anwendung des in einer Aus-, Fort- oder Weiterbildung (→ Training) erworbenen Wissens auf die berufliche Situation. Der Lerntransfer sollte bereits in der Lernsituation gefördert werden, z.B. indem Übungen im Training viele Elemente der Arbeitssituation enthalten, ausdrücklich auf die Anwendungsmöglichkeiten des Gelernten in der Praxis hingewiesen wird, die positiven Auswirkungen der Anwendung des Gelernten aufgezeigt werden etc. Ursachen für die mangelnde Umsetzung sind vielfach Umfeldbedingungen wie eingefahrene Verhaltensmuster, Arbeitsroutinen etc. Flankierende Fördermaßnahmen des Lerntransfers sollten deshalb nicht nur den betroffenen Mitarbeiter, sondern v.a. das betriebliche Umfeld einbeziehen. – 2. *Arten:* (1) positiver Transfer: Etwas bereits Gelerntes beschleunigt das Erlernen neuer Aufgaben; (2) negativer Transfer: Etwas bereits Gelerntes erschwert oder blockiert das Erlernen einer neuen Aufgabe; (3) Nulltransfer: Eine bereits erlernte

Aufgabe bzw. Fähigkeit hat keinerlei Auswirkungen auf das nachfolgende Lernen; (4) lateraler Transfer: ermöglicht die Übertragung des bisher Gelernten auf einen Lerninhalt mit identischem Schwierigkeitsgrad; (5) vertikaler Transfer: ermöglicht die Übertragung des bisher Gelernten auf einen Lerninhalt mit höherem Schwierigkeitsgrad.

Leveraged Buyout – Bezeichnung einer speziellen Finanzierungskombination im Fall der Übernahme bzw. des Kaufs eines Unternehmens durch neue Eigentümer (auch Buyout genannt). Bes. Merkmal ist, dass in hohem Maße Fremdkapital für den Kaufpreis aufgenommen wird. Dies erzeugt eine potenzielle Hebelwirkung der Kapitalstruktur (Leverage-Effekt), die die Eigenkapitalrentabilität des Investors erhöhen soll. Die Tilgung und Zinszahlung der meist hohen Verschuldung obliegt dem übernommenen Unternehmen.

Life Cycle Costing – 1. *Beschreibung:* Life Cycle Costing (Lebenszykluskostenrechnung) ist ein Verfahren zur lebenszyklusorientierten (→ Lebenszyklus) Bewertung von Investitionsalternativen. Die Methode zielt durch die Betrachtung zukünftiger Zahlungsströme auf eine Identifikation von Austauschbeziehungen (Trade-offs) ab. – 2. *Entstehung:* Ihren Ursprung hat die Methode in den 1930er-Jahren, als sie für die Beschaffung von Traktoren eingesetzt wurde. Eine Reihe von Varianten wurde entwickelt, wobei die hier vorgestellte Methode die Überlegung ansetzt, dass die Anschaffungskosten nur für einen kleinen Teil der über den gesamten Lebenszyklus anfallenden Kosten verantwortlich sind. – 3. *Geltungsbereich und Systemgrenzen:* Das Life Cycle Costing (LCC) kann weltweit angewendet werden und weist aufgrund seiner Lebenszyklusbetrachtung die Systemgrenze „Cradle-to-Grave" (s. → Cradle-to-Cradle) auf. – 4. *Bewertungsobjekt und Bewertungsgröße:* Bewertet werden können Projekte, Produkte und Dienstleistungen, wobei jeweils die Material- und Energieflüsse, die zu späteren Ein- und Auszahlungen führen, als

Bewertungsgröße dienen. – 5. *Ziel und Annahmen:* Die Methode betrachtet die Investitionsalternativen aus Gesamtkostensicht und versucht diesen Gedanken in der Planung, Bewertung und dem Vergleich der Alternativen sowohl aus Beschaffungs- als auch aus Entwicklungsperspektive umzusetzen. Damit der Vergleich durchführbar ist, wird angenommen, dass die zu bewertenden Alternativen gleiche Funktionalität bieten. – 6. *Vorgehensweise:* a) *Zielfestlegung:* Vor der Identifikation möglicher Alternativen müssen die geforderten Funktionen und Leistungen festgelegt werden.–b) *Identifikation möglicher Alternativen:* Auf Grundlage der Zielfeststellung werden Alternativen identifiziert, die die Anforderungen erfüllen. – c) *Erfassung der notwendigen Informationen:* Zu den zu erfassenden Informationen gehören u.a. die Dauer des Lebenszyklus, die Höhe des Diskontierungssatzes und die Bestimmung der zukünftigen Zahlungsströme. – d) *Festlegung der Zielkosten:* Festlegung akzeptabler Kosten in den einzelnen Phasen des Lebenszyklus. – e) *Ergebnisanalyse:* Diskontierung der anfallenden Zahlungsströme auf den Anschaffungszeitpunkt (siehe Kapitalwert). – 7. *Ergebnis:* Nach der Diskontierung der identifizierten Zahlungsströme auf den Anschaffungszeitpunk kann die Alternative mit den geringeren Lebenszykluskosten als vorteilhaft angesehen werden. – 8. *Kritische Würdigung:* Positive Aspekte des Verfahrens sind die Betrachtung des Lebenszyklus, die Möglichkeit Trade-offs zu identifizieren und die Kombinierbarkeit mit Methoden der Ökobilanzierung (LCA). Problematisch gestaltet sich u.U. jedoch die Datenerfassung und -prognose sowie deren Unsicherheit. Außerdem können Liquiditätsengpässe die Umsetzung der Ergebnisse der Analyse behindern.

Life Cycle Initiative der UNEP – 1. *Begriff:* Die UNEP DTIE (United Nations Environment Programme – Division of Technology, Industry and Economics) startete zusammen mit der SETAC (Society of Environmental Toxicology and Chemistry) eine internationale

Lebenszyklusinitiative, um weltweit das Denken in → Lebenszyklen zu fördern. – 2. *Ziele:* Zu ihren Zielen gehören Informationen über erfolgreiche Umsetzungen zu sammeln und zu verbreiten, die Bereitstellung von Wissen über Schnittstellen zwischen Lebenszyklusdenken und anderen Konzepten und die Entwicklung von Indikatoren und → Strategien.

Limits to Growth – Der → Club of Rome veröffentlichte bisher drei Auflagen des Buches „Limits to Growth" (dt. Titel: „Grenzen des Wachstums"), das die Industrialisierung, das Bevölkerungswachstum, die Unterernährung, den Abbau nicht erneuerbarer Ressourcen und die → Umweltverschmutzung thematisiert. Die Entwicklungen werden als globale Trends beschrieben. – *1. Auflage 1972:* „Die Grenzen des Wachstums. Bericht des Club of Rome zur Lage der Menschheit" – *2. Auflage 1993:* „Die neuen Grenzen des Wachstums". – *3. Auflage 2008:* „Grenzen des Wachstums – Das 30-Jahre Update: Signal zum Kurswechsel". In der dritten Auflage werden mehrere Szenarien über den Zeitraum von 2002 bis 2100 betrachtet. Die Autoren gehen davon aus, dass bei unverändertem Lebensstil und der derzeitigen Entwicklung bereits 2030 eine große Umweltkatastrophe droht. Ihrer Meinung nach könne selbst eine strenge Umsetzung der derzeitigen Umwelt- und Effizienzstandards diesen Trend nur abmildern.

Liniensystem → Leitungssystem.

Lizenz – *Licensing.* 1. *Begriff:* die vom Inhaber eines gewerblichen Schutzrechts oder urheberrechtlichen Verwertungsrechts einem Dritten eingeräumte Befugnis, die dem Rechtsinhaber zustehenden Verwertungsrechte auszuüben (Nutzungsrecht). Lizenzen i.e.S. sind Nutzungsrechte an den technischen Schutzrechten (Patent, Gebrauchsmuster, Sortenschutzrecht), ferner an Halbleiterrechten (Halbleiterschutzrecht) und Marken, in der Sache aber auch die Dritten eingeräumten Nutzungsrechte an Geschmacksmustern, Schriftzeichen und urheberrechtlichen

Verwertungsrechten. Im Einzelnen: *Berechtigung zur Nutzung* von (1) Erfindungen oder von Schutzrechten für Erfindungen (Patente), (2) Gebrauchsmustern oder deren Anmeldungen, (3) Marken, Copyrights, (4) technischem Know-how (Technologie-Transfer), (5) kaufmännischem, v.a. Marketing- und Management-Know-how; alle mit der vertraglich fixierten Erlaubnis zur Nutzung von Urheberrechten und/oder mit Know-how-Überlassungsabkommen verbundenen (v.a. absatzmarktorientierten) Planungen und Handlungen des Lizenzgebers. – Vgl. auch → internationale Lizenz. – 2. *Arten:* a) *ausschließliche* und *nicht ausschließliche (einfache) Lizenz.* – b) *unbeschränkte* und *beschränkte Lizenz:* Ein Rechtsübergang oder die Erteilung einer weiteren Lizenz berührt im Patent- und Gebrauchsmusterrecht die vorher erteilten ausschließlichen oder einfachen Lizenzen nicht (§ 15 III PatG, § 22 III GebrMG). U.U. kommt die Erteilung einer *Zwangslizenz* in Betracht. – c) *Nach dem Gegenstand der Lizenz:* Produktlizenz, Produktionslizenz, Markenlizenz, Vertriebslizenz. – 3. *Lizenzgebühren:* Es gibt keine Richtlinien bzw. Grundsätze mit allg. gültigem Charakter für die Bemessung von Lizenzgebühren. Die Bemessung kann sich am Umsatz bzw. Absatz *(Umsatz- oder Stücklizenzgebühren),* u.U. in Jahresstaffeln und mit garantiertem Mindestbetrag, orientieren oder als einmalig zu zahlende *Pauschallizenzgebühr* ausgestaltet sein. Außerdem sind Kombinationsformen der beiden Grundformen denkbar. – Vgl. auch Lizenzgebühren. – 4. *Bilanzierung:* a) *Handelsbilanz:* Lizenz als immaterielles Anlagegut (immaterielle Wirtschaftsgüter) aktivierbar. – b) *Steuerbilanz:* Lizenz als immaterielles Wirtschaftsgut aktivierungspflichtig, sofern Lizenz durch einmalige Zahlung käuflich erworben ist.

Locus of Control → Situationskontrolle.

Logistikmanagementorganisation
→ Funktionsmanagementorganisation.

Lohnabschlagszahlung – Lohnzahlung in kurzen Zeitabständen (eine Woche, zehn Tage), die nur annähernd dem effektiv verdienten Arbeitsentgelt entspricht, während die Abrechnung in größeren Zeitabständen (z.B. monatlich) vorgenommen wird. Die Differenz zwischen Summe der in einer Abrechnungsperiode gezahlten Abschläge und dem ermittelten Lohnanspruch (Restlohn) wird an dem der Abrechnung folgenden Zahltag ausgezahlt.

Lohnabzüge – Minderung des → Bruttoarbeitsentgelts. – 1. Lohnabzüge durch *öffentlich-rechtliche Vorschriften* (Steuergesetze und Sozialversicherungsvorschriften) angeordnet; der Arbeitgeber ist zur Vornahme des Abzuges verpflichtet, z.B. Abzug der Lohnsteuer, ggf. der Kirchensteuer und des Arbeitnehmeranteils an der Sozialversicherung. – 2. Abzüge aufgrund *vertraglicher Abmachungen* der Parteien über das Arbeitsverhältnis und der sie ergänzenden gesetzlichen oder tariflichen Bestimmungen (privatrechtliche Lohnabzüge): (1) Lohnabzüge wegen Schlechtleistung oder Schädigung. Der Arbeitgeber rechnet mit Lohnabzügen seine Schadensersatzforderungen gegen die Lohnforderung auf; (2) Lohnabzüge kraft Zurückbehaltungsrechts des Arbeitgebers in Fällen, in denen ihm eine Gegenforderung gegen den Arbeitnehmer zusteht (z.B. Erzwingung der Rückgabe von Sachen); (3) Lohnabzüge wegen Abtretung der Lohnforderung durch den Arbeitnehmer an einen Dritten (Forderungsabtretung) bzw. wegen Verpfändung (Lohnpfändung); (4) Lohnabzüge bei Vertragsstrafen.

Lohnabzugsverfahren – eines der Arbeitsgebiete der Lohnbuchführung. – 1. Abzug der Beiträge zur *Sozial- und Arbeitslosenversicherung* für versicherungspflichtige Beschäftigte durch den Arbeitgeber und Abführung zusammen mit seinem eigenen Beitragsanteil an die für den Einzug des Beitrags zuständige Stelle. – Vgl. auch Gesamtsozialversicherungsbeitrag, Einzugsstellen. – 2.

Einbehaltung der *Lohnsteuer* durch den Arbeitgeber.

Lohnausgleich – 1. *Lohnausgleich bei Arbeitszeitverkürzung*: Bezeichnung für die von Gewerkschaften vielfach angestrebte tarifliche Zusicherung im Rahmen von Lohnvereinbarungen, nach denen die Wochenarbeitszeit ohne Kürzung der Löhne und Gehälter aus beschäftigungspolitischen Gründen herabgesetzt werden soll (Arbeitsmarktpolitik, Arbeitszeitpolitik). – 2. Im Wege der Betriebsvereinbarung festgesetzte *freiwillige Leistung des Arbeitgebers*: Erstattung der Differenz zwischen Krankengeld und durchschnittlichem Arbeitsentgelt bei länger als sechs Wochen dauernder Krankheit. – Vgl. auch Arbeitsverhinderung. – *Anders*: Krankenzuschüsse. – 3. *Lohnausgleich bei Schlechtwetter*: Saison-Kurzarbeitergeld, Wintergeld.

Lohngerechtigkeit → Äquivalenzprinzip.

Lohngruppe – 1. *Arbeitswissenschaft*: Einteilungskriterium bei der Arbeitsbewertung anhand von → Lohngruppenmerkmalen. – 2. *Arbeitsrecht*: Eingruppierung, Tariflohn.

Lohngruppenkatalog – Verzeichnis von → Lohngruppen und → Lohngruppenmerkmalen zur Durchführung der summarischen → Arbeitsbewertung. Mit Richtbeispielen versehen für die verbesserte Zu- und Einordnung verschiedener Arbeiten.

Lohngruppenmerkmale – im Rahmen der summarischen → Arbeitsbewertung diejenigen Merkmale, die anhand des → Lohngruppenkatalogs als maßgebend für die pauschale Eingruppierung der im Betrieb vorkommenden Tätigkeiten in eine → Lohngruppe angesehen werden. – *Kriterien* der Lohngruppenmerkmale sind i.d.R. die zur Tätigkeitsausführung erforderlichen → Fachkenntnisse und → Geschicklichkeit. Auf Basis allg. Lohngruppenmerkmale werden zusätzlich spezielle Lohngruppenmerkmale aufgestellt. Selbst letztere umfassen noch eine derartig große Zahl verschiedener Tätigkeiten, dass sie nur allg. Hinweise bez. einer Eingruppierung geben können; für praktische Belange dienen deshalb Richtbeispiele als Ergänzung. – *Beispiele:* Lohngruppe 1: einfachste Arbeiten, die ohne jegliche Ausbildung nach kurzer Anweisung ausgeführt werden können. – Lohngruppe 2: einfache Arbeiten, die eine geringe Sach- und Arbeitskenntnis verlangen, aber ohne jegliche Ausbildung nach einer kurzfristigen Einarbeitungszeit ausgeführt werden können; oder einfachste Arbeiten von erschwerender Art. – Lohngruppe 3: Arbeiten, die eine Zweckausbildung oder ein systematisches Anlernen bis zu sechs Monaten, eine gewisse berufliche Fertigkeit, Übung und Erfahrung verlangen; ferner einfache Arbeiten von bes. erschwerender Art. – Lohngruppe 4: Arbeiten, die Spezialkönnen verlangen, das erreicht wird durch eine abgeschlossene Anlernausbildung; oder einfachere Arbeiten von ganz bes. erschwerender Art. – Lohngruppe 5: Facharbeiten, die neben beruflicher Handfertigkeit und Berufskenntnissen einen Ausbildungsstand verlangen, wie er entweder durch eine fachentsprechende, ordnungsgemäße Berufslehre oder durch eine abgeschlossene Anlernausbildung und zusätzliche Berufserfahrung erzielt wird. – Lohngruppe 6: schwierige Facharbeiten, die bes. Fertigkeiten und langjährige Erfahrungen verlangen; oder Arbeiten, die eine abgeschlossene Anlernausbildung erfordern und unter bes. erschwerenden Umständen ausgeführt werden müssen. – Lohngruppe 7: bes. schwierige oder hochwertige Facharbeiten, die an das fachliche Können und Wissen bes. hohe Anforderungen stellen und völlige Selbstständigkeit und hohes Verantwortungsbewusstsein voraussetzen. Ferner schwierige Facharbeiten unter bes. erschwerenden Umständen. – Lohngruppe 8: hochwertigste Facharbeiten, die meisterliches Können, absolute Selbstständigkeit, Dispositionsvermögen, umfassendes Verantwortungsbewusstsein und entsprechende theoretische Kenntnisse erfordern.

Lohngruppenverfahren → Arbeitsbewertung.

Lohnperiode → Lohnzahlungszeitraum.

Lohnstufen → Lohngruppenmerkmale, → Arbeitsbewertung.

Lohn- und Gehaltskonten – laufende Konten von Arbeitnehmern bei von diesen gewählten Kreditinstituten zur Abwicklung der bargeldlosen Lohn- und Gehaltszahlung.

Lohnzahlungszeitraum – I. Allgemein: Arbeitsentgelt.

II. Lohnsteuerrecht: 1. *Begriff:* der (einen Monat, zwei Wochen, sieben Tage oder andere Zeitabschnitte umfassende) Zeitraum, für den der Arbeitslohn gezahlt, also zwischen Arbeitnehmer und Arbeitgeber regelmäßig abgerechnet wird. Kann der Lohnzahlungszeitraum ausnahmsweise wegen bes. Entlohnungsart nicht festgestellt werden, so gilt als Lohnzahlungszeitraum die tatsächlich aufgewendete Arbeitszeit. – 2. Der Arbeitgeber hat die Lohnsteuer nach diesem Lohnzahlungszeitraum unter Zugrundelegung der amtlichen Lohnsteuertabellen zu berechnen und i.d.R. bis zum zehnten des folgenden Monats abzuführen. Ist der Arbeitnehmer während des Lohnzahlungszeitraumes bei seinem Arbeitgeber voll beschäftigt, dann sind, solange das Arbeitsverhältnis andauert, auch solche Arbeitstage mitzuzählen, an denen der Arbeitnehmer keinen Lohn erhält, z.B. wegen Kurzarbeit oder infolge Betriebseinschränkung. Werden nur Abschlagszahlungen geleistet und erst im üblichen Lohnzahlungszeitraum abgerechnet, so wird die Lohnsteuer auch erst mit dieser Abrechnung fällig; das gilt nicht, wenn der Lohnabrechnungszeitraum fünf Wochen übersteigt oder die Lohnabrechnung nicht innerhalb von drei Wochen nach dessen Ablauf erfolgt (§ 39b V EStG).

Lohnzulage → Zulage.

Lohnzuschlag → Zulage.

Lower Management – 1. *Begriff:* im angloamerikanischen Sprachgebrauch die untere Führungs- bzw. Leitungsebene in Unternehmungen, abgeleitet aus dem institutionellen Aspekt des Managementbegriffs. – 2. Im

Rahmen des *Instanzenaufbaus* ist das Lower Management dem → Middle Management untergeordnet. Die Positionen des Lower Managements werden i.Allg. von Vorarbeitern, Meistern und Büroleitern eingenommen. Middle- und Lower Management sind einem doppelten Erwartungsdruck ausgesetzt, da sie einerseits Zielvorgaben ihrer Vorgesetzten erfüllen müssen, andererseits die Mitarbeiter eigene Vorstellungen und Ansprüche durchsetzen wollen. Man spricht bildlich von einer „Hammer-Amboss-Situation". – 3. In *funktionaler* Hinsicht ist das Lower Management mit Planungs-, Organisations-, Steuerungs- und Führungsaufgaben betraut. Im Rahmen dieser Aufgaben hat das Lower Management Routineentscheidungen zu fällen und diese sowie die Entscheidungen übergeordneter → Stellen, zu vollziehen. – Vgl. auch → Führungshierarchie, → Top Management.

Lückenanalyse → Gap-Analyse.

Make or Buy – *Eigenproduktion oder Fremdbezug;* Entscheidungsproblem im Hinblick auf das Ausmaß der vertikalen Integration einer Unternehmung. Für jede Aktivität im Rahmen der betrieblichen Wertschöpfungskette stellt sich die Frage, ob diese besser vom Unternehmen selbst erbracht und koordiniert werden sollte oder ob diese Aktivität nicht kostengünstiger als Marktleistung von anderen Unternehmen hinzugekauft werden sollte. Bei der Kalkulation der Kosten sind nicht nur die aktivitätsbezogenen variablen und fixen Kosten (ggf. auch Opportunitätskosten) zu berücksichtigen, sondern auch die anfallenden Transaktionskosten, die bei der Koordination der Aktivität innerhalb des Unternehmen bzw. bei Bezug über den Markt anfallen.

Makroumfeld – Das Makroumfeld beinhaltet im Rahmen des Stakeholder-Ansatzes: ökologische, ökonomische, gesellschaftliche, technologische und politische Rahmenbedingungen. Durch die Analyse einzelner Einflussparameter können mögliche Chancen und Risiken identifiziert werden. – Vgl. auch → Aufgabenumfeld, Anspruchsgruppen.

MAK-Wert – *maximale Arbeitsplatz-Konzentration;* oberer Grenzwert eines Stoffes als Gas, Dampf oder Schwebstoff in der Luft, der nach dem gegenwärtigen Kenntnisstand auch bei längerfristiger Exposition zu keiner gesundheitlichen Beeinträchtigung führt. Dabei wird von einer täglich achtstündigen Arbeitszeit bei 40 Wochenstunden ausgegangen. Die Konzentration wird in mg/m³, für Gase und Dämpfe auch in ml/m³ (ppm = Part per Million) angegeben. – Es ist also die Konzentration eines Stoffes, die einem Arbeitnehmer an seinem Arbeitsplatz höchstens zugemutet werden darf.

Management – angloamerikanischer, im Rahmen des betriebswirtschaftlichen Sprachgebrauchs verwandter Begriff für die Leitung eines Unternehmens.

I. Management als Institution: Management umfasst alle diejenigen, die in der Unternehmung leitende Aufgaben erfüllen. Das Management in diesem weiten Sinn vertritt die Interessen des Unternehmers als Arbeitgeber gegenüber der Arbeitnehmerschaft. Bis auf wenige Ausnahmen sind die Angehörigen des Managements deshalb nicht Mitglied der Gewerkschaften. Sie haben eigene Berufsorganisationen, die aber i.d.R. nicht als Partei auf dem Arbeitsmarkt auftreten, sondern sich der sonstigen beruflichen Förderung ihrer Mitglieder annehmen. Bei den sehr unterschiedlichen wirtschaftlichen und gesellschaftlichen Verhältnissen seiner Mitglieder bildet das Management keine einheitliche Berufsgruppe. – Als *Manager* werden i.Allg. nur die obersten und oberen Führungskräfte der Unternehmen bezeichnet. An sich gehören hierzu nur angestellte Geschäftsführer von Unternehmen, nicht dagegen selbstständige Unternehmer. Heute fühlen sich auch selbstständige Unternehmer als Manager und sind Mitglieder der Managerorganisationen. – Vgl. auch → Führungshierarchie.

II. Management als Funktion: Tätigkeiten, die von → Führungskräften in allen Bereichen der Unternehmung (→ Personalwirtschaft, Beschaffung, Absatz, → Verwaltung, Finanzierung etc.) in Erfüllung ihrer Führungsaufgabe (→ Führung) zu erbringen sind. Häufig wird hier zwischen Plan, Realisierung und Kontrolle differenziert. – a) Zur Planung zählen die Problem- und Aufgabendefinition, die Zielsetzung, die Alternativenplanung und die Entscheidung. – b) Die Realisierung umfasst die Organisation, die Information, Kommunikation, Motivation der Mitarbeiter und deren Koordination. – c) Die Kontrolle besteht aus Rückmeldung, Soll-/Istvergleich für die weitere Planung und Steuerung. In der Fachliteratur finden sich vielfältige ähnlich strukturierte Phasenabfolgen.

III. Managementmethoden: (→ Managementtechniken): Von Wissenschaftlern und Institutionen, die sich mit der Ausbildung von → Führungskräften befassen (Personalentwicklung), wurde eine Reihe von Methoden geschaffen. Einen großen Bekanntheitsgrad erreichten die „Management by ...‟-Konzeptionen, die größtenteils in den USA entwickelt worden sind. Sie sind meistens durch Zielvorgaben für alle Stellen im Unternehmen, mehr oder weniger kooperativen Führungsstil und Delegation von Verantwortung gekennzeichnet. Alle „Management by ...‟-Konzeptionen umfassen den Komplex → strategisches Management.

IV. Internationales Management: → globales Management, → interkulturelles Management und internationales Management.

Managementberatung – professionelle beratende Tätigkeit, ausgeübt von einer institutionell unabhängigen und fachlich durch entsprechende Ausbildung und praktische Erfahrung qualifizierten Personengruppe. – *Ziel:* Beitrag zur Lösung von Managementproblemen in Unternehmungen. – 1. *Aufgaben:* (1) Ist-Aufnahme der bestehenden Verhältnisse, (2) Problemidentifikation und Soll-Formulierung, (3) Ausarbeitung und Empfehlung von Vorschlägen zur Problemlösung, (4) Unterstützung zur Durchführung der entsprechenden Maßnahmen und (5) Kontrolle der Funktionsfähigkeit dieser Maßnahmen durch Soll-Ist-Vergleiche. – 2. *Hauptarbeitsgebiete:* Produkt-Management, Marketingmanagement, Management der Verkaufsorganisation, Management der Bereiche Finanzen und Rechnungswesen, Personal-Management, Management des technologischen Bereichs (einschließlich EDV), Programme für Aus- und Weiterbildung der Mitarbeiter und Management der systeminternen → Forschung und Entwicklung (F&E) – (Research

and Development). – Vgl. auch Consulting und → Personalberatung.

Management Buyout (MBO) – Übernahme eines Unternehmens durch das in dem erworbenen Unternehmen tätige Management. Dies kann als Übernahme eines gesamten Unternehmens oder eines Unternehmensteils, der dann ausgegliedert wird, erfolgen. I.d.R. erfolgt der Management Buyout mithilfe von Private-Equity-Investoren. V.a. anzutreffen im Rahmen von Unternehmensumstrukturierungen oder zur Lösung einer Nachfolgesituation.

Management by Alternatives – Beim Management by Alternatives sind Problemlösungsmöglichkeiten nur unter mehrdimensionalen Aspekten zu sehen. Ziel dieser Managementmethode ist die Ausschöpfung potenzieller Möglichkeiten in Bezug auf Zielsetzung, Planung und Realisierung. – Führungskonzept, das davon ausgeht, dass nur aufgrund mehrerer möglicher alternativen bzw. alternativen Lösungsansätze eine optimale Auswahl getroffen werden kann. – Vgl. auch → Management-by-Techniken.

Management by Breakthrough – ist offensive Führungstaktik, unterstützt von einer aggressiv-kreativen Unternehmenspolitik. Durch eine Mobilisierung aller geistig-schöpferischen Kräfte (z.B. Brainstorming) im Unternehmen soll eine Verbesserung der Marktposition erreicht werden. Alle Aktivitäten der Führung sind auf zwei Hauptziele ausgerichtet: – 1. *Dynamische Veränderungen des Unternehmens* (neue Produkte entwickeln und/ oder neue Märkte erobern); – 2. *Stabilisieren des Erreichten*, indem Kontrollen zur rechtzeitigen Erkennung und Abwendung von Fehlentwicklungen durchgeführt werden. – Führungskonzept, das darauf basiert, dass gezielte Brüche in bestehenden Strukturen notwendig sind, um grundlegende Änderungen vorzunehmen. Nimmt seit Jahrzehnten die zz. aktuelle Diskussion um das Reengineering vorweg (Business Process Reengineering). – Vgl. auch → Management-by-Techniken.

Management by Communication – Management by Communication als Führungsstil setzt weitergehenden horizontalen und vertikalen Informationsaustausch der Führungsaufgabe voraus. Bei dieser Managementmethode ist die Übermittlung von Information eine zentrale Funktion der Führungskräfte. – Führungskonzept, das darauf basiert, den Fähigkeiten und der Verantwortungsbereitschaft der einzelnen Mitarbeiter Spielraum zu gewähren. – Vgl. auch → Management-by-Techniken.

Management by Objectives – *Führung durch Zielvereinbarung*; mehrdimensionales Führungskonzept mit Betonung der Bedeutsamkeit von Zielvereinbarungen mit den Mitarbeitern. Durch die Partizipation der Mitarbeiter am Zielfindungsprozess soll eine Verbesserung der Informationsbeschaffung erreicht werden. Es beinhaltet die weit gehende Delegation von Entscheidungsbefugnissen an die Mitarbeiter, regelmäßige Rückkopplung zum Grad der Zielerreichung sowie die Kopplung von Belohnungen an den Grad der Zielerreichung u.a. – Vgl. auch → Management-by-Techniken.

Management by Participation – *Führung durch Beteiligung*; Führungskonzept mit starker Betonung der Mitarbeiterbeteiligung an den sie betreffenden Entscheidungen. Ausgangspunkt ist die These, dass eine Identifikation der Mitarbeiter mit den Unternehmenszielen (und damit ihre Leistung) wächst, je mehr sie an der Formulierung dieser Ziele mitwirken können. Konflikte zwischen den Interessen der Mitarbeiter und den Leistungserwartungen des Unternehmens sollen erst gar nicht entstehen bzw. möglichst reibungslos im Sinne der Unternehmensziele gelöst werden. – Vgl. auch → Management-by-Techniken.

Management by Results – *ergebnisorientierte Führung*; zielgesteuertes Führungskonzept, gekennzeichnet durch einen systematischen Ausbau der Zielplanung zum Führungsinstrument, bes. zur Koordinierung dezentraler Entscheidungen. Management by Results ist eine, verglichen mit dem Management by Objectives, relativ autoritäre Führungskonzeption, bei der die Mitarbeiter nur geringe Mitbestimmungsmöglichkeiten haben. – Vgl. auch → Management-by-Techniken.

Management-by-Techniken – in unterschiedlichsten Formen aus dem Verlangen der Praxis nach verständlichen und einfach zu handhabenden Führungshilfen entstanden. I.d.R. aus der Erfahrung von Führungskräften abgeleitet, nur bedingt auf wissenschaftlichen Erkenntnissen basierend. Diese Techniken sollen dem Management effiziente Verhaltensweisen und Richtlinien vermitteln. Sie stellen i.d.r. nur einen Aspekt des Führungsprozesses in den Vordergrund und sind meist sehr plakativ formuliert. Größere Bedeutung erlangt v.a. das Prinzip des → Management by Objectives, das auf psychologischen Erkenntnissen aufbaut, die eine verhaltenssteuernde Wirkung von Zielen belegen.

Management Consulting – Consulting.

Managementebenen → Führungshierarchie.

Managementholding → Holdingstruktur.

Managementphilosophie → integriertes Management.

Managementstil – 1. *Begriff:* → Führungsstil. – 2. *Managementstil im internationalen Vergleich:* Im Mittelpunkt stehen die Fragen, die sich für die Führung grenzüberschreitend tätiger Unternehmungen (internationales Management) durch die verschiedenen Kulturen ergeben, mit denen die Unternehmung konfrontiert ist. Die Transferierbarkeit von Managementstilen, Management-Know-how und → Führungstechniken in andere Kulturbereiche ist eine der wesentlichen Fragestellungen. Die bisherigen Forschungsergebnisse sind uneinheitlich und ungesichert: Während die universalistische Position von einer weit gehenden Übertragbarkeit mit dem Argument ausgeht, es gäbe Managementaufgaben und -prinzipien sowie entsprechende Methoden, die unabhängig von der jeweiligen Kultur Gültigkeit aufweisen, betonen die Vertreter der kulturdifferenzierenden Position die Kulturgebundenheit von Managementtheorien und -instrumenten und damit auch der Managementstile. Je stärker eine Untersuchung von harten Faktoren, wie z.B. Techniken der Planung, abrückt und sich auf sozio-kulturelle Faktoren einlässt, wie z.B. Machtstrukturen und -ausübung, Arbeitsmotivation, Personalbeurteilung/-förderung oder Führungsverhalten, desto stärker tritt die Kulturgebundenheit von Verhaltensweisen in Erscheinung.

Managementtechniken – Techniken, die von Führungskräften und Managern zur Unternehmens- und Mitarbeiterführung eingesetzt werden. Insbesondere in den 1970er- und 1980er-Jahren wurde eine Vielzahl von Managementtechniken entwickelt, die unter die Bezeichnung → Management-by-Techniken in Theorie und Praxis Verwendung finden.

Managerherrschaft – 1. *Begriff:* Weitgehend autonome Kontrolle angestellter Manager und nicht der Eigentümer über die Produktionsmittel. – *Managerbeherrschte Unternehmen:* Kein Eigentümer hält mehr als 1 Prozent des Grund- bzw. Stammkapitals, oder ein oder mehrere Eigentümer halten höchstens 25 Prozent des Kapitals. – *Eigentümerkontrollierte Unternehmen:* Alle anderen Fälle (z.B. Großaktionäre). – 2. *Verbreitung:* Für die USA bereits Ende der 1920er-Jahre gegeben. In der Bundesrepublik Deutschland waren nach empirischen Untersuchungen Ende der 1970er-Jahre managerkontrolliert 57 Prozent (nach Umsatz 73 Prozent) der 300 größten Unternehmen bzw. 69 Prozent (AG) und 63 Prozent (GmbH) der 455 nach dem Mitbestimmungsgesetz (MitbestG) mitbestimmten Unternehmen. – 3. *Gründe* für die Trennung von Eigentum und Verfügungsgewalt: a) *Professionalisierung des Managements:* Aufgabe der Unternehmensführung ist in

hoch entwickelten und arbeitsteiligen Industriegesellschaften zum „Beruf" geworden; Kapitaleigentum reicht nicht als Qualifikationsnachweis für die Führung großer Unternehmen. – b) *Inaktivität und Inkompetenz der Kleinaktionäre:* Nicht fähig (Ausbildung) oder nicht motiviert (geringe Kapitalbeteiligung), ihre Eigentümerinteressen wahrzunehmen; weder direkt in der Hauptversammlung noch indirekt durch Vertreter im Aufsichtsrat. – 4. *Konsequenzen:* Gefahr einer Entkoppelung von erwerbswirtschaftlicher Motivation und unternehmerischem Handeln; die Legitimationsbasis der → kapitalistischen Unternehmensverfassung bzw. Prinzip der Einheit von Risiko, Kontrolle und Gewinn ist damit fraglich. Gegner der These von der Managerherrschaft (Verfügungsrechte) deuten die Managerherrschaft in eine wohlkalkulierte Delegation von Teilrechten der Aktionäre an das Management um; sie bestreiten negative Wirkungen für die Begründung der kapitalistischen Unternehmensverfassung.

Managerial Grid – *Verhaltensgitter;* ist ein wissenschaftliches Modell, das die Kombinationen von verschiedenen Formen des Führungsverhaltens aufzeigt. Differenzierung zwischen Aufgaben- und Mitarbeiterorientierung als Hauptdimensionen innerhalb des Führungsprozesses: Beide Dimensionen verwenden Blake und Mouton, um im Managerial Grid verschiedene Kombinationen zu kennzeichnen (vgl. Abbildung „Managerial Grid"). – Ziel jeder Führungskraft soll es sein, den 9.9 Führungsverhalten über mehrere Phasen einer → Organisationsentwicklung zu erreichen.

Mantelgründung → Gründung einer Kapitalgesellschaft, die nicht auf einen bestimmten Unternehmensgegenstand und Gesellschafterkreis ausgelegt ist, sondern als Gesellschaft mit allg. Bestimmungen über Namen und Gegenstand auf „Vorrat" gegründet wird und bei der die spätere Anpassung an die wirtschaftliche Verwendung durch Satzungsänderung

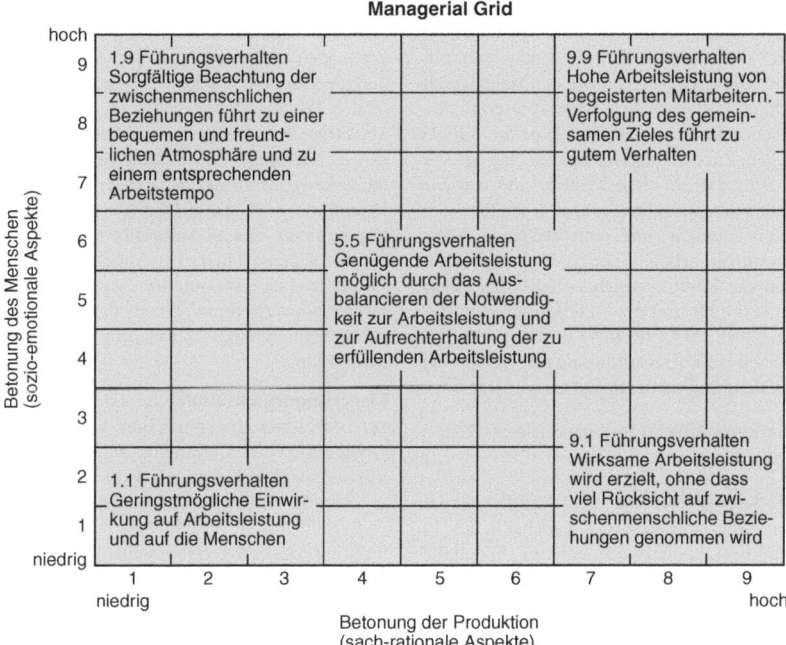

Managerial Grid

hoch

9 | 1.9 Führungsverhalten Sorgfältige Beachtung der zwischenmenschlichen Beziehungen führt zu einer bequemen und freundlichen Atmosphäre und zu einem entsprechenden Arbeitstempo

8

7

6 | 5.5 Führungsverhalten Genügende Arbeitsleistung möglich durch das Ausbalancieren der Notwendigkeit zur Arbeitsleistung und zur Aufrechterhaltung der zu erfüllenden Arbeitsleistung

5

4

3

2 | 1.1 Führungsverhalten Geringstmögliche Einwirkung auf Arbeitsleistung und auf die Menschen

1

niedrig

9.9 Führungsverhalten Hohe Arbeitsleistung von begeisterten Mitarbeitern. Verfolgung des gemeinsamen Zieles führt zu gutem Verhalten

9.1 Führungsverhalten Wirksame Arbeitsleistung wird erzielt, ohne dass viel Rücksicht auf zwischenmenschliche Beziehungen genommen wird

Betonung des Menschen (sozio-emotionale Aspekte)

1   2   3   4   5   6   7   8   9
niedrig   hoch

Betonung der Produktion (sach-rationale Aspekte)

erreicht werden soll. Die Gründung erfolgt zumeist durch Rechtsanwälte, Notare oder Steuerberater um Freiheit von Vorbelastungen zu gewährleisten. Die Gründe für eine Mantelgründung lagen vielfach in der später schnelleren Verfügbarkeit einer bereits eingetragenen Kapitalgesellschaft als Rechtsträger mitsamt ihrer Haftungsbeschränkung und Firma unter gleichzeitiger Vermeidung der Gründungsformalitäten. Allerdings hat sich der Vorteil der Schnelligkeit etwas verflüchtigt, weil schnellere Bearbeitungszeiten bei den Gerichten auch bei einer Neugründung „auf der grünen Wiese" auf baldige Eintragung hoffen lassen. Die Zulässigkeit einer Mantelgründung war zwischenzeitlich umstritten. Der BGH hat mittlerweile entschieden, dass die Verwendung von Vorratsgesellschaften des Aktienrechts wie auch diejenige des GmbH-Rechts wirtschaftlich

eine Neugründung darstellen. Darauf sind die der Gewährleistung der Kapitalausstattung dienenden Gründungsvorschriften des AktG und des GmbHG einschließlich der registerrechtlichen Kontrolle entsprechend anzuwenden (zur offenen Vorratsgründung BGH, Beschl. v. 9.2.2002, II ZB 12/02=BGHZ 153, 158). Dasselbe gilt grundsätzlich für den Fall der Verwendung eines „alten" Mantels, einer existenten, im Rahmen ihres früheren Unternehmensgegenstands tätig gewesenen, jetzt aber unternehmenslosen Gesellschaft (BGH, Urt. v. 7.7.2003 – II ZB 4/02=BGHZ 155, 318). Hier ist allerdings bes. Vorsicht geboten, denn eine wirtschaftliche Neugründung kann nur angenommen werden, wenn die Gesellschaft wirklich als völlig „leere Hülse" für ein neues Projekt verwendet wird (vgl. dazu BGH, Beschl. vom 18.1.2010, II ZR 61/09=NJW 2010, 1459). Ein Motiv der

Verwendung früher einmal unternehmerisch tätiger Mantelgesellschaften könnte in der – mittlerweile sehr stark eingeschränkten – Möglichkeit, Verluste der Mantelgesellschaft als steuerlichen Abzugsposten für das eigene Unternehmen in Ansatz zu bringen liegen. Zur Haftungsvermeidung bei der Verwendung eines alten Mantels sind u.a. eine entsprechende Offenlegung gegenüber dem Registergericht und entsprechende Versicherungen geboten. Durch die Entscheidungen des Kammergerichts (Urt. v. 7.12.2009, 23 U 24/09) und des OLG München (Urt. v. 11.3.2010, 23 U 2814/09) sind die Haftungsrisiken bei Vorratsgründung und bei Mantelverwendung wieder diskutiert worden.

Markenpolitik → internationale Markenpolitik, Marke.

Marketingberatung – 1. *Begriff und Gegenstand*: systematisches, ganzheitliches, interaktives, potenzialorientiertes und i.d.R. längerfristiges Consulting in Fragen des Marketings. Das Hauptanliegen der Marketingberatung ist, Änderungen der Märkte und der Kundenbedürfnisse möglichst frühzeitig aufzuzeigen, um daraus resultierende Chancen und Risiken für das Kundenunternehmen ableiten zu können. Solche Änderungen stellen Unternehmen vor die Notwendigkeit, ihre Strategien und Geschäftsmodelle zu überprüfen und geeignete Strukturen und Prozesse zu schaffen, um Neuerungen erfolgreich umzusetzen. Zur Erschließung, Entwicklung und langfristigen Sicherung der unternehmensspezifischen strategischen Erfolgspotenziale des Klienten unterstützt die Marketingberatung das Management bei der Anpassung und Umgestaltung der Ziele, Strategien, Strukturen und Prozesse sowohl in strategischer Hinsicht (Strategieberatung) als auch im Hinblick auf die Umsetzung (Umsetzungsberatung). – 2. *Neuere Tendenzen*: Viele Unternehmen sehen in einem zunehmend globalen Qualitäts-, Kosten- und Zeitwettbewerb das Erfordernis, ihren Wert zu steigern, und im Relationship-Marketing ihre zentrale

Herausforderung. Die Maxime einer wertorientierten Unternehmensführung verlangt die konsequente Orientierung der Marketingberatung an bestehenden oder neu zu schaffenden Werten. Dabei rücken nicht nur der Markenwert und seine Positionierung (Markenmanagement) immer stärker in den Mittelpunkt der Beratung. Daneben erfordert die Orientierung am langfristigen Kundenwert im Rahmen des Relationship-Marketings (Kundenlebenszyklus) in Anbetracht der Produktvielfalt, veränderter Kundenstrukturen und wechselnder Trends des Verbraucherverhaltens eine Optimierung der Kundenbindung.

Marketingorganisation – marktorientierte, von der Marketingkonzeption beeinflusste Organisation der Unternehmung (→ Organisationsstruktur). Die Marketingorganisation umfasst alle generellen und dauerhaften → Regelungen zur Erfüllung der mit der Teilfunktion Marketing verbundenen → Aufgaben. – *Gestaltungsfelder*: a) *Entscheidung*, ob überhaupt eine oder mehrere spezielle Organisationseinheiten (→ organisatorische Einheit) für Marketingaufgaben zu etablieren sind. – b) *Spezielle Marketingeinheiten* können an verschiedenen Stellen in der Unternehmungshierarchie platziert werden, bes. in einem → Zentralbereich oder in den Geschäftsbereichen. – c) *Regelung* der Kooperation zwischen den verschiedenen Marketingfunktionen wie Werbung, Marktforschung etc. untereinander sowie zwischen diesen und anderen Funktionsbereichen wie etwa der Neuproduktentwicklung. Je nach Kompetenzausstattung (→ Kompetenz) kann eine Einheit dabei als Kernbereich, → Richtlinienbereich, Matrixbereich, → Servicebereich oder → Stab ausgeformt werden. – d) Die *Hierarchieebene unterhalb der Marketingleitung* kann z.B. nach verschiedenen Marketingfunktionen, nach Produkten oder nach Märkten (kundenorientierte oder regionale Marktsegmente) gegliedert werden. Zur Auswahl einer Gestaltungsform bedarf es einer Beurteilung der alternativenspezifischen

Vor- und Nachteile (→ organisatorische Effizienz). – Vgl. auch → Vertriebsorganisation.

Market Pull – *Demand Pull, Need Pull, Nachfragesog.* Nach dem Market-Pull-Konzept werden Forschungs- und Entwicklungsaktivitäten durch die Nachfrage der Kunden induziert. Voraussetzung dafür ist die Identifizierung latent unbefriedigter Kundenbedürfnisse, welche im Rahmen der Marktforschung mit geeigneten Instrumenten, bspw. durch Kundenbefragungen, erfolgt. Die Steuerung der aus diesen Bedürfnissen resultierenden Entwicklungsaktivitäten führt bei bestehenden Programmen meist zu inkrementalen → Innovationen und ist mit einer schnellen Realisierung und relativ geringen Risiken verbunden.

Marktaustrittsschranken – Faktoren, die den Rückzug eines Unternehmens aus einem Markt erschweren (z.B. arbeitsrechtliche Hemmnisse, hohe Stilllegungskosten, die häufig den Charakter von Sunk Costs haben, und staatliche Regulierungsmaßnahmen), obwohl (dauerhafte) Nachfrageschwäche und/oder Überkapazitäten den Markt kennzeichnen. Folgen sind Beeinträchtigung des Marktmechanismus und Fehlallokation.

Markteintrittsschranken – *Marktzutrittsschranken;* Nachteile eines neu auf einen Markt eintretenden Unternehmens gegenüber den auf diesem Markt befindlichen Anbietern. – *Formen:* (1) absolute Kostenvorteile z.B. aufgrund eines Know-how-Vorsprungs; (2) Betriebsgrößenvorteile (je größer, desto größer der Marktanteil) aufgrund der Nutzung von Skalenerträgen; (3) Produktdifferenzierungsvorteile u.U. aufgrund von Konsumentenpräferenzen für eingeführte Produkte (Markentreue, Markenkenntnis). – *Strategien zur Überwindung von Markteintrittsschranken:* → Markteintrittsstrategien. – *Wettbewerbsrecht:* Durch ein Unternehmen oder einen Unternehmenszusammenschluss entstandene Schranken des Markteintritts in rechtlicher oder tatsächlicher Art sind bei der Prüfung der Marktbeherrschung (Marktmacht) zu berücksichtigen. – Vgl. auch → Marktaustrittsschranken, potenzieller Wettbewerb, wirksamer Wettbewerb.

Markteintrittsstrategien – *Eintrittsstrategien.* 1. *Begriff:* Strategien zur Verwirklichung von neuen Geschäften für das Unternehmen, d.h. zur Überwindung von → Markteintrittsschranken. – 2. *Einzelstrategien:* a) *Interne Entwicklung:* Eintritt auf der Basis eigener Ressourcen und Fähigkeiten. – b) *Akquisition:* Kauf eines im neuen Geschäft tätigen Unternehmens. – c) *Lizenznahme:* Erwerb des Rechts auf Nutzung von Name, Produkt oder Dienstleistung des Lizenzgebers in einem exakt abgegrenzten Markt. – d) *Interne Ventures:* Für den Eintritt ins neue Geschäft wird innerhalb des Unternehmens eine eigene organisatorische Einheit gebildet. – e) *Joint Ventures:* Verbund zweier Unternehmen (auch durch Gründung eines dritten Unternehmens). – f) *Venture-Capital-Beteiligungen:* Erwerb von Minderheitskapitalanteilen an Start-up-Unternehmen, die in zukunftsträchtigen Märkten tätig sind. – g) *Akquisitionen zur Fortentwicklung interner Fähigkeiten:* Erwerb eines Unternehmens, um Mitarbeiter zu erhalten, die bereits mit dem neuen Geschäft vertraut sind. – 3. *Markteintrittsstrategien auf internationaler Ebene:* → internationale Markteintrittsstrategien.

Marktgliederung – 1. *Begriff:* Im Rahmen der organisatorischen Bereichsbildung die → Spezialisierung der → organisatorischen Einheit nach Marktmerkmalen; Spezialisierung erfolgt nach dem → Objektprinzip. – 2. *Kriterien einer Marktgliederung:* Unterscheidung zwischen stabilen und dynamischen Märkten, geografische Gesichtspunkte (→ Regionalgliederung), Kundenaspekte (→ Kundengliederung) u.a.

Marktmanagementorganisation – 1. *Begriff:* Konzept einer → mehrdimensionalen Organisationsstruktur, bei der eine gegebene Grundstruktur durch die organisatorische Verankerung von → Kompetenz für die aus den einzelnen (meist Absatz-)Märkten einer Unternehmung resultierenden speziellen Aufgaben ergänzt wird. – 2. *Formen:* a) Die Institutionalisierung des Marktmanagements kann auf einen → organisatorischen Teilbereich beschränkt oder teilbereichsübergreifend sein. – b) Die Institutionalisierung kann in Form von Kernbereichen (Kernbereichs-Marktmanagement), → Richtlinienbereichen (Richtlinien-Marktmanagement), Matrixbereichen (Matrix-Marktmanagement; → Matrixorganisation), → Servicebereichen (Service-Marktmanagement) oder → Stäben (Stabs-Marktmanagement) erfolgen. – 3. Bei der *Auswahl* einer der sich hieraus ergebenden Gestaltungsalternativen sind die angestrebte Reichweite für die Berücksichtigung der Marktmanagement-Perspektive im arbeitsteiligen Entscheidungsprozess der Unternehmung sowie die spezifischen Vor- und Nachteile der alternativen Bereichsformen abzuwägen.

Markt-Produktlebenszyklus-Portfolio
→ Portfolio-Analyse.

Marktrisiko – ein Bereich des Länderrisikos, das zur Bestimmung des Risikos grenzüberschreitender Geschäfte klassifiziert wird. Unter Marktrisiken versteht man die Wahrscheinlichkeit durch falsche Einschätzung der Nachfrage, den Zusammenbruch der Nachfrage o.Ä. dem Unternehmen zu schaden.

Markt- und Werbepsychologie – 1. *Begriff:* Teilgebiet der Angewandten Psychologie, das seit Beginn des 20. Jh. gepflegt wird. – 2. Die Marktpsychologie i.e.S. setzt sich mit dem Erleben und Verhalten der am Marktgeschehen beteiligten Rollenträger auseinander, also mit den Anbietern, Nachfragern, sowie den Funktionären (z.B. Politikern, Mitgliedern von Verbraucherschutzverbänden oder Kartellbehörden), die Rahmenbedingungen des Marktgeschehens definieren. Die Marktpsychologie i.e.S. beschränkt sich auf jene Märkte, innerhalb derer sich ein Marktpreis bildet, d.h. in erster Linie auf Konsumgüter-, Dienstleistungs- und

Investitionsgütermärkte, dagegen nicht auf Soziomärkte. Aus psychologischer Perspektive werden die Bedingungen, Erscheinungsformen und Folgen des Erlebens und Verhaltens der Marktteilnehmer analysiert, wobei dem Konsumentenverhalten die größte Aufmerksamkeit zuteil wurde. Hier wiederum steht die Frage im Vordergrund, wie man dieses durch die Gestaltung des Preises, des Angebots, des Absatzweges und der Werbung beeinflussen kann. – Die Marktpsychologie wird sowohl aus gesamtwirtschaftlicher als auch einzelwirtschaftlicher Perspektive betrieben. – a) Unter *gesamtwirtschaftlicher Sicht* wird u.a. das Konsumklima analysiert, d.h. die Neigung der Konsumenten, einen größeren Anteil ihres Einkommens für Konsum bzw. für das Sparen zu verwenden, sowie Entscheidungsprozesse der Anbieter über absatzpolitische Instrumentarien oder Strategien von Funktionären den Markt durch Gesetze und Regeln mehr oder weniger zu reglementieren. – b) Aus *einzelwirtschaftlicher Perspektive* beschäftigt sich die Marktpsychologie primär mit der Beschreibung, Erklärung der Prognose des Konsumentenverhaltens und sucht Verfahren zu entwickeln, die auf der Grundlage von Ergebnissen der quantitativ und qualitativ ausgerichteten Marktforschung dafür geeignet sind Strategien zu entwerfen, die der Beeinflussung des Konsumentenverhaltens dienen. – 3. Die *Werbepsychologie* ist einerseits ein Teilgebiet der Marktpsychologie i.e.S., die sich mit der Werbemittelanalyse, Werbeerfolgsprognose und -kontrolle auseinander setzt. Sie untersucht, wie aufgrund der formalen und inhaltlichen Gestaltung die Werbung wahrgenommen und im Gedächtnis gespeichert wird sowie aktivierend, einstellungsbildend und handlungsauslösend wirkt. Andererseits aber ragt die Werbepsychologie über die Marktpsychologie i.e.S. hinaus, weil sie sich auch mit Bedingungen des Werbeerfolgs auseinander setzt, bei denen es um die Verbreitung von Meinungsgegenständen geht, für die kein Marktpreis gilt, wie z.B. im politischen, sozialen oder religiösen Raum. – Die Markt-psychologie i.w.S. umschließt jene i.e.S., sowie die Werbepsychologie.

Marktzutrittsschranken → Markteintritts-schranken.

Maßnahmenplanung → Unternehmensplanung.

Materialbilanz → Stoffbilanz.

Materialflusskostenrechnung – zielt darauf ab, eine umweltorientierte Ausrichtung der Kostenrechung zu erreichen. Dies erfolgt zum einen, weil die meisten direkten Umwelteinwirkungen von Unternehmen unmittelbar in Zusammenhang mit den Material- und Energieflussen des Produktionssystems stehen. Zum anderen stellen in produzierenden Unternehmen, Energie und, je nach Branche, auch Material meist den größten Kostenblock dar. – Durch die Materialflusskostenrechnung erreichen Unternehmen ein umfassendes Systemverständnis.

Material-Intensität pro Serviceeinheit → MIPS.

materielle Mitarbeiterbeteiligung – Partizipation von Mitarbeitern am Erfolg und/oder Kapital des arbeitgebenden Unternehmens. – Vgl. auch → Erfolgsbeteiligung, → Kapitalbeteiligung.

Matrixorganisation – 1. *Begriff*: Grundform einer → mehrdimensionalen Organisationsstruktur, bei der im Zuge der Bereichsbildung für sämtliche durch gleichzeitige Zerlegung eines Handlungskomplexes nach verschiedenen Gliederungskriterien gewonnenen Teilhandlungen (→ Spezialisierung) Entscheidungskompetenzen formuliert und auf Entscheidungseinheiten übertragen werden, die nur gemeinsam Beschlüsse fassen dürfen. Die für mehrdimensionale Organisationsstrukturen charakteristische Berücksichtigung mehrerer Aspekte einer Handlung (etwa der Perspektive der → Funktionen und der Produkte im Entscheidungsprozess) erfolgt bei der Matrixorganisation durch gleichberechtigte organisatorische Verankerung der

Handlungsaspekte. – *Beispiel:* Vgl. Abbildung „Matrixorganisation".

Matrixorganisation

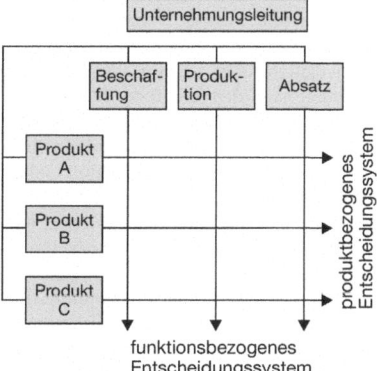

2. *Aufbau:* Die Matrixorganisation kann als → Organisationsmodell auf der zweiten oder im Rahmen einer → Teilbereichsorganisation auf niedrigeren Hierarchieebenen ansetzen. Sie ist meist mit einem → Mehrliniensystem verbunden, sodass eine als Schnittstelle bezeichnete → organisatorische Einheit → Weisungen von mehreren hierarchisch übergeordneten Matrixeinheiten erhält; diese unterstehen gemeinsam wiederum einer als Matrixleitung fungierenden → Instanz. – 3. *Vorteile:* V.a. die durch Vermeidung von Einseitigkeiten mögliche Verbesserung der Entscheidungsqualität und die Ausschaltung der spezifischen Stab-Linien-Konflikte. – *Nachteile:* Die praktisch nicht zu vermeidenden Kompetenzüberschneidungen zwischen den Entscheidungseinheiten mit potenziellen Konflikten.

Matrix-Projektorganisation – Organisation, → Projektorganisation, Projektmanagement (PM).

MBO – Abk. für → Management Buyout.

Mediation – Mediation ist ein außergerichtliches vertrauliches und strukturiertes Verfahren, bei dem Parteien mithilfe eines oder mehrere Mediatoren freiwillig und eigenverantwortlich eine einvernehmliche Beilegung ihres Konflikts anstreben (§ 1 Abs. 1 des Mediationsgesetzes vom 21.7.2012 (BGBl. I S. 1577). Der Mediator ist eine unabhängige und neutrale Person ohne Entscheidungsbefugnis, die die Parteien durch die Mediation führt. – 1. Das *Verfahren* der Mediation ist in den §§ 2 ff des Mediationsgesetzes geregelt: Die Parteien wählen den Mediator aus. Dritte können nur mit Zustimmung aller Parteien in die Mediation einbezogen werden. Der Mediator hat Offenbarungspflichten gegenüber den Parteien mit Blick auf seine Neutralität und Unabhängigkeit. Er unterliegt der Verschwiegenheit. – 2. Die *Ausbildung* zum Mediator kann zertifiziert werden. Wer eine den Anforderungen einer Ausbildung, die durch Rechtsverordnung geregelt ist, entsprochen hat, darf sich als zertifizierter Mediator bezeichnen. – 3. *Evaluierung:* Die Auswirkungen des Mediationsgesetzes auf die Entwicklung der Mediation erfolgt durch einen Bericht der Bundesregierung an den Bundestag zum 17.7.2017 (§ 8). – 4. Die Vorschriften über die Mediation haben auch Eingang in die Verfahrensordnungen der verschiedenen Gerichtsbarkeiten gefunden. Nach § 253 Abs. 3 ZPO soll die Klageschrift auch die Angabe enthalten, ob der Klageerhebung der Versuch einer Mediation oder eines anderen Verfahrens der außergerichtlichen Konfliktbeilegung vorausgegangen ist, sowie eine Äußerung, ob einem solchen Verfahren Gründe entgegenstehen. Nach § 278a ZPO kann das Gericht eine Mediation oder ein Verfahren der außergerichtlichen Konfliktbeilegung vorschlagen. Wenn dem gefolgt wird, wie das Ruhen des Verfahrens angeordnet. Entsprechende oder auf die ZPO verweisende Vorschriften in §§ 54,54a ArbGG, § 202 S.1 SGG, § 173 S. 1 VwGO,§ 155 FGO, § § 23,36a FamFG.

Mediator → Mediation.

Medien – 1. Plural von Media. – 2. Plural von → Medium.

Medienpolitik → Kommunikationspolitik.

Medium – Einrichtung zur Übermittlung von Informationen, Meinungen etc., v.a. Funk, Fernsehen, Presse und das → Internet (Massenmedien).

mehrdimensionale Organisationsstruktur – 1. *Begriff:* → Organisationsstruktur, bei der durch parallele Verwendung mehrerer Kriterien für die Bereichsbildung auf einer Hierarchieebene → organisatorische Teilbereiche gebildet werden, die auf unterschiedliche Handlungsaspekte ausgerichtet sind. Es sollen gleichzeitig mehrere Dimensionen einer Handlung im Entscheidungsprozess berücksichtigt werden. – 2. *Grundformen* richten sich nach dem Institutionalisierungsgrad der einzelnen Handlungsdimensionen genannten Bereichsbildungsprinzipien, wobei zwischen folgenden Prinzipien der Kompetenzverteilung gewählt werden kann: (1) Ausgliederungsprinzip, (2) Richtlinienprinzip, (3) Matrixprinzip (→ Matrixorganisation), (4) Serviceprinzip, (5) Stabsprinzip (→ Stab-Linienorganisation). – 3. *Konkrete Konzepte* (unter Rückgriff auf die Konstruktionselemente der Stab-Linien- oder der Matrixorganisation): → Funktionsmanagementorganisation, → Produktmanagementorganisation, → Marktmanagementorganisation, → Kundenmanagementorganisation, → Regionalmanagementorganisation u.a. – 4. *Vorteil:* (Angestrebte) Verbesserung der Entscheidungsqualität. – *Nachteil:* Erhöhte Anforderungen an die → Koordination. – *Gegensatz:* → eindimensionale Organisationsstruktur.

Mehrheitsprinzip – Prinzip der → Willensbildung, bei dem die Mehrheit entscheidet (Stimmenmehrheit, Mehrheitswahl).

Mehrlinienprinzip → Mehrliniensystem.

Mehrliniensystem – 1. *Begriff:* Grundform eines → Leitungssystems, bei der hierarchisch untergeordnete → organisatorische Einheiten → Weisungen von jeweils mehreren → Instanzen erhalten *(Mehrlinienprinzip);* geht zurück auf das von Taylor geprägte → Funktionsmeistersystem. – 2. *Anwendung:* Das Mehrliniensystem wird häufig im

Zusammenhang mit der → Matrixorganisation angewendet. – 3. *Vorteile:* Entlastung und → Spezialisierung der Instanzen; Beschleunigung und Flexibilisierung der → Kommunikation bei Einschränkung der Möglichkeiten einer Informationsfilterung. – 4. *Nachteile:* V.a. meist unvermeidbare Kompetenzüberschneidungen zwischen den weisungsbefugten Instanzen und daraus resultierende potenzielle Konflikte. – *Gegensatz:* → Einliniensystem.

Mehrprojektmanagement → Multiprojektmanagement.

mehrstufiger Betrieb – 1. *Begriff:* Innerbetriebliche Organisationsform von Industriebetrieben. Auf dem Weg des Erzeugnisses vom Urprodukt zum Endprodukt werden mehrere hintereinander liegende Erzeugnisstufen mit marktgängigen Zwischenfabrikaten zusammengefasst, z.B. Braunkohlengrube und Brikettfabrik; Eisenerzgewinnung, Hochofen, Stahlwerk, Walzwerk, Maschinenfabrik. – 2. *Vorteile:* (1) Kostensenkung durch kürzere Transportwege, bessere Kapazitätsausnutzung von Hilfsbetrieben sowie der Einkaufs-, Verwaltungs- und Vertriebsorganisation; (2) Sicherung der Beschäftigung der Vor- und Zwischenerzeugnisse herstellenden Betriebsteile; (3) Sicherung gleichmäßiger Qualität für die nachgelagerten Stufen. – *Gegensatz:* einstufiger Betrieb.

Mehrwegverpackung – Verpackung zur mehrmaligen Nutzung. Mehrwegverpackung schont natürliche → Ressourcen (Umwelt- und Ressourcenökonomik) u.a. durch geringeren Energiebedarf, reduzierte Müllmengen; gleichzeitig sind jedoch Rücknahme- und Sammelorganisation sowie Investitionen für Lager- und Reinigungssysteme erforderlich. – *Gegensatz:* → Einwegverpackung.

Meinungsführung – auf Lazersfeld zurückgehendes Konzept, das Struktur und Prozess des sozialen Einflusses kennzeichnet. V.a. bei der Analyse politischer Einflussprozesse wurde festgestellt, dass nicht die Massenmedien die Rezipienten unmittelbar beeinflussen, sondern dass dieser Einfluss meist von bestimmten Personen (Meinungsführern) ausgeht, die zwar der gleichen sozialen Schicht wie die Geführten angehören, jedoch bes. für den Meinungsgegenstand engagiert sind und sich intensiv mit den Massenmedien auseinander setzen. In der Marktpsychologie wurde das Konzept der Meinungsführung genutzt, um die Marktkommunikation entsprechend zu gestalten oder um durch spezifische verkaufsfördernde Maßnahmen Meinungsführer zu schaffen.

Mengengerüst – 1. *Begriff:* Quantitative und strukturelle Daten eines Unternehmens oder eines Teilbereichs (Produktion, Auftragsbearbeitung etc.), die in der Systemanalyse erhoben werden (z.B. Anzahl der Buchungen pro Tag, Durchlaufzeit pro Fertigungsauftrag). – 2. *Merkmale:* Im Rahmen der → Istanalyse und des Sollkonzepts bzw. der Informationsbedarfsanalyse werden Rahmendaten der Unternehmung und/oder ihrer Teilbereiche benötigt, aus denen Rückschlüsse hinsichtlich des Istzustands und der zukünftigen Konzeption gezogen werden können. Häufig werden die Mengengerüste zu Kennzahlen verdichtet und zu überbetrieblichen Vergleichen herangezogen.

Mengenleistungsprämie – *Quantitätsprämie;* Mischform aus → Zeitlohn und → Akkordlohn mit gegenüber dem Akkordlohn gedämpfter Leistungsgradabhängigkeit. Anwendung, wenn keine → Akkordfähigkeit vorliegt, weil Vorgabezeiten wegen wechselnder Arbeitsbedingungen oder wegen nicht genauer Erfassbarkeit der einzelnen Teilarbeiten für Akkordentlohnung nicht verwendet werden können. – Vgl. auch → Prämienlohn.

Menschenbilder – Vorstellungen über grundlegende Wesensmerkmale des Menschen. – Zu unterscheiden sind bes.: (1) *Complex Man:* Der Mensch hat vielfältige Bedürfnisse, die sich situationsbezogen verändern können. Der Mensch ist ein flexibles, lernfähiges Wesen. (2) *Social Man:* Der Mensch hat überwiegend auf die soziale

Einbettung bezogene Bedürfnisse; v.a. in der Phase der → Human Relations dominierendes Menschenbild. (3) *Homo oeconomicus:* der Mensch mit auf ökonomische Zusammenhänge eingegrenzten Zügen. Modellhafte Vorstellung und Annahmen (Rationalprinzip, Nutzenmaximierung, unendliche Anpassungsgeschwindigkeit, vollkommene Transparenz). Dieses Menschenbild liegt der klassischen und neoklassischen Wirtschaftstheorie zugrunde. (4) Menschenbild v.a. der *Transaktionskostentheorie der Unternehmung:* Opportunismus. (5) *Theorie X* (Gegentheorie zur Theorie Y; beide von D. McGregor): Der Mensch hat eine angeborene Abneigung gegen Arbeit, ist ohne Ehrgeiz und ohne eigenen Antrieb. Zur Arbeit ist er nur noch unter Androhung von Strafe zu bewegen. (6) *Theorie Y* (Gegentheorie von Theorie X): Der Mensch hat Freude an anspruchsvoller Arbeit; Selbstdisziplin, Verantwortung und Verstandeskraft sind seine wesentlichen Merkmale. (7) *Homo sociologicus:* soziologisches Menschenbild, das die soziale Rolle des Menschen und deren Verhaltensprägung in den Mittelpunkt der Betrachtungen stellt. (8) *Realwissenschaftliches Menschenbild:* ein an den Erkenntnissen der Natur- und Sozialwissenschaften orientiertes Menschenbild, in das biologische Erkenntnisse ebenso integriert werden wie psychologische.

Mentoring – Tätigkeit einer erfahrenen Person (Mentor/in), die ihr fachliches Wissen und ihre Erfahrungen an eine unerfahrene Person (Mentee) weitergibt. – Ziel ist die Unterstützung bei der beruflichen und persönlichen Entwicklung. Im Gegensatz zum Coaching ist der Mentor üblicherweise nicht für diese Tätigkeit ausgebildet. – Formal zielt Mentoring auf die Förderung außerhalb des üblichen Vorgesetzten-Untergebenen-Verhältnisses. Inhaltlich geht es darum, informelle Regeln zu vermitteln, in bestehende Netzwerke einzuführen, praktische Tipps zu geben und langfristig die Karriere zu fördern.

Metaconsulting – „*Beratung über Beratung*"; Beratungsdienstleistung, die das Management der Berater und Beratungsprojekte in einem Unternehmen selbst zum Gegenstand hat. Zu den Aufgaben der Metaberater zählen die Analyse des Beratungsbedarfes, die Definition passender Beratungsprojekte, deren Ausschreibung, die Auswahl der am besten geeigneten Berater und die Begleitung der Projekte. Der Metaberater unterstützt v.a. solche Unternehmen, die bislang wenig Erfahrung mit Unternehmensberatung haben. Daher benötigt der Metaberater umfangreiche eigene Erfahrung im Consulting, um seine Kunden optimal unterstützen zu können. Zum Aufgabenbereich des Metaconsultings zählt mit der Definition geeigneter Beratungsprojekte und deren Betreuung in der Durchführung auch das Multiprojektmanagement, das sich mit dem Management eines ganzen Projektportfolios befasst.

Metaplanung (MP) – 1. *Begriff:* Planung, die sich nicht auf inhaltliche Ziele, Strategien etc. bezieht, sondern die Gestaltung der Planung bzw. des Planungs- und Kontrollsystems selbst zum Gegenstand hat. – 2. *Merkmale:* Damit kann das Planungs- und Kontrollsystem effizienter gestaltet werden; es kann aber auch überprüft werden, ob die Existenz eines solchen Systems überhaupt eine ökonomische Lösung darstellt. Sie stellt somit auch ein wichtiges Hilfsmittel der Organisation der Planung dar (→ Unternehmensplanung).

Meta-Projektmanagement → Multiprojektmanagement.

Methodenkompetenz – Fähigkeit zur Anwendung von Arbeitstechniken, Verfahrensweisen und Lernstrategien. Methodenkompetenz beinhaltet die Fähigkeit, Informationen zu beschaffen, zu strukturieren, wiederzuverwerten, darzustellen, Ergebnisse von Verarbeitungsprozessen richtig zu interpretieren und sie geeignet zu präsentieren. Ferner gehört dazu die Fähigkeit zur Anwendung von Problemlösungstechniken und zur Gestaltung von Problemlösungsprozessen. Neben

→ Fachkompetenz und → Sozialkompetenz Teil einer umfassenden → Handlungskompetenz. Gewinnt v.a. im Zusammenhang mit neuen Formen der Arbeitsstrukturierung (→ Jobenrichment, → teilautonome Arbeitsgruppe) wachsende Bedeutung.

Mezzanine-Finanzierung – *Mezzanine Financing*. 1. *Begriff:* Finanzierung mit Hybridkapital. Sie bezieht ihre Position zwischen dem stimmberechtigten Eigenkapital und dem erstrangigen Fremdkapital. Eine Mezzanine-Finanzierung enthält sowohl Eigenschaften der Eigen- wie auch der Fremdkapitalfinanzierung. Sie hat ihren Ursprung bei der Finanzierung von → Management Buyouts (MBO) und wird auch bei Wachstumskapitalfinanzierungen und zur Finanzierung von Akquisitionsstrategien eingesetzt. – 2. *Merkmale:* Der Begriff Mezzanine deutet darauf hin, dass es sich um eine Finanzierungsform handelt, die zwischen dem voll haftenden Eigenkapital und einem i.d.R. dinglich besicherten erstrangigen Darlehen steht. Zur Vergütung des damit verbundenen höheren Risikos partizipiert der Mezzanine-Geber häufig zusätzlich zu einer festen Verzinsung des Darlehens am Wertzuwachs des Unternehmens, z.B. mit einer Kaufoption auf einen definierten Anteil am Grundkapital des kreditnehmenden Unternehmens (Equity-Kicker). – 3. *Formen:* In der Praxis ist eine Vielzahl von Gestaltungen der Mezzanine-Finanzierung anzutreffen, die sich z.B. in der Form von typisch oder atypisch stillen Beteiligungen, Genussscheinen oder Wandel-/Optionsanleihen konkretisieren. Abhängig von der Form und der Ausgestaltung werden Mezzanine-Finanzierungsinstrumente bilanziell entweder dem Eigenkapital oder dem Fremdkapital zugerechnet. – 4. *Anbieter:* Inzwischen haben sich in Deutschland neben den spezialisierten Structured-Finance-Abteilungen der Großbanken auch bankenunabhängige Mezzanine-Geber etabliert, auf die v.a. im Rahmen komplexer Finanzierungen, z.B. bei der Durchführung von MBOs, zurückgegriffen wird.

Middle Management – im angloamerikanischen Sprachgebrauch die mittlere Führungsbzw. Leitungsebene in Unternehmungen und anderen Institutionen zwischen → Top Management und → Lower Management. Zu dem Middle Management zählen Betriebsleiter und Obermeister im Fertigungsbereich und Abteilungsleiter und Ressortchefs im kaufmännischen Sektor. Sie sind für einen Teilbereich des Unternehmens wie Fertigung, Rechnungswesen etc. verantwortlich. Mitglieder des Middle Management sind Mitarbeiter hierarchisch höherstehender Vorgesetzter und gleichzeitig Vorgesetzte der ihnen hierarchisch nachgeordneten Mitarbeiter und damit einem doppelten Erwartungsdruck ausgesetzt. – Im Rahmen der Einführung schlanker Hierarchien und Lean Management, wonach ein Teil von Koordinationsaufgaben auf hierarchisch niedriger stehende oder auf → teilautonome Arbeitsgruppen übertragen werden soll, wird ihre bisherige Vorgesetztenposition grundlegend verändert.

Mikropolitik – Sammlung alltäglicher Strategien und Vorgehensweisen, die Führungskräfte und Mitarbeiter in Organisationen einsetzen, um die eigene Macht aufrecht zu erhalten, den eigenen Kontrollspielraum zu erweitern oder sich der Kontrolle durch andere zu entziehen.

Millenium Ecosystem Assessment – 1. *Begriff:* Das „Millenium Ecosystem Assessment" ist eine globale, wissenschaftliche Analyse der Ökosystemveränderungen (→ Ökosystem) und deren Konsequenzen für die Menschheit. – 2. *Entwicklung:* Die Analysemethode wurde von 1.360 Natur- und Sozialwissenschaftlern aus 95 Ländern unter der Koordination der UNEP entwickelt. Im Zeitraum von 2000 bis 2005 erarbeiteten sie Berichte die von 600 Experten geprüft wurden. – 3. *Ecosystems and human well-being – Opportunities for business and industries:* Die Wirkungen auf die Wirtschaft werden in dem Bericht „Ecosystems and human well-being – Opportunities for business and industries" thematisiert,

Szenario	Merkmal	Annahmen
„Strength Order"	betont heimische Märkte	reaktives Umweltmanagement
„Global Orchestration"	Stark vernetzte Gesellschaft mit globalen Märkten	reaktives Umweltmanagement
„Adapting Modaic"	betont heimische Märkte	proaktives Umweltmanagement
„Techno Garden"	Stark vernetzte Gesellschaft mit globalen Märkten	proaktives Umweltmanagement

indem vier Szenarien betrachtet wurden. Diese erstrecken sich über den Zeitraum 2000 bis 2050 und für jedes Szenario wird in eine räumliche Dimension (→ Globalisierung vs. Regionalisierung) und eine Aktionsdimension (proaktiv vs. reaktiv) unterschieden. – 4. *Die vier Szenarien:* s. Tabelle oben. – 5. *Bewertung:* Die Bewertung und Analyse eines → Ökosystems findet anhand der Kategorien Versorgungsfunktion, Regulierungsleistung und kulturelle Leistung sowie Unterstützungsfunktion statt. – 6. *Ergebnisse:* Dass Unternehmen Ökosysteme zur Generierung von Wettbewerbsvorteilen nutzen können, wird durch alle vier Szenarien verdeutlicht. Außerdem werden den Entscheidungsträgern die Konsequenzen ihres Handelns aufgezeigt. Handlungsempfehlungen für die Erhaltung sowie der Verbesserung einer nachhaltigen Nutzung von Ökosystemen können gegeben werden. Zusätzlich könnte die Analyse für die Gestaltung und Novellierung gesetzlicher Rahmenbedingungen dienen.

Minimumsektor → Ausgleichsgesetz der Planung.

Minutenfaktor – Teil der Lohnformel beim Zeitakkord (Stückzeitakkord), der den auf eine Minute bezogenen Akkordrichtsatz angibt. Multipliziert mit der durch Arbeitszeitstudien ermittelten → Vorgabezeit und der geleisteten Stückzahl ergibt sich der Bruttolohn. – Vgl. → Akkordlohn

MIPS – I. Informatik: Abk. für *Million Instructions Per Second*; Maß für die Leistungsfähigkeit der Zentraleinheit eines Computers; gemessen wird i.d.R. mit einer Reihe von Programmen, die den Prozessor wie im normalen Betrieb belasten.

II. Marketing: Die das ganze Produktleben umspannende *Material-Intensität pro Serviceeinheit,* also der gesamte Materialverbrauch pro Einheit Dienstleistung oder Funktion. Jede zusätzliche Dienstleistung, die ein Produkt leistet, halbiert den zuletzt erreichten Wert von MIPS.

III. Umweltökonomie: Abk. für *Material-Intensität pro Serviceeinheit*; ist ein Verfahren zur Ökobilanzierung. Bewertungsgröße ist der Materialverbrauch pro Einheit, Dienstleistung bzw. Funktion über den gesamten Lebenszyklus (vgl. Schmidt-Bleek/Klüting 1994, S. 108). Fünf Kategorien werden betrachtet: biotische Rohmaterialien, abiotische Rohmaterialien, Bodenbewegung in Land- und Forstwirtschaft, Luft und Wasser (vgl. Schmidt-Bleek/Klüting 1994, S. 79 ff.). Aggregation der Werte und Division durch die gesamten Nutzungseinheiten. – *Ergebnis:* aggregierte Kennzahl.

Mirror Stock → Tracking Stocks.

Mischakkord – Sonderform des → Akkordlohns, bei der der Verdienst in einen leistungsabhängigen und in einen leistungsunabhängigen Anteil zerlegt wird, wobei der leistungsabhängige Teil meist eine lineare Beziehung zur Leistung aufweist. Zwischenform von Proportionalakkord und Zeitlohn.

Misfit → Belastung.

Misfit-Analyse – Instrument v.a. des → strategischen Management mit dem Ziel, Denkanstöße zu geben. – *Analyseverfahren:* Ausgangspunkt bildet die zentrale Hypothese, dass eine Organisation erfolgreich ist, wenn Umfeld, Strategie, interne sowie Führungs- und logistische Fähigkeiten übereinstimmen (→ Führungsmodelle). Ändert sich etwas im Ausmaß der Umfeldturbulenz, so müssen Misfits (Unstimmigkeiten) im strategischen Verhalten neu zur Übereinstimmung gebracht werden, d.h., die Interaktion von Organisation und Umfeld muss neu ausgestaltet werden. Dies wird begleitet von einer Veränderung der internen Konfiguration wie der → Unternehmenskultur und den Fähigkeiten. Problem- und Eigenkomplexität müssen aufeinander abgestimmt werden. – *Beurteilung*: Misfit-Analyse ist ein relativ grobes, wenig operationalisierbares Instrument.

Mission → Unternehmensleitbild.

Mission Statement → Unternehmensleitbild.

Mitarbeiterbeurteilung – *Personalbeurteilung*. 1. *Begriff*: planmäßige und systematische Beurteilung von Mitgliedern der Organisation durch Vorgesetzte, häufig in regelmäßigen Zeitabständen (i.d.R. ein Jahr). Bewertet wird die Leistung und/oder das Verhalten und/oder die Persönlichkeit. – 2. *Beurteilungsmethoden*: merkmalsorientierte Einstufungsverfahren: stark standardisierte Verfahren, bei denen der Mitarbeiter anhand eines Rasters von Kriterien und einer mehrstufigen Skala bewertet wird. Klassisches Verfahren. – Zielorientierte Verfahren: Die Erreichung zuvor festgelegter Ziele wird beurteilt (Zielerreichungsgrad), dieses Verfahren gewinnt immer mehr an Bedeutung. Rangordnungsverfahren, freie Beurteilung, Kennzeichnungsverfahren haben kaum noch Praxisbedeutung. – In der Praxis liegen oft Mischkonzepte vor, z.B. eine merkmalsorientierte Bewertung kombiniert mit Zielfeststellung und ergänzende freie Beschreibungen. – 3. *Zweck*: Lohn- und Gehaltsdifferenzierung, Leistungsrückkopplung, → Karriereplanung, Personalentwicklung, berufliche Weiterbildung, → Personalauswahl. – 4. *Arbeitsrechtliche Regelungen*: Beurteilung des Arbeitnehmers.

mitarbeiterbezogene Planung und Kontrolle – 1. *Begriff*: Operatives Planungs- und Kontrollsystem, das im Unterschied zur bereichsbezogenen → Personalplanung nicht

„summarisch" plant, sondern auf den einzelnen Mitarbeiter als Planungseinheit ausgerichtet ist; sie erfüllt somit auch Funktionen einer → Laufbahnplanung. – 2. *Merkmale*: Es geht hier darum, einen Interessenausgleich zwischen den Leistungszielen des Unternehmens und den individuellen Mitarbeiterzielen zu finden. Dabei konzentriert man sich auf einen engeren Kreis von Führungs- und Nachwuchskräften, die für die weitere Unternehmensentwicklung eine bes. Bedeutung besitzen (→ Potenzialanalyse); sie ist daher auch geeignet, Aufgaben im Rahmen eines → strategischen Managements zu übernehmen.

Mitarbeiterführung → Führung.

Mitarbeitergespräch – Instrument der Personalführung, findet in regelmäßigen und unregelmäßigen Abständen zwischen Vorgesetztem und Mitarbeiter statt. – *Hauptformen*: Zielvereinbarungsgespräch, Beurteilungsgespräch, Entwicklungsgespräch, Konfliktgespräch, Informationsgespräch, Problemlösungsgespräch. Häufig orientieren sich diese Gespräche an Personalbögen, Checklisten oder Leitfäden, die u.a. als Strukturgrundlage für das Gespräch dienen.

Mitarbeitermotivation – 1. *Begriff*: Einflussnahme der Führungskraft bzw. des Unternehmens auf den Mitarbeiter, um eine Verbesserung dessen Verhaltens und/oder dessen Leistung zu erzielen (vgl. auch → Arbeitsmotivation). – 2. *Mögliche Ebenen der Einflussnahme*: (1) materielles Umfeld: Arbeitsplatzbedingungen (Sauberkeit, → Arbeitsmittel, Arbeitszeit, Entlohnung etc.), (2) psychisches Umfeld: → Führungsstil des Vorgesetzten, Zusammenarbeit mit Kollegen, Teamarbeit etc., (3) privates Umfeld: Familie, Freunde, Freizeit, Work-Life-Balance etc.

Mitarbeiterorientierung – *Consideration*; neben der → Aufgabenorientierung eine der bekanntesten Beschreibungsdimensionen des → Führungsverhaltens. Die Mitarbeiterorientierung ist dadurch gekennzeichnet, inwieweit sich die Führungskraft menschlich um jeden Mitarbeiter kümmert, nach seinem oder ihrem Wohlergehen fragt, nach den Sorgen, der häuslichen Situation etc. Mitarbeiterorientierung steht tendenziell im Zusammenhang mit hoher → Arbeitszufriedenheit der Arbeitsgruppe.

Mitigation – 1. *Begriff:* Mitigation beschreibt die aktive Verringerung der Treibhausgasemissionen, um die Auswirkungen auf den Klimawandel zu steuern (vgl. Bundesministerium für Bildung und Forschung 2007, S. 11). – 2. *Abgrenzung:* Mitigation ist von → Adaptation abzugrenzen. Adaptation beinhaltet nur einen Anpassungsprozess an veränderte Klimabedingungen und kein proaktives Verhalten.

Mitteilung – schriftliche oder mündliche Form der → Kommunikation zwischen über- und untergeordneten sowie gleichberechtigten Stellen. Wird als Aktennotiz, Bericht, Kopie zur Kenntnis gegeben. – *Anders:* Anweisung.

mittelfristige Planung – Fristigkeit, → Unternehmensplanung.

Mobbing – Phänomen in der Arbeitswelt, wobei ein Mitarbeiter durch Kollegen oder Vorgesetzte gezielt und dauerhaft angegriffen und ausgegrenzt wird. Mobbing kann sich z.B. äußern durch Verbreitung falscher Tatsachen, Zuweisung sinnloser Arbeitsaufgaben, soziale Isolation, ständige Kritik an der Arbeit und Gewaltandrohung. Nicht zu Mobbing zu zählen sind kleine Konflikte oder vereinzelt auftretende Streitereien.

Mobilitätsbarrieren – Sammelbezeichnung für → Markteintrittsschranken und → Marktaustrittsschranken.

Modelllernen – *soziales Lernen, Lernen am Modell;* Lernmechanismus, nach dem nicht durch eigene Erfahrung gelernt wird, sondern dadurch, dass das Verhalten anderer Personen (Modelle) beobachtet wird. Das Modelllernen wird beabsichtigt im Rahmen von Trainingsmaßnahmen eingesetzt oder läuft unwillkürlich im Rahmen der beruflichen → Sozialisation ab. Lernen am Modell wird erleichtert, wenn die Verstärkung für das zu lernende Verhalten direkt sichtbar ist, das Modell als positiv eingeschätzt wird (z.B. ein allg. respektierter Mitarbeiter), das Modell dem Beobachter ähnlich ist (z.B. selbes Geschlecht), die Aufmerksamkeit der Beobachter verstärkt wird, das Verhalten des Modells sich deutlich von dem Verhalten anderer Personen (d.h. potenzieller Modelle) unterscheidet und das Verhalten des Modells auch ohne Schwierigkeiten von dem Beobachter ausgeführt werden kann.

Moderation – Moderation ist ein Instrument, welches die Kommunikation in Teams in der Art und Weise unterstützt und ordnet, dass die Ressourcen der Teilnehmer bestmöglich zum Einsatz kommen. Sie ist weiterhin eine Arbeits- und Darstellungstechnik, die der Moderator in Arbeitsgruppen, bei Konferenzen oder in ähnlichen Situationen einsetzt. Der Moderator bietet Hilfen methodischer Art zur Problemlösung oder auch Konfliktregelung an, ohne dabei inhaltlich Stellung zu beziehen bzw. Partei zu ergreifen. – *Beispiele für Moderationsmethoden:* Sammlung von Vorschlägen, Ideen, Meinungen der Gruppenmitglieder auf Pappkärtchen, die an Stellwände geheftet und dann geordnet werden (Kartenabfrage); anschließende Bewertung von Lösungsvorschlägen, indem die Teilnehmer eine aufgelistete Reihe von Alternativen mithilfe von Klebepunkten bewerten. – Vgl. auch → Organisationsentwicklung.

Modulararbeitszeit – Modell der → Arbeitszeitflexibilisierung (→ Arbeitszeitmodelle). Bei der Modulararbeitszeit wird das Konzept der Aneinanderreihung von Teilschichten konsequent durchgeführt, wobei mehr als zwei Teilschichten gleicher oder unterschiedlicher Länge (Arbeitsmodule) mit festgelegtem Beginn und Ende die gesamte Betriebszeit ergeben. Ein Mitarbeiter kann täglich ein oder mehrere und täglich wechselnde Arbeitsmodule belegen. Die

Abstimmung erfolgt im Ausgleich mit betrieblichen Notwendigkeiten. Diese soll ein Menü aus Wunsch- und auferlegten Modulen sein; die Mitarbeiter können ihre Module untereinander handeln oder auch selbstständig untereinander aufteilen, dabei müssen jedoch bestimmte Vorgaben des Arbeitgebers beachtet werden. Die Länge, die Lage und die Gliederung der Arbeitszeitmodule werden von den gesetzlichen, tariflichen und betrieblichen Arbeitszeitvorschriften mitbestimmt. Das Modell der modularen Arbeitszeit kann auf Basis von Voll- und Teilzeitarbeit realisiert werden. Um dieses Modell überhaupt realisieren zu können ist es notwendig den Arbeitsanfall und die daraus resultierende notwendige Mitarbeiterstärke zu kennen.

Modularisierung – I. Organisation: Bildung → organisatorischer Einheiten als unternehmerische, sich wechselseitig ergänzende Grundbausteine, die in Abhängigkeit von der konkreten Situation und der zu bewältigenden Aufgabe jeweils unterschiedlich kombiniert werden können. Diese modularen Einheiten zeichnen sich durch eine relativ geringe Größe und gute Überschaubarkeit aus. Bei der organisatorischen Gestaltung werden sie oft mit umfassenden → Kompetenzen und (Ergebnis-)Verantwortung ausgestattet (→ Profitcenter). Dies setzt i.d.R. eine hinreichende Qualifikation und → Motivation der betroffenen → Organisationsmitglieder voraus. Zur Verknüpfung der organisatorischen Einheiten ist die Nutzung moderner Informations- und Kommunikationstechnik notwendig. Das Prinzip der Modularisierung wird v.a. von neueren Organisationskonzepten, wie der → virtuellen Organisation, propagiert.

II. Wirtschaftsinformatik: 1. *Begriff*: Im Software Engineering die Zerlegung eines umfangreicheren Problems in kleinere Teilprobleme, die als Module eines Softwaresystems realisiert werden. – 2. *Ziele*: a) *Reduktion der Problemkomplexität* durch Vereinfachung, dadurch Verbesserung der Softwarequalität,

v.a. der Zuverlässigkeit, Verständlichkeit, Wartungsfreundlichkeit und Portabilität. – b) *Schaffung von Teilaufgaben,* die in einem Team *arbeitsteilig* und möglichst unabhängig voneinander gelöst werden können (Modul als Work Assignment). – 3. *Prinzipien zur Modularisierung*: Modularisierungsprinzipien.

Monitoring – alle Aktivitäten, deren Ziel es ist festzustellen, ob ein Vertragspartner seine Verpflichtungen erfüllt. Monitoring ist im Rahmen der Agency-Theorie ein Instrument zur Verringerung von Informationsasymmetrien. – Vgl. auch → strategische Frühaufklärung.

monopolistischer Vorteil → internationale Unternehmung.

Monotonie – negative Beanspruchungsfolge (→ Beanspruchung und Belastung), bei der die psycho-physische Aktivierung herabgesetzt ist. Sie setzt in reizarmen Situationen ein, wenn eine Person über längere Zeit sich wiederholt mit gleichartigen und eintönigen Tätigkeiten beschäftigen muss. Entgegenwirken kann man dieser Beanspruchungsfolge durch entsprechende Maßnahmen der Arbeitsgestaltung, wie etwa → Jobrotation.

Motiv – 1. *Begriff*: (Höhere) Motive sind zeitlich relativ überdauernde psychische Eigenschaften von Personen. Sie werden im Zug der Sozialisation erworben und bilden ein verhältnismäßig stabiles System. – 2. *Komponenten*: a) *Aktivierende Komponente*: Triebe, die das Verhalten, ausgelöst durch Störung des biologischen Gleichgewichts, aktivieren und lenken (→ Aktivierung, → Emotionen). – b) *Kognitive Komponente*: bewusster oder willentlicher Prozess der Zielsetzung, der Wahrnehmung und Interpretation von Handlungsalternativen umfasst, d.h. ein bewusstes Anstreben von Zielen; in der Motivationstheorie ist die Zugehörigkeit der kognitiven Komponente umstritten. – 3. *Arten*: (1) „niedere", physiologisch bedingte Motive (angeborene Triebe und Emotionen, z.B. Hunger, Durst, Schlaf, Sexualität); (2) „höhere"

Motive, die erst nach der Befriedigung von Trieben und Emotionen auftreten (z.B. soziale Motive, Selbstverwirklichung). Weitere Unterscheidung nach Komplexität (Zusammenwirken verschiedener Antriebskräfte) und Konkretheit der Motive – 4. *Bedeutung für Marketing und Werbung:* In erster Linie Beschäftigung mit der aktivierenden Komponente: Durch Gliederung der Konsummotivationen in zugrunde liegende Emotionen und Triebe können Zusammenhänge zwischen Antriebskräften und Handlungsabsichten aufgedeckt werden. Für die Werbung ergeben sich daraus Strategiekonzepte, z.B. Ansprechen und Verstärken der sozialen Motive (u.a. Gruppenzugehörigkeit, Prestige) oder Hervorheben der durch eine Marke möglichen Triebbefriedigung. – 5. *Messung:* in erster Linie durch → Befragung. Problematisch ist allerdings das Nichtbewusstsein vieler Antriebskräfte und Handlungsabsichten. Deshalb oft auch Einsatz projektiver und nicht verbaler Befragungsmethoden.

Motivation – Zustand einer Person, der sie dazu veranlasst, eine bestimmte Handlungsalternative auszuwählen, um ein bestimmtes Ergebnis zu erreichen und der dafür sorgt, dass diese Person ihr Verhalten hinsichtlich Richtung und Intensität beibehält. Im Gegensatz zu den beim Menschen begrenzten biologischen Antrieben sind Motivation und einzelne → Motive gelernt bzw. in Sozialisationsprozessen vermittelt. Der Begriff der Motivation wird oft auch im Sinn von Handlungsantrieben oder Bedürfnissen verwendet. – Vgl. auch → Motivationspotenzial, Motivationstheorien, → Arbeitsmotivation, → Leistungsmotivation, → Zweifaktorentheorie.

Motivationsforschung – Forschungsgebiet der Psychologie, das sich auf alle Fragen nach dem Beweggründen für das menschliche Verhalten bezieht (→ Motivation). – Motivationsforschung unterscheidet sich von der *Motivforschung* dadurch, dass sich diese auf

Einzelmotive (z.B. Konsumbedürfnisse) bezieht.

Motivationspotenzial – latente Stärke der → Motivation. Eine Tätigkeit weist ein *erhöhtes Motivationspotenzial* auf, sofern sie den Einsatz unterschiedlicher Fähigkeiten ermöglicht sowie die Ausführung einer ganzheitlichen Aufgabe verlangt, die einen bedeutsamen Inhalt hat, Entscheidungsfreiheit beinhaltet und so gestaltet ist, dass die Person eine Rückkopplung in Bezug auf das Arbeitsergebnis erhält (Oldham und Hackmann). Der *Vergrößerung des Motivationspotenzials* dienen Maßnahmen der Arbeitserweiterung (→ Jobenlargement), Arbeitsbereicherung (→ Jobenrichment) sowie der → teilautonomen Arbeitsgruppe.

Motivatoren – bilden innerhalb der → Zweifaktorentheorie der Zufriedenheit von Herzberg jene Bestandteile der Arbeitssituation, die langfristig → Arbeitszufriedenheit bedingen und zugleich die Leistungsbereitschaft verbessern. Wichtige Motivatoren sind Leistung, Anerkennung, Aufgabeninhalt, Verantwortung, Aufstiegsperspektive sowie Wachstumsmöglichkeit.

Muddling-through-Strategie – Entscheidungstheorie, die von nur wenigen Annahmen ausgeht. Es werden nicht alle möglichen Strategiealternativen gesucht und bewertet, sondern es wird nur eine relativ kleine Zahl von Alternativen betrachtet. Auch die daraus abgeleiteten Konsequenzen werden beschränkt. Es wird also lediglich eine schrittweise Näherungslösung angestrebt.

Multifaktor-Matrix – 1. *Begriff:* Darstellung der Geschäfte eines Unternehmens (im Sinn der Vorgehensweise einer → Portfolio-Analyse) nach den beiden Dimensionen „Marktattraktivität" (Deckungsbeitragssumme aller Wettbewerber) und „relative Wettbewerbsstärke" (anteiliger Deckungsbeitrag des Unternehmens in Prozent), zu mehreren Zeitpunkten (z.B. für 1987, 1997 und 2000) bewertet und positioniert. Verbindet man diese Positionierungen pro Geschäft zu einer Zeitreihe untereinander, so ergibt sich eine grafische Darstellung des „Kurses" des eigenen Geschäfts im Wettbewerb. – 2. *Vorgehensweise:* a) Zuerst wird der *Handlungsspielraum für mögliche Innovationen in den Strategien analysiert.* Dazu wird das Geschäftssystem bzw. die unternehmensinterne Wertschöpfungskette (→ Wettbewerbsstrategie) rekonstruiert; dies ist die Abfolge der Schritte, mit denen ein Unternehmen in einem gegebenen Geschäft seine Güter und Dienstleistungen produziert und an den Kunden bringt. Jede dieser Wertschöpfungsstufen wird daraufhin untersucht, auf welche Art und Weise im Verhältnis zu den Wettbewerbern die Funktion der Stufe erfüllt wird, ob neue Wege gegangen werden können und wenn ja, wie sich diese Innovationen auf die Wettbewerbsposition und das übrige Geschäftssystem auswirken. – b) Aus dieser Analyse werden dann die sog. *Haupterfolgsfaktoren* ermittelt, die Faktoren, die dem Unternehmen die größten Differenzierungsmöglichkeiten gegenüber Wettbewerbern gewähren. Um derartige Differenzierungsmöglichkeiten innerhalb der Haupterfolgsfaktoren zu generieren, werden die sog. *strategischen Freiheitsgrade* ermittelt, die beim Einsatz des jeweiligen Faktors die größten Wettbewerbschancen versprechen. – c) Aus den zur Verfügung stehenden Möglichkeiten wird dann als Strategie die *Kombination ausgewählt,* die den größtmöglichen Kundennutzen zu niedrigsten Kosten verspricht. Die Menge der derart ermittelten Geschäftsfeldstrategien wird schließlich zur Grundlage der Multifaktor-Matrix gemacht, um so die Investitionsprioritäten festlegen und Finanzierungsbeschränkungen erkennen zu können.

multikulturelles Management → interkulturelles Management.

Multimomentverfahren – Beobachtungstechnik des Arbeitszeitstudiums, bei der eine Häufigkeitsstudie im Sinn der mathematischen Stichprobentheorie durchgeführt wird; erfasst wird die Häufigkeit zuvor festgelegter Ablaufarten an einem oder mehreren Arbeitsplätzen mithilfe stichprobenartig durchgeführter Kurzzeitbeobachtungen. In den USA und einigen europäischen Ländern sehr verbreitet. Mit dem Multimomentverfahren kann eine hohe Genauigkeit der Zeitstudien (Multimoment-Zeitstudie) erreicht werden, ohne dass dabei Messgeräte gebraucht werden.

Multinational Corporation (MNC) → internationale Unternehmung, → multinationale Unternehmung.

Multinational Enterprise (MNE) → internationale Unternehmung.

multinationale Strategie – strategische Orientierung eines international tätigen Unternehmens mit polyzentrischer Prägung. Es erfolgt eine größtmögliche Anpassung an lokale Gegebenheiten bei gleichzeitig größtmöglicher Dezentralisierung. Tochtergesellschaften im Ausland handeln weitgehend autonom und unabhängig von der Muttergesellschaft.

multinationale Unternehmung – *multinationales Unternehmen;* international tätiges Unternehmen mit multinationaler strategischer Grundorientierung. – Vgl. auch → internationale Strategie, → multinationale Strategie.

Multiprojektmanagement – *Mehrprojektmanagement; Projektportfolio-Management.* 1. *Begriff:* Gegenstand des Multiprojektmanagements sind Auswahl, Planung, Steuerung und Überwachung der gesamten Projektlandschaft eines Unternehmens oder einer Einheit. – 2. *Ziele:* Das Multiprojektmanagement zielt – mit Blick auf die Erreichung der Unternehmensziele – auf die Auswahl der effektiven Projekte und gleichzeitig auf den effizienten Einsatz der (v.a. technischen, finanziellen, personellen) Ressourcen ab. Es verfolgt damit unmittelbar (strategische) Unternehmenszielsetzungen und sichert Investitionen ab. Das Multiprojektmanagement wird häufig von einem zentralen Projektbüro verantwortet. – 3. *Aufgaben:* Es werden beantragte und laufende Projekte nach einheitlichen

Kriterien, v.a. hinsichtlich ihres Beitrags zu den Unternehmenszielen und ihrer Wirtschaftlichkeit, bewertet, priorisiert bzw. repriorisiert. Eine → Portfolio-Analyse zeigt Abhängigkeiten und Synergien zwischen Projekten und verdeutlicht die Risikoexponierung der Landschaft. Überwachende und steuernde Maßnahmen dienen der Prüfung des Projektfortschritts, zielen auf die Lösung von Abgrenzungs- und Schnittstellenproblemen und die Nutzung von Synergien ab. Sie führen – im Bedarfsfall – zur Eskalation, zur Intervention und ggf. zum frühzeitigen Abbruch eines Projektes. Daneben sorgt das Multiprojektmanagement für die Sicherung von Erfahrungswerten (z.B. bewährte Vorgehensweisen aus Einzelprojekten) und deren Anwendung. – Vgl. auch Projektmanagement (PM). Zunehmend finden bei der Auswahl, Steuerung und Nachbetrachtung die Aspekte des Chancenmanagements, der gezielten Ausrichtung der Projektziele auf den Nutzen und Mehrwert für das Unternehmen, Eingang in das Multiprojektmanagement. Neben der Nutzeneinschätzung zur Auswahl der richtigen Projekte und dem Nutzeninkasso nach Abschluss der Projekte ist die Überprüfung im Projektverlauf, insbesondere zum ersten Meilenstein, erfolgskritisch.

N

Nachfolgeberatung – 1. *Begriff:* Nachfolgeberatung ist eine komplexe Consulting-Dienstleistung, die sich mit der Nachfolge des Gründers oder geschäftsführenden Unternehmers insbesondere in mittelständischen Unternehmen befasst. Ziel ist die Absicherung der qualifizierten Nachfolge und die Organisation des Generationenwechsels. – 2. *Problemstellungen:* Ein Generationenwechsel an der Spitze eines Unternehmens kann nicht kurzfristig erfolgen, sondern ist ein langfristig angelegter Prozess mit spezifischen Problemstellungen und birgt aufgrund der hohen emotionalen Beteiligung der Beteiligten ein hohes Konfliktpotenzial. Ein wesentlicher Aspekt der Nachfolgeberatung ist die Verteilung und weitere Entwicklung des unternehmerischen Vermögens: Dabei geht es um die Übertragung der Anteile am Unternehmen mit den entsprechenden steuer- und gesellschaftsrechtlichen Regelungen sowie um die Klärung, wie die eventuelle Auszahlung von Familienmitgliedern oder anderen Teilhabern zu finanzieren ist. Zum anderen ist mit Blick auf die Zukunft die Führung des Unternehmens als Einnahmequelle für verbleibende Familienmitglieder zu klären, sei es in der Funktion des Managers oder Gesellschafters. Die Nachfolgeberatung beginnt i.d.R. noch vor der Organisation des Übergabeprozesses mit der Sondierung, ob der Nachfolger überhaupt gewillt und in der Lage ist, das Unternehmen zu übernehmen. Steht in der Familie oder im Umfeld des Unternehmens generell oder in absehbarer Zeit kein Nachfolger zur Verfügung, kann der Einsatz eines Fremdmanagers oder in letzter Konsequenz auch der Verkauf des Unternehmens in Betracht gezogen werden. – 3. *Beratungsansätze:* Nachfolgeberatung wird häufig von Experten aus Rechts-, Steuerberatung und Wirtschaftsprüfung durchgeführt, die die erbschafts- und ertragsrechtlichen Folgen des Generationenwechsels prüfen und die Unternehmen bei der Umsetzung strategischer Pläne und der organisatorischen Neugestaltung unterstützen. Ein weiterer Ansatzpunkt für Berater ist die Suche nach dem geeigneten Nachfolger und seine Positionierung im Unternehmen. Hier haben sich u.a. folgende Beratungsleistungen bewährt: Entwicklung eines neuen Firmenleitbildes und einer Zukunftsvision unter neuer Führung, Moderation bei Konflikten und schwierigen Führungssituationen in der Phase des Wechsels, → Coaching des Nachfolgers als Führungskraft.

Nachgründung – umschreibt Verträge, welche die Aktiengesellschaft in den ersten beiden Jahren nach ihrer Errichtung mit einem bestimmten Personenkreis, nämlich Gründern oder Aktionären, die mit mehr als zehn Prozent an der Gesellschaft beteiligt sind, abschließt und aufgrund derer die Gesellschaft Anlagen oder sonstige Vermögensgegenstände zu einer zehn Prozent ihres Grundkapitals übersteigenden Vergütung erwerben soll (§ 52 I AktG). Die Vertretungsmacht des Vorstands (§ 78 AktG) wird für Verträge dieser Art dahingehend beschränkt, dass ihre Wirksamkeit u.a. von folgenden Voraussetzungen abhängig gemacht wird: (1) Zustimmung der Hauptversammlung (HV). (2) Eintragung in das Handelsregister (Handelsregistereintragung). (3) Prüfung durch einen oder mehrere Gründungsprüfer (→ Gründungsprüfung). Durch die Voraussetzungen soll die Umgehung der Sachgründungsvorschriften (§§ 27, 32 ff. AktG) verhindert und letztlich die Kaufpreisaufbringung gesichert werden. Des Weiteren wird die Aktiengesellschaft dadurch vor übermäßiger Einflussnahme ihrer Gründer auf den Vorstand bewahrt.

nachhaltiges Personalmanagement – 1.

Begriff: steht für ein → Personalmanagement, das seine Handlungen, Konzepte und Strategien an langfristigem, wirtschaftlichem Erfolg und an allen betroffenen Stakeholdern ausrichtet. Es spricht dabei sowohl die Funktion der → Personalführung als auch die der → Personalverwaltung an. – 2. *Merkmale der Nachhaltigkeit im Personalmanagement*: (1) Personalplanung: Künftiger Personalbedarf wird im Rahmen der strategischen Unternehmensentwicklung und der Unternehmensziele auf höchster Entscheidungsebene im Unternehmen langfristig ermittelt und geplant. Dabei geht es sowohl um die kollektive wie individuelle Personalplanung, bei der eine Laufbahnplanung horizontal wie vertikal erfolgen kann. (2) Personalentwicklung: Ebenso wie bei der Personalplanung setzt man hier auf eine langfristige Strategie, um Qualifikationen und Kompetenzen der Mitarbeiter zu erhalten und zu verbessern. Dazu bedarf es einer kontinuierlichen Situations- und Bedarfsanalyse. (3) Personalkommunikation: Eine integrative Kommunikation in diesem Bereich umfasst interne wie externe Stakeholder, Einzelpersonen, Gruppen, Einheiten sowie Organisationen und dient der Information, Vernetzung und Werbung. (4) Personalbeschaffung: Bei der Bereitstellung der für das Unternehmen erforderlichen Mitarbeiter geht es den Aufbau und die Aufrechterhaltung langfristig erfolgreicher und kostengünstiger Wege und Plattformen zur Personalbeschaffung, wie z.B. eine eigene interne wie externe Karriereseite, die Einstellung neuer Mitarbeiter schon als Praktikant oder Werkstudent. (5) Personaleinsatz und -organisation: Beide Bereiche sollten bei einer jeweiligen nachhaltigen Planung integrativ miteinander verbunden sein. So geht es bei der Organisation von Prozessen beispielsweise darum, Nachfolgeregelungen zu finden, die eine gezielte Weitergabe von Wissen sichern und ein schrittweise vorgenommenes Ausscheiden aus dem Arbeitsleben ermöglichen. (6) Personalcontrolling:

Personalmanagement verstanden als strategischer Teil der Unternehmensführung und -entwicklung bedarf einer strukturierten Transparenz und Koordinierung, um nachhaltig erfolgsgerichtet arbeiten zu können. – 3. *Ziele*: Nachhaltiges Personalmanagement findet Anwendung, um den Erfolg eines Unternehmens langfristig zu sichern. Dabei geht es um gleichbleibend hohe Mitarbeiterzufriedenheit für motivierte, gesunde, innovative und produktive Mitarbeiter, Attraktivität des Arbeitsgebers am Bewerbermarkt zur Anwerbung der besten passenden Kandidaten, eine Führungskultur, die das Arbeitsklima optimiert und alle Kräfte auf die Unternehmensziele bündelt.

Nachhaltige Unternehmensführung – Der Arbeitskreis Nachhaltige Unternehmensführung der Schmalenbachgesellschaft für Betriebswirtschaft hat zehn Thesen für eine Nachhaltige Unternehmensführung aufgestellt: (1) Realisiere Werteorientierung als Grundlage strategischer Unternehmensführung. (2) Lebe Führung als Tugend. (3) Wähle eine unabhängige und kompetente Aufsicht. (4) Investiere in Vertrauenswürdigkeit. (5) Schaffe neue Arbeitswelten. (6) Gehe sorgsam mit den Umweltressourcen um. (7) Nimm Risiken wahr und stelle Verbindlichkeit her. (8) Aktiviere Selbsterneuerungskräfte nach Störfällen. (9) Handle und kommuniziere wahrhaftig, glaubwürdig und konsistent. (10) Achte auf transparente Berichterstattung.

Nachhaltigkeit – I. Steuerrecht: 1. *Umsatzsteuerrecht:* Unternehmer. – 2. *Einkommensteuerrecht:* Gewerbebetrieb.

II. Wirtschaft: Das in der Forstwirtschaft seit Jahrhunderten angewandte Prinzip der Nachhaltigkeit ist unter dem Aspekt der Ökonomik als Art des Wirtschaftens zu bezeichnen, bei welcher derzeitige Bedürfnisse befriedigt werden, ohne zukünftigen Generationen die Lebensgrundlagen zu entziehen (Sustainable Development). Kennzeichnung durch langfristig orientiertes Denken und Handeln, um ein Fließgleichgewicht der natürlichen

Ressourcen zu erreichen. – Vgl. auch nachhaltige Entwicklung.

III. **Ethik:** Nachhaltigkeit (auch: nachhaltige Entwicklung) ist ein normativer Schlüsselbegriff der modernen Gesellschaft. Seine gewachsene Bedeutung ist Resultat zunehmender gesellschaftlicher Problemlagen, angefangen von Armut über Umweltverschmutzungen bis hin zum Klimawandel. Als konsensfähig gilt die Interpretation von Nachhaltigkeit im Sinne der *triple bottom line*, welche die Dimensionen Ökologie, Ökonomie und Soziales umfasst. Gleichzeitig liegt dem Nachhaltigkeitsbegriff eine erweiterte Berücksichtigung der Zeitdimension zugrunde; bes. Fokus liegt dabei auf der Möglichkeit, durch heutige Handlungen zukünftige Handlungsbedingungen, insbesondere Potenziale und Restriktionen, positiv wie negativ beeinflussen zu können. Insgesamt wird damit die Idee der inter- und intragenerativen Gerechtigkeit transportiert. Da mit zunehmendem Konkretisierungsgrad die Unschärfe des Nachhaltigkeitsbegriffs zunimmt, ist Nachhaltigkeit aus ethischer Sicht nicht als operative Zielstellung zu verstehen, sondern eine regulative Idee. Die regulative Idee bezieht sich auf die Erhaltung einer offenen Zukunft, welche einen hinreichenden Kapitalstock an gesellschaftlichen Vermögenswerten (u.a. Natur-, Humankapital und Produktionskapital) voraussetzt. Aus Sicht der Wirtschaftsethik wird damit v.a. das Problem nach den Bedingungen angesprochen, unter denen Menschen langfristige Investitionen (i.w.S.) in grundlegende gesellschaftliche Kapitalgüter tätigen.

IV. **Prozessmanagement:** Vgl. auch ökologische Nachhaltigkeit, ökonomische Nachhaltigkeit, soziale Nachhaltigkeit und Nachhaltige Geschäftsprozesse.

Nachhaltigkeitsbericht – *Citizenship Report;* Neuentwicklung im Zuge der → Umweltberichterstattung. – *Inhalt:* Aussagen zur Nachhaltigkeitsstrategie eines Unternehmens. – *Form:* Meistens einjährig; entweder drei Berichte gemäß den Säulen der Nachhaltigkeit (Geschäftsbericht, Sozialbericht, Umweltbericht) oder ein integrierter Bericht (*Corporate Citizenship Report*). – Vgl. auch → Nachhaltigkeit.

Nachhaltigkeitsberichterstattung – zunehmende Erweiterung der klassischen → Umweltberichterstattung zu einer externen und → internen Kommunikation über Nachhaltigkeitsstrategien. – *Ausprägungen:* eigenständige Umweltberichte oder Sozialberichte; integrierte → Nachhaltigkeitsberichte (Geschäftsbericht plus Umweltbericht plus Sozial-/ Gesellschaftsbericht; Corporate Citizenship Reports); oft sind auch verwandte Themen wie Gesundheit und Sicherheit integriert (Safety and Health Reports). Zunehmend erfolgt eine Standardisierung (z.B. Guidelines der Global Reporting Initiative). – Vgl. auch → Corporate Citizenship.

Nachhaltigkeitsfonds → ethisches Investment.

Nachhaltigkeitsindex → ethisches Investment.

Nachhaltigkeitsrat – Der Nachhaltigkeitsrat (Rat für Nachhaltige Entwicklung) ist ein von der Bundesregierung 2001 berufener Rat, der Beiträge für die Umsetzung der nationalen Nachhaltigkeitsstrategie entwickelt, konkrete Handlungsfelder und Projekte benennt und das öffentliche Interesse am Thema → Nachhaltigkeit stärken soll. Er besteht aus 13 Personen des öffentlichen Lebens.

Nachhaltigkeitsregeln – Die Nachhaltigkeitsregeln wurden 1994 von der → Enquete-Kommission Schutz des Menschen und der Umwelt des dt. Bundestages entwickelt. Sie beinhalten ökologische, ökonomische und soziale Regeln und bilden die drei Dimensionen der → Nachhaltigkeit ab. Insbesondere sollten die Regeln die konkrete Umsetzung der Nachhaltigkeitsdimensionen erleichtern. Sie haben jedoch keinen rechtlich verbindlichen Charakter. – Die ökologischen Regeln wurden 1994 vom → Sachverständigenrat für Umweltfragen (SRU) und 2002 vom

→ Umweltbundesamt (UBA) weiterentwickelt.

Nachhaltigkeitsstrategie Deutschland – vom Bundeskabinett am 17.4.2002 als „Perspektiven für Deutschland: Unsere Strategie für eine nachhaltige Entwicklung" beschlossen. – *Inhalt:* Das Dokument mit 330 Seiten nennt 21 Indikatoren (und Ziele) für das 21. Jh. (Nachhaltigkeitsindikatoren). Die Bundesregierung spricht von einem Zielviereck: Generationengerechtigkeit, Lebensqualität, sozialem Zusammenhang und internationaler Verantwortung.

Nachhaltigkeitswürfel – 1. *Begriff:* Der Nachhaltigkeitswürfel ist eine dreidimensionale Darstellung der drei inhaltlichen Kategorien nachhaltiger Entwicklung: Ökonomie, → Ökologie und Soziales. – 2. *Merkmale:* Sein Mittelpunkt beschreibt den Ausgangspunkt (den gegenwärtigen Zustand). Ausgehend von diesem Punkt können verschiedene Alternativen hinsichtlich ihrer Nachhaltigkeitswirkung bewertet werden. Eine eindeutige Vorteilhaftigkeit einer Handlungsalternative ist dabei nur gegeben, wenn ein Zustand in allen drei Wirkungskategorien besser als der Ausgangspunkt bewertet werden kann.

Nachrichtenübertragung → Kommunikation, → Informationsübermittlung.

Nachtarbeit – 1. *Charakterisierung:* Nachtarbeit ist jede Arbeit, die mehr als zwei Stunden der Nachtzeit (23 bis 6 Uhr) umfasst (§ 2 II, III ArbZG). Nachtarbeit ist meist aus technischen Gründen (z.B. Papier- oder Stahlerzeugung) oder aus Gründen der Versorgung der Bevölkerung mit bestimmten Leistungen (z.B. Krankenschwester, Polizei, Verkehrsbetriebe) unvermeidlich. Nachtarbeit ist aufgrund der festen menschlichen Tagesrhythmik (Biorhythmus) mit bes. Problemen belastet. So erreicht die physiologische Leistungsfähigkeit in der Nacht im Durchschnitt nur unter Normal liegende Werte und auch die Tiefpunkte werden in der Nacht (ca. 3 Uhr) erreicht. Dies liegt an den sog. Zeitgebern, die die menschliche Physiologie in Ruhe- und Spannungszustände versetzen. – 2. *Arbeitsrechtliche Regelung:* Arbeitszeit, Frauenschutz, Jugendarbeitsschutz. – Vgl. auch → Schichtarbeit.

Nachtarbeitszuschlag – Mehrarbeitszuschlag.

Nascent-Entrepreneur – *nascent,* engl. für *neu aufkommend, in der Entstehung begriffen.* 1. *Begriff:* bezeichnet den werdenden Gründer bzw. → Existenzgründer. – 2. *Merkmale:* Nascent-Entrepreneurs haben erste Schritte (z.B. Raum gesucht, Kredit beantragt) zur Umsetzung der → Gründungsidee unternommen. Im Unterschied zum Gründer befinden sich Nascent-Entrepreneurs im Gründungsprozess. – 3. *Geschichte:* Der Begriff wurde vom Entrepreneurial Research Consortium (ERC) geprägt, das in den USA ab 1998 die Panel Study of Entrepreneurial Dynamics (PSED) initiierte. Vergleichbare Studien gab es in Schweden, Norwegen und den Niederlanden, Piloterhebungen in Deutschland und Großbritannien.

Naturallohn – *Sachlohn;* unmittelbar in Sachgütern geleistete Form des Arbeitsentgelts; die einzig denkbare Lohnform in arbeitsteiligen Naturalwirtschaften, heute selten, da Naturallohn in den modernen Geldwirtschaften durch das Verbot des → Trucksystems auf eine Ergänzung der (tariflich festgelegten) Barlohn-Vergütungen beschränkt ist (z.B. beim landwirtschaftlichen Deputat, Deputatkohle im Bergbau). Naturallohn wird nur mehr als zusätzliches Entgelt toleriert (z.B. private Geschäftswagennutzung) – *Gegensatz:* → Geldlohn. – *Lohnsteuer:* Bei der Ermittlung des lohnsteuerpflichtigen Arbeitslohns wird der Naturallohn pauschaliert dem Geldlohn zugeschlagen (Sachbezüge).

Naturkapital – drei Arten von Kapital können unterschieden werden: Naturkapital, künstliches Kapital (z.B. → Technik) und Humankapital.

natürliche Umwelt – 1. *Begriff:* Komplexes System mit den Elementen (Subsystemen) Lebewesen, irdische Atmosphäre (Luft),

Hydrosphäre (Gewässer), Lithosphäre (Boden einschließlich Bodenschätze) und den zwischen diesen bestehenden Beziehungen. Natürliche Umwelt kann als Menge vielfältiger funktioneller Einheiten aus Organismen und unbelebter Natur interpretiert werden (→ Ökosystem). Voraussetzung für die Existenz des Systems ist die Sonnenenergie, von außerhalb des Systems. – 2. *Funktion:* a) *Bereitstellung* von Gütern bzw. natürlichen Ressourcen: (1) Zur *Befriedigung menschlicher Existenzbedürfnisse* (z.B. Atemluft, Trinkwasser, Nahrung); (2) zur Güterproduktion (z.B. Energieträger, Bodenschätze, Holz) und so unmittelbar (Konsumgüter) oder mittelbar (Investitionsgüter) zu Konsum bzw. Bedürfnisbefriedigung; (3) *Absorption* stofflicher und energetischer → Rückstände von Produktion und Konsum. – b) Natürliche Ressourcen sind nicht (z.B. Bodenschätze) oder nur beschränkt (z.B. Holz, Fische) reproduzierbar; Rückstände sind nicht oder nur beschränkt abbaufähig. Ressourcenentnahmen bzw. Rückstandsangaben, die die *Regenerationsfähigkeit* der natürlichen Umwelt übertreffen, führen zu → Umweltbelastung.

Naturschutz – *Rechtsgrundlage:* Bundesnaturschutzgesetz vom 29.7.2009 (BGBl. I 2542) m.spät.Änd. Das Naturschutzrecht war bis zur Föderalismusreform I Rahmenrecht, das durch Ländergesetze ausgefüllt und ergänzt wurde. Der Naturschutz gehört nunmehr zur konkurrierenden Gesetzgebung. – *Ziele des Naturschutzes und der Landschaftspflege:* Natur und Landschaft sind im besiedelten und unbesiedelten Bereich so zu schützen, dass 1. biologische Vielfalt, 2. Leistungs- und Funktionsfähigkeit des Naturhaushalts, 3. Vielfalt, Eigenart und Schönheit sowie der Erholungswert von Natur und Landschaft auf Dauer gesichert sind; der Schutz umfasst auch die Pflege, die Entwicklung und soweit erforderlich die Wiederherstellung von Natur und Landschaft (allgemeiner Grundsatz, vgl. § 1 I BNatSchG).

Nebenerwerbsgründung – *Teilzeitgründung.* 1. *Begriff:* Nebenerwerbsgründung bezeichnet eine → Gründung, die neben einem beruflichen Haupterwerb vorgenommen wird. – 2. *Merkmale:* Die Nebenerwerbsgründung zeichnet sich dadurch aus, dass der Gründer (→ Existenzgründer) gleichzeitig einer i.d.R. abhängigen Beschäftigung nachgeht. Motive für eine Nebenerwerbsgründung sind nicht nur der Zuverdienst, sondern oft auch die Möglichkeiten, Gründungsideen auf Marktfähigkeit sowie die eigenen Fähigkeiten zu testen; eine Reihe von Nebenerwerbsgründungen entwickelt sich zu einem Vollzeitunternehmen. – 3. *Abgrenzung:* Von Nebenerwerbsgründungen unterschieden werden Zuerwerbsgründungen als Gründungen von nicht berufstätigen Personen (z.B. Studierende, Rentner). – 4. *Empirisch* ist der Umfang der Nebenerwerbsgründung über den Mikrozensus des Statistischen Bundesamtes erfassbar, in dem in diesem Zusammenhang eine zweite Erwerbstätigkeit abgefragt wird.

Net-Change-Prinzip – *Änderungsrechnung;* 1. *Merkmale:* Prinzip bei der Planung, nach dem bei Erstellung eines Plans nur Datenänderungen berücksichtigt werden, die gegenüber einem früher erstellten Plan in der Zwischenzeit eingetreten sind. Der Plan wird fortgeschrieben. – 2. *Anwendung:* im der betrieblichen Datenverarbeitung v.a. bei → ereignisorientierter Planung zugrunde gelegt. – *Gegensatz:* Neuaufwurfsprinzip.

Nettoeffekt des Recyclings – 1. *Begriff:* Der Nettoeffekt des → Recyclings dient zur Bewertung der ökologischen Vorteilhaftigkeit von Verwertungsprozessen. – 2. *Merkmale:* Da eine vollständige Kreislaufführung nicht möglich ist (zweiter Hauptsatz der Thermodynamik), könnte grundsätzlich auch von → Downcycling, anstelle von Recycling, gesprochen werden. Der Nettoeffekt des Recyclings stellt der Summe der inputbezogenen Stoff- bzw. Energieeinsparung und der outputbezogenen Schonung der

Aufnahmemedien die Summe der zusätzlichen Stoff- und Energieinputs durch Verwertungsprozesse und der zusätzliches Belastung der Aufnahmemedien durch Verwertungsprozesse gegenüber. Für die Bewertung ist somit das Vorzeichen des Nettoeffektes ausschlaggebend. Ist dieses positiv, dann ist eine Verwertung ökologisch vorteilhaft. Wenn nicht, dann überwiegen die zusätzlichen Belastungen des Verwertungsprozesses.

Nettogehalt → Nettolohn.

Nettolohn – 1. Der *Nettolohn* bzw. das *Nettogehalt* bezeichnen den Teil des Lohns, der an den Arbeitnehmer ausgezahlt wird und damit für den Lebensunterhalt verfügbar ist. Nettolohnrechnung ist Aufgabe der Lohnbuchführung. – 2. Nettolohn als *vereinbartes Arbeitsentgelt (Nettolohnvereinbarung):* Lohnsteuer und Beiträge zur Sozialversicherung werden nach dem entsprechenden Bruttolohn berechnet; sie sind in voller Höhe durch den Arbeitgeber abzuführen.

Netzwerkorganisation – intermediäre Form der Organisation ökonomischer Aktivitäten zwischen Markt und → Hierarchie. Bei der (seltener betrachteten) *intraorganisationalen* Netzwerkorganisation gehören die einzelnen Einheiten der Netzwerkorganisation zwar einem rechtlich selbstständigen Unternehmen an, für deren → Koordination wird jedoch verstärkt auf Marktmechanismen zurückgegriffen. Im Fall einer *interorganisationalen* Netzwerkorganisation hingegen schließen sich mehrere rechtlich selbstständige, wirtschaftlich allerdings interdependente Unternehmen zusammen, um durch die wechselseitige Ergänzung oder Bildung von Kernkompetenzen Wettbewerbsvorteile zu erzielen. Durch die Netzwerkorganisation sollen (z.B. Skalen-)Vorteile des vertikal integrierten Großunternehmens und (bes. Flexibilitäts-)Vorteile kleiner Unternehmen kombiniert werden. Aufgrund der vergleichsweise ausgeprägten Autonomie der beteiligten Unternehmen stellt die Netzwerkorganisation ein *polyzentrisches* System

dar, das sich durch komplexe, eher kooperative und mehr oder weniger stabile Beziehungen zwischen den Partnern auszeichnet. Wenn die Bildung einer Netzwerkorganisation strategisch motiviert ist und das Netzwerk ein strategisch führendes (fokales) Unternehmen besitzt (→ Strategie), spricht man von einem *strategischen Netzwerk* (z.B. die japanischen → Keiretsu). Im Gegensatz dazu verfügt das *regionale Netzwerk,* das eine ausgeprägte räumliche Konzentration der (meist kleineren) der Netzwerkorganisation angehörenden Unternehmen aufweist, eher über eine informale Struktur und emergente Strategien. – Vgl. auch → Kooperation, → strategische Allianz, → virtuelle Organisation.

neue Geschäfte → strategische Suchfeldanalyse.

Neugründung → Gründung.

New Venture Management – unter New Ventures werden zum einen junge Unternehmen sowie Unternehmensgründungen und zum anderen neue und bes. risikobehaftete Geschäfte eines bestehenden Unternehmens verstanden. Daher kann sich New Venture Management auf die Führung von jungen Unternehmen beziehen, bei der die unternehmerische Denkweisen und Fähigkeiten im Mittelpunkt der Betrachtung stehen. Andererseits kann auch die Stimulierung, Organisation und Steuerung unternehmerischer Aktivitäten innerhalb bestehender Organisationen zur Aufnahme neuer und bes. risikobehafteter Geschäfte Gegenstand des New Venture Managements sein. Im zweiten Fall kann zwischen externem New Venture Management (→ Corporate Venture Capital, Venture Nurturing, Venture Spin-offs und New Style Joint Ventures) und internem New Venture Management (Venture Teams und Product Champions) unterschieden werden. – Weiterhin können im zweiten Fall folgende Formen voneinander abgegrenzt werden: (1) New Venture Management zur Ausrichtung der F&E-Anstrengungen (→ Forschung und Entwicklung (F&E)) auf den Markt; (2) New

Venture Management zur Schaffung eines strukturellen Kontextes für den Aufbau neuer Geschäfte; (3) New Venture Management zur Stimulierung von Gründungsatmosphäre und unternehmerischer Tugenden im bestehenden Unternehmen. Während sich bei den ersten beiden Formen ein New Venture Management meist auf bestimmte Personen, Abteilungen oder Zeiträume begrenzt, versucht man bei den Konzepten der dritten Form ein unternehmerisches Verhalten auf allen Ebenen zu verwirklichen. Unternehmerisches Verhalten in bestehenden reifen Unternehmen wird damit zum generellen organisatorischen Prinzip (Intrapreneurship).

Niederlassung im Ausland → Auslandsniederlassungen.

Nominallohn – das in Geld bewertete Arbeitsentgelt eines Arbeitnehmers ohne Berücksichtigung der realen Kaufkraft. – Es wird daher beim Nominallohn die Veränderung des Preisniveaus (Inflation, Deflation) nicht berücksichtigt. Die Höhe des Nominallohns wird in einer Lohnverhandlung bestimmt. – *Gegensatz:* → Reallohn.

Non-Profit-Marketing – NPO-Marketing. – Vgl. → Non-Profit-Organisation (NPO).

Nonprofit-Organisation (NPO) – 1. *Begriff:* a) Negativ-Abgrenzung: Nonprofit-Organisationen (NPO) sind Organisationen, die nicht auf Gewinn ausgerichtet sind (Nonprofit, Not-for-Profit). Sie verkaufen i.d.R. nicht individuell nutzbare Güter/Dienstleistungen gegen mindestens kostendeckende Preise, um auf Konkurrenzmärkten Gewinne und Rentabilität aus dem investierten Kapital zu erzielen (wie die Profit-Unternehmung). Unter diese Negativ-Abgrenzung gegenüber der Unternehmung fallen die öffentlichen Verwaltungen, öffentliche Unternehmen (Public Management), QUANGOs und die privaten NPO (NPO i.e.S.). Zu den privaten NPO zählen Vereine, Verbände, Stiftungen, Wohlfahrtsorganisationen, Clubs, Kirchen, Parteien und andere. Grenz- oder

Übergangsformen sind Genossenschaften („von einem Verein getragene Unternehmungen") und Kammern als berufsständische Interessenvertretungen auf gesetzlicher Grundlage. Beide haben aber eine mitgliedschaftliche Struktur und haben häufig die Rechtsform der öffentlichen Vereinigung. Genossenschaften und Kammern haben daher mindestens teilweise analoge Probleme wie Verbände. – b) Positiv-Definition: Positiv umschrieben werden NPO zur Erfüllung bestimmter Zwecke bzw. spezifischer Aufgaben geschaffen (sog. Bedarfswirtschaften oder Betriebe mit Sachzieldominanz; vgl. Sachziele, gemeinnützige Zwecke). NPO sind durch ein Mindestmaß an formaler Organisation gekennzeichnet. NPO dürfen keine Gewinne bzw. Überschüsse an Eigentümer oder Mitglieder ausschütten. Sie weisen ein Minimum an Selbstverwaltung und Entscheidungsautonomie auf. NPO sind ferner stets durch ein Mindestmaß an Freiwilligkeit gekennzeichnet. NPO können Eigenleistungs- oder Drittleistungs-NPO sein. – 2. *Merkmale:* Zur Erfüllung ihrer Aufgaben benötigen NPO Arbeitskraft, Finanz- und Betriebsmittel, die es rationell zu beschaffen, einzusetzen und zu nutzen gilt, um eine bestmögliche Zweckerfüllung mit geringstmöglichen Kosten zu erreichen (Wirtschaftlichkeit, Effizienz). Das Management von NPO erfordert einen spezifischen Managementansatz, der die Besonderheiten dieser Organisationen aufgreift (vgl. Nonprofit Management). – 3. *Tätigkeitsfelder:* NPO sind in folgenden Bereichen tätig: Kultur- und Erholungsbereich, Bildungs- und Erziehungswesen, Gesundheits- und Katastrophenhilfewesen, Entwicklungszusammenarbeit, Sozialwesen, Politische Landschaft (vgl. ICNPO). Zu ihren Aufgaben zählen: (1) Kollektive Selbsthilfe von Gruppen: Direkte Unterstützung, Förderung der Mitglieder durch (Dienst-)Leistungen wie Informationen, Beratung, Schulung, Versicherung etc. (2) Karitative Fremdhilfe: Abgabe von Dienst- oder Finanzleistungen an bedürftige Dritte, oft unentgeltlich oder zu geringen

Gebühren. (3) Interessenvertretung: Durchsetzung der Trägerinteressen oder -ideologien durch Beeinflussung politischer Prozesse (Lobbying) oder der Einstellungen/Verhaltensweisen bestimmter Bevölkerungskreise (Public Relations (PR), Social Marketing).

Normalleistung – Begriff des Arbeitsstudiums. Die Normalleistung liegt gewöhnlich unter der Durchschnittsleistung von im Leistungslohn Arbeitenden und sie stellt die Grundlage zur Ermittlung des Prämienlohnes dar. – Vgl. auch → REFA-Normalleistung.

normatives Führungsmodell – eine auf Vroom und Yetton zurückgehende → Situationstheorie der Führung, die angibt, in welcher Führungssituation der Führende welchen Grad der Partizipation der Geführten zulassen soll. Unterschieden wird dabei zwischen autokratischen, konsultativen auf Beratung durch die Geführten beruhenden Entscheidungen und Gruppenentscheidungen. Mithilfe eines → Entscheidungsbaumes wird der Führende durch eine Reihe situationsdiagnostischer Fragen (z.B. ist das Problem bereits strukturiert?) geführt, die er mit ja oder nein beantworten soll. Es wird von ihm erwartet, dass er diese Fragen valide beantworten kann. Hat er alle Fragen beantwortet, erhält er schließlich durch das Modell den Ratschlag, ob er alleine, nach Beratung durch die Geführten oder im Rahmen eines Gruppenentscheidungsprozesses seine Führungsentscheidung treffen soll. Der Entscheidungsbaum ist häufig Grundlage von Führungstrainings. Die Nützlichkeit des Konzeptes wurde durch empirische Studien belegt.

Normstrategien – typologische Raster, die im Rahmen der Portfolio-Techniken der strategischen Planung statt Bewertungs- oder Präferenzfunktionen verwendet werden. Diese Normstrategien liefern die benötigten Aussagen über die Ressourcenverteilung (Neuinvestitionen, Desinvestitionen etc.) oder über die finanziellen Mittel (Mittelüberschüsse, -defizite etc.)

Not-Invented-Here-Syndrom – Phänomen der Ablehnung von externen Entwicklungen durch Mitarbeiter eines Unternehmens. Aus der Ablehnung resultieren oftmals Ineffizienzen und Doppelentwicklungen, die u.a. bei → Innovationskooperationen zu schwerwiegenden Problemen führen können.

Nutzungsgradprämie → Nutzungsprämie.

Nutzungsprämie – *Nutzungsgradprämie;* Art des → Prämienlohns, gewährt für optimale zeitliche Nutzung von Maschinen, Halb- und Vollautomaten, Transport-, Förder- und technischen Verfahrensanlagen. Nutzungsprämien gewinnen mit zunehmender Mechanisierung und Automation an Bedeutung, hauptsächlich für Bedienungs-, Wartungs- und Reparaturpersonal. Bezugsbasis können sein die Wartezeiten, Leerlaufzeiten, Wartungszeiten, Reparaturzeiten. – *Voraussetzung:* Diese Zeiten müssen vom Arbeitnehmer beeinflussbar sein. – Nutzungsprämien werden häufig mit → Qualitätsprämien oder → Ersparnisprämien kombiniert.

Objektgliederung → Objektprinzip.

Objektprinzip – 1. *Begriff:* Organisationsprinzip, im Rahmen von → Aufgabenanalyse und → Aufgabensynthese, welches sich am Aufgabenmerkmal Objekt orientiert. – 2. *Charakterisierung:* Bei Anwendung des Objektprinzips werden Aufgabenkomplexe in Teilaufgaben für jeweils unterschiedliche Aufgabenobjekte zerlegt und im Zuge der Bereichsbildung Teilaufgaben für jeweils gleichartige Objekte auf organisatorische Einheiten übertragen *(Objektgliederung).* – 3. *Formen:* Aus der Anwendung des Objektprinzips bei der Gestaltung der grundlegenden Organisation einer Unternehmung folgt die divisionale Organisation (→ Divisionalorganisation). – Bei der *organisatorischen Gestaltung des Produktionsbereiches* folgen aus dem Objektprinzip die Produktionstypen der Fließproduktion und der Zentrenproduktion. – *Gegensatz:* → Verrichtungsprinzip.

offensives Umweltmanagement – Strategie im Rahmen des Umweltmanagements, bei der die Unternehmen die vom Staat vorgegebenen Umweltschutzanforderungen nicht als lästige Pflicht, sondern als betriebswirtschaftliche Herausforderung betrachten, neue technologische Entwicklungen im Betrieb umzusetzen und damit den Produktionsprozess insgesamt zu verbessern. Der Umweltschutz wird zu einem betriebswirtschaftlichen Instrument, um langfristige Vorteile eines umweltbewussten Verhaltens für den Betrieb zu erzielen und zu erhalten. Dies kann durch langfristig kostensenkende Umweltschutzmaßnahmen erreicht werden, die mit Innovationen im Produktentwicklungs- oder Produktionsprozess verbunden sind, z.B. durch Beschaffung umweltfreundlicher Werkstoffe oder Investitionen in technologisch verbesserte und umweltfreundliche Produktionsanlagen, die die gegenwärtigen Umweltauflagen kostengünstiger erfüllen. Das offensive Umweltmanagement sollte durch ein offensives Umweltmarketing ergänzt werden, das die Kunden auf die Umweltfreundlichkeit/ -verträglichkeit der Produkte, der verwendeten Ausgangsstoffe und der Produktionsverfahren hinweist. – *Gegensatz:* → defensives Umweltmanagement.

öffentliche Exponiertheit – 1. *Begriff:* Öffentliche Exponiertheit beschreibt die Konfrontation von Unternehmen mit Ansprüchen, die in keinem direkten Zusammenhang mit dem eigentlichen Betriebszweck stehen (vgl. Dyllick 1989, S. 15). – 2. *Merkmale:* Für Unternehmen ergibt sich die Herausforderung einen angemessenen Umgang mit der öffentlichen Auseinandersetzung, dem zunehmenden Einfluss von externen Stakeholdern (Stakeholder-Ansatz) und der damit verbundenen verstärkten Anerkennung gesellschaftlicher Ansprüche zu gewährleisten. Frühzeitige Analysen der gesellschaftlichen Sphäre, um potenziellem Druck zuvorzukommen, erscheinen daher als äußerst sinnvoll. Insbesondere die Identifikation eines sich abzeichnenden Wertewandels ist von Bedeutung. Eine Möglichkeit zur Analyse stellt die → Diffusionskurve dar, die die Anzahl von Medienberichten in Abhängigkeit der Zeit darstellt.

Öffentlichkeitsarbeit – 1. *Begriff:* Öffentlichkeitsarbeit gilt als dt. Übersetzung von Public Relations (PR). – 2. *Ziel:* Das Ziel von Öffentlichkeitsarbeit wird zentral mit dem Aufbau von Bekanntheit als eine Basis von Vertrauen angegeben, um Reputation zu erlangen. Vertrauen und Bekanntheit gelten als erfolgskritische Größen, da sie als sog. weiche Faktoren (siehe → harte und weiche Faktoren) die Erreichung von Erfolgszielen z.B. bei Vertragsabschlüssen beeinflussen. – 3. *Aspekte:* Der Begriff Öffentlichkeitsarbeit hat sich mit der Suche nach einer dt. Kennzeichnung Public Relations in den 1950er- und 1960er-Jahren durchgesetzt und prägt damit die hiesige Entwicklung von PR als Managementfunktion. Der PR-Begriff changiert inhaltlich und damit das, was mit Öffentlichkeitsarbeit gemeint ist. Zum einen wird er als operatives Kommunikationsinstrument (Pressearbeit, Eventkommunikation, Sponsoring ...) z.B. im Marketing-Mix besprochen. Zum anderen wird Öffentlichkeitsarbeit als strategische Führungsaufgabe bezeichnet, bspw. um Positionierungsstrategien zu entwickeln und umzusetzen. Daher bietet es sich an, Öffentlichkeitsarbeit im weiteren und engeren Sinne zu unterscheiden: I.w.S. entspricht Öffentlichkeitsarbeit der → Unternehmenskommunikation. Öffentlichkeitsarbeit i.e.S. bezeichnet die operative Ebene, für die die Presse- und Medienarbeit als Kerndisziplinen gelten. – Wenn Öffentlichkeitsarbeit die dt. Übersetzung von Public Relations („öffentliche Beziehungen") ist, kommt neben dem instrumentell-operativen und dem strategischen Öffentlichkeitsbegriff darüber hinaus die Beziehung als struktureller Öffentlichkeitsarbeitbegriff hinzu. Öffentliche Beziehungen entstehen aus für Organisationen handlungsrelevanten Beobachtungen von Teilöffentlichkeiten. Die Kombination der drei Öffentlichkeitsarbeitbegriffe charakterisiert PR als angewendetes → Reputationsmanagement. – 4. *Abgrenzung:* Zur Abgrenzung wird auf den Begriff der → Unternehmenskommunikation verwiesen, der mit PR i.w.S. gleichgesetzt wird.

off-the-Job-Training – Aus-, Fort- oder Weiterbildung ohne räumliche Nähe zum Arbeitsplatz, z.B. in Lehrwerkstätten oder sonstigen Trainings- bzw. Ausbildungseinrichtungen. Vermittlung des Fachwissens unabhängig vom → Arbeitsplatz (überbetriebliche Ausbildung). Heute vielfach kombiniert mit → on-the-Job-Training.

Ökoaudit – *Umweltaudit, Umweltbetriebsprüfung.* 1. *Begriff:* regelmäßige Erfassung

umweltrelevanter Tätigkeitsfelder der Produktion und Überprüfung der Einhaltung gesetzlicher Vorgaben. – 2. *Rechtliche Grundlage* bildet die Verordnung (EG) Nr. 1221/2009 des Europäischen Parlaments und des Rates der Europäischen Union vom 25.11.2009 über die freiwillige Beteiligung von Organisationen an einem Gemeinschaftssystem für das Umweltmanagement und die Umweltbetriebsprüfung. – Die Umsetzung dieser VO ist erfolgt durch das Umweltauditgesetz (UAG) i.d.F. vom 4.9.2002 (BGBl. I 3490), aufgrund der o.g. EU-Verordnung umfangreich geändert durch das Zweite Gesetz zur Änderung des Umweltausditgesetzes vom 6.12.2011 (BGBl. I S. 2509). Es enthält v.a. Regelungen über: (1) die Zulassung von Einzelpersonen als Umweltgutachter und von Umweltgutachterorganisationen; vgl. die UAG-ZulassungsverfahrensVO i.d.F. vom 12.9.2002 (BGBl. I 3654); (2) Zulassungsverfahren; vgl. die UAG-BeleihungsVO vom 18.12.1995 (BGBl. I 2013) m.spät.Änd. sowie die UAG-GebührenVO (UAGGebVO) vom 4.9.2002 (BGBl. I 3503); (3) Aufsichtsverfahren; (4) Umweltgutachter- und Widerspruchsausschuss; (5) Registrierungsverfahren. Durch die UAG-Erweiterungsverordnung (UAG-ErwV) vom 3.2.1998 (BGBl. I 338) wurden bestimmte Körperschaften des öffentlichen Rechts und Unternehmen (etwa aus den Bereichen Erzeugung von Strom, Gas, Dampf und Heißwasser, Energieversorgung) in den Anwendungsbereich des Gemeinschaftssystems für das Umweltmanagement und die Umweltbetriebsprüfung einbezogen. – Die Verordnung nach dem Umweltauditgesetz über die Erweiterung des Gemeinschaftssystems für das Umweltmanagement und die Umweltbetriebsprüfung auf weitere Bereiche (UAG-ErwV) schreibt *regelmäßig* Ökoaudits vor (s. → EMAS-VO). Kann durch Betriebsprüfer des Unternehmens oder durch für das Unternehmen tätige externe Personen oder Organisationen durchgeführt werden.

Ökobilanz – *Ökologiebilanz, Umweltbilanz.* 1. *Begriff:* Zusammenfassung und Bewertung der ökologisch relevanten Aktivitäten eines Unternehmens in Form einer Bilanz. Die Ökobilanz ist Teil eines ökologischen Management-Informationssystems, welches eine controllinggerechte Planung, Kontrolle und Steuerung von ökologischen Zielsetzungen unterstützt. Voraussetzung ist eine ökologische Buchhaltung, die alle ökologisch relevanten Aktivitäten erfasst und bewertet. Auch zur Kommunikation nach außen (Kunden, Lieferanten etc.) kann das Unternehmen die Ökobilanz einsetzen. – 2. *Zielsetzungen:* Die Ökobilanz ist eine strukturierte Bestandsaufnahme auf Basis einer Mengenerhebung der Input-/Outputströme an Materialien, Stoffen, Energie, Produkten und Emissionen und somit aller Umwelteinwirkungen, die innerhalb und außerhalb des Unternehmens anfallen. Betrachtet wird der gesamte Produktlebenszyklus (einschließlich Entsorgung des Produktes). – 3. *Bilanzebenen:* a) *Input-/Output-Bilanz* (auch Betriebsbilanz genannt): In Form einer Bilanz wird der (ökologisch relevante) Input des Unternehmens (Roh-, Hilfs-, Betriebsstoffe, Fremdleistungen, Energie, Luft etc.) dem Output (Produkte oder Leistungen, stoffliche Emissionen in Form von Abfall, Abgase etc.) während der betrachteten Periode gegenübergestellt. Dadurch erhält die Unternehmensleitung einen Gesamtüberblick; ökologische Ziele können formuliert, kontrolliert und gesteuert werden (→ Ökocontrolling). – b) *Prozessbilanz:* Diese strukturiert die betriebsspezifischen Abläufe und Produktionsprozesse. Der Aufbau ist vergleichbar der Input-Output-Bilanz. – c) *Produktbilanz:* Diese dient der Bewertung der Umweltwirkungen, die von dem Produkt über den gesamten Lebenszyklus hinweg ausgehen. – d) *Substanzbilanz:* Diese konzentriert sich auf die ökologische Optimierung der Substanzgrößen der Unternehmung wie Boden, Wasserflächen etc. – 4. Eine allgemeingültige anerkannte *Methode* zur Erfassung, Bewertung und Darstellung umweltrelevanter Daten in einer Ökobilanz gibt es nicht; verwendet werden unternehmensindividuelle Konzepte. – 5.

Methoden und Konzepte zur Ökobilanzierung: → Kumulierter Energieaufwand (KEA), → CO_2-Fußabdruck, → Virtual Water, → Umweltbelastungspunkte (ökologische Knappheit), → MIPS (Material-Intensität pro Serviceeinheit), → Eco-Indicator 99, Vermeidungskostenansatz, → Schadenskostenansatz, → UBA Wirkungsindikatoren, → CML-Methode, → Kritische Volumina, → ABC-Analyse.

Ökocontrolling – *Ökologiecontrolling, Umweltcontrolling.* 1. *Begriff:* Nutzung des Controllingkonzeptes zur Unterstützung einer ökologieorientierten Unternehmensführung. – 2. *Ziel* des Einsatzes der Controllinginstrumente ist die Ablösung des meist reaktiven Verhaltens des Managements bei Fragen von → Ökologie und Umweltschutz durch eine vorausschauende, aktive Ökologiestrategie zur Verbesserung der Umweltverträglichkeit von Produkten und Prozessen, ohne die Wettbewerbsfähigkeit des Unternehmens negativ zu beeinflussen. Im Einzelnen: (1) Verbesserung der inner- und außerbetrieblichen Koordinationsfähigkeit; (2) Verbesserung der Reaktionsfähigkeit auf umweltrelevante Störungen/ Ineffizienzen; (3) Förderung der Mitarbeitermotivation; (4) Verbesserung der Anpassungsfähigkeit an durch Umweltaspekte bedingte Änderungen im Umfeld. – 3. *Unterstützung folgender Aufgabenbereiche:* (1) Früherkennung ökologischer Trends und Entwicklungen; (2) Erarbeitung strategischer Zielsetzungen für eine langfristig angelegte, wettbewerbsgerechte Ökologiestrategie unter Nutzung unternehmenseigener Stärken und Kompetenzen; (3) Unterstützung bei dem Zielkonflikt Ökologie – Ökonomie; (4) Nutzung von Umweltschutztechnologien zur Erlangung von Wettbewerbsvorteilen; (5) Kontrolle und Steuerung aller umweltbezogenen Maßnahmen, Investitionen und Projekte im Unternehmen; (6) Aktivierung und Durchsetzung eines ökologischen Bewusstseins im Unternehmen. – 3. *Instrumente:* Zur Erarbeitung ökologischer Managementstrategien und Steuerung (durch

Zielsetzung, Kontrolle und Abweichungsanalyse) von umweltrelevanten Projekten im Unternehmen sind i.Allg. die klassischen Instrumente des Controllings, oft in modifizierter Form, einsetzbar. Spezielles Instrument des Ökocontrolling ist die → Ökobilanz.

Ökoeffizienz – 1. *Begriff:* Ökoeffizienz-Konzepte stellen die Vernichtung ökologischer Werte der ökonomischen Wertschöpfung gegenüber. Es können so Verfahren und Produkte optimiert werden, aber auch Analysen von Wettbewerbern und Märkten durchgeführt werden. Ökoeffizienz-Konzepte eignen sich zur Integration kontinuierlicher Verbesserungsprozesse. – 2. *Realisierte Ökoeffizienz-Konzepte:* Bekannte Ökoeffizienz-Konzepte sind u.a. das → World Business Council for Sustainable Development und das Ökoeffizienz-Konzept der BASF. – a) Die Ökoeffizienz des WBCSD ist eine Philosophie, die dazu dient, die Wirtschaft wettbewerbsfähiger und innovativ zu gestalten und stärker auf Umweltbelange zu achten.–b) Die Ökoeffizienz der BASF ist ein Instrument zur Umsetzung des Ziels einer nachhaltigen Entwicklung. Berücksichtigt ökonomische und ökologische Aspekte. Ihre Weiterentwicklung enthält auch eine soziale Dimension (Sozio-Ökoeffizienz-Analyse).

Ökofonds – 1. *Begriff:* Ökofonds sind Fonds, die nach ökologischen Kriterien zusammengestellt sind. – 2. *Merkmale:* Ihre Ratings (→ Ökoratings) wurden durch die Fondgesellschaft bereits vorgenommen. Zu den Ausprägungen von Ökofonds gehören u.a. Ökoaktienfonds, Rentenfonds und Mischfonds. – 3. *Auswahlkriterien:* Die Zusammensetzung wird über negative und positive Kriterien gesteuert. Die Negativkriterien stellen Ausschluss- bzw. KO-Kriterien dar. Im Gegensatz dazu können Unternehmen durch die Erfüllung von Positivkriterien bevorzugt berücksichtigt werden. – Vgl. auch → Ökoindizes, → Ökorating, → ethisches Investment.

Ökoindizes – 1. *Begriff:* Ökoindizes nehmen Anlagen nach nachhaltigen oder ökologischen Kriterien auf. – 2. *Beispiel:* Zu den bekanntesten Ökoindizes zählen die → Dow Jones Sustainability Indexes. – Vgl. auch → Ökorating und → Ökofonds.

Ökologie – Wissenschaft von den Wechselbeziehungen zwischen Lebewesen und → natürlicher Umwelt bzw. von den → Ökosystemen. Wachsende Bedeutung durch Folgen der → Umweltbelastung, oft als Konsequenz eines verengten ökonomischen Denkens. Insofern enge Beziehungen zwischen Ökonomik und Ökologie, die man auch als *„Langzeitökonomie"* interpretieren kann.

ökologiebedingte Betroffenheit – Zwei mögliche Wege von der Wahrnehmung → ökologischer Knappheit zur → Ökologieorientierung können unterschieden werden: Indirekte/objektivierte Betroffenheit und direkte/subjektive Betroffenheit. Bei der indirekten/objektivierten Betroffenheit wird die → ökologischen Knappheit indirekt über Stakeholder (Stakeholder-Ansatz) und deren Ansprüche wahrgenommen. Bei der direkten/subjektiven Betroffenheit nimmt das Unternehmen die ökologischen Knappheit direkt war.

Ökologiebudgets – 1. *Begriff:* Ein Ökologiebudget beinhaltet ausschließlich Ökologiekosten. – 2. *Ausprägungen:* Zur Steuerung ökologischer Ziele über Ökologiebudgets sind zwei Varianten denkbar (vgl. Günther 2008): a) Erreichung ökologischer Ziele mit minimalen Kosten und zur Festlegung von Mindeststandards oder Belastungshöchstgrenzen. Priorisierung muss von der Unternehmensführung vorgegeben werden. Zur Setzung von Prioritäten können z.B. → Ökobilanzen angewendet werden. – b) Maximierung der Ökologieorientierung bei gegebenen → Budget: Einplanung eines festen Budgets für Ökologiekosten. Allokation der Kosten durch die Aufspaltung bereichsspezifischer Budgets. Das Ziel der Bereiche ist nun die Maximierung der Ökologieorientierung bei gegebenem Budget.

ökologieorientierte Beschaffung – 1. *Aufgaben der ökologieorientierten Beschaffung:* Der Aufgabenbereich der ökologieorientierten Beschaffung umfasst die Bereitstellung der notwendigen Materialien zum benötigten Zeitpunkt, die Optimierung der Kapitalbindung und der Beschaffungskosten und der → Umweltleistung. – 2. *Bedeutung der Beschaffung:* Der Beschaffung kommt im Rahmen der Ökologieorientierung eine bes. Bedeutung zu. Im Beschaffungsprozess werden bereits Grundlagen für die Entscheidung nachgelagerter Funktionsbereiche geschaffen. Die im Beschaffungsprozess getroffenen Entscheidungen definieren zukünftige Umwelteinwirkungen. Daraus ergibt sich ein großes Potenzial zur Reduzierung dieser Auswirkungen. Außerdem kann die Beschaffungsentscheidung auch als Impulsgeber für FuE-Abteilungen dienen.

ökologieorientierte Kostenrechnung – 1. *Begriff:* Ökologieorientierte Kostenrechnung erfasst und verrechnet Kosten, die durch → Umweltauswirkungen des Unternehmens entstehen. – 2. *Merkmale:* Die ökologieorientierte Kostenrechnung kann durch die Weiterentwicklung der vorhandenen Kostenrechnung entstehen. Diese Erweiterung enthält dann die systematische Berücksichtigung von ökologiebezogenen Kosten. – 3. *Ansätze:* Zu den ökologieorientierte Kostenrechnungsansätze zählen u. a. das → Life Cycle Costing, die Prozessorientierte Kostenrechnung, das Target Costing, das Least Cost Planning, die → Reststoffkostenrechnung, die → Flusskostenrechnung, die → Ressourcenkostenrechnung, die → Japanische Leitlinie zum Umweltrechnungswesen und die Nutzwertanalyse. – Vgl. auch → ökologieorientierter Kostenbegriff.

ökologieorientierte Logistik – 1. *Bedeutung:* Die Bedeutung der Logistik für die Ökologieorientierung ist hoch. Insbesondere der Energieverbrauch und die Emissionen des Güterverkehrs, des Personenverkehrs und der Dienstreisen sind zu nennen. – 2.

Wirkungsrichtungen: Es kann in zwei Wirkungsrichtungen unterschieden werden: Logistik im Umweltschutz (→ Entsorgungslogistik) und Umweltschutz in der Logistik. –a) *Entsorgungslogistik:* Bei der Entsorgungslogistik kommen Logistikkonzepte im Bereich der → Kondukte zur Anwendung, um eine ökologisch und ökonomisch effiziente Kreislaufwirtschaft zu schaffen. –b) *Umweltschutz in der Logistik:* Der Umweltschutz in der Logistik geht über die Entsorgungslogistik hinaus und betrachten auch andere relevante Bereiche. So können z.B. die Benutzung umweltfreundlicher Transportmittel, die Auslastung der Verkehrsmittel, die Vermeidung von Transporten und die Vermeidung von Leerfahrten praktikable Maßnahmen darstellen, um die Ökologieorientierung in der Logistik zu erhöhen. – Vgl. auch → Wertschöpfungskreis.

ökologieorientierte Produktion – 1. *Begriff:* Ökologische Produktionsverfahren sind solche Verfahren, die neben den Aspekten der Wirtschaftlichkeit auch Sicherheit und Umweltverträglichkeit gewährleistet. – 2. *Ansatzpunkte:* Ansatzpunkte können Input-, Verfahrens- und Outputbereiche darstellen. Beim Inputbereich sind neben der Variation der Inputfaktoren und deren Mengen auch der Einsatz von umweltverträglicheren Substituten mögliche Aktivitäten. Bezüglich der eingesetzten Verfahren sind Komplettumstellungen, Änderungen an Prozessen sowie Erweiterungen zu prüfen (siehe → Umweltinnovation, → End-of-the-Pipe-Technologien und → integrierte Technologien). Bei der Outputebene sind insbes. Veränderungen der Ausbringungsmenge, Recyclingmaßnahmen (→ Recycling) und Entsorgungsmaßnahmen zu nennen.

ökologieorientierter Kostenbegriff – Ökologiekosten bzw. -erlöse sind alle Kosten bzw. Erlöse, die durch die → Umweltaspekte des Unternehmens in Form von vollständig quantifizierbaren Stoff- und Energieflüssen zwischen System und Umwelt entstehen.

Durch ihre Bestimmung kann eine Steuerung der Auswirkungen unternehmerischen Handelns auf die ökologische Umwelt ermöglicht werden. – Vgl. auch → ökologieorientierte Kostenrechnung.

ökologieorientiertes Marketing – 1. *Begriff:* Durch das ökologische Marketing soll bei allen absatzmarktgerichteten Aktivitäten die Vermeidung oder Verminderung von → Umweltbelastungen gefordert werden. Idealerweise wird diese Absicht in alle Planungs-, Koordinations- und Kontrollaufgaben des Marketings integriert. – 2. *Zwei Möglichkeiten der Positionierung des Unternehmens:* Grundsätzlich bestehen zwei Möglichkeiten, wie sich Unternehmen positionieren und entsprechend ihren Marketing-Mix anpassen können. Eine dominante ökologieorientierte Positionierung betont direkt die Umweltverträglichkeit der eigenen Produkte. Im Gegensatz dazu können Unternehmen auch die Umweltverträglichkeit als Teilkomponente ansehen und sich in eine flankierende ökologieorientierte Positionierung begeben. Welche der beiden Positionierungen gewählt wird, hängt von weiteren Entscheidungsgrößen, wie z.B. Wettbewerbssituation und Unternehmensstrategie ab.

Ökologieorientierung – Unter dem Begriff Ökologieorientierung wird die Ausrichtung unternehmerischer Entscheidungen auf die → ökologische Knappheit verstanden. Gründe für eine Ökologieorientierung können rechtliche Normen, marktwirtschaftliche Überlegungen, moralisch-ethische Überzeugung oder Ehrgeiz sein.

ökologische Buchhaltung – Mess- und Rechnungssystem zur Erfassung aller mengen- und wertmäßigen Arten der → Umweltbelastung durch ein Unternehmen auf Konten, differenziert nach verschiedenen Input- und Outputarten der Produktion. Die in technisch physikalischen Einheiten angegebenen Mengen werden mit → Äquivalenzkoeffizienten multipliziert, so in Rechnungseinheiten für Umweltwirkung (Wertgrößen)

überführt sowie gleichnamig gemacht; damit Vergleichsmöglichkeit verschiedener Maßnahmen und ganzer Unternehmen hinsichtlich ihrer ökologischen Wirkungen.

ökologische Erfolgsspaltung – 1. *Begriff:* Die ökologische Erfolgsspaltung ist eine Methode zur Ermittlung der Ursache eines ökologischen Erfolgs. – 2. *Ursprung und Durchführung:* Als Grundlage dient die klassische betriebswirtschaftliche Erfolgsspaltung. Bei der ökologischen Erfolgsspaltung erfolgt die Abspaltung nach den Kriterien: Betriebsbezogenheit (Abspaltung externer Erfolgsbestandteile), Regelmäßigkeit (Abspaltung unbeabsichtigter Erfolgsbestandteile) und Leistungsbezogenheit (Abweichungsanalysen).

ökologische Knappheit – I. **Betriebswirtschaftslehre:** 1. *Begriff:* Verhältnis von aktuellem tatsächlichem Ausmaß der Inanspruchnahme eines Umweltgutes (Ressourcenökonomik, → Umweltmedium, → Ökosystem) durch Auswirkungen von Produktion/ Konsum („Einwirkungen" auf das Umweltgut) und kritischem Ausmaß dieser Inanspruchnahme (Beginn eines ökologisch inakzeptablen Zustandes des Umweltgutes, z.B. Erschöpfung eines natürlichen Vorkommens, „Umkippen" eines Gewässers). – 2. Ökologische Knappheit *beinhaltet:* a) *Ratenknappheit* (reproduzierbare bzw. regenerierbare Umweltgüter): Bestimmung jeweils der maximal zulässigen, aufgrund des gegenwärtigen Bestandes und durch natürliche Regenerationsvorgänge auf Dauer realisierbaren Verbrauchsmenge an einem bzw. Immissionsmenge in ein Umweltgut. – b) *Kumulativknappheit* (nicht reproduzierbar bzw. nicht regenerierbare Umweltgüter): Bestimmung des Zeitraums, der bis zur völligen Erschöpfung einer Ressource (z.B. Erdöl) bzw. zur völligen Auslastung des Pollutionsmediums (z.B. Wasser eines Sees) führt. – 3. *Maß:* → Äquivalenzkoeffizient.

II. **Umwelt- und Ressourcenökonomik:** Ökologische Knappheit entsteht, wenn es durch anthropogene Handlungen zu einem schnelleren und umfangreicheren Aufbau von Entropie kommt, als durch biologischen Abbau kompensiert werden kann *(Nettoentropieüberschuss)*. In diesem Sinn ist der Begriff der ökologischen Knappheit absolut. Daneben existiert die qualitative ökologische Knappheit, die trotz insgesamt ausreichend verfügbarer Materie temporär oder lokal (z.B. lokale Bodenverunreinigungen, Grundwasserverschmutzungen, Tankerkatastrophen) auftreten kann.

ökologische Konkurrenzanalyse – Konkurrenzanalyse nach ökologischen Kriterien. – *Ziel:* frühzeitige Erkennung von möglichen Wettbewerbsverschiebungen (Wettbewerb). – Diese umfasst: (1) die Identifikation relevanter und potenzieller Wettbewerber, (2) die Bestimmung der Stärken und Schwächen der Wettbewerber, (3) eine Analyse der gegenwärtigen und eventuellen zukünftigen ökologieorientierten → Strategien der Wettbewerber und (4) die Ableitung von Reaktionsprofilen der Wettbewerber und Abgleich mit der eigenen Strategie.

ökonomisch-ökologischer Nettoeffekt – 1. *Begriff:* Der ökonomisch-ökologische Nettoeffekt stellt Aktionskosten (nach Abzug der überwälzbaren Kosten) den erwarteten Sanktionskosten gegenüber. – 2. *Aktionskosten:* Zu den Aktionskosten gehören Vermeidungskosten, Verminderungskosten, Substitutionskosten, Verwertungskosten, Beseitigungskosten und Transaktionskosten. Von ihnen sind die überwälzbaren Kosten zu subtrahieren. – 3. *Überwälzbare Kosten:* Zu den Ausprägungen von überwälzbaren Kosten gehören: a) prospektiv überwälzbare Kosten (auf Kunden) – b) retrospektiv überwälzbare Kosten (auf Lieferanten), – c) Subventionen, Finanzierungshilfen. – 4. *Sanktionskosten:* Dem gegenübergestellt werden die erwarteten Sanktionskosten: Verschmutzungsrechte, Versicherungsbeiträge, gesetzlich bedingte Sanktionen, Opportunitätskosten und Verhandlungslösungen.

ÖKOPROFIT – 1. *Begriff:* ÖKOPROFIT (Ökologische Projekt Für Integrierte Umwelt-Technik) ist ein Programm zur nachhaltigen Wirtschaftsförderung. – 2. *Entstehung und Anwendung:* Entwickelt wurde es 1991 im Umweltamt der Stadt Graz. Ziel war, den Einsatz innovativer integrierter Technologien nachhaltig zu stärken und gleichzeitig die ökologische Situation in der Stadt und Region zu verbessern. Unternehmen können sowohl Kosten senken als auch ihre → Ökoeffizienz steigern. Für ÖKOPROFIT wurde ein Markenschutz (Marke) erteilt. In Deutschland existieren Projekte mit den Städten Bonn, Hamburg und Essen.

Ökorating – Ökoratings bereiten umweltbezogene Unternehmensinformationen auf, indem sie verschiedene Unternehmen einer → Branche hinsichtlich ihrer Umweltfreundlichkeit bewerten. Insbesondere → Ökofonds machen von den Ratings Gebrauch. – Vgl. auch → ethisches Investment, → Ökoindizes.

Ökosteuer – 1. *Allgemein:* Die Bezeichnung für eine Form einer Abgabe, die dazu dienen soll, über den Preis als marktkonformes Regulativ eine Verringerung der Umweltbelastungen zu erreichen. Durch Internalisierung → externer Kosten (bewusste Veränderung der relativen Preise) entsteht ein Lenkungseffekt beim Verbraucher. Die Ökosteuer ist Anreiz für Unternehmen, durch „höheren Preis" ihre Kosten durch Einsatz des technischen Fortschritts zu senken. Durch „künstliche" Anhebung der Preise soll das Verhalten der Produzenten/Konsumenten indirekt so beeinflusst werden, dass Umweltbelastungen vermieden werden. – 2. *In Deutschland:* Abk. für „ökologische Steuerreform", ein Steuerreformprojekt, mit dem von 1999-2003 schrittweise die Regelungen insbesondere über die Verbrauchsteuern so umgebaut wurden, dass sie stärkere Lenkungsanreize zu einem ökologisch sinnvollen Verhalten geben. Eine eigenständige Steuer namens „Ökosteuer" gibt es also, anders als selbst offizielle Verlautbarungen es manchmal nahelegen, in Deutschland nicht.

Ökosystem – komplexes Wirkungsgefüge verschiedener Lebewesen und deren anorganischer Umwelt. Die trophischen Ebenen (Nahrungsebenen) garantieren den Energietransfer durch Auf- und Abbau von Stoffen und damit den ökologischen Kreislauf (Fließgleichgewicht).

One Firm Strategie – strategisches Grundmuster v.a. der großen international tätigen Strategieberatungsfirmen, wonach eine Ausdehnung der Geschäftstätigkeit im Consulting ausschließlich über internes Wachstum erfolgt und Auslandsniederlassungen immer in Form von Neugründungen entstehen. Ziel der One-Firm-Strategie ist es, eine weltweit einheitliche → Unternehmenskultur zu schaffen und einheitliche Positionierungs- und Qualitätsmerkmale zu erreichen.

on-the-Job-Training – Aus-, Fort- oder Weiterbildung am Arbeitsplatz durch Zusehen und Mitmachen unter Anleitung einer Facharbeitskraft. Heute vielfach kombiniert mit → off-the-Job-Training.

Open Distance Learning → Telelearning.

operative Frühwarnung – bezieht sich auf die Frühwarnung vor latent bereits vorhandenen Risiken im kurz- bis mittelfristigen Bereich und erfolgt zumeist mithilfe von → Frühwarnsystemen. Operative Frühwarnung grenzt sich bes. durch den zeitlichen Bezug ihrer Identifikationskapazität, ihrer theoretischen Grundlagen und die Art ihrer Informationsaufnahme/-verarbeitung von einer → strategischen Frühaufklärung ab. Operative Frühwarnung gilt als wesentliche Informationsbasis operativer und/oder taktischer Planungen (→ Unternehmensplanung). – *Praxisnahe Formen der operativen Frühwarnung:* (1) *Kennzahlen-/hochrechnungsorientierte operative Frühwarnung:* Stets geht es darum, positive oder negative Entwicklungen möglichst frühzeitig zu erkennen, die sich in einer Veränderung der Werte jeweiliger Kennzahlen im Zeitablauf über oder unter bestimmte Schwellenwerte hinaus ausdrücken. (2) *Indikatororientierte operative*

Frühwarnung: Sie ermöglichen eine systematische Suche und Beobachtung von relevanten Erscheinungen/Entwicklungen innerhalb und außerhalb der Unternehmung mithilfe dafür ausgewählter Frühindikatoren. Bei fast allen Unternehmungen, die über eine operative Frühwarnung verfügen, erfolgt die Erhebung und Betreuung von Frühwarnindikatoren im Rahmen bestehender Planungs- und Berichtssysteme. Die Verarbeitung von Warnsignalen zu relevanten Frühwarninformationen wird in der Praxis überwiegend sowohl zentral als auch dezentral durchgeführt. Als organisatorische Einheit für die Zentralisierung der operativen Frühwarnung wird eindeutig der Bereich Controlling favorisiert.

operative Planung – 1. *Begriff:* Ebene der → Unternehmensplanung, in der Umsetzung und Kontrolle des strategisch Gewollten erfolgt. Dazu bedarf es einer Aufgliederung der strategischen Pläne auf die (Teil-)Perioden der kurzfristigen Planung sowie einer Zuordnung auf die Bereiche der operativen Organisation. Als Bindeglied kann eine operative Programmplanung dienen, deren Objekt zwar noch die → strategischen Geschäftsfelder sind, ihre Inhalte aber der oben angesprochenen perioden- und bereichsorientierten Aufgliederung folgen. – 2. *Merkmale:* Operative Planung kann auch als ein *System von Teilplänen* beschrieben werden: Teilplanungsbereichsbezogene Teilpläne sind u.a. → Absatzplan, Produktionsplan, Beschaffungsplan oder Forschungs- und Entwicklungsplan, daneben auch funktionsübergreifende Regionalbereichspläne, Wirtschaftspläne, Finanzpläne und Investitionspläne.

operative Programmplanung → operative Planung, → Unternehmensplanung, → strategisches Management.

optische Täuschungen – Täuschungen des Gesichtssinns über objektive Reizverhältnisse. Die räumlichen Verhältnisse betreffen die *geometrisch-optischen Täuschungen* (optische Täuschungen im eigentlichen Sinn), die raumzeitlichen die *Bewegungstäuschungen*.

Organigramm – *Organisationsplan, Orga-nisationsschaubild, Strukturschaubild;* Hilfs-mittel der Organisation zur Darstellung von Strukturen. – 1. *Organigramm der* → Auf-bauorganisation bildet das System der → or-ganisatorischen Einheiten ab. Es veranschau-licht v.a. die Aufgabengliederung (Zerlegung eines Aufgabenkomplexes in Teilaufgaben) bzw. die Gliederung der Stellen und Abteilun-gen (häufig pyramidenförmige Darstellung) sowie die → Kommunikationsbeziehun-gen zwischen den organisatorischen Einhei-ten (Bereichsbildung). – *Beispiele:* → Funk-tionalorganisation, → Matrixorganisation, → Regionalorganisation, → Spartenorgani-sation. – 2. *Organigramm der* → Ablauforga-nisation bildet Arbeitsfolgen in zeitlicher oder in räumlicher (Weg-, Lauf- und Verkehrs-Or-ganigramm) ab. Arbeitsgliederungs-Orga-nigramme stellen die Zerlegung von Auf-gaben in Arbeitsgänge und Gangelemente, Besetzungs-Organigramme die zeitliche Be-anspruchung von Personen oder sachlichen Hilfsmitteln im zeitlichen Nacheinander dar; → Harmonogramme beschreiben (gleichzei-tige) Arbeitsfolgen in räumlicher und zeitli-cher Hinsicht. – 3. Organigramme können jeweils durch textliche organisatorische Be-schreibungen *ergänzt* werden (z.B. → Stellen-beschreibungen, Organisationsanweisungen,

Organisationshandbücher; → Geschäftsver-teilungsplan).

organisation ad personam – *personelle Be-triebsorganisation;* Abgrenzung der Kom-petenzen (→ Kompetenzabgrenzung) im Rahmen der Organisationsgestaltung nach Maßgabe der Vorstellungen bzw. Präferen-zen oder auch Eignungen eines Handlungs-trägers mit ausgeprägter Persönlichkeit oder Machtstellung in der Unternehmung (z.B. Eigentümer-Unternehmer). Beim Ausschei-den der betreffenden Person entstehen i.d.R. Nachfolgeprobleme oder Kosten der → Reor-ganisation.

organisationales Lernen – bezeichnet den Prozess der Veränderung der organisationa-len Wert- und Wissensbasis, um die Prob-lemlösungs- und Handlungskompetenz zu erhöhen sowie den Bezugsrahmen einer Or-ganisation zu verändern. Im Zentrum steht der Aufbau einer unternehmensspezifischen Wissensbasis, d.h. der Aufbau von Wissen, das von allen Unternehmensmitgliedern ge-teilt wird. Obschon organisationales Lernen über Individuen und deren Interaktionen er-folgt, ist es nicht die Summe der individuellen Lernprozesse und -ergebnisse gleichzusetzen. Denn einerseits wird nicht alles individuelle Wissen weitergegeben (z.B. aus Gründen der Macht, Angst oder Frustration), andererseits kann durch die Weitergabe von individuellem

Basismodell der Lernprozesse

Wissen neues Wissen entstehen (Synergieeffekte). Je nach Konstellation kann die Summe des individuellen Wissens größer oder kleiner als das organisationale Wissen sein. Bei organisationalen Lernprozessen wird zwischen Single-Loop-Lernen und Double-Loop-Lernen unterschieden (vgl. Abbildung „Basismodell der Lernprozesse"). – Vgl. auch Wissensmanagement. Das Single-Loop-Lernen (auch als Anpassungslernen bezeichnet) entspricht dem angepassten Handeln der Organisation an veränderte Bedingungen des internen als auch externen Umfeldes, das lediglich aus Erfahrungen resultiert. Ungeachtet des neuen Wissens erfolgt hierbei keine nachhaltige Veränderung der organisationalen Werte- und Wissensbasis. Im Gegensatz dazu werden beim Double-Loop-Lernen (auch als Veränderungslernen bezeichnet) bisherige Erfahrungen der Organisation hinterfragt und korrigiert sowie die sich verändernden Bedingungen des internen als auch externen Umfeldes der Organisation neu interpretiert. Beim Double-Loop-Lernen wird somit eine Veränderung der organisationalen Werte- und Wissensbasis vorgenommen. So wird bspw. im Falle eines Hochwassers unter Single-Loop-Lernen verstanden, dass Gegenstände hoch gestellt bzw. eine Etage höher gebracht werden und somit kurzfristig auf die Extremsituation reagiert wird. I.S.d. Double-Loop-Lernen wird die Situation analysiert und nachhaltig, z.B. durch den Bau einer Wasserschutzmauer oder durch den Neubau von Produktions- und Lagerräumen oberhalb der bisherigen Hochwasserpegeln, gelöst, um so für eventuelle weitere Hochwasser gerüstet zu sein. Bei extremer Wärme und UV-Belastung könnte sich z.B. das Single-Loop-Lernen in der Baubranche darin äußern, dass man Sonnenmilch nutzt, anstatt i.S.d. Double-Loop-Lernen z.B. die Arbeitszeiten in den frühen Morgenstunden oder den Abend zu legen. Werden anstatt eine Klimaanlage zu nutzen (Double-Loop-Lernen), mehrere Türen geöffnet, um so kurzfristig bei extremen Temperaturen Durchzug zu schaffen, kann dies als Single-Loop-Lernen verstanden werden. Denn einerseits wird nicht alles individuelle Wissen weitergegeben (Bsp. bezogen auf den Klimawandel: nicht Teil der Unternehmensstrategie; Mitarbeiter sind an Findung und Umsetzung von Anpassungsmaßnahmen nicht beteiligt; der Organisation stehen keine Ressourcen zur Verfügung; generelle Unsicherheit bezüglich des Auftretens und der Auswirkungen), andererseits kann durch die Weitergabe von individuellem Wissen neues Wissen entstehen (Synergieeffekte, die z.B. fehlendes Wissen über den Klimawandel und möglichen Anpassungsmaßnahmen kompensieren; beabsichtigte Anpassungsmaßnahmen an den Auswirkungen des Klimawandels wirken sich auch positiv auf den Klimaschutz aus).

Organisation der Unternehmungsleitung – 1. *Begriff:* Die organisatorische Regelung (Organisation) der Handlungen in der (multipersonalen) Spitzeneinheit der Unternehmungshierarchie (→ Hierarchie) und der Beziehungen zwischen Hierarchiespitze und nachgelagerten Hierarchieebenen. – 2. *Formen nach der Arbeitsteilung innerhalb der Spitzeneinheit:* a) *Ressortgebundene Unternehmungsführung:* Die Mitglieder der → Pluralinstanz an der Spitze der Hierarchie fungieren neben ihrer Mitwirkung an der Unternehmungsleitung zugleich jeweils auch als Leiter der einzelnen organisatorischen Teilbereiche auf der nachfolgenden Hierarchieebene; beruht auf dem Prinzip der → Ressortkollegialität. – b) *Ressortlose Unternehmungsführung:* Die Mitglieder der Spitzeneinheit werden lediglich im Rahmen der gemeinsamen Unternehmungsleitung tätig und übernehmen persönlich allenfalls entscheidungsvorbereitende „Sprecherfunktionen" für unterschiedliche Problemaspekte der Leitung. – 3. *Rechtliche Regelung:* Die Organisation der Unternehmungsleitung unterliegt in hohem Maße den Bestimmungen des Organisationsrechts.

Organisation des Organisationsmanagements – Gestaltungsproblem der → Teilbereichsorganisation. Die Organisation des Organisationsmanagements umfasst alle generellen und dauerhaften → Regelungen zur Erfüllung der mit der Teilfunktion → Organisationsmanagement verbundenen Aufgaben. – *Gestaltungsfelder:* (1) Entscheidung, ob die Organisationsarbeit überhaupt speziellen → organisatorischen Einheiten (Organisationsmanagern) zugeordnet oder operativen Einheiten (z.b. organisierenden Managern oder betroffenen Mitarbeitern) übertragen wird. (2) Spezielle Organisationsabteilungen können an verschiedenen Stellen in der Unternehmungshierarchie platziert werden, bes. in einem → Zentralbereich oder in den Geschäftsbereichen. (3) Regelung der Kooperation zwischen mehreren Organisationsabteilungen sowie zwischen der Organisationsabteilung und den Geschäftsbereichen. Je nach Kompetenzausstattung (→ Kompetenz) kann eine Einheit dabei als Kernbereich, → Richtlinienbereich, Matrixbereich, → Servicebereich oder → Stab ausgeformt werden. (4) Die interne Gliederung einer Organisationsabteilung kann z.b. objektorientiert (nach den zu organisierenden Unternehmungsbereichen) oder verrichtungsorientiert (nach den Organisationsaufgaben) erfolgen. Zur Auswahl einer Gestaltungsform bedarf es einer Beurteilung der alternativenspezifischen Vor- und Nachteile (→ organisatorische Effizienz).

Organisationsalternativen → Organisationsstruktur.

Organisationsanalyse → Organisationsmethodik.

Organisationsbegriff – in der Organisationstheorie in drei unterschiedlichen Grundverständnissen verwendet. – 1. *Institutionaler Organisationsbegriff* („Die Unternehmung ist eine Organisation"): Die verschiedenartigsten arbeitsteiligen Institutionen, z.B. Behörden, Krankenhäuser, Unternehmungen, Hochschulen, werden insgesamt als Organisationen verstanden und organisationswissenschaftlich untersucht. Dies ist i.Allg. das Begriffsverständis der angelsächsischen Organisationsforschung. – 2. *Instrumentaler Organisationsbegriff* („Die Unternehmung hat eine Organisation"): Mit dem System der offiziell verkündeten, generell gültigen und auf Dauer angelegten → Kompetenzen wird eine spezielle Eigenschaft (meist) von Unternehmungen als Organisation (im Gegensatz zur → Disposition und → Improvisation) bezeichnet. Dies ist i.Allg. das Begriffsverständnis der deutschsprachigen Organisationsforschung. – 3. *Funktionaler Organisationsbegriff:* Die Tätigkeit der Gestaltung der → Organisationsstruktur wird als Organisation bezeichnet. Je nach Verwendung des Organisationsbegriffs ergeben sich differenzierte Akzentuierungen in den Problemstellungen der Organisationsforschung. – Vgl. auch Organisation.

Organisationsberatung – Hauptfeld der Unternehmensberatung, das die Optimierung der Ablauforganisation und Aufbauorganisation zum Ziel hat. Die Organisationsentwicklung ist ebenfalls Teil der Organisationsberatung.

Organisationseinheit → organisatorische Einheit.

Organisationsentwicklung – 1. *Begriff:* Strategie des geplanten und systematischen Wandels, der durch die Beeinflussung der → Organisationsstruktur, → Unternehmenskultur und individuellem Verhalten zustande kommt, und zwar unter größtmöglicher Beteiligung der betroffenen Arbeitnehmer. Zielsetzung ist einerseits, der Leistungsfähigkeit der Organisation, und andererseits der Entfaltung der einzelnen Organisationsmitglieder zu dienen. Die gewählte ganzheitliche Perspektive berücksichtigt die Wechselwirkungen zwischen Individuen, Gruppen, Organisationen, Technologie, Umwelt, Zeit sowie die Kommunikationsmuster, Wertestrukturen, Machtkonstellationen etc., die in der jeweiligen Organisation real existieren. – 2. *Ziele:*

Die Verbesserung der organisatorischen Leistungsfähigkeit zur Erreichung der strategischen Ziele der Unternehmung und die Verbesserung der Qualität des Arbeitslebens für die in ihr beschäftigten Mitarbeiter (→ Humanisierung der Arbeit). – Vgl. auch → Change Management.

Organisationsfehler – Fehler in der systematischen Ordnung einer größeren Anzahl von Gliedern (Organisation). Im Sinn der Unternehmungsziele kontraproduktive → Organisationsgestaltung, z.B. unklare → Kompetenzabgrenzung, zu große → Leitungsspannen, zu hohe → Entscheidungszentralisation, → Überorganisation und → Unterorganisation. Infolge der Messprobleme der → organisatorischen Effizienz lassen sich nicht alle, sondern meist nur grobe Organisationsfehler feststellen bzw. vermeiden.

Organisationsformen → Organisationsstruktur.

Organisationsgestaltung – nach dem funktionalen → Organisationsbegriff die Tätigkeit der Ausformung der → Organisationsstruktur durch → Organisationsplanung, → Organisationsrealisation und → Organisationskontrolle, wobei sie sich auf das Instrumentarium der → Organisationsmethodik stützen kann. Ein ganzheitliches Konzept für eine strategische Organisationsgestaltung stellt die → Organisationsentwicklung dar.

Organisationsgrad – 1. *Begriff:* Ausmaß, in dem das Verhalten der Organisationsteilnehmer durch Vorschriften, Normen und Regeln formalisiert ist. Organisationsgrad gibt die Relation von Organisation zu → Disposition an. – 2. Die *Bestimmung* des für den Einzelfall bestgeeigneten Organisationsgrad ist ein Optimierungsproblem, das wegen der Vielschichtigkeit und Komplexität v.a. qualitativer Einflussfaktoren allenfalls einer heuristischen Lösung zugänglich ist (→ organisatorische Effizienz). Die Frage nach dem optimalen Organisationsgrad ist dabei eng mit den Grenzen von → Spezialisierung und → Koordination verbunden.

Organisationsimplementation → – alle Aktivitäten zur Durchsetzung und Umsetzung der geplanten organisatorischen Änderungen. – Vgl. auch → Organisationsentwicklung.

Organisationskontrolle – Rückkoppelung zwischen → Organisationsrealisation und → Organisationsplanung, bezogen auf alle Phasen des organisatorischen Gestaltungsprozesses zwecks Überprüfung der Zweckmäßigkeit der aktuellen Organisationsstruktur.

Organisationskonzepte → Organisationsstruktur.

Organisationskosten – I. Rechnungswesen: Aufwendungen für die Schaffung einer innerbetrieblichen Funktionsteilung (Organisation) sowie für die dafür benötigten Einrichtungen. Organisationskosten kommen meist einem längeren Zeitraum zugute. – 1. Für *Kostenverrechnung* zwei Möglichkeiten: a) Aktivieren, sodass Organisationskosten auf dem Wege über die Abschreibungen in die Kostenrechnung eingehen. – b) Belasten eines Aufwandsausgleichskontos und Verteilen in angemessenen Teilbeträgen auf die einzelnen Rechnungsabschnitte. – 2. *Bilanzierung:* In der Handelsbilanz und der Steuerbilanz sind Organisationskosten aktivierungspflichtig, soweit ihnen ein aktivierungsfähiger Vermögensgegenstand (Wirtschaftsgut) gegenübersteht.

II. Wettbewerbsökonomik: Transaction Cost Economies.

Organisationskultur – System gemeinsam geteilter Muster des Denkens, Fühlens und Handelns sowie der sie vermittelnden Normen, Werte und Symbole innerhalb einer Organisation. Zur Analyse einer Organisationskultur werden häufig drei Kulturebenen unterschieden, nämlich ihre Basis-Annahmen, Normen und Standards sowie Symbolsysteme. Organisationskultur kann der → Motivation der → Organisationsmitglieder dienen, indem deren individuelle Präferenzen den kollektiven → Zielen der Organisation angenähert werden. Strittig ist die Möglichkeit einer gezielten Veränderbarkeit der Organisationskultur. Während *Kulturingenieure* annehmen, dass Organisationskultur zum Gegenstand eines geplanten Wandels gemacht werden kann, stehen *Kulturalisten* dieser Position ablehnend gegenüber, da sie die Organisationskultur als eine organisch gewachsene, sich einer gezielten Veränderung entziehende Lebenswelt betrachten. Ähnlich dem → Organisationsbegriff können ein *institutionaler* und ein *instrumentaler* Begriff der Organisationskultur unterschieden werden.

Organisationsmanagement – alle mit der Gestaltung der → Organisationsstruktur einer Unternehmung verbundenen → Aufgaben. – 1. *Kernaufgaben des Organisationsmanagements:* Konzipierung und Implementierung (→ Organisationsimplementation) der → Aufbauorganisation und der → Ablauforganisation (→ Organisationsgestaltung). – 2. *Zusatzaufgaben:* Ausstattung von Organisationseinheiten mit Sachmitteln sowie Erstellung und Pflege von → Organigrammen, → Stellenbeschreibungen, Ablaufplänen, Organisationshandbüchern etc. zur Dokumentation der Strukturen und Prozesse. Die Aufgaben können entweder intern auf spezialisierte Organisationsmanager bzw. auf organisierende Manager oder extern auf Unternehmungsberater übertragen werden (→ Organisation des Organisationsmanagements).

Organisationsmethodik – *Organisationsanalyse, Organisationsuntersuchung;* Regeln und Techniken des planmäßigen Vorgehens bei der → Organisationsgestaltung bzw. → Reorganisation. – *Verfahren:* → Aufgabenanalyse, → Aufgabensynthese.

Organisationsmitglieder – *Organisationsteilnehmer.* 1. *Begriff:* Die in einer Organisation (institutionaler Organisationsbegriff) handelnden, auf das → Organisationsziel verpflichteten Personen. – 2. Die *Aufgaben* der Organisationsmitglieder leiten sich aus

diesem Ziel her. – 3. Die *Beziehungen* der Organisationsmitglieder untereinander, ihre Über- und Unterstellung sind, soweit sie Ausdruck der formalen Organisation sind, in → Organigrammen dargestellt; die sich unter den Organisationsmitgliedern „von selbst" ausbildenden Beziehungen werden als → informelle Organisation erfasst. – Vgl. auch → Handlungsträger, Organisation.

Organisationsmodell – die sich bei der → Kompetenzabgrenzung auf der zweiten Hierarchieebene einer Unternehmung ergebende → Organisationsstruktur.

Organisationsplan → Organigramm.

Organisationsplanung – Entscheidungen über zukünftige Strukturtatbestände der Unternehmung, strategische Teilplanung. Anlässe sind Neugründung oder → Reorganisation, veranlasst durch sachliche, organisatorische oder persönliche Motive. – Vgl. auch → Organisationsentwicklung.

Organisationsprinzipien – grundsätzliche Aussagen über eine möglichst zweckmäßige Gestaltung der → Organisationsstruktur, z.B. bez. → Zentralisation, → Dezentralisation, → Leitungsspanne, Kongruenz von → Aufgabe, → Kompetenz und → Verantwortung. Organisationsprinzipien geben pragmatische Gestaltungshinweise, ihre Allgemeingültigkeit unterliegt infolge der Probleme bei der Messung der → organisatorischen Effizienz starken Einschränkungen.

Organisationspsychologie → Arbeits- und Organisationspsychologie.

Organisationsrealisation – Verwirklichung des geplanten organisatorischen Wandels (→ Organisationsentwicklung).

Organisationsrecht – 1. *Organisationsrecht i.w.S.:* Die Gesamtheit aller Rechtsnormen, die an der Organisation (nach dem instrumentalen und dem funktionalen → Organisationsbegriff) arbeitsteiliger Handlungssysteme anknüpfen. Diese organisationsrelevanten juristischen Vorschriften sind nicht geschlossen kodifiziert, sondern entstammen einer nur schwer überschaubaren Vielzahl unterschiedlicher Rechtsquellen. – 2. *Organisationsrecht i.e.S.*: Die betrachteten Handlungssysteme sind auf die privatautonomen, unter einheitlicher Leitung stehenden wirtschaftlichen Veranstaltungen (Unternehmungen) eingeschränkt.

Organisationsschaubild → Organigramm.

Organisationsstruktur – *organisatorische Gliederung, Unternehmungsgliederung.*

I. **Begriff:** System von Regelungen in Organisationen. Die Organisationsstruktur bildet das vertikal und horizontal gegliederte System der → Kompetenzen ab, das gemäß dem instrumentalen → Organisationsbegriff als genereller Handlungsrahmen die arbeitsteilige (Arbeitsteilung) Erfüllung der permanenten → Aufgaben regelt. In der vertikalen Perspektive besteht das grundlegende Beschreibungsmerkmal einer Organisationsstruktur aus dem Grad der → Delegation, in der horizontalen Perspektive v.a. durch die spezifische Ausrichtung der durch Bereichsbildung voneinander abgegrenzten Kompetenzinhalte der organisatorischen Einheiten (→ Kompetenzabgrenzung). Dabei bestimmt die Spezialisierung der oberen gegliederten (zweiten) Ebene der Hierarchie das globale → Organisationsmodell der Unternehmung, die Gliederung der nachfolgenden Hierarchiestufen die jeweilige Organisationsstruktur der organisatorischen Teilbereiche (→ Teilbereichsorganisation).

II. **Formen:** *Organisationsalternativen, -formen* bzw. *-konzepte*: 1. Hinsichtlich der *vertikalen Organisationsstruktur*: Die Alternativen lassen sich nicht klassifizieren, sondern stellen Punkte dar auf dem Kontinuum zwischen den beiden Eckpolen der → Entscheidungszentralisation und der → Entscheidungsdezentralisation. Der theoretische Grenzfall einer vollständigen Entscheidungszentralisation an der Spitze der Hierarchie kann mit dem Fehlen jeglicher → Entscheidungskompetenzen auf den nachgelagerten Hierarchieebenen eindeutig bestimmt werden. – 2.

Hinsichtlich der *horizontalen Organisationsstruktur*: Die Möglichkeiten zur Ausrichtung der einer → Instanz direkt unterstellten organisatorischen Einheiten im Wege der horizontalen Kompetenzaufteilung resultieren aus der Art und der Anzahl der auf der jeweiligen Hierarchieebene zur Anwendung gelangenden Gliederungskriterien: (1) Nach nur einem Gliederungskriterium: → Eindimensionale Organisationsstruktur; (2) nach mehreren Gliederungskriterien: → Mehrdimensionale Organisationsstruktur. Die möglichen Kriterien für die Abgrenzung der Kompetenzen organisatorischer Einheiten lassen sich aus den Dimensionen bzw. Komponenten einer Handlung ableiten (z.B. einzusetzende Ressourcen, vorzunehmende Verrichtungen, anzustrebende Ziele).

III. **Bewertung:** Die Bewertung der alternativen Organisationsstrukturen ist von den jeweiligen Situationsbedingungen und Zielen der Unternehmung abhängig und infolge der generellen Beurteilungsprobleme der → organisatorischen Effizienz nur in recht engen Grenzen möglich. Markante Vor- und Nachteile der verschiedenen Gestaltungsmöglichkeiten können hervorgehoben werden. – Vgl. auch → Delegation (zur vertikalen Kompetenzverteilung), → Funktionalorganisation, → Regionalorganisation und → Spartenorganisation sowie → Stab-Linienorganisation und → Matrixorganisation (zur horizontalen Kompetenzverteilung).

Organisationsteilnehmer → Organisationsmitglieder.

Organisationsuntersuchung → Organisationsmethodik.

Organisationsverfassung – institutionelle Ordnung des Verhältnisses von *verfassungskonstituierenden Interessen* und *Unternehmensführung* in der → Unternehmensverfassung. – 1. Für die AG in den nationalen Aktienrechten zwei organisatorische *Grundtypen*: (1) Die *dreigliedrige* Verfassungsstruktur mit Hauptversammlung, Aufsichtsrat und Vorstand. Außer in der Bundesrepublik

Deutschland existiert dieses Modell noch in Frankreich (neues Recht), Holland (große AG), Italien und Österreich. (2) Die *zweistufige* Lösung mit Hauptversammlung und Verwaltungsrat bzw. Board (→ Board System). Das Modell ist am meisten verbreitet, z.b. in Belgien, Dänemark, Frankreich (altes Recht), Griechenland, Großbritannien, Holland (kleine AG), Japan, Kanada, Schweden, Schweiz, Spanien und den USA. – 2. *Bedeutung:* Dominant für die Entwicklung der Organisationsverfassung erscheint das dreistufige Modell. Ein Übergang vom drei- auf das zweistufige System fand bei aktienrechtlichen Reformen nicht statt; das dreigliedrige Modell hingegen verbreitete sich in Europa (Holland, Frankreich).

Organisationsziel – *Unternehmungsziel.* Das bei Entscheidungen tatsächlich berücksichtigte Leitbild, das dazu dient, die Tätigkeiten und Prozesse in der Organisation auf einen einheitlichen Zweck auszurichten. Die moderne Organisationsforschung hat aufgedeckt, dass in jeder Organisation eine Pluralität von Zielen besteht. Neben offiziellen Organisationszielen der formalen Organisation (von der Führungshierarchie getragen) bestehen Abteilungs- und Gruppenziele sowie Ziele der einzelnen → Organisationsmitglieder.

organisatorische Effizienz – 1. *Begriff:* Maß für den Zielbeitrag einer organisatorischen Regelung (Organisation). Die Bewertung alternativer → Organisationsstrukturen stellt das zentrale Problem einer anwendungsorientierten Organisationstheorie dar; die Effizienz der einzelnen organisatorischen Gestaltungsmöglichkeiten lässt sich beim gegenwärtigen Forschungsstand aufgrund der Komplexität der Bewertungsproblematik nur sehr bedingt angeben. Hierauf beruht u.a. auch der geringe Aussagegehalt der → Organisationsprinzipien. – 2. *Problemkonkretisierung:* Da organisatorische Regelungen nach dem instrumentalen → Organisationsbegriff der Ausrichtung arbeitsteilig durchgeführter

Teilhandlungen auf das übergeordnete Gesamtziel der Unternehmung (→ Koordination) dienen, geht es bei ihrer Bewertung letztlich um die Frage, welche Organisationsstrukturen unter bestimmten Situationsbedingungen in welchem Ausmaß die Zielerreichung fördern. – a) Aus *sachlogischer Perspektive* werden die notwendigen Implikationen der Aufteilung einer Gesamthandlung in Teilhandlungen für die Aufgabenerfüllung betrachtet, wobei von den individuellen Zielen der beteiligten Personen abstrahiert wird. – b) Bei Einbeziehung der *Motivationsperspektive* ist darüber hinaus zu berücksichtigen, dass die Wirksamkeit organisatorischer Strukturen auch von den persönlichen Präferenzen der → Handlungsträger abhängt. Dadurch wird die Ableitung wissenschaftlich gesicherter Aussagen über die Effizienz erschwert, da diese beim gegenwärtigen Stand der individual- und sozialpsychologischen Forschung meist nur auf plausible, aber nicht allgemeingültige Verhaltensmuster gestützt werden kann. So wird die in der organisationstheoretischen Literatur unterstellte Prämisse einer positiven Korrelation zwischen dem Ausmaß der Entscheidungsautonomie und der Motivation von → Handlungsträgern häufig, aber nicht immer erfüllt sein. – 3. *Untersuchungsbedingungen:* Wegen der Abhängigkeit der Bewertung alternativer organisatorischer Regelungen von der gegebenen Unternehmungssituation und den verfolgten Zielen können Untersuchungen der organisatorischen Effizienz nur vor dem Hintergrund bestimmter Ausprägungen der Kontextfaktoren und Zielsetzungen durchgeführt werden. – a) Als wichtige *organisationsrelevante Situationsbedingungen* gelten z.B. die Größe, die Heterogenität des Leistungsprogramms und die Dynamik der Umwelt einer Unternehmung. – b) Da die Ermittlung des Beitrags organisatorischer Alternativen zur Erreichung globaler Unternehmungsziele (wie Gewinn oder Umsatz) praktisch an der Komplexität der Einflussstrukturen dieser Zielgrößen scheitert, muss eine realistische Beurteilung der organisatorischen Effizienz auf *Subzie-le*zurückgreifen, für die eine positive Beziehung zum Oberziel angenommen werden kann. – *Beispiele:* (1) Die Ausnutzung der vorhandenen Ressourcen (→ Ressourcennutzung) für die sachlogische Dimension, die Existenz von → Interdependenzen zwischen organisatorischen Einheiten aufgrund ihrer Koordinationsanforderungen, die → Dispositionsfähigkeit als Fähigkeit zur kurzfristigen Reaktion auf Änderungen der Umwelt; (2) für die motivationale Dimension die Zufriedenheit der Mitarbeiter, die Rate der → Fluktuation.

organisatorische Einheit – *Organisationseinheit.* 1. *Begriff:* Element der → Aufbauorganisation. Zuordnungsbereich von → Kompetenz für einen oder mehrere → Handlungsträger. – 2. *Arten:* a) Nach der *Anzahl der Handlungsträger:* (1) *Unipersonale organisatorische Einheit:* Kompetenzen für einen Handlungsträger. – Vgl. auch → Stelle. – (2) *Multipersonale organisatorische Einheit:* Kompetenzen für mehrere Handlungsträger; nach den Prinzipien der → Willensbildung zu unterscheiden in: Organisatorische Einheit mit einer internen → Hierarchie (→ organisatorischer Teilbereich) und Gruppen als ständige, sowie Gremien als zeitweise, aktive organisatorische Einheit mit gemeinsamer Willensbildung. – b) Nach der *Aufgabenstellung:* (1) Weisungsbefugte → Instanzen, (2) entscheidungsunterstützende → Stäbe, (3) → Entscheidungseinheiten, (4) Realisationseinheiten, (5) → Kontrolleinheiten.

organisatorische Gliederung → Organisationsstruktur.

organisatorischer Teilbereich – multipersonale → organisatorische Einheit, in der → Stellen und kleinere Einheiten über → Instanzen zusammengefasst sind. Bezeichnung in der Praxis je nach Bedeutung des organisatorischen Teilbereichs in der Hierarchie der Unternehmung v.a. als Abteilungen, Hauptabteilungen, Unternehmungsbereiche

und -sektoren. – *Beispiele* und *Organisation:* → Teilbereichsorganisation, → Spezialisierung.

organisatorische Verankerung des Umweltschutzes – Bestandteil eines → Umweltmanagementsystems. – *Umsetzung:* Bestellung von → Betriebsbeauftragten für bestimmte Umweltfragen; Unternehmen, die unter das BImSchG (Bundesimmissionsschutzgesetz) fallen, müssen einen Verantwortlichen auf höchster Managementebene benennen (§ 52 a BImSchG). Umweltberichterstattung; Energiemanagement; Differenzierung und Erweiterung der bestehenden → Aufbau- und → Ablauforganisation; Bildung einer Abteilung für Umweltschutz; Schulungen; interne Kommunikation sind wichtige Punkte.

Organizational Burnout – I. Organizational Burnout: 1. *Begriff:* Das Organizational Burnout (OBO) liegt vor, wenn sich ein aktives Organisationssystem in einem erschöpften und paralysierten Zustand befindet und mit eigenen Ressourcen diesen, als unerwünscht erkannten, Zustand nicht mehr positiv verändern kann. – 2. *Diagnostik:* Der Zustand allgemeiner Erschöpfung und Paralyse einer Organisation kann auch bei „gesunden" Organisationen und Institutionen vorkommen, als Folge ganz bes. Herausforderungen. Tiefe, anhaltende Erschöpfung ist eine notwendige, aber keine hinreichende Voraussetzung für ein Organizational-Burnout-Syndrom. Es muss die Unfähigkeit der Erholung aus eigener Kraft unter Einsatz eigener Mitteln hinzutreten, um von einem Organizational Burnout sprechen zu können. Wenn ein energieloser, paralysierter Zustand eingetreten ist, der nicht nur die Selbstheilungskräfte lähmt, sondern nachgerade alle Versuche der Reaktivierung reflexiv verhindert, ist das Organisational Burnout gegeben. – Ergänzend tritt zum Phänomen des Organizational Burnout die Tatsache hinzu, dass der problematische Zustand als unerwünscht erkannt wurde. Wird der Zustand hingegen von der Organisation gespürt, aber nicht bewusst wahrgenommen, dann ist die erschöpfte Organisation zwar nicht mehr wirklich leistungsfähig, wird aber versuchen, reaktiv mit einem „Business as usual" zu überleben. Tatsächlich kann nur die Organisation selbst den Zustand des Organizational Burnout für sich erkennen und akzeptieren. Aus einem unbewussten, vielleicht nur sensorisch wahrgenommenen, kollektiven Missbehagen heraus muss ein gemeinsames, greifbares Problembewusstsein entstanden sein. – 3. *Ursachen:* a) externer Systemstress (Strukturwandel, Wettbewerbsdruck, Finanzmarktrisiken, veränderter Rechtsrahmen, feindliche Übernahmen); – b) interner Ressourcenstress (Erfolgsarroganz, Kompetenzdefizite, nachhaltiger Ressourcenmangel, übertriebener Ergebnisdruck); – c) endogener Identitätsstress (ständige Strategiewechsel, wiederholte Reorganisationsprogramme, Verlustängste des Managements, übertolerante Fehlerkultur). – 4. *Symptome:* a) *Erste Phase – latentes Organizational Burnout:* der Markt beantwortet die Sinnfrage nicht mehr; Produktivität nimmt schleichend ab; interne Anforderungen binden mehr und mehr Zeit und Energie; Ressourcen werden knapper, man weiß eigentlich nicht warum; zunehmend funktioniert der Betrieb trotz und nicht wegen des Managements. – b) *Zweite Phase – akutes Organizational Burnout:* Unsicherheiten machen sich breit; Dynamik geht verloren; der Anspruch von allen an alle steigt; zynische Grundstimmung gegenüber Firma und Kollegen macht sich breit; Simulation des persönlichen Engagements; Innovationen finden (auch im Kleinen) nicht mehr statt. – c) *Dritte Phase – chronisches Organizational Burnout:* die Führungskräfte schotten sich vom Tagesgeschäft ab; Gefühl der Macht- und Sinnlosigkeit auf allen Ebenen; überraschende Wechsel im Management; → Fluktuation nimmt zu; ritualisierte Neustarts. – d) *Vierte Phase des letalen Organizational Burnout:* das Management erreicht die Mitarbeiter nicht mehr; Kontrollverlust; diffuse Sehnsucht nach dem „Big Bang" des Neubeginns;

Hoffnungslosigkeit; unbewusste Duldung des Organisationssuizids. – 5. *Folgen:* (1) Kraftlose Führung: „Vogel Strauß" in der Chefetage: Die Energie und das Charisma der Führungsperson erschlaffen, es tritt eine Art „Entzauberung" der Persönlichkeit ein. Wenn sich dann aber das Charisma einer Führungspersönlichkeit immer mehr verflüchtigt, sehen wir plötzlich den „Kaiser in seinen neuen Kleidern" dastehen. Das Management taucht mehr und mehr ab, wird unsichtbar. (2) Komplexe → Überorganisation der Prozesse: Viele E-Mails und lange Listen, nichts wird besser. (3) Vor dem Hintergrund des schwächelnden Managements werden die Ansprüche der zweiten und dritten Ebene nach visionärer und konsequenter Führung lauter. Das Management aber verwechselt Führung mit Aktionismus. Jetzt passiert etwas Spannendes: Nach dem Motto: „Wenn du eine kleine Veränderung verhindern willst, fordere eine große", werden nun von den Blockierern grundsätzliche (gern auch strategisch genannte) Verbesserungen verlangt. (4) Schneller, härter, erfolgloser! Personalführung in der Sackgasse; (5) Das Management wird im OBO das tun, was es am besten kann, nämlich den Anspannungsgrad der Mannschaft erhöhen und bessere und schnellere Leistungen verlangen. (6) Innovationslücke: „Wer auf dem letzten Loch pfeift, bringt keine neue Melodie zustande". (7) Das OBO verbraucht tückischerweise alle organisationale Energie der Organisation für die ständige neue Selbstorganisation unter Stress. D.h., es fehlen die kreativen Energien für neue Lösungen bestehender Probleme oder gar für Innovationen, die über den bisherigen Bedarf des Marktes hinausgehen. (8) Kommunikation: Asymmetrie der Informationen (Informationsasymmetrie) . (9) Das Management aus der ersten und zweiten Ebene setzt im Verlauf des OBO andere Prioritäten und die Kommunikation wird als notwendige, aber nicht entscheidende Aktivität angesehen und folglich nicht proaktiv eingeplant. In der Folge des brüchigen Vertrauensklimas des OBO werden alle

Mitteilungen der obersten Ebene von den Mitarbeitern (und der Öffentlichkeit) bes. kritisch analysiert. Alles wird analysiert und interpretiert und nichts wird zum Nennwert genommen. – 6. Kosten des Organizational Burnout: Durch ein unerkanntes OBO entstehen typischerweise folgende Zusatzkosten: a) Kosten betrieblicher Konflikte: (1) Kosten mangelhafter Arbeitsleistung, messbar an der steigenden Ausschuß- oder Fehlerquote, (2) Kosten der Mitarbeiterfluktuation, messbar an den steigenden Kosten der Personalbeschaffung, (3) Kosten des Produktivitätsverlustes, messbar an zunehmenden Fehltagen multipliziert mit den kalkulierten Outputs je Tag, (4) Kosten der Über- oder Unterregulierung der Prozesse, messbar an steigender Zahl der Überstunden bzw. Lieferverzögerungen, (5) Kosten des betriebsschädigenden Verhaltens, messbar an steigenden Materialkosten je Produktionseinheit oder Anstieg von Reklamationen, (6) Kosten des Kundenausfalls und Kosten entgangener Aufträge, messbar an auftragsabsagen oder zunehmenden Akquisitionskosten. – b) Kosten des fehlenden Vertrauens: (1) Kosten der fehlenden Zielorientierung, spürbar an dem zunehmenden Diskussionsbedarf der Mitarbeiter über Unternehmensziele, (2) Kosten der Verunsicherung der Beschäftigten, messbar an Mehrarbeitszeit für doppelte Kontrollen und Absicherung, (3) Kosten des mangelnden Muts zu Innovationen, messbar an ausbleibenden oder verspäteten Innovationen, (4) Kosten der Unzuverlässigkeit der Organisation, messbar an zunehmender Gelassenheit gegenüber trivialen Fehlern, (5) Kosten des Beschwerdemanagements, messbar an ansteigender Dauer der Beschwerdebearbeitung, (6) Kosten des Banken- oder Lieferantenwechsels, (7) Kosten intensiverer Öffentlichkeitsarbeit. – 7. *Therapie:* Eine erfolgreiche Therapie beruht auf den folgenden kulturellen Prinzipien: gemeinsame ehrliche Anerkennung des wirklichen Therapiebedarfs; offene Diskussion der Sinnfrage der Organisation, gemeinsame Beantwortung; sichtbarer

und konsequenter Neustart durch die Führung; jeder ist bestrebt ein Teil der Lösung zu sein; der interne Wettbewerbsdruck wird beendet; im Umgang gilt nun Toleranz und Vertrauen; bewusst wird Licht statt Schatten gesehen; es wird professionell, verlässlich, diszipliniert und konsequent gehandelt; Zuversicht statt Zynismus ist die vorherrschende Stimmung; Konzentration auf das jeweils Machbare nach dem Motto: gut ist gut genug; Stabilität ist wichtiger als Profitabilität; Geduld bei allen Beteiligten: Schritt für Schritt und mit ruhiger Hand.

II. Organisierter Burnout: Die Bezeichnung „Organizational Burnout" wird auch für die Beschreibung eines durch die Form oder Abläufe einer Organisation verursachten – also quasi „organisierten" Burnout von Beschäftigten verwendet. Den organisierten Burnout beschreibt Professor Sarah J. Tracy in ihrer Studie über die Arbeit an Bord von Kreuzfahrtschiffen den Organizational Burnout als eine allgemeine Abnutzung oder Entfremdung verursacht durch die Zwänge der Arbeit, durch lange Arbeitszeiten, wenig Erholungszeit und -möglichkeiten, bei kontinuierlicher Beobachtung und Kontrolle durch Vorgesetzte, Kollegen und Passagiere.

Outplacement – Variante der → Personalfreisetzung bei Führungskräften (oberes oder auch mittleres Management) mit Unterstützung eines i.d.R. externen Beraters. Die Beratung ist darauf spezialisiert, für die Entlassenen neue Arbeitsplätze und Aufgabenfelder zu finden sowie das Selbstwertgefühl zu stabilisieren. Die Gebühren für die Outplacement-Beratung werden üblicherweise vom ehemaligen Arbeitgeber des Entlassenen bezahlt.

Outside-in-Planung – 1. *Begriff:* → Planungsphilosophie, die von einer starken Umweltabhängigkeit des Unternehmens ausgeht und eigene Aktivitäten zunächst als Anpassungsaktivitäten zum dynamischen Umfeld begreift. – 2. *Merkmale:* Es wird also von den Gefahren und Gelegenheiten der Umwelt (z.B. technologische Trends) ausgegangen und nach Wegen gesucht, das Unternehmen und seine Ressourcen- und Fähigkeitenausstattung diesen Entwicklungen anzupas-

sen. – *Gegensatz:* → Inside-out-Planung.

Overhead Value Analysis → Gemeinkostenwertanalyse.

Overseas Assignment → Auslandseinsatz.

P

PA – Abk. für *Public Affairs*, Public Relations (PR).

Pacing → Event-Pacing, → Time Pacing.

Parallelentwicklung – Entwicklung verschiedener konkurrierender Lösungsmöglichkeiten innerhalb einer Produkt- oder Technologieentwicklung, von denen nur eine Möglichkeit später zur Verwendung kommen soll. Parallelentwicklungen werden bes. bei komplexen Aufgabenstellungen eingesetzt, die unter hohem Zeitdruck durchgeführt werden müssen. I.d.R. werden nicht alle Alternativen komplett entwickelt, sondern es werden nach vorher definierten Kriterien regelmäßig der Entwicklungsfortschritt untersucht und nicht erfolgversprechende Alternativen abgebrochen. Die Parallelentwicklung unterscheidet sich vom → Concurrent Engineering oder Simultaneous Engineering, weil dort komplementäre Entwicklungsaufgaben parallelisiert werden, nicht jedoch konkurrierende.

partizipative Führung – Führungsverhalten, das wesentlich darauf beruht, dass der Führende die Unterstellten in die Führungsentscheidungen einbezieht. Das Konzept wurde geprägt durch den von Lewin experimentell untersuchten demokratischen → Führungsstil, dem der Autor den autoritären gegenüberstellte. Hauptunterscheidungsmerkmal zwischen dem demokratischen und dem autoritären Führungsstil ist der Grad der Partizipation.

Partnerschaft – I. Personalmanagement: v.a. seit dem Zweiten Weltkrieg wirksame Bestrebungen von Unternehmen, im eigenen Betrieb nach neuen Formen der Zusammenarbeit mit der Belegschaft zu suchen. Sichtbarstes Ergebnis derartiger Bemühungen ist oftmals eine → Erfolgsbeteiligung bzw. → Kapitalbeteiligung der Mitarbeiter *(materielle Beteiligung)*, verschiedentlich ergänzt durch bes. Mitsprache- und Mitentscheidungsmöglichkeiten (→ immaterielle Mitarbeiterbeteiligung) mit unterschiedlicher Intensität. – Ziele sind Förderung von Leistungsbereitschaft und Arbeitszufriedenheit. – Vgl. auch Mitbestimmung, → Unternehmensverfassung.

II. Unternehmensführung: → internationale strategische Allianz, → internationale Kooperation, → internationales Projekt.

III. Handels- und Gesellschaftsrecht: Partnerschaftsgesellschaft (PartG).

Partnerschaftsunternehmen → Joint Venture, → strategische Allianz.

Patensystem – *Mentoring;* Verfahren der individuellen Arbeitseinführung, wonach in einen Betrieb eintretenden Personen ein Betriebsangehöriger (Pate) zur Seite gestellt wird, der die fachlich-technische und die soziale Eingliederung erleichtert.

Patentportfolio – Mit dem Patentportfolio wird die technologische Position eines Unternehmens unter Zuhilfenahme des gewerblichen Schutzrechts Patent dargestellt. Patentportfolios lassen sich als Instrument der strategischen F&E-Planung einsetzen. Die bekannten Ansätze können in produkt- und technologiefeldorientierte Patentportfolio-Ansätze untergliedert werden. (1) Der produktorientierte Patentportfolio-Ansatz nach Hofinger setzt auf die Zuordnung der Patente zu den Produkten, in denen sie Anwendung finden. (2) Die technologiefeldorientierten Patentportfolio-Ansätze ordnen die Patente in einem ersten Schritt den einzelnen Technologiefeldern zu. Ein Beispiel hierfür ist das Patentportfolio nach Ernst (1996). Je drei Kennzahlen bestimmen hier die gewählten Technologiefelder näher. (1) Die relative Patentposition (Abszisse) stellt die eigene Patentleistung ins Verhältnis zum stärksten

Wettbewerber im betrachteten Technologiefeld dar. Die Werteskala ist auf eins skaliert. Die Patentleistung besteht aus den Komponenten (a) Anzahl der Patentanmeldungen pro Technologiefeld und (b) durchschnittliche Qualität der Patentanmeldungen. Aus der relativen Patentposition lassen sich Aussagen über technologische Kernkompetenzen bzw. Entwicklungsrückstände im Vergleich zum Wettbewerb ableiten. (2) Die zweite Kennzahl wird als Technologieattraktivität (Ordinate) benannt. Sie verdeutlicht das Wachstum der Patentanmeldungen im betrachteten Technologiefeld im Vergleich zu allen anderen betrachteten Technologiefeldern. (3) Die dritte Kennzahl, die Technologiebedeutung (Kreisfläche), charakterisiert die F&E-Schwerpunkte eines Unternehmens. Die Anzahl der eigenen Patentanmeldungen pro Technologiefeld wird durch die Gesamtanzahl der eigenen Patentanmeldungen dividiert. Aus dem Patentportfolio lassen sich Normstrategien für die strategische F&E-Planung ableiten.

patriarchalischer Führungsstil → Führungsstil.

Pausengestaltung – Festlegung von Zeitpunkt, Häufigkeit und Dauer von Arbeitsunterbrechungen (Pausen). Pausengestaltung ist unter Berücksichtigung der Erkenntnisse der Arbeitswissenschaft so vorzunehmen, dass der Anstieg des Ermüdungsniveaus (→ Ermüdung) so gering wie möglich bleibt. – Vgl. Abbildung „Pausengestaltung".

Pension – Ruhegehalt der im öffentlichen Dienst stehenden Beamten. – Vgl. Beamtenversorgungsgesetz (BeamtVG).

Pensionsverpflichtungen – Verpflichtungen (i.d.R.) eines Unternehmers oder eines Unternehmens aus der Zusage einer bestimmten Alters-(Invaliden-) und/oder Hinterbliebenenversorgung (Alters- und Hinterbliebenenversorgung, betriebliche Altersversorgung (bAV)). – 1. *Rechtsgrundlagen:* In Betracht kommen Vertrag, Betriebsvereinbarung, Tarifvertrag, Besoldungsordnung, betriebliche Übung oder der Grundsatz der Gleichbehandlung. Begünstigt werden können nicht nur die Arbeitnehmer des Unternehmens (im arbeitsrechtlichen Sinn), sondern alle, die in einem Mitarbeiterverhältnis zum Unternehmer oder Unternehmen stehen und bei denen die Versorgung als Leistungsentgelt gewährt wird. – Die Pensionsanwartschaft setzt regelmäßig eine längere Tätigkeit im Betrieb voraus. – 2. *Leistungen:* Gegenstand der Pensionsverpflichtungen können sein: (1) laufende, gleichbleibende oder steigende Leistungen in Form von Geld oder Sachwerten; (2) eine einmalige

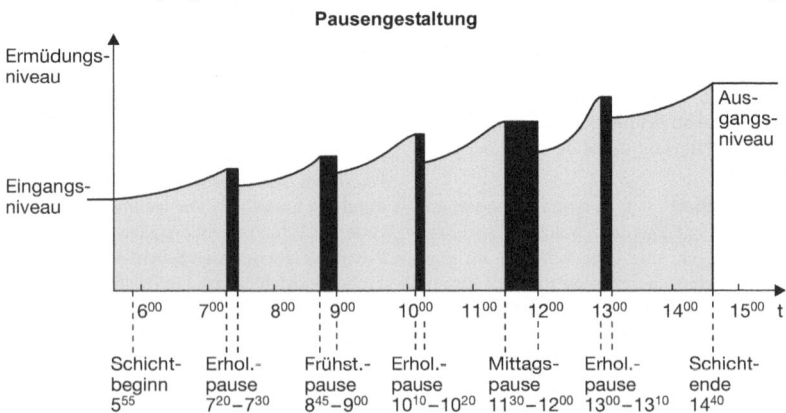

Pausengestaltung

Kapitalabfindung. – 3. *Steuerrecht:* Es dürfen nur für bestimmte Pensionsverpflichtungen Rückstellungen gebildet werden. Passivierungsfähig sind nur Lasten aus solchen Pensionsverpflichtungen, die auf einer rechtsverbindlichen, vorbehaltslosen oder allenfalls mit einem steuerunschädlichen Vorbehalt versehenen Versorgungszusage beruhen.

Pensumlohn – Lohnvereinbarung, die die Verpflichtung des Arbeitnehmers enthält, in einem bestimmten Zeitabschnitt eine bestimmte Leistung (Pensum) zu erbringen. – Zu unterscheiden sind: → Festlohn und → Programmlohn. Neue Lohnformen, die auf einer erwarteten, festgelegten oder geplanten Tagesleistung basieren, finden zunehmend Anwendung, da aufgrund zunehmender Mechanisierung und Automatisierung der Einfluss des Arbeitnehmers auf das Produktionsergebnis und damit die → Akkordfähigkeit abnimmt.

Performance – I. Management: Maß für die Erfüllung einer vorgegebenen Leistung, z.B. das Verhältnis des erreichten Umsatzes zu einem angestrebten Umsatzziel für eine Periode.

II. Wertpapiergeschäft: *I.w.S.* der Anlageertrag eines Portfolios bzw. eines einzelnen Wertpapiers, wobei dieser Erfolg sich aus Kurserfolg und Dividende zusammensetzt; *i.e.S.* Vergleich des Anlageerfolges zu einer entsprechenden Benchmark (so gesehen lässt sich die Performance eines im Deutschen Aktienindex (DAX) enthaltenen Wertpapiers durch Gegenüberstellung mit dem Verlauf des DAX als Benchmark ermitteln). – In der *Kapitalmarkttheorie* bezeichnet die Performance die Zielgröße der Asset Allocation. Als mathematische Berechnungsvorschrift kann die Formel

$$Performance = \frac{Anlagenrendite - Benchmarkrendite}{Risikomaß}$$

Verwendung finden. Somit gehen sowohl Kurssteigerungen und Dividenden als auch Risiken in die Performance von Anlagetiteln ein.

III. EDV: 1. Verhalten eines Softwareprodukts bei der Ausführung; v.a. beurteilt anhand der *Laufzeiteffizienz* (Effizienz) und der Antwortzeiten. – 2. Verarbeitungsleistung eines Computers; wird üblicherweise in → MIPS gemessen.

Performance Measurement – Prozess zur Identifizierung und Quantifizierung von Leistungsindikatoren (Kennzahlen), die eine Aussage über das Maß der Zielerreichung bez. Qualität, Zeit und Kosten ermöglichen (→ Performance). Die Leistung ganzer Unternehmen, von Geschäftsbereichen, Abteilungen u.Ä. muss aus verschiedenen Perspektiven gemessen werden. Ein populäres Hilfsmittel ist die Balanced Scorecard.

Personal – Als Personal bezeichnet man die zur Leistungserbringung eingesetzten, bezahlten Mitarbeiter eines Unternehmens. Es ist auch eine Kurzbezeichnung für → Personalwirtschaft bzw. → Personalmanagement.

Personalabteilung – *Personalressort, HR-Abteilung.* 1. *Begriff:* die für die Erfüllung von Personalaufgaben zuständige Organisationseinheit eines Unternehmens. Die Personalabteilung unterstützt die Personalverantwortlichen und hat Servicefunktion für die Mitarbeiter; zunehmend auch Erfüllung strategischer Aufgaben (z.B. strategische Personalplanung). – 2. *Gestaltungsformen:* (1) Kernaufgaben: Aufgaben, die i.d.R. in die volle Verantwortung der Personalabteilung fallen (z.B. alle mit der Beschäftigung, Entwicklung und Betreuung von Arbeitnehmern verbundenen Aufgaben); (2) Richtlinienaufgaben: Die volle Zuständigkeit für die Durchführung liegt bei der Fachabteilung zum Zwecke der Gleichbehandlung aller Mitarbeiter; über Abteilungsgrenzen hinweg gibt die Personalabteilung Richtlinien vor, die die Personalabteilung i.d.R. zu überwachen hat. – 3. *Eingliederung in die Unternehmensorganisation:* ist abhängig von der Bedeutung, die der Personalfunktion eingeräumt wird, ferner von der Aufgabenverteilung zwischen Personalabteilung und Fachabteilung, tatsächliche

Einflussmöglichkeiten der Personalverantwortlichen und Qualifikation der Linien-
vorgesetzten zur Lösung von Problemen der
Personalführung. Aktuell in der Praxis vermehrte Fokussierung moderner Organisati-
onsmodelle (z.B. Drei-Säulen-Modell).

Personalakte – I. Allgemein: über den Arbeitnehmer in der Personalverwaltung ak-
tenmäßig oder innerhalb einer Datenbank
(→ Personalinformationssystem) geführte
Informationen. – Zur Personalakte gehören:
Bewerbungsschreiben, Personalbogen, An-
stellungsvertrag, Zeugnisse, wichtige Belege
über Gehaltsveränderungen, Regelbeurtei-
lungen, Verwarnungen etc. sowie Nebenak-
ten wie Urlaubs- oder Fehlzeitenkarteien.

II. Arbeitsrecht: 1. *Grundsätzliches:* Berichte
über die Dienstleistungen oder Befähigun-
gen der Arbeitnehmer in Personalakten sind
so zu erstellen, dass sie unter Abwägung der
beiderseitigen Interessen ein *objektives Bild*
von der Person und den Leistungen des Arbeitnehmers ergeben. – Der Arbeitnehmer
hat ein Recht auf *Einsichtnahme* in die Personalakte (§ 83 BetrVG). – Sind die zu der Personalakte genommenen Berichte nicht sach-
gemäß gefasst bzw. sind zu der Personalakte
genommene Abmahnungen ungerechtfertigt,
kann der Arbeitnehmer aufgrund der Fürsorgepflicht des Arbeitgebers *Berichtigung des
Berichts* bzw. *Entfernung der Abmahnung* aus
der Personalakte verlangen. – 2. *Datensamm-
lungen (Dateien), zusammengefasste Personalakte:* Das Bundesdatenschutzgesetz (BDSG)
ist zu beachten. – a) Das *Speichern* „personenbezogener Daten" ist im Rahmen der Zweckbestimmung des Arbeitsverhältnisses zulässig
(§ 28 BDSG). – b) Die *Übermittlung* von zu-
lässigerweise gespeicherten Daten ist gestattet im Rahmen der Zweckbestimmung eines
Vertragsverhältnisses oder vertragsähnlichen
Vertrauensverhältnisses mit dem Betroffenen
oder soweit es zur Wahrung berechtigter Interessen des Übermittelnden oder eines Dritten
erforderlich ist und schutzwürdige Belange
des Betroffenen nicht beeinträchtigt werden

(§ 28 I Nr. 1, 2 und II BDSG). Die Weitergabe
von Personaldaten an andere Arbeitgeber, bei
denen sich der Arbeitnehmer bewirbt, ist danach i.d.R. zulässig. – c) *Unrichtige personenbezogene Daten* sind zu berichtigen, unzulässig gespeicherte Daten zu löschen (§ 35
BDSG).

III. Beamtenrecht: Regelungen über die Personalakten in den §§ 106 bis 115 BBG für die
Bundesbeamten sowie in § 50 Beamtenstatus-
gesetz für die Beamten der Länder, Kommunen und sonstigen Körperschaften.

Personalanzeige – *Stellenanzeige;* eine Personalanzeige wird von einem Arbeitgeber
oder von einer Personalvermittlung aufgegeben, sofern nach neuen Mitarbeitern oder
Arbeitnehmern gesucht wird.––Bis in die
1990er-Jahre hinein war das Haupt-Medium
für Stellenanzeigen die Tageszeitung. Mit zunehmender Verbreitung des Internets werden mehr und mehr Stellen auch online angezeigt. Oftmals hat man hier Gelegenheit
sofort mit einer E-Mail zu reagieren oder sich
direkt online zu bewerben. – *Arten:* (1) offene Personalanzeige (mit Namensnennung
des Interessenten); (2) Kennziffer-(Chiffre-)
Personalanzeige. Zu beachten ist ggf. die Notwendigkeit einer innerbetrieblichen Stellenausschreibung.

Personalarbeit – *betriebliche Personalarbeit,
Human Resource Management;* Tätigkeiten,
die von der institutionalisierten Personalab-
teilung wahrgenommen werden; i.w.S. alle
Tätigkeiten, die mit der Beschäftigung von
Mitarbeitern anfallen.

Personalauswahl – *Personalselektion;* Entscheidung über die Besetzung einer frei gewordenen, frei werdenden oder einer noch
zu schaffenden Stelle aus dem Angebot an
internen und/oder externen Bewerbern einschließlich der die Personalauswahl vor-
bereitenden Arbeiten. Hilfsmittel sind
verschiedene eignungsdiagnostische Verfahren (→ Eignungsdiagnostik) bes. Fä-
higkeits- und Persönlichkeitstests, Interviews, der biografische Fragebogen sowie

das → Assessmentcenter. Mitunter erfolgt ein Rückgriff auf eine → Personalberatung. – Vgl. auch → Personalmanagement.

Personalbedarf – 1. *Begriff:* Festlegung des Arbeitskräftepotenzials, das ein Unternehmen momentan bzw. zu einem zukünftigen Zeitpunkt in quantitativer und qualitativer Hinsicht benötigt, um die geplanten Aktivitäten durchführen zu können. – 2. *Ermittlung des Personalbedarfs:* Dies umfasst Anzahl, qualitative Struktur und zeitlichen, ggf. auch örtlichen Einsatz der benötigten Arbeitskräfte. Daraus ergibt sich ein Sollwert, an dem sich alle personalwirtschaftlichen Maßnahmen auszurichten haben. – 3. *Determinanten des Personalbedarfs:* (1) Arbeitsaufgabe (Mengenaspekt, Aufgabeninhalt, zeitliche Struktur); (2) Arbeitsträger (Art, Technologie der Arbeitsmittel, Arbeitskräfte selbst als Wirkungsfaktor: Belastbarkeit, Arbeitsbereitschaft, Arbeitsfähigkeit etc.); (3) Arbeitsbedingungen (Arbeitsorganisation: Aufbauorganisation, Führungssystem etc., Arbeitsumwelt). – 4. *Methoden zur Ermittlung des Personalbedarfs:* a) *Direkte Ermittlung:* Ableitung unmittelbar aus anderen Planzahlen eines Unternehmens; ein Bestimmungsfaktor (bzw. eine Gruppe von Faktoren) wird als allein maßgeblich angesehen, der Personalbedarf von dieser Bezugsgröße abgeleitet. Voraussetzung ist die eindeutige Festlegung der unabhängigen Variablen (z.B. Jahresproduktion in Stück) und die Abhängigkeitsfunktion zwischen dieser Bezugsgröße und dem Personalbedarf. Zur Anwendung kommen Extrapolationsverfahren, Kennzahlenmethode, Korrelations- und Regressionsrechnungen. – b) *Indirekte Ermittlung:* Analyse der Auswirkungen der zahlreichen Determinanten auf die zukünftigen Qualifikationsmerkmale und die Organisationsstruktur (Personalentwicklung). – *Weitere Verfahren:* Stellenbesetzungsmethode, Anlagen- und Arbeitsplatzmethode, Nachfolge- und Laufbahnmethode. – *Mögliche Gründe für die Personalbeschaffung:* Wiederbesetzung einer Stelle, Besetzung einer neuen Stelle, Schaffung eines Nachwuchspools.

Personalbedarfsermittlung → Personalbedarf.

Personalberatung – Teil der → Managementberatung, bei der ein Personalberater einen Personalsuchauftrag für eine bestimmte zu besetzende Position erhält. Die Mitwirkung eines neutralen, geschulten Beraters soll das Risiko einer Fehlentscheidung verhindern. Kosten trägt der Auftraggeber. – Zunehmend werden Personalberater auch zur Lösung anderer Probleme im Bereich betrieblicher Personalarbeit herangezogen (Entgeltgestaltung etc.).

Personalbeschaffung – 1. *Begriff:* Teilfunktion der → Personalwirtschaft mit der Aufgabe, die von einem Unternehmen benötigten Arbeitskräfte in qualitativer, quantitativer, zeitlicher und räumlicher Hinsicht zu beschaffen. Zunehmend wird auch der Begriff *Personalgewinnung* verwendet. – 2. *Maßnahmen der Personalbeschaffung* werden ausgelöst, wenn eine personelle Unterdeckung festgestellt wird (→ Personalbedarf). Im Fall eines Fehlbedarfs erfolgt zunächst eine Entscheidung über die Art der Abdeckung. Alternativen sind dabei: (1) Anpassung der personellen Kapazität ohne Veränderung des Personalbestandes, z.B. durch Personalleasing; (2) Anpassung durch Veränderung des Personalbestandes, bes. durch Neueinstellung (→ Personalauswahl); (3) Besetzung einer vakanten Stelle durch einen bereits vorhandenen Mitarbeiter im Wege der Versetzung, Beförderung etc. (interne Personalbeschaffung). Der Entscheidungsspielraum der Personalbeschaffung wird von zahlreichen inner- und außerbetrieblichen sowie rechtlichen Einflussfaktoren und Rahmendaten strukturiert und begrenzt. – 3. *Instrumente der Personalbeschaffung:* (1) Anreizinstrumente (materielle, immaterielle Anreize; Arbeitssituationen als Anreizfaktor); (2) Beschaffungsmethode (direkt durch persönliche Kontaktaufnahme, z.B. Headhunting; indirekt durch

Einschaltung von Beschaffungsmittlern, z.B. Bundesagentur für Arbeit, Personalberatung etc.); (3) Kommunikationspolitik (Maßnahmen der → Personalwerbung und der Public Relations). Mit dem Einsatz der Instrumente der Personalbeschaffung soll ein genügend großer Kreis an geeigneten Bewerbern erschlossen werden. Die Instrumente der Personalbeschaffung sind dann optimal kombiniert, wenn ein bestimmter Beschaffungsbedarf mit minimalen Kosten gedeckt wird. Die Wirksamkeit der einzelnen Instrumente ist im Hinblick auf die verschiedenen Beschaffungsquellen bzw. Segmente der Arbeitsmärkte zu beurteilen. – 4. Im Zuge eines *Auswahlprozesses* ist der für das Unternehmen am besten geeignete Bewerber herauszufinden und ein Arbeitsvertrag abzuschließen (→ Personalauswahl).

Personalbeurteilung → Mitarbeiterbeurteilung.

Personalcontrolling – Anwendung des Controllinggedankens auf Probleme der Steuerung und Kontrolle personeller Vorgänge im Unternehmen. In konzeptioneller Hinsicht ist von eklatanten Überschneidungen mit der → Personalplanung und dem → Personalinformationssystem auszugehen. Faktisch sind die Ansätze bislang über altbekannte Vorschläge zur Bildung von → Personalkennzahlen kaum hinausgekommen. Ursache dürfte sein, dass sich lebendige Arbeit dem traditionellen ökonomischen Zugriff weitgehend entzieht.

Personaleinsatz – Zuordnung von Arbeitsaufgaben zu Mitarbeitern. Ziel ist eine möglichst genaue Deckung zwischen Anforderungs- und Qualifikationsprofil sowie des kurzfristigen Personalbedarfs in einem Unternehmensbereich. – Vgl. auch → Personalplanung.

Personalfreisetzung – Verringerung der Mitarbeiterzahl einer Unternehmung. Erforderlich, wenn der Personalbestand größer ist als der → Personalbedarf. – *Maßnahmen:* (1) *ohne Reduktion der*

Gesamtbelegschaft: Umsetzung bei partiellen Überkapazitäten, Abbau von Überstunden, Arbeitszeitverkürzung, Kurzarbeit, Rückruf von Lohnaufträgen. – (2) *Mit Reduktion der Gesamtbelegschaft:* Nichtersetzen des natürlichen Abganges (bei Tod, Fluktuation, Pensionierung), Förderung des freiwilligen Ausscheidens durch Abfindungsangebote, Entlassungen. – Vgl. auch → Personalplanung, → Outplacement.

Personalführung – 1. *Begriff:* zielgerichtetes soziales Einflusshandeln im Rahmen von Wirtschafts- oder Verwaltungsorganisationen. Beteiligte sind neben einem Vorgesetzten mind. ein diesem weisungsmäßig unterstellter Mitarbeiter. – 2. Grundlegende *Führungsaktivitäten* sind Anweisung, Koordination und Überwachung bzw. Informieren, Instruieren und Motivieren. – 3. *Machtgrundlagen* für die Ausübung von Einfluss können sein: Belohnungs- und Bestrafungsmacht, legitimierte Macht, Referenzmacht, Expertenmacht. – 4. Unterschiedliche Formen der Machtausübung finden im → Führungsstil ihren Ausdruck. – 5. Als idealtypische *Dimensionen des Führungshandelns* (→ Führungsverhalten) gelten → Mitarbeiterorientierung (Consideration) und → Aufgabenorientierung (Initiating Structure).

Personalgewinnung – begriffliche, dem zeitgemäßen Verständnis von → Personalwirtschaft besser Rechnung tragende Alternative zu → Personalbeschaffung.

Personalinformationssystem – 1. *Charakterisierung:* Softwaresystem, das persönliche Daten der Mitarbeiter bearbeitet; dies umfasst die Verwaltung der Stammdaten der Mitarbeiter, die Bearbeitung tatsächlicher (Fluktuation) und potenzieller (Personalplanung) Personalbewegungen, die Arbeitszeiterfassung, die Mitarbeiterbeurteilung, Aus- und Weiterbildungsmaßnahmen sowie die computergestützte Lohn- und Gehaltsabrechnung. – 2. *Mitbestimmung:* Die Neueinführung oder qualitative Erweiterung eines Personalinformationssystem macht wegen der erhöhten gesellschaftlichen Sensibilität hinsichtlich personenbezogener Daten (Datenschutz) oft langwierige Abstimmungsprozesse erforderlich. – 3. *Arbeitsrechtliche Regelungen:* → Personalakte. – 4. Personalinformationssystem als integrierter *Bestandteil eines Managementinformationssystems der* → internationalen Unternehmung und damit Basis für ein computergestütztes → internationales Personalmanagement. Relevante Personal- und Arbeitsplatzinformationen werden per Informations- und Kommunikationstechnologie für den Entscheidungsträger aufbereitet. Die Formen des IPIS erstrecken sich von verschiedenen Automatisierungs- und Zentralisierungsgraden bis hin zu unterschiedlichen Anwendungen wie Administration oder Personalplanung. Die Personal- und Arbeitsplatzdaten werden weltweit aufbereitet und betreffen im Prinzip alle Unternehmungseinheiten, wobei die Konzentration auf der Managementebene bzw. dem Führungsnachwuchs liegt. Der Vergleich von Anforderungsprofilen an Arbeitsplatz und Personal ermöglicht die Entwicklung gezielter internationaler Personalförderprogramme sowie Maßnahmen zur internationalen Förderung von Führungskräften. – Vgl. auch betriebliches Informationssystem, → Personalmanagement, → internationales Personalmanagement.

Personalkartei – Informationsträger, Ordnungsmittel zur Speicherung von Daten und Fakten und Entscheidungshilfe der → Personalverwaltung. – 1. Als *Personalstammkarte* enthält die Personalkartei für jedes Betriebsmitglied eine stichwortartige Übersicht über Person, Steuerklasse, Verdienstgruppe bzw. tariflichen und tatsächlichen gezahltem Lohn/Gehalt, Sonderleistungen, Auszeichnungen, Verwarnungen, Verweise, Stellung im Betrieb, berufliche Entwicklung, Beurteilungen der Vorgesetzten etc. – 2. Als *Ordnungsmittel* kann die Personalkartei angelegt sein als manuell oder als maschinell geführte Personalkartei (→ Personalinformationssystem). – 3. Als *Entscheidungshilfe* dient die

Personalkartei der Personalverwaltung, u.a. bei → Personalplanung, → Personalbeschaffung, Personalentwicklung und → Personalfreisetzung.

Personalkennzahlen – 1. *Begriff:* aus Personaldaten gewonnene Verhältniszahlen. Personalkennzahlen informieren über Sachverhalte, die für personalwirtschaftliche Entscheidungen von Bedeutung sind. Ihr Aussagewert ist jedoch auf quantitativ erfassbare Vorgänge beschränkt. – 2. *Bezugsgrößen:* a) *Personalstruktur:* Aufschlüsselung des Personalbestandes, z.B. nach Geschlecht, Alter, Nationalität, formaler Qualifikation, Art des Entgeltes, Dauer der Betriebszugehörigkeit etc. – b) *Arbeitsproduktivität:* Outputgrößen (z.B. Stückzahlen, Umsätze), zum Arbeitseinsatz als Inputfaktor in Beziehung gesetzt. Die Arbeitsproduktivität kann global oder aber für spezifische Leistungsbereiche dargestellt werden. – c) *Personalaufwand:* zeigen die kostenmäßige Bedeutung des Personaleinsatzes, z.B. Personalaufwand pro Kopf (Personalaufwand: durchschnittlicher Personalbestand einer Periode), Personalaufwand je Arbeitsstunde, Personalintensität (Personalaufwand in Prozent des Umsatzes, der Herstellungskosten etc.). – d) *Verhalten:* als Indikatoren für Sachverhalte, die sich auf die Arbeitsproduktivität und den Personalaufwand auswirken, z.B. Fluktuation, Fehlzeiten, Beteiligung am betrieblichen Vorschlagswesen, Zufriedenheit.

Personalkontrolle – Teilgebiet der → Personalverwaltung. Die Personalkontrolle umfasst: (1) Überwachung der Einhaltung vereinbarter *Arbeitszeiten:* (a) durch Führen eines Ein- und Ausgangsbuches; (b) durch Abgabe nummerierter Kontrollmarken beim Pförtner; (c) mittels Stempeluhr (Kontrolluhr). – (2) Kontrolle von *Behältnissen* (Taschen, Rucksäcken, Paketen, Koffer etc.) beim Betreten oder Verlassen des Betriebes (→ Leibesvisitation, → Werkschutz).

Personalleasing → Arbeitnehmerüberlassung.

Personalleiter – ist hauptberuflich für Personalfragen verantwortlicher Abteilungs- oder Hauptabteilungsleiter von Unternehmen, in denen planmäßige → Personalarbeit betrieben wird. – Vgl. auch → Personalabteilung.

Personalmanagement – *Human Resource Management*; Summe personeller Gestaltungsmaßnahmen zur Verwirklichung der Unternehmensziele. Begriff wird vielfach synonym mit → Personalwesen oder → Personalwirtschaft verwendet. Im angelsächsischen Bereich mittlerweile durch → Human Resource Management ersetzt. – Zu inhaltlichen Aspekten vgl. → Personalwirtschaft.

Personalmanagementorganisation
→ Funktionsmanagementorganisation.

Personalmarketing – Versuch der Anwendung des Marketinggedankens (Marketing) auf den Personalbereich, v.a. auf die → Personalbeschaffung. Zu den Aufgabenbereichen des Personalmarketings gehören bes. die Personalmarktforschung, die Anwerbung von Personal sowie die Betreuung der Mitarbeiter im Unternehmen („Der Mitarbeiter als Kunde").

Personalorganisation → Teilbereichsorganisation für den Bereich „Personal". Mögliche Gliederung der Hierarchieebene unterhalb der Leitung der Personalabteilung, z.B. nach unterschiedlichen Beschäftigtengruppen (etwa Arbeiter und Angestellte), personalwirtschaftlichen Aktivitäten (Einstellungen, Entlassungen etc.) oder verschiedenen unter Personaleinsatz herzustellenden Produkt(-gruppen). – Vgl. auch → Spezialisierung, → Teilbereichsorganisation.

Personalplanung – 1. *Begriff*: Personalplanung ist die gedankliche Vorwegnahme zukünftiger personeller Maßnahmen. Personalplanung soll dafür sorgen, dass kurz-, mittel- und langfristig die im Unternehmen benötigten Arbeitnehmer in der erforderlichen Qualität und Quantität zum richtigen Zeitpunkt, am richtigen Ort und unter Berücksichtigung der unternehmenspolitischen Ziele zur Verfügung stehen. Die

Personalplanung ist Teilaufgabe der → Personalwirtschaft und Teil der → Unternehmensplanung. – 2. *Teilbereiche*: Personalplanung vollzieht sich in mehreren Prozessabschnitten: (1) Ermittlung des → Personalbedarfs; (2) Planung der → Personalbeschaffung; (3) Planung der Personalentwicklung; (4) Planung des → Personaleinsatzes; (5) Planung der → Personalfreisetzung. – 3. *Voraussetzungen*: Eine aussagekräftige Personalplanung verlangt, dass umfassende Informationen über die Stellen, Personen, interne und externe Faktoren in die Planung einfließen. Hierzu ist ein gut ausgebautes, dem Datenschutz Rechnung tragende → Personalinformationssystem erforderlich. – 4. *Arbeitsrechtliche Regelungen*: Nach § 92 BetrVG ist der Betriebsrat hinsichtlich der Personalplanung zu informieren und beratend zu beteiligen. Entsprechend dem Zweck der Vorschrift umfasst der Begriff der Personalplanung v.a. den *gegenwärtigen und künftigen Personalbedarf in quantitativer und qualitativer Hinsicht*, zudem die sich aus dem Personalbedarf ergebenden *personellen Maßnahmen*. Die Unterrichtung muss umfassend sein, soweit die Planung bereits vorliegt. Das Stadium der Planung ist erreicht, wenn die Überlegungen über Personalbedarf und Personaldeckung so weit gediehen sind, dass man sie als Vorgabe ansehen kann, nach der der Arbeitgeber in der betrieblichen Personalpolitik künftig verfahren will. – Nach § 92 II BetrVG kann der Betriebsrat, soweit eine Personalplanung noch nicht besteht, dem Arbeitgeber Vorschläge für ihre Einführung und Durchführung machen. Der Arbeitgeber ist nicht verpflichtet, den Vorschlägen zu folgen.

Personalpolitik – häufig synonym zu den Begriffen → Personalwesen, → Personalmanagement, → Personalwirtschaft verwendet. Der Begriff Politik umfasst das Setzen von Zielen, Strukturierung von Aufgaben und Durchführung von Maßnahmen. Damit ist naturgemäß jedes betriebliche Handeln auch ein politisches Handeln. I.e.S. umfasst

Personalpolitik daher lediglich die Ziel- und Maßnahmenplanung sowie ihre Realisierung.

Personalressort → Personalabteilung.

Personalselektion → Personalauswahl.

Personalstatistik → betriebswirtschaftliche Statistik.

Personalunion – Besetzung mehrerer → organisatorischer Einheiten mit demselben → Handlungsträger.

Personalverwaltung – Summe aller administrativen personalbezogenen Maßnahmen im Unternehmen, d.h. Anwendung der Regelungen des geltenden Rechts vom Sozialrecht bis zur Betriebsvereinbarung, Erledigung aller Formalitäten von der Personaleinstellung bis zur Personalfreisetzung, Bearbeitung der laufenden Mitarbeiteranträge, Führung der → Personalakten, Führung der Personalstatistik, Abwicklung der Lohn- und Gehaltszahlungen. In mittelständischen und Großunternehmen ist die administrative Personalarbeit häufig in sog. HR-Service-Centern gebündelt.

Personalwerbung – Mittel der → Personalbeschaffung; Einsatz spezifischer Kommunikationsmittel, z.B. → Stellenangebote, um potenzielle Bewerber auf ausgeschriebene oder nicht ausgeschriebene Stellen zu einer → Bewerbung zu veranlassen. – Vgl. auch → Personalmarketing.

Personalwesen – traditionelle, teilweise aus der Mode gekommene Bezeichnung für den Umgang mit Personal im Sinn von lebendiger Arbeit. Der Begriff Personalwesen soll zum Ausdruck bringen, dass der Mensch nicht losgelöst von seiner Person und seinem sozialen Wesen betrachtet werden kann. Der Objektbereich des Personalwesens muss deshalb auch die relevanten Problemstellungen aus den Gebieten Arbeits- und Sozialrecht, Arbeitswissenschaften, Verhaltens- und Geisteswissenschaften einbeziehen. – Seit geraumer Zeit ersetzt durch andere Bezeichnungen wie → Personalmanagement, → Human

Resource Management, → Personalpolitik, → Personalwirtschaft.

Personalwirtschaft – I. Begriff: Mit dem Begriff Personalwirtschaft ist der Umgang mit lebendiger Arbeit in Wirtschaftsorganisationen bzw. Unternehmen gemeint. Alternative Bezeichnungen sind → Personalwesen, → Personalmanagement, teilweise auch → Personalpolitik sowie → Human Resource Management. Personalwirtschaftliches Gestalten und Handeln lässt sich zwei Problemkreisen zuordnen, nämlich erstens der personellen Verfügbarkeit und zweitens der personellen Wirksamkeit.

II. Erster Problemkreis: 1. *Personelle Verfügbarkeit*: Personelle Verfügbarkeit betrifft die folgenden Gestaltungs- und Handlungsfelder: Ermittlung des Personalbedarfs, Anpassung der personellen Kapazität, Personalauswahl/Selektionsentscheidungen, Einstellung und Eingliederung, Arbeitszeitgestaltung sowie Trennung von Mitarbeitern. – 2. *Ermittlung des Personalbedarfs*: Die Ermittlung des → Personalbedarfs ist eine zukunftsorientierte Aktivität und damit Teil personalplanerischer Maßnahmen. Ziel ist die Verwirklichung einer langfristig angemessenen Personalstruktur in quantitativer und qualitativer Hinsicht. – 3. Anpassung der personellen Kapazität: Die Anpassung der personellen Kapazität stellt sich dar als – Maßnahmen der Personalgewinnung (→ Personalbeschaffung, Personalrekrutierung); – Personelles Disponieren bei unverändertem Personalbestand, Anordnung von Mehrarbeit oder Kurzarbeit, innerbetriebliche Versetzungen, Umwandlung von Arbeitsverträgen und Personalleasing (→ Arbeitnehmerüberlassung) oder Überstundenabbau sowie – Maßnahmen der Personalreduzierung durch Ausnutzung des natürlichen Personalabgangs (→ Fluktuation, Erreichen des Rentenalters etc.), Ausscheiden infolge vorzeitigen Ruhestands und Abschluss von Aufhebungsverträgen sowie durch Massenentlassungen. – 4. *Personalauswahl*: Personalauswahl erfolgt in der Absicht, die Eignung von möglichen künftigen Mitarbeitern im Hinblick darauf festzustellen, ob sie die ihnen zugedachten Aufgaben auch tatsächlich erfüllen können. Dies herauszufinden ist Anliegen der Eignungsdiagnostik. – 5. *Einstellung und Eingliederung*: Durch die Einstellung wird das Arbeitsverhältnis im juristischen Sinn begründet. Grundlage ist ein Arbeitsvertrag, hinsichtlich dessen Zustandekommen der Grundsatz der Abschlussfreiheit gilt. Fördern lässt sich die fachliche und persönliche Eingliederung in das Unternehmen durch Eingliederungsprogramme (z.B. Seminar zum Kennenlernen des Unternehmens, Aushändigung eines „Handbuchs für neue Mitarbeiter" etc.). Wirksam erleichtern werden kann sie durch Stellung eines Paten (→ Patensystem). – 6. *Arbeitszeitgestaltung*: Wichtigste Grundlage für die Gestaltung der Arbeitszeit ist das Arbeitszeitgesetz. Darüber hinaus ist die Arbeitszeit eine Domäne kollektivvertraglicher Vereinbarungen (Tarifverträge, Betriebsvereinbarungen). In Ausnahmefällen ist eine individualrechtliche Regelung möglich. – 7. *Trennung von Mitarbeitern*: Eine (im juristischen Sinn) unproblematische Form der Trennung liegt vor, wenn ein Arbeitnehmer das Arbeitsverhältnis von sich aus kündigt. Geht die Trennungsabsicht vom Unternehmen aus, kompliziert sich die Sachlage erheblich, denn eine Entlassung ist nur bei Vorliegen bes. Gründe möglich (Kündigung). Die natürlichste Art der Trennung stellt das Ausscheiden von Mitarbeitern durch Erreichen der Altersgrenze dar. In psychisch-sozialer Hinsicht ist sie jedoch häufig keineswegs problemlos. Durch einen gleitenden Übergang in den Ruhestand (flexible Altersgrenze) kann das Überwechseln in den dritten Lebensabschnitt erleichtert werden.

III. Zweiter Problemkreis: 1. *Personelle Wirksamkeit* betrifft folgende Gestaltungs- und Handlungsfelder: Mitarbeiterqualifizierung, Laufbahngestaltung, Aufgabengestaltung, Entgeltgestaltung sowie Personalführung. – 2. *Mitarbeiterqualifizierung*: Vornehmlich als Folge des Technikwandels und des allg. Bedeutungsgewinns von Wissen hat die (Aus- und) Weiterbildung der Mitarbeiter einen zunehmend hohen Stellenwert bekommen. Daneben erfordert die stärkere Verbreitung von Gruppen- und Teamarbeit sowie veränderte Anforderungen an Vorgesetzte ein hohes Maß an Sozialkompetenz. Aus Unternehmensperspektive bedarf es vor diesem Hintergrund eines proaktiven Qualifikationsmanagements; aus Mitarbeitersicht besteht Anlass, in der permanenten Qualifizierung einen integrativen Bestandteil des Arbeitslebens zu erblicken. Im Konzept der (qualifikationsbezogenen) Personalentwicklung sind beide Interessenrichtungen berücksichtigt. – 3. *Laufbahngestaltung*: Beschaffenheit und Ausrichtung der in Unternehmen existierenden Laufbahn- bzw. Karrieresysteme (→ Karriereplanung) determinieren die beruflichen Entwicklungsmöglichkeiten der Mitarbeiter. Bei neutraler Verwendung des Karrierebegriffs ist dabei neben der vertikalen (hierarchischer Auf- oder Abstieg) auch an die horizontale (Wechsel in neue Funktionsbereiche) und zentripetale (stärkere Einbezogenheit in Entscheidungen) Entwicklungsrichtung zu denken. In der Praxis überlappen sich die erwähnten Entwicklungsrichtungen teilweise. Aufgabe der Potenzialbeurteilung ist es, das Entwicklungspotenzial von Mitarbeitern abzuschätzen. – 4. *Aufgabengestaltung*: Das Erfordernis einer „menschengerechten" Gestaltung der Arbeit bezieht sich auf den Arbeitsplatz, die Arbeitsumgebung und v.a. auf den Arbeitsinhalt. Die arbeitswissenschaftlich-ergonomische Gestaltung des Arbeitsplatzes (→ Ergonomie) muss sich sowohl an den Aufgaben als auch an den sich aus der Aufgabenerfüllung ergebenden Belastungen und Beanspruchungen orientieren. Faktoren der Arbeitsumgebung – v.a. Beleuchtung, Farbe im Arbeitsraum, Schall und Lärm, Klima – wirken von außen auf den Arbeitsplatz ein. Bei unzweckmäßiger Gestaltung machen sie sich durch Belastung und Beanspruchung bemerkbar und sind daher als Leistungsvoraussetzungen zu interpretieren. Die Gestaltung des Arbeitsinhalts nimmt Einfluss auf die (intrinsische) Motivation. – 5. *Entgeltgestaltung:* Entgelthöhe und Entgeltstruktur sind hier zu Lande weitgehend eine Domäne kollektivvertraglicher Regelungen. Nur bei der Entlohnung von Führungskräften gibt es beträchtliche Spielräume für einzelvertragliche Abmachungen. Daher können hier Anreizaspekte von Entgeltsystemen und Individualisierungsgesichtspunkte stärker berücksichtigt werden (→ Cafeteria-System, → Individualisierung). Aus motivationaler Sicht ist davon auszugehen, dass das Entgelt ein (nahezu) universelles Mittel der Bedürfnisbefriedigung darstellt, dazu geeignet, eine Vielzahl individueller Motive anzusprechen. Dies erschwert es gelegentlich, seine Wirkungen auf das Arbeitsverhalten abzuschätzen. – 6. *Personalführung:* Personalführung ist zielgerichtetes soziales Einflusshandeln (Führung). Wird sie als eine Beziehung interpretiert, in der eine Person eine oder mehrere andere Person(en) bei der Durchführung einer gemeinsamen Aufgabe anweist, koordiniert und überwacht, so sind damit grundlegende Führungsaktivitäten angesprochen. An führungstheoretischen Grundpositionen ist zu unterscheiden zwischen – dem eigenschaftstheoretischen Ansatz, in dessen Mittelpunkt zur Führung (angeblich) prädestinierende Persönlichkeitsmerkmal stehen (Eigenschaftstheorie der Führung), – dem situationstheoretischen Ansatz, der die situativen Merkmale des Führungshandelns in den Vordergrund stellt (Situationstheorien der Führung), – dem Weg-Ziel-Ansatz der Führung, der nicht den Vorgesetzten, sondern die zu führenden Mitarbeiter mit der Begründung fokussiert, dass sich Führungserfolg in deren (leistungsbezogenen) Verhalten niederschlägt, sowie – die Substitutionstheorie der Führung, die nach den Bedingungen fragt, unter denen sich Führung erübrigt.

personelle Betriebsorganisation → Organisation ad personam.

personelle Verflechtungen – 1. *Personelle Verflechtungen:* Es bestehen drei Varianten: (1) im Konzern: Vorstandsmitglieder der Konzernspitze als Aufsichtsräte oder Vorstände in der Untergesellschaft; (2) im Konzern: Aufsichtsratsmitglieder der Konzernspitze im Aufsichtsrat der Untergesellschaft; (3) Vorstandmitglieder eines Unternehmens als Aufsichtratmitglieder eines anderen Unternehmens. – *Verboten:* Aufsichtsratsmitglieder der Konzernspitze im Vorstand der Untergesellschaft. Keine Aufsichtsratsmitglieder entgegen dem Organisationsgefälle (§ 100 II 1 AktG). – *Ziel:* Durchsetzung und Absicherung der einheitlichen Leitung, bes. im faktischen Konzern. – 2. *Personelle Verflechtungen als unternehmenspolitisches Instrument des Vorstandes:* Wechselseitige Kooptation von Managern anderer Unternehmen in den eigenen Aufsichtsrat. – *Ziel:* Beratung, Repräsentation und bes. Umweltstabilisierung (Reduktion von Umweltungewissheit). – 3. *Kritik:* a) *Wettbewerbspolitik:* In der Wettbewerbstheorie und -politik gelten personelle Verflechtungen als potenzielle wettbewerbsbeschränkende Konzentrationsfaktoren wegen evtl. Förderung von oligopolistischen Preisabsprachen, Reziprok-Käufen, Marktabgrenzungen etc. – b) *Gesellschaftspolitik:* Gesellschaftspolitisch fragwürdig als herrschaftsgarantierendes Netzwerk von Machteliten, die von wenigen Schaltzentralen aus wesentliche Teile der Wirtschaft und Gesellschaft kontrollieren können.

Personenhierarchie → Hierarchie.

persönliche Schallschutzmittel – Alternativen zur primären Lärmminderung, die anzuwenden sind, wenn die Maßnahmen der Lärmbekämpfung (→ Lärm) nach den gegebenen technischen Möglichkeiten nicht mehr ausreichen, um den Schallpegel unter 90 dB(A) zu halten. – *Möglichkeiten:* Gehörschutzstöpsel, Gehörschutzkapseln, Schallschutzhelme (Helme, die den Kopf weitgehend umschließen; bei mehr als 120 dB(A) zu tragen), Schallschutzanzüge (Ergänzung zu

Schallschutzhelmen; bei mehr als 100 dB(A) zu tragen). Es gehört zur Aufsichtspflicht des Unternehmers (Fürsorgepflicht), dafür Sorge zu tragen, dass die persönlichen Schallschutzmittel benutzt werden.

Persönlichkeitstheorie – Häufig wird zwischen „impliziten" und „expliziten" Persönlichkeitstheorien unterschieden. – 1. Bei den *impliziten Persönlichkeitstheorien* („Menschenbilder") handelt es sich um die oftmals unausgesprochenen, nicht überprüften und nicht weiter hinterfragten Überzeugungen über den Menschen. Eine bes. Beachtung im organisationalen Kontext haben die beiden impliziten Persönlichkeitstheorien „Theorie X" und „Theorie Y" erlangt. – a) Nach der „Theorie X" haben Menschen einen angeborenen Widerwillen gegen Arbeit. Damit sie sich davor nicht drücken, müssen sie kontrolliert werden. – b) Nach der „Theorie Y" stellt die Arbeitstätigkeit eine wichtige Quelle für die Selbstverwirklichung des Menschen dar. Kontrolle von außen ist überflüssig, wenn sie sich mit den Zielen ihrer Organisation identifizieren. Eigeninitiative und Einfallsreichtum sind weit verbreitete Eigenschaften, die allerdings nur in den wenigsten Organisationen aktiviert werden. Die Dynamik der impliziten Persönlichkeitstheorien besteht darin, dass sie zu selbsterfüllenden Prophezeiungen werden. Wenn eine Führungskraft ihren Mitarbeitern gegenüber die „Theorie X" vertritt, wird sie ihnen kaum Verantwortung delegieren und ihre Arbeit ständig kontrollieren. Langfristig werden die so Geführten sich dann tatsächlich entsprechend der „Theorie X" verhalten und z.B. keine Eigeninitiative mehr zeigen. – 2. *Explizite Persönlichkeitstheorien* gründen sich auf die wissenschaftlichen Erkenntnisse und theoretischen Arbeiten aus der Psychologie. Im Gegensatz zu den impliziten Persönlichkeitstheorien werden sie einer ständigen Überprüfung unterzogen. Im Wesentlichen lassen sich die aktuellen impliziten Persönlichkeitstheorien, die in der Organisationspsychologie eine Anwendung finden, in die lerntheoretisch orientierten und die faktorenanalytischen Modelle unterscheiden. – a) Ausgehend von einem lerntheoretischen Ansatz wird man das Verhalten von Organisationsmitgliedern v.a. aus gegenwärtigen oder vergangenen Stimulusbedingungen und Verhaltenskonsequenzen zu erklären versuchen. Dementsprechende Interventionsmaßnahmen sind Trainings, in denen Verhaltensweisen erlernt werden, die der Erreichung von Organisationszielen dienen. – b) Ausgehend von einem faktorenanalytischen Ansatz erklärt man Verhalten eher durch zeitlich stabile Persönlichkeitseigenschaften. Darauf basierende Interventionsmaßnahmen sind eher eignungsdiagnostische Verfahren.

Peter-Prinzip – ein von L.J. Peter und R. Hull formuliertes, satirisch gemeintes Prinzip, das sich mit den Aufstiegspraktiken in Organisationen beschäftigt. – *Grundidee:* Wenn die Beförderung von der Bewährung auf einer hierarchisch niedrigeren Position abhängig ist, steigt in einer Hierarchie jeder Beschäftigte bis zu seiner Stufe der Inkompetenz auf.

Phantom Optionsplan – Aktienoptionsplan.

Phasengliederung – Zerlegung von Aufgaben (→ Aufgabenanalyse) nach ihrem Phasenmerkmal in Planung, Realisation und Kontrolle.

Phasenmodelle – I. Betriebswirtschaftslehre: → Lebenszyklus.

II. Wirtschaftsinformatik: 1. *Systemanalyse:* Ein Modell zur Entwicklung eines betrieblichen Informationssystems in verschiedenen, aufeinander aufbauenden Phasen. – *Grundidee:* Vorgehensweise nach dem → Top-Down-Prinzip. Unterteilung der Phasen nach den verschiedenen Entwicklungstätigkeiten und den jeweiligen Detaillierungsgraden. Rücksprünge in frühere Phasen sind möglich und üblich. In Praxis und Literatur werden mehrere unterschiedliche Phasenmodelle verwendet. – *Typische Einteilung:* → Istanalyse, Sollkonzept, Systementwurf, Systemimplementierung, Systemtest und

Systembetrieb, innerhalb der einzelnen Phasen weiter untergliedert. – 2. *Life-Cycle-Modell (Lebenszyklusmodell)*: Im Software Engineering ein Schema für die Unterteilung der Lebensdauer eines Softwareprodukts in einzelne Phasen (Software Life Cycle). In Praxis und Literatur sind eine Reihe unterschiedlicher Phasenmodelle gebräuchlich. – *Typische Einteilung*: Software Engineering.

III. **Konjunkturpolitik/-theorie**: Konjunkturphasen.

physiologische Arbeitskurve – durch → Ermüdung verursachte und durch den Biorhythmus bedingte Leistungsschwankungen des Menschen bei der Arbeit im Zeitraum von 24 Stunden (vgl. Abbildung „Physiologische Arbeitskurve"). Die physiologische Arbeitskurve ist durch typische Schwankungen mit einem Vormittags- und einem Nachmittagsgipfel und einem Leistungstief in den ersten Stunden nach Mitternacht gekennzeichnet. Die unterschiedliche Leistungsfähigkeit ist von den tageszeitlich unterschiedlichen vegetativen Funktionen des Organismus abhängig. – Vgl. auch → Leistungskurve.

Physiologische Arbeitskurve

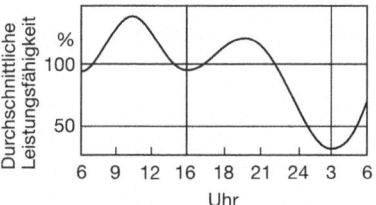

PIMS – – Abk. für *Profit Impact of Market Strategy*. 1. *Begriff*: Ein empirisches Forschungsprojekt im Bereich der strategischen Analyse und Planung (→ strategisches Management), das Anfang der 1960er-Jahre von F. Borch initiiert und (wissenschaftlich) von S. Schoeffler geleitet wurde. Ziel der empirischen Untersuchung war es, aus einer möglichst großen Anzahl von → strategischen Geschäftsfeldern Gesetzmäßigkeiten („Laws

of the Market Place") abzuleiten, die den Erfolg dieser Art Geschäfte bestimmen. Diese Gesetzmäßigkeiten sollten zu generellen und branchenunabhängigen Empfehlungen für den Entwurf von Strategien führen. Sie prägten zeitweise auch den theoretischen Bezugsrahmen einer Reihe von Ansätzen zur → Portfolio-Analyse. – 2. *Entwicklung*: Anfangs bezog sich das Projekt ausschließlich auf *General-Electric-Geschäfte* und war auch nur durch dieses Unternehmen nutzbar. – Der Wunsch nach einer Verbreiterung der Untersuchungsbasis und nach einer Verallgemeinerung der Ergebnisse waren Gründe für die *Verselbstständigung des Projekts im Marketing Science Institut* (Harvard Business School). 1975 wurde das Projekt im unabhängigen und gemeinnützigen *Strategic Planning Institute* (Cambridge, MA) angesiedelt. – 3. *Forschungsergebnisse*: a) *Zentrales Ergebnis*: Mit ca. 40 Einflussfaktoren kann ca. 80 Prozent der Varianz der Rentabilität (ROI in Prozent vor Steuern) der Geschäftsfelder erklärt werden. Die dazugehörigen Aussagen lassen sich in viele Richtungen (z.B. nach stark und schwach wachsenden Geschäften) differenzieren. – b) *Spezielle Ergebnisse* sind drei die speziellen Geschäfte der Mitgliedsunternehmen betreffende Berichte, die Vergleiche zu anderen Geschäftsfeldern in ähnlichen Situationen anstellen: PAR-Report (Aussagen zur „normalen" Rentabilität); Strategic Analysis Report (Strategiensimulationen); Optimum Strategy Report (Ermittlung erfolgreicher Strategiekombinationen). – 4. *Kritikpunkte*: Beschränktheit von Aussagen aus Querschnittsanalysen; mangelnde Vernetzung der Modellvariablen, Stichprobenbildung; induktiv geleitetes Forschungsdesign; branchenunabhängige Vergleichsbasis bei individuellen Analysen.

Pionier – 1. *Begriff*: Der Pionier ist im Sinne von Schumpeters dynamischem Unternehmer jemand, der neue Kombinationen von Produktionsfaktoren einführt und am Markt durchsetzt. Ein herausragendes Merkmal von Pionieren ist → Kreativität, aber auch

Pionier, Vor- und Nachteile

Pionier	Typische Vorteile	Typische Nachteile
Unternehmenspotenzial	Vorsprung auf der Kostenkurve	Kosten der Markterschließung, technologische Risiken, Imageprobleme bei „falscher Qualität"
Kundenbeziehung	Aufbau von Firmen- und Markentreue, hohe Effizienz beim Einsatz der Marketing-Instrumente	Risiko falscher Einschätzungen von Bedarf, Marktaufnahmegeschwindigkeit und Preisbereitschaft
Konkurrenzbeziehung	Temporäres Monopol, Erhöhung faktischer Markteintrittbarrieren, setzen von Produkt- und Systemstandards	Risiko falscher Positionierung
Regulierungsbedingungen	Etablierung von Patent- und Lizenzschutz	Notwendigkeit der Durchsetzung neuer Standards

Durchsetzungsfähigkeit und Eigeninitiative. – 2. *Merkmale:* Der Pionier wird in der Wirtschaftstheorie und → Innovationsforschung als wichtiger Träger des → Innovationsprozesses und des Wachstumsprozesses verstanden. Er zeichnet sich durch seine Fähigkeit aus, Neues (z.B. Märkte, Produkte und Dienstleistungen, → Organisationsstruktur) nicht nur zu erkennen, sondern auch erfolgreich umzusetzen. Die Umsetzung erfolgt z.B. über Produktinnovation oder Prozessinnovationen oder die Erschließung neuer Märkte (s. Markterschließung). – 3. *Abgrenzung:* Vom Pionier unterschieden wird der Routinier. – Vgl. auch → Innovation. – Vgl. Abb. „Pionier, Vor- und Nachteile".

PIS → Personalinformationssystem.

Plan – 1. *Begriff:* Präskriptives, symbolisches Modell, das in vereinfachter Form ein zukünftiges reales System abbildet. – 2. *Merkmale:* Ein Plan kann in einem *Plandokument* niedergelegt werden. Neben den Planinhalten können dort auch die zugrunde gelegten Planungsprämissen und evtl. während des Planungsprozesses aufgetretene Streitpunkte dokumentiert werden. – Vgl. auch → Unternehmensplanung, → Kontrolle, → Plankoordination, Fristigkeit von Plänen.

Planbilanz – 1. *Begriff:* Bilanz in der betrieblichen → Gesamtplanung. – 2. *Merkmale:* Die Planbilanz umfasst die Auswirkungen der funktionalen Teilplanungen auf Vermögen und Schulden des Betriebs. Sie wird abgeleitet aus dem Investitionsplan, Finanzplan und → Absatzplan sowie Ergebnisplan (Abschreibungen und Gewinn). Die Planbilanz ist Kernstück einer integrierten Planungsrechnung. Der Gestaltung der Planbilanz liegen bes. erfolgs- und liquiditätspolitische Erwägungen zugrunde. – 3. *Zweck:* Die Planbilanz soll die einzelnen Teilpläne unter Berücksichtigung des Zielsystems der Unternehmung (Unternehmungsziele) koordinieren.

Planentscheidung → Unternehmensplanung, Informationsentscheidung.

Planintegration → Unternehmensplanung, → Plankoordination.

Plankoordination – 1. *Begriff:* Zusammenführung von Teilplänen zu einem Gesamtplan. – 2. *Merkmale:* Outputgrößen des einen → Plans werden dabei zu Inputgrößen des anderen Plans, bis schließlich (im Idealfall) ein in sich konsistentes Plansystem entstanden ist, das auf der Ebene des Gesamtunternehmens Gültigkeit besitzt.

Planning-Review-Board – 1. *Begriff*: Konzept zur Organisation der → Unternehmensplanung in Form eines Planungsüberprüfungsausschusses. – 2. *Merkmale*: Zwischen den hierarchischen Ebenen wird jeweils ein Ausschuss gebildet, den Mitglieder der beiden angrenzenden Ebenen bilden. – 3. *Zweck*: Koordination konkurrierender Teilpläne bei dezentraler Planungsverantwortung.

Planrevision – 1. *Begriff*: notwendige Änderungen der vorhandenen → Pläne. – 2. *Merkmale*: Revisionen sind meist bedingt durch fehlerhafte Eingaben oder durch Datenänderungen, die bei Planaufstellung unvorhersehbar waren. – 3. *Zweck*: wirklichkeitsnahe Planung.

Planung → Unternehmensplanung, → internationale Unternehmensplanung.

Planungsabteilung – 1. *Begriff*: Abteilung in der Organisation, in der die Verantwortung für die Konzeption und Durchführung der → Unternehmensplanung angesiedelt ist. – 2. *Merkmale*: Diese Abteilung arbeitet meist einem für die Planung zuständigen Mitglied der Geschäftsleitung zu. Heutzutage eher selten werden in dieser Abteilung auch die Inhalte der Pläne der einzelnen Bereiche erarbeitet. Häufig ist eine solche Abteilung auch als Stabsstelle (→ Stab) im Corporate Center diversifizierter Unternehmen anzutreffen.

Planungsbegriff → Unternehmensplanung.

Planungsebenen → Unternehmensplanung.

Planungselemente – 1. *Begriff*: Elemente einer → Unternehmensplanung, z.B. Statut, Leitbild, Zweck, Zielsetzung, Strategie, Richtlinie, Programm, Budget, Verfahren und Regeln. Manchmal werden mit diesem Begriff auch Planungsinstanzen (institutioneller Aspekt), Planungsinstrumente (instrumenteller

Aspekt) oder Prozess und Phasen der Planung bezeichnet. – 2. *Merkmale*: Möglichkeit zur Spezifizierung und Abgrenzung der einzelnen Teile einer Unternehmensplanung.

Planungsfunktionen → Unternehmensplanung.

Planungshandbuch – 1. *Begriff*: Dokumentation verschiedener Elemente eines → Planungsrahmens, v.a. auch mit Definitionen der wichtigsten Planungskategorien. – 2. *Merkmale*: Das Planungshandbuch soll der Vereinheitlichung der Planungssprache in der → Unternehmensplanung und damit der Integration des Planungs- und Kontrollsystems dienen.

Planungshorizont – 1. *Begriff*: zeitlicher Endpunkt der Bezugszeit der Pläne. – 2. *Merkmale*: wird häufig in Abhängigkeit der Geschäftszyklen festgelegt. Dersubjektive Planungshorizont schließt noch den Zeitraum der Auswirkungen des Planes mit ein (Prognosereichweite). – Vgl. auch → Unternehmensplanung, → Planungsperiode, Fristigkeit.

Planungsinstrumente → Unternehmensplanung.

Planungsintensität – 1. *Begriff*: Grad der Detaillierung der einzelnen Teilpläne. – 2. *Merkmale*: Vollständigkeit und Wirtschaftlichkeit der → Unternehmensplanung müssen dabei gewahrt sein.

Planungskalender – 1. *Begriff*: Zeitplan, der die verschiedenen innerhalb eines Planungs- und Kontrollsystems anfallenden Arbeiten terminiert. – 2. *Merkmale*: dient der inhaltlichen und zeitlichen → Plankoordination.

Planungskategorien → Unternehmensplanung.

Planungskontrolle → Kontrolle.

Planungsmodell – 1. *Begriff*: Eine Anzahl relevanter Planungsvariablen werden in einer formalen Struktur in einem Modell verknüpft und die Optimalwerte dieser Variablen in simultaner Weise ermittelt

(→ Simultanplanung). – 2. *Merkmale:* a) In *Gesamtplanungsmodellen* müssen sämtliche zu planenden Teilbereiche abgebildet und die Beziehung dieser Teilbereiche zum Gesamtziel hergestellt werden; in die Zielgleichung gehen dann entsprechend Variablen aller dieser Teilbereiche ein. Trotz der Möglichkeiten der linearen Optimierung und der Unterstützung durch die elektronische Datenverarbeitung sind solche Gesamtmodelle i.Allg. zu komplex, um noch handhabbar zu sein. – b) Als Ausweg bietet sich an, mit mehreren *Teilplanungsmodellen* zu arbeiten, die jeweils nur wenige Teilbereiche umfassen und anschließend sukzessiv miteinander verbunden werden (→ Sukzessivplanung). Allerdings sind auch diese Modelle meist noch sehr komplex bzw. gehen von zu sehr vereinfachten Annahmen aus. – 3. *Anwendung:* Die Planungsmodelle haben sich aufgrund der mit der Komplexität verbundenen Probleme für die Praxis bislang von nur begrenztem Nutzen erwiesen. Eine Ausnahme bilden allenfalls die → Budgetierungsmodelle.

Planungsobjekte → Unternehmensplanung.

Planungsorganisation → Unternehmensplanung.

Planungsperiode – 1. *Begriff:* Planungszeitraum; Geltungsdauer eines Plans. – 2. *Merkmale:* Ein Plan wird mit gegebener Fristigkeit verpflichtend verabschiedet. So kann z.B. ein langfristiger Plan nur eine Planungsperiode von einem Jahr haben, wenn er nur jeweils für ein Jahr verbindlich ist. – Vgl. auch → rollende Planung, → Blockplanung, → Unternehmensplanung.

Planungsphasen → Unternehmensplanung.

Planungsphilosophien – 1. *Begriff:* Aussagensysteme, die sowohl deskriptive als auch normative und affektive Bestandteile umfassen und die „Weltbilder" zum Ausdruck bringen, vor deren Hintergrund → Unternehmensplanung betrieben wird. Sie werden normalerweise nur implizit „gewusst" und müssen erst rekonstruiert werden, um

sie einer Kritik zugänglich machen zu können. – 2. *Merkmale:* a) Es kann z.b. unterschieden werden zwischen den mehr emotional geprägten *Einstellungen* zu Planungspraxis und -theorie einerseits und den eher kognitiv geprägten Einstellungen zu den Fragenkomplexen Zentralisierung/Dezentralisierung, Strukturierung/Umstrukturierung sowie interne/externe Orientierung andererseits. – b) Nach der *Sichtweise des Verhältnisses von System und Umwelt* kann unterschieden werden zwischen → Inside-out-Planung und → Outside-in-Planung.

Planungsprozess → Unternehmensplanung.

Planungsrahmen – 1. *Begriff:* Konzeptionelle Möglichkeit, bestehende Planungs- und Kontrollsysteme (→ Unternehmensplanung) zu rekonstruieren oder neue Systeme zu entwickeln. – 2. *Merkmale:* Der Planungsrahmen enthält eine Klassifikation der zu erstellenden Pläne und die Festlegung der Adressaten, für die die Pläne formuliert werden. Er legt die zeitlichen und sachlichen Interdependenzbeziehungen zwischen den Plänen fest und definiert die zu planenden Größen und die zugrunde zu legenden Prämissen. – 3. *Arten:* a) *Planungsrahmen erster Ordnung:* umfasst die Gestaltungsvariablen eines einzelnen Planungskomplexes innerhalb des gesamten Planungssystems einer Unternehmung. *Beispiel:* Gestaltung der → Investitionsobjektplanung und -kontrolle. – b) *Planungsrahmen zweiter Ordnung:* bezieht sich auf die Gestaltung einer Gesamtarchitektur des Planungssystems. Es geht v.a. um die Festlegung der Schnittstellen (Interfaces) zwischen den Teilplanungssystemen; soweit diese Schnittstellen tatsächlich definiert werden, sind Ansätze zu einem integrierten Planungssystem vorhanden.

Planungsrisiko – 1. *Begriff:* Mit der Durchführung eines Planes aufgrund der Unvollständigkeit und Unsicherheit der verfügbaren Daten verbundenes Risiko. – 2. *Merkmale:* Die im Plan vorgesehenen Maßnahmen gehen von Annahmen und Daten

aus, die aufgrund möglicher Neuentwicke-
lungen sich anders darstellen könnten, so
dass die tatsächlichen Daten von den geplanten abweichen. Die positive Abweichung aufgrund einer besseren Datenkonstellation wird
als Chance bezeichnet. – 3. *Problemhandhabung:* Eine Möglichkeit der *Reduzierung des
Planungsrisikos* besteht im Aufbau von flexiblen Plänen, Verringerung der Unsicherheit
durch bessere Verfahren zur Datenerfassung
und -prognose (→ flexible Planung, → Eventualplanung).

Planungstechnologie → Planungswissenschaft.

Planungstheorie → Planungswissenschaft.

Planungsüberprüfungsausschuss → Planning-Review-Board.

Planungs- und Kontrollsystem → Unternehmensplanung.

Planungswissenschaft – 1. *Begriff:* Wissenschaftliche Beschäftigung mit Planung
i. Allg. – 2. *Merkmale:* Die Planungswissenschaft umfasst: a) *Planungstheorie:* Untersuchung von Regelmäßigkeiten in tatsächlich
stattfindenden Planungsprozessen; b) (wissenschaftliche) *Planungstechnologie:* Sie stellt
bedingte Empfehlungen für die Gestaltung
von Planungsprozessen auf.

Planungszeitraum → Planungsperiode.

Planzahl – 1. *Begriff:* Verbindliche Vorgabe
eines Wertes für die → Planungsperiode. – 2.
Merkmale: Wird die Planzahl über- oder un-
terschritten, so sind die Ursachen der Planab-
weichung zu analysieren (Abweichung).

Pluralinstanz – ein auf Dauer angelegtes
Entscheidungs-Kollegium. Die → Willensbildung innerhalb der Pluralinstanz und die
Leitung der hierarchisch untergeordneten organisatorischen Einheiten erfolgt nach dem
→ Kollegialprinzip. – *Gegensatz:* → Singularinstanz.

Poka Yoke – japanisches Konzept der ständigen Qualitätsverbesserung bes. durch die
Vermeidung zufälliger Fehler. Solche Fehler

entstehen z.b. durch Unaufmerksamkeit oder
Müdigkeit. Durch das Einrichten von Hilfsmitteln wie z.b. Sensoren soll die Entstehung
von Fehlern vermieden bzw. ein entstandener
Fehler sofort behoben werden.

polyzentrisch – mögliche → strategische
Grundhaltung international tätiger Unternehmungen gegenüber dem Ausland bzw. ihren → Auslandstochtergesellschaften. Eine
polyzentrische Orientierung konkretisiert
sich in hoher Autonomie der Tochtergesellschaften und einer Ausrichtung der personellen und sozialen Ebene der Unternehmensführung an den lokalen Gegebenheiten.
Hierbei wird unterstellt, dass nur das Management in den Auslandstochtergesellschaften die Besonderheiten im Auslandsgeschäft
richtig erkennen und beurteilen kann. – Vgl.
auch → EPRG-Modell, → ethnozentrisch,
→ geozentrisch, → regiozentrisch.

Portfolio-Analyse – I. Entstehung: 1. *Port-
folio-Ansatz von Markowitz* (1952), der Finanzwirtschaft zuordenbar: Eine Planungs-
methode zur Zusammenstellung eines
Wertpapierbündels (Portefeuille), das, nach
bestimmten Kriterien (z.B. Erwartungswert
und die Standardabweichung der Kapitalren-
dite) bewertet, eine optimale Verzinsung des
an der Aktienbörse investierten Kapitals erbringen sollte (Portfolio Selection). – 2. Der
Ansatz wurde später auf andere Bereiche (z.B.
Sachinvestitionen) übertragen. – Anfang der
1970er-Jahre gelang es, die *Portfolio-Analyse
auf ganzheitliche Problemstellungen* bei diver-
sifizierten Unternehmen anzuwenden (Vor-
reiter in der Praxis: General Electric): Es ging
um die Bestimmung eines nach zukünftigen
Chancen und Risiken ausgewogenen Pro-
dukt/ Markt-Programms. – Seither wurde die
Portfolio-Analyse vielfach modifiziert und
zählt zu den verbreitetsten Analyse- und Planungsinstrumenten des → strategischen Managements.

II. Ziel: Ist die Betrachtungsebene der Portfolio-Analyse das Gesamtunternehmen, so
sind seine Elemente die → strategischen

Geschäftsfelder (SGF). Grundüberlegung der Portfolio-Analyse ist es, die einzelnen SGF nicht isoliert zu betrachten, sondern eine ganzheitliche Planung des Verbundes aller SGF anzustreben. Die Portfolio-Analyse visualisiert, wie ausgewogen die Geschäfte eines Unternehmens sind. Da sie damit auch eine Denkfigur bietet, ist sie nicht nur eine Analysemethode, sondern auch eine Führungskonzeption *(Portfolio-Management)*.

III. Ansätze: Um die Geschäfte eines Unternehmens untereinander vergleichbar zu machen, werden, je nach Konzept, unterschiedliche Bewertungskriterien zu einer generalisierenden Vereinfachung der Sachverhalte herangezogen. – 1. *Portfolio-Analyse der Boston Consulting Group:* a) *Kriterien* sind „Marktwachstum", als Ausdruck der Attraktivität eines Marktes, und „relativer Marktanteil", als Ausdruck der Wettbewerbsposition eines Geschäfts des Unternehmens relativ zur Konkurrenz. Beide Kriterien zeigen sich im PIMS-Modell (→ PIMS) stark positiv korreliert zur Rentabilität (bzw. dem Gewinn). Aus der Marktwachstums-Marktanteils-Matrix ergeben sich vier Portfoliokategorien, aus denen sog. *Normstrategien*, d.h. mögliche strategische Verhaltensweisen, und die sinnvolle Aufteilung von Ressourcen (finanzielle Mittel, Sach- und Humankapital) abgeleitet werden können. Diese vier Kategorien sind: „Stars", „Cash Cows", „Dogs" und „Question Marks". – b) *Theoretische Grundlage* sind das Konzept des → Lebenszyklus (z.B. weist eine frühe Phase im Lebenszyklus auf hohe Wachstumspotenziale hin, erfordert aber auch erhöhte Investitionen) sowie die → Erfahrungskurve (ein höherer Marktanteil ermöglicht eine günstigere Position auf der Erfahrungskurve und damit mehr Gewinn und Cashflow). – c) *Darstellungsweise:* Eine Portfolio-Matrix mit den unter a) genannten Dimensionen zeigt die Abbildung der Portfolio-Matrix der Boston Consulting Group in der Übersicht „Portfolio-Analyse". Positioniert man in ihr die strategischen Geschäftsfelder, lassen sich vier Arten mit ihren

dazugehörigen Normstrategien unterscheiden. Diese Normstrategien zielen auf eine Ressourcenzuteilung ab, die ein längerfristiges Gleichgewicht der Zahlungsströme sowie eine ausgewogene Investitionspolitik erwarten lässt. – 2. *Portfolio-Analyse von McKinsey:* a) *Kriterien:* Eine Eindimensionalität zur Erklärung der „Marktattraktivität" und der „relativen Wettbewerbsposition" (Wettbewerbsvorteil) wird aufgegeben. Eine Vielfalt quantitativer und qualitativer Faktoren wird als erfolgsbestimmend für Strategien angenommen. – b) *Darstellungsweise:* Eine Portfolio-Matrix mit neun Feldern, die mit Normstrategien versehen sind (vgl. Abbildung „Portfolio-Analyse"). – 3. *Markt-Produktlebenszyklus-Portfolio:* Auf der Ordinate wird entweder nur der Marktanteil (mit dem Mittelwert aus der PIMS-Datenbank als Skalen-Mitte) oder die relative Wettbewerbsposition (als Ergebnis einer multifaktoriellen Bewertung anhand einer Checkliste) abgetragen; auf der Abszisse werden anhand einer Checkliste die strategischen Geschäftsfelder durch das Management bez. ihrer Phase im Produktlebenszyklus (Lebenszyklus) eingestuft. – Grundidee ist es, den strategischen Geschäftsfelder-Mix so zu gestalten, dass jeweils ausreichend neue Geschäfte, aber auch Geschäfte in der Phase hoher Cash-Generierung zur Finanzierung der Wachstumsprodukte vorhanden sind (vgl. Abbildung Markt-Produktlebenszyklus-Portfolio in der Übersicht „Portfolio-Analyse"). – 4. *Technologie-Portfolio:* Die Forschungsgruppe für Innovation und Technologische Voraussage geht von der These aus, dass Technologie-Lebenszyklen erheblich länger und andersartiger sind als die hinter den Produkt/Markt-Portfolio-Ansätzen stehenden Produktlebenszyklen. Deshalb wird ein Portfolio-Management auf der Basis einer dreidimensionalen Definition der Geschäfte gefordert, verwirklicht durch eine ergänzende Analyse. Anhand der Dimensionen „Technologie-Attraktivität" und „Ressourcenstärke" (bei der Beherrschung eines Technologiegebietes relativ zur

Portfolio-Analyse

Portfolio-Matrix der Boston Consulting Group

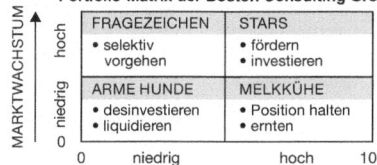

MARKTWACHSTUM hoch	FRAGEZEICHEN • selektiv vorgehen	STARS • fördern • investieren
niedrig	ARME HUNDE • desinvestieren • liquidieren	MELKKÜHE • Position halten • ernten

0   0   niedrig   hoch   100
RELATIVER MARKTANTEIL

Portfolio-Matrix von McKinsey

MARKTATTRAKTIVITÄT

	SELEKTIVES VORGEHEN	SELEKTIVES WACHSTUM	INVESTITION UND WACHSTUM
hoch	– Spezialisierung – Nischen suchen – Akquisition erwägen	– Potenzial für Marktführung durch Segmentierung abschätzen – Schwächen identifizieren – Stärken aufbauen	– wachsen – Marktführerschaft anstreben – Investitionen maximieren
mittel	ERNTEN – Spezialisierung – Nischen suchen – Rückzug erwägen	SELEKTIVES VORGEHEN – Wachstumsbereiche identifizieren – Spezialisierung – selektiv investieren	SELEKTIVES WACHSTUM – Wachstumsbereiche identifizieren – stark investieren – ansonsten Position halten
niedrig	ERNTEN – Rückzug planen – desinvestieren	ERNTEN – Geschäftszweig „auszuzeln" – Investitionen minimieren – auf Desinvestitionen vorbereiten	SELEKTIVES VORGEHEN – Gesamtposition halten – Cash flow anstreben – Investitionen nur zur Instandhaltung

niedrig   mittel   hoch
RELATIVE WETTBEWERBSPOSITION

Markt-Produktlebenszyklus-Portfolio

WETTBEWERBSPOSITION

	ENTSTEHUNG	WACHSTUM	REIFE	ALTER
dominant	Marktanteile hinzugewinnen oder mindestens halten	Position halten Anteil halten	Position halten Wachstum mit der Branche	Position halten
stark	Investieren, um Position zu verbessern. Marktanteilgewinnung (intensiv)	– Investieren, um Position zu verbessern – Marktanteilgewinnung	Position halten Wachstum mit der Branche	Position halten oder „ernten"
günstig	Selektive oder volle Marktanteilgewinnung. Selektive Verbesserung der Wettbewerbsposition.	– Versuchsweise Position verbessern – Selektive Marktanteilgewinnung	– Minimale Investitionen zur „Erstandhaltung" – Aufsuchen einer Nische	„Ernten" oder stufenweise Reduzierung des Engagements
haltbar	Selektive Verbesserung der Wettbewerbsposition	– Aufsuchung und Erhaltung einer Nische	– Aufsuchen einer Nische oder stufenweise Reduzierung des Engagements	Stufenweise Reduzierung des Engagements oder Liquidieren
schwach	Starke Verbesserung oder Aufhören	– Starke Verbesserung oder – Liquidierung	Stufenweise Reduzierung des Engagements	Liquidieren

LEBENSZYKLUSPHASE

Konkurrenz) werden die hinter den Produkt/ Markt-Kombinationen der strategischen Geschäftsfelder stehenden Produkt- und Prozesstechnologien positioniert, verbunden mit einer Zuordnung von Normstrategien. – 5. *Modifizierungen/weitere Ansätze/Anwendbarkeit:* Die dargestellten Portfolio-Ansätze wurden in vielfacher Weise modifiziert, u.a. Unschärfepositionierung, annahmebedingte Einteilung der Felder. – Außerdem existieren zahlreiche weitere Ansätze: Ressourcen-Geschäftsfeld-Portfolio, Unternehmensposition-Verwundbarkeit-Portfolio, Shell-International-(Directional-Policy-)Matrix etc. – Jeder dieser Ansätze hat seine kontexteigenen Stärken und Schwächen. Auch führt jeder der Ansätze aufgrund der unterschiedlichen theoretischen Bezugsrahmen zu verschiedenen Strategieempfehlungen. Man wird deshalb vor dem Hintergrund der jeweiligen Situation meist *mehrere Ansätze in Verbindung mit anderen strategischen Analyseinstrumenten* zum Einsatz bringen.

Portfolio-Management → Portfolio-Analyse.

Portfolio-Matrix → Portfolio-Analyse.

POSDCORB – von der amerik. Management Process School entwickeltes Akronym für die wichtigsten Aufgaben des Managements: Planning (P), Organizing (O), Staffing (S), Directing (D), Coordinating (C), Reporting (R), Budgeting (B).

Postkorb-Übung – Methode der → Eignungsdiagnostik. Der Teilnehmer, der sich in die Rolle der Führungskraft versetzt, erhält ein Postkörbchen mit 14–40 einzelnen Schriftstücken, die für den Posteingang einer Stelle repräsentativ sind und die Informationen zu Problemen enthalten. Er analysiert in vorgeschriebener Zeit die Probleme, setzt Prioritäten und gibt Anweisungen, die anhand der entsprechenden Stellenanforderungen ausgewertet werden. Der Teilnehmer begründet seine Entscheidungen in einem Nachfolgeinterview. – Mit der Postkorb-Übung können u.a. folgende Fähigkeiten der

Teilnehmer getestet werden: Überblick, Delegationsfähigkeit, Entscheidungsvermögen, Organisationsfähigkeit, Belastbarkeit, Leistungskontrolle. – *Anwendung* bei der Assessmentcenter-Technik (→ Assessmentcenter).

Potenzialanalyse – I. Management: 1. *Begriff:* Diagnose der → Ressourcen eines Unternehmens hinsichtlich ihrer Verfügbarkeit für strategische Aktionen im Rahmen des → strategischen Managements. – Zu *unterscheiden:* (1) die im Basisgeschäft gebundenen Potenziale; (2) die durch das Basisgeschäft noch nicht gebundenen bestehenden Potenziale; (3) mögliche zukünftige Potenzialveränderungen. – 2. *Zweck:* Aus der Potenzialanalyse können Hinweise auf ungebundene Potenziale und auf Veränderungen im Potenzialbestand für den Aus-, Ab- und Umbau des Basisgeschäfts abgeleitet werden, i.Allg. mittels → Gap-Analyse. – 3. *Gliederung der Potenzialanalyseobjekte* (i.Allg. nach Funktionsbereichen): z.B. im Produktionsbereich Erfassung des Integrationsgrads der Fertigung, der Anlagenauslastung etc. und Ableitung zum Ausnutzungsgrad bestehender Potenziale im Basisgeschäft. – 4. *Erweiterung:* → Stärken-/Schwächenanalyse.

II. Personalwirtschaft: Eignungsdiagnostische Verfahren, mit denen die latente Eignung einer Person für eine Stelle ermittelt werden soll. Auf dieser Grundlage soll abgeschätzt werden, über welche Entwicklungsmöglichkeiten die Person verfügt und in welchem Maße sie von gezielten Schulungsangeboten profitieren könnte. – Vgl. auch → Assessmentcenter, → Potenzialbeurteilung.

III. Arbeitsmarktpolitik: 1. *Begriff:* Erstellung eines umfassenden Bewerberprofils, um die Vermittlungschancen von Arbeit- oder Ausbildungsuchenden zu verbessern. – 2. *Regelung:* Die Agentur für Arbeit hat unverzüglich nach der Ausbildungsuchendmeldung bzw. Arbeitsuchendmeldung zusammen mit dem Ausbildung- oder Arbeitsuchenden die für die Vermittlung erforderlichen beruflichen und persönlichen Merkmale, Fähigkeiten und die Eignung festzustellen. Die Potenzialanalyse erstreckt sich auch auf die Feststellung, ob und durch welche Umstände die berufliche (Re-)Integration voraussichtlich erschwert sein wird (§ 37 I SGB III). – Vgl. auch Profiling.

Potenzialbeurteilung – Beurteilung der Entwicklungsmöglichkeiten der Fähigkeiten eines Mitarbeiters unter dem Gesichtspunkt einer strategischen Personalentwicklung. Methodisch kann eine Potenzialbeurteilung nicht durch standardisierte Verfahren erfolgen, sondern nur durch strukturierte Gespräche. – Vgl. auch → Mitarbeiterbeurteilung.

Praktikant – 1. *Begriff:* Arbeitnehmer, der sich einer bestimmten Tätigkeit und Ausbildung in einem Betrieb unterzieht, die Teil oder Vorstufe einer anderweit zu absolvierenden Ausbildung (z.B. Hochschulstudium) ist. – *Anders:* Volontär (mehr allg. praktische Orientierung im Betrieb). – 2. Die *Anstellungsverträge* der Praktikanten können verschieden ausgestaltet sein: Es kann ein Arbeitsverhältnis (Arbeitsvertrag) vereinbart sein. Ist dies nicht der Fall, weil Ausbildungszwecke im Vordergrund stehen, sind gemäß § 19 BBiG mit einigen Ausnahmen die Vorschriften des Berufsbildungsgesetzes (Auszubildender) anzuwenden; nach § 10 BBiG ist dann eine angemessene Vergütung zu zahlen. – 3. *Versicherungspflicht/-schutz:* Übt ein Praktikant die Tätigkeit gegen Entgelt und aufgrund der Vorschriften der Ausbildungs- oder Prüfungsordnung aus, so ist er gemäß § 5 I Nr. 1, 10 SGB V und § 20 I Satz 2 Nr. 10 SGB XI versicherungspflichtig. Wird das Praktikum während des Studiums als ordentlicher Studierender zurückgelegt, besteht Versicherungsfreiheit (§ 6 I Nr. 3 SGB V, § 5 I Nr. 3 SGB VI, § 27 IV SGB III). Grundsätzlich genießt ein Praktikant Unfallversicherungsschutz. – Vgl. auch → Werkstudent.

Prämie – I. *Personalwirtschaft:* zusätzlich zum → Zeitlohn gezahlte Prämie *(Leistungsprämie)* als Anerkennung bes. betrieblicher

Leistungen des Arbeitnehmers, z.B. für Verbesserungsvorschläge, Umsatzprämien für wenig gängige Güter. Prämien können für quantitative und qualitative Leistungen gewährt werden. – Prämie ist Bestandteil des Arbeitsentgelts. – Vgl. auch → Prämienlohn.

II. *Marketing/Handelsbetriebslehre:* Maßnahme der Verkaufsförderung. Beim Kauf eines bestimmten Produktes erhält der Konsument ein Geschenk oder die Berechtigung, ein anderes Erzeugnis zu einem wesentlich günstigeren Preis zu erwerben. – *Arten:* (1) Das Präsent (Schlüsselanhänger, Trillerpfeife, Flaschenöffner etc.) ist Packungsbeilage *(In-Pack Premium)* oder an den Verpackungen befestigt *(With-Pack Premium)*. (2) Die Zugabe zum eigentlichen Produkt besteht in einem wiederverwendbaren Behälter *(Reusable Container),* wie dies z.B. bei Senf, Marmelade, Kaffee oft der Fall ist. (3) Postzustellung der Prämie *(Free-in-the-Mail Premium),* nachdem der Konsument den Kauf des geförderten Produktes, z.B. durch Einsendung eines markierten Verpackungsteils, nachgewiesen hat. (4) Der Konsument erhält bei dem Nachweis, dass er das geförderte Produkt tatsächlich gekauft hat, direkt vom Hersteller ein anderes Erzeugnis zu einem wesentlich günstigeren Preis als beim Kauf über den Einzelhandel *(Self-Liquidation Premium).*

III. *Versicherungswesen:* Entgelt des Versicherungsnehmers für den Versicherungsschutz. Zusammen mit der Prämie sind Versicherungsteuer und Nebengebühren zu entrichten. Die Prämie ist i.Allg. für ein Jahr bemessen und wird i.d.R. im Voraus bezahlt; bei Zahlung einer tariflichen Jahresprämie in unterjährigen Raten ist für den Zinsausfall und die Verwaltungskosten des Versicherten ein Zuschlag zu entrichten. – Zu unterscheiden sind *Erstprämie* und *Folgeprämie.* – *Nicht rechtzeitige Zahlung* der Erst- oder Einmalprämie führt zum Verlust des Versicherungsschutzes (§ 38 I VVG); der Versicherer kann den Vertrag kündigen (§ 38 I VVG). Bei Folgeprämienverzug (Mahnung erforderlich) hat der Versicherer ebenfalls ein Kündigungsrecht (§ 39 VVG). – Vgl. auch Beitragsrückerstattung.

IV. Bankwesen: Prämiengeschäft.

V. Agrarpolitik: in der EU als Anreiz zur Unterstützung gewünschter Entwicklungen (z.B. Qualitäts-, Abschlachtungsprämien, Prämie für die Nichtvermarktung von Milch) angewandt. Mit der Agrarreform von 1992 erfolgte die Subventionierung der Landwirtschaft verstärkt über *tier- bzw. flächengebundene Prämienzahlungen* und seit 2003 stellen *entkoppelte Betriebsprämien* ein zentrales Instrument der EU-Agrarpolitik (Agrarpolitik) dar. Im Gegensatz zu faktorgebundenen Prämienzahlungen haben entkoppelte Betriebsprämien keine bzw. sehr geringe Effekte auf die innerbetriebliche Produktionsstruktur und implizieren somit eine höhere Allokationseffizienz. Aufgrund der geringen Produktionseffekte wurde die EU im Rahmen der WTO-Verhandlungen von den großen Agrarexporteuren aufgefordert, sämtliche Subventionszahlungen zu entkoppeln. In der EU-Agrarpolitik wird ab dem Jahr 2014 über das sogenannte *Greening* der Prämienzahlungen nachgedacht, d.h. die Bindung der

Direktzahlungen an ökologische Standards (Agrarumweltpolitik).

Prämienlohn – Form des → Leistungslohns. – 1. *Begriff:* Zu einem vereinbarten → Grundlohn, der nicht unter dem Tariflohn liegen darf, wird planmäßig ein zusätzliches Entgelt (→ Prämie) gewährt, dessen Höhe auf eindeutig feststellbaren Mehrleistungen des Arbeitnehmers beruht, die bei reiner Zeitlohnarbeit ohne Leistungszulagen nicht erwartet werden können (vgl. Abbildung „Prämienlohn – Prämienlohnkurve"). – 2. *Prämienarten* (nach den Bezugsgrößen zu unterscheiden): v.a. (1) → Mengenleistungsprämie (Quantitätsprämie); (2) → Qualitätsprämie (Güteprämie); (3) → Ersparnisprämie; (4) → Nutzungsprämie; (5) → Terminprämie. Kombination von unterschiedlichen Formen des Prämienlohns (multiplikative oder additive Verknüpfung; direktkombinierte Berechnung) möglich; v.a. anwendbar, wenn die Produktivität der Arbeit von mehreren Bestimmungsfaktoren abhängig ist. – *Grafische Darstellung mittels Prämienlohnlinie/-kurve:* Diese kann proportional (linear), progressiv, degressiv, s-förmig oder treppenförmig verlaufen. – 3. *Beurteilung:* Im Gegensatz zum → Akkordlohn

Prämienlohn – Prämienlohnkurve

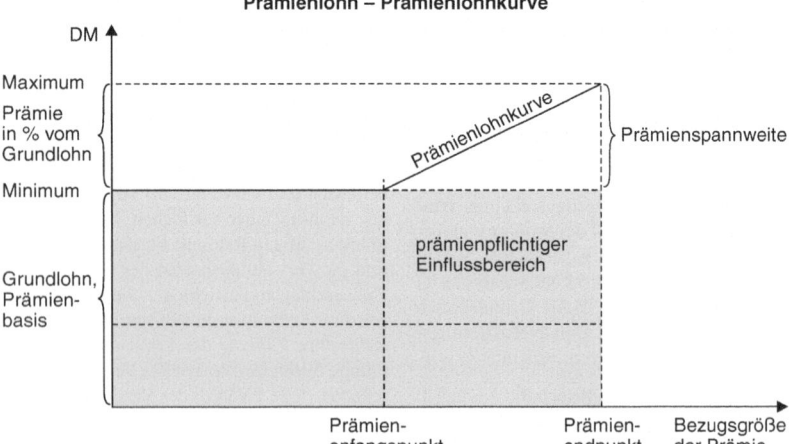

bietet der Prämienlohn meist einen geringeren Anreiz zur Mehrleistung. – 4. *Gründe für zunehmende Bedeutung des Prämienlohns:* sinkender Einfluss des Arbeitnehmers auf das mengenmäßige Produktionsergebnis mit zunehmendem Anteil an NC-/DNC-/CNC-gesteuerten Maschinen (PPS-Systeme); Wandel von der klassisch manuellen und maschinengestützten Arbeit zu mehr qualitativ und ökonomisch orientierten, steuernden, regelnden und überwachenden Funktionen mit zunehmend psychischen Anforderungen. Neben Arbeitszeit und Arbeitsmenge werden andere Größen wie Arbeitsgüte, Sparsamkeit, Termineinhaltung, Aufmerksamkeit für die Produktivität relevant. Der Prämienlohn kann im Gegensatz zum rein mengenabhängigen Akkordlohn mehrere solcher Kosteneinflussgrößen berücksichtigen, ist deswegen wesentlich flexibler und vielseitiger anwendbar, zumal er keine → Akkordfähigkeit der Arbeit voraussetzt. – 5. *Arbeitsrecht:* Nach § 87 I Nr. 11 BetrVG unterliegt, soweit eine tarifliche Regelung nicht besteht, die Festsetzung der Akkord- und Prämiensätze und vergleichbarer leistungsbezogener Entgelte, einschließlich der Geldfaktoren, dem erzwingbaren Mitbestimmungsrecht des Betriebsrats in sozialen Angelegenheiten. – Vgl. auch → Akkordlohn, leistungsbezogene Entgelte.

pretiale Betriebslenkung → pretiale Lenkung.

pretiale Lenkung – *pretiale Betriebslenkung, indirekte Lenkung;* ein von Schmalenbach geprägter Begriff für eine vom Preis (→ Verrechnungspreis) her erfolgende Lenkung betriebsinterner Vorgänge. Der marktwirtschaftliche Preismechanismus wird auf die innerbetriebliche Lenkung der Güter und Dienstleistungen zwischen den einzelnen Betriebsabteilungen übertragen: Güter und Dienstleistungen werden auf einem innerbetrieblichen Markt zu Preisen angeboten, die sich aufgrund des Wettbewerbs der Betriebe, Kostenstellen und Abteilungen um die Güter und Dienstleistungen bilden. Schmalenbach

gibt bestimmte Regeln an, nach denen sich die pretiale Lenkung vollziehen soll.

Primärrohstoff → Primärstoff.

Primärstoff – *Primärrohstoff;* Werk-, Hilfs- oder Betriebsstoff, der nicht aus stofflichen Rückständen, sondern aus natürlichen Ressourcen oder Vorprodukten gewonnen wird. – *Gegensatz:* → Sekundärstoff.

Primatkollegialität – Abstimmungsmodus im Rahmen des → Kollegialprinzips. Die multipersonale organisatorische Einheit besteht aus prinzipiell gleichberechtigten Handlungsträgern, aus deren Reihen ein Vorsitzender (primus inter pares) kommt. Bei Meinungsverschiedenheiten oder Patt-Situationen entscheidet der Vorsitzende. – Vgl. auch → Abstimmungskollegialität, → Kassationskollegialität.

Private Debt – *I.e.S.:* Fremdmittel, die vorwiegend von institutionellen Investoren i.d.R. außerhalb des Bankensektors zur Verfügung gestellt werden. Dabei handelt es sich um privat platzierte, d.h. im Sekundärmarkt i.d.R. nichtgehandelte (illiquide), (erst- und nachrangige) Fremdkapital- und Mezzanine-Titel mit Sub-Investment-Grade-Rating. Die Finanzierungskontrakte können vertraglich geregelt oder verbrieft sein. – *I.w.S.:* Schließt Fremdkapitalfinanzierungen über Kreditinstitute sowie Privatdarlehen natürlicher Personen mit ein.

Private Equity – von privaten und/ oder institutionellen Anlegern bereitgestelltes Eigenkapital, mit dem Beteiligungsgesellschaften (Private-Equity-Gesellschaften) Unternehmensanteile für einen begrenzten Zeitraum erwerben um eine finanzielle Rendite zu erwirtschaften. Der Begriff Private-Equity-Investitionen im weiteren Sinne umfasst Finanzierungen in etablierte Unternehmen, die sich in fortgeschrittenen Lebenszyklusstadien befinden (Private-Equity-Investitionen im engeren Sinne), und Finanzierungen in junge Unternehmen (Venture-Capital-Investitionen). Letztere sind durch ein höheres Risiko-Rendite-Profil gekennzeichnet.

Process Owner – im Rahmen der → Prozessorganisation eine für einen → Geschäftsprozess in einem Unternehmen verantwortliche Stelle oder Person. Hierbei handelt es sich um eine Querschnittsaufgabe, da Geschäftsprozesse in Unternehmen häufig quer zu einer funktional ausgerichteten Aufbauorganisation verlaufen. Hieraus entsteht häufig ein Konflikt, da sich Verantwortung und Kompetenzen zur Bearbeitung der einzelnen Schritte eines Prozesses auf verschiedene Stellen verteilen. Diese Konflikte soll der Process Owner lösen.

Produkt – Ergebnis der Produktion und Sachziel einer Unternehmung oder auch Mittel der Bedürfnisbefriedigung. Einteilung in Sachgüter (materiell, Gebrauchsgüter und Verbrauchsgüter), Dienstleistungen (immateriell) und Energieleistungen.

Produkt/Markt-Matrix – Darstellung der Alternativen horizontaler → Wertschöpfungsstrategien. Eine Heuristik zur Auswahl einer adäquaten Strategie ist das „Gesetz der abnehmenden Synergie"; so weist z.B. die Strategie der „Diversifikation" wesentlich weniger Synergien zum bestehenden Geschäft auf als die der „Marktdurchdringung", womit eine → Diversifikation auch erfolgsgefährdeter ist. – Vgl. auch Abbildung „Produkt/Markt-Matrix".

Produkt/Markt-Portfolio → Portfolio-Analyse.

Produktbilanz – Teilelement der Ökobilanzsystematik (→ Ökobilanz), das sich auf einzelne Produkte bezieht. Entspricht methodisch in weiten Bereichen der Produktlinienanalyse.

Produktfunktionen – 1. *Begriff:* Im Sinn der nach DIN 69 910 genormten Wertanalyse alle Wirkungen (Aufgaben, Tätigkeiten, Merkmale) eines Objektes. – 2. *Funktionsarten:* a) *Gebrauchsfunktion* (Objektfunktion, die durch die jeweils zutreffende technische, wirtschaftliche, soziale oder ökologische Nutzung bestimmt wird) und – b) *Geltungsfunktion* (Objektfunktion, die über 2 a)) hinausgeht, z.B. Prestige, Ästhetik). – 3.

Produkt/Markt-Matrix

Produkte / Märkte	Abbau der Produkte	Gegenwärtige Produkte	Neue Produkte
Abbau der Märkte	**Rückzug:** Stufenweiser Abbau der gegenwärtigen Produkte und der gegenwärtig bedienten Märkte	**Produktkonstante Marktverdichtung:** Marktrückzug, Abbau der Abnehmerschichten und/oder Abbau der Distributionskanäle	**Progressive Marktverdichtung:** Abbau der gegenwärtigen Märkte, verbunden mit dem Angebot von neuen Produkten an den verbleibenden Märkten
Gegenwärtige Märkte	**Marktkonstante Produktverdichtung:** Abbau der Produktpalette, die auf den gegenwärtigen Märkten angeboten wird	**Marktdurchdringung:** Intensivierung der Marktbearbeitung, Relaunch, Imitation, Kosten- und Preissenkung, Unbundling	**Produktentwicklung:** Neuprodukte, neue Produktlinien, neue Dienstleistungen und/oder Problem- und Systemlösungen
Neue Märkte	**Progressive Produktverdichtung:** Abbau der gegenwärtigen Produktpaletten verbunden mit dem Angebot der verbleibenden Produkte auf neuen Märkten	**Marktentwicklung:** Marktausweitung, neue Abnehmerschichten, neue Distributionskanäle, neue Verwendungszwecke	**Diversifikation:** Neue Produkte für neue Märkte

Weitere Differenzierung in *Funktionsklassen*: a) Hauptfunktionen (Funktionen, die den Hauptzweck des Objektes beschreiben) und – b) Nebenfunktionen (Funktionen, die zur Erfüllung der Hauptfunktionen notwendige Aufgaben bezeichnen). Unterschiedliche Ausprägungsanteile der Funktionsarten bei den verschiedenen Güterkategorien Investitionsgüter, Konsumgüter und Luxusgüter: Die Gebrauchsfunktion nimmt ab und die Geltungsfunktion zu.

Produktgliederung – 1. *Begriff:* Im Rahmen der Organisation die → Spezialisierung nach Produktaspekten; Unterfall der Anwendung des → Objektprinzips. – 2. *Charakterisierung:* Die Produktgliederung führt je nach der betroffenen Hierarchieebene und dem Aggregationsgrad des betrachteten Handlungskomplexes zu unterschiedlich breiter → Kompetenz der organisatorischen Einheiten. Es kann sich eine Spartenorganisation mit organisatorischen Teilbereichen z.B. für die einzelnen Produktfamilien der Unternehmung ergeben; diese Teilbereiche können selbst wiederum nach Produktaspekten z.B. in Produktgruppenbereiche und diese z.B. in Produktbereiche untergliedert werden.

Produktion in Auslandsniederlassungen → internationale Produktion.

Produktionsintegrierter   Umweltschutz → End-of-the-pipe-Technologien, → integrierte Technologien.

Produktionsorganisation → Fertigungsorganisation.

Produktlebenszyklus → Lebenszyklus, → internationaler Produktlebenszyklus.

Produktmanagementorganisation – 1. *Begriff:* Konzept einer → mehrdimensionalen Organisationsstruktur, bei der eine gegebene Grundstruktur durch die organisatorische Verankerung von Kompetenz für die bez. einzelner Produkte oder Produktgruppen bestehenden Aufgaben, v.a. Marketingaktivitäten *(Produktmarketing)*, ergänzt wird. – 2. *Formen:* a) Die Institutionalisierung

des Produktmanagements ist auf einen → organisatorischen Teilbereich beschränkt oder teilbereichsübergreifend angelegt. – b) Die Institutionalisierung erfolgt in Form von Kernbereichen (Kernbereichs-Produktmanagement), → Richtlinienbereichen (Richtlinien-Produktmanagement), Matrixbereichen (Matrix-Produktmanagement; → Matrixorganisation), → Servicebereichen (Service-Produktmanagement) oder → Stäben (Stabs-Produktmanagement). – 3. Bei der *Auswahl* einer der sich hieraus ergebenden Gestaltungsalternativen sind die angestrebte Reichweite für die Berücksichtigung der Produktmanagement-Perspektive im arbeitsteiligen Entscheidungsprozess der Unternehmung und die spezifischen Vor- und Nachteile der alternativen Bereichsformen abzuwägen.

Produktmarketing → Produktmanagementorganisation.

Produkt-Public-Relations – Public Relations (PR).

Produktqualität – Qualität.

Produktrecycling – *Re-Use, Re-Building, Re-Manufacturing;* → Recycling nach der Gebrauchsphase. Das Produkt als solches bleibt erhalten und wird für neue Nutzung aufgearbeitet.

Produktverantwortung – „Zur Erfüllung der Produktverantwortung sind Erzeugnisse möglichst so zu gestalten, dass bei deren Herstellung und Gebrauch das Entstehen von → Abfällen vermindert wird und die umweltverträgliche Verwertung und Beseitigung der nach deren Gebrauch entstandenen Abfälle sichergestellt ist" (vgl. §21 1 1 KrW-/AbfG). Die Produktverantwortung strebt die Umsetzung des Verursacherprinzips an.

Profitcenter – *Erfolgsbereich.* 1. *Begriff:* → Organisatorischer Teilbereich, für den ein eigener Periodenerfolg ermittelt wird, welcher zur gewinnorientierten Beurteilung bzw. Steuerung der Teilbereichsaktivitäten herangezogen wird. Die Bereichsleiter operieren gewissermaßen wie selbstständige Unternehmer. – 2. *Zweck:* Positive Motivation der Bereichsleiter wegen der Gewinnorientierung der Teilbereiche. – 3. *Funktionsbedingungen:* Der Erfolgsausweis und dessen Aussagefähigkeit für die Beurteilung der Steuerung setzen voraus, dass Kosten- und Erlösgrößen dem Teilbereich zurechenbar und von seinem Leiter beeinflussbar sind; streng genommen sind der Marktzugang der einzelnen Teilbereiche und eine ausreichende Entscheidungsautonomie der Bereichsleiter zu erfüllen. – 4. *Organisationsstruktur:* a) → Spartenorganisation: Günstige Voraussetzungen, da die → Sparten jeweils in einen Beschaffungs- und Absatzmarkt eingebettet sind und geringe Interdependenzen aufgrund innerbetrieblicher Leistungsverflechtungen der Sparten existieren. – b) Auch *andere Organisationsstrukturen* mit weniger günstigen Voraussetzungen (v.a. → Funktionalorganisation) sind möglich. Das Problem fehlender Erfolge der marktfernen Bereiche (z.B. Produktion) kann mithilfe fiktiver → Verrechnungspreise formal gelöst werden; allerdings ist angesichts der ausgeprägten internen Interdependenzen der Profitcenter bei Funktionalorganisation die Unabhängigkeit der Teilbereiche stark eingeschränkt. Die Motivationswirkung basiert folglich hier nicht auf unternehmerischer Gewinnverantwortung, sondern auf den Argumentationsnotwendigkeiten im Rahmen der Festlegung der Verrechnungspreise und der Interpretation der jeweils vorliegenden Periodenergebnisse.

Profit Impact of Market Strategy → PIMS.

programmierbare Entscheidung – *programmierte Entscheidung.* Entscheidung, für die die Organisation spezifische Prozesse entwickelt. Voraussetzung für programmierbare Entscheidungen ist das Vorliegen gut strukturierter Probleme, d.h. eindeutig formulierter Ziele; Informationen über deren Konsequenzen und ein Lösungsalgorithmus müssen gegeben und von den beteiligten akzeptiert

sein. – *Gegensatz:* nicht programmierbare Entscheidung.

programmierte Entscheidung → programmierbare Entscheidung.

Programmlohn – vereinbarter Festlohn in der Einzelfertigung. Programmlohn garantiert einer Arbeitsgruppe für einen bestimmten Zeitraum ein bestimmtes Lohnniveau. Für Teilfertigungen (Programme) werden der Arbeitsgruppe Zeiten vorgegeben. Eine bes. Vergütung für Zeitunterschreitungen findet nicht statt, da der gesamte Arbeitsablauf dadurch nicht beschleunigt werden kann.

Programmplanung → operative Planung, → strategisches Management, → Unternehmensplanung.

progressive Planung → Unternehmensplanung.

progressiver Akkord – Sonderform des → Akkordlohns, bei der die Lohnkurve in Abhängigkeit vom Leistungsgrad progressive Verläufe aufweist. Der Arbeitnehmer soll entsprechend seiner Leistung in steigendem Umfang an dieser Leistung beteiligt werden. Die Steigerung der Arbeitsleistung über einen gewissen Grad hinaus erfordert einen Mehraufwand an Arbeitskraft, der über den proportionalen Zuwachs hinausgeht. Hierbei sind stetig steigende und sprunghaft steigende Stückakkordsätze möglich. – In der Bundesrepublik Deutschland nicht erlaubt. – *Gegensatz:* → degressiver Akkord.

Projekt – 1. *Begriff:* Zeitlich befristete, relativ innovative und risikobehaftete → Aufgabe von erheblicher Komplexität, die aufgrund ihrer Schwierigkeit und Bedeutung meist ein gesondertes Projektmanagement (PM) erfordert. – 2. *Regelung:* Projektwirtschaft, Projektmanagement sowie die dazugehörigen Begriffe sind in den Normen DIN 69900 bzw. 69901 geregelt. – 3. *Merkmale:* a) *Projektgegenstand:* Produkt-, Bau-, Organisations-, EDV-, Sanierungsprojekte etc. – b) *Interner oder externer Auftraggeber:* Interne Projekte werden durch unternehmungsinterne

Auftraggeber initiiert und mittels unternehmungseigener Ressourcen (Human- und Sachpotenzial) abgewickelt. Bei externen Projekten erfolgt die Auftragserteilung durch einen externen Auftraggeber; dieser bestimmt den Projektgegenstand auf Basis eines abzuschließenden Vertrages; Auftragnehmer ist die projektdurchführende Unternehmung. – c) *Komplexität:* Die Vielfältigkeit von Beziehungen der im Projekt eingebundenen Komponenten bestimmen das Komplexitätsausmaß; kann inhaltlich-technischer oder organisatorischer Natur sein. – d) *Innovationsgrad:* Wird von der Entwicklung bzw. Verwendung neuer Technologien bestimmt. – e) *Projektgröße:* Lässt sich an den Projektkosten, an der Projektdauer sowie an der Anzahl der Projektelemente und der zwischen ihnen bestehenden Beziehungsdichte messen. – 4. *Beispiele:* Erstellung schlüsselfertiger Fabrikationsanlagen, Entwicklung neuartiger Produkte, Umstellung der Produktion auf neue Technologie, → Reorganisation. – 5. Da zur Projektrealisierung regelmäßig mehrere → organisatorische Einheiten zusammenwirken müssen, ist häufig eine spezielle → Projektorganisation zweckmäßig. – Vgl. auch → internationales Projekt.

Projektcontrolling – Projektmanagement (PM).

Projektgemeinschaft → Ad-hoc-Kooperation.

Projektion – Aussage über zukünftige Ereignisse, bes. über zukünftige Werte ökonomischer Variablen. Projektion ist nicht, wie Prognosen, ausschließlich auf Beobachtungen aus der Vergangenheit und objektive Verfahren gegründet, sondern es werden auch subjektive Einschätzungen, etwa von Experten, mit verwertet.

projektive Verfahren → psychologische Testverfahren, heute vielfach in der Verbrauchsforschung i.w.S. in der (Konsumentenforschung) verwendet. Mithilfe dieser Techniken soll versucht werden, von den Auskunftspersonen geleugnete bzw. unterdrückte

Charakteristika, Motive, Einstellungen etc. zu erfahren. Projektive Verfahren sollen die Validität erhöhen, weil die eigentliche Zielrichtung der Frage, auf die die Person nicht antworten will oder kann, verdeckt bleibt. Die Befragten werden über indirekte Fragetechniken dazu bewegt, eigene Charakterzüge in die Umwelt zu „projizieren". – *Beispiele:* → thematischer Apperzeptionstest, Dritte-Person-Technik, Personen-Zuordnungs-Test, Satzergänzungstest, Wortassoziationstest.

Projektleitung – Projektmanagement (PM).

Projektmanagement-Prozessmodell – Projektmanagement (PM).

Projektmeilenstein – Meilenstein, Projektmanagement (PM).

Projektorganisation – 1. *Begriff:* System der → Kompetenz für die Erfüllung befristeter, komplexer → Aufgaben (→ Projekte). – 2. *Institutionalisierungsalternativen:* a) Zusammenarbeit mit den für die permanente Aufgaben zuständigen organisatorischen Einheiten der bestehenden Grundstruktur durch Stäbe *(Stabs-Projektorganisation)* oder Entscheidungseinheiten *(Matrix-Projektorganisation).* – b) Autonome Projekteinheiten, in denen sämtliche zur Projektrealisierung erforderlichen Kompetenzen zusammengefasst sind *(reine Projektorganisation).* – 3. Bei der *Auswahl* einer dieser Gestaltungsalternativen sind neben den spezifischen Vor- und Nachteilen der → Stab-Linienorganisation, der → Matrixorganisation und der reinen Form der Projektorganisation auch die Probleme bei der (Re-)Integration des Projektpersonals in die permanente → Organisationsstruktur nach Projektende zu berücksichtigen. – Vgl. auch Projektmanagement (PM).

Projektplanung und -kontrolle – 1. *Begriff:* Einzelobjektplanung und -kontrolle, die den gesamten Lebenszyklus des betrachteten Objekts umfasst, z.B. Produkt-/Projektplanung (Produktplanung). – 2. *Merkmale:* Die Projektplanung und -kontrolle umfasst als ausdifferenziertes Planungs- und Kontrollsystem normalerweise eine Vielzahl von

Projekten; dabei kann es zu Koordinationsproblemen kommen, die die Grenzen der Einzelobjektsteuerung in Projektform deutlich machen. – 3. *Zweck:* Bes. wichtig oder riskant erscheinende Aktivitäten sollen aus dem Tagesgeschäft des Unternehmens herausgenommen und unter ein gesondertes Projektmanagement (PM) gestellt werden. Dabei ist die Möglichkeit gegeben, einzelne Projektphasen zu definieren, an deren Anfang oder Ende die weiteren Erfolgsaussichten des Projekts wieder neu überprüft werden können. – Vgl. auch → Investitionsobjektplanung und → -kontrolle, → Bereichsplanung und -kontrolle.

Projektstrukturplan – Projektmanagement (PM).

Promotoren – Personen, die einen Innovations- oder Problemlösungsprozess aktiv fördern. Zu unterscheiden sind Machtpromotoren, Fachpromotoren und Prozesspromotoren.

Proportionalakkord → Akkordlohn.

Prozessberatung – 1. *Management Consulting:* Gegenstand der Prozessberatung ist das Business Process Redesign (BPR) bzw. die Geschäftsprozessoptimierung (→ Business Process Reengineering). Die Prozessberatung zielt auf Prozessverbesserungen in Gestalt von Qualitätsverbesserungen und/oder Prozessvereinfachungen und bedient sich dazu vielfach Methoden des Benchmarking. – 2. *Organisationsentwicklung:* Problemlösungskonzept, das im Rahmen der Organisationsentwicklung (OE) angewendet wird. Die Prozessberatung basiert wie das Sensitivitätstraining auf der Grundannahme, dass die Leistungsfähigkeit von Organisationen gesteigert werden kann, wenn interpersonelle Probleme gelöst werden; dabei ist die Prozessberatung deutlich aufgabenorientierter. Typische Themenbereiche sind die Kommunikation, Beurteilungen von Funktionen und Rollen in Teams, die Analyse von Entscheidungsprozessen sowie die Analyse von Entwicklungsprozessen innerhalb und zwischen

Gruppen. Ansprechpartner der Prozessberatung sind Individuen (z.b. Manager) und auch Gruppen. Die Rolle der Beratenden besteht darin, im Sinne einer Hilfe zur Selbsthilfe in Zusammenarbeit mit den Klienten Prozesse zu durchleuchten, sodass diese ihre Probleme selbstständig angehen und lösen können.

Prozessbilanz – Teilelement der Ökobilanzthematik (→ Ökobilanz) zur Erfassung der Umweltbelastungen, die mit Produktionsprozessen verbunden sind. – *Inhalt:* Input-Output-Betrachtung einzelner Prozessschritte. – *Aufgaben:* (1) Teilschritte für Erarbeitung von Lösungsansätzen für Emissionsvermeidung; (2) Basis für Produktbilanzen.

Prozessgliederungsprinzip – 1. *Organisation:* Sonderform des → Verrichtungsprinzips, bei der die Tätigkeitsarten nach ihrer Stellung im Betriebsprozess unterschieden werden, d.h. dem betrieblichen Leistungsprozess folgen. – 2. Für die *Organisation des Rechnungswesens*, v.a. des *Kontenrahmens:* Zuordnung der einzelnen Konten in die Kontenklassen entsprechend dem Durchgang des Herstellungs- bzw. Leistungsprozesses. In Klasse drei bis sieben folgt das Ordnungssystem des GKR dem Fortgang der betrieblichen Leistungserstellung. In Klasse acht erscheinen die Erlöse und in Klasse neun die Abschlusskonten. – 3. *Vergleichbar im Handel:* Funktionsprinzip. – *Anders:* Abschlussgliederungsprinzip.

Prozessorganisation → Organisationsgestaltung, bei der die Bereichsbildung unter Berücksichtigung spezifischer Erfordernisse des Ablaufs betrieblicher → Geschäftsprozesse vorgenommen wird, d.h. die → Aufbauorganisation folgt der → Ablauforganisation. Die Kompetenzverteilung orientiert sich an den identifizierten Geschäftsprozessen, was bes. zu objektorientierten Bereichsbildungen führen kann. Charakteristisch hierfür ist die Übertragung prozessbezogener Verantwortlichkeiten auf sog. → Process Owner.

Möglich ist auch die Überlagerung einer bestehenden Primärstruktur durch eine stellen-, abteilungs- oder sogar unternehmensübergreifende Sekundärstruktur. Hierbei sollen die negativen Auswirkungen von Stellen-, Abteilungs- und Unternehmensgrenzen durch Anwendung von Teamkonzepten und → Projektorganisationen überwunden werden. Die Prozessorganisation zielt auf die Steigerung der → organisatorischen Effizienz, v.a. der Prozesseffizienz. – Vgl. auch → Business Process Reengineering.

Prozesstheorien → Arbeitsmotivation.

Prozesstheorien der Motivation – haben als verbindendes Merkmal, dass sie nicht den Inhalt dessen, was von der Person angestrebt wird thematisieren (→ Inhaltstheorien der Motivation), sondern den psychischen Prozess, der zur Handlungsintension führt, modellieren. Ausgangspunkt der meisten Prozesstheorien der Motivation ist das Bernoulli-Prinzip, nach dem jene Alternative angestrebt wird, für die das Produkt aus Nutzen und Wahrscheinlichkeit am größten ist. Die bekannteste Prozesstheorie der Arbeitsmotivation geht auf Vroom zurück, der die Valenz des angestrebten Zieles (V), die Instrumentalität einer Handlung für das Erreichen dieses Zieles (I) und die subjektive Erwartung (Wahrscheinlichkeit), diese instrumentelle Handlung auch ausführen zu können (E), multiplikativ verknüpft.

Psychologie – I. Begriff: Erfahrungswissenschaft, deren Gegenstand menschliches Erleben und Verhalten ist. Historisch reichen die Wurzeln der Psychologie bis in die Antike (Aristoteles: „Von der Seele") zurück und finden sich v.a. in der Philosophie und in der Theologie. Als moderne Erfahrungswissenschaft formierte sich die Psychologie in der Mitte des 19. Jh. primär als eine Naturwissenschaft. Eine erste Professur für Psychologie wurde 1879 an der Universität Leipzig mit W. Wundt besetzt. Die Professionalisierung der Psychologie erfolgte in der Mitte des 20. Jh., wozu in Deutschland die Einführung eines berufsqualifizierenden Studienganges (Diplom-Psychologe) und die Gründung eines einschlägigen Berufsverbandes (Berufsverband Deutscher Psychologen (BDP)) beitrug. – In der Psychologie unterscheidet man zwischen einer (1) Grundlagenforschung betreibenden Theoretischen Psychologie, einer (2) Fragen aus den Anwendungsfeldern erforschenden Angewandte Psychologie und einer (3) auf wissenschaftlicher Grundlage routinemäßig Probleme der Praxis lösenden Praktischen Psychologie.

II. Teilgebiete: Die Psychologie ist, was ihre Grundauffassungen betrifft, eine heterogene Wissenschaft. Nebeneinander stehen Ansätze, die sich theoretisch und methodisch jeweils unterschiedlich verstehen. – 1. Eine naturwissenschaftliche Ausrichtung ist an der Physik orientiert, arbeitet weitgehend experimentell und versucht allg. Gesetze möglichst mathematisch zu formulieren. – 2. Die Psychologie als Teil der Biologie sieht den Menschen als ein Säugetier neben anderen, dessen Erlebens- und Verhaltensweisen sich im Zuge der Evolution durch Mutation und Selektion bildeten; eine bes. Aufmerksamkeit wird den physiologischen Grundlagen der psychischen Prozesse gewidmet. – 3. Die Psychologie als Geisteswissenschaft betont die Einmaligkeit der Persönlichkeit und sucht deren Erleben und Verhalten bei Verwendung hermeneutischer Methoden nachvollziehend zu verstehen. Die Psychologie als Sozialwissenschaft orientiert sich an der Soziologie, interpretiert individuelle Erlebens- und Verhaltensweisen als Ergebnis eines Sozialisationsprozesses und sieht entsprechend die Person durch ihre Lerngeschichte geprägt.

III. Ansätze: Die Psychologie als Sozialwissenschaft orientiert sich an der Soziologie, interpretiert individuelle Erlebens- und Verhaltensweisen als Ergebnis eines Sozialisationsprozesses und sieht entsprechend die Person durch ihre Lerngeschichte geprägt.

psychologische Diagnostik → Eignungsdiagnostik.

psychologischer Vertrag – neben dem (juristischen) Arbeitsvertrag Teil des Beziehungsverhältnisses zwischen Arbeitnehmer und arbeitgebendem Unternehmen. Bestandteile sind wechselseitige Erwartungen wie loyales Verhalten, faire Behandlung usw., die im Arbeitsvertrag nur unzulänglich oder überhaupt nicht verankert werden können, für das Engagement und die Arbeitsleistung aber gleichwohl entscheidende Bedeutung erlangen.

psychologische Testverfahren – I. Psychologie: Speziell entwickelte Techniken zur Messung von Persönlichkeitsmerkmalen, wobei die Informationsaufnahme unter standardisierten Bedingungen erfolgt. Psychologische Tests werden (1) nach den Inhalten, die sie zu erfassen suchen (z.B. Intelligenztests, Leistungstests, Test zur Erfassung weiterer Persönlichkeitsmerkmale wie Interessen, Einstellungen, Persönlichkeitszügen) differenziert oder (2) nach Aspekten wie Testsituation (z.B. Individual- oder Gruppentest), (3) nach der Sprachabhängigkeit (z.B. verbale oder nonverbale Tests), (4) nach den Requisiten (z.B. Papier- und Bleistifttest), (5) nach dem Konstruktionsprinzip (z.B. psychometrischer oder nichtpsychometrischer Test), (6) nach der Theorie (z.B. direkter oder projektiver Test), (7) nach der Anzahl der zu erfassenden Persönlichkeitsmerkmale (z.B. eindimensionaler oder mehrdimensionaler Test), (8) nach der Abhängigkeit vom Versuchsleiter und vom Auswerter (z.B. niedrigstrukturierter oder hochstrukturierter Test), (9) nach der Art der Aufgabenbeantwortung (z.B. freier oder gebundener Test), (10) nach der zu erbringenden Leistung (z.B. Tests repräsentativer oder maximaler Leistungen),

(11) nach der Zeitbegrenzung (z.b. Niveauoder Schnelligkeitstest) oder (12) nach der Kulturabhängigkeit (z.b. kulturgebundener oder kulturfreier Test). Psychologische Tests werden u.a. im Rahmen der → Eignungsdiagnostik, der → Potenzialanalyse aber auch im Rahmen der psychologischen Marktforschung bei der Entwicklung von Konsumententypologien oder der Erfassung von persönlichkeitsspezifischen Reaktionen auf ein Angebot angewandt.

II. Marktforschung: Verfahren zur Gewinnung von Informationen über psychische Regungen, Einstellungen, Meinungen, Motive, Empfindungen und Wahrnehmungen. – *Arten:* apparative Verfahren, explorative Verfahren, Skalogrammverfahren, → projektive Verfahren. – *Beispiele für Einzeltests:* Akustischer Test, Bildenttäuschungstest, Personen-Zuordnungs-Test, Recognitiontest, → Satzergänzungstest, → thematischer Apperzeptionstest, Wortassoziationstest etc.

Psychophysiologie – interdisziplinäre Disziplin, die die Wechselwirkung zwischen psychischen und physischen Prozessen untersucht und in diesem Sinn von der Leib-Seele-Einheit ausgeht; psychische Prozesse sind demnach ohne physiologische Grundlage nicht denkbar.

Public Affairs (PA) – Public Relations (PR).

Pufferzeit – I. Personalwirtschaft: Zeitguthaben, das die selbstständige Entscheidung über den persönlichen Arbeitseinsatz im Rahmen der → Arbeitszeitflexibilisierung zulässt (→ Arbeitszeitkonto).

II. Produktionsplanung/Netzplantechnik: Puffer.

Punktbewertung → Arbeitsbewertung.

qualifizierte Gründung → Gründung einer AG mit Sacheinlagen (→ Sachgründung), Sachübernahmen oder gefährlichen Abreden (Gründerlohn, Sondervorteile). Die qualifizierte Gründung unterliegt einer bes. → Gründungsprüfung (§ 33 II AktG).

Qualifizierung – Oberbegriff für Maßnahmen zum Aufbau, Erhalt und Ausbau von Fähigkeiten und Fertigkeiten, die zur Bewältigung beruflicher Anforderungen notwendig sind. Qualifizierungen finden im Rahmen der betrieblichen → Sozialisation statt. – Die Frage, inwieweit als Folge hoher → Monotonie *Dequalifizierungsprozesse* ablaufen, ist in der empirischen Forschung strittig.

Qualifizierungsprozesse – extern (Seminare) oder intern (durch den Tätigkeitsvollzug selbst) vermittelte Lernprozesse zur Vermittlung von Fertigkeiten, kognitiven Fähigkeiten (Differenzierung der operativen Abbildsysteme im Rahmen der → Handlungsregulation) sowie zur Veränderung von Einstellungen und Werthaltungen der Person.

Qualitätsmanagement → Total Quality Management.

Qualitätsmanagementsystem – Die Basis für Qualitätsmanagementsysteme (QMS) bietet die internationale Normenfamilie DIN EN ISO 9000 ff. – *DIN EN ISO 9000:* Definitionen und Begriffe. – *DIN EN ISO 9001:* Forderung an das Qualitätsmanagementsysten. – *DIN EN ISO 9004:* Leitfaden zur Wirksamkeit und Wirtschaftlichkeit.

Qualitätsprämie – Die *Qualitätsprämie* ist eine Art des → Prämienlohns, welche zur Steigerung des qualitativen Produktionsergebnisses führen soll und die für höhere Aufmerksamkeit, bessere Sorgfalt etc. gewährt wird. *Voraussetzung* für die Prämie ist eine einwandfreie Messung der Qualität mithilfe einer Bezugsgröße, z.b. Senkung des Anteils der Minderqualität, des Anteils an Bruch und Ausschuss. Häufig Kombination mit → Mengenleistungsprämie.

Qualitätszirkel – *Quality Circle;* kleine Arbeitsgruppe von Mitarbeitern eines Unternehmens (i.d.R. drei bis 15) welche sich freiwillig zusammenfinden. Sie werden selbstgewählte Probleme und Schwachstellen aus ihrem Aufgabengebiet analysieren um Problemlösungen zu erarbeiten und Verbesserungsvorschläge zu verwirklichen. Die Projektgruppe überprüft dabei die erzielten Ergebnisse selbst. Der Qualitätszirkel trifft sich regelmäßig und ist weitestgehend hierarchielos; der Leiter übernimmt die Moderatorenfunktion. – *Ziel* ist die Verbesserung der Arbeitsbedingungen, qualitativen Arbeitsleistung eines Unternehmens, die Entwicklung von mehr Selbstwertgefühl und Sozialkompetenz der Mitarbeiter sowie die Verbesserung der gruppendynamischen Prozesse im Unternehmen. – Erfahrungen mit Qualitätszirkeln sind überwiegend positiv: im Bereich der messbaren Verbesserungen (betriebliches Vorschlagswesen, → Fluktuation, Anwesenheitsquote) sowie im nicht messbaren Bereich (→ Corporate Identity, zwischenmenschliche Beziehungen, Qualitätsbewusstsein, → Motivation).

Quality Circle → Qualitätszirkel.

Quantitätsprämie – Die Quantitätsprämie ist eine mengenabhängige Zusatzentlohnung, die i.d.R bei körperlich-manueller Arbeit vorkommt. Sie beeinflusst das Produktionsergebnis hinsichtlich Menge und Zeit (vgl. auch → Akkordlohn). Quantitätsprämien eignen sich nicht für qualitative Tätigkeiten, da hier häufig die genaue Messbarkeit fehlt.

R

Rahmenkonzept → strategisches Management.

Rahmenplanung → Unternehmensplanung.

Rangfolgeverfahren → Arbeitsbewertung.

Ranggliederung – Zerlegung von Aufgaben (→ Aufgabenanalyse) nach ihrem Rang in Entscheidung und Ausführung (Kosiol).

Rangreihenverfahren – 1. *Arbeitswissenschaft:* → Arbeitsbewertung. – 2. *Marktforschung:* Ranking.

Rangstufen – Ebenen einer → Hierarchie.

Ratenknappheit – 1. *Begriff:* Die Ratenknappheit ist eine Art der → ökologischen Knappheit (vgl. Müller-Wenk 1978, S. 37f). – 2. *Merkmale:* Die ökologische Ratenknappheit beschreibt die Situation, dass eine Schädigung des Gesamtsystems eintritt, wenn eine kritische Rate der Entnahme (z.B. Ressourcenverbrauch) bzw. der Aufnahme (z.B. Luftbelastung) überschritten wird. Die ökologische Ratenknappheit zeigt die Belastbarkeit der → Umweltfunktionen Vorsorgefunktion (Ressourcenentnahme) und Aufnahmefunktion (Belastung durch → Kondukte) auf. – 3. Abgrenzung: Neben der Ratenknappheit existiert, im Rahmen der → ökologischen Knappheit, die → Kumulativknappheit.

Rat für nachhaltige Entwicklung → Nachhaltigkeitsrat.

Rat von Sachverständigen für Umweltfragen – Der Rat von Sachverständigen für Umweltfragen (SRU) wurde im Jahr 1971 von der Bundesregierung eingerichtet. Er ist aus sieben Universitätsprofessoren zusammengesetzt. Diese werden von der Bundesregierung für vier Jahre benannt. – *Auftrag:* Begutachtung der Umweltsituation und der Umweltbedingungen der Bundesrepublik Deutschland. – Vgl. auch → Umweltgesetzgebung.

Reaktanz – Phänomen des Widerstands gegen wahrgenommenen Beeinflussungsdruck. Reaktanz tritt auf, wenn ein Individuum sich in seiner Meinungs- und Verhaltensfreiheit bedroht fühlt. Die Reaktanz wird um so intensiver, je größer der wahrgenommene Beeinflussungsdruck ist, je höher die erlebte Bedeutung der Erlebens- und Verhaltensweisen ist, die eingeschränkt werden und je weiter diese Einschränkung reicht. – In der Werbung kann Reaktanz bis zur völligen Ablehnung des angebotenen Produkts führen. Glaubwürdigkeit ist eine wesentliche Voraussetzung, um Reaktanz in der Werbung zu vermeiden.

Reaktion – I. Allgemein: Sammelbezeichnung für beobachtbares und nicht beobachtbares Verhalten eines Menschen aufgrund eines Stimulus (Käufer- und Konsumentenverhalten).

II. Werbung: Käufer- und Konsumentenverhalten. – *Messung* z.B. durch Hautwiderstandsmessung.

III. Preistheorie: oligopolistische Preisbildung, Reaktionsfunktion, Reaktionskoeffizient.

Reaktionszeit – *Psychologie:* auch *Latenzzeit;* Zeit vom Auftauchen eines Reizes bis zum Beginn der darauf folgenden Reaktion. Die Reaktionszeit ist verschieden nach Art der verlangten Reaktion, im Test z.B. auf Leuchtsignal Taster drücken (muskuläre Reaktion), einen von zwei Tastern drücken (Wahlreaktion), das gebotene Wort verstehen und aussprechen (sensorielle Reaktion), nur auf bestimmte Reize reagieren (Unterschiedsreaktion). Bei einfachsten Reaktionen (z.B. Taste drücken) beträgt die Reaktionszeit im Durchschnitt 0,2 Sekunden.

Realisationseinheit → organisatorische Einheit mit → Realisationskompetenz.

Realisationskompetenz → Kompetenz für die Vornahme von Handlungen zur faktischen Umsetzung vorangegangener Entscheidungen.

Reallohn – Indikator für die reale Kaufkraft des Nominallohns, also bereinigt um Preisniveausteigerungen. Ergibt sich als Verhältnis zwischen dem Nominallohn (in Geldeinheiten pro Stunde) und dem Preisindex (Geldeinheiten für einen Warenkorb) und stellt somit den Warenkorb dar, der in einer Stunde Arbeit verdient worden ist.

Real Time Strategic Change – Abk. *RTSC*, methodischer Consulting-Ansatz zum schnellen Wandel mit Großgruppen, wobei Veränderungen bereits während einer Konferenz stattfinden, auf der sie angekündigt und diskutiert werden. Der Ablauf der Konferenz folgt einem Drei-Phasen-Modell, wobei wiederum in jeder Phase verschiedene Methoden zum Einsatz kommen. Die drei Phasen lauten: (1) Aufrütteln: Chancen und Probleme erkennen; (2) Zieldefinition: gemeinsame Informationsbasis schaffen und Vision für die Zukunft entwickeln; (3) Wandel: Zusammenarbeit verbessern und erste Schritte tun. Der Moderator bzw. Unternehmensberater hat im Rahmen der Konferenz keine Expertenfunktion, er fungiert vielmehr als Lotse. RTSC hat sich in der → Organisationsberatung der letzten Jahre als ein Verfahren zur Leitung und Moderation von Großgruppen etabliert.

Rechnungslegung im internationalen Vergleich – Die Schwierigkeiten in der Vergleichbarkeit bzw. Interpretierbarkeit z.B. der Bilanzen aus unterschiedlichen Ländern beruhen auf länderspezifisch unterschiedlichen Rechtssystemen und den jeweiligen Usancen in der Handhabung, also in den Rechnungslegungspraktiken und kaufmännischen Gepflogenheiten. Dies hat zu verstärkten Anstrengungen hinsichtlich einer *internationalen Harmonisierung der Rechnungslegung* geführt (Vierte und Siebte EG-Richtlinie der Europäischen Kommission; Leitsätze der OECD für multinationale Unternehmen,

Rechnungslegungsgrundsätze des International Accounting Standards Board (IASB), welches die International Financial Reporting Standards erlässt.) – Der Prozess der Vereinheitlichung gestaltete sich anfänglich als schwierig, da der Rechnungslegung *unterschiedliche Philosophien* zugrunde liegen: Während im angelsächsischen Wirtschaftsraum für den bilanziellen Abschluss das Prinzip des „True and Fair View" den Leitgrundsatz abgibt, sind kontinentaleuropäische Rechnungslegungsgrundsätze ursprünglich eher dem Gläubigerschutz verbunden. – Vgl. auch → internationales Berichtssystem.

Recycling – 1. *Begriff:* a) *Rückführung von Produktions- und Konsumabfällen* (auch: Abwärme) in den Wirtschaftskreislauf. Innerbetrieblich Aufgabe der → Abfallwirtschaft. – b) *Materialkostenintensiver Wirtschaftsbereich,* der die Bereiche Recycling von Schrott und Recycling von nicht metallischen Altmaterialien und Reststoffen enthält. – 2. *Umweltwirkung:* Umweltschutz durch Verzicht auf Abbau natürlicher Ressourcen (→ Ressourcenschonung) mit Material- und Energiekostenminderung und Vermeiden der Rückstandsabgabe in die natürliche Umwelt mit Wegfall von Entsorgungskosten. – 3. *Voraussetzungen:* Zur Gewinnung von Sekundärstoffen aus Rückständen nach physischer Erfassung, Identifikation, Klassifikation, Kennzeichnung und Dokumentation (→ Stoffbilanz, Energiebilanz, → ökologische Buchhaltung) sind zumeist Aufbereitungsvorgänge erforderlich; Rückstandsvermittlung i.d.R. durch → Recyclingbörsen und Aufkaufhandel. – Rückfluss von Sekundärstoffen ist bes. hoch bei Altmetallen, -papier, -glas, -kunststoffen, -reifen. – 4. *Arten:* a) *Wiederverwendung:* Wiederholter Einsatz eines Rückstandes für den ursprünglichen Verwendungszweck (z.B. Mehrwegflaschen). – b) *Weiterverwendung:* Rückstandseinsatz für andere Zwecke (z.B. Granulat aus Altreifen zur Produktion von Bodenbelägen). – c) *Weiterverwertung:* Herstellung von Sekundärstoffen zum Wiedereinsatz in den

Produktionsprozess, dem sie entstammen (z.b. Altglas zur Herstellung von Behälterglas). – Recycling stofflicher Rückstände ist stets Rückführung von in Produktion oder Konsum eingesetzter Materie. Genutzte *Energie* lässt sich nicht nochmals nutzen; ungenutzt aus einem thermodynamischen System (z.b. Abhitze aus Industrieöfen) abfließende Energie kann dem System wieder zugeführt werden.

Recyclingbörse – überbetriebliche Einrichtung der Industrie- und Handelskammer (durch den Deutschen Industrie- und Handelskammertag (DIHK) organisiert) und des Verbandes der Chemischen Industrie (VCI) zur Vermittlung von Angebot an und Nachfrage nach Produktionsrückständen bzw. -abfällen. Europaweite Koordinierungsstelle, EDV-gerechter Ausbau.

REFA – seit 1924 Abk. für *Reichsausschuss für Arbeitszeitermittlung,* seit 1951 Verband für Arbeitsstudien-Refa e. V., seit 1977 → REFA-Verband für Arbeitsstudien, Betriebsorganisation und Unternehmensentwicklung e. V.

REFA-Lehre – 1. *Begriff:* Alle vom → REFA-Verband für Arbeitsstudien, Betriebsorganisation und Unternehmensentwicklung e. V. erarbeiteten Grundsätze und Verfahren. Die REFA-Lehre stützt sich auf die Erkenntnisse der Arbeitswissenschaft, bes. auf die Ergebnisse technisch-organisatorischer, soziologischer, psychologischer und ökonomischer Arbeitsforschung, und besteht im Wesentlichen aus anwendungsbezogenem Methodenwissen auf den Gebieten der Arbeits- und Betriebsorganisation. Systematische Zusammenfassung der REFA-Lehre in den sog. REFA-Methodenlehren. – 2. *Ziele:* sinnvoll gestaltete Arbeitsplätze und menschengerechte Arbeitsbedingungen sowie möglichst wirtschaftliche und humane Arbeitsabläufe zum Nutzen des Einzelnen wie auch des Unternehmens und damit letztlich zum Vorteil für die gesamte Volkswirtschaft.

REFA-Normalleistung – eine Bewegungsausführung, die dem Beobachter hinsichtlich der Einzelbewegungen, der Bewegungsfolge und ihrer Koordinierung bes. harmonisch, natürlich und ausgeglichen erscheint. Sie kann erfahrungsgemäß von jedem in erforderlichem Maß geeigneten, geübten und voll eingearbeiteten Arbeiter auf die Dauer und im Mittel der Schichtzeit erbracht werden, sofern er die für persönliche Bedürfnisse und ggf. auch für Erholung vorgegebenen Zeiten einhält und die freie Entfaltung seiner Fähigkeiten nicht behindert wird. – Die REFA-Normalleistung ist eine Bezugsleistung (→ Systeme vorbestimmter Zeiten (SvZ), Durchschnittsleistung), die dazu dient, die → Sollzeit einer Arbeitsleistung zu bestimmen.

REFA-Verband für Arbeitsstudien, Betriebsorganisation und Unternehmensentwicklung e. V. – seit 1977 Bezeichnung des 1924 gegründeten Reichsausschuss für Arbeitszeitermittlung; seitdem mehrmals umbenannt. Technisch-wissenschaftlicher Verband mit gemeinnützigen Zielen; Sitz der Hauptgeschäftsführung in Darmstadt. – *Aufgabenbereich:* (1) Entwicklung praktikabler Methoden zur Verbesserung der Wirtschaftlichkeit und zur Humanisierung der Arbeit (→ REFA-Lehre); (2) Verbreitung der REFA-Lehre in Lehrveranstaltungen (REFA-Ausbildung); auf Tagungen und durch Herausgabe der REFA-Methodenlehren und weiterer Buchreihen sowie Fachzeitschriften; (3) Umsetzung der REFA-Lehre in Betrieben aller Wirtschaftszweige sowie der öffentlichen und privaten Verwaltung. – *Bedeutung:* Die REFA-Arbeit wird von Gewerkschaften und Arbeitgebern gleichermaßen anerkannt.

Referenz – 1. (geschäftliche) Empfehlung. – 2. Personen oder Institutionen, bei denen man eine Referenzauskunft einholen kann; Angabe von Referenzen bei Angeboten oder → Bewerbungen.

Regelung – I. Organisation: Schriftliche oder mündliche Feststellung des Ergebnisses einer Entscheidung, die dadurch institutionalisiert wird. Regelungen sind Normen, Befehle, Ge- und Verbote, Weisungen.

II. Kybernetik/Systemtheorie: Regelung liegt vor, wenn der vorgegebene Wert einer Größe fortlaufend durch Eingriffe, die aufgrund von Messungen dieser Größe initiiert werden, aufrechterhalten bzw. wiederhergestellt wird. – Im Gegensatz zur Steuerung, bei der dem System Ziel und Verhalten von außen vorgegeben werden, wird bei der Regelung dem System von außen nur das Ziel gesetzt, während es sein Verhalten selbst so einregulieren kann, dass das Ziel erreicht wird. Die Regelung basiert auf dem Prinzip des Feedback.

regionale Organisationsstruktur → Regionalorganisation.

Regionalgliederung – 1. *Begriff:* Im Rahmen der Organisation die → Spezialisierung nach regionalen Aspekten. – 2. *Charakterisierung:* Die Regionalgliederung führt je nach der betroffenen Hierarchieebene und je nach dem Aggregationsgrad des betrachteten Handlungskomplexes zu unterschiedlich breiter Kompetenz der organisatorischen Einheiten. Es kann sich eine → Regionalorganisation mit organisatorischen Teilbereichen z.B. für je einen absatzrelevanten Kontinent ergeben; diese Teilbereiche können selbst wiederum nach regionalen Gesichtspunkten, z.B. in Länderbereiche, und diese z.B. in Bereiche für unterschiedliche Bezirke untergliedert werden.

Regionalmanagementorganisation – 1. *Begriff:* Konzept einer → mehrdimensionalen Organisationsstruktur, bei dem eine gegebene Grundstruktur durch die organisatorische Verankerung von → Kompetenz für die aus den einzelnen (Beschaffungs- und Absatz-)Regionen einer Unternehmung resultierenden speziellen Aufgaben ergänzt wird. – 2. *Formen:* (1) Die Institutionalisierung des Regionalmanagements kann auf einen → organisatorischen Teilbereich beschränkt oder teilbereichsübergreifend angelegt sein; (2) die Institutionalisierung kann in Form von Kernbereichen (Kernbereichs-Regionalmanagement), → Richtlinienbereichen (Richtlinien-Regionalmanagement), Matrixbereichen (Matrix-Regionalmanagement; → Matrixorganisation), → Servicebereichen (Service-Regionalmanagement) oder → Stäben (Stabs-Regionalmanagement) erfolgen. – 3. Bei der *Auswahl* einer sich hieraus ergebenden Gestaltungsalternativen sind die angestrebte Reichweite für die Berücksichtigung der Regionalmanagement-Perspektive im arbeitsteiligen Entscheidungsprozess der Unternehmung und die spezifischen Vor- und Nachteile der alternativen Bereichsformen abzuwägen.

Regionalorganisation – *regionale Organisationsstruktur.* 1. *Begriff:* Organisationsmodell (→ Organisationsstruktur), bei dem die Kompetenzen aufgrund marktorientierter → Spezialisierung nach Regionen gebildet werden. – 2. *Charakterisierung:* Bei reiner Regionalorganisation entstehen auf der zweiten Hierarchieebene → organisatorische Teilbereiche, in denen jeweils die Kompetenzen für eine Marktregion umfassend, d.h. bez. sämtlicher → Funktionen und Produkte der Unternehmung zusammengefasst sind. – Vgl. Abbildung „Regionalorganisation – Grundmodell". Die Regionalbereiche können als Profitcenter geführt werden.

Regionalorganisation – Grundmodell

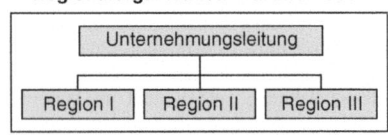

3. *Beurteilung:* a) → Ressourcennutzung: Die Regionalorganisation führt noch eher als die → Spartenorganisation im Vergleich zur → Funktionalorganisation in der Tendenz zu einer schlechteren Nutzung von produkt- und/oder funktionsbezogenen Synergien, da die Ausstattung sämtlicher Regionalbereiche mit den für ihre Aktivitäten erforderlichen Ressourcen häufig zu aufwendig ist im

Verhältnis zu Ressourcenauslastung und Nutzung von Vorteilen der → Spezialisierung und Größendegression anderer Organisationsformen. – b) *Interdependenzprofil* (→ Interdependenzen): Im Fall der reinen Regionalorganisation fehlen im (theoretischen) Grenzfall überschneidungsfreier Marktdefinitionen zwischen den Regionalbereichen Interdependenzen aufgrund innerbetrieblicher Leistungsverflechtungen und Marktinterdependenzen; die Koordinationsanforderungen sind entsprechend niedrig. – c) Die *Dispositionsfähigkeit* der Regionalorganisation ist somit positiv einzuschätzen. – 4. *Modifikation:* In der Praxis wird die reine Regionalorganisation wegen ihrer Nachteile regelmäßig modifiziert v.a. in Richtung einer → mehrdimensionalen Organisationsstruktur. Dabei sollen namentlich funktionale Zentralbereiche (z.B. Werke) eine bessere Ausnutzung der Ressourcen sicherstellen; mit den internen Interdependenzen wächst jedoch auch der Koordinationsbedarf.

regiozentrisch – mögliche → strategische Grundhaltung international tätiger Unternehmungen gegenüber dem Ausland bzw. ihren → Auslandstochtergesellschaften. Bei der regiozentrischen Orientierung wird auf die zunehmende Regionalisierung der Weltwirtschaft Bezug genommen (z.B. die EU). Im Zentrum der Betrachtung stehen Ländergruppen bzw. Regionen, die sich durch interne Homogenität, z.B. ein ähnliches Kaufkraftniveau oder eine vergleichbare Konsumentenstruktur, auszeichnen. Hier werden Elemente der → polyzentrischen und der → geozentrischen Orientierung zusammengeführt. – Vgl. auch → EPRG-Modell, → ethnozentrisch, → geozentrisch, → polyzentrisch.

Regression – 1. *Finanzwissenschaft:* Steuerregression. – 2. *Kostenrechnung:* regressive Kosten.

Reihenuntersuchung – planmäßige ärztliche Untersuchung bestimmter Gruppen, z.B. von Jugendlichen, Angehörigen polizeilicher oder militärischer Verbände, Belegschaftsmitgliedern bestimmter Industrie- oder Handelszweige (z.B. Betreiber von kerntechnischen Anlagen, Nahrungsmittelbetriebe) zur Überprüfung ihres Gesundheitszustandes oder zur Feststellung etwa vorhandener spezieller Strahlenbelastungen und Infektionen (Typhus, TBC, Geschlechtskrankheiten etc.). – *Reihenuntersuchungen erfolgen:* (1) im Rahmen des öffentlichen Gesundheitsdienstes, vielfach aufgrund gesetzlicher oder polizeilicher Vorschriften; (2) im Rahmen des werkärztlichen Dienstes der Betriebe.

Reihung von Plänen → rollende Planung, → Blockplanung.

Reiz – in der → Psychologie häufig auch als Stimulus bezeichnet. Es handelt sich um Umweltkonstellationen, die potenziell auf das Erleben und Verhalten einwirken können, wobei nur jene wirken, die durch die Sinnesorgane aufgenommen werden. Die durch den Reiz bewirkte Erlebens- oder Verhaltensweise wird als → Reaktion bezeichnet. Reiz-Reaktionsverbindungen können angeboren oder erlernt sein.

Reliabilität – 1. *Begriff:* Ein Gütekriterium; wird berücksichtigt bei der Messung theoretischer Konstrukte (z.B. Motivation, Einstellung, Preisbereitschaft). Die Reliabilität einer Messmethode gibt an, inwieweit Messergebnisse, die unter gleichen Bedingungen mit identischen Messverfahren erzielt werden (z.B. bei Wiederholungsmessungen), übereinstimmen. Sie wird häufig als Korrelation zwischen zwei Messreihen berechnet. – 2. *Methoden zur Messung:* a) *Test-Retest-Reliabilität:* Korreliert werden die Einstellungen einer Gruppe, die mit der gleichen Methode zu verschiedenen Zeitpunkten gemessen werden. – b) *Äquivalente Messungen:* Korreliert werden die Einstellungen einer Gruppe, die mit verschiedenen, aber als äquivalent angenommenen Methoden gemessen werden. – c) *Parallele Messungen:* Die Einstellung einer Gruppe wird zweimal mit jeweils verschiedenen Items gemessen. – Vgl. auch → Testgütekriterien.

Reorganisation → Change Management. Teilgebiet der → Organisationsgestaltung. – 1. *Begriff:* Änderung einer bestehenden → Organisationsstruktur. Anlässe für Reorganisation bilden u.a. Verschiebungen in der Umwelt oder im Produktionsprogramm einer Unternehmung, personelle Veränderungen durch Eintritt oder Ausscheiden (wichtiger) Handlungsträger (→ organisation ad personam). – 2. *Phasen des Reorganisationsprozesses:* (1) Erkennen eines Organisationsproblems und die Erteilung eines entsprechenden Organisationsauftrags, (2) problemadäquate Konzeption des organisatorischen Gestaltungsprozesses, (3) Erhebung des Ist-Zustandes, (4) Generierung und Bewertung organisatorischer Alternativen mit der anschließenden Festlegung der zukünftigen Organisation (instrumentaler → Organisationsbegriff) und (5) Einführung der (eventuellen) organisatorischen Neuerungen. – Unterstützt wird der Reorganisationsprozess durch → Organisationsmethodik.

Repatriierung – I. Auslandseinsatz: Endphase des → Auslandseinsatzes, die sich auf die Rückkehr und Wiedereingliederung des Entsandten in die vormals entsendende Einheit des internationalen Unternehmens bezieht. In dieser Phase treten in Abhängigkeit von Dauer der Entsendung, Anzahl der Auslandseinsätze, Intensität des Stammhauskontaktes während des Auslandsaufenthaltes und der Größe der Heimatlandorganisation vielfach sowohl berufliche als auch private Probleme auf. Im beruflichen Bereich können sich ausgebliebene Karrieresprünge, die Einschränkung des Entscheidungsspielraumes oder etwa Lücken im Fachwissen als Probleme erweisen. Im privaten Bereich können Kulturschocks (→ interkulturelles Management) oder Prestigeverluste zu Problemen führen. Ferner gestaltet sich die Auswertung des durch den Entsandten gesammelten Wissens oftmals als schwierig.

II. Außenwirtschaft: Rückführung des Einkommens von im Ausland tätigen Produktionsfaktoren (Arbeitnehmer, Kapital) in das Land der Faktoreigner. – *Arten:* Grenzgängereinkommen sind Bestandteil des Bruttoinlandsprodukts (BIP) des Landes, in dem die Produktion stattfindet. Es ist aber Bestandteil des Bruttonationaleinkommens (BNE) des Wohnsitzlandes der Grenzgänger. Repatriierung findet auch statt, wenn die im Land A befindliche Produktionsstätte an ihre Muttergesellschaft (→ internationale Unternehmung) mit Sitz im Land B *Gewinne* abführt. Auch die *Zinseinkommen* von internationalen Portfolioinvestitionen stellen repatriierte Einkommen dar. Diese Repatriierungen finden im Rahmen der Zahlungsbilanz ihren Niederschlag in der Dienstleistungsbilanz. Das Einkommen von Gastarbeitern mit Wohnsitz im Inland zählt zum Bruttoinlandsprodukt und zum Bruttonationaleinkommen. Überweisungen von Gastarbeitern in ihr Heimatland werden im Rahmen der Zahlungsbilanz in der Bilanz der *laufenden Übertragungen* verbucht.

Repräsentanz → internationale Repräsentanz.

Reputationsmanagement – 1. *Begriff:* Das Reputationsmanagement umfasst Planung, Aufbau, Pflege, Steuerung und Kontrolle des Rufs einer Organisation gegenüber allen relevanten Stakeholdern. – 2. *Ziel:* Die Reputation bezeichnet den Ruf eines Unternehmens, der sich aus gruppenbezogenen Wahrnehmungs- und Interpretationsvorgängen ergibt. Er kennzeichnet den Informationsstand Dritter, für wie vertrauenswürdig sie eine Organisation halten. Vertrauen als zentrale Komponente des Rufs macht Reputation zu einer subjektiv und kollektiv bewerteten Größe, die die Qualität der Bekanntheit der Organisation innerhalb einer Stakeholdergruppe angibt. Eine „gute Reputation" kann daher als gruppenbezogene, hoch flüchtige Momentaufnahme von Zielgruppen verstanden werden, bei der normativ betrachtet das geplante

Soll-Image (Fremdbild) mit dem gemessenen Ist-Image übereinstimmt. – 3. *Aspekte:* Vertrauen gilt als erfolgskritische Größen, da es als sog. weicher Faktor die Erreichung von Erfolgszielen z.b. bei Vertragsabschlüssen beeinflusst. Da Reputation gruppenabhängig ist, geht das individuelle Vertrauen in eine personenübergreifende Kontextgröße von Organisationen über, die sich in Teilöffentlichkeiten wie z.b. Stakeholdergruppen herausbildet. Unterscheidet man hierbei Vertrauenswürdigkeit und -bereitschaft, so kennzeichnet im Ideal ein guter Ruf den Tausch von Reputation gegen Vertrauen, der Unsicherheit und damit verbundene Transaktionskosten von Organisationen und ihren Zielgruppen senkt. Werden solche Kosten für maßgeblich erachtet, so wird Reputationsmanagement zu einem Kontroll- und Steuerungsmechanismus von Unternehmen gegenüber ihren Stakeholdergruppen. – 4. *Instrumente und Einordnung:* Da Reputation nicht nur von Kommunikation, sondern v.a. vom beobachteten Organisationsverhalten abhängt, betont das Reputationsmanagement die Notwendigkeit, Handlung und Kommunikation von Unternehmen aufeinander abzustimmen, sodass Reputationsmanagement den Anspruch der integrierten Kommunikation ausdrückt und ein Teil der → Unternehmenskommunikation ist.

resignative Arbeitszufriedenheit – Konstrukt, das im Rahmen der Arbeitszufriedenheitstheorie (→ Arbeitszufriedenheit) von Bruggemann die Aussage beinhaltet, dass eine Person ihr → Anspruchsniveau in Bezug auf die erlebte Situation am Arbeitsplatz absenkt, um auf diese Weise eine erlebte Soll-Ist-Differenz zu reduzieren. Das Konstrukt erklärt, warum viele Arbeitnehmer sich als zufrieden bezeichnen, obwohl Experten ihre Arbeitssituation negativ bewerten. Die resignative Arbeitszufriedenheit ist eine empirisch bes. häufig anzutreffende Form der Arbeitszufriedenheit.

Resilienz – Unternehmerische Resilienz ist die Eigenschaft eines Unternehmens, externe Schocks oder Verwerfungen der sozialen, wirtschaftlichen oder politischen Rahmenbedingungen auszuhalten und sich an die neuen Bedingungen anzupassen. – *Resilienz eines Ökosystems:* Fähigkeit, trotz Einwirkungen von außen, die Stabilität des Systems zu gewährleisten. – Für Unternehmen bedeutet Resilienz gegenüber dem Klimawandel die Fähigkeit, trotz Extremwetterereignissen und veränderten durchschnittlichen Klimabedingungen langfristig am Markt zu bestehen.

Ressort – I. Verwaltungsrecht: 1. *Geschäftskreis einer Behörde* im Verhältnis zum Geschäftskreis einer anderen Behörde der gleichen Ordnung. Behörden dürfen nur innerhalb ihres Ressorts tätig werden, ein von einem nicht zuständigen Ressort erlassener Verwaltungsakt ist nichtig (z.B. eine Anordnung des Finanzministeriums, für die sachlich das Wirtschaftsministerium zuständig wäre). – 2. Ressort *innerhalb einer Behörde* entsprechend den verschiedenartigen Verwaltungsaufgaben. – II. **Organisation:** Im Rahmen der ressortgebundenen Unternehmensführung (→ Organisation der Unternehmungsleitung) ein → organisatorischer Teilbereich, der von einem Mitglied der Unternehmungsleitung geführt wird.

ressortgebundene Unternehmungsführung → Organisation der Unternehmungsleitung.

Ressortkollegialität – Form der Arbeitsteilung innerhalb einer multipersonalen → organisatorischen Einheit, bei der den einzelnen Mitgliedern → Entscheidungskompetenzen für jeweils bestimmte Entscheidungsbereiche (→ Ressorts) übertragen werden, aber bereichsübergreifende Fragen der gemeinsamen Entscheidung sämtlicher Mitglieder vorbehalten bleiben. Die Anwendung des Prinzips der Ressortkollegialität an der Spitze der Hierarchie führt zur ressortgebundenen

Unternehmungsführung (→ Organisation der Unternehmungsleitung).

ressortlose Unternehmungsführung → Organisation der Unternehmungsleitung.

Ressource – I. Volkswirtschaftslehre: Bezeichnung für Produktionsfaktoren (Arbeit, Kapital, Boden) bzw. natürlich vorkommende Rohstoffe und Boden(-schätze). – *Information als Ressource:* Informationsproduktion, Informationsmärkte, Rechte an Informationen.

II. Produktion: 1. *I.w.S.:* Mittel, die in die Produktion von Gütern und Dienstleistungen eingehen. – 2. *I.e.S.:* natürliche Ressourcen.

Ressourcenkostenrechnung – 1. *Begriff:* Die Ressourcenkostenrechnung ist eine Methode, die sich an dem Betriebsabrechnungsbogen der traditionelle Kostenrechnung anlehnt und ihn um Stoff- und Energieflüsse erweitert. Der Methode liegt das Prinzip der Ressourceneffizienz zugrunde. – 2. *Entwicklung:* Die Ressourcenkostenrechnung wurde Anfang der 2000er-Jahre durch die Effizienzagentur NRW entwickelt. – 3. *Geltungsbereich und Systemgrenze:* Die Methode kann weltweit mit der Systemgrenze „Cradle-to-Gate" (→ Cradle-to-Cradle) angewendet werden. – 4. *Bewertungsobjekt und Bewertungsgröße:* Mit der Ressourcenkostenrechnung können Prozesse im Unternehmen, die über eine schwach ausgeprägte Kostenrechnung verfügen, hinsichtlich ihrer umweltrelevanten Stoff- und Energieströme bewertet werden. – 5. *Ziel und Annahmen:* Die Ressourcenkostenrechnung berücksichtigt → Umweltaspekte im klassischen Entscheidungsprozess. Voraussetzung dafür ist, dass im Unternehmen die klassische Sichtweise des Rechnungswesens ausgeprägt ist und im Betriebsabrechnungsbogen dargestellt wird. – 6. *Vorgehensweise:* 1) klassischer Betriebsabrechnungsbogen, 2) Erfassung alle Materialien, die in eine Kostenstelle eingehen. 3) Die Materialströme (Einsatz und Kondukte) werden zu den in der Kostenstelle erstellten Produkten, Zwischenprodukten und

Halbfertigerzeugnissen zugeordnet. 4) Materialströme und Energieverbrauchsmengen werden prozessbasiert erfasst. 5) Materialströme und Energieverbrauchsmengen werden mit prozentualer Verrechnung der beanspruchten Fertigungsgesamtkosten prozessbasiert erfasst. 6) Materialströme und Energieverbrauchsmengen werden mit prozessbezogener Verrechnung der beanspruchten Fertigungskosten prozessbasiert erfasst. – 7. *Ergebnis:* Die Mengen- und Wertgrößen können separat ausgewiesen werden. – 8. *Kritische Würdigung:* Als positive Aspekte der Ressourcenkostenrechnung sind die geringen Anforderungen an das Rechnungswesen und die hohe Akzeptanz bei den Controllern anzumerken. Für große Unternehmen mit einer ausgeprägten und differenzierten Kostenrechnung ist die Methode jedoch weniger geeignet.

Ressourcennutzung – das durch die Organisation beeinflusste Ausmaß der Ausnutzung vorhandener → Ressourcen einer Unternehmung. Zielkriterium für die Beurteilung der → organisatorischen Effizienz.

Ressourcenplanung → Unternehmensplanung.

Ressourcenschonung – beim Input von Produktion/Konsum ansetzende umweltpolitische Konzeption (Umweltpolitik), gerichtet auf Sparen, vollständige Einsatzvermeidung und Substitution bei → ökologischer Knappheit sowie bei umweltschädlichen Einsatzstoffen und -energien.

Restrukturierung – Sanierung.

Reststoffkostenrechnung – 1. *Begriff:* Die Reststoffkostenrechnung bewertet → Kondukte, die im Wertschöpfungsprozess anfallenden. – 2. *Entstehung:* Die Bezeichnung Reststoffkostenrechnung geht auf Fichter/ Loew/ Seidel (1997) zurück. Bei der Methode werden die Kosten für → Rohstoffe, Materialbearbeitung, Transport etc. nicht nur auf die Produkte, sondern auch auf die Reststoffe verteilt. – 3. *Geltungsbereich und Systemgrenze:* Die Methode der Reststoffkostenrechnung kann weltweit mit der Systemgrenze „Cradle-to-Gate" (s. → Cradle-to-Cradle) angewendet werden. – 4. *Bewertungsobjekt und Bewertungsgröße*: Mit der Reststoffkostenrechnung können Unternehmen hinsichtlich ihrer Stoff- und Energieflüsse, die in die „Produktion" von Reststoffen eingehen, bewertet werden. – 5. *Ziel und Annahmen*: Das Ziel der Reststoffkostenrechnung ist die transparente Darstellung der Reststoffe als direkt beeinflussbare Stellgrößen bez. Kostensenkungs- und Umweltentlastungspotentialen für das Unternehmen. Es liegt jedoch die Annahme zugrunde, dass nicht wertschöpfende Reststoffe dreifache Kosten verursachen: beim Einkauf, beim Produktionsprozess und bei der Entsorgung. – 6. *Vorgehensweise*: (1) Reststoffmengenberechnung, (2) Reststoffkostenbestimmung, (3) Abgrenzung der Reststoffkosten von den übrigen Kosten, (4) Zuordnung der Reststoffkosten auf die kostentreibenden Reststoffe sowie auf die in sie eingehenden Einsatzmaterialien, (5) Anwendung der Rechnungsergebnisse bei der betrieblichen Zielentwicklung, Planung, Steuerung und Kontrolle. – 7. *Ergebnis*: Durch die Reststoffkostenrechnung wird eine verursachungsgerechte Zuteilung und Transparenz der Reststoffe und Reststoffkosten bewirkt. – 8. *Kritische Würdigung*: Die Methode fördert die Transparenz von betrieblichen Abläufen und kann bei der Aufdeckung von potenziellen ökonomischen und ökologischen Schwachstellen helfen. Die Zuordnung der Reststoffkosten auf Kostenträger und Kostenstellen mittels der erfassten Stoff- und Energieflüsse ist verursachungsgerecht. Außerdem unterstützt die Methode den kontinuierlichen Verbesserungsprozess und liefert ergänzende Informationen für die Produktentwicklung und die Investitionsrechnung. Negativ ist einzig der zusätzliche Erfassungsaufwand anzumerken.

retrograde Planung → Unternehmensplanung.

Return on Consulting – Abk. *ROC*. 1. *Begriff*: ROC bezeichnet die Wertschöpfung, d.h. den messbaren wirtschaftlichen Ertrag eines Consulting-Projektes bzw. des → Beraternutzens. Er resultiert generell aus der wirkungsvollen Kombination interner und externer Kompetenzen. Vier Faktoren tragen zum Projekterfolg bei: (1) Klarheit über Ziel und Fokus des Projekts; (2) Ausschöpfung interner und externer Ressourcen zur Generierung neuer Erkenntnisse; (3) Erreichung konkreter Konzepte zur realen Umsetzung; (4) Entschlossenheit und Kompetenz zur Implementierung. – 2. *Anwendung*: Die Berechnung des ROC erfolgt auf Basis des bewerteten Nutzens aus der Durchführung eines Beratungsprojektes, der zu den Kosten des Beratungsprojektes in Beziehung gesetzt wird. Diese Beziehung kann als Differenz in absoluten Größen oder als Prozentangabe dargestellt werden. Beispiele für einen erzielten finanziellen Nutzen sind dabei einmalige oder regelmäßige Kosteneinsparungen für das Unternehmen, zusätzliche Margen aus erzieltem Umsatzwachstum oder höhere Gewinne durch schnellere Einführung neuer Produkte. Auf der Kostenseite müssen neben den direkten Beraterkosten auch entstandene Sachkosten und interne Personalkosten oder eventuelle Opportunitätskosten in der Rechnung angesetzt werden (Projektbudget). – 3. *Bedeutung*: Als Kennzahl zur Analyse der Rentabilität kann der ROC als Entscheidungsparameter bez. neuer Projekte dienen. Idealerweise wird der abschätzbare ROC bereits vor Projektübernahme berechnet. Dies ist insbesondere dann aufschlussreich, wenn zwischen verschiedenen alternativen Projekten entschieden werden muss (Multiprojektmanagement). Entspricht der erzielte ROC nicht dem vorausberechneten, müssen die Ursachen für die Abweichungen analysiert werden. Zur Abschätzung des durch ein umfangreiches Beratungsprojekt erzielbaren ROC kann es ratsam sein, ein Pilotprojekt voranzustellen. – 4. *Rolle des Beraters*: Beratungsprojekte, bes. solche mit einem hohen Komplexitätsgrad (z.B. Strategieentwicklung, Restrukturierung, Post-Merger-Integration) können nur in enger Zusammenarbeit von Berater und Klienten, zumeist durch die Einsetzung gemeinsamer Arbeitsteams, bewältigt werden. Die Wertschöpfung des Beraters besteht in der Einbringung von Erfolgskomponenten, über die der Klient im eigenen Unternehmen nicht verfügt und die er nur schwer beschaffen kann (Menschen, Erfahrungen, bes. Kompetenzen). Zu den bes. Kompetenzen des Beraters sind zu zählen: Fähigkeit zu innovativen Denkanstößen, Herausforderung zu radikalem Denken, Erzeugung von Veränderungsbereitschaft und Beherrschung des Projektmanagements.

Rezyklierung → Recycling.

Richtlinienbereich → Zentralbereich, der Rahmenentscheidungen für die Erfüllung bestimmter Funktionen in operativen Teilbereichen trifft.

Richtzeit → Sollzeit.

Risikoaufklärung → strategische Frühaufklärung, → operative Frühwarnung.

risikobewusste Kontrolle – Risikomanagement.

risikobewusste Planung – Risikomanagement.

risikobewusste Steuerung – Risikomanagement.

risikobewusste Unternehmensführung – Risikomanagement.

Risikokommunikation – 1. *Begriff:* Die Risikokommunikation hat als Managementdisziplin die Aufgabe, das Ausmaß (Risiken identifizieren und benennen) und die Relevanz der Risiken unternehmerischen Handelns zielgruppengerecht zu kommunizieren (Gefahren aufzeigen) und den angemessenen Umgang mit solchen Risiken zu unterstützen. – 2. *Ziel:* Das Ziel der Risikokommunikation ist, zum Aufbau von Vertrauenspositionen und damit zur Reputation beizutragen, indem Unternehmen ihren Umgang mit

technischen, gesundheitlichen, ökologischen, politischen, finanziellen und anderen Risiken (und Chancen) ihrer Leistungsprozesse transparent machen. – 3. *Aspekte:* Dabei bleibt abzuwägen, wie der aktive Umgang mit solchen Risiken/Chancen erst zur Verunsicherung von Bezugsgruppen führt oder diese Verunsicherung reduziert. Der Risikobegriff enthält aus Handlungs- oder Entscheidungssicht ein unternehmerisches Wagnis, das mit dem Stakeholder-Ansatz auch gesellschaftliche Dimensionen beinhalten kann. Da Risiken subjektive und damit interpretationsabhängige Komponenten enthalten, lassen sich keine Standards für die aktive Kommunikation unternehmerischer Risiken formulieren, um durch Risiken hervorgerufene Stakeholder-Ansprüche zu vermeiden oder zu verhindern, die die unternehmerische Zielerreichung hemmen oder verhindern können. Die Bestimmung der kritischen Grenze, wann Kommunikation von Risiken ihre Akzeptanz erhöht oder Widerstände von Stakeholdern erst hervorruft, ist paradoxerweise ein Risiko für sich. – 4. *Instrumente und Einordnung:* Die Risikokommunikation lässt sich als der Teil des Risikomanagements einordnen, der sich auf den Umgang mit weichen Faktoren (siehe → harte und weiche Faktoren) wie Ängsten und Widerständen ausrichtet. Damit reicht die Risikokommunikation als unternehmerische Tätigkeit in alle unternehmerischen Prozesse hinein, die den Umgang mit Wagnissen beinhalten. Diese umfasst die Corporate Governance mit der Weiterentwicklung des Ordnungsrahmens eines Unternehmens und den hier verorteten Regeln im Umgang mit Wagnissen genauso wie die Formulierung von Verbraucherrisiken auf Produktpackungen. Sie führt bis zu der Medienarbeit anlässlich eines Betriebsunfalls in der Produktion als Teil der → Krisenkommunikation und reicht bis zu der Prägung der → Unternehmenskultur als Risiko- und Fehlerkultur. Nicht berücksichtigt ist bei dieser Kennzeichnung die Risikokommunikation als Teil des politischen Prozesses einer Risikogesellschaft, die die demokratische Meinungsbildung im Umgang mit gesellschaftlichen Risiken wie in der Energieversorgung oder gesundheitlichen Risiken von (Nicht-)Rauchern mit dieser Kommunikationsform begleitet.

Risikomatrix – Die Risikomatrix ist ein Instrument zur Risikokommunikation. Risiken werden nach ihrem potenziellen Schaden und dessen Eintrittswahrscheinlichkeit unterteilt. Diese Wahrscheinlichkeit kann sowohl auf Grundlage vergangenheitsbasierter Daten als auch auf Basis subjektiver Schätzungen beruhen.

Risikoschub – Tendenz einer Gruppe, gemeinsam ein höheres Risiko einzugehen als das vergleichsweise für einzeln entscheidende Personen gilt. Risikoschub wird als Sonderfall von in Gruppenprozessen auftretenden Meinungsextremisierungen interpretiert und/ oder durch Verantwortungsdiffusion erklärt.

Risk Management – Risikomanagement.

Riskmanagementorganisation → Funktionsmanagementorganisation.

Roadmapping – kreatives Analyseverfahren, mit dem die Entwicklungspfade von Produkten, Dienstleistungen und Technologien in die Zukunft hinein analysiert, prognostiziert und visualisiert werden. Das Roadmapping zielt auf eine systematisierte Erfassung und Bündelung von Expertenwissen, wobei durch die Abstimmung divergierender Meinungen und Erwartungen in gruppendynamischen Prozessen die zukünftigen Entwicklungen in einem Handlungsfeld vorhergesagt und bewertet werden. Das Roadmapping ist in seinem Vorgehen der → Delphi-Technik verwandt, zeichnet sich jedoch durch einen ausgeprägteren Anwendungsbezug und einen kürzeren Prognosehorizont aus. Es soll die Ableitung konkreter Handlungsoptionen in einem unternehmensspezifischen Handlungsfeld ermöglichen. Das Roadmapping besteht aus der eigentlichen Roadmap als Mittel der Visualisierung und dem Prozess der Roadmap-Generierung. Zur Erstellung einer Roadmap ist ein Vorgehen in fünf Schritten

üblich: (1) Ermittlung der Betrachtungsobjekte und Abgrenzung des Handlungsfeldes, (2) Bedarfsanalyse und -prognose sowie parallel dazu (3) die Potenzialanalyse und -prognose, (4) Erstellung der Roadmap, (5) Vollständigkeits- und Konsistenzanalyse.

Rohstoffe – I. Volkswirtschaftslehre: Unbearbeitete Grundstoffe, die durch Primärproduktion (Urproduktion) gewonnen werden. In der Havanna-Charta (Bretton-Woods-System, ITO) etwas weiter gefasste volkswirtschaftliche Definition über „Grundstoffe": „Jedes Erzeugnis der Landwirtschaft, der Forstwirtschaft oder der Fischerei und jedes Mineral, einerlei, ob dieses Erzeugnis sich in seiner natürlichen Form befindet oder ob es eine Veränderung erfahren hat, die i.Allg. für den Verkauf in bedeutenden Mengen auf dem internationalen Markt notwendig ist."

II. Betriebswirtschaftslehre: Grundstoffe, die im Produktionsprozess in das Erzeugnis eingehen. Rohstoffe bilden den stofflichen Hauptbestandteil der Erzeugnisse. – Vgl. auch → Rohstoffwirtschaft.

Rohstoffwirtschaft – 1. *Begriff*: Beschreibung, Erklärung, Prognose und Gestaltung wirtschaftlicher Zusammenhänge und Entwicklungen auf dem Rohstoffsektor. Rohstoffwirtschaft erstreckt sich von der Suche über die Gewinnung bis zur Verarbeitung der → Rohstoffe und hat volks- und betriebswirtschaftliche Bezüge. Im Rahmen der betrieblichen Funktionen Beschaffung und Absatz werden die Beziehungen zwischen Rohstoffproduzent und Rohstoffverwender bzw. -verbraucher und evtl. nötigen Institutionen (z.B. Börsen) behandelt. – 2. *Besonderheiten*: Resultieren aus den bes. sich z.T. häufig ändernden Gegebenheiten der Rohstoffe: a) *Vorkommen* mineralischer Rohstoffe ist vollständig, organischer Rohstoffe teilweise ortsgebunden. – b) *Entfernung* der Rohstoffvorkommen oft weit von den Verbrauchermärkten; daher hohe Transportkosten, die wesentlichen Preisbestandteil der Rohstoffe sind. – c) *Beeinflussbarkeit* von Qualität und Verfügbarkeit der

Rohstoffe nur teilweise und nur durch vergleichsweise langwierige Aktionen. – d) *Begrenztes Vorkommen* mineralischer Rohstoffe; sie unterliegen dem Substanzverzehr. – e) *Großanlagen* für Rohstoffgewinnung, -bearbeitung und -verarbeitung erfordern hohe und langfristige Kapitalbindung. – f) *Prognosen* bez. des Rohstoffmarktes mit großen Unsicherheiten; daher häufiger Wechsel von Überschuss- und Mangellagen; folglich Preisschwankungen bzw. -risiken. – g) Die Volkswirtschaften mit *großen Rohstoffvorkommen* sind in ihrer Existenz abhängig von möglichst regelmäßigem Absatz (Monokulturen). Rohstoffwarenverkehr wird oft durch politische Maßnahmen sowohl von den verbrauchenden Staaten als auch von den rohstoffbesitzenden Staaten beeinflusst, um wirtschaftliche und politische Ziele zu erreichen (Rohstoffabkommen).

Rolle – Begriff aus der → Sozialpsychologie. Bündel von Verhaltenserwartungen, die an eine soziale Position gerichtet werden.

rollende Planung – 1. *Begriff:* Verfahren zur systematischen Aktualisierung und Konkretisierung der Pläne durch Fortschreibung. – 2. *Merkmale:* Basis ist meist eine Unterteilung des langfristigen Plans in Jahresabschnitte (d.h. Planperiode t gleich ein Jahr), von denen der erste Abschnitt detailliert geplant wird, sodass er dem Kurzfristplan entspricht. Nach Ablauf des ersten Jahresabschnitts wird der Gesamtplan neu überarbeitet, wobei man den nächsten Jahresabschnitt (t + 1) detailliert plant. Die Revision der Periodenpläne erfolgt also nach *einer* Periode. – *Anders:* → Blockplanung. – Gibt es keine zeitliche Überlappung von Plänen gleicher und unterschiedlicher Fristigkeit, so spricht man vom *Prinzip der Reihung,* andernfalls vom *Prinzip der Staffelung.*

rollierende Arbeitszeitsysteme – Modell der → Arbeitszeitflexibilisierung, bei der die 5-Tage- und die 40-Stunden-Woche für den einzelnen beibehalten werden, durch rollierende Arbeitsplatzbesetzung von n Mitarbeitern an n+1 Arbeitsplätzen die Betriebszeit auf sechs Tage pro Arbeitswoche erweitert wird.

Rückstand – 1. *Begriff:* unerwünschte oder unvermeidbare Nebenwirkung von Produktion und Konsum. – 2. *Arten:* a) *Produktionsrückstände:* unerwünschte, naturgesetzlich unvermeidbare stoffliche und energetische Kuppelprodukte jeder Gütererzeugung, die neben dem beabsichtigten Produkten entstehen. (1) *Stoffliche Rückstände:* Bei Formgebung (z.B. Fräsen) bestehen die Rückstände aus Werk- oder Hilfsstoffsubstanz (z.B. Späne); bei chemischer Stoffumwandlung haben Rückstände andere chemische Beschaffenheit als die Einsatzstoffe. Auch beim Einsatz von Betriebsstoffen entstehen Rückstände (z.B. Kohlendioxid und Schwefeldioxid bei Verbrennung fossiler Energieträger). Ferner sind Rückstände ausgemusterte Bauwerke, Maschinen, Geräte, Werkzeuge etc. (2) *Energetische Rückstände:* Abwärme, Abstrahlung, Lärm, Erschütterung. – b) *Konsumrückstände:* Jeder Konsumvorgang verursacht durch Ingebrauchnahme, Gebrauch und Verbrauch von Gütern, Ausmustern von Gebrauchsgütern stoffliche Rückstände (z.B. Verpackungen, Abgase, Altkleider, Altautos); Konsum führt auch zu energetischen Rückständen. – Nicht in Wieder- oder Weiterverwendung gehende Rückstände sind → Abfall.

Rückwärtsintegration – Übernahme einer oder mehrerer Fertigungsstufe(n), die bisher von einem Zulieferer durchgeführt wurde(n). – *Gegensatz:* → Vorwärtsintegration. – Vgl. auch → Make or Buy.

Ruhezeit – I. Produktionsplanung: Teil der → Auftragszeit (T), die zusammengesetzt ist aus: (1) arbeitsablaufbedingter → Wartezeit, (2) störungsbedingten Unterbrechungen, (3) persönlich bedingten → Erholungszeiten und (4) persönlich bedingten Verteilzeiten.

II. Arbeitsrecht: Arbeitszeit.

Rüstzeit (t) – neben → Ausführungszeit (t_a) Teil der → Auftragszeit (T). Rüstzeit umfasst im Sinn des Arbeitsstudiums alle

→ Sollzeiten, die notwendig sind, um ein Arbeitssystem darauf vorzubereiten, einen Auftrag durchzuführen, ggf. noch zusätzliche Zeiten, um Arbeitssysteme nach Erledigung des Auftrags in den ursprünglichen Zustand zurückzuversetzen.

S

Sabbatical – 1. *Allgemein:* jüdischer Ruhe- und Feiertag, der siebte Tag der Woche (Samstag). – 2. *Arbeitszeitmodell:* Langzeiturlaub, Sonderurlaub (ggf. bis zu einem Jahr), der teilweise durch Ansparung von Urlaubsansprüchen möglich wird. Nutzung i.d.R. zu außerberuflichen Zwecken; ggf. auch zur Weiterbildung des Arbeitnehmers. – Es geht um das Ansparen von Zeiten, die der Arbeitnehmer für persönliche Bedürfnisse verwenden will. Den Arbeitnehmern soll teilweise ermöglicht werden, neue Erfahrungen zu sammeln, bspw. Fortbildungen zu besuchen, Fremdsprachenkenntnisse zu erwerben, und so die Selbstverwirklichung zu ermöglichen. – Ein Modell sieht unbezahlten Sonderurlaub für den Arbeitnehmer vor. Denkbar ist aber auch ein anderes Modell: Die Arbeitnehmer leisten eine Arbeitszeit von bspw. 40 Wochenstunden, davon werden allerdings nur 25 Wochenstunden vergütet, 15 Wochenstunden werden nicht vergütet und sind eine sog. Ansparzeit. Nach einem bestimmten Zeitraum haben die Mitarbeiter die Möglichkeit, die angesparte Zeit in Form eines Langzeiturlaubes zu verbringen, sie werden wie in der Vergangenheit vergütet und „verbrauchen" so die im Vorfeld angesparte Arbeitszeit, erhalten aber andererseits eine durchgehende Vergütung.

Sabbatjahr → Sabbatical.

Sachbilanz – 1. *Begriff:* Die Sachbilanz ist eine Stufe der Ökobilanzierung (→ Ökobilanz) nach DIN EN ISO 14040:2006. Sie umfasst die Zusammenstellung und Quantifizierung von Inputs und Outputs eines gegebenen Produktes im Verlauf seines Lebensweges (→ Lebenszyklus) (vgl. DIN EN ISO 14040:2006). – 2. *Datenerfassung:* Drei Verfahren zur Erfassung der Daten sind anwendbar: Messungen, Berechnungen oder Schätzungen. – Vgl. auch → Wirkungsabschätzung.

Sachgründung – 1. *Aktiengesellschaft:* Form der → Gründung einer AG, bei der Gründer als Eigenkapital anstelle von Geld Sacheinlagen (Maschinen, Grundstücke) einbringen. → Gründungsprüfung durch unabhängige Prüfer erforderlich zur Vermeidung von Überbewertung durch Einbringer (§ 33 AktG). In der Satzung sind die Person, welche den Gegenstand einbringt und die Art des Gegenstands sowie die dafür zu gewährenden Aktien festzuhalten (§ 27 I AktG). – *Gegensatz:* → Bargründung. – 2. *Gesellschaft mit beschränkter Haftung:* Die Gesellschafter haben einen Sachgründungsbericht zu erstellen und beim Übergang eines Unternehmens auf die Gesellschaft die Jahresergebnisse der beiden letzten Geschäftsjahre anzugeben (§ 5 IV GmbHG). Dies soll sicherstellen, dass der Wert der Sacheinlage dem Nennbetrag der dafür gewährten Anteile entspricht. Das mit der Eintragung befasste Gericht kann diese ablehnen, wenn Sacheinlagen nicht unwesentlich überbewertet worden sind (§ 9c I 2 GmbHG).

Sachlohn → Naturallohn.

Sachverständigenrat für Umweltfragen (SRU) – von der Bundesregierung am 28.12.1971 ins Leben gerufenes unabhängiges Expertengremium zur Begutachtung der Umweltsituation und der Umweltbedingungen in Deutschland. Der Sachverständigenrat für Umweltfragen erstellt alle zwei Jahre ein Gutachten, das der Bundesregierung zugeleitet und veröffentlicht wird. Zusätzliche Gutachten oder Stellungnahmen zu umweltbezogenen Themen können vom Sachverständigenrat für Umweltfragen in Eigeninitiative veröffentlicht werden. Der Tätigkeitsbereich des Sachverständigenrates ist recht weit gespannt: Die Gutachtertätigkeit schließt im ökologischen und umweltpolitischen Bereich sowohl die Reflexion methodischer Grundlagen als auch Stellungnahmen zur umweltrelevanten Gesetzgebung oder zu aktuellen Problemen ein.

Sanierungsberatung – Consulting-Segment zur Bewältigung einer Unternehmenskrise. Sanierung ist ein komplexer Prozess und bedarf einer strukturierten Vorgehensweise, da Störungen und Konflikte ein Unternehmen in seinem Bestand und am Markt gefährden können. Insbesondere der hohe Zeitdruck und die damit einhergehende Abnahme des Handlungsspielraums erfordern ein krisenspezifisches Handeln. Die Zerlegung des Prozesses der Sanierung in einzelne Schritte bzw. Phasen verringert die Komplexität der Aufgabe. Die einzelnen Phasen sind jedoch nicht als strenge zeitliche Abfolge zu interpretieren, sondern geben vielmehr die logische Ordnung für ein planvolles Vorgehen im Rahmen der Krisenbewältigung vor. In einer strategischen Krise (Strategieberatung) besteht bspw. deutlich mehr Zeit für eine ausführliche Analyse der Ausgangslage als in einer Liquiditätskrise.

Sanierungsstrategien – Sanierung.

Satzergänzungstest → projektives Verfahren, bei dem den Probanden ein bereits begonnener Satz vorgegeben wird, den sie spontan vervollständigen müssen. Es handelt sich formal um eine offene Frage (→ Befragung). Oft wird ein Satzergänzungstest in grafischer Form durchgeführt, z.B. durch die Abbildung zweier Personen mit Sprechblasen, wobei bei einer Sprechblase (Ballon) der Satz zu ergänzen ist (Ballonfrage). – *Ähnlich:* Wortassoziationstest.

Scanning → strategische Frühaufklärung.

Schadenskostenansatz – 1. *Begriff:* Ein Schadenskostenansatz misst den monetären Schaden, der aufgrund eines Umweltschadens entsteht oder bestimmt den Wiederbeschaffungswert einer „Umweltdienstleistung" (Schaltegger/ Burritt 2000, S. 284). Der Ansatz kann daher bei Ökobilanzkonzepten

(→ Ökobilanz) Anwendung finden, wie z.b. bei der Environmental Priority Strategy (EPS). – 2. *Entstehung der Environmental Priority Strategy (EPS):* Der Methodenkomplex wurde vom IVL Swedish Environmental Research Institute für Volvo entwickelt (vgl. Goedkoop 1995, S.12). – 3. *Geltungsbereich und Systemgrenze:* Die Methode ist weltweit in den Systemgrenzen „Gate-to-Gate" (s. → Cradle-to-Cradle) anwendbar. – 4. *Bewertungsobjekt- und größe:* Bewertet werden können Prozesse hinsichtlich abiotischen Ressourcen, Gesundheitsschäden, Produktion der Ökosysteme oder umweltbedingter wirtschaftlicher Schäden, der Biodiversität bzw. Artenverlust und der Ästhetik (kultureller Wert und Erholungswert). – 5. *Ziel und Annahmen:* Im Gegensatz zu anderen Ökobilanzansätzen betrachtet die Environmental Priority Strategy nicht die Umweltwirkung selbst, sondern deren Wirkung. Der Methode liegt die Annahme zugrunde, dass die Gesellschaft bestimmten Schutzobjekten einen Wert zumisst.–6. *Vorgehen:* (1) Bestimmung des monetären Schadens auf Basis der genannten Effekte. (2) Bewertung der Einheitswerte mit Umweltbelastungspunkten, die auf verschiedenen Bewertungsfaktoren beruhen und den Umweltbelastungswert wiedergeben. (3) Bewertung mittels Multiplikation des Umweltbelastungswertes mit der weltweiten Ausdehnung der Umweltauswirkung. (4) Abschätzung der Anteile einer Tätigkeit am Umweltbelastungswert. – 7. *Ergebnis:* Es ergibt sich aus der Addition der drei Wirkungskategorien ein finanziell bewerteter Schaden. – 8. *Kritische Würdigung:* Die Methode kombiniert verschiedene Effekte. Sie ist jedoch weniger für allg. Bewertungen von Umweltwirkungen geeignet. Vielmehr bietet sich eine prozess- und unternehmensbezoge Anwendung an. Außerdem ist die Methode stark von der Verfügbarkeit und der Verlässlichkeit der verwendeten Bewertungsfaktoren abhängig.

Schadschöpfung – Summe aller in einem Werk, einer Unternehmung, einem Land oder während eines Produktlebens durch betriebliche Leistungsprozesse direkt und indirekt verursachten und nach ihrer relativen ökologischen Schädlichkeit beurteilten → Emissionen. Analog zur → Wertschöpfungskette wird die Schadschöpfungskette beschrieben.

Schadstoff – in der natürlichen Umwelt vorkommende (natürliche und anthropogene) Stoffe, die unter bestimmten Voraussetzungen auf Menschen, andere Lebewesen, → Ökosysteme oder Sachen schädlich wirken können.

Schattenkultur – kulturelle Aspekte in einer Organisation, die latent vorhanden sind, i.d.R. aber nicht wahrgenommen werden.

Schein-Bargründung – Form der → Gründung einer AG, bei der den Gründern für das von ihnen eingezahlte Geld von der AG Sachgüter abgekauft werden. Eine Schein-Bargründung liegt vor, wenn der Wert der gekauften Vermögensgegenstände 10 Prozent des Grundkapitals übersteigt. Grundsätzlich sind solche Verträge nur mit Zustimmung der Hauptversammlung und mit Eintragung ins Handelsregister wirksam (§52 AktG). Rechtliche Behandlung wie → Sachgründung. – Vgl. auch → Bargründung.

Scheingründung – Eine Scheingründung liegt vor, wenn eine Gesellschaft nur zum Schein gegründet wird, also die Parteien einig sind, ihre Beziehungen gerade nicht nach gesellschaftsrechtlichen Gesichtspunkten zu regeln, aber nach Außen hin so tun, wobei ihr Auftreten nach außen nicht für ihr Verhältnis zueinander als maßgeblich gelten soll. Die nur zum Schein abgegebenen Willenserklärungen der Parteien sind nach § 117 I BGB nichtig, sodass es letztlich an einem wirksamen Gesellschaftsvertragsabschluss fehlt. Im Außenverhältnis greifen die Grundsätze der Rechtsscheinhaftung. Die Scheingründung ist unter rechtlichen Gesichtspunkten streng von dem Fall zu trennen, dass die Gesellschaftsgründung gegen den Willen der Beteiligten nichtig ist. Nur in letzterem Fall gelten die Grundsätze über die fehlerhafte Gesellschaft.

Schema – I. Allgemein: Struktur des → Wissens, das wichtige Merkmale eines Gegenstandsbereichs enthält. Die Merkmale sind mehr oder weniger abstrakt dargestellt und hierarchisch organisiert. Schemata können auf die eigene Person, andere Personen, Sachverhalte oder Ereignisse bezogen sein. Sie steuern die Wahrnehmung, das Denken und wirken bei der Organisation der Informationsspeicherung mit.

II. Informatik: 1. *Begriff*: in der Datenorganisation eine Repräsentation des Datenmodells in einer Datenbeschreibungssprache. – 2. *Verwendungsformen*: (1) internes Schema; (2) konzeptionelles Schema; (3) externes Schema.

Schichtarbeit – arbeitsorganisatorisch bedingte Arbeitszeitregelung, bei der die Lage der individuellen Arbeitszeit von der als üblich betrachteten Tagesarbeitszeit abweicht. Aufgrund des Biorhythmus ist bes. → Nachtarbeit problematisch. Schichtarbeit kann sich ferner negativ auf das soziale Umfeld des Schichtarbeiters auswirken. – Vgl. auch → Wechselschichtarbeit.

Schichtlohn – Form des → Zeitlohns, bei der pro geleisteter Arbeitsschicht ein fester Geldbetrag gezahlt wird, unabhängig von der Leistung.

schlankes Management → Lean Management.

Schlüsselmärkte – Märkte, die für die Ausweitung der Marktposition, die weitere Unternehmensentwicklung und die Internationalisierung von herausragender Bedeutung sind. Hierbei kann es sich auch um kleinere Märkte handeln, wenn diese etwa bes. geografische oder politische Eigenschaften aufweisen (z.B. als Brückenkopf), welche sich für das Unternehmen als bes. vorteilhaft im Sinn obiger Kriterien erweisen.

Schnittstellenmanagement – zentrales Problem im innerbetrieblichen → Innovationsprozess zur Überwindung kommunikativer Barrieren zwischen den am

Innovationsprozess beteiligten Abteilungen. Die Differenzierung komplexer Innovationsvorhaben in Teilprobleme und deren Delegation an verschiedene Aufgabenträger bedingt die Notwendigkeit, Schnittstellen (im Sinn von Überschneidung und nicht im Sinn von Trennung) zu koordinieren und zu gestalten, um Probleme wie z.B. Intransparenz oder Verzögerungen zu überwinden. Von bes. Relevanz für den wirtschaftlichen Erfolg einer Innovation ist das Management der Schnittstelle zwischen Aufgabenträgern der → Forschung und Entwicklung (F&E) und des Absatzes.

Schubladenplanung → Eventualplanung.

Schumpeter-Unternehmer – Nach Schumpeter kann eine Neuartigkeit einer (Gründungs-)Unternehmung in folgenden Aspekten liegen: Herstellung eines neuen Gutes oder einer neuen Qualität eines Gutes; Einführung einer neuen, d.h. dem betreffenden Industriezweig noch nicht bekannten Produktionsmethode; Erschließung neuer Absatzmärkte; Nutzung neuer Bezugsquellen; Neuorganisation einer Branche, z.B. durch Schaffung einer Monopolstellung oder Durchbrechen eines Monopols. Nach Schumpeter gilt: „[...] dass jemand grundsätzlich nur Unternehmer ist, wenn er eine neue Kombination durchsetzt." Da Neues hier Altes ablöst, spricht Schumpeter in diesem Zusammenhang auch von „schöpferischer Zerstörung".

schwache Nachhaltigkeit – Form der → Nachhaltigkeit, der die Annahme zugrundeliegt, dass Naturkapital durch andere Kapitalformen substituiert werden kann. Durch diese Annahme grenzt sich der Begriff von der → starken Nachhaltigkeit ab.

schwache Signale → strategische Frühaufklärung.

Schwarzes Brett – I. Arbeitsrecht: Anschlagtafel innerhalb der Betriebsräume an allg. sichtbarer Stelle zur Bekanntmachung von Mitteilungen an alle Betriebsangehörigen. Jeder Anschlag am Schwarzen Brett ist von einem dafür Verantwortlichen zu genehmigen, um wildes Plakatieren zu unterbinden und dafür zu sorgen, dass die Anschläge nach der vorgesehenen Aushängefrist wieder entfernt werden.

II. Informatik: *Bulletin Board;* Kommunikationsbereich in einem Netz (z.B. einem → Intranet), auf dem Informationen von einer Instanz abgelegt und von mehreren Benutzern gelesen werden können. Diese Art der Kommunikation kann den kostenintensiven Druck von Firmenzeitungen, Mitarbeiter-Infos, Adress- und Telefonverzeichnissen, Handbüchern, Jahresberichten, Pressemitteilungen u.Ä. ersetzen. Erweitert man die Zugriffsrechte auch auf das Schreiben von → Informationen, so bezeichnet man das Schwarze Brett auch als *„gemeinsame Wissensbasis"* oder *„Newsgroup".* Anwendungsbeispiele hierfür sind: Sammlungen von Frequently Asked Questions (FAQs) und deren Antworten, zeitversetzte Diskussion von kreativen Problemen, wie z.B. Marketing-Programmen, Produktgestaltungen u.Ä.

Schwerpunktprinzip – 1. *Begriff:* Das Schwerpunktprinzip ist ein erweiterndes Prinzip zu der klassischen umweltpolitischen Prinzipientrias in Deutschland. Die Notwendigkeit des Prinzips begründet sich in der Berücksichtigung der ökonomischen Effizienz. – 2. *Ziele:* Ziel des Schwerpunktprinzips ist es, die optimale (ökologische und ökonomische) Umweltverbesserung bei begrenzten Mitteln zu ermöglichen. Es stellt damit eine Umsetzung des wirtschaftswissenschaftlichen Effizienzdenkens (Effizienz) dar. – 3. *Vorgehensweise:* Infolge der Umsetzung des Schwerpunktprinzips können z.B. Unternehmen von einer Auflage entlastet werden, wenn sie in einem anderen Bereich umweltpolitisch tätig werden. Dabei muss jedoch immer gewährleistet werden, dass der Umweltentlastungseffekt der ursprünglichen Maßnahme erreicht wird. Beispielhafte Umsetzungen sind Joint Implementation und Clean Development Mechanism. – 4.

Kritische Würdigung: Auch wenn das Prinzip sowohl aus wirtschaftlichen als auch aus technischen Sichtweisen Vorteile bietet, ist eine Abwägung der einzelnen Maßnahmen notwendig, aber nicht unproblematisch. Insbesondere die Frage der Quantifizierung verdeutlicht diese Problematik. Straffe staatliche Reglementierungen sind daher notwendig. – Vgl. auch Verursacherprinzip, Vorsorgeprinzip, → Kooperationsprinzip, → Umwelt.

Scientific Management → Taylorismus.

Seed Capital – Beteiligungskapital für ein zukünftiges Unternehmen. Das bereitgestellte Eigenkapital dient in der Phase der Geschäftsideenentwicklung der Finanzierung der Ausreifung und Umsetzung einer Idee in verwertbare Resultate, wie z.B. der Erstellung eines Prototyps, und zur Versorgung von Existenzgründern mit haftendem Eigenkapital. Seed Capital wird von spezialisierten Beteiligungsgesellschaften oder vermögenden Privatpersonen (→ Business Angels), aber auch im Rahmen öffentlicher Existenzgründungsprogramme bereitgestellt und häufig zur Innovationsfinanzierung eingesetzt. Aufgrund der hohen Unsicherheiten über die zukünftigen Erfolgsaussichten besteht bei der Vergabe von Seed Capital für den Kapitalgeber ein sehr hohes Verlustrisiko.

Seed Stage – Begriff aus der Venture-Capital-Finanzierung. Im Rahmen des chronologischen Phasenmodells als Teil der → Early Stage die erste Finanzierungsphase, welche der Finanzierung von Erforschung, Entwicklung und ersten Umsetzung einer Geschäftsidee dient, die die Grundlage für den → Business Plan eines neu zu gründenden → Start-up-Unternehmens bildet.

Segmentierung – I. Organisation: → Spezialisierung, horizontale Zerlegung eines Handlungskomplexes im Rahmen der Bereichsbildung. Durch Segmentierung wird der *Inhalt der* → Kompetenz organisatorischer Einheiten festgelegt; dies prägt die spezifischen Orientierungen bzw. Zuständigkeiten der Handlungsträger bez. der verschiedenen Dimensionen des arbeitsteiligen (Arbeitsteilung) Handlungsvollzugs in der Unternehmung. – *Segmentierungskriterien:* (1) Verrichtungen (→ Verrichtungsprinzip), (2) Objekte (→ Objektprinzip).

II. Marketing/ Marktforschung: Marktsegmentierung.

Segmentierungskriterien → Segmentierung, Marktsegmentierung.

Sekundärrohstoff → Sekundärstoff.

Sekundärstoff – *Sekundärrohstoff, Wertstoff;* Werk-, Hilfs- oder Betriebsstoff, der durch Aufbereitungsvorgänge aus stofflichen → Rückständen von Produktion oder Konsum gewonnen wird (→ Recycling).

Selbstentfaltung → humanistische Psychologie.

Selbstsicherheitstraining – aus der Verhaltenstherapie übernommene Trainingsform, die über einen schrittweisen Lernprozess die Bewältigungsstrategien (→ Coping) gegenüber bedrohlichen Situationen zu optimieren versucht.

selbststeuernde Arbeitsgruppe → teilautonome Arbeitsgruppe.

Selbstverpflichtungen – als sog. *Kooperationslösung* von der Industrie angestrebtes freiwilliges Instrument, um in Eigenverantwortung bestimmte umweltpolitische Ziele mit einer Verhandlungslösung (auf Basis von Verträgen bzw. Abkommen oder von rechtlich unverbindlichen Absprachen) statt ordnungsrechtlichen Lösungen anzustreben. – *Vorteile:* Wirtschaftliche Effizienz, Flexibilität, geringere Kosten, geringerer Zeitaufwand und Entlastung der Behörden von Durchführung und Kontrolle.

Semi-captive Fund – bezeichnet einen Venture-Capital- oder Private-Equity-Fund, bei dem nicht ein Kapitalgeber alle Anteile hält, sondern ein signifikanter Anteil von Dritten finanziert wird. – Vgl. → Captive Fund; → Independent Fund.

Senioritätsprinzip – I. Personalwirtschaft: Grundsatz für den betrieblichen Aufstieg, wonach dieser nur dem jeweils Dienstältesten bzw. dem Ältesten an Lebensjahren zusteht. In Japan bis in die jüngste Vergangenheit durchgängig für alle Hierarchieebenen praktiziert. Im nordamerikanischen und zentraleuropäischen Raum ist das Senioritätsprinzip nur in bestimmten Berufsgruppen oder auf bestimmten Hierarchieebenen üblich.

II. Umwelt- und Ressourcenökonomik: → Umweltzertifikat.

III. Arbeitsmarktökonomik: 1. *Begriff:* mit zunehmender Beschäftigungsdauer steigende Anrechte bzw. Anwartschaften. – 2. Das Senioritätsprinzip besagt, dass Beschäftigten mit zunehmender Betriebszugehörigkeitsdauer – und damit i.d.R. mit zunehmendem Lebensalter – Privilegien und steigende Leistungen zuteil werden. Die Vergünstigungen können vielfältig sein: höhere Löhne, größere Arbeitsplatzsicherheit, Erwerb betrieblicher Zusatzleistungen (Fringe Benefits), bevorzugte Berücksichtigung bei Weiterbildungsmaßnahmen, Beförderungen und Aufstiegen etc. – Vgl. auch Senioritätsentlohnung, Arbeitsmarkttheorien.

Sensitivitätsanalyse – 1. *Begriff:* Überprüfung einer Rangfolge von Planungsalternativen in einem → Planungsmodell auf ihre Robustheit gegenüber Änderungen einzelner Parameterwerte oder Gruppen von Parameterwerten. – 2. *Merkmale:* Es können Grenzwerte errechnet werden, bei denen eine Vorteilhaftigkeit einzelner Alternativen nicht mehr vorhanden ist. Gleichzeitig ergibt sich ein Bild über die Unsicherheit, die mit einer Planungsalternative verbunden ist.

Sensitivity Training → gruppendynamisches Training.

Servicebereich → Zentralbereich, der für die Durchführung von Aufträgen operativer Teilbereiche zur Erfüllung bestimmter Funktionen zuständig ist. Beim Servicemodell des Zentralbereichs entscheiden die operativen Bereiche über das „Ob" und das „Was" der Funktionserfüllung, während dem Servicebereich die Entscheidung über das „Wie" der Auftragsdurchführung obliegt.

SGE – Abk. für *strategische Geschäftsfeldeinheit* (→ strategisches Geschäftsfeld).

Shared Services – im Rahmen der Organisation die Konzentration ehemals dezentral durchgeführter, interner Dienstleistungen in einem organisatorischen Verantwortungsbereich (Shared Service Center). Wichtigstes Ziel ist die Verbesserung der Effizienz der → Ressourcennutzung. Deshalb sollen die ursprünglich in mehreren dezentralen → organisatorischen Einheiten (z.B. → Sparten) erbrachten Aufgaben standardisiert, zusammengefasst und gegen Verrechnungspreise an die internen Abnehmer abgegeben werden. Hierfür kommen primär einfache Unterstützungs- und Verwaltungsprozesse in Frage. – Vgl. auch → Servicebereich.

7F-Modell → Führungsmodelle.

Sieben-S-Modell – *7-S-Modell.* 1. *Begriff:* Modell eines Unternehmens mit sieben Kernvariablen, die für die Gestaltung des Unternehmens wesentlich sind und zugleich Ansatzpunkte für Interventionen vonseiten einer Beratung bieten. – 2. *Die Variablen:* (1) Die *Strategie* (Strategy) umfasst alle Maßnahmen, die dazu dienen sollen, einen nachhaltigen Wettbewerbsvorteil zu generieren, d.h. etwa auch eine systematische Ressourcenallokation (Strategieberatung). (2) Die *Struktur* (Structure), d.h. die → Aufbauorganisation des Unternehmens, zeigt auf, wer an wen zu berichten hat und wie Aufgaben unterteilt und delegiert werden. (3) Die *Systeme* (Systems)bilden den Rahmen für die Prozesse, die im gewöhnlichen Geschäftsverkehr/Tagesgeschäft ablaufen, bspw. Informationssysteme, Budgetierung, Fabrikationsprozesse, Qualitätskontrolle und Messung der Leistungserfüllung. (4) Die *Unternehmenskultur* (Style)enthält einerseits Elemente, die durch das Management vorgegeben bzw. vorgelebt werden, andererseits aber auch solche, die sich im Unternehmen historisch entwickelt haben.

(5) Die *Menschen/Mitarbeiter* (Staff)bedingen die Ausgestaltung des Personalwesens sowie die Demografie des Unternehmens. (6) Die *gemeinsamen Werte* (Shared Values) bestimmen die grundlegende Ausrichtung des Unternehmens. Gemeint sind Werte und Fähigkeiten, die bspw. unter Einbeziehung von Zielvereinbarungen die weitere Unternehmensentwicklung betreffen. Diese Werte müssen von möglichst vielen Mitarbeitern geteilt werden. (7) Die *Fähigkeiten* (Skills) im Sinne des Modells sind die charakteristischen Fähigkeiten, die das Unternehmen als Ganzes am besten beherrscht (Corporate Skills). – 3. *Harte und weiche Variablen:* Die Variablen sind teils hart und teils weich. Die harten Variablen sind i.d.R. greifbar und im Unternehmen konkret dargelegt. Sie sind bspw. anhand von Strategiepapieren, Unternehmensplänen, Unternehmensdarstellungen oder Organigrammen nachvollziehbar. Die weichen Variablen sind dagegen kaum materiell greifbar. Fähigkeiten, gemeinsame Werte und kulturelle Elemente entwickeln sich in einem Unternehmen ständig fort. – Die Effektivität einer Organisation liegt in der Interaktion der verschiedenen Faktoren – so die zentrale Idee des Modells, das im Übrigen auch unter der Bezeichnung McKinsey-7-S bekannt ist (die beiden maßgeblichen Urheber, Thomas J. Peters und Robert H. Waterman waren seinerzeit als Berater bei McKinsey & Company tätig).

Simplifikation – Begriff der Unternehmenspolitik für die Einengung des Leistungsprogramms einer Unternehmung durch Spezialisierungsmaßnahmen (→ Wertschöpfungsstrategien). – *Gegensatz:* → Diversifikation.

Simultangründung → Einheitsgründung.

Simultanplanung – 1. *Begriff:* Planung, bei der alle Teilpläne unter Berücksichtigung der gegenseitigen Interdependenzen gleichzeitig (simultan) aufgestellt werden. – 2. *Merkmale:* Simultanplanung führt bei gleichzeitiger Berücksichtigung der Zielsetzung in

einem Schritt zu harmonisch aufeinander abgestimmten Teilplänen und zum optimalen Gesamtplan (→ Gesamtplanung). – 3. *Anwendung:* Schwierigkeiten bei der Durchführung betrieblicher Simultanplanungen bestehen im Umfang der dabei entstehenden Planungsmodelle, der mangelnden Kenntnis funktionaler Zusammenhänge der betrieblichen Aktionsvariablen sowie der Unsicherheit gewisser relevanter Daten. – *Gegensatz:* → Sukzessivplanung.

7-S-System – Erklärungssatz zur → Unternehmenskultur. Der Ansatz basiert auf der These, dass die zielorientierte Kombination von beeinflussbaren Führungselementen (Struktur, Strategie, Systeme – sog. Hard Facts) und weniger beeinflussbaren Führungselementen (Fähigkeiten, Personal, Stil, übergeordnete Ziele – sog. Soft Facts) unternehmerische Spitzenleistungen erzeugt. Bes. die letzteren dienen dabei als Beschreibungsdimensionen einer spezifischen Unternehmenskultur; dem sichtbar gelebten Wertsystem wird eine zentrale Bedeutung zugesprochen.

Singularinstanz – eine mit nur einem Handlungsträger besetzte → Instanz. Die Leitung der hierarchisch untergeordneten organisatorischen Einheiten erfolgt nach dem → Direktorialprinzip. – *Gegensatz:* → Pluralinstanz.

Situationskontrolle – Grad, in dem eine Person Kontrolle über als aversiv (widerwillig) erlebte Arbeitsbedingungen besitzt; eine Funktion der Person und der Situation. Der Grad der erlebten Situationskontrolle hängt auch von der Einstellung der Person ab, sich selbst oder das Schicksal als wesentliche Bedingung für die eigene Lebenssituation zu betrachten *(Locus of Control).* – *Folgen:* Abhängig von der Situationskontrolle wählt die Person im Rahmen der Belastungsbewältigung unterschiedliche Coping-Strategien (→ Coping). Bei hoher Situationskontrolle sind innovative Tendenzen, bei niedriger Situationskontrolle resignative Tendenzen und das Eintreten → resignativer

Arbeitszufriedenheit wahrscheinlich. Bürokratische Organisation führt i.d.R. zu Einschränkung der Situationskontrolle.

Situationstheorien der Führung – Oberbegriff für solche Führungsansätze, die nicht nur Merkmale der Führungskraft berücksichtigen (z.B. → Führungsstil), sondern auch Merkmale der Führungssituation, wie z.B. die Strukturiertheit der Aufgaben der Geführten (das Ausmaß, in dem für die Aufgaben der Geführten die Ziele und die Wege dorthin bekannt sind). Ein Beispiel dafür ist die Kontingenztheorie der Führung.

situatives Führen → Theorie des Reifegrades.

Skandal – 1. *Begriff:* Ein (Unternehmens-) Skandal wird als sozialer Prozess definiert, der mit einem angenommenen oder tatsächlichen Missstand als Verstoß gegen Recht und/oder Moral eines Unternehmens beginnt und zugleich die medienübergreifende Berichterstattung mit Empörung erfordert. Damit ergibt sich eine große Bandbreite möglicher Unternehmensskandale, die auf handelnde Personen, aber auch auf Leistungsprozesse oder Abläufe bezogen werden kann. Bilanzierungs-, Schmiergeld- und Dioxinskandal sind ausgewählte Beispiele dafür, dass sie gemäß Studien zunehmen. – 2. *Aspekte:* Das Wort Skandal wird auf das griechische Wort „skandalon" zurückgeführt, das ursprünglich den Verschluss einer Falle bezeichnete, heute verkürzt als „öffentliches Ärgernis" übersetzt wird und oft synonym mit dem Wort „Affäre" (von französisch „affaire", „zu tun haben mit"/"Angelegenheit") verwendet wird. Affären existieren im Unterschied zu Skandalen aber auch ohne medial erzeugte Öffentlichkeit. Skandale sind notwendig medienabhängig und sind damit stakeholder-relevant. – Der Skandal als sozialer Prozess beinhaltet a) die Identifikation eines Missstands mit angenommener und/oder tatsächlicher Verfehlung einer moralischen und/oder gesetzlichen Norm, b) Enthüllung der Verfehlung, c) eigendynamische

Empörung in den Medien oder anderen Institutionen wie Politik, Vereinen oder Verbänden jenseits des betroffenen Unternehmens. Missstände werden als Verstoß gegen Moral (illegitimes Handeln) oder Recht (illegales Handeln) definiert. Skandale sind durch ihre Medienabhängigkeit gruppengebundene und emotionalisierte Wahrnehmungsphänomene. Damit ist der Skandal analytisch nicht so ohne Weiteres kennzeichnungsfähig, da in der Stakeholdergesellschaft – also einer Gesellschaft mit Gruppen, die durch unterschiedliche Nutzenmaßstäbe geprägt sind – eine definierte Norm als Referenzpunkt für den Verstoß als Auslöser für einen Skandal streng genommen nicht existiert. Das Wesen und Risiko von Skandalen besteht allerdings in der emotionalisierenden Empörung und nicht der rationalen Kennzeichnung des Normenverstoßes. Aus Unternehmenssicht bergen Skandale ein unternehmerisches Risiko in sich, da mit der Skandalisierung unternehmerische Entscheidungskompetenz durch medialen Druck geschmälert wird und/oder Imageschäden entstehen können. Die Vermeidung und Minderung von Skandalen sind als Ziele dem Risikomanagement und hierbei der Risikokommunikation zuzuordnen. – 3. *Instrumente:* Das → Issues Management ist eine Methode, um Skandale zu vermeiden. Das Risiko von Skandalen für das unternehmerische Handeln systematisch zu schmälern, ist eine strategische Kompetenz und eine Aufgabe der (internen) Risikokommunikation, um eine → Unternehmenskultur des adäquaten Umgangs mit Risiken zu prägen. Sie findet Niederschlag in der Corporate Governance.

S-Kurven-Konzept – Instrument zur Bewertung von → Technologien, welches auf der Identifikation des verfügbaren technischen Potenzials einer Technologie basiert. Die Leistungsfähigkeit einer Technologie ist abhängig von der Lebenszyklusphase in der sich die Technologie befindet, sodass Technologien eines bestimmten Anwendungsgebietes im Hinblick auf ihr Weiterentwicklungspotenzial

S-Kurven-Konzept

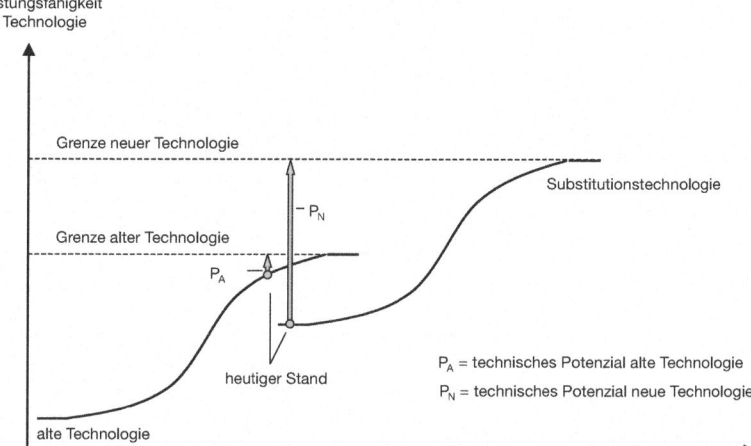

zwangsläufig an technische Leistungsgrenzen stoßen. Der Verlauf des Leistungspotenzials einer Technologie lässt sich in Form einer S-Kurve über dem kumulierten F&E-Aufwand abbilden (vgl. Abbildung „S-Kurven-Konzept"). Dies bedeutet, dass mit zunehmender Technologiereife immer höhere F&E-Investitionen notwendig sind, um inkrementale Steigerungen der Leistungsfähigkeit zu erzielen. S-Kurven-Konzepte unterstützen Entscheidungen hinsichtlich des Zeitpunktes, zu dem weitere F&E-Anstrengungen in leistungsfähigere Substitutionstechnologien zu investieren sind, bzw. zu welchem aus bestehenden Technologien auszusteigen ist. Dazu empfiehlt sich die Aggregation von verschiedenen Anwendungen einer Technologie innerhalb einer S-Kurven-Analyse. Das S-Kurven-Konzept liefert Informationen sowohl im Hinblick auf Entscheidungen bez. Einzeltechnologien als auch der Planung des F&E-Programms. Da dem S-Kurven-Konzept ein Lebenszyklusmodell zugrunde liegt, kann dieses Konzept auch bei der Bewertung von Produkten oder Prozessen Anwendung finden.

Social Entrepreneurship – *soziales Unternehmertum;* unternehmerisches Denken und Handeln zum Wohle der Gesellschaft und zur Lösung oder Verbesserung gesellschaftlicher Missstände. Social Entrepreneurship wird sowohl von Non-Profit-Unternehmen betrieben, um durch die Gestaltungsspielräume des Unternehmertums ihre Mission besser erfüllen zu können, als auch von normalen Unternehmen um gesellschaftliche Verantwortung zu übernehmen. Der Erfolg von Social Entrepreneurship wird nicht allein auf Basis finanzieller Profite, sondern anhand des gesellschaftlichen Nutzens bewertet. – Vgl. auch Entrepreneurship.

Social Labelling → soziales Gütesiegel.

Societas Europaea (SE) – I. Begriff: 1. *Allgemeines:* Durch Verordnung (EG) Nr. 2157/2001 des Rates der Europäischen Union vom 8.10.2001 über das Statut der Europäischen Gesellschaft (ABl. L 294/1 vom 10.11.2001) geschaffene europarechtliche (transnationale) Rechtsform einer Aktiengesellschaft, mit der in erster Linie erreicht werden soll, dass mit der Gründung einer Societas Europaea die Möglichkeit eröffnet wird, dass a) Gesellschaften verschiedener Mitgliedsstaaten fusionieren oder eine Holding errichten; b) Gesellschaften u.a. juristische Personen aus verschiedenen Mitgliedsstaaten, die wirtschaftlich tätig sind, gemeinsame Tochtergesellschaften gründen. In Kraft getreten am 8.10.2004 (Art. 70). – 2. *Gründungsformen:* Im Gebiet der EU können Handelsgesellschaften in der Form der Europäischen Aktiengesellschaft nach den Vorschriften der oben genannten VO gegründet werden. – a) Die im Anhang der VO genannten nach dem jeweiligen Recht des Mitgliedsstaats zulässigen Aktiengesellschaften, die ihren Sitz und ihre Hauptverwaltung in der EU haben, können eine Societas Europaea durch Verschmelzung gründen, sofern mind. zwei von ihnen dem Recht verschiedener Mitgliedsstaaten unterliegen. – b) Aktiengesellschaften und GmbHs können unter den genannten Voraussetzungen eine Holding-Societas Europaea gründen, sofern mind. zwei von ihnen dem Recht verschiedener Mitgliedsstaaten unterliegen oder seit mind. zwei Jahren eine dem Recht eines anderen Mitgliedsstaates unterliegende Tochtergesellschaft oder eine Zweigniederlassung in einem anderen Mitgliedsstaat haben. – c) Gesellschaften und juristische Personen des öffentlichen oder privaten Rechts können eine Tochter-Societas Europaea durch Zeichnung ihrer Aktien gründen, sofern die Voraussetzungen wie bei c) vorliegen. – d) Eine Aktiengesellschaft, die nach dem Recht eines Mitgliedsstaates gegründet worden ist, kann in eine Societas Europaea umgewandelt werden, wenn sie seit mind. zwei Jahren eine dem Recht eines anderen Mitgliedsstaates unterliegende Tochtergesellschaft hat (Art. 2). – 3. *Merkmale der Societas Europaea:* Die Societas Europaea besitzt eine eigene Rechtspersönlichkeit. Vorbehaltlich der Bestimmungen der VO findet das Recht des Sitzstaats der Societas Europaea Anwendung. Das gezeichnete Kapital muss mind. 120.000 Euro betragen (Art. 4). Der Sitz der Societas Europaea

muss in dem Mitgliedsstaat liegen, in dem sich die Hauptverwaltung befindet (Art. 7). Der Sitz kann in einen anderen Mitgliedsstaat verlegt werden (Art. 8). Die Societas Europaea muss ihrer Firma den Zusatz „SE" voran- oder nachstellen (Art. 11). Eine Societas Europaea kann in das Handelsregister eingetragen werden, wenn eine Vereinbarung über die Beteiligung der Arbeitnehmer entsprechend der Richtlinie 2001/86/EG des Rats vom 8.10.2001 zur Ergänzung des Status der Europäischen Gesellschaft hinsichtlich der Beteiligung der Arbeitnehmer (ABl. L 294/22 vom 10.11.2001) geschlossen worden ist. Die Eintragung und Löschung der Eintragung einer Societas Europaea werden nach dem Recht des Mitgliedsstaates und zu Informationszwecken im Amtsblatt der Europäischen Gemeinschaft veröffentlicht (Art. 13, 14). – 4. *Verfassung der Societas Europaea:* Die Societas Europaea verfügt über eine Hauptversammlung der Aktionäre und entweder über ein Aufsichtsorgan und ein Leitungsorgan (dualistisches System) oder nur ein Verwaltungsorgan (monistisches System). Das dualistische System hat die Struktur der dt. Aufsichtsratsverfassung, während das monistische System dem angloamerikanischen Board System folgt (Art. 38-45). Für beide Systeme gilt, dass sie Mitglieder der Organe für höchstens sechs Jahre mit der Möglichkeit der Wiederbestellung berufen können (Art. 46). – 5. *Rechnungslegung:* Für die Societas Europaea gilt hinsichtlich des Jahresabschlusses und ggf. des konsolidierten Abschlusses einschließlich des Lageberichts und der Prüfung der Abschlüsse das Recht des Mitgliedsstaates für Aktiengesellschaften (Art. 61), Sonderregelungen für Kreditinstitute, Finanzinstitute und Versicherungsunternehmen in Art. 62. – 6. Für die *Auflösung* und *Liquidation* gilt das Recht des Sitzstaats (Art. 62 ff.). – 7. Als *deutsches Ausführungsgesetz* zu VO und Richtlinie wurde das SE-Ausführungsgesetz (SEAG) vom 22.12.2004 (BGBl. I S. 3675) m.spät.Änd. geschaffen. Die Beteiligung der Arbeitnehmer ist im SE-Beteiligungsgesetz (SEBG) vom 22.12.2004 (BGBl. I 3675,3686) geregelt

II. Besteuerung: 1. *Körperschaftsteuer:* Die Besteuerung der Societas Europaea entspricht den Regelungen zur Besteuerung von Kapitalgesellschaften. – Nach den Doppelbesteuerungsabkommen unterliegt der Gewinn aus jeder Betriebsstätte im Staat der Betriebsstätte der Besteuerung. Die Ausschüttung der erwirtschafteten Gewinne an die Aktionäre in Form von Dividenden kann mit einer Pflicht zur Einbehaltung von Kapitalertragsteuer belegt werden, allerdings ist dies nur dem Staat erlaubt, in dem die Societas Europaea ihren Sitz hat. Die von der Societas Europaea empfangenen Dividenden sind beim Anteilseigner steuerpflichtige Einkünfte (aus Kapitalvermögen oder, bei einem Mutterunternehmen, aus Gewerbebetrieb) und unterliegen in Deutschland der Besteuerung nach dem Teileinkünfteverfahren oder der Abgeltungsteuer. – 2. *Umwandlungssteuerrecht:* Die Gründung der Societas Europaea wie auch ihre Verschmelzung, Spaltung oder Sitzverlegung in ein anderes Land ist hinsichtlich der steuerrechtlichen Behandlung in der Fusionsrichtlinie der EG geregelt. In Deutschland sind die Vorgaben dieser Richtlinie vorwiegend im Umwandlungssteuergesetz geregelt worden. Demnach löst die Gründung einer Societas Europaea durch grenzüberschreitende Fusion soweit wie möglich keine akute Steuerbelastung auf der Ebene der Gesellschaft oder bei den Gesellschaftern aus; allerdings muss sichergestellt werden, dass die bei den beteiligten Unternehmen oder den Anteilseignern schon vorhandenen stillen Reserven dem Fiskus für eine spätere Besteuerung noch zur Verfügung stehen können und nicht etwa endgültig verloren gehen (Steuerneutralität). Nach denselben Grundsätzen wird auch eine Sitzverlegung der Societas Europaea behandelt. – 3. *Verkehrsteuern* wie z.B. Grunderwerbsteuer dürfen bei der Gründung oder Sitzverlegung einer Societas Europaea erhoben werden, einen steuerneutralen Steueraufschub wie bei den Einkommensteuern gibt es hierbei nicht. – 4. *Grenzüberschreitende Besonderheiten:* Da die Societas Europaea v.a. grenzüberschreitend aktiv sein wird (sei es als Holding, sei es mit mehreren Betriebsstätten), sind für ihre Besteuerung im laufenden Geschäft die Doppelbesteuerungsabkommen (DBA) bes. wichtig; verfügt sie über mehrere rechtlich unselbständige Zweigniederlassungen, so wird demnach jede Zweigniederlassung ihren Gewinn im betreffenden Land zu versteuern haben (Betriebsstättenprinzip).

Sollzeit – **I. Plankostenrechnung:** die für die Durchführung eines Arbeitsgangs an einem Produkt je Kostenstelle aufgrund der Ermittlungen der Kostenplanung als erforderlich angesehene Zeit. Über die für eine Zeitperiode (Tag, Monat etc.) geplanten Kosten (Sollkosten, Plankosten) ist es möglich, die Sollzeit und die später anfallende → Istzeit zu vergleichen (Soll-Ist-Vergleich). – *Ähnlich:* Standardzeit.

II. Arbeitswissenschaft: → Vorgabezeiten für die planmäßige Durchführung von Arbeitsabläufen oder Ablaufabschnitten (Arbeitsablauf) für Mensch, Betriebsmittel und Arbeitsgegenstand. Auch als *Richtzeit* bezeichnet. – Die Sollzeit wird ermittelt: (1) als Bezugszeit aus der → REFA-Normalleistung, (2) aus der Durchschnittsleistung, (3) aus → Systemen vorbestimmter Zeiten (SvZ), (4) durch Schätzen und Vergleichen, (5) aus betrieblichen Planzeiten, (6) Berechnen (nur für Betriebsmittel- und Arbeitsgegenstandszeiten). – *Gegensatz:* → Istzeit.

Sonderabfall – Bezeichnung aus dem alten Abfallgesetz; → Abfall aus Unternehmen oder öffentlichen Einrichtungen, der nach Art, Beschaffenheit oder Menge in bes. Maße gesundheits-, luft- oder wassergefährdend, explosiv oder brennbar ist oder Erreger übertragbarer Krankheiten enthalten oder hervorbringen kann (§ 2 II AbfG). Im Kreislaufwirtschaftsgesetz (Kreislaufwirtschaft- und Abfallgesetz – KrW-/AbfG vom 15.7.2006) wird der Begriff Sonderabfall nicht mehr verwendet, sondern die Bezeichnung *bes. überwachungsbedürftiger Abfall.*

Sonntagszuschlag – Mehrarbeitszuschlag.

soziales Gütesiegel – *Social Labelling;* Zeichen, die Aufschluss über Produktionsbedingungen gemäß sozialer Mindeststandards geben und so Konsumenten Präferenzentscheidungen ermöglichen. Vorhandene Gütesiegel sind jedoch zahlenmäßig noch begrenzt und haben derzeit eher Modellcharakter. – *Formen/Beispiele:* Rugmark (keine Kinderarbeit bei Teppichherstellung), Flower Label, Trans Fair Siegel.

soziales Unternehmertum → Social Entrepreneurship.

Sozialinnovation → Innovation.

Sozialisation – I. Soziologie: 1. *Begriff:* Prozess der Eingliederung bzw. Anpassung des heranwachsenden Menschen in die ihn umgebende Gesellschaft und Kultur. Da der Mensch nicht über Instinkte verfügt, die sein Handeln steuern, muss er im Prozess der Sozialisation soziale Normen, Verhaltensstandards und Rollen erlernen, um ein im jeweiligen sozialen Kontext handlungsfähiges und verhaltenssicheres soziales Wesen zu werden und seine soziokulturelle Persönlichkeit zu entwickeln. – 2. *Träger der Sozialisation:* Sozialisationsinstanzen und Sozialisationsagenten (Familie, Schule, Kirche, Altersgruppen, Medien etc.). – 3. Zu *unterscheiden:* (1) *Primäre Sozialisation:* Erfolgt in der frühkindlichen Entwicklungsphase, wird vorwiegend durch die Familie vermittelt durch eine Verknüpfung kognitiver und emotionaler Inhalte; (2) *sekundäre Sozialisation:* Es werden neue soziale Rollen und Normen vermittelt und gelernt, doch bemüht sich die Sozialisation nur auf begrenzte Verhaltensbereiche. Die Phase der primären und sekundären Sozialisation überschneiden sich.

II. Wirtschaftspädagogik/Arbeits- und Organisationspsychologie: Fortdauernder Prozess der Entstehung, Entwicklung und Ausbildung von Persönlichkeitsstrukturen in

beruflichen Struktur- und Interaktionszusammenhängen. Dieser Aneignungsprozess findet v.a. in der Auseinandersetzung mit beruflichen Anforderungen in schulischen und betrieblichen Einrichtungen des Berufsbildungssystems sowie während der Erwerbstätigkeit in allen beruflichen Positionen statt. Unter dem Einfluss kognitions- und handlungstheoretischer Ansätze deutet sich die Verlagerung des Interesses auf die Analyse der Bedingungen und Möglichkeiten der Entwicklung personaler Identität im Spannungsfeld gesellschaftlicher Anforderungen und individuellen Entfaltungsanspruchs an. In diesem Sinn wird Sozialisation als kategorialer Oberbegriff aufgefasst, der die Aspekte der *Personalisation* (Mündigwerden in der Gesellschaft) und *Qualifikation* (Handlungsfähigkeit zur Erfüllung beruflicher und gesellschaftlicher Anforderungen) umschließt.

Sozialkompetenz – 1. *I.w.S.:* kommunikative (Dialogfähigkeit), integrative (Konsensfähigkeit) und kooperative (Teamfähigkeit) Fähigkeiten eines Menschen, die aus der Sozialisation bzw. aus dem sozialen Lernen entstehen. – 2. *I.e.S.:* vorzügliche kommunikative Fähigkeiten, die im Zusammenhang mit Gruppen- und Teamarbeit, aber auch im Kontakt mit Kunden und Lieferanten (wachsende) Bedeutung erlangen. Gilt neben → Fachkompetenz und → Methodenkompetenz als Teil einer umfassenden → Handlungskompetenz. – Vgl. auch → emotionale Kompetenz.

Soziallohn – Teil der Vergütung im Rahmen einer sozialgerechten Entgeltgestaltung durch Berücksichtigung des Alters und der Dauer der Unternehmenszugehörigkeit, des Familienstandes oder der Zahl der Kinder. Ist-Form des → Bedürfnislohns. – *Sonderform:* → Familienlohn. – Vgl. auch → Sozialzulage.

Sozialpsychologie – Teilgebiet der → Psychologie. – *Untersuchungsgegenstand* sind jene psychischen Vorgänge, in denen Beziehungen des Menschen zu einem oder mehreren anderen Menschen zum Ausdruck kommen. Diese Beziehungen entsprechen Verhaltensweisen der Menschen zueinander. Solche gemeinschaftsbedingten psychischen Phänomene sind Liebe, Hass, Sympathie, Antipathie, Nachahmungstrieb, Pflegetrieb, Machtstreben, Minderwertigkeitsgefühl, Ressentiment etc. Ferner sucht die Sozialpsychologie die Wurzeln der Entstehung der verschiedenen Sozialgebilde wie Ehe, Horde, Stamm, Volk, Gesellschaft, Staat psychologisch zu erfassen. – Vgl. auch → Gruppenpsychologie.

Sozialverträglichkeit – Managementsysteme zur Überprüfung der Sozialverträglichkeit können in enger Verbindung zu → Umweltmanagementsystemen, → Qualitätsmanagementsystemen und dem Arbeitschutz stehen. – Standard zur Überprüfung der Sozialverträglichkeit: Standard SA (Social Accountability) 8000 der Organisation Social Accountability International.

Sozialzulage → Zulage zum Tariflohn, die – ähnlich wie bei Beamten und öffentlich Bediensteten – auch in der Wirtschaft aufgrund von Einzelarbeitsvertrag, Betriebsvereinbarung oder Tarifvertrag aus sozialen Gründen gewährt werden kann, z.B. Verheirateten- oder Frauenzulage, Kinderzulage, Alterszulage, Wohnungs- oder Trennungsgeld.

Soziogramm – grafische Darstellung der interpersonellen Beziehungen im Unternehmen anhand von Ergebnissen soziometrischer Messungen (→ Transaktionsanalyse). Ein häufiges Anwendungsgebiet stellt die Analyse der Beziehungen zwischen den Abteilungen und den Individuen in einem Unternehmen dar, um Arbeitsabläufe zu optimieren.

Span of Control → Leitungsspanne.

Sparte – 1. *Einzelner Zweig* einer Branche. – 2. → Organisatorischer Teilbereich einer Unternehmung *(Division)*, in dem bei reiner Verwirklichung der → Spartenorganisation sämtliche Kompetenzen für jeweils ein Produkt bzw. eine Produktgruppe

zusammengefasst sind; häufig als → Profitcenter ausgestaltet.

Spartenorganisation – 1. *Begriff:* Organisationsmodell (→ Organisationsstruktur), bei dem die → Spezialisierung nach Produkten bzw. Produktgruppen erfolgt. – 2. *Charakterisierung:* Bei reiner Spartenorganisation entstehen auf der zweiten Hierarchieebene → organisatorische Teilbereiche, in denen jeweils die Kompetenzen für eine Produktart bez. sämtlicher → Funktionen und Märkte der Unternehmung zusammengefasst sind. – Vgl. Abbildung „Spartenorganisation – Grundmodell". Diese → Sparten werden häufig als → Profitcenter geführt.

Spartenorganisation – Grundmodell

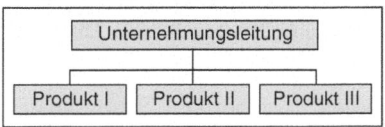

3. *Beurteilung:* a) → Ressourcennutzung: Die Spartenorganisation führt im Vergleich zur → Funktionalorganisation in der Tendenz zu einer schlechteren Nutzung funktionsbedingter Synergien, da die Ausstattung sämtlicher Sparten mit den gesamten für ihre Aktivitäten erforderlichen Ressourcen im Verhältnis zur Ressourcenauslastung und Nutzung von Vorteilen der → Spezialisierung und Größendegression anderer Organisationsformen häufig nachteilig ist. – b) *Interdependenzprofil* (→ Interdependenzen): Angesichts der Autonomie der Sparten fehlen weitgehend Interdependenzen aufgrund innerbetrieblicher Leistungsverflechtungen; die Marktinterdependenzen wachsen mit sinkendem Diversifikationsgrad des Produktprogramms der Unternehmung. – c) Die *Dispositionsfähigkeit* wird aufgrund fehlender innerbetrieblicher Interdependenzen positiv beeinflusst. – 4. *Modifizierung:* In der Praxis wird die Spartenorganisation wegen ihrer Nachteile meist zu einer → mehrdimensionalen Organisationsstruktur ressourcen- und/oder marktorientiert modifiziert; funktionale Zentralbereiche

(z.B. Werke) sollen v.a. eine bessere Ressourcennutzung und auf einzelne Märkte ausgerichtete → organisatorische Einheiten eine höhere Koordination der marktorientierten Spartenaktivitäten sicherstellen.

Spezialisierung – I. Industriebetriebslehre: Arbeitsteilung.

II. Organisation: 1. *Begriff:* die im Rahmen der Arbeitsteilung erfolgende inhaltliche Ausrichtung der Kompetenzen organisatorischer Einheiten auf jeweils spezielle Handlungen. – 2. *Gestaltungsalternativen:* Die → Zentralisation kann dabei nach dem → Verrichtungsprinzip (Funktionalprinzip) oder nach dem → Objektprinzip erfolgen. – 3. *Beurteilung:* Die → organisatorische Effizienz hängt u.a. von der Art und der hierarchischen Positionierung der spezialisierten Einheit ab. Bei der Spezialisierung einer Stelle auf Verrichtungen z.B. können sich v.a. auf tiefer gelegenen Hierarchieebenen Vorteile besserer Auslastung maschineller Anlagen und höherer Geschicklichkeit der Handlungsträger bei gleichartigen Tätigkeiten einstellen; als Nachteil kann u.a. Monotonie mit ihren Ermüdungs- und Frustrationsfolgen auftreten.

III. Wettbewerbsrecht: Spezialisierungskartell.

IV. Außenwirtschaft: Spezialisierung im Außenhandel impliziert, dass sich die Länder auf die Rohstoffförderung oder Produktion von Waren und auf den Export in Länder konzentrieren, bei denen sie über *komparative Kostenvorteile*, das sind geringere Opportunitätskosten im internationalen Vergleich, verfügen.

V. Informatik: Konzept der Modellierung, bei dem ein allgemeiner Typ von Objekten zur besseren Unterscheidung in verschiedene, andere Subtypen unterteilt wird. – *Gegensatz:* Generalisierung.

Spin-off – 1. *Begriff:* Ausgliederung einer Organisationseinheit aus bestehenden Strukturen (z.B. Unternehmen, Universität oder Forschungsinstitut) mittels Gründung eines eigenständigen Unternehmens durch Mitarbeiter der Ursprungsorganisation. – 2. *Merkmale:* Es entsteht eine neue rechtliche Einheit, die Know-How und Mitarbeiter aus der Ursprungsorganisation bündelt und vielfach auch nach der Ausgliederung noch inhaltliche oder wirtschaftliche Verbindungen zur Mutterorganisation aufrecht erhält. – 3. *Ziele:* Motive der Ausgründung sind vielfach Produktideen oder Forschungsergebnisse, die gute Geschäftsperspektiven aufweisen, jedoch außerhalb der Geschäftstätigkeiten der Ursprungsorganisation liegen oder nicht in deren Regie produziert bzw. optimal vermarktet werden können.

Sprecherfunktion – Form der Arbeitsteilung bei ressortloser Unternehmensführung (→ Organisation der Unternehmungsleitung).

SRU – Abk. für → Sachverständigenrat für Umweltfragen.

St. Galler Management-Konzept → integriertes Management.

Stab – Element der → Aufbauorganisation; eine → organisatorische Einheit, die nur indirekt durch Unterstützung einer → Instanz zur Lösung der Unternehmungsaufgabe beiträgt, v.a. bei Vorbereitung und Kontrolle der Entscheidungen der Instanz. Die Aufgabe ist genereller (Stabsgeneralist, z.B. Direktionsassistent) oder spezieller (Stabsspezialist, z.B. Stab für Rechtsangelegenheiten) Art. – Bei *multipersonalen Stäben* können Stabsstellen auch mit → Weisungsbefugnissen, allerdings nur für den Bereich der Stabsabteilung, ausgestattet sein. – Vgl. auch → Stab-Linienorganisation.

Stab-Linienorganisation – 1. *Begriff:* Form der → Aufbauorganisation, bei der den → Instanzen zur Unterstützung Stabsstellen (→ Stab) zugeordnet werden. – 2. *Gestaltungsalternativen:* a) Die Zuordnung von *Stabsgeneralisten* bewirkt eine generelle Erweiterung der Instanzenkapazität. – b) Durch *spezialisierte Stäbe* kann eine → mehrdimensionale Organisationsstruktur realisiert werden; für die durch gleichzeitige Zerlegung eines Handlungskomplexes nach verschiedenen Gliederungskriterien gewonnenen Aufgaben (→ Spezialisierung) werden → Entscheidungskompetenzen oder → Kompetenzen für entscheidungsvorbereitende Aktivitäten formuliert, die auf → Entscheidungseinheiten bzw. Stäbe übertragen werden. Die für mehrdimensionale Organisationsstrukturen charakteristische Berücksichtigung mehrerer Aspekte einer Handlung im Entscheidungsprozess erfolgt bei der Stab-Linienorganisation somit durch ungleichgewichtige organisatorische Verankerung der Handlungsaspekte. – *Anders:* → Matrixorganisation. – Die Stab-Linienorganisation kann als Organisationsmodell auf der zweiten Hierarchieebene oder im Rahmen einer → Teilbereichsorganisation auf niedrigeren Hierarchieebenen ansetzen. – 3. *Vorteile:* V.a. Entlastung der Leitungseinheiten und Qualitätsverbesserung ihrer Entscheidungen mithilfe detaillierterer Entscheidungsvorbereitung durch den Stab sowie klare → Kompetenzabgrenzung durch das zugrunde liegende → Einliniensystem. – 4. *Nachteile:* V.a. mögliche Stab-Linienkonflikte z.B. durch Frustration des Stabes wegen fehlender direkter Entscheidungskompetenzen und informationelle Abhängigkeit der Instanz von ihrem Stab.

Staffelung von Plänen → rollende Planung, → Blockplanung.

Stage-Gate-Modell – nach Cooper und Kleinschmidt ein standardisiertes Prozessmodell zur Entwicklung von Produktinnovationen. Ziel des Modells ist die Sicherung der Prozessqualität bei der Innovationsentwicklung. Der Innovationsprozess wird von Cooper und Kleinschmidt in mehrere Stufen (engl. *stages*) unterteilt. Im Gegensatz zu anderen Prozessmodellen beinhaltet im Stage-Gate-Modell jede Stufe bereichsübergreifende Aktivitäten aus dem Aufgabenspektrum verschiedener Funktionsbereiche bzw. Abteilungen eines Unternehmens. Nach Beendigung der einzelnen Stufen werden die Ergebnisse anhand vordefinierter Kriterien im Rahmen einer Meilensteinanalyse (engl. *gates*) überprüft (vgl. Abbildung „Stage-Gate-Modell im Überblick"). Die wissenschaftlichen Grundlagen für das Stage-Gate-Modell basieren auf der von R. Cooper und E. Kleinschmidt durchgeführten Studie „NewProd III". Ziel der Untersuchung war es, Erfolgsfaktoren für die Entwicklung von Produktinnovationen abzuleiten. Eine zentrale Aussage der Studie „NewProd III" war die Identifikation prozessbezogener Erfolgsfaktoren und deren entscheidender Einfluss auf den Erfolg neuer Produkte.

Stammbelegschaft – *Stammpersonal;* Bezeichnung für bewährte Fachkräfte in Industrieunternehmen, die i.d.R. sehr lange im Betrieb tätig sind, den „Stamm" der Belegschaft

Stage-Gate-Modell im Überblick

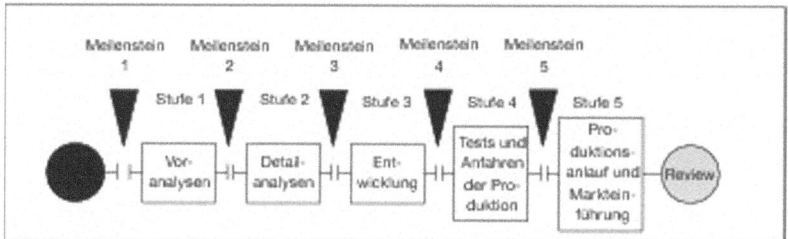

Quelle: Kleinschmitt, E./Geschka, H./Cooper, R.,Produktinnovationen an Markt und Kunden ausrichten, Berlin 1996, S. 52–53.

bilden und auch in Krisenzeiten möglichst nicht entlassen werden.

Standardarbeitszeit – *Planarbeitzeit;* festgelegte Arbeitszeitstruktur für einzelne Arbeitnehmer oder ganze Betriebsabteilungen, die im Rahmen flexibler Arbeitszeiten (→ Arbeitszeitflexibilisierung) zum Zwecke der Aufrechterhaltung der Betriebsbereitschaft zu vereinbaren ist. Die Arbeitszeit bezieht sich auf die zukünftige Erstellung einer Leistungseinheit pro Arbeitsgang.

Standard-Daten-Verfahren → Systeme vorbestimmter Zeiten (SvZ).

Standardisierung – I. Management: Standardisierung dient der Reduktion der intra- und interbetrieblichen Prozesskosten. Intrabetrieblich sind das v.a. Wechselkosten und Lernkosten, extrabetrieblich Transaktionskosten. Qualitätsstandardisierte Produkte reduzieren den Beschaffungsaufwand und das Beschaffungsrisiko. Das Marktfeld wird erweitert. Die Absatzflexibilität kann bei reduzierter Lagerhaltung gesteigert werden. Die Entscheidungsproblematik liegt in der Prognose, wie viel Gleichteile der Kunde bei unterschiedlichen Produkten und Marken bemerkt und akzeptiert, ohne seine Markenpräferenz aufzugeben.

II. Handelsbetriebslehre: Festlegung eines Ausführungs- oder Qualitätsmusters, das den Durchschnitt einer bestimmten Warenart darstellt, für den die Preisbestimmung gelten soll (Standard).

III. Industriebetriebslehre: Produktstandardisierung.

IV. Marketing: Standardisierungsstrategie.

V. Rechnungswesen: Standardkosten und entsprechende Maße für Kalkulation und Betriebsabrechnung; Richtzahlen für den Betriebsvergleich.

VI. Statistik: 1. *Allgemeine Statistik:* Standardtransformation. – 2. In der *Bevölkerungsstatistik* und *Wirtschaftsstatistik:* Ermittlung von statistischen Kenngrößen für eine Gesamtheit unter Zugrundelegung einer

– von der beobachteten verschiedenen – Standard-Struktur. – *Beispiel:* Standardisierung der (globalen) Sterberate (Mortalitätsmaße) einer Bevölkerung erfolgt dadurch, dass aus den altersspezifischen Sterberaten ein gewogenes arithmetisches Mittel errechnet wird, bei dem zur Gewichtung die Anteile der einzelnen Altersklassen einer Standard-Bevölkerung (z.B. Bevölkerung 31.12.1995) eingehen. Eine solche standardisierte Sterberate gibt Auskunft über die Mortalität der Bevölkerung, wobei der Einfluss der Veränderung ihres Altersaufbaus seit 1995 neutralisiert ist.

Standortbilanz – Teilelement der Ökobilanzsystematik. Kann analog einer → Umweltverträglichkeitsprüfung für Betriebsstandorte aufgebaut werden. Legt Investitions- und Sanierungsbedarf offen, wichtiger Bestandteil für die Ermittlung von Störfallrisiko, Bonität, Haftungsaspekten und Unternehmenswert.

Stärken-/ Schwächenanalyse – 1. *Begriff:* Analyse und Bewertung der Ressourcen eines Unternehmens aus einer langfristigen Perspektive heraus. Dabei misst man sich z.B. mit den wichtigsten Konkurrenten oder an betriebswirtschaftlichen Standards. Die Stärken-/ Schwächenanalyse kann für eine Ist- sowie für eine Soll-Situation durchgeführt werden. Die Ermittlung der Potenzialwerte kann nach intuitivem Ermessen der Entscheidungsträger oder, falls dies möglich ist, durch direkte Messungen erfolgen. – 2. *Einordnung:* Instrumente eines → strategischen Managements; erweitert die → Potenzialanalyse.

starke Nachhaltigkeit – Starke Nachhaltigkeit ist eine Form der → Nachhaltigkeit. Erhaltung der natürlichen → Ressourcen steht im Vordergrund, da davon ausgegangen wird, dass → Naturkapital durch kein anderes Kapital ersetzt werden kann. – Vgl. auch → schwache Nachhaltigkeit.

Start-up – Begriff aus der Venture-Capital-Finanzierung. Im Rahmen des chronologischen Phasenmodells die Finanzierungsphase nach der → Seed Stage. Sie betrifft innerhalb des → Early Stage die Finanzierung der Frühphase eines → Start-up-Unternehmens, die sich von der Entwicklung des Businessplans bis zum Produktionsstart und der Produktvermarktung erstreckt.

Start-up-Unternehmen – junge, noch nicht etablierte Unternehmen, die zur Verwirklichung einer innovativen Geschäftsidee (häufig in den Bereichen Electronic Business, Kommunikationstechnologie oder Life Sciences) mit geringem Startkapital gegründet werden und i.d.R. sehr früh zur Ausweitung ihrer Geschäfte und Stärkung ihrer Kapitalbasis entweder auf den Erhalt von Venture-Capital bzw. → Seed Capital (evtl. auch durch → Business Angels) oder auf einen Börsengang (→ IPO) angewiesen sind.

statische Muskelarbeit – Zustand, in dem ein Muskel über längere Zeit gegen eine äußere Kraft angespannt wird, ohne dass es zu einer Bewegung der Gliedmaßen kommt. Das heißt, es liegt statische Muskelarbeit vor, wenn durch Muskelkontraktionen eine Gelenkbewegung verhindert wird. Eine hohe Intensität der → Belastung liegt vor, da der beanspruchte Muskel kaum durchblutet wird. – *Gegensatz:* → dynamische Muskelarbeit.

Steigerungsfaktor – Faktor, mit dem der durch die analytische Arbeitsbewertung für eine bestimmte Tätigkeit ermittelte → Arbeitswert (ausgedrückt in Arbeitswertpunkten) zu multiplizieren ist. Das Produkt wird zum gleichbleibenden Grundbetrag addiert und ergibt den → Grundlohn. Die so einheitlich je Betrieb ermittelten Grundlöhne, erhöht um den jeweiligen Akkordzuschlag, ergeben die Akkordrichtsätze der betreffenden Tätigkeiten. – *Anders:* → Geldfaktor.

Stelle → organisatorische Einheit, die aus der → Stellenbildung hervorgeht und im Rahmen der → Aufbauorganisation den Kompetenzbereich eines gedachten Handlungsträgers gemäß der → Stellenbeschreibung abgrenzt. Element des → organisatorischen Teilbereichs.

Stellenangebot – 1. *Begriff:* Instrument der → Personalbeschaffung, mit dem sich ein Unternehmen an das interne (innerbetriebliche Stellenausschreibung) und externe (→ Personalwerbung) Arbeitskräftepotenzial wendet, um vakante → Stellen zu besetzen (Ausschreibung von Arbeitsplätzen). – 2. *Form:* Anzeige der vakanten Stelle entweder in Zeitungen, Fachzeitschriften, am → Schwarzen Brett oder in anderen Medien, mit denen die Zielgruppe erreicht werden kann. – 3. *Inhalt:* Darstellung des Anforderungsprofils der Stelle, des Eintrittstermins, der erwünschten Bewerbungsunterlagen, der Ausschreibungsfrist und weiterer Informationen für den potenziellen Stelleninhaber.

Stellenanzeige → Personalanzeige.

Stellenbeschreibung – *Job Description; Arbeitsplatzbeschreibung; Position guide*; 1. *Begriff:* verbindliche, in schriftlicher Form abgefasste Fixierung der organisatorischen Eingliederung einer → Stelle im Betrieb hinsichtlich ihrer Ziele, → Aufgaben, → Kompetenz, Pflichten etc. Ist ein Instrument der Personalplanung. – 2. *Bestandteile:* Bezeichnung der Stelle und ihres organisatorischen Ranges in der Hierarchie, Kompetenzen, aktive und passive → Stellvertretung, Tätigkeitsgebiet, spezielle Aufgaben. – 3. *Zweck:* Schaffung einer transparenten, umfassenden und überschneidungsfreien Ordnung der → Zuständigkeiten; Eingliederung der Stelle im Unternehmen, Hilfsmittel bei der → Arbeitsbewertung, der → Karriereplanung, der → Personalführung, der Ermittlung des → Personalbedarfs. – 4. *Nachteile:* Fixierte Aufgabenbeschreibungen können zu organisatorischer Inflexibilität und Stellenegoismus führen. Bestandteile: Stellenbezeichnung, Rang, Stelleneinordnung, Unterstellung, Überstellung, Stellvertretung, Ziele der Stelle, Aufgaben, Stellenbefugnisse, Anforderungen.

Stellenbesetzungsdiagramm → Organigramm.

Stellenbildung – 1. *Begriff:* Vorgang zur Gestaltung der → Aufbauorganisation, bei dem durch → Aufgabenanalyse gewonnene Teilaufgaben im Wege der → Aufgabensynthese für jeweils einen gedachten Handlungsträger zu einem Aufgabenkomplex bzw. zu einer → Stelle zusammengefasst werden. – 2. *Kriterien:* Die Zusammenfassung der Teilaufgaben kann nach den verschiedenen Aufgabenmerkmalen, v.a. dem Verrichtungsaspekt (→ Verrichtungsprinzip) oder dem Objektaspekt (→ Objektprinzip), erfolgen; eine → Zentralisation nach dem einen Kriterium bedeutet zugleich eine → Dezentralisation nach dem anderen Kriterium. – 3. Das *Kernproblem* der Stellenbildung besteht in der Synchronisation der Anforderungsprofile der gebildeten Stellen und der Fähigkeitsprofile der potenziellen Handlungsträger (→ Arbeitsgestaltung). Dabei wird die Vielfalt der theoretischen Gestaltungsalternativen der Stellenbildung in der Praxis durch feststehende Berufsbilder (anerkannter Ausbildungsberuf) eingeschränkt. – Vgl. auch → Spezialisierung.

Stellengesuch – Anzeige in einer Zeitung, Fachzeitschrift oder auch auf Stellenbörsen im Internet, in der ein Stellensuchender seine Arbeitskraft und seine Fähigkeiten einem potenziellen Arbeitgebern anbietet, mit der Absicht, eine neue Arbeitsstelle zu finden.

Stellenhierarchie → Hierarchie.

Stellvertretung – I. Organisation: 1. *Begriff:* Übernahme der Aufgaben eines Stelleninhabers durch einen anderen Handlungsträger zur Gewährleistung der Aufgabenerfüllung in den Fällen, in denen der Vertretene aus bestimmten Gründen nicht selbst handeln kann oder will (z.B. wegen dienstlicher Abwesenheit, Urlaub oder Krankheit). Der *Stellvertreter* nimmt die formale → Kompetenz im Namen und im Sinne des Vertretenen, aber in eigener → Verantwortung wahr. – 2. *Formen:* Die Stellvertretung kann haupt- oder nebenamtlich sowie unbegrenzt oder begrenzt sein. **II. Bürgerliches Recht:** Abgabe oder Empfang einer Willenserklärung für einen anderen in

dessen Namen. – 1. Stellvertretung *liegt nur vor,* wenn Vertreter über Abgabe und Inhalt der Erklärung, mag er auch im Innenverhältnis zum Vertretenen weisungsgebunden sein, selbst entscheidet; wer nur die vorformulierte Erklärung überbringt, ist nicht Vertreter, sondern Bote. – 2. Eine *Erklärung* des Vertreters, die er innerhalb der ihm zustehenden Vertretungsmacht im Namen des Vertretenen abgibt, wirkt unmittelbar für und gegen den Vertretenen; ist aus den Umständen (z.B. Verkäufer im Ladenlokal) nicht ersichtlich, dass der Vertreter in fremdem Namen handeln will, treffen ihn die Wirkungen des Geschäfts selbst (§ 164 BGB); Sonderregeln bei Vertretung ohne Vertretungsmacht. – 3. Soweit es auf *Kenntnis* oder Unkenntnis gewisser Umstände ankommt (z.B. beim gutgläubigen Erwerb), ist Kenntnis des Vertreters entscheidend; auf die des Vertretenen kommt es nur an, wenn der Vertreter nach bestimmten Weisungen gehandelt hat (§ 166 BGB). – 4. *Selbstkontrahieren* ist dem Vertreter i.d.R. verboten. Vertreter kann auch ein beschränkt Geschäftsfähiger (Geschäftsfähigkeit) sein (§ 165 BGB).

Stern-Report – Der „Stern Review on the Economics of Climate Change" (Stern-Report) wurde 2006 im Auftrag der britischen Regierung von Nicholas Stern erstellt und betrachtet die wirtschaftlichen Aspekte und Folgen des → Klimawandels.

Stiftung für die Rechte zukünftiger Generationen – 1. *Begriff:* Die Stiftung für die Rechte zukünftiger Generationen (SRzG) wurde im September 1996 gegründet. Sie besteht aus einem wissenschaftlichen und einem unternehmerischen Beirat. Zur Sicherung der finanziellen Basis und der Unabhängigkeit ist ebenfalls ein Förderverein in die Stiftung eingegliedert. Angegliedert an die SRzG ist das Institut für demografische Zukunftsfähigkeit (idz). – 2. *Ziele:* Die Ziele der Stiftung sind die Vertiefung und Verbreitung des Wissens um Generationengerechtigkeit und → Nachhaltigkeit. Dabei sind die Arbeitsschwerpunkte wissenschaftliche und handlungsorientierte Analysen.

Stillstandzeit → Brachzeit.

Stoffbilanz – *Materialbilanz*; systematische, nach Arten geordnete Gegenüberstellung der Mengen an Material-(Stoff-)einsatz (Input) und Material-(Stoff-)ausbringung (Output) eines produktiven Systems. Es gilt: Menge (Masse) des Inputs = Menge (Masse) des Outputs. Der gesamte Stofffluss wird art- und mengenmäßig identifiziert, Verluste und unkontrollierte Emissionen werden offen gelegt, Notwendigkeiten und Möglichkeiten für Erfassen, Rückhalten, Verarbeiten und Recycling von stofflichen Rückständen werden sichtbar.

Stoffstrommanagement – zielorientiertes, verantwortliches, ganzheitliches und effizientes Beeinflussen von Stoffsystemen, wobei die Zielvorgaben aus dem ökologischen und dem ökonomischen Bereich kommen, unter Berücksichtigung von sozialen Aspekten.

Stoff- und Energiebilanz → Sachbilanz, → Ökobilanz.

Strategic Fit – *Strategie-Fit*; konzeptionelle Vereinbarkeit der strategischen Aktivitäten eines Unternehmens oder – bei der Kooperation von Unternehmungen – mehrerer Unternehmen.

Strategie – **I. Unternehmensplanung: 1.** *Begriff:* v.a. im strategischen Management: Strategie wird definiert als die grundsätzliche, langfristige Verhaltensweise (Maßnahmenkombination) der Unternehmung und relevanter Teilbereiche gegenüber ihrer Umwelt zur Verwirklichung der langfristigen Ziele. – **2.** *Merkmale:* Eine Strategie trifft Aussagen zu den folgenden vier Bereichen: (1) dem Tätigkeitsbereich, d.h. dem Ausmaß der Umweltbeziehungen der Unternehmung (Scope/Domain), (2) den Ressourcen der Unternehmung und den damit verbundenen Fähigkeiten, die strategischen Ziele zu erreichen (Distinctive Competence), (3) den Wettbewerbsvorteilen der Unternehmung

(Competitive Advantage) und (4) der Synergien, die durch die strategischen Entscheidungen entstehen können.

II. Entscheidungs-/Spieltheorie: Satz von Regeln, deren Beachtung die Wahrscheinlichkeit für das Auftreten eines gewünschten Ereignisses erhöhen soll. In der Entscheidungstheorie Aktion in einer mehrstufigen Entscheidung, bestehend aus aufeinanderfolgenden Maßnahmen über alle betrachteten Teilperioden; in der Spieltheorie ein Spielplan, nach dem ein Spieler seine Auswahlmöglichkeiten für jeden Spielzug bestimmt. – Vgl. auch Spieltheorie.

Strategie-Fit → Strategic Fit.

strategiekonforme Organisation – 1. *Organisationsstrukturen:* Organisationsstrukturen sind Regelungssysteme, die sich als Infrastrukturen im Sinn von Ordnungs- und Orientierungsrahmen begreifen lassen. Sie leisten einen Beitrag zur Ausrichtung von arbeitsteilig durchgeführten Handlungen auf die obersten Unternehmungsziele. Organisatorische Regelungen müssen vielfältigen Anforderungen genügen, welche sich in die Kategorien Integration (statische Betrachtung) und Änderung (dynamische Betrachtung) einordnen lassen. Bei der Bewältigung von *Integrationserfordernissen* steht die zielorientierte Ausschöpfung von gegebenen Handlungspotenzialen durch Koordinations- und Motivationsmaßnahmen im Mittelpunkt. Die Herausforderung an organisatorische Gestaltungsaktivitäten liegt darin, trotz eines durch Arbeitsteilung verursachten Zwangs zum Potenzialsplitting und daraus resultierenden Problemen der Schnittstellenbewältigung (Koordinationsproblem) und trotz möglicher Diskrepanzen zwischen Unternehmungs- und Individualzielen (Motivationsproblem) eine möglichst umfassende und reibungslose Ausschöpfung von Ressourcen und Märkten zu gewährleisten. Betreibt man organisatorische Gestaltung unter *Änderungsgesichtspunkten,* d.h. mit einer Akzentuierung dynamischer Elemente wie der

Modifizierung von Wissensstrukturen oder der Forcierung von Wandel innerhalb der Unternehmung, so erweitert sich die Komplexität des Gestaltungsproblems. Zur Verwirklichung eines solchen Anliegens muss durch geeignete organisatorische Regelungen die Voraussetzung dafür geschaffen werden, dass der zielorientierte Aufbau von Handlungspotenzialen für zukünftige Perioden gelingt. – 2. *Strategien*: Strategien stellen längerfristig gültige Grundsatzentscheidungen dar, die den Rahmen für künftige detailliertere Entscheidungen bilden. Sie sind auf den Aufbau und die Sicherung von Erfolgspotenzialen ausgerichtet, welche im Anschluss durch eine strategiekonforme Ausrichtung des operativen Geschäfts nach Maßgabe der obersten Unternehmungsziele ausgeschöpft werden. Es existieren verschiedene Möglichkeiten, *Formen der strategischen Positionierung* zu systematisieren. Hier sollen strategische Entscheidungen nach der Basis des Wettbewerbs, der Ausgestaltung des Leistungsangebots und der Art der Marktbearbeitung unterschieden werden. (a) Strategische Entscheidungen hinsichtlich der *Basis des Wettbewerbs* erfordern die Beantwortung der Frage, ob eine gesicherte Wettbewerbsposition in erster Linie durch Kostenwettbewerb (Minimierung der mit der Leistungserstellung verbundenen Kosten, um in der Preispolitik einen größeren Dispositionsspielraum gegenüber der Konkurrenz zu erlangen) oder durch Zeitwettbewerb (möglichst reibungslose Gestaltung des Leistungsprozesses von seiner Auslösung bis zur Vertragserfüllung gegenüber dem Kunden) aufgebaut und gesichert werden soll. (b) Mit der *Ausgestaltung des Leistungsangebots* legt die Unternehmung fest, mit welchen Leistungselementen der beim Kunden vermutete Bedarf gedeckt werden soll. Im Einzelnen ist über die Leistungsbestandteile (z.B. Ausprägung von Sach- und Dienstleistungen), über den Grad an kundenindividueller Ausgestaltung der Leistung (Standardisierung, modularisierte Kundenleistung, kundenindividuelle Leistungen) und über die Berück-

sichtigung absatzwirtschaftlicher Verbundeffekte (v.a. produktübergreifende Nachfrage) zu entscheiden. Mithilfe des Merkmals *Art der Marktbearbeitung* werden einerseits die Ausschöpfung des Nachfragepotenzials (flächendeckende oder segmentierende Marktbearbeitung), andererseits der Aufbau und die Sicherung längerfristiger Kundenbindungen in die Analyse einbezogen. – 3. *Wettbewerbsstrategie und Organisation*: (1) *Zusammenhang*: Der Zusammenhang zwischen Strategie und Organisationsstruktur wird in der Literatur in hohem Maße aus der Perspektive eines „Structure follows Strategy" betrachtet. Dieser auf A.D. Chandler (1962) zurückgehende Slogan erfasst die Frage der strategiekonformen Organisation nur sehr begrenzt und betont zu einseitig die statische Dimension. Hinsichtlich der Basis des Wettbewerbs kann man feststellen, dass beim Kostenwettbewerb die effiziente Nutzung von (internen und externen) Potenzialen, beim Zeitwettbewerb die effiziente Abstimmung von Interdependenzen in den Vordergrund rückt. Eine kostenorientierte Wettbewerbsstrategie wird deshalb tendenziell zu Organisationsstrukturen führen, die eine Zuweisung von Kompetenzen in Bezug auf zusammengehörende Potenziale (Ressourcen, Märkte) an jeweils eine organisatorische Einheit erlaubt; durch solche Lösungen wird jedoch zugleich die bereichsübergreifende Abstimmung von Interdependenzen erschwert. Bei einer strategischen Fokussierung auf Kostenaspekte besteht mithin eine Tendenz zur Bildung funktions- und markt-, (bzw. kunden-)orientierter Strukturen. Umgekehrt begünstigt der Zeitwettbewerb Tendenzen zur organisatorischen Verselbstständigung von Wertschöpfungsketten durch Aufsplitting von Potenzialen. Die in vielen Branchen zu beobachtende Tendenz, durch Bildung weitgehend autonomer Produktbereiche eine prozessorientierte Organisationsgestaltung zu betreiben, ist Ausdruck einer Hinwendung zum Zeitwettbewerb. Hinsichtlich der Struktur des Leistungsangebotes kann als organisatorisch relevantes Merkmal die Produktkomplexität angesehen werden; sie nimmt mit einer Ausdifferenzierung der angebotenen Sach- und Dienstleistungen zu. Unternehmungen, die Produkte mit einer hohen Komplexität anbieten, müssen in bes. Maße sicherstellen, dass auf das notwendige Produkt- und Prozesswissen zurückgegriffen werden kann. Ist eine ausgeprägte Produktkomplexität das Ergebnis einer Bündelung artverschiedener Sach- und Dienstleistungen, erhöht sich i.d.R. die Intensität der Prozessinterdependenzen. Eine Steigerung der Kundenindividualisierung weist von allen strategischen Einflussgrößen die umfassendsten organisatorischen Auswirkungen auf. V.a. steigen die Anforderungen durch eine Zunahme der Ungewissheit aufgrund der Einbindung des Kunden in den Prozess der Leistungserstellung deutlich. (2) *Konsequenzen*: Für den Organisationsgestalter liefern die Ergebnisse wettbewerbsstrategischer Analysen Bausteine für den Entwurf von Organisationsstrukturen. Eine strategiekonforme Organisationslösung ist immer das Ergebnis einer Ausbalancierung verschiedener, häufig in Konflikt zueinander stehender Einflüsse. So ist z.B. die Verfolgung des Zeitwettbewerbs nicht mit jeder Ausgestaltung des Leistungsangebots kompatibel. Mit zunehmender Produktkomplexität und Kundenindividualisierung zeigen sich aufgrund nachhaltig wachsender Interdependenzen rasch die Grenzen einer Wahl dieser Wettbewerbsbasis. Auch der Entscheidung zugunsten des Kostenwettbewerbs ist die Frage vorgelagert, ob man über möglichst hohe Standardisierung des Leistungsprogramms Kostenvorteile realisieren will, um niedrige Absatzpreise sicherzustellen, oder ob durch Ausdifferenzierung des Angebots verbunden mit Kundenindividualisierung das akquisitorische Potenzial und ein damit verbundener größerer Preissetzungsspielraum genutzt werden sollen. – 4. *Strategieanpassung und Organisationsstruktur*: Die Frage der strategiekonformen Organisationsstruktur wird in Praxis und

Wissenschaft vorrangig aus statischer Sicht behandelt. Wenn mit dem Aufbau zukünftiger Handlungspotenziale die Strategiedynamik und damit die Bedeutung von Lernen und Wandel in den Vordergrund rücken, stellt sich das schwierige Problem einer Ausbalancierung von Integrations- und Änderungsanforderungen. Mit der Lerndimension richtet sich der Blick auf Wissensstrukturen und ihre Veränderungen im Zeitablauf: Die Schaffung eines strukturellen Rahmens, welcher die unternehmungsweite Entwicklung neuen sowie den individuen- und bereichsübergreifenden Transfer vorhandenen Wissens sicherstellt, wird zur Herausforderung für die Organisationsgestaltung. Unternehmungen mit Fähigkeit zum Wandel besitzen die für einen Aufbau zukünftiger Handlungspotenziale unerlässliche Fähigkeit zur Anpassung an Entwicklungen in der relevanten Umwelt. Beispielhaft hierfür können umfassende strategische Neuausrichtungen, die Generierung neuer Produktideen und deren Umsetzung in marktfähige Leistungen eine grundsätzliche strukturelle Flexibilität angeführt werden. Ebenso wie bei der Integrationsperspektive spielen auch unter Änderungsaspekten Motivationsfragen eine große Rolle: Es ist zu klären, wie bei den Mitarbeitern eine grundsätzliche Bereitschaft erzeugt werden kann, sich in Lernprozessen zu engagieren und Maßnahmen zur Anpassung an geänderte Bedingungen aktiv zu ergreifen und mit zu tragen.

Strategienfächer – 1. *Begriff*: Innerhalb der strategischen Planung (→ strategisches Management) zum Einsatz kommende Heuristik. Der Strategienfächer unterstützt einen stufenweisen Entwurf von → strategischen Programmen, wobei von Stufe zu Stufe detaillierter geplant wird. – 2. *Planungsstufen*: 1. *Stufe*: → Strategische Grundhaltung; 2. *Stufe*: Strategische Stoßrichtung des strategischen Geschäftsfelds, aufbauend auf den Normstrategien aus der → Portfolio-Analyse; 3. *Stufe*: Strategische Stoßrichtung der Hauptzielgruppen; 4. *Stufe*: → Wertschöpfungsstrategien; 5.

Stufe: → Funktionalstrategien. – 3. *Unterstützung des Strategienfächers:* Die Heuristik des Strategienfächers kann durch Checklisten für zur Auswahl stehende Entwurfsalternativen (strategische Kataloge) unterstützt werden.

strategische Allianz – *strategische Partnerschaft*; grundsätzliche Vereinbarung zweier Unternehmen zur Zusammenarbeit. Wird i.Allg. über einzelne Projekte konkretisiert. Kann über → Joint Ventures oder wechselseitige Beteiligungen institutionalisiert werden. Motive sind Risikoteilung, Know-how-Austausch, Neutralisierung von Konkurrenz etc. – Vgl. auch → internationale strategische Allianz.

strategische Analyse → strategisches Management.

strategische Erfolgsposition → Führungsmodelle.

strategische Frühaufklärung – I. Begriff: (im Rahmen des → strategischen Managements): antizipative Suche nach *schwachen Signalen;* d.h. frühzeitiges Aufspüren von Chancen zu neuen Erfolgspotenzialen, rechtzeitige Vorbereitung und Ingangsetzung der Umgehung oder Umwandlung von Risiken. – Mit einer Warnung bzw. *Frühwarnung* sind nur Hinweise auf potenzielle Krisen verbunden; „Frühaufklärung" macht dagegen auch auf Gelegenheiten aufmerksam, wie z.B. Ideen zu neuen Geschäften.

II. Konzept der schwachen Signale: 1. Dieses *Konzept* stellt die Frühaufklärung (Before Fact Approach) dem traditionellen Krisenmanagement (After Fact Approach) gegenüber. Dabei wird von der Annahme ausgegangen, dass sich Unternehmen aufgrund der zunehmenden Komplexität, Turbulenz und auch Unvorhersagbarkeit des Unternehmensumfelds immer häufiger sog. strategischen Überraschungen ausgesetzt sehen. Um diese zumindest z.T. zu vermeiden, ist es erforderlich, zukünftig zu erwartende Gefahren und Gelegenheiten möglichst frühzeitig aufzuspüren. Dies kann deshalb möglich sein, weil die meisten zukünftigen Ereignisse und

Entwicklungen sich durch sog. schwache Signale ankündigen und somit antizipierbar sind. – 2. *Problem der Diskontinuitäten:* Die Qualität einer strategischen Frühaufklärung hängt in hohem Maße von den Möglichkeiten zur Prognose der Systementwicklung ab. Dabei stellt das Auftreten sog. Diskontinuitäten ein bes. schwerwiegendes Problem dar. Diskontinuitäten sind Richtungsänderungen (Strukturbrüche) oder Niveauänderungen (Unstetigkeiten). Die meisten der strategisch relevanten Diskontinuitäten sind mit den bekannten quantitativen (statistischen oder ökonometrischen) Modellprognosen nicht vorhersagbar, weil die Veränderung sich nicht als eine kausallogische Gesetzmäßigkeit der Vergangenheit erklären lässt oder die die Veränderung bewirkenden „dritten Variablen" nicht quantifizierbar sind. Gelingt eine Antizipation zukünftiger Entwicklungen und Ereignisse, so kann die Unternehmensplanung prinzipiell durch strategische Frühaufklärung verbessert werden, indem sie zeitlich abgestufte Reaktionsstrategien für alternativ mögliche Zukunftsverläufe entwickelt und bereithält.

III. Realisierungsansätze: 1. *Indikatorenorientierte Ansätze:* I.Allg. nicht-vernetzte Indikatorensysteme, die als einfache Kennzahlensysteme, als (Früh-)Indikatorensysteme oder als aggregierte Spezialindikatoren auftreten können. – 2. *Modellorientierte Ansätze:* Modelle aus den → System Dynamics (z.B. Feedback-Diagramme), Entwicklung von Szenarien sowie Entscheidungs- und Simulationsmodelle (Simulation). – 3. *Analyseorientierte Ansätze:* Es stehen verschiedene analytische Verfahren im Mittelpunkt, durch deren Anwendung eine systematischere Identifikation, Erfassung, Auswertung und Interpretation schwacher Signale erzielt werden soll. Zu unterscheiden: Bezugsrahmengebundene und -indifferente Methoden sowie Ansätze mit einem Methoden-Mix. – 4. *Informationsquellenorientierte Ansätze:* Die Art der zur Verwendung kommenden Informationsquellen ist wesentlich für die Gestaltung des

Konzepts. Zu unterscheiden: (1) Partizipatives Recherchieren für Ansätze, in denen die Systemnutzer am Recherchieren der Informationen beteiligt sind; (2) eigenes Recherchieren beim Träger des Ansatzes (mit und ohne eine regelmäßige Publikation). – 5. *Netzwerkorientierte Ansätze:* Ansätze, bei denen der (nahezu) vollständige Informationsverarbeitungsprozess innerhalb eines Netzwerks von Personen (bzw. Hosts von Datenbanken) bewältigt wird.

IV. Anwendungsstand: 1. Die Schwerpunkte der Frühaufklärungsaktivitäten hängen von den *Entwicklungsstadien* ab: Die Beobachtung ökonomischer Entwicklungen ist am nächsten liegend und mit dem höchsten Maß an Vertrauen hinsichtlich ihrer Zuverlässigkeit verbunden. Am anderen Ende der Skala ist die Beobachtung der gesellschaftlichen Entwicklungen anzusiedeln. – 2. *Rangordnung des Methodeneinsatzes* (die am meisten eingesetzte Technik wird zuerst genannt): → Szenario-Technik, Extrapolation, → Trend-Impact-Analyse, → Brainstorming, Experten-Befragung (→ Delphi-Technik), ökonometrische und statistische Modellrechnungen (Statistik, Ökonometrie), Simulationsmodelle (Simulation), → Cross-Impact-Analyse und Entscheidungsbaumverfahren (→ Entscheidungsbaum). Diese Methoden sind zu nicht unerheblichen Teilen der Zukunftsforschung zuzuordnen.

strategische Führung – Planungs-, Steuerungs- und Kontrollprozesse bez. → Strategien, d.h. im Hinblick auf Vorgehensweisen grundsätzlicher Art im Zusammenhang mit dem Unternehmen einschließlich der hiermit verbundenen Festlegung zu erreichender Ziele oder auf Basis vorabbestimmter Zwecke und Ziele.

strategische Geschäfteinheit → strategisches Geschäftsfeld.

strategische Geschäftsfeldeinheit (SGE) → strategisches Geschäftsfeld.

strategische Geschäftsfeldkurve – systematische und hierarchische Aneinanderreihung von → strategischen Geschäftsfeldern hinsichtlich ihres Erfolgsbeitrages in Prozent ihres Geschäftsvolumens.

strategische Grundhaltung – Teilaspekt der unverwechselbaren, historisch gewachsenen Identität eines Unternehmens, bedingt durch einen „Kern" grundlegender Eigenschaften, der sich aus dem Vergleich der strukturellen Gegebenheiten, der → Unternehmensverfassung, der Unternehmenspolitik sowie der Unternehmenskultur mit denen anderer Unternehmen ergibt. Erste Stufe eines → Strategienfächers. – Ein *Beispiel* für eine der strategischen Grundhaltungen, bezogen auf die Definition des Geschäfts (Primärbereich) eines Unternehmens, ist aus der vereinfachten Typologie der Abbildung zu entnehmen.

Strategische Grundhaltung

strategische Gruppe – 1. *Begriff:* Gruppe der Wettbewerber in einer Branche, die ein homogenes strategisches Verhalten aufweisen, d.h. bez. bestimmter strategischer Dimensionen (z.B. Spezialisierung, Marken-Identifikation, Qualität) dieselbe oder ähnliche Strategie verfolgen. I.Allg. existieren in jeder Branche mehrere strategische

Gruppen. – Jede der strategischen Gruppen kann z.B. anhand des Konzepts der fünf Wettbewerbskräfte auf ihre Struktur hin untersucht werden (→ Wettbewerbsstrategie). – 2. *Mobilitätsbarrieren von strategischen Gruppen:* a) Unterschiedlich hohe → Markteintrittsschranken der strategischen Gruppen erklären unterschiedliche Rentabilitäten der strategischen Gruppen. Der Neueintritt in eine strategische Gruppe erfordert die Überwindung von deren Eintrittsbarrieren, die nicht identisch mit denen der generellen Branche sein müssen. – b) Der Wechsel von einer strategischen Gruppe in eine andere erfordert zusätzlich die Analyse der relevanten → Marktaustrittsschranken aus der bisherigen strategischen Gruppe.

strategische Kontrolle – 1. *Begriff:* Überwachung der Durchführung der strategischen Programme *(Plan- bzw. Durchführungskontrolle)* sowie Überprüfung der weiteren Gültigkeit der gesetzten Planannahmen *(Prämissenkontrolle).* Letztere sollte antizipativ erfolgen, wozu sie durch → strategische Frühaufklärung unterstützt werden kann. – Planung und Kontrolle können zeitlich gleichlaufende Prozesse sein. – 2. *Einordnung:* Phase im Ablaufprozess eines → strategischen Managements; Teilaufgabe einer strategischen Steuerung. – 3. *Arten:* a) *Direkte strategische Kontrolle:* Es wird unmittelbar untersucht, ob die Aussagen der strategischen Programme erfüllt werden bzw. weiterhin als erfüllbar erscheinen. – b) *Indirekte strategische Kontrolle:* Die operativen Maßnahmen werden hinsichtlich der Erreichung des strategisch Gewollten überprüft. – 4. *Beziehung zwischen strategischer Kontrolle und operativer Kontrolle:* Kontrollinformationen, die im Rahmen des operativen Kontrollprozesses auch für die aus dem strategischen Programm abgeleiteten Maßnahmen anfallen, zieht man heran, um zu überprüfen, ob angesichts dessen, was im operativen Geschäft bereits erreicht wurde (oder noch für erreichbar gehalten wird), die mit dem strategischen Programm verbundenen Erwartungen realistisch

waren und weiterhin sinnvoll aufrechterhalten werden können. – Vgl. auch → Kontrolle.

strategische Netzwerke – stellen eine auf die Realisierung von Wettbewerbsvorteilen zielende intermediäre, hybride Organisationsform zwischen marktlichen und hierarchischen Koordinationsformen dar, die sich durch komplexe, eher kooperative als kompetitive und durch relativ stabile Beziehungen zwischen rechtlich selbstständigen Unternehmen auszeichnen. Akteure, Ressourcen und Aktivitäten, die Beziehung zwischen diesen Bereichen sowie die Entwicklung von → Strategien zum Auf- und Ausbau von Netzwerkpositionen stehen im Mittelpunkt der Betrachtungen. Dem Marketing kommt dadurch die Aufgabe zu, die Position des Unternehmens in strategischen Netzwerken aufzubauen und zu steuern. Der Netzwerkansatz stellt einen komplexen, relativ neuen und empirisch noch kaum gestützten Betrachtungswinkel im Marketing dar und ist somit inhaltlich nur ansatzweise durchleuchtet.

strategische Partnerschaft → strategische Allianz.

strategischer Fahrplan → strategisches Spielbrett.

strategischer Katalog → Strategienfächer.

strategisches Geschäftsfeld – *strategische Geschäftseinheit, strategische Geschäftsfeldeinheit (SGE).* 1. *Begriff:* Ein möglichst isolierter Ausschnitt aus dem gesamten Betätigungsfeld eines Unternehmens. Das strategische Geschäftsfeld entsteht i.Allg. durch die Zusammenfassung von untereinander möglichst homogenen Produkt/Markt-Kombinationen. Die Anzahl der strategischen Geschäftsfelder sollte übersichtlich und handhabbar bleiben (unter zehn), sodass es oft zweckmäßig und erforderlich ist, weiter (z.B. in Zielgruppen) zu segmentieren. – Vgl. auch → strategisches Management. – 2. *Organisatorische Abgrenzung des strategischen Geschäftsfeld*es (diese muss nicht mit den historisch gewachsenen Grenzen der organisatorischen Verantwortungsbereiche eines Unternehmens zusammenfallen – duale Organisation): a) *Durchführung:* I.Allg. werden Kataloge von Kriterien (z.b. „gemeinsame Kapazitäten", „gemeinsame Kundengruppen") gebildet, mit deren Hilfe eine Aufteilung der Unternehmensaktivitäten in solche Teileinheiten erreicht werden soll, für die eine strategische Planung möglich und sinnvoll erscheint. Abgrenzung so, dass die Potenziale der einzelnen strategischen Geschäftsfelder möglichst autonom gesteuert werden können. – b) *Zweck:* Es soll eine eigenverantwortliche und effiziente Durchführung des strategischen Programms des strategischen Geschäftsfeldes, das relativ unabhängig für diese geplant werden kann, sichergestellt werden (→ Strategienfächer). – 3. *Erweiterung der Abgrenzungsproblematik:* → Definition des Geschäfts.

strategisches Management – 1. *Zentrale Fragen:* Strategisches Management stellt sich der Frage, warum einige Unternehmungen in einer Branche erfolgreich sind und andere nicht. Jede Unternehmung muss im heutigen Wettbewerb folgende zentrale Fragen beantworten: (a) Welche langfristigen Ziele sollen wir verfolgen? (b) In welchen Geschäftsfeldern wollen wir tätig sein? (c) Mit welchen langfristigen Maßnahmen wollen wir den Wettbewerb in den Geschäftsfeldern bestreiten? (d) Was sind unsere Kernfähigkeiten, mit denen wir im Wettbewerb bestehen können? (e) Was müssen wir tun, um unsere langfristigen Maßnahmen umzusetzen? Diese Fragen stehen im Mittelpunkt eines strategischen Managements. So beschäftigt sich, vereinfacht gesagt, das strategische Management mit der Planung und Umsetzung von Strategien in Unternehmungen. – 2. *Kennzeichen:* Die Verfolgung einer einmal eingeschlagenen Strategie ist nicht unbedingt Garant für den zukünftigen Erfolg: (a) Größe und Marktanteil sind keine Sicherheit für einen langfristigen Erfolg; (b) Kernfähigkeiten, die zu einem Zeitpunkt den strategischen Erfolg einer Unternehmung begründen, verlieren im Zeitverlauf ihre Relevanz; (c) junge, stark wachsende Märkte

verändern ihre Spielregeln in dynamischen Sprüngen. Damit wird der strategische Erfolg einer Unternehmung in Zukunft weniger von ihren gegenwärtigen Produkten bestimmt, als vielmehr von ihrer Fähigkeit, die Märkte der Zukunft zu besetzen. Strategisches Management bedeutet somit mehr als nur die langfristige Positionierung des bereits bestehenden Produktprogramms einer Unternehmung. Strategisches Management ist vielmehr mit einem Blick in die Zukunft verbunden. Es gilt, die zentrale Frage zu beantworten, wie der Bestand und der Erfolg der Unternehmung dauerhaft gesichert werden können. – 3. *Durchführung:* Angesichts seiner Bedeutung stellt sich die Frage, wie strategisches Management idealerweise in einer Unternehmung durchgeführt werden sollte. Bewährt hat sich ein Prozessmodell, das die vielfältigen Aufgaben des strategischen Managements ordnet, systematisiert und in eine gewisse idealtypische Reihenfolge bringt. So werden in diesem Verständnis vier unterschiedliche Aktivitätenbündel oder Phasen unterschieden: (1) Die Phase der Zielbildung (Entwicklung der Unternehmungspolitik, des Leitbildes und strategische Zielsetzungen), (2) die Phase der strategischen Analyse (Unternehmungs- und Umweltanalyse, Prognose und Frühaufklärung), (3) die Phase der Strategieformulierung (Formulierung, Bewertung und Auswahl von Strategien), (4) die Phase der Strategieumsetzung. Dabei ist der strategische Managementprozess nicht als eine strikte, top-down vorgegebene Abfolge von Phasen zu verstehen, sondern als ein iterativer Prozess, der durch eine Vielzahl von Rückkopplungen und Überlappungen gekennzeichnet ist. Der Strategieprozess ist sowohl durch eine abschließende Kontrollphase als auch durch ein prozessbegleitendes strategisches Controlling zu unterstützen.

strategisches Programm – das Ergebnis des formalisierten und bewussten Entwurfs der Strategien (→ Strategienfächer) zu einem → strategisches Geschäftsfeld. – Vgl. auch → strategisches Management.

strategisches Spielbrett – 1. *Begriff*: Instrument zur Kreativitätsförderung (→ Kreativitätstechniken). Das strategische Spielbrett soll einen Anstoß liefern, über die gesamte Bandbreite der Betätigungsmöglichkeiten nachzudenken mit dem Ziel, die Wertschöpfungskette des Unternehmens (→ Wettbewerbskonzepte) weiterzuentwickeln (vgl. Abbildung „Strategisches Spielbrett"). – 2. Überlegungen in Richtung *neuer Spielregeln* in zwei Richtungen, innerhalb derer gesucht wird: Innovation in einem Teilmarkt sowie Änderungen der Grundlagen des Wettbewerbs im Gesamtmarkt. Diese Strategien können durch die Ausnutzung eines bestehenden Differenzierungspotenzials in den Gewinnen verwirklicht werden, wenn ein großer Wettbewerbsvorteil (→ Wettbewerbsstrategie) in einem der Erfolgsfaktoren der Branche herausgearbeitet werden kann. – 3. *Realisierung einer Strategie* aus dem strategischen Spielbrett erfolgt (nach Überprüfung des Gleichgewichts der → strategischen Geschäftsfelder in einer → Portfolio-Analyse) über einen sog. *strategischen Fahrplan*, der die

Einordnung der neu gestalteten Wertschöpfungskette in den unternehmenspolitischen Rahmen beinhaltet. So sind z.B. im 7F-Rahmen (→ Führungsmodelle) alle Komponenten des Führungssystems neu aufeinander abzustimmen.

strategische Steuerung → strategisches Management.

strategische Suchfeldanalyse – 1. *Begriff*: Instrument hinsichtlich der Rekrutierung von Unternehmen, also der Suche nach Rückzugs-Betätigungsfeldern sowie neuen Betätigungsfeldern (z.B. eine Veränderung der strategischen Grundhaltung, die Einführung eines Planungs- und Kontrollsystems oder der Eintritt in *neue Geschäfte*); Mittelpunkt ist die Suche nach neuen Geschäften. – Vgl. auch → strategisches Management. – 2. *Vorgehensweise*: Innerhalb des Prozesses einer strategischen Suchfeldanalyse werden i.Allg. von einem weiten und erst grob abgegrenzten Suchraum ausgehend sukzessive und über mehrere Auswahlebenen untaugliche Alternativen ausgefiltert und die neuen Geschäfte

Strategisches Spielbrett

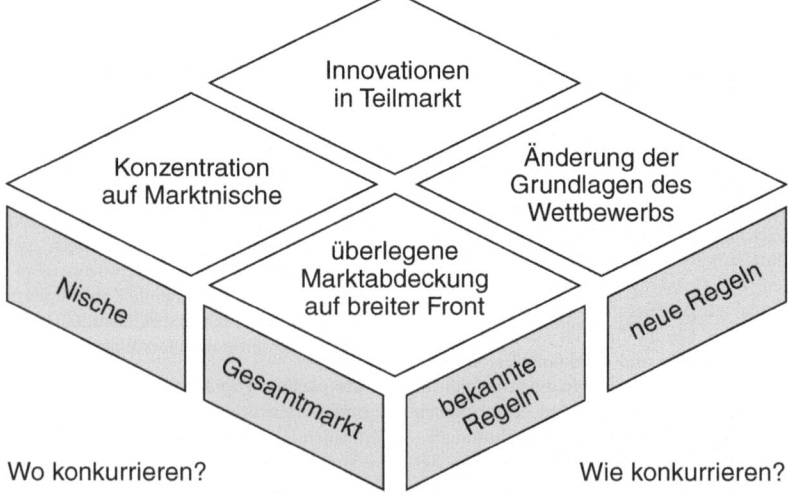

Wo konkurrieren?　　　　　　　　　　　　　Wie konkurrieren?

konkretisiert. Dabei Bewertung der Erfolgspotenziale der Alternativen auf der Basis einer 2-dimensionalen Bewertung: Der Beurteilung ihrer Attraktivität sowie der Erfolgsträchtigkeit möglicher → Markteintrittsstrategien ins neue Geschäft; die Kriterien zur Beurteilung der Ausprägungen beider Dimensionen verändern sich auf den einzelnen Auswahlebenen. Konnten neue Geschäfte ausgefiltert und durch die Entscheidungsträger verabschiedet werden, dann schließt sich dem Prozess einer strategischen Suchfeldanalyse die Suche nach Neu-Produktentwicklungen an.

strategische Unternehmensführung → strategisches Management.

Stress → Beanspruchung und Belastung, → Coping.

Stretch Goals – ausgedehnte und überhöhte Zielvorgabe. Bspw. solle man demnach mehr verlangen als man eigentlich erwartet, dann bekomme man was man ursprünglich wollte. Zudem sind dehnbare/ unpräzise → Ziele gemeint, die bei der Überprüfung der Ziele nach Bedarf dorthin gezogen werden, wo sie gebraucht werden.

Structure-Conduct-Performance-Paradigma → Industrieökonomik.

Strukturierung – im Rahmen der Organisation die vertikale Zerlegung eines Handlungskomplexes in zunehmend stärker strukturierte Teilhandlungen zur Regelung der → Delegation. Durch Strukturierung wird der Spielraum der → Entscheidungskompetenzen bestimmt und von Ebene zu Ebene der Entscheidungshierarchie fortlaufend eingeschränkt. Hierarchisch übergeordnete organisatorische Einheiten verfügen somit stets über eine größere Entscheidungsautonomie als die ihnen nachgeordneten Einheiten.

Strukturorganisation → Aufbauorganisation.

Strukturschaubild → Organigramm.

Stücklohn → Akkordlohn.

Stufen(wert)zahlverfahren → Arbeitsbewertung.

Stufen der Technologieentwicklung – Drei Stufen der Technologieentwicklung (→ Technologie) werden unterschieden: (1) „Stand der Wissenschaft",–(2) „Stand der Technik", (3) „allgemein anerkannte Regeln der Technik".

Stufengründung – *Sukzessivgründung, Zeichnungsgründung;* Form der → Gründung einer AG, bei der die Gründer nicht das gesamte Grundkapital (Aktien) übernehmen, sondern das Publikum durch Zeichnung von Aktienbeträgen mitwirken soll. Die Stufengründung widerspricht damit dem aktienrechtlichen Gründungsgedanken (§ 23 AktG) und ist insofern unzulässig. Aus diesem Grund wurde sie in Deutschland bereits mit der Aktienrechtsreform 1965 abgeschafft. – *Gegensatz:* → Einheitsgründung.

Stufenverfahren – *Stufenleiterverfahren;* hat den Zweck der innerbetrieblichen Leistungsverrechnung und beruht darauf, Kostenstellen nacheinander anzuordnen. So gibt jede Kostenstelle an die nachfolgende Kostenstelle Leistungen ab, aber sie selbst erhält keine Leistungen von einer nachgelagerten Kostenstellen.

Subcontracting – Verlagerung von Wertschöpfungsaktivitäten eines Unternehmens auf fremde Unternehmen, die im Gegensatz zu Outsourcing nur auf eine bestimmte Zeit angelegt ist.

Substitutionsprinzip – 1. *Allgemein:* Grundsatz der Substitution, der die wirtschaftliche Entscheidung über die Auswahl bzw. den Einsatz von Produktionsmitteln nach ihrer Qualität und ihren Preisen ermöglicht. – 2. *Organisation:* Tendenz, dass die generellen → Regelungen die fallweisen Regelungen dort ersetzen, wo Betriebsvorgänge in hohem Maße gleichartig und periodisch auftreten (Gutenberg). Je mehr generell geregelt ist, je höher also der → Organisationsgrad ist, umso mehr verliert der Betriebsprozess an individueller Substanz. Wo häufig individuelle

Leistungen verlangt werden, versagt das Substitutionsprinzip der Organisation.

Suchfeldanalyse → strategische Suchfeldanalyse.

Sukzessivgründung → Stufengründung.

Sukzessivplanung – 1. *Begriff:* Planung, bei der die einzelnen Teilpläne zeitlich nacheinander aufgestellt werden. Begonnen wird dabei mit den Teilbereichen, von denen vermutet wird, dass sie den größten Einfluss auf den Gesamtplan ausüben. Einflüsse aus zeitlich nachgeschalteten Teilplänen bleiben unberücksichtigt oder werden durch grobe Vorausschätzung einbezogen. – 2. *Merkmale:* Infolge der Interdependenzen der einzelnen Teilpläne wird eine schrittweise Abstimmung der Teilpläne erforderlich. Optimale Gesamtplanung ist auf diese Weise nicht zu erreichen. – *Gegensatz:* → Simultanplanung.

summarische Arbeitsbewertung → Arbeitsbewertung.

Survey Feedback – eine auf Lewin zurückgehende Methode innerhalb der → Organisationsentwicklung, die darin besteht, dass in der Organisation oder einer Organisationseinheit Information durch mündliche oder schriftliche Befragung oder mithilfe von Beobachtungsverfahren gewonnen wird und diese Information sodann an jene Personen in entsprechend aufbereiteter Form zurückgemeldet wird, an denen sie erhoben wurde. Das Ziel besteht darin, dass diese Rückmeldung die Betroffenen aktiviert, Verbesserungsvorschläge zu erarbeiten und diese zu implementieren.

Sustainability Consulting – Beratungsleistung, die darauf abzielt, Unternehmen und andere Organisationen mit Fachwissen und Instrumenten auszustatten, um die sozialen Aspekte und die Auswirkungen der unternehmerischen Tätigkeit auf die Umwelt aktiv zu managen. Sustainability Consulting umfasst: (1) die Betrachtung der sozialen und der Umweltwirkungen unter dem Gesichtspunkt der Nachhaltigkeitsfaktors, (2) die Gestaltung

und Nutzengenerierung aus Corporate-Social-Responsibility-Programmen, (3) die nachhaltigkeitsorientierte Gestaltung der Wertschöpfungskette, (4) die Ausarbeitung von Monitoring-Systemen, (5) die Festlegung der Kommunikationspolitik.

Sweat Equity – ist der unentgeltliche Arbeitseinsatz der Gründer (→ Existenzgründer) bei der → Gründung eines Unternehmens. Neben seiner eigenen Arbeitsleistung (Selbstfinanzierung ohne Eigenkapital) muss auch noch das zusätzliche Kapital für notwendige Investitionen aufgebracht werden (Selbstfinanzierung mit Eigenkapital). Die Errichtung eines sog. „No-Budget-Modells" ist z.B. typisch für freischaffende Webdesigner, Informationsbroker und kleinere Agenturgründungen. Sweat Equity ist ein Instrument der Selbstfinanzierung im Rahmen einer engen → Gründungsfinanzierung.

SWOT-Analyse – dt. Abk. für *Analysis of strengths, weakness, opportunities and threats;* die Stärken-Schwächen-Chancen-Risiken-Analyse stellt eine Positionierungsanalyse der eigenen Aktivitäten gegenüber dem Wettbewerb dar. In dem ihr zugrunde liegenden Arbeitsverfahren, werden die Ergebnisse der externen Unternehmens-Umfeld-Analyse in Form eines Chancen-Risiken-Katalogs zunächst zusammengestellt und dem Stärken-Schwächen-Profil der internen Unternehmensanalyse gegenübergestellt. In einem weiteren Schritt werden die jeweiligen Überschneidungen gefiltert, die dann in der jeweiligen SWOT-Matrix zur Darstellung gelangen. Die SWOT-Matrix zeigt die weiter ausbaufähigen Chancen auf, konkretisiert die Gefährdungen, gegen die sich die Unternehmung zur Nutzung ihrer Stärken absichern sollte, als auch diejenigen Schwächen, die in der gleichen Absicht aufgeholt werden sollten. Schließlich deckt sie auch diejenigen Risiken auf, die es doppelt zu meiden gilt, da gerade in ihnen die internen Schwächen der Unternehmung mit den externen Risiken des

SWOT-Analyse

Stärken? (strengths)	Chancen? (opportunities)
Schwächen? (weakness)	Risiken? (threats)

SWOT-Matrix

Unternehmen \\ Umfeld	Chancen	Risiken
Stärken	Ausbauen	Absichern
Schwächen	Aufholen	Meiden

Umfeldes zu einer doppelt gefährlichen Deckung kommen.

symbolische Führung – neuere Forschungsrichtung, nach der der *Führende* über den gezielten Einsatz von Symbolen (Sprachregelungen, Deutungsmuster, Rituale) die Akzeptanz angesichts von → Konflikten parteilich getroffener Entscheidungen mit verschleiernden Effekten innerhalb der Hierarchie nach unten abzusichern versucht. Symbolische Führung verweist auf latente, bisher in der Forschung weniger berücksichtigte Führungsfunktionen.

Synergie – beschreibt das Zusammenwirken verschiedener Kräfte zu einer Gesamtleistung. Häufig wird erwartet, dass diese Gesamtleistung höher liegt als die Summe der Einzelleistungen wie dies z.b. bei Unternehmensfusionen angenommen wird. So wird in der → Arbeits- und Organisationspsychologie untersucht, unter welchen Bedingungen eine Gruppenproblemlösung oder eine Gruppenentscheidung der Leistung des besten Einzelnen oder der Summe der Einzelleistungen überlegen ist. Synergie tritt v.a. bei komplexen Problemen auf, wenn die Personen, die über heterogene Informationen verfügen, am Problem interessiert sind, in ihren persönlichen Beziehungen zueinander nicht belastet sind und die Gruppe nicht mehr als fünf bis sieben Mitglieder umfasst. – Behindert wird Synergie durch Beziehungsspannungen zwischen den Gruppenmitgliedern, durch

→ Konformität und durch eine zu große Zahl von Gruppenmitgliedern.

Synergieplanung – 1. *Begriff*: Planung zur Erzeugung von Wirtschaftlichkeitseffekten durch eine gemeinsame Nutzung von → Ressourcen. – 2. *Merkmale*: Hier wird davon ausgegangen, dass durch eine mehrere Einheiten übergreifende Ausnutzung der schon vorhandenen Ressourcen die Effizienz oder Effektivität dieser Ressourcen verbessert werden kann. Man kann z.b. versuchen, das Vorhandensein spezieller Produktionsmittel für die Produktion artverwandter Produkte zu nutzen und diese Produkte über ein schon ausgebautes Distributionssystem zu vertreiben. Dabei ist es u.U. möglich, das spezielle Knowhow einzelner Unternehmensmitglieder auf einem neuen Anwendungsgebiet einzusetzen.

synoptische Planung – Planung, die einen zu erreichenden Sollzustand zunächst losgelöst vom Istzustand definiert. Die Verbindung wird dann durch eine systematische Anwendung der Ziel-Mittel-Analyse hergestellt, die im retrograden Verfahren vom Sollzustand ausgeht und die Schritte ermitteln soll, die den Istzustand in den Sollzustand überführen. – In einer komplexen Umwelt wird die synoptische Planung meist als wenig realistisch eingeschätzt und eine → inkrementale Planung bevorzugt.

System Dynamics – 1. *Begriff*: System Dynamics (SD) ist eine Methodik zur Modellierung, Simulation, Analyse und Gestaltung von dynamisch-komplexen Sachverhalten („dynamische Komplexität") in sozioökonomischen Systemen. SD wurde von Jay W. Forrester am Massachusetts Institute of Technology (MIT) in den 1950er-Jahren entwickelt, um Führungskräfte beim Management von komplexen unternehmerischen Entwicklungen und bei der Entscheidungsfindung zu unterstützen. In der deutschsprachigen Fachliteratur wird SD mit *Systemdynamik* übersetzt. In den Wirtschaftswissenschaften haben sich jedoch auch die englischen Begriffe *„Business Dynamics"* oder *„Strategy*

Dynamics" etabliert. – 2. *Eigenschaften und Methoden von System Dynamics*: SD verfolgt das Ziel, das Verhalten eines Systems zu erklären und ggf. zu beeinflussen. Um dieses Ziel zu erreichen, werden relevante Systemstrukturen modelliert. SD erfasst dafür fünf konstituierende Elemente dynamischer sozioökonomischer Systeme: kausale Feedbackbeziehungen (*Feedback* und *Feedback Loops*), Wirkungsverzögerungen, Bestandesgrößen (stocks), Flussgrößen (flows) und Nichtlinearitäten. – *Feedback* ist die Rückführung von Informationen über den aktuellen Zustand eines Systems (Ausgangsgröße) auf dessen Eingang. *Feedback Loops*, d. h. in sich geschlossene Prozesse kausaler Beziehungen zwischen Systemvariablen, operationalisieren solche Rückführungsprozesse. Die Interaktion von Feedback Loops erzeugt das Verhalten eines Systems. *Wirkungsverzögerungen* sind in einem System vorhanden, wenn Ursache und Wirkung zeitlich voneinander getrennt sind. *Bestandesgrößen* sind Systemvariablen, die den aktuellen Zustand eines dynamischen Systems charakterisieren; z. B. ist der Produktlagerbestand eine Bestandesgröße eines Produktionssystems. *Flussgrößen* sind die Elemente eines Systems, welche Bestandesgrößen verändern. *Nichtlinearitäten* sind in sozioökonomischen Systemen eher die Regel als die Ausnahme. Ein System ist *nichtlinear*, wenn Änderungen in der Ausbringungsmenge nicht proportional zu Änderungen in der Eingabemenge sind. – Um ein System Dynamics Modell zu erstellen, benutzt ein Modellierer mehrere Methoden. Drei wesentliche sind das kausale Rückkopplungsdiagramm (Causal Loop Diagram, CLD), das Systemstrukturdiagramm (SSD) und das Bestandesgrößen- und Flüssediagramm (Stock and Flow Diagram, SFD). Durch umfangreiche Validierungsmethoden können hochqualitative System Dynamics Modelle erstellt werden. – 3. *Anwendung in Praxis und Forschung*: System Dynamics ist eine Methodik und somit vergleichbar mit der anwendungsorientierten Statistik. Dadurch kann SD in allen Bereichen der Volks- und Betriebswirtschaft, und darüber hinaus, zur Analyse von dynamischen und komplexen Sachverhalten eingesetzt werden. Praxisbeispiele stammen aus dem öffentlichen und privaten Sektor: Produktionsmanagement, strategische Planung, Analyse und Design von Geschäftsmodellen, Business Forecasting und Szenarioanalyse. SD kann für qualitative sowie für quantitative (mathematische) Modellierung verwendet werden. In Praxisanwendungen werden meist zuerst qualitative Modelle zur Erfassung und Strukturierung der Problemsituationen erstellt. Diese werden dann durch Quantifizierung als simulationsfähige Modelle ausgestaltet, welche für Szenarioanalysen verwendet werden können. Neben der problemorientierten Anwendung wird SD oft auch für *modellbasiertes Lernen* in der Ausbildung von Führungskräften eingesetzt. Durch die Interaktion mit einem externen, formalen Referenzmodell können Führungskräfte ihre eigenen mentalen Modelle über dynamische Systeme erkunden, testen und systematisch weiterentwickeln. Modellbasiertes Lernen strukturiert dabei die Lernprozesse. – In der Forschung wird SD als eine Strukturmethode zur Untersuchung der Funktionsweise von sozialen Systemen (Unternehmen, Organisationen, etc.) und für die kausale Analyse von Zeitreihen verwendet. Ein Forscher versucht die Zeitreihen durch Kausalmodelle (dynamische Hypothesen) und Simulationsmodelle zu erklären. Die dafür verwendete mathematische Formulierung als ein System von Differentialgleichungen erhöht den Grad der Zuverlässigkeit der aufgestellten Hypothesen bzw. Modelle. Die modellierten Kausalstrukturen stammen aus qualitativen und quantitativen empirischen Analysen. – Eine Abgrenzung von SD zu anderen Forschungsmethoden ist insbesondere im Fall von statistischen Methoden sinnvoll. SD basiert, im Gegensatz zu statistischen Methoden, auf mathematischen Differentialgleichungen, mit denen Kausalmodelle erstellt werden.

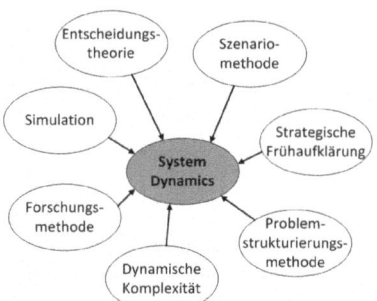

Verbindungen von System Dynamics zu anderen Bereichen der Wirtschaftswissenschaft

4. *Anwendungsfall (aus: Schwaninger und Grösser 2008):* Eine Schweizer Unternehmung hatte das Problem, dass sie zum Zeitpunkt der Einführung eines neuen Produktes keine Möglichkeit hatte, das Entwicklungspotenzial des Marktes zu bestimmen. Des Weiteren hatte die Unternehmung nur unzureichendes Wissen über die Einflussgrößen, welche Entwicklung des Absatzes wesentlich bestimmen. Das durchgeführte System Dynamics Projekt war wesentlich, weil die kurzen Produktlebenszyklen in dieser Branche schnelle und klare Entscheidungen nötig machten. Das Ziel des Projekts und somit des Modells war es, die Einführung neuer Produkte der Unternehmung und somit den Ertrag für jede Produktgeneration zu optimieren. Die Projektleitung wollte erstens verstehen, welche Faktoren die Produkteinführung stark beeinflussen, und zweitens die Faktoren identifizieren, die den stärksten Einfluss auf das finanzielle Resultat einer Produkteinführung haben. Eine übergeordnete Zielsetzung des Projektes war die Erarbeitung von generellen Erkenntnissen zu Maßnahmen, um zukünftige Produkteinführungen besser gestalten zu können. Um diese Ziele zu erreichen, wurde ein qualitatives Systems Dynamics Modell erstellt, welches auf den Referenz-Modi zweier Variablen basierte – Anzahl monatlicher Produktverkäufe sowie Umsatz. Abbildung 2 zeigt die Entwicklung des Umsatzes in

einem Zeitraum von 24 Monaten. In Expertenworkshops wurde ein detailliertes, quantitatives Modell entwickelt, welches kontinuierlich während dem Projektverlauf validiert wurde, um eine hohe Modellqualität und Akzeptanz durch das Unternehmen sicherzustellen. Die während den Modellierungsworkshops entstandenen Reflexionen führten zu Verbesserungen von früheren Modellversionen und haben weitere Datenbedürfnisse aufgedeckt. Nachfolgende Modellierungsworkshops quantifizierten und testeten die Modellstrukturen. Außerdem wurden Szenario- und Maßnahmenanalysen durchzuführen. Während dem Modellierungsprozess waren die Prioritäten darauf gerichtet, den Prozess transparent zu gestalten sowie eine zielführende Kommunikation mit dem Kunden zu ermöglichen und weniger darauf, das ein detailgetreues Modell zu entwickeln. Das Modell sollte so verständlich wie möglich ausgestaltet sein und dadurch sollte eine undurchsichtige „Black-Box" Modellierung vermieden werden. Ohne diese Vorkehrungen hätte sich leicht ein intransparentes Modell ergeben können, da es sich bei der gegebenen Marktsituation, der Firmengröße sowie dem Produktportfolio, um hochkomplexe Zusammenhänge handelte. Abbildung 3 zeigt die auf wesentliche Sachverhalte reduzierte Feedbackstruktur des Modells als Systemstrukturdiagramm.

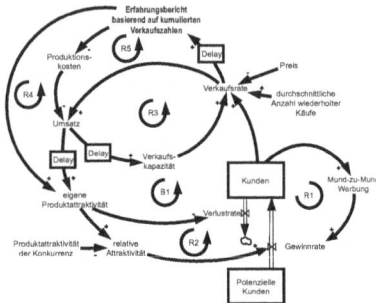

Abbildung 3: Systemstrukturdiagramm zum Anwendungsfall

Der erste Mechanismus des Modells war, dass eine Erhöhung der Anzahl Kunden und somit der monatlichen Verkäufe zur Verbesserung der relativen Attraktivität des Produkts führt (Gleichung 1).

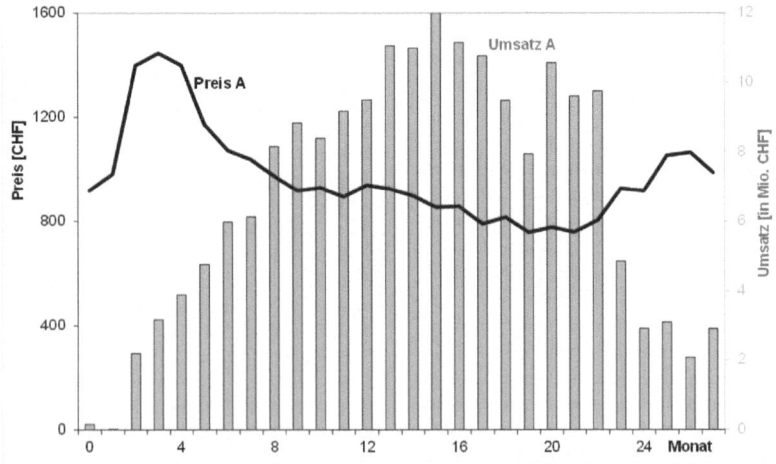

Abbildung 2: Daten zum Produktumsatz wurden als Referenzmodus für das Modell verwendet; Die Preisentwicklung wurde als exogener Datensatz aufgenommen.

$$AR_t = max\{AR_t + AWM_t, PC_t\}$$

In Gleichung 1 sind AR die Akzeptanzrate, ARA die Akzeptanz durch die relative Produktattraktivität, AWM die Akzeptanz durch Mund-zu-Mund Werbung und t der Einführungszeitpunkt des neuen Produkts. Attraktivität wurde definiert als eine Funktion der Servicequalität, Produktspezifikationen, Effekt von Marketing sowie der durchschnittlichen Produktionszeit. Alle dieser Faktoren konnten durch die Unternehmung direkt beeinflusst werden. Den Zusammenhang dieser Faktoren mit der Produktattraktivität wurde anhand der Erfahrung von firmeninternen Produktexperten gewichtet. Die Produktionszeit verringerte sich mit zunehmenden Lerneffekten. Der zweite Mechanismus war, dass Mund-zu-Mund Werbung nur einen positiven Einfluss auf die Akzeptanzrate hatte; mögliche negative Effekte von Mund-zu-Mund Werbung wurden nicht aufgenommen, da dies als wenig relevant eingeschätzt wurde (Gleichung 2).

$$AWM_t = \frac{\bar{c} \cdot \bar{i} \cdot (TC_t - PC_t \cdot PC_t)}{TC_t}$$

Wobei AWM die Akzeptanz durch Mund-zu-Mund Werbung, c die Kontaktrate zwischen Kunden der Unternehmung und i den Anteil der Kunden (in %) darstellt, die bei einem Kontakt das Produkt akzeptieren, TC die Anzahl aktueller Kunden und PC die potenziellen Kunden darstellen. Negative Effekte waren in dem Modell insofern inbegriffen, als eine lange Produktionszeit die Produktattraktivität reduzierte und zu einem Verlust von Kunden führte (s. Abbildung 3). Diese Beschreibung des Modells ist absichtlich kurz gehalten. Weitere Informationen zum Modell finden sich in Schwaninger und Grösser (2008). – Was war der Nutzen des System Dynamics Modells für die Unternehmung? Die System Dynamics Simulation wurde zuerst für ein bereits bestehendes Produkt erstellt und mit den verfügbaren Daten verglichen (Abbildung 4). Das dann vorhandene Modell wurde für eine neue Produktgruppe parametrisiert und dann zum Management der Einführung von neuen Produkten verwendet. So konnten verschiedene Handlungsmöglichkeiten bei unterschiedlichen Umfeld-Szenarien simuliert und daraus Handlungsempfehlungen für die Neueinführung von Produkten erarbeitet werden. Dadurch wurde die Entscheidungsfindung auf der Ebene des Produktmanagements wesentlich verbessert. In der dargestellten Fallstudie wurde System Dynamics als quantitative Simulationsmethodik verwendet. Darüber hinaus kann

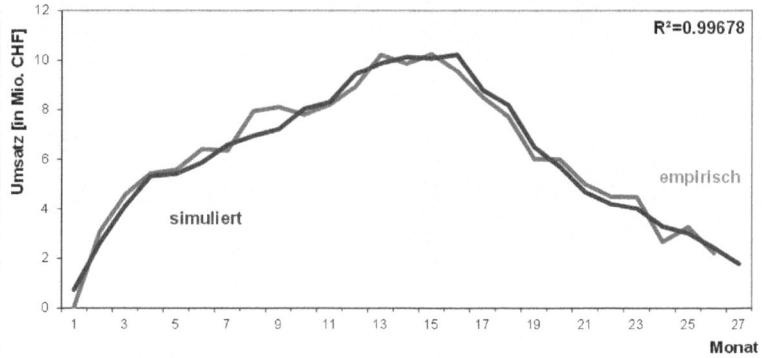

Abbildung 4: Vergleich historischer und simulierter Umsatz-Daten

System Dynamics jedoch auch als qualitative Methodik des Systemdenkens angewendet werden. Dies ist meist der erste Schritt bei einer praxisbezogenen Anwendung.

Systeme vorbestimmter Zeiten (SvZ) – *Kleinstzeitverfahren, Standard-Daten-Verfahren, Elementarzeitverfahren.* 1. *Begriff:* Verfahren der Arbeitszeitermittlung manueller Tätigkeiten aufgrund vorbestimmter Bewegungszeiten. Dabei werden → Sollzeiten für das Ausführen von Vorgangselementen bestimmt, die vom Menschen voll beeinflussbar sind. – 2. *Analyse:* Alle Systeme vorbestimmter Zeiten halten konsequent eine bestimmte Reihenfolge der Analyse ein. Diese läuft nach folgenden Schritten ab: (1) Zerlegung des Bewegungsablaufes in Bewegungselemente (z.B. Hinfassen, Greifen, Weglegen, Loslassen); (2) Zeitanalyse durch Bestimmung der Bewegungszeit jedes einzelnen Bewegungselementes (z.B. Bewegungslängen, bewegtes Gewicht); (3) Kodierung des Bewegungselementes und der dazugehörigen Einflussgrößen und Entnehmen der Elementarbewegungszeiten aus Tabellen; (4) Addition der Elementarzeiten zu der gesuchten Gesamtbewegungszeit. Die Bewegungsstudien geben Aufschluss über die Gestaltung von Arbeitsmethoden.

systemische Organisationsberatung – 1. *Begriff:* Beratungsansatz, der sich v.a. auf die Systemtheorie, die Kommunikationstheorie sowie auf Methoden verschiedener familientherapeutischer Schulen stützt. Die systemische Organisationsberatung geht dabei davon aus, dass sich komplexe Probleme nicht lösen lassen, wenn man die Aufmerksamkeit lediglich auf ein Element des Gesamtsystems richtet. Der inhaltliche Schwerpunkt liegt auf der Stärkung der Ressourcen und Kompetenzen der zu beratenden Organisation. – 2. *Vorgehen:* Der Berater versucht zunächst, die Regeln zu verstehen, die das Verhalten der Personen in diesem System prägen. Dabei werden weder individuelle persönliche Schwächen und Stärken bes.

in den Blick genommen, noch werden Organisationsstörungen aus betriebswirtschaftlicher Sicht bearbeitet. Vielmehr geht es darum, die Teilaspekte eines Unternehmens in dem Zusammenhang zu sehen, in dem sie in diesem System stehen. Dazu gehören Personen (Geschäftsleitung, Mitarbeiter, Kunden, Geschäftspartner usw.), aber ebenso der Geschäftsgegenstand wie Produkte oder Dienstleistungen und immaterielle Anteile wie Aufgaben, Ziele, Firmengeschichte und -struktur. Diese Systembestandteile unterliegen einer ständigen Dynamik, die das volatile Gleichgewicht zwischen ihnen immer wieder stört. Wenn es eine Störung im System gibt, ist das aus systemischer Sicht Ausdruck einer verletzten Balance. Es ist daher das oberste Ziel der systemische Organisationsberatung, Ausgleich zu schaffen und die Ordnung zwischen den einzelnen Systemteilen wiederherzustellen. Die Lösung muss dabei von innen aus der Organisation bzw. von den Mitarbeitern selbst kommen. Der systemische Berater beschränkt sich auf ein unterstützendes → Coaching sowie auf die Anregung und Gestaltung von Veränderungsprozessen. – Vgl. auch Consulting.

Szenarien – Ziel ist, die Aufmerksamkeit auf kausale Prozesse und Entscheidungspunkte zu lenken. So können Unternehmen bspw. die Betroffenheit durch den Klimawandel (Vulnerabilität) erfassen, Risiken minimieren und Chancen nutzen. – Die strategische Planung mithilfe von Szenarien bedient sich der Methode der Szenariotechnik. Diese umfasst je nach Autor zwischen vier und acht Schritten, z.B. nach Bishop Festlegung der Steuerungsgrößen, Bestimmung und Priorisierung der Einflussgrößen, Entwicklung der Szenarien, Erarbeitung von Visionen, Ableitung von Handlungserfordernissen, Umsetzung der Maßnahmen.

Szenario → Szenario-Technik.

Szenario-Technik – 1. *Charakterisierung:* Die Szenario-Technik ist als eine Art Handlungskonzept und Methodenverbund zu verstehen.

Dabei ersetzt sie nicht traditionelle Prognosemethoden, sondern stellt ein Komplement zu diesen dar. – 2. *Szenario:* a) *Begriff:* Ein Szenario ist im eigentlichen Sinn keine Vorhersage, sondern nur die Aufzeichnung der möglichen episodischen Abfolge von Ereignissen eines bes. interessierenden Systemaspekts. Der Zweck von Szenarien liegt darin, die Aufmerksamkeit der Verwender auf kausale Prozesse und Entscheidungspunkte zu lenken. Dazu wird bei ihrer Erstellung eine hypothetische Sequenz von Ereignissen konstruiert. Mögliche Ereignisse und Entwicklungen, die zu einem bestimmten relevanten Feld gehören (z.b. Bevölkerung von Europa), sich auf eine bestimmte Zeitperiode beziehen sowie auf irgendeine Art untereinander verbunden sind, bilden demnach ein Szenario. – b) *Basis-Typen:* Vgl. Abbildung „Szenario-Technik – Basis-Typen".

Szenario-Technik – Basis-Typen

Bezie-hungs-analyse	Konstruktionsalternativen	
	explorativ	antizipativ
deskriptiv	gegeben sind die Ursachen (Hypothesen), Frage nach den Wirkungen	gegeben sind die Wirkungen, Frage nach den Ursachenveränderungen
normativ	gegeben sind die Mittel, welche Ziele können erreicht werden	gegeben sind die Ziele, mit welchen Mitteln können sie erreicht werden

Szenarien können auch auf sehr *unterschiedlichen Betrachtungsebenen* angesiedelt werden. Auf einer sehr hohen und komplexen Betrachtungsebene angesiedelt sind z.b. die Globalszenarien. – 3. *Phasen:* Basistheorien der Szenario-Technik sind die allg. Modelltheorie (Modell) und die angewandte Systemtheorie. Durch die Szenario-Technik werden komplexe Probleme dekomponiert und in eine neue Ordnung gebracht. – *EinzelphasenBeispiel:* (1) *Analysephase:* Es werden eine Problemanalyse und -strukturierung vorgenommen, wichtige und kritische Problemfeldvariablen erhoben sowie alternative Annahmebündel gebildet und Konsistenzprüfungen der Annahmen vorgenommen. (2) *Prognosephase:* Es werden Bandbreiten zukünftiger Entwicklungen prognostiziert, daraus Präszenarien entwickelt und gegensätzliche, den Rahmen zukünftiger Entwicklungen absteckende Szenarien ausgewählt und interpretiert. Es werden überraschende Ereignisse identifiziert und Konsequenzen ermittelt. (3) *Synthesephase:* Erstellung der Szenarien, die Ergebnisse der zweiten Phase gehen dabei ein. (4) *Implementierungsphase:* Integration der Ergebnisse in den Planungsprozess. – 4. *Methoden:* a) *Quantitative Methoden:* Methoden auf der Grundlage mathematisch-statistischer Lösungsansätze liefern numerische Ergebnisse der zu prognostizierenden Größen. – *Beispiele:* Trendextrapolationen, Regressionsanalyse, ökonometrische Modelle. – b) *Qualitative Methoden:* Sie beruhen auf einer subjektiv begründeten Beurteilung der jeweiligen Prognosesituation und damit auf Intuition, Erfahrung und subjektiven Werthaltungen. Damit können auch sozio-politische Variablen in die Analyse einbezogen werden. – *Beispiele:* Morphologische Analysen, historische Analogiebildung, → Delphi-Technik, → Technologiefolgenabschätzung.

T

TA Abfall – *Technische Anleitung Abfall vom 12.3.1991;* Verwaltungsvorschrift gemäß § 4 V AbfG vom 27.8.19. – Aufgehoben durch die Allgemeine Verwaltungsvorschrift zur Aufhebung von Verwaltungsvorschriften zum Deponierecht vom 27.4.2009. Inhalte jetzt geregelt in der Deponieverordnung vom 27.4.2009.

Tacit Knowledge – solches Wissen, das nur durch Erfahrung aufgebaut wurde und somit schwer weitergegeben werden kann. Im Rahmen des ressourcenbasierten Ansatzes des → strategischen Managements spielt Tacit Knowledge eine große Rolle. Grundsätzlich kann differenziert werden in materielle und immaterielle Aktiva. Aus der Sicht des ressourcenbasierten Ansatzes stehen bes. die schwer imitierbaren immateriellen Aktiva im Vordergrund der Betrachtung. Diese können unterschieden werden in personenunabhängige und personengebundene → Ressourcen. Personenabhängige Ressourcen im Sinn von nicht kodifizierbaren Fähigkeiten (Tacit Knowledge) begründen in ihrer Kombination mit materiellen Ressourcen die → Kernkompetenzen einer Unternehmung. – *Beispiele* für Tacit Knowledge sind u.a. dynamische Verhaltensstereotype, kreative Teamarbeit und Expertenwissen.

Tag der offenen Tür – Medium der externen Public Relations (PR). Zählt zusammen mit der → Betriebsbesichtigung und Werksführung zu den Event- und Ausstellungsaktivitäten eines Unternehmens, mit dem Ziel allen Interessierten Informationen über den Betrieb zu verschaffen bzw. einen Kontaktanknüpfungspunkt zu liefern. Ablauf: Betriebsführung, Informationen zum Unternehmen, unterhaltsames Rahmenprogramm, Bewirtung.

Takeover – Kauf eines Unternehmens bzw. dessen Teilerwerb, um in den Besitz seiner Leistungselemente zu kommen und um den Ressourceneinsatz des Unternehmens bestimmen und kontrollieren zu können (Mergers & Acquisitions). In der angloamerikanischen Management-Literatur impliziert der Begriff, dass das Management sich i. Allg. gegen einen Verkauf wendet (Unfriendly Takeover) und das Angebot des Kaufinteressenten sich an die Aktionäre richtet (Takeover Bid). – *Gegensatz:* → Akquisition.

taktische Planung → Unternehmensplanung.

TA Lärm – *Technische Anleitung Lärm;* vom 26.8.1998 (GMBI 503) – TA Lärm 1998. Sie zielt darauf ab, durch den heutigen Erkenntnissen entsprechenden bundeseinheitlichen Vorgaben die effektive und gleichmäßige Durchsetzung der gesetzlichen Lärmschutzanforderungen sicherzustellen und zugleich zur Rechts- und Investitionssicherheit sowie Verfahrensbeschleunigung bei der Anlagenbeurteilung beizutragen. Die TA Lärm bezieht grundsätzlich auch die nicht genehmigungspflichtigen Anlagen, die den Schwerpunkt der Gewerbelärmproblematik bilden, in ihren Anwendungsbereich ein. Sie übernimmt das an den Gebietskategorien der Baunutzungsverordnung ausgerichtete gestaffelte System von Immissionsrichtwerten, knüpft bei der Beurteilung schädlicher Umwelteinwirkungen im Sinn der §§ 5 und 22 BImschG an die Gesamtimmision an, der der Akzeptor ausgesetzt ist, und sieht ein wesentlich verfeinertes, aktualisiertes Beurteilungsverfahren vor. – Vgl. auch → Lärm.

TA Luft – *Technische Anleitung zur Reinhaltung der Luft;* vom 24.7.2002 (GMBI 511). Verwaltungsvorschrift zum BImSchG, die zuständige Behörden bei Genehmigung von Errichtung und Betrieb genehmigungsbedürftiger Anlagen gemäß BImSchG beachten müssen. – *Inhalt:* Die TA Luft *enthält*

Emissionsgrenzwerte für zahlreiche Stoffe und Stoffgruppen und einige Immissionsgrenzwerte, ferner Bestimmungen über Messverfahren für Emissions- und Immissionswerte. Für → Altanlagen besteht die Möglichkeit nachträglicher Anordnungen. – *Zweck:* Schutz der Allgemeinheit und der Nachbarschaft vor schädlichen Umwelteinwirkungen durch Luftverunreinigung sowie der Vorsorge dagegen (Vorsorgeprinzip).

Tandemarbeitszeit – Zwei oder mehr Mitarbeiter bilden ein Arbeitsteam, das in einer bestimmten vorgegebenen Arbeitszeit präsenzpflichtig ist. Die Aufgabenerledigung der Mitarbeiter kann dabei in beliebiger Reihenfolge und Zeitverteilung geschehen. Grundsätzlich vertreten sich die Mitarbeiter gegenseitig, wobei die Bandbreite der Vertretungspflicht determiniert ist. Dieses Modell der → Arbeitszeitflexibilisierung ist hauptsächlich im Bereich des Dienstleistungsgewerbes im Einsatz und ist meist mit dem Gleitzeitmodell kombiniert. – Vgl. auch → Job Sharing.

tarifvertragliche Mitbestimmung – Variante zur Mitbestimmung bzw. → Unternehmensverfassung in zweifacher Ausprägung. – 1. *Gegenstands- oder problembezogene Mitbestimmung* durch Tarifvertrag bzw. Tarifverhandlungen zwischen Arbeitgebern und Gewerkschaft in unternehmensinternen Entscheidungsgremien (MoMitbestG, MitbestG, BetrVG, DrittelbeteiligungsG). Gegenstand können alle unternehmenspolitischen, administrativen und operativen Entscheidungen sein. Wird praktiziert v.a. in Italien, Großbritannien, Schweden und den USA. – 2. *Einführung und Ausgestaltung der Mitbestimmung* in Unternehmen und Betrieb *durch Tarifverhandlungen* zwischen Arbeitgebern und Gewerkschaften; Gegensatz zur dt. Tradition der gesetzlichen Mitbestimmung. Wird z.B. praktiziert in Schweden; mit dem Gesetz über Mitbestimmung im Arbeitsleben 1976 wurden „Spielregeln" für Verhandlungen zwischen den Tarifvertragsparteien über

die organisatorische Ausgestaltung der Mitbestimmung festgelegt. Durch Mitbestimmungstarifverträge (1979–1982) wurde eine interessendualistische Unternehmensverfassung mit tendenziell gleichgewichtigem Einfluss von Kapital und Arbeit entwickelt. Die Parität ergibt sich durch die Möglichkeit der Gewerkschaften, alle unternehmenspolitischen und betrieblichen Entscheidungen im Konfliktfall aus den unternehmensinternen Mitbestimmungsgremien heraus in das streikbewehrte Tarifverhandlungssystem verlagern zu können.

Taskforce – für einen begrenzten Zeitraum eingerichtete → Arbeitsgruppe zur Lösung von vorher definierten → Aufgaben. Die Teilnehmer kommen i.d.R. aus verschiedenen Abteilungen eines Unternehmens und aus unterschiedlichen hierarchischen Ebenen. Nach Beendigung der Aufgabe kehren die Teilnehmer wieder in ihre Abteilungen zurück oder erhalten eine neue Aufgabe. – Vgl. auch Projektmanagement (PM).

Taylorismus – *wissenschaftliche Betriebsführung, Scientific Management;* benannt nach Taylor. – 1. *Charakterisierung:* Ziel ist die Steigerung der Produktivität menschlicher Arbeit. Dies geschieht durch die *Teilung der Arbeit* in kleinste Einheiten, zu deren Bewältigung keine oder nur geringe Denkvorgänge zu leisten und die aufgrund des geringen Umfangs bzw. Arbeitsinhalts schnell und repetitiv zu wiederholen sind. Grundlage der Aufteilung der Arbeit in diese kleinsten Einheiten sind Zeit- und Bewegungsstudien. Funktionsmeister übernehmen die disponierende Einteilung und Koordination der Arbeiten. Der Mensch wird lediglich als Produktionsfaktor gesehen, den es optimal zu nutzen gilt. – Taylor ging davon aus, dass eine geregelte Tätigkeit den Menschen zufrieden stellt. Zur Arbeitsmotivation dienen zusätzlich v.a. *monetäre Anreize:* Ein spezielles Lohnsystem (→ Leistungslohn) soll zur Steigerung der subjektiven Arbeitsleistung führen. – 2. *Kritik:* Taylorismus wird in der Diskussion um die → Humanisierung der Arbeit als der Inbegriff inhumaner Gestaltung der Arbeit betrachtet, da die Kennzeichen des Taylorismus einseitige Belastungen durch immer wiederkehrende gleiche Bewegungsformen (→ Monotonie), Fremdbestimmtheit, minimaler Arbeitsinhalt und dadurch die Unterforderung der physischen und psychischen Möglichkeiten des Menschen sind. Häufige Folge sind → Fehlzeiten. – 3. *Historisch* wurde der Taylorismus durch die *Human-Relations-Bewegung* (→ Human Relations) abgelöst.

Teamarbeit → Gruppenarbeit.

Teamentwicklung – Versuch einer → Arbeitsgruppe, den Transfer des Gelernten (→ gruppendynamisches Training) durch die Ausarbeitung konkreter Verhaltenskonsequenzen auf die betriebliche Situation hin zu fördern. Die Ergiebigkeit kann durch eine vorausgehende Datenerhebung und Rückkopplung (→ Survey Feedback) zum Status quo der Interaktionsmuster gefördert werden. – *Theoretisch* stellt die Teamentwicklung eine Adaptierung der in der Wissenschaft nur allg. formulierbaren Verhaltensempfehlungen an die betrieblichen Besonderheiten dar und bewegt sich im Geist der → Situationstheorien der Führung. – *Ergebnisse:* Die Durchführung einer Teamentwicklung ist, gemessen an den induzierten Verhaltensänderungen, der alleinigen Durchführung eines gruppendynamischen Trainings deutlich überlegen.

Teamtheorie – auf J. Marschak zurückgehender mathematischer Ansatz zur optimalen Gestaltung arbeitsteiliger Entscheidungssysteme. Ausgangspunkt der teamtheoretischen Modelle ist ein komplexes Entscheidungsproblem, das auf mehrere Teammitglieder verteilt wird. Jedes Teammitglied kann aufgrund seiner speziellen Informationen über eigene potenzielle (Teil-)Handlungen entscheiden. Das Gesamtergebnis des Teams, das alle Teammitglieder optimal gestalten wollen (Annahme vollkommener Konsistenz der Interessen), entsteht durch die Kombination der Handlungen aller Teammitglieder. Ziel der Teamtheorie ist die simultane Optimierung der Informationsstruktur des Teams und der Handlungsregeln für die Teammitglieder. – Vgl. auch Informationsökonomik.

Technik – I. *Charakterisierung:* Nach Ropohl umfasst Technik (1) die Menge der nutzenorientierten, künstlichen, gegenständlichen Gebilde (Artefakte), (2) die Menge menschlicher Handlungen und Einrichtungen, in denen Artefakte entstehen und (3) die Menge menschlicher Handlungen, in denen Artefakte verwendet werden. Somit Beschreibung der Technik und ihrer naturalen Dimension (naturwissenschaftliche, ingenieurwissenschaftliche und ökologische Erkenntnisperspektive), ihrer humanen Dimension (anthropologische, physiologische, psychologische und ästhetische Erkenntnisperspektive) und ihrer sozialen Dimensionen (ökonomische, soziologische, politologische, historische Erkenntnisperspektive). Ambivalenz von Technik: Jeder technische Eingriff in künstliche und/oder natürliche Systeme kann Nutzen, aber auch Schaden bringen. – II. *Betriebswirtschaftslehre:* Produktionstechnik.

Technikbewertung – 1. *Charakterisierung:* Instrument zur Analyse und Bewertung von → Technik, genormt durch VDI-Richtlinie 3780. Danach bedeutet Technikbewertung das „ ... planmäßige, systematische, organisierte Vorgehen, das den Stand einer Technik und ihre Entwicklungsmöglichkeiten analysiert, unmittelbare und mittelbare technische, wirtschaftliche, gesundheitliche, ökologische, humane, soziale und andere Folgen dieser Technik und möglicher Alternativen abschätzt, aufgrund definierter Ziele und Werte diese Folgen beurteilt oder auch weitere wünschenswerte Entwicklungen fordert, Handlungs- und Gestaltungsmöglichkeiten daraus herleitet und ausarbeitet." – 2. *Phasen:* (1) Problemdefinition und -strukturierung, (2) Folgenabschätzung (→ Technologiefolgenabschätzung), (3) Bewertung, (4)

Entscheidung. – 3. *Arten:* a) *Informelle Tech-nikbewertung* als private und unkoordinierte Technikbewertung auf der Grundlage eingeschränkter Informationen. – b) *Formelle Technikbewertung:* (1) Klassifikation nach ihrem Anlass: Ermittlung von technischen Lösungen für gesellschaftlich vorgegebene Aufgaben (probleminduzierte Technikbewertung) oder Bewertung einer existenten Technik (technikinduzierte Technikbewertung). (2) Klassifikation nach der zeitlichen Perspektive: Einsatz der Technikbewertung nach vollzogener → Innovation (reaktive Technikbewertung) oder Einsatz in einem so frühen Stadium, dass → Forschung und Entwicklung (F&E) noch modifiziert werden können (innovative Technikbewertung). Die innovative Technikbewertung gestaltet den → Innovationsprozess mit, durch kontinuierliche Technikfolgenanalyse und Techniksteuerungen im Prozess der technischen Entwicklung (→ technische Ontogenese). Technikbewertung kann als verzögernde Kraft, Innovationspolitik als beschleunigende Kraft der technischen Entwicklung angesehen werden. – Vgl. auch → Technikwirkungsanalyse, → Technologiefolgenabschätzung.

Technikfolgenabschätzung → Technologiefolgenabschätzung.

Technikwirkungsanalyse – 1. *Allgemeines:* Technikwirkungsanalyse bedeutet Abschätzen und Analysieren der Auswirkungen existierender und neuer Technologien und Produkte unter ökonomischen und außerökonomischen Gesichtspunkten. Die Technikwirkungsanalyse versteht sich als → Technologiefolgenabschätzung im Unternehmen und ist ein Konzept der → Wirkungsforschung. – 2. *Leitideen:* a) Ganzheitliche Erfassung der Untersuchungsobjekte auf der Grundlage des ganzheitlichen Produktlebenszyklus (→ Lebenszyklus). – b) Ganzheitliche Erfassung von möglichen Bewertungsaspekten (Unterscheidung der Bewertungsaspekte Technik, Wirtschaft (Einzelwirtschaft und Gesamtwirtschaft), Mensch

(Individuum und Gesellschaft) und Ökologie. – c) Berücksichtigung ökonomischer und außerökonomischer Gesichtspunkte. – 3. *Konzeption:* Durch Kombination der Leitideen a) und b) entstehen Bewertungsfelder, z.b. das Bewertungsfeld Produktion unter ökologischen Aspekten. Die Durchführung der Wirkungsanalyse für die einzelnen Bewertungsfelder erfordert die Anwendung geeigneter Instrumente und Methoden, z.B. der Wertanalyse oder von Checklisten/Kriterienrastern. Im Gegensatz zu üblichen Problemlösungen muss sich die Technikwirkungsanalyse mit möglichen, zu einem späteren Zeitpunkt auftretenden Problemen beschäftigen, sodass sie auch geeignet ist zur Problemstrukturierung. – 4. *Phasen:* (1) Auswahl der Objekte (Produkt/Technologie), (2) Festlegen der relevanten Bewertungsfelder (Produktlebenszyklusphasen/Bewertungsaspekte), (3) Festlegen des zeitlichen und räumlichen Horizonts der Analyse, (4) Festlegen von Bewertungskriterien je Bewertungsfeld und Auswahl geeigneter Instrumente und Methoden, abhängig vom Bewertungsaspekt naturwissenschaftlich-technische oder aber wirtschaftlich-gesellschaftliche Forschung. – 5. *Grenzen:* Konzeptionelle Grenzen liegen in Ungewissheiten begründet, die jeder Planung und Prognose anhaften, bes. in zufallsbestimmten unvorhersehbaren Folgen („Unknown Unknowns"). Anwenderspezifische Grenzen liegen in der beschränkten personellen Kapazität des Unternehmens, in Barrieren gegenüber systematischer Vorgehensweise und entsprechendem Einsatz von Methoden und in mangelnder Bereitschaft, Ergebnisse von technik-, technologie- und produktspezifischen Analysen zu akzeptieren. – Vgl. auch Technologiemanagement.

Technische Anleitung Abfall → TA Abfall.

Technische Anleitung Lärm → TA Lärm.

Technische Anleitung zur Reinhaltung der Luft → TA Luft.

technische Ontogenese – Prozess der auf eine spezifische Technologie bezogenen

Entwicklung. Folgende Einzelprozesse werden nach Ropohl (idealtypisch) unterschieden: (1) Kognition bezieht sich auf eine aus naturwissenschaftlicher Forschung resultierende Entdeckung eines naturalen Effektes oder Gesetzes. (2) Erfindungs-/Inventionsprozess als fundamentale Phase der Entstehungsgeschichte einer Technik – sie wird erstmals ihrer Funktion und Struktur nach konzipiert. Die Umsetzung existierender und/oder neuer Technologien erfolgt im (3) → Innovationsprozess mit dem Ziel der Erarbeitung neuer Problemlösungen und der technisch-wirtschaftlichen Realisierung der Invention, z.B. in Form von Produkten, Herstellungs- oder Arbeitsverfahren. (4) Diffusionsprozess mit dem Ziel des Erreichens von Akzeptanz bei Zielgruppen (Marktdurchdringung/Penetration).

technischer Fortschritt – 1. *Begriff:* Herstellung neuartiger oder wesentlich verbesserter Produkte und Materialien sowie Anwendung neuer Verfahren, die eine rationellere Produktion der bekannten Produkte und Materialien erlaubt, d.h. es möglich macht, eine gegebene Produktmenge mit niedrigeren Kosten bzw. eine größere Menge des Produktes mit gleichbleibenden Kosten zu erstellen. – Der Begriff technischer Fortschritt ist wertend, weil von Fortschritt nur in Hinblick auf eine ganz bestimmte Zielsetzung gesprochen werden kann; die mit dem technischen Fortschritt einhergehenden Begleiterscheinungen (Substitutionen, Rationalisierungen und damit eventuelle Qualifikationsverluste durch die Einführung neuer Techniken, neue Belastungsverschiebungen am Arbeitsplatz, Arbeitsplatzverluste von Betroffenen) werden nicht einbezogen. – 2. *Entstehung:* Technischer Fortschritt entsteht durch Innovationen, bei denen drei Phasen unterschieden werden: (1) Phase der *Invention* (Erfindung): Erarbeitung naturwissenschaftlich-technischen Wissens, von Forschungs- und Entwicklungsergebnissen und Erfindungen. (2) Phase der → *Innovation:* Die erstmalige kommerzielle Anwendung führt zur

Erweiterung des technischen Könnens und zur Entstehung von Produkt-, Material- und/oder Verfahrensinnovationen; Hauptaktivitäten sind u.a. Konstruieren, Experimentieren mit Prototypen, montagegerechte Anwendung und Verwertung in der Produktion und erste Marketingbestrebungen. (3) Phase der *Diffusion:* Die Innovationen werden mittels Marketingaktivitäten und Technologietransfer in Form von Materialien, Produkten, Verfahren (Investitionsgütern), Patenten und Lizenzen wirtschaftlich verwertet; ihre Anwendung breitet sich dadurch aus (diffundiert). – 3. *Arten:* a) *Potenzieller technischer Fortschritt:* technischer Fortschritt, der aufgrund des Standes der naturwissenschaftlich-technischen Forschung und Entwicklung augenblicklich oder in unmittelbarer Zukunft durchführbar ist (Forschung und Entwicklung (F&E)). – b) *Realisierter technischer Fortschritt:* Es wird nur ein Teil dessen, was technisch, betrieblich und gesellschaftlich möglich ist (→ Technologiefolgenabschätzung) tatsächlich realisiert, politische und v.a. wirtschaftliche Kriterien sind entscheidend (Technologiemanagement). – c) *Ungebundener technischer Fortschritt (unverkörperter technischer Fortschritt)* liegt vor, wenn er nicht an den Einsatz neuer Maschinen (bzw. Arbeitskräfte) gebunden ist *(Disembodied Technical Progress).* – d) *Gebundener technischer Fortschritt* dagegen kann nur verwirklicht werden, wenn neue Maschinen oder neu geschulte Arbeitskräfte eingesetzt werden *(Embodied Technical Progress).* – e) In den Anfängen der Wachstumstheorie betrachtete man nur den *autonomen technischen Fortschritt,* der wie „Manna vom Himmel" fällt. Technischer Fortschritt, der auf bestimmte Ursachen zurückgeführt wird, heißt dagegen *induzierter technischer Fortschritt.* – 4. *Wirkungen:* Der technische Fortschritt wird als *neutral* bezeichnet, wenn er die Einkommensverteilung, genauer: die Aufteilung des Faktoreinkommens auf Löhne (einschließlich Gehälter) und Zinsen, wenn die Produktionsfaktoren Arbeit und Kapital gemäß ihrem Grenzprodukt entlohnt werden (Grenzproduktivitätstheorie). – 5. *Aktuelle Diskussion:* In den Arbeiten der neuen Wachstumstheorie steht die Erklärung des technischen Fortschritts und damit die Erklärung der entscheidenden Determinante des Wirtschaftswachstums im Mittelpunkt. Dabei wird in diesen Ansätzen davon ausgegangen, dass technischer Fortschritt durch Forschung und Entwicklung (F&E) von rational handelnden Akteuren produziert wird. Nicht der vom Staat, oder von staatlichen Organisationen, durchgeführten Grundlagenforschung, sondern der von profitorientierten Unternehmen durchgeführten F&E kommt damit hinsichtlich der Wachstumsimpulse die wichtigere Rolle zu. Die Ansätze knüpfen damit an Schumpeters Theorie der profitorientierten Innovationsanstrengungen von dynamischen Unternehmern an. – Vgl. auch evolutorische Wachstumstheorie, Wachstumstheorie.

technisch organisatorischer Bereich (TOB) – Teilbereich eines Unternehmens, der Personalkosten, Sachanlagen, Materialkosten, Umsätze, Gebühren und Provisionen umfasst.

Technologie – I. Allgemein: übergreifende, Wirtschaft, Gesellschaft und Technik verklammernde Wissenschaft von der Technik.

II. Mikroökonomik: formale Beschreibung aller für den Ökonomen relevanten Informationen über die Produktion; verkörpert zu jedem Zeitpunkt die Gesamtheit an technischem Wissen in einer Volkswirtschaft. – *Formen der Darstellung:* (1) Produktionsfunktionen; (2) Aktivitätsmengen.

III. Soziologie: systematische Zusammenfassung und Integration einzelner Techniken zu einer auf spezifische Ziele und Zwecke gerichteten Verfahrensweise, einschließlich sozialer Technologien, z.B. einem Verfahren der Konfliktregelung. Moderne Technologien bestimmen und gestalten die sozialen Beziehungen und den sozialen Wandel in hohem Maße; sie können daher nicht isoliert von der Gesellschaft betrachtet werden und müssen auf ihre Sozialverträglichkeit hin bewertet werden.

IV. Unternehmensführung: Technologie im Sinn von „Managementtechnologie" umfasst die Instrumente der Unternehmensführung und Organisation, und somit Ansätze, Denkweisen, Modelle, Methoden und Hilfsmittel für die Innovations- und Technologieplanung wie z.b. Technologie-Portfolio, Methoden der Bedarfserfassung, Bewertung von Ideen etc. Erfolgreiche technische Innovation ist an die Kombination von Produkt- und/oder Produktionstechnologie mit Management-Technologie gebunden.

Technologieallianz – vertraglich geregelte, meist strategisch orientierte, → Kooperation auf dem Gebiet der Entwicklung und oder Nutzung von → Technologien zwischen zwei rechtlich selbstständigen und oftmals in horizontaler Beziehung zueinander stehenden Organisationen mit dem Ziel, notwendige Potenziale für die Gestaltung strategischer Erfolgspositionen auszutauschen, bzw. gemeinsam zu entwickeln.

Technologiebeschaffung – Durch Technologiebeschaffung werden für das Unternehmen → Technologien zur Nutzung bereitgestellt. Technologiebeschaffung kann intern und extern erfolgen. *Interne* Technologiebeschaffung wird durch → Forschung und Entwicklung (F&E) realisiert. *Externe* Technologiebeschaffung erfolgt durch Zugriff auf unternehmensexterne Technologiequellen. Formen der externen Technologiebeschaffung sind u.a. → Vertragsforschung, Technologiekauf, Lizenznahme, Erwerb von oder Kooperation mit technologieorientierten Unternehmen (→ Technologieallianz) sowie Abwerben von Know-how-Trägern anderer Unternehmen und Reverse Engineering. – Die Entscheidung für eine Form der Technologiebeschaffung wird durch Risiko-, Aufwands- und Zeitaspekte beeinflusst. Die unternehmensinterne Technologiebeschaffung ist mit technischen und wirtschaftlichen

Risiken verbunden. Unternehmensinterne Forschung und Entwicklung kommt bes. bei hoher wettbewerbsstrategischer Bedeutung der Technologie sowie großer unternehmensinterner Kompetenz bez. des Technologiefeldes zur Anwendung. Bei mangelnder unternehmensinterner Kompetenz in diesem bzw. verwandten Technologiebereichen, fehlenden freien F&E-Kapazitäten und geringerer Wettbewerbsrelevanz werden oftmals externe Technologiequellen genutzt.

Technologiebewertung – Ziel der Technologiebewertung ist es, die an einem definierten Bewertungsmaßstab gemessene Bedeutung einer Technologie oder Ergebnisse einer Technologieentscheidung zu ermitteln und zu beurteilen. In Abhängigkeit von dem jeweiligen Bewertungsverfahren und der Zielstellung kann die Bewertung qualitativ oder quantitativ erfolgen. Bewertungsmaßstäbe werden durch die Unternehmensziele (z.B. Umsatz, Gewinn), die strategische Orientierung des Unternehmens (z.B. Marktanteil, Zeit- und Kostenvorteil) sowie durch Anforderungen und Normen gesetzt. Die Bewertung von Technologien ist ein wesentliches Instrument im Rahmen des Technologiemanagements und unterstützt bes. die → Technologieplanung sowie das → Technologiecontrolling. Sie dient zur Kontrolle der Umsetzung von Technologieentscheiden im Rahmen der Implementierung der Technologiestrategie und bereitet sowohl Auswahlals auch Veränderungsentscheidungen vor. In Abhängigkeit vom Bewertungsziel finden im Rahmen der Technologiebewertung verschiedene Analyse- und Bewertungsverfahren Anwendung. Neben → Stärken-/Schwächen-Analysen, Chancen-Risiken- und → Portfolio-Analysen werden Technologielebenszyklus- oder → S-Kurven-Konzepte sowie Roadmaps eingesetzt. Die Bewertung technologiebezogener Investitionsentscheidungen wird durch Net-Present-Value-Methoden oder Realoptionsansätze unterstützt.

Technologiecontrolling – ein eng mit der → Technologieplanung verbundenes Teilgebiet des Technologiemanagements. Zum einen wird durch das Technologiecontrolling die Informationsversorgung dieses Managements sichergestellt und zum anderen die Effektivität und Effizienz der Planung und Realisierung von Technologieentscheiden überwacht und kontrolliert. Da bei identifizierten Soll-/Ist-Abweichungen die Ursachen ermittelt und die notwendigen Informationen und Entscheidungsvorlagen zur Anpassung der Strategie an die Technologieplanung weitergegeben werden müssen, besitzt das Technologiecontrolling eine Schnittstelle zu den Steuerungsfunktionen. Controlling-Objekte sind Vorgaben bez. eingesetzter Produkt- und Prozesstechnologien sowie Entscheidungen im Hinblick auf die Technologiebeschaffung und -verwertung. Unterstützt wird das Technologiecontrolling sowohl durch Verfahren und Methoden aus dem Controlling als auch dem Technologiemanagement, welche die erforderlichen qualitativen und quantitativen Informationen ermitteln und bewerten und komplexe Sachverhalte verarbeiten. – *Beispiele*: Technologie-Roadmapping, welches bes. zur Kontrolle der Strategieumsetzung geeignet ist, quantitative Bewertungsverfahren wie Net-Present-Value-Methoden oder Realoptionsansätze sowie die auf der Analyse und Bewertung von Technologien basierenden Portfoliomodelle.

Technologiefolgenabschätzung – *Technologiewirkungsanalyse, Technology Assessment*; keine einheitliche Verwendung des Begriffes, zumeist synonym verwendet mit: *Technikfolgenabschätzung, Technology Assessment*. – 1. *Zweck*: Systematische und von der Zielsetzung her vollständige Analyse und Bewertung der Wirkungen und Folgen einer Technologie/Technik in allen ersichtlich betroffenen Teilbereichen der natürlichen und sozialen Umwelt. – 2. *Ablaufstruktur*: (1) Definition der Assessment-Aufgabe; (2) Beschreibung des zu beurteilenden Technologie-/Technik-Komplexes; (3) Charakterisierung der gesellschaftlichen Situation; (4) Identifizierung von Bereichen der physikalischen und sozialen Umwelt, in denen Auswirkungen zu erwarten sind; (5) Ermittlung von möglichen Entwicklungsverläufen und Abschätzung der Auswirkungen; (6) Ermittlung von Handlungsempfehlungen und -optionen für politische Entscheidungsträger. – 3. *Problematik:* Aufgrund begrenzter finanzieller und personeller Ressourcen müssen Prioritäten in einer Technologiefolgenabschätzungs-Studie gesetzt werden. – Gefahr der politischen Einflussnahme. Die Grenze einer Technologiefolgenabschätzungs-Studie liegt bei nicht vorhersehbaren Wirkungen („Unknown Unknowns"). – 4. *Institutionalisierung:* in den USA „Office of Technology Assessment" (OTA), Washington D.C.; in Deutschland „Büro für Technikfolgenabschätzung des Deutschen Bundestages" (TAB), Bonn. – Vgl. auch → Technikbewertung, → Technikwirkungsanalyse.

Technologiefrühaufklärung – Versuch, technologische Entwicklungen schneller als konkurrierende Unternehmen zu erkennen. Da sich technologische Veränderungen oftmals ankündigen, müssen „schwache Signale" erfasst und bez. ihrer strategischen Bedeutung beurteilt werden. → Technologien sollen hinsichtlich potenzieller Steigerungen und Grenzen ihrer Leistungsfähigkeit, Verfügbarkeitszeitpunkten, Akzeptanz sowie positiven und negativen Folgewirkungen bewertet werden. Ziel der Technologiefrühaufklärung ist es, das Unternehmen vor Überraschungen und Risiken durch technologische Diskontinuitäten und Substitutionstechnologien zu bewahren sowie Chancen zum Aufbau von technologischen Wettbewerbsvorteilen frühzeitig aufzuzeigen. Als Informationsquellen dienen u.a. Patentschriften und Publikationen, Ausstellungen und Messen, Experten von Forschungseinrichtungen und Partner innerhalb der Wertschöpfungskette. Die Technologiefrühaufklärung wird durch spezielle Verfahren unterstützt, die bei der Erfassung, Bewertung und Darstellung von Informationen eingesetzt werden. Bewährte Methoden der Technologiefrühaufklärung sind Trendextrapolation, Delphistudien, Schutzrechtsanalysen, → Szenario-Technik und → Roadmapping.

technologieorientierte Unternehmensgründungen – Unternehmensgründungen, deren Produkte oder Dienstleistungen auf einer neuen technologischen Idee oder neuen Forschungsergebnissen basieren. Produkt- und Prozessinnovationen als Ergebnis der zentralen Unternehmensfunktion → Forschung und Entwicklung (F&E) stellen somit das wesentliche Unterscheidungsmerkmal dar. Typischerweise gehen dem Markteintritt umfangreiche technische Entwicklungsarbeiten voraus. – Vgl. Innovationsförderung; → Technologietransfer.

Technologieplanung – beschäftigt sich mit der Ideengenerierung zum Einsatz neuer Technologien sowie mit der Analyse und anschließenden Auswahl von Technologien. Die Technologieplanung enthält innerhalb der Ideengenerierung intuitive und kreative Anteile, die sich auf Erkenntnisse aus der Technologieerkennung und → Technologiefrühaufklärung stützen. Die Analyse und Auswahl von Technologien für den Einsatz im Unternehmen oder für Fremdvergabe, z.B. durch Lizensierung oder Patentverkauf, wird spezifiziert mit den Fragen der → Technologiebewertung, Technologieverwertung und des Schutzrechtsmanagements. Die Vielfalt der Aufgaben der Technologieplanung spiegelt sich in der Menge und Unterschiedlichkeit der eingesetzten Methoden innerhalb der Technologieplanung wider. Expertengespräche, Portfoliotechniken, Patentanalysen, Szenariotechnik etc. unterscheiden sich nicht nur in der Vorgehensweise, sondern auch in der Zielstellung und den erzielbaren Ergebnissen erheblich. Die Technologieplanung im Unternehmen kann sich i.d.R. nicht von vornherein auf eine bestimmte Methode festlegen, sondern muss je nach konkreter Aufgaben- und Fragestellung die geeignete Methode bzw. einen passenden Methodenmix auswählen und verfolgen. Technologieplanungen im Unternehmen finden i.d.R. parallel zum laufenden Tagesgeschäft in Projektgruppen mit Beteiligten aus unterschiedlichen Unternehmensbereichen und mit verschiedenen Kompetenzen statt. Der Anstoß erfolgt vielfach aus der Forschungs- und Entwicklungsabteilung oder von der Geschäftsleitung. Der zunehmenden Bedeutung der Technologieplanung Rechnung tragend, gehen bes. Konzerne dazu über, Stabsabteilungen zu installieren, die den Prozess der Technologieplanung steuern, durchführen und kontrollieren und je nach Bedarf durch interne und externe Experten verstärkt werden können.

Technologie-Portfolio → Portfolio-Analyse.

Technologiestrategie – Die langfristige Technologiestrategie dient der Planung und Festlegung der Maßnahmen und Aktivitäten zur Erreichung der technologischen Ziele von Unternehmen, die i.d.R. auf die Stärkung der Wettbewerbsfähigkeit abstellen. Die Technologiestrategie eines Unternehmens bezieht sich auf die Dimensionen Auswahl von Technologiearten, Leistungsfähigkeit der Technologien, Beschaffungsquellen und Verwertungsoptionen von Technologien sowie zeitliche Aspekte. Technologiestrategien können für einzelne Geschäftsfelder, ganze Unternehmen oder Unternehmensnetzwerke definiert werden. Ebene und Umfang der Technologiestrategie richten sich u.a. nach der Diversifikationshöhe des Unternehmens, der Verschiedenartigkeit der betrachteten Technologien, den Synergiepotenzialen und etwaigen Ressourcenbeschränkungen. Zur Entwicklung von Technologiestrategien bedarf es klar definierter Technologieziele sowie qualitativ und quantitativ hinreichender Informationen aus der → Technologiefrühaufklärung und dem → Technologiecontrolling. Zur methodischen Unterstützung der Entwicklung von Technologiestrategien eignen sich v.a. Technologie-Portfolios und Technologie-Roadmaps.

Technologietransfer – 1. *Charakterisierung:* Weitergabe von technischem Wissen von der Entstehung hin zur Verwendung im Produktionsprozess. Technologietransfer bedeutet institutionell den planvollen, zeitlich limitierten, privatwirtschaftlichen oder staatlich unterstützten Prozess der Diffusion oder Verbreitung von Technologie zur wirtschaftlichen Nutzbarmachung für Dritte. Die Übertragung erfolgt i.Allg. durch Rechtsakt (z.B. Lizenzvertrag). Der Technologietransfer kann zwischen Hochschulen, Forschungseinrichtungen, Erfindern und Unternehmen, innerhalb eines internationalen Unternehmens, zwischen verschiedenen Unternehmen oder zwischen Industrie- und Entwicklungsländern stattfinden. – 2. *Mögliche Bestandteile/Inhalte:* (1) freie Technologien (Patente, Lizenzen, Know-how); (2) gütergebundene Technologien (in Form von Spezialmaschinen, Ausrüstungen und sonstigen Gütern bis zur „schlüsselfertigen Fabrik"); – 3. *Bedeutung:* Technologietransfer reduziert die Diskrepanz von potenziellem und aktuellem Nutzungsgrad einer Technologie. Entwicklungsländer sind aufgrund technologischer Rückständigkeit in starkem Maße auf Technologietransfer angewiesen. – Vgl. auch → Forschung und Entwicklung (F&E), → Innovation, → technologieorientierte Unternehmensgründung, Technologietransferförderung.

Technologiewirkungsanalyse → Technologiefolgenabschätzung.

technologische Gatekeeper – Personen im Unternehmen, die über eine ausgeprägte Fach- oder Methodenkompetenz in einem Technologiefeld verfügen und als Kommunikatoren innerhalb des Unternehmens und nach außen wirken. Die hierarchische Eingliederung im Unternehmen spielt hierbei keine entscheidende Rolle, wichtig ist aber, dass sie über Abteilungs- und Bereichsgrenzen als kompetente Ansprechpartner wahrgenommen werden.

technologische Konkurrenzanalyse – Teil
der → Technologiefrühaufklärung; Beobachtung und Bewertung von bestehenden und
potenziellen Konkurrenzunternehmen aus
technologischer Perspektive. Der Beobachtungsfokus liegt dabei bes. auf Unternehmen,
denen der Besitz oder die Entwicklung von
Substitutionstechnologien zugetraut wird.
Durch die gezielte Analyse sollen Chancen
und Risiken frühzeitig erkannt werden.

technologische Voraussage – 1. *Begriff:*
Voraussage der technologischen Entwicklung sowie deren weiteren Auswirkungen
auf Gesellschaft und/ oder Unternehmen
(→ Technologiefolgenabschätzung), d.h. die
Exploration möglicher technologischer Entwicklungen. – 2. *Abgrenzung zu Prognose:*
Der logischen Struktur nach unterscheiden
sich Erklärung und Prognose nicht. Ein Vorgang (Explanandum) kann aus allg. raum-
und zeitunabhängigen Theorien, Gesetzen
und Hypothesen und mind. einer singulären Rand- oder Antezedenzbedingung (Explanans) deduktiv abgeleitet werden: Bei der
Erklärung ist in der Gegenwart das Explanandum gegeben, das Explanans wird gesucht;
bei der Prognose ist das Explanans in der Gegenwart gegeben, das Explanandum wird gesucht. Prognose in diesem Sinn beinhaltet somit nicht Voraussagen, die keine rationale,
intersubjektiv überprüfbare Begründung enthalten, damit auch keine technologische Voraussage, da der → technische Fortschritt als
rational nicht erklärbar, sondern als durch
wissenschaftliche Durchbrüche zufallsbedingt galt. Technologische Voraussagen werden jedoch als deduktiv-statistische und induktiv-statistische Voraussagen wegen des
Fehlens allgemeingültiger Theorien abgegeben, die Möglichkeit einer experimentellen
Überprüfung von Erklärungen wird durch
den Diskurs ersetzt; aufgrund von „Quasi-Gesetzen" und „empirischen Regelmäßigkeiten" sind rationale technologische Voraussagen mit einer gewissen Wahrscheinlichkeit
möglich. – 3. *Methoden:* U.a. Trendextrapolation (Extrapolation), Expertenbefragung,

→ Delphi-Technik, Morphologischer Kasten. – Vgl. auch → Kreativitätstechniken.

Technology Assessment → Technologiefolgenabschätzung.

Technology Push – *Knowledge Push, Technologieschub, Technologiedruck;* technologische
Entwicklung, die, unabhängig von am Markt
identifizierten Kundenbedürfnissen, auf Basis des unternehmensinternen Technologie-
und Leistungspotenzials realisiert und am
Markt eingeführt wird. Das Ergebnis einer
Technology-Push-Strategie sind häufig radikale Innovationen mit hohem Ertragspotenzial, deren Realisierung sowohl mit hohem
Zeitaufwand als auch erheblichen Risiken
verbunden ist. So steht bes. bei radikalen Innovationen der Gefahr, keinen Markt zu finden, die Chance gegenüber, durch neue Technologien neue Märkte zu schaffen.

teilautonome Arbeitsgruppe – *selbststeuernde Arbeitsgruppe;* durch das Tavistock-Institut entwickelte, im Zuge der Einführung in
den Volvo-Werken in Kalmar bekannt gewordenes Verfahren der → Arbeitsgestaltung,
nach der eine Kleingruppe eine komplexe
Aufgabe übernimmt, die Regelung von der
Gruppe teilautonom vorgenommen wird. Dabei sind auch klassische Führungsfunktionen
wie Arbeitsvorbereitung, Arbeitsorganisation
und Arbeitsergebniskontrolle an die Gruppe
delegiert, sodass sie über Entscheidungs- und
Kontrollkompetenzen verfügt. Je nach den
Sachverhalten, die der Arbeitsgruppe zur eigenverantwortlichen Wahrnehmung übertragen werden, kann man verschiedene Grade
der Selbststeuerung unterscheiden.– Diese
weitest reichende Methode der Verselbstständigung der Arbeitnehmer kann im Extremfall sogar auf einen Vorgesetzten verzichten,
da möglichst alle Arbeiten von jedem Mitglied der Arbeitsgruppe beherrscht werden
sollten, womit Hierarchien überflüssig werden können. – Als *Ergebnis* dieser Maßnahme
sind Erhöhungen der → Arbeitszufriedenheit, eine hohe intrinsische Motivation sowie

dadurch Senkungen der → Fehlzeiten beobachtet worden.

Teilbereich → organisatorischer Teilbereich.

Teilbereichsorganisation – 1. *Begriff:* Kompetenzabgrenzung innerhalb → organisatorischer Teilbereiche, etwa dem Beschaffungsbereich (→ Beschaffungsorganisation), dem Fertigungsbereich (→ Fertigungsorganisation), dem Vertriebs- bzw. Absatzbereich (→ Vertriebsorganisation), dem Personalbereich (→ Personalorganisation), dem Forschungsbereich (→ Forschungsorganisation) und dem Entwicklungsbereich (→ Entwicklungsorganisation). – *Gegensatz:* → Organisationsmodell (für die Gesamtunternehmung). – 2. *Ausgestaltung:* in vertikaler Sicht mehr zentral (→ Zentralisation) oder mehr dezentral (→ Dezentralisation) und in horizontaler Sicht eindimensional oder mehrdimensional mit unterschiedlichen Formen von → Zentralbereichen.

Teilplanung – isolierte Planung der einzelnen funktionalen Bereiche wie Beschaffung, Lagerhaltung, Produktion, Absatz, Forschung und Entwicklung etc. Die einzelnen Teilpläne müssen jedoch aufeinander abgestimmt werden, um der gesamtbetrieblichen Zielsetzung gerecht zu werden. – *Gegensatz:* → Gesamtplanung. – Vgl. auch → operative Planung.

Teilzeitgründung → Nebenerwerbsgründung.

Telelearning – *Telelernen;* 1. *Begriff:* Bezeichnung für eine Lernsituation, in der sich der bzw. die Lehrende(n) und der bzw. die Lernende(n) an voneinander getrennten Orten befinden. – 2. *Erklärung:* Im Gegensatz zum → Teleteaching verläuft das Telelearning asynchron, d.h. Lehren und Lernen findet nicht zeitgleich statt. Es kann differenziert werden zwischen offenem und kooperativem E-Learning. Beim offenen E-Learning fungiert das Internet in erster Linie als Informations- und Verteilungsplattform. Beim kooperativen E-Learning findet zudem auch ein wechselseitiger Austausch von Informationen, i.d.R in Form von Kommunikation statt. – Weitere, ähnliche Formen des virtuellen Lernens: Fernlernen, Open Distance Learning.

Telelernen → Telelearning.

Teleteaching – 1. *Begriff:* Bezeichnung für eine Lernsituation, in der sich der, bzw. die Lehrende(n) und der, bzw. die Lernende(n) an voneinander getrennten Orten befinden. – 2. *Erklärung:* Im Gegensatz zum → Telelearning erfolgt das Teleteaching synchron, d.h. Lehren und Lernen findet zur selben Zeit statt. Verwendet werden hierfür z.B. moderne, mediale Kommunikationsformen wie Videokonferenzen mit integrierten Shared Workspaces. – Weitere, ähnliche Formen des virtuellen Learning: Fernlernen und Open Distance Learning.

Tensororganisation → mehrdimensionale Organisationsstruktur, bei der die Kompetenzabgrenzung zwischen den organisatorischen Teilbereichen auf einer Hierarchieebene nach mind. drei verschiedenen Kriterien erfolgt.

Terminprämie – Art des → Prämienlohns. Eine Terminprämie wird für die Einhaltung oder das Unterschreiten bestimmter Termine gewährt. Beschränkte Anwendbarkeit, da die Termineinhaltung i.d.R. nicht nur von einzelnen Arbeitskräften abhängt.

Test – Testen, statistische Testverfahren, → Testverfahren.

Testgütekriterien – Kriterien, anhand derer beurteilt werden kann, wie gut ein psychologischer Test ist. Allgemein wird zwischen den Kriterien Objektivität, Reliabilität und Validität unterschieden. – 1. Die *Objektivität* eines Tests ist dann gegeben, wenn verschiedene Testleiter mit dem Test auf den Ebenen der Datengewinnung, -auswertung und -interpretation bei denselben Personen zu gleichen Ergebnissen kommen. Die Unterschiede der Testergebnisse sollen also von Unterschieden zwischen den getesteten Personen und nicht von Unterschieden zwischen den Testleitern abhängen. – 2. Die → Reliabilität ist gegeben, wenn der Test das, was er misst, auch zuverlässig misst. Dies ist etwa dann gegeben, wenn die einzelnen Aufgaben eines Tests eine hohe Interkorrelation zeigen, wenn parallele Formen des Tests bei denselben Personen zu gleichen Ergebnissen führen oder wenn eine Testwiederholung bei denselben Personen zu gleichen Ergebnissen führt. – 3. Die *Validität* ist dann gegeben, wenn der Test das, was er zu messen vorgibt, auch tatsächlich misst. Die Validität kann auf unterschiedliche Weise gemessen werden. Bes. wichtig ist die Korrelation der Testdaten mit anderen Indikatoren des Geltungsbereichs (z.b. Vorgesetztenurteil) oder mit Ereignissen, die man prognostizieren möchte, wie etwa Ausbildungserfolg, Berufserfolg etc. Sind Objektivität und Reliabilität unzureichend, so kann auch die Validität nicht hoch sein. Es ist allerdings theoretisch denkbar und in der Praxis auch häufig der Fall, dass Verfahren mit hoher Objektivität und Reliabilität nicht valide sind.

Testverfahren – *Prüfungsverfahren.*

I. Statistik: statistische Testverfahren.

II. Psychologie: → psychologische Testverfahren.

III. Marktforschung: Neben den statistischen Testverfahren und → psychologischen Testverfahren werden bes. nach dem Erkenntnisobjekt Anzeigentest, Markttest, Store-Test, Namenstest, Preistest, Verpackungstest, Konzepttest, Produkttest und Markentest (Recalltest) unterschieden.

IV. Informatik: Testen (Testen der Software), Benchmark-Test (Testen der Leistungsfähigkeit der Hardware).

thematischer Apperzeptionstest – *Thematic Apperception Test;* projektiver Test (→ projektive Verfahren). Der Auskunftsperson werden 20 Bildtafeln vorgelegt. Zu jeder Abbildung soll sie eine selbsterfundene Geschichte erzählen. Da die Testperson in ihre Schilderung eigene Impulse, Wünsche, Schuldgefühle etc. hineinprojiziert, können wertvolle Anhaltspunkte über ihre Persönlichkeit gewonnen werden oder die Messung

impliziter Motive (z.b. Macht-, Leistungs- oder Anschlussmotiv).

Theorie der Internalisierung → internationale Unternehmung.

Theorie des internationalen Produktzyklus → internationale Unternehmung.

Theorie des oligopolistischen Parallelverhaltens → internationale Unternehmung.

Theorie des Reifegrades – führungstheoretischer Ansatz von P. Hersey und K.H. Blanchard, der davon ausgeht, dass das effektive Verhalten eines Vorgesetzten vom Reifegrad des Mitarbeiters bestimmt wird. Der Reifegrad des Mitarbeiters bestimmt sich als Ergebnis von Fähigkeiten und Motivation. Dabei werden 4 verschiedene Stufen des Reifegrades unterschieden: M1: geringe Reife (Motivation, Wissen und Fähigkeiten fehlen), M2: geringere bis mäßige Reife (Motivation, aber fehlende Fähigkeiten), M3: mäßige bis hohe Reife (Fähigkeiten, aber fehlende Motivation), M4: hohe Reife (Motivation, Wissen und Fähigkeiten vorhanden). – Zusätzlich wird zwischen 4 Führungsstilen unterschieden: Unterweisung (telling): Der Vorgesetzte sieht seine Mitarbeiter als Untergebene. Er sagt ihnen, was, wie, wann und wo zu tun ist. Verkaufen (selling): Der Vorgesetzte argumentiert rational oder emotional, um die Mitarbeiter zur Akzeptanz der Aufgabenstellung zu bewegen. Partizipation (participating): Der Führer und die Geführten entscheiden gemeinsam. Delegation (delegating): Der Vorgesetzte beschränkt sich auf gelegentliche Kontrollen und überläßt die Aufgabenerfüllung seinen Mitarbeitern. – Abhängig vom Reifegrad der Mitarbeiter wendet der Vorgesetzte die verschiedenen Führungsstile an. Mit zunehmender Reife nimmt die Aufgabenorientierung ab und die Beziehungsorientierung zu.

Theorie Z – Organisation, → Führungsmodelle.

Therbligs – Therbligs sind die vom Begründer der → Bewegungsstudie, Gilbreth, in Umkehrung seines Namens gefundenen 17 Bewegungsgrundelemente: Hinlangen, Transportieren, Greifen, Vorrichten, Fügen, Ausführen, Auseinandernehmen, Loslassen, Prüfen, Suchen, Auswählen, Finden, in eine andere Lage bringen, unvermeidbare und vermeidbare Verzögerung, Planen, Ausruhen und Halten. Die Therbligs sollen es dem Analytiker erlauben, die Vorgabezeiten manueller Tätigkeiten synthetisch wie ein Baukastensystem zusammenzufügen. Durch Addition der für die Bewegungsgrundelemente zuständigen Zeitwerte soll die manuelle Arbeitszeit sich aus Einzelzeiten zur Gesamtzeit zusammensetzen lassen. Therbligs sind somit Grundlage der → Systeme vorbestimmter Zeiten (SvZ). Motivation für Gilbreths Forschung war die Optimierung der Arbeitsgestaltung. Seine Theorie gilt als Teil des Scientific Managements oder → Taylorismus.

Time Based Management – Managementkonzept, das die Geschwindigkeit der Reaktion auf Kundenwünsche (v.a. in der Produktentwicklung) als wesentlichen Wettbewerbsvorteil herausstellt.

Time Pacing – im Unterschied zum → Event Pacing, also dem fallweisen Anpassen der Unternehmensstrategie an veränderte Umweltbedingungen, werden beim Time Pacing die Unternehmensaktivitäten in vorher festgelegten Rhythmen neu festgelegt. Nach einem genau festgelegten Zeitplan werden neue Produkte und Dienstleistungen geschaffen, neue Märkte betreten und neue Geschäfte aufgebaut. So kann ein Unternehmen außerordentlich schnell am Markt agieren.

TOB – Abk. für → technisch organisatorischer Bereich.

Top-down-Planung → Top-down-Prinzip.

Top-Down-Prinzip – *Top-down-Approach, Gegenstromverfahren.* 1. *Allgemeines:* Prinzip zur Vorgehensweise bei der Problemlösung. – *Grundidee:* Ausgehend von einem hohen Abstraktionsgrad bzw. einer globalen Betrachtung zunehmende Konkretisierung von „oben" nach „unten"; ein Gesamtproblem

wird in Teilprobleme aufgeteilt, diese evtl. in weitere Teilprobleme etc. – 2. Im *Software Engineering* vielfach verwendet, z.B. bei → Modularisierung, Abstraktionsebenen, Programmentwicklung durch schrittweise Verfeinerung. – 3. Top-Down-Prinzip als *Planungsprinzip:* → Unternehmensplanung.

Top Management – 1. *Begriff:* Bezeichnung für den Tätigkeitsbereich der obersten Ebene in der hierarchischen Organisationsstruktur der Unternehmung. – 2. *Funktionen:* In Unternehmen zählen i.d.R. der Vorstand bzw. die geschäftsführenden Direktoren zum Top Management. In ihrer Kompetenz liegt bes. die Festlegung der langfristigen Unternehmenspolitik bzw. der strategischen Ziele und die Durchsetzung einer entsprechenden Planung und Strukturierung des Unternehmens. – Das *Top Management vertritt* das Unternehmen nach außen und stellt die Kontakte zu Institutionen außerhalb des Unternehmens her, wie Behörden, Fachverbänden, Gewerkschaften etc. Das Top Management ist Träger der Verantwortung für alle Aktivitäten seines Unternehmens, z.B. gegenüber den Eigentümern oder der Gerichtsbarkeit. – Vgl. auch → Management.

Total Quality Management (TQM) – Optimierung der Qualität von Produkten und Dienstleistungen eines Unternehmens in allen Funktionsbereichen und auf allen Ebenen durch Mitwirkung aller Mitarbeiter. Total Quality Management strebt die Erhöhung der Kundenzufriedenheit an. – Der Begriff *Qualitätsmanagement* ist dagegen enger gefasst: Planung, Steuerung und Überwachung der Qualität eines Prozesses bzw. Prozessergebnisses; umfasst Qualitätsplanung, -lenkung, -prüfung, -verbesserung und -sicherung.

TQM – Abk. für → Total Quality Management.

Tracking Stocks – *Alphabet Stock, Mirror Stock, Targeted Stock;* US-amerikanische Finanzinnovation im Eigenkapitalbereich. Tracking Stocks geben einem Investor die Möglichkeit, sich an einem oder mehreren

Geschäftsbereichen (Tracked Units) eines Unternehmens zu beteiligen. Hauptgründe für Einführung: (1) Steigerung des Shareholder Value; (2) Mittel der Eigenkapitalaufnahme; (3) Nutzung als Akquisitionszahlungsmittel; (4) Abwehrmaßnahme gegen feindliche Übernahme. Anwendung des Konzepts von dt. Unternehmen aus rechtlicher Sicht noch unklar, da die Trennung der Geschäftsbereiche eine getrennte Rechnungslegung und Kontrolle erfordern.

Tragik der Allmende – *Tragedy of the Commons*; Allmenderessource.

Traineeprogramm – speziell von Großunternehmen angebotene Möglichkeit des Berufseinstiegs von (Fach-)Hochschulabgängern. Während der Laufzeit erfolgt eine systematische, mit dem Einsteiger (Trainee) abgestimmte Rotation durch verschiedene Abteilungen und Funktionsbereiche des Unternehmens. – *Dauer:* mind. sechs bis höchstens 24 Monate. Der Trainee soll lernen, abteilungsübergreifend zu denken und zu handeln, sodass er in seinem späteren Werdegang innerhalb der Firma nicht nur seinen eigenen Fachbereich sieht, sondern die Auswirkungen auf andere Unternehmensbereiche in seine Überlegungen und sein Handeln mit einbezieht. Somit dient das Traineeprogramm dazu, vielseitig einsetzbaren Nachwuchs aufzubauen.

Training – bezeichnet Off-the-Job-Verfahren der Personalentwicklung, bei denen Mitarbeiter Fertigkeiten erwerben oder verfeinern sollen. Die Implementierung von Trainingsmaßnahmen in Organisationen erfolgt in fünf Schritten: a) *Festlegung der Trainingsziele:* Der Ist- und Sollzustand werden ermittelt. Bei der Festlegung des Sollzustands müssen die Interessen der Organisation mit denen der Individuen abgestimmt werden. Dabei sollte nicht nur der gegenwärtige, sondern auch der zukünftige Bedarf ermittelt werden. Die Grundlage für die Formulierung des Sollzustands sind z.B. Organisations- und → Arbeitsanalysen oder Expertenbefragungen

(→ Delphi-Technik). Die Grundlage für die Ist-Analyse besteht in der Erhebung der vorhandenen Kompetenzen der Mitarbeiter, z.B. auf der Grundlage der Mitarbeitergespräche, von vorausgegangenen Leistungsbeurteilungen, psychologischen Testverfahren u.Ä. – b) *Ableitung von Kriterien zur Überprüfung des Lernerfolgs:* Soweit möglich, muss der Sollzustand präzise bestimmt werden, damit eine → Evaluation der Maßnahmen möglich wird. – c) *Entwicklung der Trainingsmaßnahme:* Die Trainingsmaßnahme wird zeitlich, inhaltlich und methodisch auf die Trainingsziele abgestimmt. Bei der Gestaltung der Trainingsmaßnahme sollte darüber hinaus bes. die Förderung des Lerntransfers beachtet werden. – d) *Durchführung der Maßnahme.* – e) *Überprüfung des Lernerfolgs:* Abgestimmt auf die Trainingsziele wird der Trainingserfolg überprüft (→ Evaluation).

Training Group – zusammenfassender Ausdruck für eine systematisch zusammengestellte Schulungsgruppe, die ein bestimmtes Schulungsprogramm absolviert. – Vgl. auch → Laboratoriumstraining.

Transaction Services – *Deal Services;* Beratungstätigkeit im Transaktionsgeschäft. Das Kontinuum reicht von einer Evaluierung des Transaktionsobjekts vor dem Deal bis zur Vollendung der Transaktion mit anschließender Integration oder Separation des Transaktionsobjekts. Transaction Services werden in den folgenden Bereichen angeboten: Mergers & Acquisitions (M & A), Bewertung und Strategie, Freisetzung/Verkauf von Unternehmensteilen (Disposals), → Joint Ventures, fremdfinanzierte Unternehmenskäufe (→ Leveraged Buyout), Börsengänge, → Due Diligence, Gründungsvorhaben, Squeeze-out-Vorhaben (Verdrängung von Aktionärsgruppen), Umwandlungen.

Transaktionsanalyse – Analyse des kommunikativen Wechselspiels zwischen zwei und mehr Personen, das sowohl verbal als auch nonverbal abläuft. Begründer: Eric Berne (1910 – 1970). Die Transaktionsanalyse wird in Management-, Verkaufs- und Verhandlungstrainings eingesetzt und verbessert das bewusste soziale Handeln des Einzelnen (Personalentwicklung).

Transferpreisgestaltung – Transferpreis.

Transformationsmanagement → Business Transformation.

Transnational Corporation (TNC) – Von den Vereinten Nationen eingeführter Begriff für Unternehmen, die gleichzeitig mit Direktinvestitionen in mind. zwei Ländermärkten agieren. Mit der Einführung sollte eine Alternative zu dem im allg. Sprachgebrauch negativ konotierten Begriff des multinationalen Unternehmens („Multis", „ugly multinationals") geschaffen werden (s. auch → internationale Unternehmung). – Der Begriff der Transnational Corporation (TNC) ist zu unterscheiden von dem im Internationalen Management behandelten Führungskonzept der → transnationalen Unternehmung.

transnationale Unternehmung – Form der → internationalen Unternehmung, welche darauf abzielt, im Unternehmen Fähigkeiten zu entwickeln, die eine erfolgreiche Auseinandersetzung mit den denkbaren Umweltcharakteristika ermöglichen. Die jeweiligen Vorteile einer globalen, multinationalen und → internationalen Strategie sollen hierbei vereinigt werden. Um dies zu realisieren, werden spezifische konfigurative Merkmale und Managementaufgaben gefordert. Zur Gewährleistung globaler Effizienz soll die Unternehmensstruktur einem integrierten Netzwerk verstreuter und verwobener Ressourcen entsprechen, während das Management die daraus resultierenden unterschiedlichen Perspektiven und Fähigkeiten legitimiert. Um multinationale Flexibilität und Marktnähe zu erreichen, sollen die Auslandstochtergesellschaften differenzierte und spezialisierte Rollen einnehmen, wobei die Managementaufgabe darin besteht, multiple und flexible Koordinationsprozesse zu entwickeln. Schließlich soll internationale Innovationskraft dadurch erreicht werden, dass eine weltweit gemeinsame Entwicklung und Nutzung von Wissen erfolgt, während das Management eine gemeinsame Vision und individuelle Motivation schaffen soll. – Vgl. auch → Führungskonzepte im internationalen Management.

Transplant – ausländisches Tochterunternehmen, das im Vergleich zum Mutterland unterschiedliche wirtschaftliche, politische und soziale Verhältnisse vorfindet und somit vor die Herausforderung gestellt ist, die wesentlichen Erfolgsmerkmale eines Konzepts im Mutterland auf das Ausland zu übertragen.

treibende Kraft – Konzept zur Ermittlung des zentralen Erfolgsfaktors eines Unternehmens, an dem die gesamte unternehmenspolitische Rahmenplanung (Unternehmenspolitik, → strategisches Management) auszurichten ist. – Die treibende Kraft ist definiert als die Bestimmungsgröße für die Spannweite zukünftiger Produkte und Märkte. Sie ist generierende Basis zur Ausgestaltung der anderen, die treibende Kraft verifizierenden Entscheidungsbereiche. Es sollte also immer nur eine einzige treibende Kraft wirken, die aus einem der heuristisch ermittelten neun strategischen Bereiche stammt: Produkte, Markterfordernisse, Technologie, Produktionsmöglichkeiten, Verkaufsmethode, Vertriebsmethode, Rohstoffe, Größe/Wachstum oder Ertrag/Gewinn.

Treibhausgas-Emissionshandelsgesetz (TEHG) – 1. *Begriff:* → Das Treibhausgas-Emissionshandelsgesetz (TEHG) trat am 15.7.2004 in Kraft. Es stellt in Deutschland den rechtlichen Rahmen für den Handel mit Berechtigungen zur → Emission von Treibhausgasen in einem gemeinschaftsweiten Emissionshandelssystem sicher. – 2. *Ziel:* Es wurde mit dem Ziel erlassen, eine kosteneffiziente Verringerung der Treibhausgasemissionen zu bewirken und damit einen Beitrag zum weltweiten Klimaschutz zu leisten (vgl. § 1 TEHG). – 3. *Inhalt:* Das Gesetz regelt den Geltungsbereich des Emissionshandels und den Zuteilungsplan der Emissionsrechte. Des Weiteren werden u.a. der Handel mit Berechtigungen, ggf. notwendige Sanktionen sowie die Fragen der Zuständigkeiten und der Überwachung geregelt. – Vgl. auch → Emissionshandel, → Umweltlizenzen, → Umweltgesetzgebung.

Trend-Impact-Analyse – Analyse der Auswirkungen von einem oder mehreren möglichen Ereignissen auf die „überraschungsfreie" Projektion eines Trends in die Zukunft. Für jedes Ereignis werden Beurteilungen angestellt bez. (1) der Wahrscheinlichkeit von jedem Ereignis als Funktion der Zeit und (2) der Auswirkungen des Ereignisses auf den Trend. Auf diese Art und Weise wird die ursprüngliche Trendprojektion modifiziert, um die Ergebnisse von Einflüssen zu reflektieren, die vorher keine Beachtung fanden.

Triade – gebräuchliche Bezeichnung für die drei zur Zeit der Einführung des Begriffes Anfang der 1990er-Jahre stärksten Wirtschaftsregionen der Welt (NAFTA, EU), sowie Japan, Taiwan, Südkorea, Hong Kong und Singapur). → Internationale Unternehmungen richten ihre → internationalen Strategien häufig auf die Regionen der Triade aus (Schwerpunktländer; → internationale Marktsegmentierung). – Historische Vorläufer der Idee des Triadenbegriffs können im (Atlantischen) Dreieckshandel („triangular trade", „triangle trade") des 17. bis 19. Jahrhunderts zwischen Afrika, Amerika und Europa gesehen werden.

Trieblehre – Bezeichnung für die Auffassung, dass Lebewesen von angeborenen, jedoch durch Einflüsse der Umwelt in bestimmter Weise sublimierbaren Trieben „angetrieben" werden. Eine genaue Abgrenzung zu den Instinkten ist nicht möglich. Heute weitestgehend durch Theorien über → Motivation und → Bedürfnishierarchien abgelöst.

TRIZ – Das Akronym TRIZ bildet sich aus der russischen Bezeichnung der Theorie des erfinderischen Problemlösens. Die Theorie umfasst zahlreiche Instrumente, die auf der Inhaltsanalyse von in Patenten dokumentierten Erfindungen beruhen. Zu den Instrumenten zählen u.a. die Funktionsanalyse, die Stoff-Feldanalyse, die Widerspruchsmatrix, die Entwicklungsgesetze technischer Systeme und die Erfindungsverfahren.

Trucksystem – Im Zeitalter des Frühkapitalismus (Kapitalismus) gebräuchliche Form des Arbeitsentgelts, in Deutschland seit 1855 verboten (Truckverbot). Beim Trucksystem ist der Lohnberechtigte verpflichtet, in voller oder anteiliger Höhe seines Lohnanspruchs Ware aus dem Erzeugungsprogramm des Betriebs zu übernehmen. Da der Arbeiter zum Lebensunterhalt den Großteil dieser Güter wieder veräußern muss, übernehmen die Arbeiter für den Unternehmer z.T. Absatzfunktion und -risiko. Die Folgewirkung ist die Ausbeutung, da Arbeiter aufgrund ihrer schwachen Stellung an einem lokal begrenzten Markt i.Allg. nur einen geringen Preis erzielen.

Turnaround – Wende eines in einer wirtschaftlichen Krise befindlichen Unternehmens von der (existenzgefährdenden) Verlustzone in eine langfristige (überlebenssichernde) Gewinnsituation. Auch allg. verwandt im Sinn eines Herausbringens aus einer Verlustsituation oder auch im Sinn von Trendwende. – Vgl. auch Sanierung.

Typ-A – in der Stressforschung beschriebenes Verhaltensmuster einer Person, gekennzeichnet durch erheblichen subjektiven Zeitdruck, explosiv-aggressives Verhalten sowie sehr hohe Kontrollambitionen (Versuch der Erhaltung und Ausweitung der → Situationskontrolle). Personen mit extrem ausgeprägter Typ-A-Orientierung haben laut empirischer Forschung eine erhöhte Infarktwahrscheinlichkeit.

überlappende Gruppen – von R. Likert entworfenes Führungskonzept. – 1. *Merkmale:* a) Vorgesetzter und die ihm unterstellten Mitarbeiter bilden eine Kleingruppe. – b) Vorgesetzte sind gleichzeitig Gruppenmitglieder der nächsthöheren Hierarchieebene; sie fungieren daher als Verbindungsglieder (Linking Pins). – c) Entscheidungen werden in der Gruppe gefällt; dadurch verbesserter Informationsfluss. – 2. *Vorteile:* höhere → Arbeitszufriedenheit und verbesserte Koordination durch Betonung der prosozialen Beziehungen. – 3. *Nachteile:* gelegentliche Überlastung des Vorgesetzten durch seine Doppelfunktion. – Vgl. auch Abbildung „Überlappende Gruppen".

Überlappende Gruppen

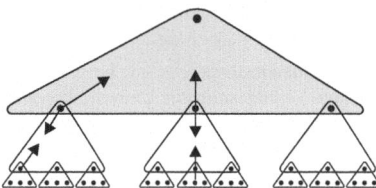

Überlappung – I. Produktionsplanung und -steuerung: Methode, um Terminüberschreitungen aus der Durchlaufterminierung zu beseitigen. Ein Fertigungsauftrag wird dabei nicht als Ganzes auf einer Fertigungsanlage abgearbeitet, bevor er zur nächsten Anlage transportiert wird; vielmehr werden bereits fertig gestellte Teile des Auftrags früher weitergegeben und auf dem nächsten Aggregat bearbeitet *(überlappte Produktion, auch Abkehr vom Prinzip der geschlossenen Produktion)*.

II. Organisation: Prinzip des Führungskonzepts der → überlappenden Gruppen.

Übernahmegründung → Einheitsgründung, → Simultangründung.

Überorganisation – 1. *Begriff:* ein meist überaus formular- und vorschriftenreicher Zustand der Organisation des Betriebes als Folge einer Gestaltung der Betriebsstruktur (z.B. Leitung, Instanzenbau, Aufgabengliederung, Befugnis- und Verantwortungsregelung) und des Betriebsprozesses (Arbeits-, Verkehrsabläufe etc.), die über das fallweise Notwendige und Zweckmäßige weit hinausgeht und daher mehr Arbeitskräfte und Hilfsmittel bindet als ökonomisch optimal ist. – Vgl. auch → Organisationsgrad. – 2. *Wirkung:* schwerfällige, unelastische Betriebsführung, d.h. Dispositionserschwerungen, Lähmung der Verantwortungsfreude und der Arbeitslust, Verteuerung der hervorgebrachten Leistungen u.a. – 3. *Vorkommen:* Überorganisation ist nicht nur eine betriebliche Erscheinung, auch Verwaltungs- und Kulturleistungen können durch sie unnötig verteuert werden. – *Gegensatz:* → Unterorganisation.

UBIT – Als Interessenvertretung der österreichischen Unternehmensberater- und IKT-Branche ist der Fachverband Unternehmensberatung und Informationstechnologie (UBIT) der Wirtschaftskammer Österreich zuständig für die Berufe Unternehmensberatung, Informationstechnologie, Gewerbliche Buchhaltung und Telekommunikationsdienstleistung. Der UBIT ist eine Körperschaft öffentlichen Rechts. – 1. *Aufgaben:* Ziel des UBIT ist die Wahrung der Interessen der Mitglieder u.a. durch: Schaffung geeigneter rechtlicher Rahmenbedingungen, Mitwirkung bei der branchenrelevanten Gesetzgebung, Öffentlichkeitsarbeit, Rechtsberatung, Mitgliederinformation zu berufsgruppenrelevanten Themen im Consulting, Förderung der Ausbildung und Weiterbildung. – 2. *Struktur:* Neben dem landesweit tätigen Fachverband gibt es in allen Landeskammern Fachgruppen Unternehmensberatung und Informationstechnologie, die für die direkte Mitgliederbetreuung zuständig sind. Darüber hinaus sind sog. Experts Groups zu speziellen Dienstleistungsgebieten auf der Verbandsebene angesiedelt. 2001 wurde das institute for management consultants and information technology experts (incite) vom UBIT als Ausbildungsinstitut der Unternehmensberatung und Informationstechnologie gegründet.

UGR – Abk. für → umweltökonomische Gesamtrechnung.

Umgebungseinflüsse → Anforderungsarten bez. der Arbeitsschwierigkeit im Rahmen der Arbeitsbewertung, z.B.: (1) Temperaturbeeinflussung: Einwirkung ungewöhnlicher Temperaturschwankungen auf den Arbeiter während der Arbeit; (2) Öl-, Fett-, Schmutz-, Staub-, Säure- und Wasserbelästigungen, soweit sie arbeitshindernd oder gesundheitsschädlich sind; (3) Gase u.Ä., wenn Beeinträchtigung durch die Anordnung des Arbeitsplatzes bedingt oder Tragen von Schutzmasken erforderlich ist; (4) Unfallgefährdung, wenn keine Schutzmaßnahmen möglich sind; (5) Lärm, Lichtmangel, Blendung u.Ä.

UMPLIS – *Umweltplanungs- und Informationssystem;* Informations- und Dokumentationssystem, dessen Aufbau und Führung durch Errichtungsgesetz von 1974 dem → Umweltbundesamt (UBA) übertragen worden ist. – *Zweck:* Bereitstellung von Informationsdiensten und Planungshilfen im Umweltbereich; Erstellen von Informationshilfen für Koordinierung, Kooperation und Transparenz im Bereich umweltbezogener Forschung und Entwicklung; Anbieten benutzerfreundlicher, instrumenteller Hilfsmittel für Planung und Verwaltung. – Vgl. auch → Umweltinformationssystem.

Umwelt – Umgebung eines Systems oder einer Lebenseinheit, welche(s) mit dieser in wechselseitigen Beziehungen steht. Grundsätzliche Unterscheidung der Umwelt des Menschen in → natürliche Umwelt (Ökosphäre) und „künstliche" Umwelt (Sozio- und Technosphäre). Umwelt z.B. für das System Unternehmung: wirtschaftliche, technische, gesellschaftliche, politische und natürliche Umwelt.

Umweltaspekte – 1. *Begriff:* „Aspekt der Tätigkeiten, Produkte oder Dienstleistungen einer Organisation, der Auswirkungen auf die → Umwelt haben kann. Ein wesentlicher Umweltaspekt ist ein Umweltaspekt, der wesentliche → Umweltauswirkungen hat bzw. haben kann" (Art. 2f → EMAS-VO II). – 2. *Abgrenzung:* Der Begriff Umweltaspekt ist vom Begriff Umweltauswirkung zu unterscheiden. Der Umweltaspekt beschreibt die Ursachen und die Umweltauswirkung die dadurch eintretende Veränderung der Umwelt. Da Entstehung und Veränderung der Umwelt sowohl räumlich als auch zeitlich weit voneinander entfernt seien können, ist der Zusammenhang zwischen Umweltaspekt und Umweltauswirkung äußerst komplex.

Umweltaudit → Ökoaudit.

Umweltauswirkungen – „jede positive oder negative Veränderung der Umwelt, die ganz oder teilweise aufgrund der Tätigkeiten, Produkten oder Dienstleistungen einer Organisation eintritt" (Art. 2g → EMAS II).

Umweltbarometer – Das Umweltbarometer ist auch als DUX (Deutscher Umwelt-Index) bekannt. Erstellt vom Umweltbundesamt (UBA). – *Ziel:* Die Beschreibung des Umweltzustandes der Bundesrepublik Deutschland.

Umweltbelastung – Umweltbelastungen sollen auf Grundlage des Vorsorgeprinzips durch die Internalisierung externer Effekte möglichst vermieden werden. Instrumente dafür sind insbes. Auflagen, Zertifikate und Abgaben. – *Formen:* → Umweltverschmutzung. – Umweltbelastung kann zur *Umweltschädigung* führen: Raubbau an der biologischen Produktivität (Wald-, Fischbestände); ersatzlose Entnahmen (Abbau von Bodenschätzen); Störung und Zerstörung von Ökozyklen; Gefährdung menschlicher Gesundheit. Sie wiegen um so schwerer, je stärker sie irreversibel sind. – *Messung* durch Umweltindikatoren, die Teilaspekte der Umweltbelastung erfassen.

Umweltbelastungspunkte – 1. *Begriff*: Das Verfahren der Umweltbelastungspunkte ist ein Verfahren zur Ökobilanzierung (→ Ökobilanz). – 2. *Entstehung*: Das Verfahren baut auf der ökologischen Buchhaltung von Müller-Wenk (1978) auf. Es ist auch unter dem Namen „Ökologische Knappheit" bekannt. Entwickelt wurde es von Ahbe, Braunschweig und Müller-Wenk in den 1980er-Jahren. – 3. *Geltungsbereich und Systemgrenze*: Die Methode, die mit der Systemgrenze „Gate-to-Gate" (→ Cradle-to-Cradle) arbeitet, ist grundsätzlich auf die Schweiz begrenzt, da die Ökofaktoren nur für die Schweiz bestimmt werden. Infolge einer Ausweitung der Faktorenbestimmung wäre die Methode auch in anderen Ländern einsetzbar. – 4. *Bewertungsobjekt und Bewertungsgröße*: Bewertet werden können Produkte, Prozesse sowie Organisationen hinsichtlich ihrer Stoff- und Energieflüsse. Diese werden differenziert nach Input- und Output-Bestandteilen betrachtet. – 5. *Ziel und Annahmen*: Die Methode bewertet Umwelteinflüsse, die die Umweltpolitik als wesentlich erachtet. Die Ziele der ökologischen Knappheit sind es zur Entscheidungsfindung bei verschiedenen Handlungsalternativen beizutragen, die Steuerung zu verbessern sowie die interne und externe Kommunikation zu stärken. Der Methode liegt die Annahme zugrunde, dass Umweltauswirkungen durch die Beanspruchung knapper Ressourcen entstehen. – 6. *Vorgehensweise*: Auf Grundlage der Sachbilanzdaten (→ Sachbilanz) werden für die einzelnen Stoff- und Energieflüsse Ökofaktoren bestimmt und multipliziert. Die resultierenden Umweltbelastungspunkte werden addiert und ergeben eine eindimensionale Kennzahl. – 7. *Kritische Würdigung*: Die kritischen Flüsse können hinsichtlich der nationalen umweltpolitischen Ziele angepasst werden. Es werden jedoch nur die als wesentlich eingestuften → Umweltaspekte betrachtet. Außerdem erlaubt die Aggregation der

Ergebnisse zu einer eindimensionalen Kennzahl keine umfassenden Aussagen.

Umweltbericht → Umweltprogramm.

Umweltberichterstattung – 1. *Verpflichtende Umweltberichterstattung*: Das → Umweltstatistikgesetz (vgl. → Umweltgesetzgebung) verpflichtet Unternehmen, bestimmte Informationen bereitzustellen. Es umfasst die Bereiche → Abfallwirtschaft, Gewässerschutz, Lärmbekämpfung, Luftreinhaltung, Klimaschutz, → Naturschutz, Landschaftspflege und Bodensanierung. Das 2005 eingeführte Umweltinformationsgesetz (Umsetzung der Umweltinformationsrichtline der EU von 2003) verpflichtet die öffentliche Verwaltung und private Einrichtungen, sofern sie öffentliche Aufgaben wahrnehmen, Umweltinformationen nach Antragstellung zur Verfügung zu stellen. Als Umweltinformationen werden Daten bezüglich des Zustands der → Umweltmedien, Input, → Kondukte, Maßnahmen, die Umsetzung des Umweltrechts, Kosten-Nutzen-Analysen sowie die menschliche Gesundheit gezählt. – 2. *Freiwillige Umweltberichterstattung*: Unternehmen können sich ebenfalls zur einer freiwilligen Umweltberichterstattung verpflichten. Die Umweltberichterstattung ist fester Bestandteil von standardisierten → Umweltmanagementsystemen (vgl. → DIN EN ISO 14001 und → EMAS-VO).

Umweltbetriebsprüfung → Ökoaudit.

Umweltbewusstsein – Zum Umweltbewusstsein gehören: Kenntnis von Konfliktmöglichkeiten zwischen eigenem Handeln und Umweltschutz; Einsicht in die Gefährdung durch Informationen an Produzenten und Verbraucher und die damit u.U. verbundene Bereitschaft zur Abhilfe, evtl. über den Marktmechanismus (Entwicklung, Gebrauch, Kauf umweltfreundlicher Erzeugnisse und Verfahren); Ausgleich von Bequemlichkeits- und Zeitverlusten sowie ökonomischen Nachteilen gegenüber umweltschädlichem Tun (z.B. Ausbau des öffentlichen Nahverkehrs, Steuerbegünstigung

schadstoffarmer Kraftfahrzeuge und Treib-
stoffe).

Umweltbundesamt (UBA) – Sitz des Umweltbundesamtes (UBA) ist Dessau. Errichtet
wurde das UBA durch Gesetz vom 22.7.1974
(BGBl. I 1505) m.spät.Änd. – Zu den Aufgaben des UBA gehören u.a. die wissenschaftliche Unterstützung und Beratung des BMU
und der Bundesregierung in Fragen des Im-
missionsschutzes (z.b. im Bereich Luft), der
Wasser- und der → Abfallwirtschaft. Dabei
werden die umweltschädigenden Prozesse
und ihre Folgen untersucht, Stoffe werden
hinsichtlich ihrer ökologischen Schädlichkeit
beurteilt und die Entwicklung neuer (umweltschonender) Technologien wird initiiert
und unterstützt. Weitere Aufgaben des UBA
sind der Vollzug von Umweltgesetzen (z.B.
→ Emissionshandel, Zulassung von Chemi-
kalien, Arznei- und Pflanzenschutzmitteln)
sowie die Sammlung und Speicherung von
Umweltdaten, der Aufbau und die Pflege von
Umweltplanungs- und Informationssystemen und die Aufklärung der Öffentlichkeit
in Umweltfragen etc. – Zuständig für den
Emissionshandel (ab 1.1.2005) ist in Deutschland die im UBA errichtete *Deutsche Emissionshandelsstelle (DEHSt)* gemäß Treibhausgas-Emissionshandelsgesetz (TEHG).

Umweltchemikalien – natürlich vorkommende oder synthetische (anthropogene)
Stoffe, die durch menschliches Zutun in die
→ natürliche Umwelt gelangen und durch
ihre Eigenschaften Menschen oder andere Lebewesen gefährden. – *Gesetzliche Regelung:*
Gesetz zum Schutz vor gefährlichen Stoffen,
Chemikaliengesetz (ChemG).

Umweltcontrolling → Ökocontrolling.

Umweltdatenbanken – in Deutschland über
200, weltweit über 500 Datenbanken. – *Überblick:* Umweltbundesamt mit dem Informa-
tions- und Dokumentationssystem Umwelt
(→ UMPLIS): Literaturdatenbank mit über
100.000 Dokumenten zu Veröffentlichungen (ULIT), Forschungsdatenbank mit über
25.000 Dokumenten zu umweltbezogenen

Forschungsprojekten (UFOR), Luftimmissi-
onsdatenbank (LIMBA), Meeresumweltda-
tenbank (MUDAB) u.a. Auch viele Banken
stellen elektronische Informationsquellen zur
Verfügung.

Umwelt-Due-Diligence – Umwelt-Due-Diligence ist ein Begriff für die Prüfung und
den sorgfältigen Umgang mit der ökologischen Umwelt bei Akquisitionsentscheidun-
gen (→ Akquisition). Ziel ist, die Ermittlung
und Vermeidung von Risiken bei einem Un-
ternehmenserwerb im Hinblick auf → Umweltaspekte zu ermöglichen bzw. zu erhöhen. – Vgl. auch → Due Diligence.

Umweltengel – Kennzeichen auf Produkten, die über vergleichsweise günstige Um-
welteigenschaften verfügen. – *Ziele:* (1) Bessere Transparenz der Umweltwirkung des
Produktes, Orientierungshilfe für Konsumenten. (2) Motivation für Hersteller weniger umweltbelastende Produkte zu entwickeln. – *Formen:* (1) Amtliches Zeichen:
„Blaue Umweltengel". Verliehen vom Deutschen Institut für Gütesicherung und Kennzeichnung (RAL). Zz. rund 4.000 Waren
und Geräte (davon 10 Prozent ausländischer
Herkunft) von ca. 630 Herstellern in 75 Produktgruppen ausgezeichnet. Zur Erlangung
des Zeichens, das für drei Jahre gewährt wird,
muss der Hersteller in einem Prüfungsverfahren nachweisen, dass das Produkt im Vergleich zu anderen Produkten mit demselben
Gebrauchswert umweltfreundlicher ist (z.B.
bes. lärmarm). (2) Firmenindividuelle Zeichen.

Umwelterklärung – 1. *Begriff:* In der
EMAS-Umwelterklärung münden alle
Schritte des Aufbaus eines Umweltmanagements nach EG-Öko-Audit-Verordnung. Die
Erklärung wird der Öffentlichkeit zugänglich
gemacht und kann von einem externen Gut-
achter validiert werden. – 2. *Inhalt:* Die Umwelterklärung muss Informationen zu folgenden Themen enthalten (EMAS II, Anhang
3, 3.2. Umwelterklärung): (1) klare und eindeutige Beschreibung der Organisation und

Zusammenfassung ihrer Tätigkeiten, Produkte und Dienstleistungen sowie ggf. der Beziehung zur Muttergesellschaft; (2) die Umweltpolitik der Organisation und Beschreibung des → Umweltmanagementsystems der Organisation; (3) Beschreibung aller wesentlichen direkten und indirekten → Umweltaspekte, die zu wesentlichen → Umweltauswirkungen der Organisation führen, und eine Erklärung der Art der diese Umweltaspekte bezogenen Auswirkungen; (4) Beschreibung der Umweltzielsetzung; (5) Zusammenfassung der verfügbaren Daten über die → Umweltleistung (z.B. → Emissionen, Abfallaufkommen, Verbrauch von Rohstoffen, Energie und Wasser); (6) sonstige Faktoren der Umweltleistung; (7) Name und Zulassungsnummer. – Vgl. auch → Umweltberichterstattung, → Nachhaltigkeitsbericht.

Umweltforschung – Forschung zur Erkenntnis ökologischer Zusammenhänge (→ Ökologie) und zum Schutz der → natürlichen Umwelt. – Umweltforschung *umfasst* (nach der Systematik des Bundesministeriums für Bildung und Forschung [BMBF]): Ökologische Forschungen (Forschungsgebiete: Boden- und Wasserhaushalt, Waldschäden und Luftverunreinigungen, atmosphärische Schadstoffkreisläufe, Umweltchemikalien, Umwelt und Gesundheit, Ökosystemforschung, ökologische Demonstrationsvorhaben, Natur und Landschaft); umweltschonende und Umweltschutztechnologien (Forschungsgebiete: Luftreinhaltung, Lärmbekämpfung, → Abfallwirtschaft, emissionsarme Technologien und Produkte, Küstengewässer und Hohe See); Wasserforschung (Forschungsgebiete: Wasserversorgung, Abwasserentsorgung einschließlich Schlammbehandlung).

umweltfreundliche Produkte – Produkte, die die → natürliche Umwelt in ihrer Eigenschaft als Lieferant natürlicher Ressourcen und als Aufnahmemedium für → Abfälle aus Produktion und Konsum möglichst wenig belasten. Quantifizierung der Belastung

durch ein Produkt mithilfe der → ökologischen Buchhaltung. – *Kennzeichnung* durch → Umweltzeichen.

Umweltfunktionen – Zu den Umweltfunktionen zählen: Vorsorgungsfunktion, Trägerfunktion und Regelfunktion. – Vgl. auch → ökologische Knappheit.

Umweltgesetzgebung – Die Entwicklung der Umweltgesetzgebung kann in vier Phasen unterteilt werden: – *1970-1980:* erste legislative Phase, z.B. Benzinbleigesetz (1971), Abfallgesetz (1972), Gründung des → Rates von Sachverständigen für Umweltfragen (1972), Bundesimmissionsschutzgesetz (1974), Einrichtung des Umweltbundesamtes (1974), Wasserhaushaltsgesetz (1976), Bundesnaturschutzgesetz (1976), Energieeinspargesetz (1976) und Düngemittelgesetz (1977). – *1980-1990:* In den Jahren 1980 bis 1990 wurden hauptsächlich bestehende Gesetze und Verordnungen umgesetzt. Zu den wenigen neuen Gesetzten zählte z.B. das Strahlenschutzvorsorgesetz (1986). – *1990-heute:* Die zweite legislative Phase ist durch drei verschiedene Ansätze geprägt: managementorientierte Ansätze, fiskalische Ansätze und informationspolitische Ansätze. Zu den managementorientierten Ansätze zählen u.a. das Umweltrahmengesetz (1990), das Gesetz über die Umweltverträglichkeitsprüfung (UVPG) (1990), die Verpackungsordnung (1992), das Umweltauditgesetz (1994) zur Umsetzung der EG-Öko-Audit-Verordnung (EMAS) (→ EMAS-VO), das → Kreislaufwirtschafts- und Abfallgesetz (Krw/AbfG) (1996), die → EU-Wasserrahmenrichtlinie (2000), das Altfahrzeuggesetz (2002), das Elektro- und Elektronikgerätegesetz (2005) und das Umweltschadensgesetz (2007). Fiskalische Ansätze erbrachten u.a. die Ökologische Steuerreform (1999), das Erneuerbare-Energien Gesetz (EEG) (2000) und das → Treibhausgas-Emissionshandelsgesetz (TEHG) (2004). – Mit Beginn der Entwicklung eines einheitlichen Umweltgesetzbuchs (UGB) im

Jahre 1992 startete ebenfalls parallel eine sog. konsolidierende Phase. Diese konnte bisher nicht abgeschlossen werden.

Umweltgutachter → Umweltmanagementsysteme können durch einen unabhängigen, externen und amtlich zugelassenen Umweltgutachter überprüft werden. Überprüft wird nach EMAS II, Anhang V, 5.4. die Übereinstimmung der von der Organisation gewählten Vorgehensweise mit den Vorschriften der Verordnung. Zu den Prüfungsbereichen zählen u.a. das Umweltmanagementsystem, die Umweltbetriebsprüfung und die → Umwelterklärung. – Vgl. auch → EMAS-VO.

Umwelthaftung – 1. *Begriff:* Die Umwelthaftung ist ein nicht fiskalisches Instrument zur Umsetzung umweltpolitischer Ziele. Als Grundlage des Instruments dient das Umwelthaftungsgesetz (vgl. → Umweltgesetzgebung). Weitere Regelungen existieren im Umweltschadensgesetz. Die Umwelthaftung verpflichtet den Betreiber einer Anlage, den Schaden, der durch eine von der Anlage ausgehende → Umweltauswirkung entstanden ist, zu ersetzen (Umsetzung des Verursacherprinzips). Der Betreiber muss nachweisen, dass die Anlage bestimmungsgemäß betrieben wurde (Kausalitätsprüfung). – 2. *Kritische Würdigung:*Das Instrument weist eine relativ hohe Wirkungssicherheit auf und setzt strikt das Verursacherprinzip um. Durch die Haftung und des damit verbundenen Risikos erhält die Nutzung der Umwelt einen Preis. Das Prinzip setzt daher Anreize zur Entwicklung risikoloser Produkte. Problematisch sind jedoch die Notwendigkeiten für umfassende Gesetzesänderungen sowie die lückenhafte Gesetzeslage. Außerdem ergeben sich Probleme bei der lückenhaften Dokumentation und der Frage nach wirtschaftlicher Unzumutbarkeit und Verhältnismäßigkeit. Das Instrument tendiert zur Schonung der Umwelt und ist u.U. nicht wohlfahrtsoptimierend.

Umweltinformationssystem – 1. *Begriff:* Betriebliches oder überbetriebliches → Informationssystem mit Angabe von Daten über Umweltzustand und -entwicklung für umweltpolitische Maßnahmen. Umweltinformationssystem ist die Grundlage für umweltorientiertes Management und Voraussetzung für → Ökocontrolling; eine Erweiterung des traditionellen Rechnungslegungssystems durch die Einbeziehung von ökologischen Komponenten. – 2. *Inhalt:* Erfassen und Beschreiben der ökologischen Problemfelder, Zusammenhänge dieser Problemfelder mit den Aktivitäten der Unternehmung zeigen und Umsetzungsmechanismen innerhalb der gegebenen Restriktionen/ Rahmenbedingungen aufzeigen. – 3. *Stufen:* a) Der Erhebung der Mengenströme werden die Betriebsinputs an Rohstoffen und Energie dem Betriebsoutput an Produkten, Abfällen und Emissionen gegenübergestellt. – b) Bewertung nach der Umweltrelevanz. Ein effizientes Informationssystem wird aufgrund der Vielzahl der Daten und der Notwendigkeit zur weit gehenden Automatisierung der Datenerhebung auf eine EDV-Unterstützungangewiesen sein. – 4. *Elemente:* (1) Umwelt-Monitoringsystem; (2) Stoff- und Energiebilanzierungssystem; (3) Berichts-, Kontroll- und Dokumentationssystem; (4) Planungs- und Entscheidungsunterstützungssystem.

Umweltinnovationen – 1. *Begriff:* Als Umweltinnovationen gelten alle → Innovationen, die der Verbesserung der → Umwelt dienen, gleichgültig, ob diese Innovationen auch u.a. (ökonomischen) Gesichtspunkten vorteilhaft wären (vgl. Klemmer/ Lehr/ Löbbe 1999, S. 29). – 2. *Ausprägungen:* Umweltinnovationen können in technologisch-ökonomische Innovationen, organisationale Innovationen und institutionelle Innovationen unterschieden werden: Zu den technologisch-ökonomische Innovationzählen die Entwicklung und Vermarktung neuer → Produkte, die Erschließung neuer → Ressourcen und Inputbestände sowie die Entwicklung und Anwendung neuer Produktionsverfahren. Darüber hinaus beschreiben organisationale Innovationendie Veränderungen der betrieblichen → Organisationsstruktur, der

Unternehmensstrategie und der → Unternehmenskultur. Zu den institutionelle InnovationenwerdenalleNeugestaltung der gesamtgesellschaftlichen Rahmenbedingungen und der Ordnungsprinzipien gezählt. – Vgl. auch → End-of-the-pipe-Technologien, → integrierte Technologien.

Umweltkennzahlen → Information über einen betrieblichen Umwelttatbestand in konzentrierter, stark verdichteter Form (z.B. Messgrößen zu Ressourcenverbrauch und Abfall-/Energie-/Recyclingmanagement). – *Formen:* (1) Absolute Zahlen, (2) Verhältniszahlen (Quotienten): Gliederungszahl oder Beziehungszahl (verschiedene Größen mit sachlicher und sinnvoller Beziehung). – *Ableitung:* (1) Aus mengen- und wertmäßigen Input-/ Output-Analyse; (2) je nach Betriebsstruktur und Produktionspalette weitere Detaillierungen (Bereiche: Energie, Abluft, Wasser und Abwasser, Material, → Abfall, Produkt, Störfälle, Rechtsverstöße, personal- und standortbezogene Kennzahlen etc.).

Umweltkennzeichen – 1. *Begriff:* Unter Umweltkennzeichnung wird die Kennzeichnung durch einen unabhängigen Dritten verstanden. – 2. *Beispiele:* Die Normenfamilie DIN EN ISO 14020 ff. umfasst Typologisierung zu Umweltkennzeichnungen. Bekannte Beispiel für Umweltkennzeichen sind u. a. der „Blaue Engel" und das EMAS-Logo (→ EMAS-VO).

Umweltleistung – Der Begriff Umweltleistung wird in der DIN EN ISO 14001 als „messbare Ergebnisse des Managements der → Umweltaspekte in einer Organisation" (→ DIN EN ISO 14001:2005, S. 11) und in der EMAS-Verordnung als „Ergebnis des Managements der Organisation hinsichtlich ihrer → Umweltaspekte" (Art. 2c → EMAS-VO II) definiert. Zur Steuerung der Umweltleistung muss diese gemessen werden. Hierzu können Methoden der Ökobilanzierung (→ Ökobilanz) angewendet werden. Außerdem kann mithilfe einer ökologischen Erfolgsspaltung die Ursache des ökologischen

Erfolgs nachvollzogen werden. Für diese Steuerung sind neben einer grundsätzlichen Bereitschaft auch Schulungen und Kompetenzen im Unternehmen notwendig.

Umweltlizenzen – 1. *Begriff:* Der Begriff Umweltlizenz beschreibt ein fiskalisches Instrument zur Umsetzung umweltpolitischer Ziele. – 2. *Umsetzung:* Gesteuert wird dies über staatliche Einnahmen mit dem Ziel, die maximale Emissionsmenge (→ Emission) durch die Vergabe von → Lizenzen festzulegen. – 3. *Kritische Würdigung:* Das Instrument ist grundsätzlich marktkonform und genießt große wissenschaftliche und wirtschaftliche Akzeptanz. Sowohl die einzelwirtschaftlichen Umstellkosten als auch die administrativen Verwaltungsprozesse sind gering und lassen sich einfach handhaben. Die Sicherstellung einer optimalen Umweltbelastung ist gegeben. Außerdem besteht für den Staat die Möglichkeit durch Ankauf von Zertifikaten Umweltstandards zu erhöhen. Das Instrument bietet jedoch auch eine Reihe von Nachteilen. So können u.U. Markteintrittsbarrieren entstehen und hohe Überwachungskosten anfallen. Auch die regionale Differenzierung gestaltet sich schwierig. Die vorübergehende kostenlose Erstausgabe verstößt gegen den Grundsatz der Verteilungsgerechtigkeit. – Vgl. auch → Emissionshandel, → Umweltzertifikat, Umweltpolitik.

Umweltmanagementsystem – 1. *Begriff:* Ein Umweltmanagementsystem ist der Teil des gesamten übergreifenden Managementsystems, der die Organisationsstruktur, Zuständigkeiten, Verhaltensweisen, förmlichen Verfahren, Abläufe und Mittel für die Festlegung und Durchführung der Umweltpolitik einschließt. – 2. *Inhalt:* Ein Umweltmanagementsystem beinhaltet grundsätzlich: Umweltpolitik, -ziele und – → programme, Organisation und Personal, Auswirkungen auf die Umwelt, Aufbau- und Ablaufkontrolle, Umweltmanagement-Dokumentation, Umweltbetriebsprüfungen. Standardisierte Umweltmanagementsysteme sind durch die ISO

14001 und EMAS gegeben. – Vgl. auch Umweltmanagement.

Umweltmedien – Elemente (Subsysteme) der → natürlichen Umwelt, die Lebensraum für Organismen abgeben (→ Ökosystem): Atmosphäre (Luft), Hydrosphäre (Gewässer) und Lithosphäre (Boden). Umweltmedien sind Objekt der → Umweltbelastung; Umweltschutz ist daher weitgehend Schutz der Umweltmedien vor → Umweltbelastung.

umweltökonomische Gesamtrechnung (UGR) – Ziel der UGR als zentraler Bestandteil der vom Statistischen Bundesamt (StBA) angestrebten umweltökonomischen Berichterstattung in der Bundesrepublik Deutschland ist ein umfassendes Rechenwerk mit der wesentlichen Aufgabe einer statistischen Darstellung der Wechselbeziehungen zwischen Wirtschaft und Umwelt sowie des Umweltzustandes selbst. Die Konzeption steht in engem Zusammenhang mit dem weiteren Ausbau der Umweltstatistik, der Ergänzung der Volkswirtschaftlichen Gesamtrechnung (VGR) sowie der Entwicklung eines Systems einer Integrierten Umwelt- und ökonomischen Gesamtrechnung (System of Integrated Environmental and Economic Accounting (SEEA). Im Vordergrund stehen die Ressourcenentnahmen, die Emissionen und deren Entsorgung und Verbleib, die Immissionsverhältnisse sowie Nutzungen der Umwelt als Standort; daneben werden die Ausgaben des Staates und der Wirtschaft für den Umweltschutz in entsprechender Untergliederung erfasst (Umweltsatellitensysteme). Das SEEA soll als wesentliches Element in die UGR integriert werden. Auf verschiedenen Ebenen einer statistischen Datenbank werden die verfügbaren Daten in unterschiedlicher Verarbeitung abgebildet: Als Basis der Ausgangsdaten des Primärmaterials, davon ableitbar die Auswertung und Verknüpfung der beobachtbaren statistischen Daten sowie schließlich zusätzlich monetäre Bewertungen oder die zweckentsprechende Gewichtung von physischen Indikatoren.

umweltplanerische Instrumente – 1. *Begriff*: Umweltplanerische Instrumente sind nicht fiskalisches Instrument zur Umsetzung umweltpolitischer Ziele. Ziel des Instruments ist die Vermeidung von → Umweltbelastungen durch eine gezielte, ökologieorientiert ausgerichtete Planung. Das Instrument stellt eine Umsetzung des Vorsorgeprinzips dar. – 2. *Kritische Würdigung*: Umweltplanerische Instrumente haben eine präventive und nachhaltige Wirkung. Außerdem kann ihre Durchführung flexibel gestaltet werden. So eignen sich z.B. die Kombination mit Auflagen umweltpolitischer Instrumente. Die Transparenz umweltplanerischer Instrumente ist jedoch nicht immer gegeben. Außerdem besteht die Gefahr von Lobbyismus und Bürokratie. Die Handhabung ist grundsätzlich schwierig und Fehler können langfristige, schwer reparable Folgen haben.

Umweltprinzipien – Zu den Umweltprinzipien, im Sinne der Prinzipientrias, zählen Vorsorgeprinzip, Verursacherprinzip und → Kooperationsprinzip. Diese Prinzipien werden durch die Prinzipien → Schwerpunktprinzip, Gemeinlastprinzip und Nutznießerprinzip erweitert.

Umweltprogramm – Beschreibung der konkreten Ziele und Tätigkeiten des Unternehmens, die einen größeren Schutz der Umwelt an einem bestimmten Standort gewährleisten sollen, einschließlich einer Beschreibung der zur Erreichung dieser Ziele getroffenen oder in Betracht gezogenen Maßnahmen und der ggf. festgelegten Fristen für die Durchführung dieser Maßnahmen.

Umweltprüfung – erste umfassende Untersuchung der umweltbezogenen Fragestellungen, Auswirkungen und des betrieblichen Umweltschutzes im Zusammenhang mit der Tätigkeit an einem Standort.

Umweltqualität – Die Erfassung der Umweltqualität erfolgt auf unterschiedlichen Aggregationsstufen. Auf unterer Ebene werden z.B. einzelne Wasserschadstoffe erfasst. Auf der nächst höheren Aggregationsebene wird

versucht, die gesamte Wasserqualität zu beurteilen. Auf der höchsten Ebene wird versucht,
Umweltqualitäten über verschiedene Umweltmedien hinweg zu vergleichen und (monetär) zu bewerten. – Kriterien für die Bewertung der Umweltqualität lassen sich auf
unterschiedliche Weise gewinnen: Sie können aus umweltpolitischen Leitbildern, rechtlichen Normen (z.B. Grenzwert) und politischen Willenserklärungen (z.B. Umweltziele)
abgeleitet werden. Daneben sollen u.a. Umweltindikatoren (z.B. Bioindikatoren) oder
das Ökosozialprodukt (Ökoinlandsprodukt)
über die Umweltqualität Auskunft geben.

Umweltrechnungslegung – Bestandteil des
betrieblichen Rechnungswesens zum rechne-
rischen Nachweis gesellschaftlicher und darunter auch ökologischer Wirkungen der eigenen Tätigkeit. Nach dt. Recht auf freiwilliger
Basis. Umweltrechnungslegung wird innerhalb der Sozialbilanz teilweise veröffentlicht.

Umweltrisiken – wirtschaftliche Risiken,
die für Wirtschaftssubjekte und deren Kreditgeber dadurch entstehen, dass durch Um-
weltschäden (z.B. Bodenkontaminierung,
Verseuchung von Gebäuden mit Asbest)
Wirtschaftsgüter ganz oder teilweise wert-
los werden, teuer entsorgt werden müssen
oder nur mit hohen Kosten in gebrauchsfä-
higen Zustand zurückgeführt werden können. – Vgl. auch → Klimarisiken.

Umweltrisikomanagement – 1. *Begriff:* Das
Umweltrisikomanagement beschäftigt sich
mit Steuerung und Kontrolle von → Umweltrisiken. – 2. *Organisatorische Verankerung:*
Das Umweltrisikomanagement wird in vielen Unternehmen häufig mit dem Risikomanagement gleichgesetzt, wobei die Reduktion
potenzieller Kosten durch Betriebsunfälle,
Konsumentenboykotte oder Umweltklagen
angestrebt wird (vgl. → Umweltrisiken). – 3.
Probleme: Zur Quantifizierung eines Risikos wird zumeist der potenzielle Schaden mit
seiner Eintrittswahrscheinlichkeit multipliziert. Das Zuverlässigkeitsniveau dieser Daten ist jedoch stark vom Einzelfall abhängig.

Da Umwelteinwirkungen zumeist lange und
schwer abschätzbaren Folgen haben und
diese sowohl zeitlich als auch räumlich von
der tatsächlichen Schadensquelle entfernt
auftreten können, kommt der Zuverlässigkeit der Daten im Rahmen des Umweltrisikomanagements eine bes. Bedeutung zu. Daraus folgt auch, dass der tatsächliche Nutzen
eines Umweltrisikomanagements schwer zu
quantifizieren ist und klare Zielvorgaben nötig sind.

Umweltschutzindustrie – Industriezweig, der Produkte (Lösungen) für fremde
Rückstandsvermeidungs- und Entsorgungs-
probleme erstellt und anbietet. Unternehmen
der Umweltschutzindustrie gehören traditionellen Gewerbezweigen der amtlichen Statistik an. Schwerpunkt des größten Teils der
Umweltschutzindustrie: Wasser/Abwasser;
des zweitgrößten: Luft; das Interesse an Lärm-
problemen ist relativ gering.

Umweltschutzinvestitionen → End-of-the-
pipe-Technologien, → integrierte Technologien.

Umweltstatistikgesetz – Das Umweltstatistikgesetz (UStatG) wurde 2005 erlassen
und dient als rechtliche Grundlage zur Erhebung von Bundesstatistiken, die zum Zweck
der Umweltpolitik und zur Erfüllung europa-
und völkerrechtlicher Berichtspflichten eingesetzt werden (vgl. § 1 UStatG).

Umweltstrategien – 1. *Begriff:* Umweltstrategien können nach Meffert/ Kirchgeorg in
fünf Basisstrategien untergliedert werden,
die die Einstellung und Aktionen von Unternehmen im Bezug auf ihre → Ökologieorientierung repräsentieren (vgl. Meffert/
Kirchgeorg 1998, S. 202 ff.). – 2. *Basisstrate-
gien:Widerstandsstrategien:* Widerstandsstra-
tegien zeichnen sich durch einen Konfron-
tationskurs und das explizite Ausschließen
einer Integration von ökologiebezogenen
Forderungen aus. – 3. *Passivität:* Das Igno-
rieren der Existenz von Umweltproblemen ist
Kernbestandteil dieser Strategie. Dabei wird
die Legitimität der Unternehmung weniger

beeinträchtigt als bei der Widerstandsstrategie. – 4. *Verlagerungs- bzw. Rückzugsstrategien:* Von Verlagerungs- bzw. Rückzugsstrategie wird gesprochen, wenn Unternehmen sich restriktiver Umweltpolitik entziehen, z.B. durch die Verlagerung der Produktion ins Ausland oder Rückzug aus einem Geschäftsfeld. – 5. *Anpassungsstrategie:* Anpassungsstrategien beinhalten eine reaktive Anpassung an Umweltschutzanforderungen, aber keine darüber hinaus gehenden Maßnahmen. – 6. *Antizipations- bzw. Innovationsstrategie:* antizipations- bzw. Innovationsstrategien sind durch die Identifikation von ökologischen Problemfeldern und Entwicklung integrierter und innovativer Strategien charakterisiert. Chancen und ökologiebedingte Wettbewerbsvorteile können so genutzt werden.

Umweltverhalten – Das persönliche Umweltverhalten aller Mitarbeiter, unabhängig von ihren persönlichen Verantwortlichkeiten für den Umweltschutz, bestimmt die → Ökologieorientierung des gesamten Unternehmens (vgl. Fishbein/Ajzen 1981, S. 253 ff.).

Umweltverschmutzung → Umweltbelastung durch bestimmte stoffliche (feste, flüssige, gasförmige) → Rückstände, i.Allg. nicht durch energetische Rückstände (Strahlen, Lärm, Erschütterungen). Das regionale Ausmaß der Umweltverschmutzung kann anhand bestimmter Umweltindikatoren gemessen werden.

Umweltverträglichkeitsprüfung – 1. *Allgemein:* Planungsprozess zur systematischen und vollständigen Ermittlung der ökologischen Folgen einer Maßnahme mit umweltbeeinflussenden Folgen (z.B. Bau und Betrieb einer Produktionsstätte). Für private Maßnahmen besteht keine Pflicht zur Umweltverträglichkeitsprüfung; Umweltwirkungen genehmigungsbedürftiger Vorhaben werden jedoch im Rahmen von Genehmigungsverfahren geprüft. Bestimmte Spezialgesetze (z.B. Bundesbau-, Bundesfernstraßen-, Flurbereinigungs-, Bundeswaldgesetz)

enthalten die Pflicht zur Beachtung von Umweltwirkungen; für öffentliche Maßnahmen gibt es zahlreiche Rechts- und Verwaltungsvorschriften zur Umweltverträglichkeitsprüfung. – 2. *Gesetzliche Regelungen:* Gemäß Gesetz über die Umweltverträglichkeitsprüfung i.d.F. vom 24.2.2010 (BGBl. I 94) m.spät.Änd. umfasst die Umweltverträglichkeitsprüfung die Ermittlung, Beschreibung und Bewertung der Folgen eines Vorhabens, bei dem mit erheblichen Auswirkungen auf die Umwelt zu rechnen ist, auf Menschen, Tiere und Pflanzen, Boden, Wasser, Luft, Klima und Landschaft, einschließlich der jeweiligen Wechselwirkungen und auf Kultur- und sonstige Sachgüter. Der Umweltverträglichkeitsprüfung unterliegen nur solche Vorhaben, die in der Anlage zu dem Gesetz über die Umweltverträglichkeitsprüfung aufgeführt sind. Dazu gehören u.a. Errichtung und Betrieb von Anlagen, die der Genehmigung nach § 4 BImSchG bedürfen, Errichtung, Betrieb, Stilllegung und der sichere Einschluss oder der Abbau einer ortsfesten kerntechnischen Anlage, Errichtung und Betrieb einer Abfallentsorgungsanlage, einer zulassungsbedürftigen Abwasserbehandlungsanlage, Bau und Änderung einer Bundesfernstraße oder Bundesbahnlinie, einer Bundeswasserstraße, eines Flugplatzes, Errichtung von Feriendörfern, Hotelkomplexen oder sonstigen großen Einrichtungen für die Ferien- und Fremdenbeherbergung, Errichtung und Betrieb einer Rohrleitungsanlage für den Ferntransport von Öl oder Gas. Auf der Grundlage der eingeholten Unterlagen, Stellungnahmen und Informationen hat die zuständige Behörde eine zusammenfassende Darstellung der → Umweltauswirkungen zu erarbeiten (§ 11 UVPG). Die ermittelten Umweltauswirkungen sind von der Behörde zu bewerten und bei der Entscheidung zu berücksichtigen (§ 12 UVPG). Vorbescheid und erste Teilgenehmigung oder entsprechende erste Teilzulassungen dürfen nur nach Durchführung einer Umweltverträglichkeitsprüfung erteilt werden (§ 13 UVPG). – 2005 wurde die Strategische Umweltprüfung eingeführt, §§ 3 Ia, 14a ff. Danach sind auch die einer konkreten Genehmigung vorgelagerten Planungen (Raumordnung, Wasserwirtschaft usw.) auf ihre Umweltauswirkungen zu überprüfen. – Gemäß § 24 UVPG hat die Bundesregierung die Allgemeine Verwaltungsvorschrift zur Ausführung des Gesetzes zur Umweltverträglichkeitsprüfung (UVPVwV) vom 18.9.1995 (GMBl 671) erlassen.

Umweltzeichen – seit 1977 bestehende Auszeichnung für → umweltfreundliche Produkte auf Initiative des Bundesministers des Innern und der Umweltminister der Länder. Das Umweltzeichen dient der Förderung von → Umweltbewusstsein und soll die Nachfrage nach umweltfreundlichen Produkten begünstigen. – *Darstellung:* Umweltemblem der Vereinten Nationen *(Blauer Umweltengel)* mit Begründung der Umweltfreundlichkeit des Erzeugnisses.

Umweltzertifikat – Bei Umweltzertifikaten wird eine umweltpolitisch gewünschte Emissionshöchstgrenze bzw. Emissionsnorm festgelegt. Entsprechend dieser Obergrenze werden Umweltzertifikate durch Versteigerung *(Auktionsverfahren)* oder Vergabe an jedes Unternehmen im Ausmaß der bisherigen Emissionen *(Grandfathering bzw. Senioritätsprinzip)* zugeteilt. Schadstoffe dürfen nur Besitzer von Umweltzertifikaten emittieren, d.h. sind weniger Zertifikate vorhanden als nachgefragt, bildet sich ein Preis und somit eine wirksame Verteilung des Umweltschutzes auf die am Markt beteiligten Unternehmen: Für Unternehmen ist es bei vorhandenen Umweltschutztechnologien günstiger, diese zu nutzen, sobald deren Preis unter dem der Umweltzertifikate liegt; überflüssige Umweltzertifikate können verkauft werden. Sind eigene Umweltschutzmaßnahmen teurer, müssen Umweltzertifikate gekauft werden. Bei rationalem (kostenminimierendem) Verhalten der Emittenten wird so der vorgegebene Umweltstandard zu minimalen volkswirtschaftlichen Kosten erreicht. – *Bedeutung:* Die praktisch

wichtigsten Anwendungsfälle sind die 1990 eingeführte Schwefeldioxid (SO_2) Zertifikatlösung im Rahmen des US-amerikanischen Clean Air Act und der 2005 eingeführte europäische Emissionshandel zur internationalen Verminderung von Treibhausgasen, dessen Umsetzung durch Nationale Allokationspläne der Mitgliedsstaaten erfolgt. – Vgl. auch → Emissionshandel, Umweltpolitik, nationaler Allokationsplan

Umzugskosten – 1. *Begriff:* Wird ein Arbeitnehmer aus dienstlichen Gründen an einen weit entfernten Ort versetzt (Versetzung), hat er Anspruch auf Erstattung der ihm durch einen Umzug entstandenen Kosten. Entstehen Umzugskosten dagegen bei Dienstantritt, brauchen diese vom Arbeitgeber nicht ersetzt zu werden, wenn sich dieser dazu nicht ausdrücklich verpflichtet hat. – 2. *Steuerliche Behandlung:* Die aus öffentlichen Kassen gezahlten Umzugskostenvergütungen sowie die Beträge, die den im privaten Bereich angestellten Personen für dienstlich veranlasste Umzugskosten gezahlt werden, sind einkommensteuerfrei (§ 3 Nr. 13 und Nr. 16 EStG). Dies gilt jedoch nur, soweit die Erstattungen die durch den Umzug entstandenen Mehraufwendungen nicht übersteigen. Umzugskosten im Rahmen von beruflich veranlasstem Wohnungswechsel können als Werbungskosten steuerlich abgezogen werden, wenn sich durch den Umzug die Entfernung zwischen Wohnung und Arbeitsstätte erheblich verkürzt, d.h. wenn hierdurch eine Wegzeitersparnis von mind. einer Stunde täglich für Hin- und Rückfahrt resultiert, oder bei betrieblichem Interesse des Arbeitgebers. Umzugskosten können in der Höhe geltend gemacht werden, die ein vergleichbarer Bundesbeamter nach dem Bundesumzugskostengesetz (BUKG) bzw. nach der Auslandsumzugsverordnung (AUV) bei Versetzung erhalten würde. Der Pauschbetrag für sonstige Umzugsauslagen beläuft sich für Ledige ab dem 1.8.2011 auf 641 Euro (für Verheiratete 1.238 Euro). Können höhere Umzugskosten nachgewiesen werden, wird je nach

Einzelfall geprüft, ob ein Abzug als Werbungskosten erfolgen kann. Zu den abzugsfähigen Umzugskosten zählen: Beförderungskosten des Umzugsgutes, Reisekosten, Mietentschädigungen sowie weitere Auslagen für Beschaffung vom Kochherd, Ofen usw. Im Gegensatz hierzu sind Maklergebühren im Rahmen von Grundstückskäufen sowie Kosten für Anschaffung von klimabedingter Kleidung und Wohnungsausstattung nicht abzugsfähig.

UNEP Fi – *UNEP Finance*; 1. *Begriff:* Die UNEP Fi ist eine globale Kooperation zwischen dem privaten Finanzsektor und dem Umweltprogramm der Vereinten Nationen (UNEP). Sie umfasst bereits über 170 Institutionen. Diese arbeiten zusammen mit der UNEP Fi, um Einflüsse von → Umwelt- und Sozialaspekten auf Finanzentscheidungen zu diskutieren. Ziel der Zusammenarbeit ist eine Integration dieser Aspekte.

UN Global Compact – 1. *Begriff:* Der United Nations Global Compact (dt.: Globaler Pakt der Vereinten Nationen) ist eine Kooperation von Unternehmen mit den Vereinten Nationen (UN). Zweck der Kooperation ist es, die → Globalisierung ökologischer und sozialer zu gestalteten. Unternehmen müssen zur Teilnahme die zehn Prinzipien des United Nations Global Compacts unterschreiben. Zu den inhaltlichen Schwerpunkten zählen u.a. Menschenrechte, Arbeitsbedingungen, Umweltschutz und der Kampf gegen Korruption.

Unternehmensberatung – Consulting, → Managementberatung.

Unternehmensethik – *Business Ethics;* Zweig der angewandten Ethik, der sich v.a. mit Fragen der → Verantwortung von Unternehmen und seiner Mitarbeiter befasst (Corporate Social Responsibility). Systematischer Ausgangspunkt der Unternehmensethik ist der Konflikt zwischen Gewinn, hier i.w.S. verstanden als Unternehmenserfolg unter Wettbewerbsbedingungen, und Moral, verstanden als adäquate Berücksichtigung der *berechtigten* Interessen betroffener Anspruchsgruppen

des Unternehmens. Unternehmensethik hat hierbei die Aufgabe, zur Bewältigung der verschiedenen Formen dieses Konflikts, z.B. Korruption, Kinderarbeit, Umweltverschmutzung, Bilanzverschleierung etc. in einer ethisch begründbaren sowie ökonomisch implementierbaren Form beizutragen. Sie kann dies vernünftigerweise nicht leisten durch Entwicklung konkreter Anweisungen, sondern vielmehr durch das Aufzeigen und Begründen von (Wert-)Gesichtspunkten, die relevant sind, jedoch leicht aus dem Auge verloren werden, wie z.B. die Unternehmensintegrität. Zudem kann sie Hinweise geben, wie solche Werte – auch und gerade unter Wettbewerbsbedingungen – besser zur Geltung gebracht werden können.

Unternehmensführung → Management, → strategisches Management, internationales Management.

Unternehmensgliederung → Organisationsstruktur.

Unternehmenshaftung – Haftung, → globale Unternehmenshaftung.

Unternehmensidentität → Corporate Identity.

Unternehmenskauf → Akquisition, → Takeover.

Unternehmenskommunikation – 1. *Begriff:* Als Unternehmenskommunikation (corporate communications) wird der Teil der Unternehmensführung bezeichnet, der mithilfe des Wahrnehmungsmanagements die Reputation (Ruf) prägt. – 2. *Ziel:* Wenn Reputation das Oberziel von Unternehmenskommunikation ist, sind die individuellen Wahrnehmungsgrößen relevanter Stakeholder (Mitarbeiter, Kunden, Umweltgruppen ...) wie Vertrauen (erwartbares Verhalten) und Glaubwürdigkeit (Ausmaß der wahrgenommenen Erwartbarkeit) zentrale Tielziele. Davon abgeleitet werden v.a. wahrnehmungs- (informative, edukative, emotionale), handlungs- (z.B. Weiteremfehlungsbereitschaft, Kaufneigung, Mitarbeitermotivation)

und zielgruppenbezogene (z.B. Führungs-
kräftezustimmung, Kundenzufriedenheit)
Teilziele. Da der Ruf nicht nur von geplanter
Kommunikation abhängt, sondern auch von
ungeplant wahrgenommener Handlung, deren Folge etwa erfolgsrelevante → Skandale
sein können, gehört das Verhaltensmanagement zentral zur Unternehmenskommunikation. – 3. *Aspekte:* Die Unternehmenskommunikation wird z.T. auf die geplante
Kommunikation oder planmäßig zu gestal-
tende Beziehungen reduziert und spiegelt so
ihre Tradition als Teil der operativen Marke-
tingplanung im Kommunikations-Mix wider.
Unterschiedlichen Entwicklungen seit spätestens Anfang der 1980er-Jahre wie die Abweichung von Börsen- und Buchwerten von Unternehmen, die Stakeholder-Debatte, oder
die Erkenntnis, dass Unternehmensführung
auch Kommunikation ist, betonen jeweils die
Bedeutung weicher Faktoren für den Unternehmenserfolg. Da der Stakeholder-Begriff
sowohl Einzelne (die Bank, der Großkunde
...), wie auch Gruppen (die Markencommu-
nity, die Bürgerbewegung ...) umfasst, sind
gruppendynamische Prozesse (Widerstände,
Begeisterung ...) als weiche Faktoren ein
zentrales Handlungsfeld, sodass sich der ursprünglich instrumentelle Fokus (z.B. Medienarbeit, Eventkommunikation) der Unternehmenskommunikation um strategische
Verhaltensaspekte (Markenführung) erweitert und damit zur ursprünglich handlungs-
orientierten Public Relations-Debatte (PR)
der Nachkriegszeit zurückführt (Klassische
PR-Formel: 90 Prozent handeln, 10 Prozent
reden). – 4. *Abgrenzung und Instrumente:* Die
Unternehmenskommunikation umfasst ziel-
gruppenorientiert die → interne Kommunikation und externe Kommunikation und
steht konzeptionell neben dem Public Relations (PR) (→ Öffentlichkeitsarbeit), die z.T.
synonym, z.T. auch als gesellschaftliches Phänomen interpretiert werden. Zu unterscheiden sind davon im engeren Sinne Public Relations als instrumentelle Kommunikation
(Pressearbeit, Eventkommunikation ...). Die

→ Kommunikationspolitik steht z.T. ebenfalls neben der strategischen Unternehmenskommunikation, enthält z.T. eine verhal-
tensgerichtete Komponente, wird aber z.T.
auch in der Tradition der operativen Marke-
ting-Mix-Debatte dargestellt. Die Debatte um
die → Unternehmenskultur (ungeschriebene
Werte und Normen) gilt mit der Einflussnahme auf die Unternehmensidentität (Corporate Identity) normativ als Verhaltensrah-
men (Corporate Behaviour) und damit als
Fundament der Unternehmenskommunikation. In diesem Sinne wird auch das interne
Markenmanagement verstanden (internal
Branding). Auf dieser Basis sollen nachhaltige
Soll-Images (Fremdbild) erreicht werden. Im
Idealfall stimmt es mit dem Ist-Image als Reputation überein. Zielgruppenbezogen lassen
sich Börsenkommunikation, Investor Relations, Kundenkommunikation, Händlerkom-
munikation, Mitarbeiterkommunikation und
weitere unterscheiden. Entlang von Nutznie-
ßern kann die Produkt- oder Branchen-Kom-
munikation herausgehoben werden. Als Ansätze der Unternehmenskommunikation
finden das Stakeholder-Management (An-
spruchsgruppenkommunikation), die integrierte Kommunikation (sachlich, zeitlich,
räumlich und instrumentell abgestimmte
Kommunikation), die → Corporate Identity (Kommunikation vom Selbstverständnis ausgehend), das Markenmanagement
(ursprünglich hoch verdichteten symbolische Nutzenkommunikation) und die Mar-
keting-Kommunikation (ursprünglich die
marktorientierte Kommunikation im Marketing-Mix) verbreitet Anwendung. Anlass-
bezogen lassen sich etwa → Krisenkommunikation oder → Change Communications
unterscheiden. Mit Krisenkommunikation
und Investor Relations findet die verhaltens-
orientierte Unternehmenskommunikation
nach und nach auch Eingang in die Corporate
Governance.

Unternehmenskonzentration – I. Formen
der Unternehmenskonzentration: 1. Nach
der *Art des Wachstums* von Betrieben oder

Unternehmen ist zwischen internem und externem Wachstum zu unterscheiden. Das *interne Wachstum* ist dadurch gekennzeichnet, dass ein Betrieb oder Unternehmen überproportional, d.h. schneller wächst als seine Mitbewerber. Das *externe Wachstum* erfolgt z.b. durch Beteiligungen (Konzernbildung) oder Fusionen (vgl. die Zusammenschlusstatbestände in § 37 GWB, entsprechend auch die Fusionskontrollverordnung der Europäischen Kommission). Während Betriebe nur intern wachsen können, kann das Wachstum von Unternehmen sowohl intern als auch extern vor sich gehen. – 2. Nach der *Richtung* bzw. der *Produktionsstufe* können drei Formen der Unternehmenskonzentration unterschieden werden: a) *horizontale Unternehmenskonzentration* als Vereinigung von Betrieben oder Unternehmen, die auf der gleichen Produktionsstufe und demselben sachlich relevanten Markt tätig sind (z.b. zu marktbeherrschenden Unternehmen *(Marktbeherrschung)* oder Horizontalkonzernen). b) *vertikale Unternehmenskonzentration* als Vereinigung von Betrieben oder Unternehmen, die auf aufeinander folgenden Produktionsstufen tätig sind und in einem Käufer-/ Verkäuferverhältnis stehen (z.b. die Vereinigung der Rohstoffgewinnung mit der Erzeugung von Halbfabrikaten oder der Produktion mit dem Handel in einem Unternehmen oder Vertikalkonzern). Vertikale Unternehmenskonzentration wird auch als *Integration* bezeichnet. c) *diagonale Unternehmenskonzentration* als Vereinigung von Betrieben oder Unternehmen, deren Erzeugnisse sowohl produktions- als auch absatzmäßig nichts oder fast nichts miteinander zu tun haben. – 3. Nach dem *Wirtschaftsraum* wird zwischen drei Formen der Unternehmenskonzentration unterschieden: a) *regionale Unternehmenskonzentration,* wenn die Unternehmenskonzentration in einem bestimmten Teil eines Staates gemeint ist (z.b. Kohle, Stahl oder Werften); b) *nationale Unternehmenskonzentration,* wenn die Unternehmenskonzentration innerhalb eines Landes gemeint ist; c) *internationale*

Unternehmenskonzentration, wenn auf die Ausdehnung von Unternehmensverflechtungen über mehrere Volkswirtschaften Bezug genommen wird (z.b. multinationale Unternehmen, strategische Allianzen, Globalisierung).

II. Ursachen/Motive der Unternehmenskonzentration: Die Ursachen und Motive für Zusammenschlüsse sind vielfältig und z.T. abhängig von der Konzentrationsrichtung (horizontal, vertikal oder diagonal). Zum einen sind staatliche Rahmenbedingungen zu nennen, wie die Gestaltung des Gesellschafts-, Steuer-, Kartell- oder Patentrechts, die → Incentives oder Disincentives für Fusionen enthalten können. Über die staatlichen Rahmenbedingungen hinaus können folgende wichtige Ursachen systematisch unterschieden werden: 1. Bei der horizontalen Unternehmenskonzentration können *Kostenersparnisse durch Größenvorteile (Economies of Scale)* eine Rolle spielen. Die Bedeutung derartiger Größenkostenersparnisse wird jedoch gemindert durch das Auftreten von *X-Ineffizienzen* im Sinn von Leibenstein, die durch fehlenden Wettbewerbsdruck und mangelnde Motivation des Managements entstehen und zu überhöhten Kosten führen. – Im Fall vertikaler Fusionen können *Transaktionskostenersparnisse (Transaction Cost Economies)* eine Rolle spielen. Wenn die Koordination wirtschaftlicher Aktivitäten innerhalb eines Unternehmens (transaktions-) kostengünstiger ist als über den Markt, so wird der Markt als Koordinationsmechanismus zurückgedrängt. Der zunehmenden vertikalen Integration werden jedoch durch steigende Organisationskosten innerhalb eines Unternehmens Grenzen gesetzt. – Bei konglomeraten Fusionen (Konglomerate) können *Verbundvorteile (Economies of Scope)* auftreten. Verbundvorteile liegen vor, wenn es kostengünstiger ist, zwei Güter a und b in einem statt in mehreren Unternehmen herzustellen:

$K(a, b) < K(a) + K(b)$.

Ab einer bestimmten Unternehmensgröße können jedoch infolge der Bürokratie von Großunternehmen und der damit verbundenen mangelnden Motivation *Diseconomies of Scope* auftreten. – 2. *Risikostreuung:* Das Risiko unternehmerischer Entscheidungen kann durch Unternehmenskonzentration gemindert werden. Im Fall des vertikalen Wachstums können z.b. Unsicherheiten beim Bezug vorgelagerter Produkte und beim Absatz eigener Produkte vermindert werden. Diversifizierende Unternehmenszusammenschlüsse (Diversifizierung) bezwecken, Schwankungen im Unternehmensergebnis – sei es aus saisonalen, strukturellen oder konjunkturellen Gründe – auszugleichen. – 3. *Marktstrategische Zielsetzungen: Horizontale Fusionen* können über steigende Marktanteile die Erringung einer marktbeherrschenden Stellung (Marktbeherrschung) und damit die Realisierung höherer Preise und Gewinne ermöglichen. Das *vertikale Wachstum* kann über die Beherrschung wichtiger Bezugsquellen und/oder Absatzmöglichkeiten potenziellen Konkurrenten den Marktzutritt erschweren und damit die Wettbewerbschancen der Konkurrenten beeinträchtigen, wodurch die eigene Marktposition zusätzlich abgesichert wird. Im Fall *konglomerater Fusionen* sind Möglichkeiten der *Mischkalkulation* gegeben, die es einem Unternehmen ermöglichen, sich den Marktzwängen aufgrund des Wettbewerbsdruckes weitgehend zu entziehen (z.B. die ständige „Subventionierung" einer verlustreichen Nutzfahrzeugproduktion durch die Überschüsse aus dem Pkw-Geschäft). – 4. *Empire Building:* Die mangelnde Kontrolle der Entscheidungsträger eines Unternehmens (Vorstand) durch die Aktionäre bzw. den Aufsichtsrat (Prinzipal-Agent-Problem) kann dazu führen, dass sich die Unternehmensleitung nicht mehr an denselben Zielen wie die Aktionäre orientiert, sondern eigene Ziele verfolgt (Manager-Theorie der Unternehmung). So kann das horizontale,

vertikale oder diagonale Wachstum eines Unternehmens für das Management aus mehreren Gründen nutzenmaximierend sein: (1) weil die Bezüge des Managements i.d.R. unmittelbar an Größenkennziffern gekoppelt sind; (2) weil ein größeres Unternehmen die Übernahmewahrscheinlichkeit senkt und damit die Arbeitsplatzsicherheit erhöht; (3) weil Akquisitionen regelmäßig zu einer weiteren Streuung der Aktien beitragen und damit der Einfluss von Großaktionären gemindert wird; (4) weil es neue Aufstiegsmöglichkeiten oder das Streben nach Prestige eröffnet. – Das Motiv des Empire Building stellt die Interessen des Managements an dem externen Wachstum eines Unternehmens in den Vordergrund der Erklärung. – Die Abbildung „Synopsis der Zusammenschlussformen und Motive der Unternehmenskonzentration sowie der Auswirkungen auf Wettbewerb und Kosten" gibt einen Überblick.

III. Unternehmenskonzentration und Wettbewerb: Unternehmenskonzentration kann positive und/oder negative Auswirkungen in gesamtwirtschaftlicher Sicht haben. – 1. Die *positiven Auswirkungen der Unternehmenskonzentration* können in folgenden Punkten gesehen werden: Effizienzsteigerung i.w.S. durch die Realisierung von Economies of Scale, Transaction Cost Economies oder Economies of Scope; Verbesserung der internationalen Wettbewerbsfähigkeit. – 2. Diesen möglichen positiven Effekten der Unternehmenskonzentration – die auftreten können, aber nicht auftreten müssen – stehen *negative Auswirkungen* auf die Intensität des Wettbewerbs gegenüber: Zunehmende horizontale Unternehmenskonzentration führt ceteris paribus zu monopolistisch überhöhten Preisen und Gewinnen und damit einer Verschlechterung der Marktversorgung; zudem besteht eine Tendenz zur Kostenüberhöhung, da die Kostenkontrollfunktion des Wettbewerbs eingeschränkt wird (X-Ineffizienzen im Sinne von Leibenstein); zunehmende vertikale Integration führt zu Marktschließungseffekten gegenüber potenziellen

Unternehmenskonzentration – Synopsis der Zusammenschlussformen und Motive der Unternehmen sowie der Auswirkungen auf Wettbewerb und Kosten

Zusammenschlussform	horizontal	vertikal	konglomerat
Begriff	– Unternehmen sind auf dem gleichen relevanten Markt tätig;	– Unternehmen sind auf vor- bzw. nach-gelagerten Produk-tionsstufen tätig und stehen in einer Käufer-Verkäufer-Be-ziehung zueinander;	– negativ definiert als Zusammen-schluss, der weder horizontaler noch vertikaler Natur ist;
Zusammenschluss-motive	– Economies of Scale;	– Transaktionskosten-ersparnisse;	– Economies of Scope – Risikostreuung durch Diversifikation;
	– Eliminierung eines ineffizienten Unternehmensmanagements; – marktstrategische Zielsetzungen – Empire Building;		
Auswirkungen auf den Wettbewerb	– Erlangung einer do-minierenden Markt-position bzw. Erleich-terung kollektiver Marktkontrolle und damit Beschränkung des Preiswettbe-werbs (überhöhte Preise und Gewinne sowie Kosten);	– Behinderung von nichtintegrierten Konkurrenten durch Monopolisierung der Bezugs- oder Absatzwege und damit Errichtung von Marktzutritts-schranken;	– Überwälzung von Marktrisiken und Kosten; – Kopplungs-geschäfte; – steigende Finanzkraft; – Mischkalkulation; – Konzentration von Verfügungsbefug-nissen;
Auswirkungen auf die Kosten	– Economies of Scale vs. Diseconomies of Scale;	– Transaction-Cost economies vs. steigende Organi-sationskosten; – X-Inefficiencies;	– Economies of Scope vs. Dis-economies of Scope;

Konkurrenten (potenzielle Konkurrenz) und erschwert die Wettbewerbsbedingungen der tatsächlichen Konkurrenten; konglome-rate Zusammenschlüsse (Konglomerate) er-öffnen Möglichkeiten zur Mischkalkulation, die den Marktausleseprozess beeinträchtigen und Tochtergesellschaften den Marktzwän-gen entziehen; zunehmende Unternehmens-konzentration von Verfügungsmacht kann zudem zu einem politischen Problem wer-den. – Diesen wettbewerbspolitischen Gefah-ren versucht die Wettbewerbspolitik durch Einführung einer Fusionskontrolle Rech-nung zu tragen, die im Hinblick auf eventu-elle negative Effizienzeffekte seit der Achten GWB-Novelle vom 1.1.2013 mit dem neuen Untersagungskriterium der „erheblichen Be-hinderung wirksamen Wettbewerbs" (vgl. § 36 I GWB) bereits unterhalb der Marktbe-herrschungsschwelle einsetzt.

Unternehmenskrise → Unternehmungs-krise.

Unternehmenskultur – *Corporate Cul-ture*; 1. *Begriff*: Grundgesamtheit gemeinsa-mer Werte, Normen und Einstellungen, wel-che die Entscheidungen, die Handlungen und das Verhalten der Organisationsmitglieder prägen. – 2. *Ziel*: Wenn Reputation (Ruf) das Oberziel von → Unternehmenskommunika-tion ist, dann bildet die Unternehmenskultur den handlungsprägenden Rahmen. Die Handlungen einer Organisation bilden zugleich die Beobachtungsfläche für Mitglieder der eigenen Organisation (Führungskräfte und Mitarbeiter) sowie Dritte (Kunden, Banken, Politik) und tragen maßgeblich zur Wahrnehmung, zum Fremdbild (→ Image) und damit zur Reputation bei. – 3. *Instrumente:* Leitbildprozesse gelten als ein zentrales Instrument des Kulturmanagements. Diese Arbeitsprozesse unterstützen Organisationen, z.T. implizit gelebte Kulturmerkmale der Tiefenstruktur wie Selbstverständnis und Vision zu explizieren. Diese gilt es dann ggf. zu beeinflussen indem sie vertieft oder variiert werden, um die Soll-Wahrnehmung zu prägen. – 4. *Aspekte:* Unterschieden werden zentral zwei Ebenen der Unternehmenskultur: die Tiefenstruktur als handlungsprägende Ebene (Werte, Normen, Einstellungen) sowie die Oberflächenstruktur, die von Dritten beobachtbar ist. Wenn die Tiefenstruktur als handlungsprägender Rahmen der Oberflächenstruktur arbeitet, dann muss Unternehmenskommunikation als Verhaltensmanagement dort ansetzen, um Image und Reputation nachhaltig beeinflussen zu können. Es gilt als umstritten, ob und inwieweit sich die Tiefenstruktur durch Kommunikation, Anreize und/oder Sanktionen nachhaltig verändern lässt.

Unternehmensleitbild – *Mission; Mission Statement;* 1. *Begriff:* Element des normativen Rahmens eines Unternehmens in dem es den Zweck seines Daseins in Form von Nutzenversprechen gegenüber seinen Anspruchsgruppen darlegt (→ strategisches Management). – 2. *Merkmale:* a) *Orientierungsfunktion:* In expliziter Form wird die Soll-Identität des Unternehmens zum Ausdruck gebracht. – b) *Motivationsfunktion:* Die Identifikation der Mitarbeiter mit dem Unternehmen wird verstärkt; eine anspruchsvolle, zugleich aber konsensfähige (und realistische) Zielvorstellung wird formuliert. – c) *Legitimationsfunktion:* Die verschiedenen Interessenten werden über die handlungsleitenden Grundsätze aufgeklärt und diese zugleich begründet. Inwieweit diese Funktionen tatsächlich erfüllt werden können, ist davon abhängig, auf welche Weise die Mitarbeiter in den Prozess der Leitbilderstellung integriert sind und in welchem Umfang das Leitbild im Unternehmen diffundiert und gelebt wird.

Unternehmensphilosophie → Unternehmensleitbild, → Corporate Identity.

Unternehmensplanspiel – eine modellhafte Simulation von Unternehmensprozessen. In den USA entstandene Ausbildungsmethode mit Ursprung in militärischen Planspielen (Personalentwicklung). – *Durchführung:* Die Teilnehmer eines Unternehmensplanspiels vertreten (meist gruppenweise) zwei bis zehn und mehr konkurrierende Unternehmen, die mit gleichen Startbedingungen (gleiche Betriebsgröße, Betriebs- und Finanzstruktur) vor mehr oder weniger komplizierte, sich wandelnde Umweltsituationen gestellt werden, die sich in Modellen nachbilden lassen. Zur Vorbereitung der Entscheidungen sind sorgfältige dynamische Betriebsplanungen oder bei funktionellen Unternehmensplanspielen Teilplanungen aufzustellen. In jeder Spielperiode, die ein bis zwölf Monate repräsentiert, muss eine größere Auswahl von Entscheidungen getroffen werden, deren Auswirkungen auf die Unternehmensentwicklung und auf die Umweltsituation per EDV ermittelt werden. Aufgrund dessen sind die Entscheidungen der nächsten Periode vorzubereiten und zu treffen. Eine Spielperiode dauert bis zu mehreren Stunden, das ganze Unternehmensplanspiel bis zu mehreren Tagen. – *Vorteil:* größere Wirklichkeitsnähe als die → Fall-Methode durch die ständige dynamische Anpassung des Unternehmens an die sich wandelnde Umweltsituation. – *Anwendung:* Unternehmensplanspiel in den USA sehr verbreitet; in der Bundesrepublik Deutschland v.a. von Großfirmen, an Universitäten sowie in der Weiterbildung von Führungskräften angewandt.

Unternehmensplanung – I. Begriff: Man kann folgende Begriffsauffassungen unterscheiden: – *Ergebnisorientierter Planungsbegriff* Planung ist die Produktion von Plänen, d.h. vereinfachter, symbolischer Modelle zukünftiger realer Systeme. Mit diesen Plänen soll ein Commitment geschaffen werden, innerhalb einer angegebenen Zeit bestimmte Systemzustände zu erreichen. – *Prozessorientierter Planungsbegriff* Planung ist eine Phase im „Ongoing Process" der Problemhandhabung von Unternehmen, die v.a. mit Entwurf, Bewertung und Auswahl von Zielprojektionen und Maßnahmen in Zusammenhang steht. Dabei wird auch die Planungsphase selbst als ein komplexer Entscheidungsprozess, bestehend aus Exploration, Analyse, Planung und Steuerung, interpretiert. – *Institutioneller Planungsbegriff* Planung stellt ein organisatorisches Subsystem (Managementsystem) dar, das bestimmte Funktionen für die Unternehmung erfüllt.

II. Merkmale und Funktionen: Die Ausübung einer Planungstätigkeit kann über folgende *Merkmale* charakterisiert werden: Wahrnehmung einer Führungsaufgabe; Versuch zur Rationalisierung und Formalisierung dieser Führungsaufgabe über den mit dem Managementsystem verbundenen Prozess; weist eine enge Beziehung zur Zukunftsforschung auf, da Pläne immer auf Annahmen an möglichen zukünftigen Entwicklungen aufbauen. Mit der Ausübung einer Unternehmensplanung sind verschiedene *Funktionen* verbunden: Absorption von Unsicherheit und Komplexitätsreduktion, Vermittlung von Orientierung und Ausrichtung, Aufsetzpunkt für Lernprozesse über Planabweichungen bzw. veränderte Annahmen, Leistungsmotivation, Kreativitätsförderung, Koordination, Umweltanpassung etc. Als komplementär zum Planungsbegriff wird der Kontrollbegriff betrachtet (→ Kontrolle, Controlling), was auch in den das Management unterstützenden *Planungs- und Kontrollsystemen* der Führungsorganisation zum

Ausdruck kommt. – Vgl. hierzu auch → internationale Unternehmensplanung.

III. Planungsebenen: Als Planungsebenen lassen sich unternehmenspolitische Rahmenplanung, strategische und operative Planung differenzieren; häufig wird als vierte Ebene die taktische Planung ergänzend angeführt. – *Unternehmenspolitische Rahmenplanung:* Es geht hier primär um die Definition des Zwecks des Unternehmens und seiner grundsätzlich als Ganzes gegenüber den Anspruchsgruppen (Kunden, Investoren, Mitarbeiter etc.) verfolgten Ziele und Vision, die allgemeinen Grundsätze der Unternehmenspolitik, die Grundsätze der Mitarbeiterführung, die gemeinsam geteilten Werte etc. Diese normativen Festlegungen werden häufig in einem → Unternehmensleitbild (oder einem „Mission Statement") explizit gemacht. – *Strategische Planung* (als Teilaufgabe eines → strategischen Managements) bezieht sich auf den Aufbau, die Pflege, die Kombination und den Rückzug von Erfolgspotenzialen, die das langfristige Überleben bzw. den Fortschritt der Unternehmung sichern sollen. Ziel ist die Realisierung *nachhaltiger Wettbewerbsvorteile* im Einklang mit Umwelt und Gesellschaft auf Ebene der Geschäfte und des Gesamtunternehmens. – *Operative Planung* basiert auf den Vorgaben aus der strategischen Planung, bricht diese nun aber in zeitliche Perioden (z.B. Jahresplanung) und ausführende Einheiten auf. Auf ihr basiert eine Budgetierung und Finanzplanung.

Abgrenzungskriterien können sein:

(1) *Umfang des geplanten Wandels:* Bei der Rahmenplanung geht es um die geplante Evolution der gesamten Unternehmung, also auch um die Exploration neuer Geschäfte. Die operative Planung ist mehr auf den inkrementalen Wandel einzelner Planungsfelder und die Exploitation bestehender Potenziale gerichtet. Die strategische Planung erfüllt unter diesem Aspekt eine Art „Brückenfunktion". (2) *Zeithorizonte:* Die Bezugszeit eines Planes gibt an, inwieweit sich

Unternehmensplanung – Instrumente

Zielbildung	
Teilschritte	Methoden/Instrumente

– Suche, Analyse und Ordnung von Zielen
– Operationalisierung und Prüfung auf
   Realisierbarkeit
– Prüfung auf Konsistenz bzw. Konflikte
– Setzung von Prioritäten
– Festlegung von Nebenbedingungen
– Operationalisierung der Ziele nach
   Erreichungsgrad, Zeitraum, Zuständigkeiten
– Zielauswahl und -revision
	– Relevanz- oder Entscheidungsbäume
	– Kennzahlensysteme
	– Kompatibilitäts- und Konfliktanalyse
	– Pattern

Problemanalyse	
Teilschritte	Methoden/Instrumente

– Erkenntnis und Analyse des Problems nach
   Ursachen und Ausmaß durch Diagnose/
   Prognose und Vergleich mit den Zielen
– Beschreibung und Auflösung des Gesamt-
   problems in einzelne Elemente und Fest-
   stellung ihrer Abhängigkeitsbeziehungen
– Abgrenzung des Problems und Ordnung
   (Strukturierung) nach Gegenständen, Zeit-
   bezug, Schwierigkeitsgrad und Zielrelevanz
– Detailanalyse der Ursachen und syste-
   matische Gliederung nach Ansatzpunkten
   zur Problemlösung bzw. Ursachenbehebung
	– Lagediagnose und -prognose
	– Scenario-writing
	– Strukturanalyse
	– Systemanalyse
	– Kausalanalyse
	– SOFT-Analyse
	– Life-Cycle-Analyse
	– Produkt-Status-Analyse
	– Gap-Projektion
	– Checklisten
	– Wertanalyse
	– Kepner-Tregoe-Technik

Alternativensuche	
Teilschritte	Methoden/Instrumente

– Auffinden und Gliedern möglicher Ansatz-
   punkte für die Problemlösung
– Suche nach Handlungsmöglichkeiten
   (Lösungsideen)
– Gliederung und Ordnung der Einzel-
   vorschläge
– Konkretisierung und Strukturierung der
   Alternativen
– Vollständigkeits- und Zulässigkeitsprüfung
   (Negativauswahl nicht realisierbarer
   Alternativen)
	– Kreativitätstechniken
	  • Brainstorming
	  • Brainstorming Methode 635
	  • Brainstorming Synektik
	  • Brainstorming morphologische Methode
	  • Brainstorming Funktionsanalyse
	  • Brainstorming progressive Abstraktion
	  • Brainstorming Bionik
	– Zustandsbäume
	– Entscheidungsbäume
	– Systemanalyse
	– Checklisten
	– Produkt-Status-Analyse

die Beschreibungen des angestrebten realen Systems in die Zukunft erstrecken (→ Planungshorizont). Rahmen- und strategische Planung haben – je nach Branche – tendenziell langfristigen (5 bis 30 Jahre), operative Planung kurz- bis mittelfristigen Charakter. Die zeitliche Geltungsdauer (→ Planungsperiode) unterscheidet sich ebenso: Bei der operativen Planung sind die Abstände von Planungsrunde zu Planungsrunde geringer als bei den anderen Planungen. Es besteht allerdings eine starke Abhängigkeit vom Grad der Institutionalisierung der verschiedenen Planungssysteme. (3) *Umfeldorientierung:* Bei Rahmen- und strategischer Planung haben externe, umfeldorientierte Informationen ein wesentlich höheres Gewicht als bei operativer Planung, bei der unternehmensinterne

Unternehmensplanung – Instrumente (Fortsetzung)

Prognose	
Teilschritte	Methoden/Instrumente
– Abgrenzung des Prognoseproblems – Bestimmung der erforderlichen Prognosen nach Inhalt, Präzision und zeitlicher Reichweite usw. – Analyse des Wirkungszusammenhangs zwischen zu prognostizierender Größe und Bestimmungsursachen bzw. Indikatoren – Aufstellung des Prognosemodells bzw. Aufwendung des Auswahlverfahrens – Gewinnung der Prognose(n) – Angabe der Bedingungen, unter denen sie gilt – Abschätzung der Prognosesicherheit (wenn möglich: Wahrscheinlichkeit) und Beurteilung nach weiteren Gütekriterien – Auswahl einer Prognose – Konsistenzprüfung	– mathematisch-statistische Prognosemodelle • Trendmodelle • Exponential Smoothing • Wachstums- und Sättigungsfunktionen • Regressionsmodelle • ökonometrische Modelle • Simulationsmodelle • Netzplantechnik – intuitive Prognoseverfahren • Relevanzbäume • Scenario-writing • morphologische Analyse • Kausalanalyse • Systemanalyse – argumentatives Auswahlverfahren – Bewertungsmethoden

Bewertung	
Teilschritte	Methoden/Instrumente
– Bestimmung der Bewertungsobjekte und der Ziele, an denen sie beurteilt werden sollten – Festlegung der Bewertungskriterien und ihrer (Kriterien)Gewichte – Festlegung der Maßstäbe und Skalen (-niveaus) – Bestimmung der Kriterienwerte bzw. Aufstellung von Teil-Werturteilen – Wertsynthese zwecks Ermittlung der Gesamtbewertung durch Zusammenfassung der Teilurteile – Prüfung der Konsistenz der Werturteile	– Kosten-Nutzen-Analyse – Kosten-Wirksamkeits-Analyse – Nutzwert-Analyse – Investitionsrechnung – F/E-Bewertungsverfahren – Produktbewertungsprofile – Break-even-Analyse – Kennzahlensysteme – Relevanzbäume – Bewertungsregeln – Bewertungsprofile

Entscheidung	
Teilschritte	Methoden/Instrumente
– Entscheidungsziel u. -kriterien festlegen – evtl. Entscheidungsmodell aufstellen – Vorauswahl zulässiger Entscheidungsalternativen bzw. Festlegung von Restriktionen – Auswahl der optimalen Alternative bzw. Bestimmung mehrstufiger E-folgen – Prüfung auf Konsistenz mit anderen Entscheidungen – evtl. Ressourcenzuordnung und Zuständigkeitsfestlegung (Durchführungsträger)	– mathematische Entscheidungsmodelle – Entscheidungsbäume – Entscheidungstabellen – Entscheidungskriterien bzw. -regeln – Entscheidungsfunktionen

Quelle: Wild, J., Grundlagen der Unternehmensplanung, Reinbek b. Hamburg 1981

Informationen überwiegen. (4) *Kontexte und Denkhaltungen:* Bes. zwischen strategischer und operativer Planung bestehen weit reichende Unterschiede in den von den beteiligten Führungskräften verwendeten Kategoriensystemen. Die strategische Planung beinhaltet ein Denken in Erfolgspotenzialen; eine abstrakt-analytische, aber auch ganzheitlich-intuitive Sichtweise überwiegt. Die operative Planung ist dagegen durch ein Denken in den klassischen Erfolgsgrößen (Gewinn, Ertrag, Liquidität etc.) geprägt, das die kurzfristige Effizienz in den Mittelpunkt stellt; eine analytisch-praktische Sichtweise mit hohem Detailwissen überwiegt. Die Unterschiedlichkeit der Kontexte und Denkhaltungen in den verschiedenen Planungssystemen stellt eines der zentralen *Probleme der Planungspraxis* dar: Die operativen Pläne lassen sich nicht einfach aus den strategischen Plänen ableiten, eine „Übersetzung" ist erforderlich. Gerade daran aber scheitert die Praxis oftmals: Das Resultat sind strategische Pläne, die mit viel Aufwand erstellt, aber niemals in das operative Tagesgeschäft umgesetzt werden.

IV. Planungsprozess, -phasen und -instrumente: Unter dem zeitlichen Aspekt kann zwischen dem *Planungsprozess* (Willensbildung) und *Entscheidungsprozess* (Willensdurchsetzung) unterschieden werden. Beide können in mehrere (iterierende) Phasen aufgeteilt werden. Mögliche Planungsphasen sind Zielbildung, Umfeldanalyse und -prognose, Optionensuche und -bewertung sowie Optionenselektion und Entscheidung; in einer erweiterten Fassung kann auch noch eine Durchsetzungs-, Realisations- und Abweichungsanalysephase hinzugerechnet werden. Die Planung kann in jeder Phase durch eine Vielzahl von *Planungsinstrumenten* unterstützt werden. Sie reichen von einfachen Methoden der Visualisierung [z.B. Metaplan-Technik, → Metaplanung (MP)] über relativ unstrukturierte → Kreativitätstechniken (Brainstorming, Synektik, morphologische Methoden etc.) bis zu systematischen Analyse- und Bewertungsmethoden (Branchenanalysen, Stärken-Schwächen-Analysen, Szenario-Analysen, Investitionsrechnungsverfahren, Nutzwertanalyse, → Portfolio-Analysen etc.). Auch eine computergestützte Unternehmensplanung ist möglich, wobei dies i.A. nur im Bereich der operativen Planung der Fall ist.

Dazu gehören die quantitativen und qualitativen Verfahren der Unsicherheitshandhabung (z.B. → Sensitivitätsanalyse). – Vgl. Abbildung „Unternehmensplanung – Instrumente".

unternehmenspolitische Rahmenplanung → Unternehmensplanung, → strategisches Management.

Unternehmensverfassung – Um ihre Aktivitäten auf die Unternehmensziele ausrichten zu können, benötigen die Unternehmen eine festgelegte innere Ordnung. In ihr kommt zum Ausdruck, wodurch das Handeln der Unternehmung bestimmt wird und welche Regelungen existieren, um die Aktivitäten auf die Ziele auszurichten.

I. Begriff: Unter Unternehmensverfassung kann die Gesamtheit der konstitutiven und langfristig angelegten Regelungen für Unternehmen verstanden werden. Der Begriff ist seit Ende der 1960er-Jahre bes. im Zusammenhang mit der Diskussion um die Mitbestimmung und um die Weiterentwicklung des geltenden Gesellschaftsrechts zu einem Unternehmensrecht aktuell geworden. Die Unternehmensverfassung ergibt sich aus *gesetzlichen Regelungen*, bes. dem Wettbewerbs-, Kapitalmarkt-, Verbraucherschutz-, Gesellschafts-, Arbeits- und Mitbestimmungsrecht, aus *kollektivvertraglichen Vereinbarungen* wie Firmentarifverträgen und Betriebsvereinbarungen sowie *privatautonomen Rechtssetzungen* wie dem Gesellschaftsvertrag, der Satzung, den Geschäftsordnungen oder Unternehmensverträgen. Konkretisierend können *höchstrichterliche Entscheidungen* hinzutreten. Unternehmensverfassung umfasst also die *interne* formale Machtverteilung zwischen den involvierten Interessengruppen und die sie ergänzenden *extern* ansetzenden Regelungen zum Schutz von verfassungsrelevanten Interessen. Scharf davon zu trennen ist die *faktische Einflussverteilung* in Unternehmensverfassungen (Modell und Wirklichkeit), wenngleich dieses bes. für die Entwicklung und Reform der Unternehmensverfassung von höchster Bedeutung ist. – Vgl. auch → internationale Unternehmensverfassung.

II. **Grundfragen:** Bei Analyse, Vergleich oder Gestaltung von Unternehmensverfassungen stehen immer zwei grundlegende Fragen zur Diskussion: 1. Welche *Interessen* sollen die Zielsetzung und Politik der Unternehmung bestimmen bzw. bestimmen sie? Bei der Beantwortung dieser Frage geht es darum, welche Interessen aus dem Kreis der prinzipiell verfassungs*relevanten* Interessengruppen der Konsumenten, der Arbeitnehmer, der Kapitaleigner und dem öffentlichen Interesse die Unternehmensverfassung konstituieren bzw. konstituieren sollen (verfassungs*konstituierende* Interessen). Rein formal kann man dann zwischen interessenmonistischen, interessendualistischen und interessenpluralistischen Unternehmensverfassungen unterscheiden. Interessenmonistische Varianten bilden die → kapitalistische Unternehmensverfassung, wie sie in den handelsrechtlichen Kodifikationen des 19. Jh. ihren Niederschlag gefunden hat und noch heute die ökonomische Realität der westlichen Industrienationen prägt, und die (frühere) → laboristische Unternehmensverfassung Jugoslawiens, die als Modell der Arbeiterselbstverwaltung allein auf den Arbeitnehmerinteressen gründete. Als interessendualistisch darf die Mitbestimmte Unternehmung gelten. Interessenpluralistische Verfassungen ergeben sich, wenn zusätzlich das öffentliche Interesse und/oder (partiell) Interessen der Konsumenten Verfassungsrang erhalten. – 2. Welche *institutionellen* *Vorkehrungen* sind geeignet bzw. getroffen, die Unternehmensaktivitäten auf die verfassungskonstituierenden Interessen auszurichten? Bei der institutionellen Ausgestaltung (→ Organisationsverfassung) müssen Regelungen über Entscheidungsgremien (Art, Zusammensetzung, Wahl, Kompetenzen), über den Ablauf der Entscheidungsprozesse in den Gremien (Vorsitz, Ausschüsse, Teilnahme und Beschlussmodalitäten) und über ihre Information im Rahmen der Entscheidungsvorbereitung

(Planungsinformationen) und zur Kontrolle der Resultate der getroffenen Entscheidungen (Kontrollinformation) getroffen werden. Zur Debatte stehen hier (für Großunternehmen) i.d.R. die dreigliedrige Verfassungsstruktur mit Hauptversammlung, Aufsichtsrat und Vorstand oder die zweistufige Lösung mit Hauptversammlung und Verwaltungsrat bzw. Board.

III. **Wirtschaftsordnung und Unternehmensverfassung:** Sowohl für das Verständnis von existierenden Verfassungen als auch für ihre Reform ist von zentraler Bedeutung, wie das Verhältnis von Wirtschaftsordnung und Unternehmensverfassung interpretiert wird. – 1. In der Sicht der klassischen *liberalen Wirtschaftstheorie determiniert* die Wirtschaftsordnung bzw. der Markt die Unternehmensverfassung (→ kapitalistische Unternehmensverfassung). Nach diesem Modell vollzieht sich der Interessenausgleich grundsätzlich im Markt. Das Unternehmen reduziert sich auf ein System von Vertragsbeziehungen zwischen den Produktionsmitteleigentümern und Abnehmern, Lieferanten, Arbeitnehmern und Fremdkapitalgebern. Übrig bleibt die Gesellschaft als Vertragsverbund der Kapitaleigner, die dann folgerichtig interessenmonistisch sein muss. Die Auszeichnung der Kapitaleignerinteressen ist insofern nicht willkürlich, sondern funktional für die Wohlfahrt aller. Die theoretische Begründung für diesen Zweck-Mittel-Zusammenhang lieferte die mikroökonomische allg. Gleichgewichtstheorie mit dem Marktmodell der vollkommenen Konkurrenz. – 2. Im Lichte der neueren → Industrieökonomik erscheint diese Interpretation des Verhältnisses von Markt und Unternehmensverfassung jedoch fragwürdig. V.a. Großunternehmen verfügen über (nicht-triviale) Handlungsspielräume im Wettbewerbsprozess und vermögen durch unternehmensstrategisches Handeln die Marktstruktur selbst erfolgreich zu beeinflussen. Daraus folgt, dass die Unternehmung neben dem Markt ein eigenständiges Entscheidungs- und

Interessenkoordinationszentrum darstellt und in ihrer verfassungsmäßigen Ausgestaltung nicht dem blanken Marktdiktat unterliegt. Die Dependenz zwischen Wirtschaftsordnung und Unternehmensverfassung hat sich so zu einer *Interdependenz* gewandelt. Genau an diesen Handlungsspielraum und Sachverhalt knüpft die Diskussion um die Weiterentwicklung der Unternehmensverfassung an. – 3. Arbeiterselbstverwaltung.

IV. Sonderfall: Verfassung internationaler Unternehmungen: 1. *Problematik* (Spannungsfeld): Für internationale Unternehmungen ist die Entfaltung von Geschäftsaktivitäten in mehreren Ländern, unter globalen Gesichtspunkten und über nationale Grenzen und alle Unternehmensteile hinweg *(keine ökonomische Einheit)* problematisch. Rechtlich existieren nur nationale Gesellschaften. Wegen der *Vielfalt der nationalen Rechtskreise* existiert eine Unternehmensverfassung typischerweise *nicht*. Internationale Gesellschaften bzw. Unternehmen mit Internationaler Unternehmensverfassung sind eine atypische Rarität; sie kommen durch Staatsverträge zustande und stehen auf internationaler Rechtsgrundlage. – 2. *Rechtliche Voraussetzungen* von internationalen Unternehmungen: Zum Aufbau und zur Lenkung von internationalen Unternehmungen müssen gewährleistet sein: a) *Niederlassungsfreiheit* und *wechselseitige Anerkennung* juristischer Personen (innerhalb der EU: Art. 52, 58, 220 EG-Vertrag). – b) *Rechtliche Möglichkeiten zentraler Leitung:* (1) Leitungsbefugnis aus *Eigentum,* wenn die Zentrale der internationalen Unternehmungen selbst Eigentümer eines Unternehmensteils im Ausland ist (Niederlassungen): Im Rahmen des Gastlandrechts kann die Zentrale von ihrer Weisungsbefugnis Gebrauch machen. (2) Leitungsbefugnis durch direkte oder indirekte (mehrheitliche) *Beteiligung* (faktischer Konzern) an einer ausländischen Gesellschaft. Instrumente zur Durchsetzung der einheitlichen Leitung: Beschlüsse der Gesellschaftermehrheit in zentralen wirtschaftlichen Belangen mit Bindungswirkung

für das Management; Recht zur Auswahl und Abberufung der Mitglieder der Geschäftsführung (Personalhoheit); Entsendung von Stammhausdelegierten; entsprechende Gestaltung der Unternehmensstatuten (Geschäftsordnung, Geschäftsverteilungsplan, Bestellung des Vorsitzenden der Geschäftsführung). (3) Leitungsbefugnis aus *Vertrag:* Unternehmensverträge (§§ 291, 292 AktG) zwischen Mutter- und Tochtergesellschaften: (a) Beherrschungsvertrag: Die Konzernmutter kann dem Vorstand der Tochter direkt Weisungen erteilen, auch gegen Widerstand durchsetzen (§ 308 AktG). (b) Konsortialverträge: Vertragliche Abmachungen zwischen den Gesellschaftern eines Unternehmens, um den Einfluss auf Unternehmenspolitik, Geschäftsführung und personelle Zusammensetzung zu sichern. – Vgl. auch → Joint Venture. (4) *Schranken der Leitungsmacht:* Durch nationale Rechte zum Schutz von Tochtergesellschaften, aus divergenten nationalen Rechnungslegungsvorschriften und aus der Vielfalt der nationalen Steuersysteme. – 3. *Entwicklungstendenzen:* Konflikte mit den Interessen der Arbeitnehmer, Gläubiger, Aktionäre, Verbraucher oder sonstigen öffentlichen Interessen in Herkunfts- und Gastländern bestimmen die Diskussion über die Unternehmensverfassung von internationaler Unternehmungen Ansätze zur Überbrückung der Diskrepanz zwischen internationaler Wirtschaftstätigkeit von internationalen Unternehmungen und nationaler Interessenkoordination und Konfliktregelung: (1) → Internationale Unternehmensverfassung; (2) Angleichung der nationalen verfassungsrelevanten Rechtsgebiete (Europäisches Gesellschaftsrecht); (3) Vereinbarung internationaler → Verhaltenskodizes für internationale Unternehmungen.

V. Entwicklungsperspektiven: 1. Als grundsätzliche *Strategiealternativen* zur Weiterentwicklung der Unternehmensverfassung werden sowohl der gesetzliche als auch der vertragliche Weg verfolgt. Neben der *Gesetzesstrategie,* wie sie v.a. in der Bundesrepublik

Deutschland mit der Mitbestimmungsgesetzgebung verfolgt wurde und in EG-Richtlinien zur Vereinheitlichung des Gesellschaftsrechts ihren Ausdruck findet (Europäisches Gesellschaftsrecht), gewinnt die *Vertragsstrategie*, nicht nur im europäischen Ausland, zunehmend an Bedeutung. – *Beispiele:* Tarifvertragliche Vereinbarung von Mitbestimmungsregelungen in Schweden, Dänemark, Belgien und der Schweiz sowie entsprechende rechtspolitische Vorschläge im Entwurf der Fünften EG-Richtlinie zur Struktur der Aktiengesellschaft und im DGB-Entwurf eines Mitbestimmungsgesetzes von 1982. Vertragliche Entwürfe zur Unternehmensverfassung bilden weiter die Partnerschaftsmodelle. Als weiteres für die Zukunft prägendes Entwicklungsmuster darf die „*Internationalisierung*" der Unternehmensverfassung durch Rechtsangleichung gelten, wie sie bes. im Rahmen der Europäischen Gemeinschaft durch Schaffung von Gesellschaftsformen wie der → Societas Europaea (SE), der Societas Cooperativa Europaea (SCE) und der Europäische Wirtschaftliche Interessenvereinigung (EWIV) betrieben wird. – Vgl. auch Europäisches Gesellschaftsrecht und → internationale Unternehmensverfassung. – 2. Hinsichtlich der *Interessenbezüge* der Unternehmensverfassung lässt sich ein klarer Trend hin zu *pluralistischen Strukturen* erkennen. Zahlreiche europäische Unternehmensverfassungen erfuhren eine interessendualistische Öffnung durch die Einführung der Mitbestimmung der Arbeitnehmer in Großunternehmen, die jedoch nach Intensität, Rechtsquelle und organisatorischer Ausformung eine erhebliche Bandbreite aufweist. Außer den Interessen von Kapitaleignern und Arbeitnehmern ist in einzelnen nationalen Unternehmensverfassungen (Schweden, Montan-Mitbestimmung) und Richtlinien (Europäische Aktiengesellschaft) das öffentliche Interesse als eigenständiger Einflussfaktor vertreten. Auf faktischer Ebene hat sich seit Ende der 1960er-Jahre auch in den USA durch die selektive Repräsentanz

von ethnischen Minoritäten, Konsumenten, Frauen und vereinzelt von Arbeitnehmern als Outside-Directors im Board eine interessenpluralistische Unternehmensverfassung in Ansätzen herausgebildet. – 3. Einen zentralen Diskussionspunkt zur *Organisationsverfassung* bildet die Frage, ob sie wie bisher nach Rechtsformen ausdifferenziert werden soll, oder ob nicht eine einheitliche, für alle Großunternehmen *rechtsformunabhängige* Lösung wünschenswert ist. Die dt. Mitbestimmungsgesetzgebung hat an der Rechtsformabhängigkeit festgehalten, obwohl Bedenken bestehen, ob so ein produktives Interessen-Clearing zustande kommt und eine effiziente Führungsorganisation für Großunternehmen zur Verfügung steht. Bei *Rechnungslegung und Publizität* hingegen hat der dt. Gesetzgeber bei Umsetzung einschlägigen EU-Rechts eine rechtsformunabhängige Lösung gewählt (Bilanzrichtlinien-Gesetz). Für die klassische Frage der *Organisation von Geschäftsführung und Kontrolle* werden weiterhin das → Board System und das Aufsichtsratssystem als Alternative diskutiert. Für das Board System wird eine binnenorganisatorische Aufspaltung in einen „Management Board" und einen „Supervisory Board" empfohlen. Die Vorschläge zum Aufsichtsratssystem hingegen favorisieren Ansätze (Pflichtkatalog zustimmungspflichtiger Geschäfte), die auf eine verstärkte interessen- und sachbezogene Interaktion zwischen Vorstand und Aufsichtsrat hinauslaufen. Schließlich gewinnen Fragen des *Konzerns* durch die immer weiter fortschreitende kapitalmäßige Verflechtung der Unternehmen und der zunehmenden Zahl und Bedeutung von international tätigen Firmen an Bedeutung. Der Trend – zumindest in Europa – geht dahin, nach dt. Vorbild die nationalen Aktienrechte durch konzernrechtliche Regelungen zu erweitern, wobei zusätzlich der Schutz der abhängigen Gesellschaft deutlich verstärkt werden soll. – 4. Neben den strategischen, interessenmäßigen und organisatorischen Überlegungen zur Weiterentwicklung der

Unternehmensverfassung wurde in letzter Zeit die Forderung nach einer Ergänzung der Unternehmensverfassung durch eine → Unternehmensethik (Corporate-Governance-Kodex) erhoben. Der Sinn dieser Forderung ergibt sich aus der → gesellschaftlichen Verantwortung der Unternehmensführung sowie aus der Einsicht, dass nicht alle interessenrelevanten Problemfälle verfassungsmäßig vorregelbar sind und insofern → Verhaltenskodizes für Manager und Unternehmen entwickelt werden müssen, die zu einer Selbstbindung des Handelns führen. Bes. Bedeutung haben in diesem Zusammenhang die Verhaltenskodizes für multinationale Unternehmen erhalten.

Unternehmensverkauf → Akquisition, → Takeover.

Unternehmungsgliederung → Organisationsstruktur.

Unternehmungskrise – *Unternehmenskrise.*

I. **Begriff:** Unterschiedlichste Phänomene im Leben einer Unternehmung, von der bloßen Störung im Betriebsablauf über Konflikte bis hin zur Vernichtung der Unternehmung, die zumindest aus Sicht der betroffenen Unternehmung als Katastrophe zu bezeichnen sind. In der neueren Literatur werden Unternehmungskrisen übereinstimmend als ungeplante und ungewollte, zeitlich begrenzte Prozesse verstanden, die in der Lage sind, den Fortbestand der Unternehmung substanziell zu gefährden oder sogar unmöglich zu machen. Dies geschieht durch Beeinträchtigung bestimmter Ziele, deren Gefährdung oder gar Nichterreichung gleichbedeutend ist mit einer Existenzgefährdung oder -vernichtung der Unternehmung. Die in dem Begriff der Unternehmungskrise enthaltene *Chance zur positiven Wende* – u.U. auch noch im Fall der Insolvenz – ist wesensbestimmend für den Begriff und macht die Ambivalenz der Entwicklungsmöglichkeiten (Untergang oder Sanierung) deutlich.

II. **Verlauf:** Unternehmungskrisen stellen extern und/oder intern generierte Prozesse dar,

die in begrenzten Zeiträumen ablaufen. Ihr Verlauf ist in charakteristische Phasen unterteilbar, die unterschiedliche Ansätze für ein umfassendes Krisenmanagement im Hinblick auf eine Krisenvermeidung oder -bewältigung bieten. – 1. *Phase: Potenzielle Unternehmungskrise.* Der generelle Krisenprozess findet bei umfassender Betrachtungsweise seinen Anfang in der Phase der potenziellen, d.h. lediglich möglichen und noch nicht realen Unternehmungskrisen. Diese wegen der Abwesenheit von wahrnehmbaren Krisensymptomen als Quasi-Normalzustand der Unternehmung zu bezeichnende Phase, in der sich die Unternehmung praktisch ständig befindet, markiert den (zumindest gedanklichen) Entstehungszeitraum von Unternehmungskrisen. Unter dem Merkmal der Steuerbarkeit kommt dieser Phase bes. Bedeutung zu. Hier kann durch gedankliche Vorwegnahme möglicher Unternehmungskrisen und eine darauf aufbauende Ableitung von Strategien und/oder Maßnahmen für den Fall ihres Eintritts ein wesentlicher Beitrag zur Reduktion der Krisenbewältigungsanforderungen in zeitlicher und sachlicher Hinsicht geleistet werden. Schwierigkeiten bereitet jedoch v.a. die Identifikation unternehmungsindividuell relevanter, potenzieller Unternehmungskrisen. – 2. *Phase: Latente Unternehmungskrise.* Diese Phase des Krisenprozesses ist geprägt durch die verdeckt bereits vorhandene oder mit hoher Wahrscheinlichkeit bald eintretende Unternehmungskrise, die in ihren Wirkungen für die betroffene Unternehmung mit dem ihr zur Verfügung stehenden, herkömmlichen Instrumentarium noch nicht wahrnehmbar ist. Bei Anwendung geeigneter Methoden der Früherkennung (→ operative Frühwarnung, → strategische Frühaufklärung) erlaubt diese Phase jedoch eine aktive Beeinflussung latent vorhandener Krisenprozesse durch präventive Strategien/Maßnahmen. Solche Aktionen werden begünstigt durch eine in dieser Phase noch in relativ großem Umfang bestehende Bandbreite von Handlungsmöglichkeiten und das

Nichtvorhandensein akuter Entscheidungs- und Handlungszwänge. – 3. *Phase: Akut/beherrschbare Unternehmungskrise.* Diese Phase des Krisenprozesses beginnt mit der unmittelbaren Wahrnehmung der von der Krise ausgehenden destruktiven Wirkungen durch die Unternehmung, womit die in den vorangegangenen Phasen relevante Identifikations-/Früherkennungsproblematik weitgehend entfällt. Dabei verstärkt sich laufend die Intensität der realen (destruktiven) Wirkungen, was erhöhten Zeitdruck und Entscheidungszwang induziert und die (qualitativen) Anforderungen an das Auffinden wirksamer Problemlösungen (Krisenbewältigungsanforderungen) drastisch erhöht. Das Krisenbewältigungspotenzial bindet in dieser Phase immer mehr Kräfte der Unternehmung und schöpft alle für die Krisenbewältigung mobilisierbaren Reserven aus. Die Kumulation der zur Krisenbewältigung herangezogenen Potenziale/Aktionen kann in einer solchen Situation Signalwirkungen haben, wodurch die Intensität der gegen die Unternehmung gerichteten Wirkungen zusätzlich verstärkt und der Krisenprozess weiter beschleunigt wird. Dennoch ist in dieser Phase eine Bewältigung (Beherrschung) der akuten Unternehmungskrise anzunehmen, da das zur Verfügung stehende Krisenbewältigungspotenzial noch ausreichend für die Zurückschlagung der eingetretenen Krise ist. – 4. *Phase: Akut/ nicht beherrschbare Unternehmungskrise.* Gelingt es nicht, die akute Unternehmungskrise zu beherrschen, tritt der Krisenprozess in seine letzte Phase. Aus der Sicht der betroffenen Unternehmung wird damit die akute Unternehmungskrise zur *Katastrophe,* die sich in der manifesten Nichterreichung überlebensrelevanter Ziele dokumentiert. In dieser Phase übersteigen die Krisenbewältigungsanforderungen das verfügbare Krisenbewältigungspotenzial. Die Steuerung des Krisenprozesses mit dem Ziel seiner Beherrschung wird bes. wegen des fortlaufenden Wegfalls von Handlungsmöglichkeiten, des extremen Zeitdrucks und der zunehmenden Intensität der (destruktiven) Wirkungen unmöglich. An die Stelle der Steuerung des Krisenprozesses tritt der Versuch seiner (oft improvisierten) Beeinflussung, womit die spezifisch destruktiven Wirkungen der unausweichlich gewordenen Katastrophe gemildert werden sollen.

III. Ursachen: 1. *Quantitative Krisenursachenforschung:* Übereinstimmend wurde eine hohe statistische Häufigkeit folgender Merkmalsausprägungen insolventer Unternehmungen festgestellt, die als Ursachen für Unternehmungszusammenbrüche interpretiert werden: (1) *Branchenzugehörigkeit:* Die Insolvenzanfälligkeit einzelner Branchen ist erheblich unterschiedlich, wobei der Branchenverbund Baugewerbe mit mehr als einem Drittel aller Insolvenzen eine bes. starke Insolvenzgefährdung aufweist. (2) *Rechtsform:* Mit zunehmender, rechtsformbedingter Haftungsbeschränkung wächst die Insolvenzanfälligkeit von Unternehmungen und weist für die GmbH und die GmbH & Co. KG die höchsten Insolvenzgefährdungen auf. AGs sind dagegen dem Anschein nach wesentlich weniger insolvenzgefährdet. (3) *Unternehmungsgröße:* Gemessen an der Mitarbeiterzahl steigt die unternehmungsgrößenbedingte Insolvenzgefährdung bis zu etwa 500 Beschäftigten pro Unternehmung stetig an, sinkt allerdings bei darüber hinausgehenden Mitarbeiterzahlen wieder stark ab. (4) Im Zeitablauf ihres *Bestehens* nimmt die Insolvenzanfälligkeit von Unternehmungen zunächst tendenziell ab; als bes. insolvenzgefährdet gelten junge Unternehmungen. Allerdings ist bei „alten" Unternehmungen mit einer Bestehenszeit von mehr als 70 Jahren wieder ein Anstieg der Insolvenzgefährdung zu verzeichnen. – 2. *Qualitative Krisenursachenforschung:* Überwiegend wird eine Trennung zwischen endogenen, der Einflusssphäre der Unternehmung unterliegenden, und exogenen, von ihr nicht beeinflussbaren Krisenursachen, vorgenommen. (a) *Häufigste endogene Krisenursachen:* (1) *Führungsfehler* (Missmanagement, Fehler der

Betriebsleitung): Führungsfehler als krisenverursachende Faktoren meinen Fehler der Führung als Institution und Prozess. Insgesamt können Führungsfehler als die zentrale insolvenzverursachenden Faktoren nach den Erkenntnissen der bisher vorliegenden Untersuchungen dahingehend interpretiert werden, dass die Führung die ihrer Entscheidungsgewalt bzw. Einflussnahme unterliegenden Abläufe und Strukturen in der Unternehmung nicht den Handlungserfordernissen entsprechend plant, steuert und kontrolliert. Deutlich wird dabei neben Mängeln in der kurzfristigen Planung und Kontrolle auch das Fehlen oder die mangelnde Effizienz strategischer Planungen und deren Realisation. (2) *Unzureichende Eigenkapitalausstattung:* Die Eigenkapitalausstattung von Unternehmungen in der Bundesrepublik Deutschland hat sich seit Jahren beständig verschlechtert, wobei zwischen den einzelnen Wirtschaftszweigen und Rechtsformen erhebliche Unterschiede bestehen. Eine zu geringe Eigenkapitalausstattung bedeutet dabei den Verzicht auf ein wesentliches „Krisenpolster" und setzt unterkapitalisierte Unternehmungen einem erhöhten *Verschuldungsdruck* aus. Indes ist eine zu geringe Eigenkapitalausstattung als Insolvenzursache trotz der zunächst plausibel erscheinenden Verknüpfung zwischen Insolvenz und Finanzierungsproblematik kritisch zu beurteilen, da nachweisbar selbst eine gute Eigenkapitalausstattung keineswegs vor Unternehmungskrisen schützen muss. (b) *Häufigste exogene Krisenursachen:* (1) *Konjunkturelle Fehl-Entwicklungen:* Zweifellos wirken konjunkturell bedingte Rezessionen krisenauslösend, wie statistisch belegt werden kann. Dennoch bleibt die Frage offen, ob konjunkturelle Fehlentwicklungen nicht lediglich als Symptome von Unternehmungskrisen zu werten sind. Schließlich sind Krisen auch in Phasen günstiger konjunktureller Entwicklungen anzutreffen, und ebenso überstehen ansonsten „gesunde" Unternehmungen i.Allg. auch konjunkturelle Rezessionen. (2) *Strukturelle*

Veränderungen im gesamtwirtschaftlichen Umfeld der Unternehmung erscheinen bedeutsamer, die allerdings als solche weniger in den jeweiligen Untersuchungen genannt werden, dennoch aber inhaltlich große Bedeutung haben. Strukturelle Veränderungen meinen dabei hauptsächlich (diskontinuierliche) technologische Entwicklungen, die strukturverändernd wirken, wie z.B. der Übergang von der Mechanik auf die Elektronik im Bereich der Uhrenindustrie, der diesen Industriezweig im europäischen Raum in krisenhafte Entwicklungen führte. Im Bereich der neuen Bundesländer sowie Osteuropa wird durch die vollzogenen politischen Veränderungen zugleich eine neue Dimension struktureller Veränderungen deutlich, die Krisenerscheinungen bisher nicht bekannten Ausmaßes erkennen lässt. (c) *Zusammenwirkung endogener und exogener Faktoren der Krisenverursachung:* Endogene und exogene Faktoren der Krisenverursachung sind – anders als dies in vielen Untersuchungen den Anschein erweckt – nur schwer voneinander zu trennen. Sie bilden vermutlich gemeinsam die zwei Elemente individueller Krisenverursachung, die mit jeweils unterschiedlichen Anteilen zu überlebenskritischen Prozessen der Unternehmung beitragen.

Unternehmungsleitung – *Unternehmensleitung;* → organisatorische Einheit an der Spitze der → Hierarchie einer Unternehmung.

Unterorganisation – eine Unterschreitung des wirtschaftlich Notwendigen und Zweckmäßigen in der Vorordnung und laufenden Gestaltung der Betriebsstruktur und des Betriebsprozesses, mit der Folge, dass kostspieligen → Improvisationen ein unökonomisch weiter Spielraum gegeben wird. – Vgl. auch → Organisationsgrad. – *Gegensatz:* → Überorganisation.

Unterschiedsreaktion → Reaktionszeit.

unterschwellige Werbung – Werbung, die dadurch gekennzeichnet ist, dass Werbetexte, Slogans u.Ä. so kurzzeitig (z.B. 1/3.000

Sekunde) dargeboten werden, dass sie die Wahrnehmungsschwelle nicht übersteigen (Wahrnehmung). Man geht davon aus, dass Sprach- und Bildelemente, die ohne Bewusstsein (unterschwellig) aufgenommen werden, erhebliche Beeinflussungswirkungen erzielen können. Die Wirkungsweise unterschwelliger Werbung ist weitestgehend unbekannt, deshalb ist es vorteilhafter überschwellige Beinflussungstechniken (Sozialtechniken) wie Bildkommunikation zu verwenden. – *Rechtliche Beurteilung:* Kundenfang. Nach § 7 RfStV darf in der Werbung und im Teleshopping bei Fernsehen und Hörfunk keine unterschwellige Werbung eingesetzt werden.

Urlaubslohn → Urlaubsgeld.

V

Valenz – Bezeichnung für den Wert eines Ziels oder einer Alternative im Rahmen von Erwartungstheorien × Werttheorien (→ Prozesstheorien der Motivation). Die Stärke der Handlungsintention ergibt sich aus der multiplikativen Verknüpfung der Valenz des Ziels mit der Instrumentalität der Handlung für das Erreichen dieses Ziels und der subjektiven Wahrscheinlichkeit, die Handlung auch ausführen zu können.

Validierung – 1. *Begriff:* Der Begriff Validierung beschreibt im Zusammenhang mit dem Umweltmanagement einen Prozessabschnitt eines → Umweltmanagementsystems nach → EMAS-VO. – 2. *Durchführung:* Die Validierungsphase umfasst die Zeichnung der → Umwelterklärung durch den prüfenden → Umweltgutachter, die Eintragung in das öffentliche Register und die Ausstellung der Registrierungsurkunde. Die Registrierung nach EMAS bescheinigt auch die Erfüllung der Anforderungen der → DIN EN → ISO 14001:2004 Kap. 4.

Value Administration → Gemeinkostenwertanalyse.

Value Chain → Wettbewerbsstrategie.

variable Arbeitszeit → Arbeitszeitmodelle.

VDI 3800 – 1. *Begriff:* Die VDI-Richtlinie 3800 mit dem Titel „Ermittlung der Aufwendungen für Maßnahmen zum betrieblichen Umweltschutz" (2001) enthält sowohl rechtliche Verpflichtungen als auch freiwillige Maßnahmen. – 2. *Inhalt:* Die freiwilligen Maßnahmen umfassen im Sinne der Richtlinie vornehmlich Selbstverpflichtungserklärungen einer Branche. Die Richtlinie empfiehlt eine Gliederung der Maßnahmen in produktionsbezogene, produktbezogene und andere Maßnahmen, in → End-of-the-Pipe-Technologien und anlagen- bzw. prozessintegrierte Maßnahmen (→ integrierte Technologien) sowie nach den Bereichen → Abfallwirtschaft, Gewässerschutz, Lärmbekämpfung, Luftreinhaltung, → Naturschutz und Landschaftspflege.

VDI-Richtlinie 3800 → VDI 3800.

Venture-Capital-Gesellschaft – stellt sog. → Wagnis- oder Risikokapital in Form von Eigenkapital zur Verfügung. Diese Form der Finanzierung unterscheidet sich von der üblichen Bankfinanzierung dadurch, dass die Venture-Capital-Gesellschaft dem Empfänger (Zielunternehmen), zumeist ohne Stellung von Sicherheiten, langfristig Eigenkapital zusichert. Dabei ist der Empfänger nicht zur Rückzahlung verpflichtet. Somit trägt die Venture-Capital-Gesellschaft als haftender Partner sowohl das Risiko eines Verlusts, als auch die Chance am wirtschaftlichen Erfolg zu partizipieren. Um das Risiko eines Verlusts zu verringern, sichert sich die Venture-Capital-Gesellschaft Kontroll- und Mitsprachrechte, über die sie auf die Gestaltung des wachsenden Unternehmens, in welches investiert wurde, zumeist wesentlichen Einfluss nimmt. Neben privat gegründeten Venture-Capital-Gesellschaften, die Gelder von Investoren anlegen, wozu bspw. Versicherungen oder Großkonzerne zählen, wird Venture-Capital in Deutschland zunehmend auch von Unternehmen und der öffentlichen Hand zur Verfügung gestellt.

Venture Team – interdisziplinäre Arbeitsgruppe, die innovative Projekte bearbeitet, da diese in den bestehenden Unternehmensorganisation nicht aufgegriffen werden können. In dieser Arbeitsgruppe kommen Experten aus verschiedenen Bereichen der Wertschöpfungskette zusammen, insbesondere aus den Gebieten → Forschung & Entwicklung (F&E), Produktion, Marketing sowie Finanzierung. Das Team wird dabei von einem Gründungsmanager geleitet. Normalerweise geht mit der Zusammenstellung eines Venture Teams eine Neu- oder Ausgründung einher. Nach Abschluss der Projekte wird das Team aufgelöst. – Vgl. auch → Taskforce.

Verantwortlichkeit → Verantwortung.

Verantwortung – I. Organisation: 1. *Begriff:* Verpflichtung und Berechtigung, zum Zwecke der Erfüllung einer Aufgabe oder in einem eingegrenzten Funktionsbereich selbstständig zu handeln. Mit der Chance zum selbstständigen Handeln verknüpft sich das Einstehenmüssen für Erfolg und Misserfolg gegenüber derjenigen → Instanz, von der die → Kompetenz für Aufgabe oder Funktionsbereich erteilt wurde. – Häufig Synonym für *Verantwortlichkeit,* dem Einstehen für ein Tun und Lassen. – Vgl. auch → Eigenverantwortlichkeit. – 2. *Arten:* a) *Eigen-Verantwortung:* Einstehenmüssen für eigenes Handeln. – b) *Fremd-Verantwortung:* Einstehenmüssen für das Handeln hierarchisch nachgeordneter Handlungsträger.

II. Arbeitsbewertung: Häufig verwendete → Anforderungsart, meist untergliedert nach Verantwortung für Betriebsmittel und Erzeugnisse, Verantwortung für die Arbeit anderer und Verantwortung für die Gesundheit anderer. Die Komplexität des betrieblichen Leistungsprozesses, die hohe Anlagenintensität und die Abhängigkeit des Betriebserfolges von einer friktionsfreien Kooperation verlangen sowohl von Führungskräften als auch von nachgeordneten Mitarbeitern die Bereitschaft zur Verantwortung. Notwendig sind eindeutige Aufgabenzuordnungen und entsprechende Zuweisung von Kompetenzen, auf die sich die Verantwortung bezieht.

III. Wirtschaftsethik: Mit Verantwortung wird der Umstand bezeichnet, dass jemand gegenüber einer → Instanz für sein Handeln Rechenschaft abzulegen hat. Der Begriff Verantwortung entstammt ursprünglich dem Rechtsbereich und wurde dann im christlichen Sprachgebrauch auch als Rechenschaftspflicht des Menschen gegenüber Gott oder dem eigenen Gewissen ausgelegt. Heute

wird Verantwortung i.d.R. entweder i.e.S. als pflichtgemäße Erfüllung übertragener Aufgaben verstanden oder im weiteren (ethischen) Sinn als Berücksichtigung der von der eigenen Handlung Betroffenen, was u.U. auch eine Abweichung von den vorgeschriebenen Tätigkeiten bedeuten kann. Verantwortung setzt Handlungsfreiheit und die Fähigkeit, die Folgen des eigenen Tuns vorherzusehen voraus; der ethische Begriff von Verantwortung beinhaltet auch die Absichtlichkeit bzw. Willensfreiheit in Bezug auf die eigenen Handlungsziele unter Berücksichtigung der Interessen anderer (Ethik, Freiheit). – Verantwortung ist stets auch eine *Frage der sozialen Zurechnung.* Jedes Ereignis geht auf eine große Menge unterschiedlicher Bedingungsfaktoren zurück, von denen das Handeln eines einzelnen immer nur eine Teilmenge sein kann. Damit erfordert ein sinnvoller Gebrauch des Konzepts der Verantwortung die Bestimmung der Kompetenzen des Handelnden und der Grenzen seiner Verantwortung. Diese ergeben sich aus der Möglichkeit bzw. der Zumutbarkeit, bestimmte Handlungen auszuführen bzw. ausführen zu können. Hier zeigen sich die Schwierigkeiten der Verantwortung. Die heutige Zeit ist gegenüber früher einerseits durch ein größeres Maß an *Berechenbarkeit* (Weber) und *Gestaltbarkeit* – und damit langfristiger Folgenkalkulationen – gekennzeichnet, was die Forderungen nach Verantwortung, bis hin zur Verantwortung für künftige Generationen, laut werden lässt. Andererseits führt die im Zuge der Arbeitsteilung und Spezialisierung und der damit wachsenden Handlungsinterdependenzen gestiegene *Komplexität* sozialer und ökologischer Zusammenhänge zu einer Diffusion von Verantwortung. Der Einzelne kann (1) die relevanten Handlungsfolgen schlechter abschätzen und ist verstärkt auf die Informationen bzw. Einschätzungen Dritter angewiesen; (2) die Kontrolle der relevanten Einflussfaktoren für die zu verantwortenden Gegenstände oder Ereignisse wird schwieriger, v.a. durch die

Handlungsinterdependenzen, wie sie sich im Wettbewerb oder bei öffentlichen Gütern zeigen; (3) zudem ergeben sich für den Einzelnen (Rollen-)Konflikte und Probleme der Abwägung oder auch nur des Erkennens möglicher verantwortlicher Handlungsweisen, sodass ein Rückzug aus der Verantwortung stattfinden kann. Als Folge ergibt sich die Notwendigkeit der institutionellen Zuschreibung von Verantwortung durch gesetzliche oder vertragliche Bestimmungen, z.B. im Haftungsrecht, und/oder die Zuschreibung der Verantwortung auf kollektive Akteure, z.b. Unternehmen, Verbände etc.; insofern hat Verantwortung *konstitutionelle Voraussetzungen.* Die kollektiven Akteure sind dann gehalten, ihrerseits intern für eine klare Kompetenzzuweisung an einzelne Personen zu sorgen, da Verantwortung letztlich immer an Individuen als moralische Subjekte gebunden bleibt.

Verantwortungsträger – Person, die die → Verantwortung für die zielgerechte Erfüllung einer Aufgabe hat. – Grundsätzlich kann jede Person, unabhängig von ihrer hierarchischen Einordnung, Verantwortungsträger sein. – Vgl. auch → Handlungsträger.

Verhaltensgitter → Managerial Grid.

Verhaltenskodizes – (internationale) Verhaltenskodizes – 1. *Begriff:* Zusammenstellung von Normen, welche Regeln für ein erwünschtes Verhalten insbesondere internationaler Unternehmen festlegen. Diese Regeln sind kein Bestandteil internationalen Rechts, sondern eher als Empfehlungen zu verstehen. Sie werden meist auf freiwilliger Basis in Form einer Deklaration oder Charta mit stark programmatischem Charakter verabschiedet. – 2. *Gründe:* Verhaltenskodizes dienen der Beseitigung von Widersprüchen und der Schließung von Lücken zwischen den jeweiligen nationalstaatlichen Ausformungen insbesondere von Gesellschafts-, Gewerbe- und Arbeitsrecht. Dies soll die Kontrollpotenziale über → internationale Unternehmungen stärken. Den Verhaltenskodizes ist eine

Brücken- und Harmonisationsfunktion zuzuschreiben. – 3. *Systematik:* Verhaltenskodizes lassen sich nach ihrem Anwendungsbereich, ihrem Regelungsinhalt, ihrem Sanktionsgehalt und nach dem Charakter der normstiftenden Institution kategorisieren. – 4. *Beispiele:* So haben die Vereinten Nationen 1976 „Guidelines for Multinational Enterprises" verabschiedet, die einen Verhaltenskodex über grundlegende Prinzipien für die Investitionsbeziehungen in den Mitgliedsstaaten darstellen. Zudem existiert seit 1999 der „Global Compact" der Vereinten Nationen, dessen Ziel die Förderung von „Corporate Social Responsibility" und „Good Corporate Citizenship" zur Erzielung einer nachhaltigen ökologischen und sozialen Entwicklung weltweit ist.

Verkaufspsychologie – Teilgebiet der Marktpsychologie. Die Verkaufspsychologie untersucht, welche Verhaltensweisen und Kommunikationsformen von Verkäufern dafür geeignet sind, potenzielle Käufer gezielt zu beeinflussen. Es werden psychologische Voraussetzungen wirksamer Verkaufstätigkeit, Eigenarten verschiedener Käufergruppen sowie Merkmale eines den Verkauf fördernden Kontextes gesucht und die Ergebnisse bes. in Verkäuferschulungen sowie in Maßnahmen der Verkaufsförderung übersetzt.

Verrechnungspreis – I. Wirtschaftstheorie: Preis, der nicht durch Gütertausch auf Märkten entsteht, sondern in einem Optimierungsansatz berechnet wird. Auch als *Schattenpreis* bezeichnet. – Im Marktgleichgewicht (Gleichgewicht) stimmen die Verrechnungspreise mit den Marktpreisen überein.

II. Plankostenrechnung: Synonym für *Planpreise.*

III. Internationales Management: Transferpreis.

IV. Steuerrecht: 1. *Begriff:* Der zwischen rechtlich selbständigen, aber miteinander durch Beteiligungsbeziehungen direkt oder indirekt verbundenen Unternehmen vereinbarte

Preis für Lieferungen und Leistungen jeder Art. Keine Verrechnungspreise sind folglich innerhalb einer rechtlichen Einheit, d.h. zwischen einem Stammhaus und seiner Betriebsstätte, möglich. – 2. *Grundsatz:* Die verbundenen Unternehmen müssen ihre Leistungen untereinander so abrechnen, wie dies auch einander fremde Dritte täten (Drittvergleichsgrundsatz; Fremdvergleichsgrundsatz). Dieser Grundsatz gilt sowohl im nationalen Recht (wo eine Verletzung durch Vereinbarung unangemessener Verrechnungspreise entweder zu einer verdeckten Gewinnausschüttung oder einer verdeckten Einlage führen kann) als auch im grenzüberschreitenden Rahmen (Art. 9 des OECD-Musterabkommens für Doppelbesteuerungsabkommen erlaubt es den Vertragsstaaten, unangemessene Verrechnungspreise auf Konditionen, die dem Fremdvergleichsgrundsatz entsprechen, zu berichtigen). – 3. *Steuerrechtliche Folgen:* Die Finanzverwaltung korrigiert die Gewinnermittlung des betroffenen Unternehmens und berechnet den Gewinn so, als ob die Verrechnungspreise in angemessener Höhe vereinbart worden wären. Die über die angemessene Höhe hinaus gehende Teile der Zahlungen an einen Gesellschafter gelten i.d.R. als verdeckte Gewinnausschüttungen und solche Zahlungen von einem Gesellschafter, wenn auch die übrigen Voraussetzungen dafür gegeben sind, als Einlagen (verdeckte Einlagen). Hilfsweise erlaubt aber § 1 AStG, die Verrechnungspreise auch in allen anderen Fällen zu korrigieren, um den Gewinn so auszuweisen, wie es bei Beziehungen unter fremden Dritten der Fall gewesen wäre. – 4. *Rechtsgrundlagen:* §§ 90, 162 AO; Gewinnaufzeichnungs-Dokumentationsverordnung; Funktionsverlagerungsverordnung, Art. 9 OECD-Musterabkommen; BMF-Schreiben über Verwaltungsgrundsätze zur Kontrolle der Verrechnungspreise („Verwaltungsgrundsätze"). – 5. *Dokumentationspflicht:* In Deutschland werden die Dokumentationspflichten der Unternehmen in § 90 III Abgabenordnung (Mitwirkungspflichten

bei Auslandssachverhalten) festgelegt, deren Umfang und Ausgestaltung im Interesse einer einheitlichen Rechtsanwendung durch die „Verordnung zu Art, Inhalt und Umfang von Aufzeichnungen i.S.d. § 90 III der Abgabenordnung (Gewinnabgrenzungsaufzeichnungsverordnung) näher ausgeführt werden. Darüber hinaus hat das Bundesfinanzministerium einige Verwaltungsgrundsätze veröffentlicht, die die Arbeit der Finanzverwaltung binden. Hierbei sind insbesondere die sog. Verfahrensgrundsätze-Verfahren zu nennen (12.4.2005): die Verwaltungsgrundsätze-Kostenumlagen (30.12.1999) und die Verwaltungsgrundsätze-Arbeitnehmerentsendung (9.11.2001). Darüber hinaus hat das Bundesfinanzministerium Merkblätter zu Verständigungs- und Schiedsverfahren (13.7.2006) sowie zu Vorabverständigungsverfahren (Advanced Pricing Agreements) (5.10.2006) veröffentlicht.

Verrichtungsgliederung → Verrichtungsprinzip.

Verrichtungsorganisation → Funktionalorganisation.

Verrichtungsprinzip – *Funktionsprinzip.* 1. *Begriff:* Organisationsprinzip der Bereichsbildung, bei dem die → Aufgabenanalyse und → Aufgabensynthese nach dem Verrichtungsmerkmal einer → Aufgabe erfolgt. – 2. *Charakterisierung:* Bei Anwendung des Verrichtungsprinzips werden Aufgabenkomplexe in sich voneinander unterscheidende Tätigkeitsarten für gleiche Aufgabenobjekte zerlegt und gleichartige Tätigkeiten (für ggf. unterschiedliche Objekte) organisatorischen Einheiten übertragen (Verrichtungsgliederung). Das Verrichtungsprinzip führt je nach der betroffenen Hierarchieebene und je nach dem Aggregationsgrad der betrachteten Aufgabe zu unterschiedlichen Ausprägungen der Teilaufgaben. Bei einer Ausformung des Organisationsmodells nach dem Verrichtungsprinzip kann sich z.B. eine → Funktionalorganisation mit den Bereichen Beschaffung, Produktion, Absatz und Finanzen ergeben;

bei → Segmentierung etwa des Absatzbereichs nach dem Verrichtungsprinzip z.b. eine Untergliederung in Vertrieb, Marktforschung und Werbung; bei der organisatorischen Gestaltung des Produktionsbereichs die Werkstattproduktion. – *Gegensatz:* → Objektprinzip.

Verschmutzungsrechte – 1. *Begriff:* Verschmutzungsrechte (→ Lizenzen bzw. Zertifikate) ermöglichen eine legale, entgeltliche Inanspruchnahme von → Ressourcen. Unternehmen werden sich für den Erwerb von Verschmutzungsrechten entscheiden, wenn sie kostengünstiger sind als die Kosten für Maßnahmen der Schonung der ökologischen Umwelt. – 2. *Kritische Würdigung:* Besteht die Handelbarkeit der Verschmutzungsrecht (vgl. → Emissionshandel), dann kann ebenfalls ein Anreiz zur Vermeidung entstehen. Grundsätzlich problematisch ist jedoch die Legalisierung von Emissionen anzusehen. Für Unternehmen können Verschmutzungsrechte die Bewertung von Emissionen erleichtern, da sie als Sanktionskosten dienen (vgl. auch → ökonomisch-ökologischer Nettoeffekt). Neben den gesetzlichen Verschmutzungsrechten sind auch interne Verschmutzungsrechte denkbar. – Vgl. auch → Umweltlizenz, Umweltauflage.

Vertragsforschung – *Auftragsforschung,* Form der externen → Technologiebeschaffung. Es wird durch eine Organisation eine andere Institution mit der Entwicklung einer Technologie beauftragt, die zum Zeitpunkt des Vertragsschlusses noch nicht existiert. Der den Auftrag erteilende Vertragspartner erwirbt die Rechte an den Forschungsergebnissen. Die Vertragsforschung ermöglicht dem beauftragenden Unternehmen auch bei geringer Kompetenz in speziellen Technologiefeldern oder unzureichender Forschungs- und Entwicklungskapazität relativ schnell auf benötigte Technologien zuzugreifen. Jedoch ist eine exakte Spezifikation der Forschungs- und Entwicklungsergebnisse bei Vertragsschluss meist nicht möglich. Daraus resultiert

eine Unsicherheit für den Auftraggeber bez. der Art und des Verfügbarkeitszeitpunktes der Forschungsergebnisse.

Vertragsgestaltung → internationaler Vertrag, Vertrag.

Vertriebskanal – Distribution, Distributionspolitik.

Vertriebsorganisation – *Absatzorganisation;* → Teilbereichsorganisation für den Teilbereich „Vertrieb" bzw. „Absatz". Die Hierarchieebene unterhalb der Vertriebs- bzw. Absatzleitung kann z. B. nach Absatzmärkten, -kanälen oder -produkten gegliedert werden. – *Zu unterscheiden:* (1) *Innenorganisation:* Zweckmäßige Gliederung und Zuordnung der Tätigkeiten im Unternehmen zur Steuerung und Unterstützung der Außenorganisation im Hinblick auf die Auftragserlangung. (2) *Außenorganisation:* Alle Absatzorgane einer Unternehmung, die im direkten Vertrieb oder beim indirekten Vertrieb der akquisitorischen und physischen Distribution dienen. – Vgl. auch → Marketingorganisation.

Verwaltung – I. *Betriebliche Verwaltung:* (häufig: *kaufmännische Verwaltung*): 1. *i.e.S.:* Grundfunktion im betrieblichen Geschehen, die nur mittelbar den eigentlichen Zweckaufgaben des Betriebs (Beschaffung, Produktion, Absatz) dient, indem sie den reibungslosen Betriebsablauf durch Betreuung des ganzen Betriebs gewährleistet. – *Aufgabenbereiche* (Regelfall): a) Organisation, b) Rechnungswesen, c) Finanzwirtschaft, d) Personalverwaltung und e) Sachverwaltung (Anlagenverwaltung und Materialverwaltung). – 2. *i.w.S.:* alle Tätigkeitsbereiche innerhalb der Unternehmung, die nicht unmittelbar zum Produktionsbereich, also dem technischen Bereich, gehören.

II. *Öffentliche Verwaltung:* 1. *Begriff:* die im Rahmen der Gewaltenteilung ausgeübte behördliche Tätigkeit, die weder Gesetzgebung noch Rechtsprechung ist. – 2. *Einteilung:* a) nach ihrer *Auswirkung:* (1) *Eingriffsverwaltung (Ordnungsverwaltung):* Sie erfasst die verwaltende Tätigkeit, durch die in die Rechts- und Freiheitssphäre des Einzelnen eingegriffen wird (z.b. auf dem Gebiet der Polizei und des Steuerwesens); (2) *Leistungsverwaltung*, bei der die Verwaltung dem einzelnen Leistungen gewährt (Sozialhilfe, Subventionen). – b) nach ihrer *Abhängigkeit von der Rechtsordnung*: (1) *gebundene Verwaltung*, bei der die Rechtsordnung zwingend vorschreibt, was ein Verwaltungsorgan in einem bestimmten Fall tun oder unterlassen muss; (2) *freie Verwaltung*, bei der dagegen ein gesetzlich eingeräumter Spielraum besteht (Ermessen). – 3. *Aufgabenverteilung zwischen Bund und Ländern:* a) *landeseigene Verwaltung:* Die Länder vollziehen nach Art. 83 GG die Bundesgesetze grundsätzlich als eigene Angelegenheit. Das gilt nach Art. 30 GG auch für alle anderen Formen der Verwaltung, soweit das GG nichts anderes bestimmt. Dabei ist unerheblich, um welche Art der Verwaltung (I) es sich handelt. Der Bund hat beim landeseigenen Vollzug von Bundesgesetzen nur die Rechtsaufsicht. – b) *Auftragsverwaltung:* Auf bestimmten im GG ausdrücklich genannten Gebieten (z.b. Verwaltung der Bundesstraßen und der Bundeswasserstraßen) führen die Länder Gesetze im Auftrag des Bundes aus. Hier hat der Bund neben der Rechtsaufsicht auch die Fachaufsicht. – c) *bundeseigene Verwaltung:* durch Mittel- und Unterbehörden des Bundes nur in wenigen Zweigen der Verwaltung (z.b. Auswärtiger Dienst, Bundesfinanzverwaltung, Bundesgrenzschutz, Bundeswehr) vom GG zugelassen; dagegen ist in erheblich weiterem Umfang eine bundeseigene Verwaltung durch obere Bundesbehörden oder bundesunmittelbare Körperschaften zulässig. Von dieser Möglichkeit hat der Bund in vielen Fällen Gebrauch gemacht (z.b. Bundesagentur für Arbeit, Bundeskartellamt, Bundeskriminalamt, Bundesversicherungsamt, Kraftfahrt-Bundesamt, Statistisches Bundesamt (StBA)). – 4. *Aufgabenverteilung innerhalb der Länder:* Die landeseigene Verwaltung vollzieht sich auf verschiedenen Ebenen: a) *örtliche Verwaltung*

(durch Gemeinden und Landkreise): u.a. Polizei- und Ordnungsverwaltung, Gesundheitswesen (Krankenhäuser, Heilanstalten) einschließlich des Hygiene-Schutzes (Kanalisation, Müllabfuhr, Friedhofsverwaltung), Straßenbau und Straßenunterhaltung und Energieversorgung (Wasser, Gas, Elektrizität). – b) Verwaltung *auf Landesebene:* u.a. überörtliche Aufgaben der Polizei, Wirtschaftsförderung durch Kultur- und Siedlungsämter (u.a. Flurbereinigung), Aufgaben der Raumordnung und Landesplanung und Steuerverwaltung durch die Finanzämter sowie Bau und Unterhaltung von Straßen.

Vigilanztätigkeit – Tätigkeit, die eine konstant bleibende Aufmerksamkeit (z.B. gegenüber Anzeigegeräten) abverlangt. Aufgrund geringer äußerer Reize und geringer innerer Stimulierung von Denkprozessen kann die Vigilanztätigkeit zur → Belastung werden.

Virtual Water – 1. *Begriff:* Virtual Water (auch Water Footprint genannt) ist ein Verfahren der Ökobilanzierung (→ Ökobilanz). Die virtuelle Frischwassermenge, die für die Herstellung eines Produktes bzw. einer Dienstleistung benötigt wird, kann mithilfe der Methode dargestellt werden. – 2. *Variante:* Auch Länder und Regionen können, durch die Betrachtung von Wasserimport und -export, bewertet werden. Diese Methode wird mit dem Begriff Virtual Water Trade bezeichnet. – 3. *Entstehung:* Die Methode Virtual Water wurde in den 1990er-Jahren von Allan (vgl. Allan, J.A. 1998) eingeführt. Sein Ziel war es, den Wasserverbrauch von Produkten über ihren gesamten → Lebenszyklus aufzuzeigen und Implikationen für die Wirtschaft zu generieren. – 4. *Geltungsbereich und Systemgrenze:* Die Methode Virtual Water kann weltweit mit den Systemgrenzen „Cradle-to-Gate" (→ Cradle-to-Cradle) angewendet werden. – 5. *Bewertungsobjekt und Bewertungsgröße:* Die Methode Virtual Water bezieht sich auf einzelne Produkte bzw. Dienstleistungen. Der Virtual Water Trade hingegen betrachtet die Auswirkungen des

Handels mit diesen Produkten bzw. Dienstleistungen auf einzelne Regionen. Bei beiden Verfahren ist die Bewertungsgröße der virtuelle Wasseranteil. Dieser entspricht der während aller Herstellungsphasen verbrauchten Wassermenge. – 6. *Ziele und Annahmen:* Einerseits sollen durch die Methode die Wasserintensitäten von Produkten und Dienstleistungen verdeutlicht werden. Der tatsächliche Anteil ist gegenüber dem virtuellen Anteil zumeist verschwindend gering. Die Methode Virtual Water Trade zielt außerdem auf eine gleichmäßigere Verteilung der → Ressource Wasser auf der Erde ab. Die beiden Methoden abstrahieren alle anderen negativen Umweltauswirkungen. – 7. *Vorgehensweise:* a) Virtual Water: Zunächst werden die einzelnen Produktionsschritte und deren Wasserbedarf ermittelt. Danach wird eine Allokation des Wasserbedarfs auf die gesamte Produktion durchgeführt. Zuletzt wird der gesamten Wasserbedarfs für die einzelnen Produkte aggregiert. – b) Virtual Water Trade: In einem ersten Schritt muss die Virtual Water Balance einer Region berechnet werden. Diese ist als der Nettoimport an virtuellem Wasser definiert. Der Nettoimport setzt sich aus dem Bruttoimport minus des Bruttoexports zusammen. – 8. *Ergebnis:* Die Ergebnisse der Methoden stellen den gesamten Wasserbedarf, der für die Produktion eines Produkten bzw. einer Dienstleistung benötigt wurde, dar. Die Einheit der Ergebnisse lautet km³/Jahr. – 9. *Kritische Würdigung:* Die Methoden verdeutlichen den Wasseraufwand bei der Produktion. Die Methode Virtual Water Trade stellt außerdem einen politisch-strategischen Ansatz dar. Problematisch ist jedoch, dass andere ökologische Auswirkungen nicht berücksichtigt werden. Hierzu zählen auch die nicht berücksichtigten Trade Offs zwischen Energie und Wasser. Die praktische Anwendung des Virtual Water Trades wird außerdem z.B. durch Subventionen und Einfuhrbestimmungen gehemmt.

virtuelle Organisation – 1. *Begriff:* Der Ausdruck *virtuell* kennzeichnet Eigenschaften eines Objekts, die zwar nicht real, aber (durch den Einsatz von Zusatzspezifikationen, z.B. eine multimediale Kommunikationsstruktur) doch der Möglichkeit nach vorhanden sind (z.B. die räumliche Verbundenheit von Büroangestellten). Die virtuelle Organisation stellt eine Form der → Netzwerkorganisation dar, die sich aus mehreren, eher kleinen und überschaubaren Einheiten zusammensetzt (→ Modularisierung) und durch einen mehr oder weniger umfangreichen Einsatz gemeinsamer Informations- und Kommunikationstechnik auszeichnet, die für das Konzept und den Erfolg der virtuellen Organisation zentrale Bedeutung besitzt. Durch die Virtualisierung soll die gesamte Wertschöpfungskette optimiert und die Ausrichtung auf individuelle Kundenbedürfnisse verbessert werden. – 2. *Formen:* Es kann zwischen *intraorganisationalen* und *interorganisationalen* Formen der virtuellen Organisation unterschieden werden. Während im ersten Fall die Virtualisierung innerhalb eines einzelnen rechtlich selbstständigen Unternehmens vollzogen wird, setzt sich die (oft zeitlich begrenzt und projektbezogen gebildete) interorganisationale Form der virtuellen Organisation aus mehreren rechtlich selbstständigen Unternehmen zusammen.

virtuelles Klassenzimmer → Telelearning.

Vollzugsziffernbudget → Budget.

Vorarbeiter – Vorgesetzter der untersten Stufe; Verbindungsperson zwischen Arbeiter und Meister. In kleinen Gruppen übernimmt der Vorarbeiter gelegentlich Meisterfunktion und ist direkt dem Betriebsleiter oder Bauingenieur unterstellt. – *Vergütung:* Vorarbeiter erhalten meist eine Funktionszulage zum Stundenlohn oder Wochenlohn.

Vorgabe – I. Organisation: teilweise Synonym für → Weisung.

II. Betriebsorganisation: Setzung eines Leistungszieles als integrierender Bestandteil der Planung, die in der Stufenfolge: Schätzung, Vorgabe, Kontrolle vorgeht. (1) Zeitvorgabe im Zeitakkord; (2) Ausbringungssätze,

Energieverbrauchssätze etc.; (3) im Rahmen der Planung und Budgetierung; Ausgaben-, Einnahmen-, Kosten- und Erfolgswerte.

III. Markt- und Meinungsforschung: *Standardvorgabe, Check List*; bei einer Umfrage wird eine Auswahl möglicher Antworten in Fragebogen nummeriert aufgeführt. Die Vorgabe erübrigt die (bei der Auswertung der rücklaufenden Fragebogen sonst für die verschiedenen Antwortmerkmale notwendig werdende) Klassenbildung. Andererseits entsteht die Gefahr der Beeinflussung des Befragten.

Vorgabekalkulation – Errechnung der → Vorgabezeit für einen Auftrag, → Auftragszeit (T). Das Kalkulationsschema beruht auf Zeitwerten, die mittels Arbeitszeitstudien ermittelt werden. – *Beispiel nach* → REFA-Verband für Arbeitsstudien, Betriebsorganisation und Unternehmensentwicklung e. V.: Vgl. Tabelle „Vorgabekalkulation".

Vorgabezeit → Sollzeit für von Menschen und Betriebsmitteln auszuführende Arbeitsabläufe, also für die ordnungsgemäße Erfüllung eines Auftrages bei → Normalleistung in einem gegebenen Arbeitssystem und bei festgelegten Einflussgrößen. Vorgabezeiten gehören zum Fertigungsauftrag. Vorgabezeiten beziehen sich gewöhnlich nicht auf das Bearbeiten eines einzelnen Gegenstandes eines Auftrages, sondern auf die Zeit für die Abwicklung des Auftrags in einem Arbeitssystem. – Vgl. auch → Auftragszeit (T).

Vorgesellschaft – *Gründergesellschaft, Gründungsgesellschaft*; ein nach Abschluss des Gesellschaftsvertrages entstandenes Rechtsgebilde, das bis zur handelsrechtlichen Errichtung einer Kapitalgesellschaft durch Eintragung in das Handelsregister besteht (§ 41 AktG, § 11 GmbHG). Sie tritt im Rechtsverkehr mit einem Zusatz zur Firmierung *i.Gr.* auf. – *Buchführungspflicht:* Die Vorgesellschaft ist

Vorgabekalkulation (Beispiel nach REFA)

Zeitbegriff	Symbole	erwartete Ist-Zeit		Soll-Zeit je Einheit	Soll-Zeit je Auftrag	Vorgabezeit des Auftrags
		Auftrag	Einheit			
Rüstgrundzeit	trg	18			20	
Rüstverteilzeit (Verteilprozentsatz 5 %)	trv				+ 1	
Rüstzeit	tr				= 21	
Tätigkeitszeit (beeinflussbar) .	tbt		20	22		
Tätigkeitszeit (unbeeinflussbar)	ttu		21	+ 21		
Tätigkeitszeit	tt			= 43		
arbeitsablaufbedingte Wartezeit	tw		1	+ 1		
Grundzeit	tg			= 44		
Verteilzeit (Verteilprozentsatz 5 %)	tv			+ 2		
Zeit je Einheit	te			= 46		
Ausführungszeit (= m · te) ...	ta				+ 460	
Auftragszeit (= tr + ta)	T				= 481	= 481

buchführungspflichtig. – *Steuerrecht:* Die Vorgesellschaft bildet mit der später eingetragenen Kapitalgesellschaft dasselbe Rechtssubjekt, wird also mit Abschluss des Gesellschaftsvertrages zur Körperschafts-, Vermögens- und Gewerbesteuer herangezogen, sofern auch die übrigen Voraussetzungen (Entfaltung einer nach außen hin in Erscheinung tretenden Geschäftigkeit bzw. Erwerb von Vermögen) erfüllt sind. – Unterscheidet sich von der Vorgründungsgesellschaft dadurch, dass die Vorgründungsgesellschaft der Zusammenschluss der Gründer vor der Gründung der Gesellschaft, d.h. in der Zeitspanne, in der noch kein Gesellschaftsvertrag geschlossen ist, während die Vorgesellschaft in der Zeit besteht, in der bereits ein Gesellschaftsvertrag besteht, aber mangels Eintragung noch keine Rechtsfähigkeit vorliegt.

Vorgesetztenschulung → Personalentwicklung.

Vorgesetzter → Handlungsträger, der in der Führungshierarchie einer → Instanz zugeordnet ist und damit → Weisungsbefugnisse gegenüber seinen Mitarbeitern inne hat.

vorgezogene Altersgrenze – Altersrente.

Vorleistung – I. Kaufmännischer Sprachgebrauch: Eine entgegen dem Handelsbrauch im Voraus erfolgende Lieferung oder Bezahlung, die den Handelspartner zur Einhaltung der vertraglichen Vereinbarungen verpflichten soll.

II. Volkswirtschaftliche Gesamtrechnung: Wert der Güter (Waren und Dienstleistungen), die inländische Wirtschaftseinheiten von anderen in- und ausländischen Wirtschaftseinheiten bezogen und im Berichtszeitraum im Zuge der Produktion verbraucht haben.

Vornahmehandlung – *Vorsatz;* Begriff der Psychologie. Willenserlebnis, in dem eine grundsätzliche Entscheidung für bestimmte zukünftige Situationen gefällt wird.

Vorratsgründung → Mantelgründung.

Vorsatz – I. Zivilrecht: Bewusstes Herbeiführen oder Vereiteln eines Erfolges; sog. *bedingter Vorsatz:* Das Inkaufnehmen dieser Tatsache, d.h. Billigung für den Fall ihres (zwar unerwünschten) Eintretens (im Gegensatz zur bewussten Fahrlässigkeit).

II. Strafrecht: Vorsatz ist Wissen und Wollen der Verwirklichung der Tatumstände, die zu einem Straftatbestand gehören. Wer bei Begehung der Tat einen Umstand nicht kennt, der zum gesetzlichen Tatbestand gehört, handelt nicht vorsätzlich (Tatbestandsirrtum, § 16 StGB). Das geltende Recht rechnet das Bewusstsein der Rechtswidrigkeit nicht zum Vorsatz (§ 17 StGB). – Vgl. auch Irrtum.

Vorstellungsgespräch – persönliches Gespräch zwischen einer Organisation und einem Bewerber. Wichtiger Bestandteil des Auswahlverfahrens, bei dem fachliche Qualifikationen und die soziale Kompetenz des Bewerbers überprüft werden. Es dient v.a. der Abrundung des aus den schriftlichen Unterlagen (→ Bewerbung) gewonnenen Gesamteindrucks. Das Vorstellungsgespräch ist Teil der Vorverhandlungen hinsichtlich der Einstellung eines neuen Arbeitnehmers. – Vgl. auch → Vorstellungskosten, → Personalauswahl.

Vorstellungskosten – die dem zur persönlichen Vorstellung (→ Vorstellungsgespräch) aufgeforderten Bewerber entstehenden Kosten. Berechtigte, tatsächlich gemachte Aufwendungen, bes. Reisekosten und die für Übernachtung und Verpflegung entstandenen Auslagen in einer der vorgesehenen Position angemessenen Höhe sind dem Bewerber entsprechend § 670 BGB zu ersetzen, soweit die Übernahme nicht bei Aufforderung zur Vorstellung ausdrücklich abgelehnt wird.

Vorwärtsintegration – Übernahme einer oder mehrerer nachfolgender Fertigungsstufe(n). – *Gegensatz:* → Rückwärtsintegration. – Vgl. auch → Make or Buy.

VUBIC – Abk. für *Verband Unabhängig Beratender Ingenieure und Consultants e. V.,* Wirtschaftsverband, der die Interessen von rund 400 Unternehmen in Deutschland vertritt, darunter kleine, hochspezialisierte Ingenieurbüros, aber auch große Planungs- und Beratungsunternehmen; Sitz in Berlin. Die VUBIC-Unternehmen haben 2008 einen Umsatz von ca. 2,12 Mrd. Euro erwirtschaftet. 25.000 Beschäftigte arbeiten weltweit. Öffentliche Institutionen, (inter-)nationale Finanzierungsinstitutionen wie die KfW-Bankengruppe und private Investoren zählen zu den Auftraggebern der VUBIC-Unternehmen. Der VUBIC setzt sich für die Verbesserung und Weiterentwicklung von politischen, wirtschaftlichen und gesellschaftlichen Rahmenbedingungen für Ingenieure und Consultants ein.

W

Wachstumspotenzial – das mögliche, zukünftige Wachstum einer Gesamtorganisation oder der einzelnen Funktionsbereiche, bspw. → Personal, Marktposition. Junge Unternehmen müssen das Wachstumspotenzial für den → Business Plan, aber auch für die interne Planung, bspw. beim Kapitalbedarf, berücksichtigen.

Wagniskapital – bezeichnet Eigenkapital, welches in neu gegründete Unternehmen eingelegt wird. Mit der Finanzierung neu gegründeter Unternehmen geht oftmals ein erhöhtes Risiko einher, weshalb die klassische fremdkapitalbasierte Bankfinanzierung weniger häufig Anwendung findet. Der Begriff Wagniskapital wird im Gesetz zur Modernisierung der Rahmenbedingungen für Kapitalbeteiligungen (MoRaKG) aus dem Jahre 2008 geregelt. Das Gesetz umfasst die Neuschaffung des Wagniskapitalbeteiligungsgesetzes (WKBG) sowie eine Überarbeitung des Gesetzes über Unternehmensbeteiligungsgesellschaften (UBGG). Weitere Änderungen, die durch das Gesetz wirksam werden, betreffen das Einkommensteuergesetz, das Körperschaftsteuergesetz, das Gewerbesteuergesetz, das Kreditwesengesetz und das Finanzdienstleistungsaufsichtsgesetz. Grundsätzlich werden durch das MoRaKG Regelungen festgesetzt, die Wagniskapital gesetzlich und somit steuerlich einordnen. – Die Begriffe Wagniskapital und Venture-Capital werden zwar überwiegend synonym verwendet, jedoch findet Venture-Capital auch eine umfassendere Verwendung, da der Begriff nicht nur auf Maßnahmen, die unter das MoRaKG fallen, beschränkt ist.

Wagniskapitalbeteiligungsgesellschaft – stellt sog. Wagnis- oder Risikokapital in Form von Eigenkapital zur Verfügung. Ersteres wird dezidiert im Gesetz zur Modernisierung der Rahmenbedingungen für Kapitalbeteiligungen (MoRaKG) aus dem Jahre 2008 beschrieben. Danach müssen Wagniskapitalbeteiligungsgesellschaften primär in Unternehmen (sog. Zielgesellschaften) investieren, die zum Zeitpunkt des Beteiligungserwerbs nicht älter als 10 Jahre sind und deren Eigenkapital nicht mehr als 20 Mio. Euro beträgt. Sie obliegen der Bundesanstalt für Finanzdienstleistungsaufsicht (BaFin), werden jedoch unter gewissen Voraussetzungen als vermögensverwaltend eingestuft, was zur Folge hat, dass nur auf Seiten der Anleger eine Besteuerung stattfindet (sog. transparente Besteuerung). Eine Wagniskapitalbeteiligungsgesellschaft ist nicht zwangsläufig mit einer → Venture-Capital-Gesellschaft gleichzusetzen, da der Begriff Venture-Capital unabhängig vom MoRaKG und somit umfassender verwendet wird.

Währungsumrechnung – 1. *Begriff:* Übersetzung von in ausländischen Währungen lautenden Aktiva und Passiva in die inländische Währung. Die Währungsumrechnung ist zentraler Bestandteil der Ermittlung des Wechselkursexposures, welches besagt, welcher Betrag und Bereich in welchem Ausmaß von Währungsschwankungen erfasst ist. – 2. *Arten:* a) *Transaktionskonzept:* Dem Umwechslungsrisiko unterliegen sämtliche aus unternehmerischen Transaktionen resultierende Zahlungsströme, die auf eine fremde Währung und zu einem bestimmten Fälligkeitsdatum mit einem konkreten Umwechslungsvorgang verbunden sind. Fasst man Zahlungsströme einerseits nach Währungen und andererseits nach Fälligkeitsterminen zusammen, so erhält man eine stichtagsbezogene Größe je Währung. – b) *Translationskonzept:* Dieses bezieht sich auf die Umrechnung von Abschlüssen von im Ausland tätigen Tochtergesellschaften. Neben der Verwendung eines einheitlichen, am Bilanzstichtag gültigen Wechselkurses besteht die Möglichkeit des Einsatzes differenzierter Kurse. Abschlussposten können demnach entsprechend ihrer Fristigkeit, ihrem Geldcharakter oder ihrem Zeitbezug mit Kassa- oder historischen Kursen umgerechnet werden. – c) *Economic Exposure:* Das Economic Exposure (ökonomische Wechselkursposition) berücksichtigt zukünftig erwartete und diskontierte Zahlungsströme.

Wartezeit – I. Arbeitszeit: Teil der Grundzeit (t_g). Planmäßiges Warten der Menschen auf das Ende von Ablaufabschnitten, bei denen Betriebsmittel oder Arbeitsgegenstand zeitbestimmend sind. – *Kurzzeichen nach* → REFA-Verband für Arbeitsstudien, Betriebsorganisation und Unternehmensentwicklung e. V.: t_w. Ist der Anteil der Wartezeit (unbeeinflussbare Zeit) hoch, ist der → Akkordlohn als Lohnform nicht anwendbar.

II. Operations Research: Zeit, die eine Transaktion vor einer besetzten Abfertigungseinheit in einer Warteschlange zubringt oder Stillstandszeit einer Abfertigungseinheit, die auf zu bearbeitende Transaktionen wartet. Wichtiges Effektivitätsmaß bei Wartesystemen. – *Bewertete Wartezeit:* Wartekosten.

III. Arbeitsrecht: 1. *Urlaub:* Der volle Urlaubsanspruch wird erstmalig nach sechsmonatigem Bestehen des Arbeitsverhältnisses erworben (§ 4 BUrlG). – 2. *Ruhegeldzusagen:* Diese werden oft nur unter der aufschiebenden Bedingung gewährt, dass eine bestimmte Wartezeit erfüllt ist, d.h. dass der Arbeitnehmer bei Eintritt des Versorgungsfalls eine bestimmte Mindestzeit im Arbeitsverhältnis zurückgelegt hat oder bis zu einem bestimmten Lebensalter im Betrieb tätig wird. – 3. *Anders:* Unverfallbarkeitsfristen (Begriff des Betriebsrentengesetzes). – Vgl. auch Pensionsanwartschaft.

IV. Sozialversicherung: Die für die Entstehung eines Leistungsanspruchs erforderliche Mindestversicherungszeit (Anwartschaft). – 1. *Gesetzliche Krankenversicherung:* Für Mutterschaftsgeld: zwölf Wochen Pflichtversicherung in der Zeit vom Beginn des zehnten bis zum Ende des vierten Monats vor der Entbindung (§ 200 RVO). – 2. *Gesetzliche Rentenversicherung:* Die sog. allgemeine Wartezeit beträgt fünf Jahre. Es werden auf die allgemeine Wartezeit Beitragszeiten, Ersatzzeiten, Zeiten aus Versorgungsausgleich, aus Rentensplitting unter Ehegatten angerechnet. Die Erfüllung der allgemeinen Wartezeit ist erforderlich für den Anspruch auf Altersrente, Rente wegen Erwerbsminderung, Rente wegen Todes, → Erziehungsrente. Unter bestimmten Voraussetzungen kann die Wartezeit auch fingiert werden (z.B. §§ 50 I 2, 53, 245 SGB VI). Neben der allgemeinen Wartezeit sind nach § 50 II SGB VI je nach Rentenart Wartezeiten von 20, 25 und 35 Jahren für den Rentenanspruch zu erfüllen. Mit welchen rentenrechtlichen Zeiten die verschiedenen Wartezeiten erreicht werden, regelt die Vorschrift des § 51 SGB VI. – 3. *Soziale Pflegeversicherung:* Seit 1.1.2000 gilt eine Wartezeit von fünf Jahren (Vorversicherungszeit). Vorversicherungszeiten in der sozialen Pflegeversicherung und privaten Pflege-Pflichtversicherung werden zusammengerechnet. – 4. *Unfallversicherung:* keine Wartezeiten. – 5. *Arbeitslosenversicherung:* kennt anstelle der Wartezeit den Begriff der Anwartschaftszeit. Diese hat der Versicherte im Regelfall erfüllt, wenn er in der Rahmenfrist (von drei Jahren) mindestens zwölf Monate, als Saisonarbeitnehmer mindestens sechs Monate, in einem Versicherungspflichtverhältnis gestanden hat (§ 142 SGB III). Von der Dauer des Versicherungsverhältnisses hängt u.a. die Dauer des Anspruchs auf Arbeitslosengeld ab (abhängig auch vom Alter des Arbeitslosen), vgl. § 147 SGB III.

V. Individualversicherung: Zeitspanne zwischen Versicherungsbeginn und Beginn des Anspruchs auf Versicherungsleistungen, während der bei einem Schaden keine oder nur gekürzte Leistungen gewährt werden. Wartezeit in der Privatversicherung grundsätzlich *nicht üblich.* – Wesentliche *Ausnahmen:* (1) teilweise bei *Lebensversicherungen* ohne ärztliche Untersuchung oder von nicht ganz gesunden Personen sowie bei Selbstmord. (2) In der *Krankenversicherung* allgemeine Wartezeit drei Monate, bes. Wartezeit für Entbindung, Psychotherapie, Zahnbehandlung, Zahnersatz und Kieferorthopädie acht Monate. Bei Unfällen, einzelnen akuten Infektionskrankheiten etc. entfällt die Wartezeit.

Wasser – lebensnotwendiges Gut. Wasser dient als Nahrungsmittel, als Produktionsfaktor, als Transportmedium (Oberflächengewässer), zudem als Aufnahmemedium für Konsum- und Produktionsrückstände (der größte Teil der Luftverunreinigungen gelangt ins Wasser). Durch Aufbereitung und → Recycling von Abwasser in vielen Industriezweigen erhebliche Verringerung des Frischwasserverbrauchs und der Wasserkosten sowie Verhinderung weiterer Belastung von Oberflächen- und Grundwasser (Umweltschutz).

Wechselschichtarbeit – Form der → Schichtarbeit, bei der entweder ein Zwei-Schicht-System oder ein Drei-Schicht-System praktiziert wird. Die einzelnen Schichten umfassen meist eine achtstündige Arbeitszeit, die sich im Zwei-Schicht-System auf eine Frühschicht (von 6 bis 14 Uhr) und eine Spätschicht (von 14 bis 22 Uhr) aufteilt. Beim Drei-Schicht-Betrieb kommt eine Nachtschicht (von 22 bis 6 Uhr) hinzu. Beim Drei-Schicht-System muss der Wechselschichtarbeiter meist in stetiger Folge auf die Nachtruhe verzichten. Wechselschichten sind wechselnde Arbeitsschichten, in denen ununterbrochen bei Tag und Nacht, werktags, sonntags und feiertags gearbeitet wird. Es treten negative Auswirkungen auf wie z.B. der Verlust sozialer Bindungen, Appetitstörungen. Auch auf betrieblicher Seite ist Wechselschichtarbeit nur bei kontinuierlicher Produktion oder Dienstleistung (z.B. Stahlwerk, Elektrizitätswerk) oder bei Bereitschaftsdiensten (Polizei, Feuerwehr, Krankenhaus) sinnvoll, da die Arbeitsleistung in den Nachtstunden erheblich unter der geringsten Leistung des Tages bleibt (→ Leistungskurve).

Weg-Ziel-Ansatz der Führung – speziell auf die Führungssituation angewandte Formulierung der → Erwartungswert-Theorie. Dieser Ansatz der Führungslehre stellt einen Zusammenhang her zwischen der Persönlichkeit des Geführten, der Aufgabenstruktur und dem Führungsstil. Ausgehend von der motivationstheoretischen Hypothese, dass für die Geführten dasjenige Verhalten mit dem größten Anreiz verbunden ist, das den größten subjektiven Gesamtnutzen verspricht, wobei neben den individuellen Bedürfnissen auch die Situationseinschätzungen mit in die Bewertung eingehen, wählt der Vorgesetzte seinen Führungsstil unter Effizienzgesichtspunkten aus: – (1) *Direktiver Führungsstil* bei unstrukturierten Aufgaben und Mitarbeitern mit stark autoritärem Charakter. – (2) *Unterstützender Führungsstil* bei stark strukturierten und einfachsten Aufgaben, da lediglich aus der sozialen Situation Befriedigung gezogen werden kann. – (3) *Leistungsorientierter Führungsstil* bei unstrukturierten oder einmaligen Aufgaben und bei Mitarbeitern, die hoch leistungsmotiviert sind. – (4) *Partizipativer Führungsstil* vermittelt bei unstrukturierten Aufgaben Kenntnisse über Zusammenhänge. – Vgl. auch → Führungsstil.

Weisung – *Anordnung.*

I. Organisation: fallweise Einschränkung des Handlungsspielraums einer hierarchisch untergeordneten organisatorischen Einheit durch eine übergeordnete → Instanz. Weisungen können die vorzunehmenden Handlungen mehr oder weniger detailliert vorschreiben und damit die Entscheidungsautonomie der weisungsempfangenden Einheit in unterschiedlichem Ausmaß begrenzen (→ Delegation). Die Erteilung von Weisungen ist mit der Übernahme von Fremdverantwortung (→ Verantwortung) durch den Weisungsgeber verbunden. – Vgl. auch → Weisungsbefugnis.

II. Arbeitsrecht: Anordnung des Arbeitgebers an den Arbeitnehmer im Rahmen des Direktionsrechts (Weisungsrecht).

Weisungsbefugnis – *Anordnungsbefugnis, Leitungsbefugnis,* auch Befehlsgewalt; im Unterschied zum arbeitsvertraglich vermittelten Direktionsrecht die im Rahmen der Organisation durch → Delegation festgelegte Kompetenz einer Instanz, hierarchisch untergeordneten organisatorischen Einheiten → Weisungen zu erteilen.

Weiterbildung – berufliche Fortbildung, Personalentwicklung.

Werbewirkungsforschung – empirische Überprüfung, ob und wie die Werbung das Erleben und Verhalten des Rezipienten beeinflusst und ob dieser Einfluss der Zielsetzung des Werbetreibenden entspricht. Unterschieden wird häufig zwischen einem psychologischen und einem ökonomischen Werbeerfolg. – a) Indikatoren des *psychologischen Werbeerfolgs* bestehen darin, ob (1) die Werbung überhaupt wahrgenommen wurde, (2) die Information im Gedächtnis haften blieb, (3) sie allg. oder spezifisch aktivierende Wirkungen hatte, (4) ob sie die Einstellungen dem Produkt oder der Dienstleistung gegenüber veränderte, (5) eine gedankliche Auseinandersetzung mit dem Angebot auslöste oder (6) zu einer Kaufabsicht führte. – b) Der *ökonomische Werbeerfolg* wird an ökonomischen Indikatoren wie z.B. der Anzahl der Verkäufe, dem Umsatz oder dem Marktanteil festgemacht. – Die Werbewirkungsforschung bedient sich nahezu aller Methoden, die in der empirischen Sozialforschung üblich sind. Sie kann im Feld oder im Labor durchgeführt werden; der Grad der Systematik streut weit und kann bis hin zum Experiment reichen.

Werkarzt – ein in den Diensten eines Unternehmens stehender approbierter Arzt, der haupt- oder nebenberuflich die gesundheitliche Betreuung der Belegschaftsmitglieder übernimmt, bes. auf dem Gebiet der Werkshygiene, des Untersuchungs- und Beratungsdienstes und der ersten Hilfe bei Unfällen und Berufserkrankungen. Zusammenarbeit mit staatlichen Gewerbeärzten, behandelndem Arzt, Durchgangs-, Vertrauens- und Amtsärzten, Krankenanstalten, Berufsgenossenschaften, Krankenkassen u.a., im Wesentlichen nur beratend. – *Anders:* Betriebsarzt.

Werkbücherei – *Unternehmensbibliothek,* in Großbetrieben der Industrie für ihre Belegschaft eingerichtete Bücherei, die i.d.R. nur unternehmensinternen Zwecken dient und nicht öffentlich zugänglich ist.

Werkerholungsheime – von Unternehmen, Unternehmensgemeinschaften oder Verbänden gekaufte oder gepachtete Heime in Luftkur- oder Badeorten, in die Belegschaftsmitglieder kurzfristig (je nach Dauer des Jahresurlaubs) zur Erholung verschickt werden können, meist unter Übernahme von Fahrtkosten und Teilen der Pensionskosten (auch gestaffelt nach Einkommenshöhe) seitens des verschickenden Unternehmens. Bei Vorlage von ärztlichen Attesten auch Verschickung mit Zusatzurlaub. – *Auswahl* der Erholungsbedürftigen meist unter Hinzuziehung des Werkarztes und in Fühlungsnahme mit dem Betriebsrat, dem nach Betriebsverfassungsgesetz das Recht der Mitbestimmung bei der Verwaltung des Werkerholungsheims zusteht (§ 87 I Nr. 8 BetrVG). – In Österreich bei größeren und verstaatlichten Unternehmen üblich als Bestandteil der sozialen Fürsorge. – Vgl. auch Sozialeinrichtung.

Werkschutz – vom Arbeitgeber beauftragte Arbeitnehmer oder Dritte, die das Hausrecht für ihn ausüben, also v.a. Unbefugte vom Werksgelände fernhalten und strafbare Handlungen (z.B. Diebstähle) verhindern. Die mit dem Werkschutz beauftragten Personen sind berechtigt, auch Gewalt im Rahmen der allg. geltenden Gesetze anzuwenden (z.B. im Fall der Notwehr). Ob der Werkschutz Waffen tragen darf, richtet sich nach den allg. geltenden Vorschriften (Waffenschein). Gemäß § 127 StPO darf vom Werkschutz (wie von jedermann) eine vorläufige Festnahme auch ohne Vorliegen eines

Haftbefehls vorgenommen werden, wenn jemand auf frischer Tat erfasst wird und Fluchtgefahr besteht.

Werkstudent – Personen, die als ordentlich Studierende einer Fachschule oder Hochschule immatrikuliert sind und daneben einer mehr als geringfügigen Beschäftigung oder selbstständigen Tätigkeit nachgehen. Seit 1.10.1996 sind Werkstudenten u.U. versicherungspflichtig in der Rentenversicherung nach den allg. Regeln. In der gesetzlichen Krankenversicherung und in der Arbeitslosenversicherung sind Werkstudenten weiterhin versicherungsfrei (§ 6 I Nr. 3 SGB V, § 27 IV SGB III).

Werksurlaub – völliges Aussetzen der Arbeit infolge Auftragsmangels. Die gegenseitigen Pflichten ruhen. Im Gegensatz zu den Betriebsferien kein Erholungsurlaub nach dem Bundesurlaubsgesetz (Urlaub). – *Anders:* Kurzarbeit.

Werkzeitschrift – *Werkzeitung;* periodisch erscheinende Druckschrift eines Unternehmens, v.a. für dessen Mitarbeiter. Wesentliches Mittel der Information und Meinungsbildung der Belegschaft, der innerbetrieblichen Werbung und der Kontaktpflege zwischen Unternehmungsleitung und Belegschaft (Harmonisierung des → Betriebsklimas). Die meisten großen dt. Unternehmen geben heute Werkzeitschriften heraus. – *Inhalt:* Die Werkzeitschrift soll das Interesse der Betriebsmitglieder an ihrem Betrieb wecken und fördern, sie über Vorgänge im Betrieb unterrichten und den Kontakt zwischen Unternehmungsleitung und Belegschaft vertiefen. Sie muss in ihrem Inhalt auf innerbetriebliche Belange abgestellt werden und dem Betriebsangehörigen Gelegenheit geben, zu diesen Problemen auch kritisch Stellung zu nehmen. I.d.R. wird auch dem Betriebsrat Gelegenheit zur Information gegeben. – Die Funktion der Werkzeitschrift darf nicht dadurch gestört werden, dass sie inhaltlich und äußerlich als Repräsentationsorgan für die Öffentlichkeit gestaltet wird.

Wert – I. Mikroökonomik: Ausdruck der Wichtigkeit eines Gutes, die es für die Befriedigung der subjektiven Bedürfnisse besitzt, wie sie sich etwa in seinem Nutzen und in der betreffenden Präferenzordnung des Wirtschaftssubjektes widerspiegelt. Steht seine Bereitschaft im Vordergrund, im Zuge des Marktprozesses Ressourcen zur Erlangung bestimmter Güter hinzugeben, so wird im Gegensatz zum Gebrauchswert auch vom Tauschwert gesprochen. Wirtschaftlichen Wert können nur Güter besitzen, die dem Sachverhalt der Knappheit unterworfen sind. Der Wert von Kapitalgütern ist eine abgeleitete Größe aus dem Wert der mit ihrer Hilfe zu produzierenden Konsumgüter, die der direkten Bedürfnisbefriedigung zugeführt werden. – Vgl. auch Wirtschaftssoziologie.

II. Betriebswirtschaftslehre: Bewertung, Unternehmungsbewertung, Unternehmungswert.

Werte – Strukturen normativer Erwartungen, die sich im Zuge reflektierter Erfahrung (Tradition, Sozialisation, Entwicklung einer Weltanschauung) herausbilden. Werte strukturieren das Erkennen, Erleben und Wollen, indem sie Orientierungsmaßstäbe für die Bevorzugung von Gegenständen oder Handlungen bilden. Zu unterscheiden sind Werte, die sich aus der Funktion des Bewerteten für einen übergeordneten Zweck ergeben, und Werte, die den Zweck selbst darstellen. Ökonomik betrachtet Werte üblicherweise aus der ersten, Ethik aus der zweiten Perspektive. Gesellschaftliche Probleme werden häufig auf Verlust oder Verfall von (moralischen) Werte zurückgeführt, die Therapie entsprechend in Form moralischer Aufrüstung betrieben.

Wertesystem – Sammelbegriff für die Gesamtheit aller Normen, denen sich Individuen oder Gruppen von Personen verpflichtet fühlen. Das im Unternehmen verankerte Wertesystem wird nach außen durch das → Unternehmensleitbild und die → Unternehmenskultur abgebildet.

Wertschätzungsbedürfnis – *Anerkennungsbedürfnis;* Motivart, definiert durch den Wunsch nach Selbstwert- und Fremdwertschätzung. – Vgl. auch → Bedürfnishierarchie.

Wertschöpfungskette – *Leistungskette, Value Chain.* Managementkonzept von Porter (amerik. Betriebswirt, geb. 1947). Die Wertschöpfungskette stellt die zusammenhängenden Unternehmensaktivitäten des betrieblichen Gütererstellungsprozesses grafisch dar. Nach Porter gibt es fünf Primäraktivitäten, die den eigentlichen Wertschöpfungsprozess beschreiben: interne Logistik, Produktion, externe Logistik, Marketing & Verkauf und Service. Außerdem gibt es vier Unterstützungsaktivitäten, die den Wertschöpfungsprozess ergänzen: Unternehmens-Infrastruktur, Human Resource Management, Technologie-Entwicklung und Beschaffung. Jede Unternehmensaktivität stellt einen Ansatz zur Differenzierung dar und leistet einen Beitrag zur relativen Kostenstellung des Unternehmens im Wettbewerb. – Vgl. auch → Wettbewerbsstrategie.

Wertschöpfungskreis – *Begriff:* Der Wertschöpfungskreis (Wertschöpfung) ist eine Weiterentwicklung der Wertkette von Porter. Zu den primären Funktionsbereichen zählen die Beschaffung, die Produktion, der Absatz und die Entsorgung. Die werden durch die sekundären Aktivitäten Forschung und Entwicklung, Logistik, → Personal/ Organisation, Marketing und Controlling ergänzt. Die einzelnen Wertschöpfungsstufen sind nun hinsichtlich ihrer Bedeutung für die Integration ökologischer Aspekte zu untersuchen.

Wertschöpfungsstrategien – 1. *Begriff:* → Strategien hinsichtlich Veränderungen in den Schwerpunkten der Wertschöpfung von Unternehmen. Vierte Stufe des → Strategienfächers. – 2. *Arten:* a) *Horizontale Wertschöpfungsstrategien:* Variationen in der → Produkt/Markt-Matrix. – b) *Vertikale Wertschöpfungsstrategien:* Variationen hinsichtlich der vertikalen Integration dem

Unternehmen vor- und nachgelagerter Wertschöpfungsstufen. – c) *Diversifikation:* Variationen in der Wertschöpfungskette. – Vgl. auch → Wettbewerbsstrategie.

Wertstoff → Sekundärstoff.

Wertzahlsumme – Begriff der → Arbeitsbewertung. Das Ergebnis der Quantifizierung der Anforderungen sind Anforderungswerte für jede Anforderungsart. Die *Addition* der Anforderungswerte führt zur Wertzahlsumme.

Wettbewerbsfaktor – strukturelle Merkmale einer → Branche, die die Stärke der Wettbewerbsintensität und damit nachgelagert auch die Rentabilität der Unternehmungen und der Branche generell bestimmen. Es werden fünf Wettbewerbskräfte unterschieden: (1) Bedrohung durch neue Anbieter; (2) Verhandlungsstärke der Abnehmer; (3) Verhandlungsstärke der Lieferanten; (4) Druck durch Substitutionsprodukte; (5) Grad der Rivalität unter den bestehenden Wettbewerbern. Diese fünf Wettbewerbskräfte beeinflussen die Wettbewerbsintensität jedoch nicht in gleichem Maße. Ausschlaggebend ist der jeweils stärkste Faktor, dessen Bedeutung sich in Abhängigkeit von der jeweiligen Branche verändern kann.

Wettbewerbskonzepte – Konzepte, die darauf ausgerichtet sind, die Potenziale vorhandener Geschäfte zu verbessern bzw. besser zu nutzen. W. gewannen neben → strategischen Suchfeldanalysen mit der Zunahme stagnativer Markttendenzen an Bedeutung, nachdem die Normstrategie „Rückzug" für „Arme-Hunde-Geschäfte" der → Portfolio-Analyse ca. zwei Drittel aller Geschäfte betraf. – *Gliederung der Wettbewerbsstrategie* entsprechend den Phasen, die zur Entwicklung einer Wettbewerbsstrategie führen: (1) *Abgrenzung der Branche* (z.B. nach der Standard Industrial Classification); (2) *Analyse der Branchensituation* und *Prognose der Branchenentwicklung,* z.B. Konzept der Wettbewerbskräfte (→ Wettbewerbsstrategie), Konzept der → strategischen Gruppe,

→ Wettbewerbsvorteils-Matrix und → Multifaktor-Matrix; (3) *Planung der Wettbewerbsstrategien,* z.b. gegnerische Wettbewerbsstrategien und → strategisches Spielbrett; (4) *vertiefende Suche nach Wettbewerbsvorteilen,* z.b. Wertschöpfungskette, → Wettbewerbsstrategien.

Wettbewerbskräfte → Wettbewerbsstrategie.

Wettbewerbsstrategie – I. Charakterisierung: 1. *Theoretisch* leitet sich der Ansatz aus einer Zusammenführung des mehr volkswirtschaftlichen Konzepts der → Industrieökonomik und der betriebswirtschaftlichen Führungsphilosophie eines → strategischen Managements ab. – 2. *Tragende Säulen* des Konzepts: (1) die *Wettbewerbskräfte* zur Bestimmung der Branchenstruktur, (2) die *generischen Strategien* als grundlegende Alternativen zur Erlangung von Wettbewerbsvorteilen und (3) die *Wertschöpfungskette* als Heuristik zur Vertiefung der generischen Strategien.

II. **Strategieauswahl:** Über → Strategien positioniert sich das Unternehmen (mit seinen Geschäften) in Bezug zu seinem Umfeld. Die Branche ist ein für das Unternehmen bes. wichtiges Teilsystem dieses Umfelds (z.B. neben den Märkten oder dem Gesellschaftssystem). Damit lenkt er den Blick auf Strategien zur Positionierung des Unternehmens in Bezug zu seinen Wettbewerbern. Wettbewerbsstrategien sollten darauf abzielen, eine profitable, haltbare Position in der Wettbewerbsarena zu sichern. Bestimmend sind die Fragen nach (1) der Branchenattraktivität und (2) der Wettbewerbsposition.

III. **Die Strategieauswahl bestimmende Faktoren:** 1. *Attraktivität der Branche:* a) *Kennen- und Verstehenlernen der Spielregeln,* denen der Wettbewerb *in diesem Zweig* gehorcht, d.h. wie attraktiv ist auf lange Sicht die Branche,

Wettbewerbsstrategie – Generische Strategietypen

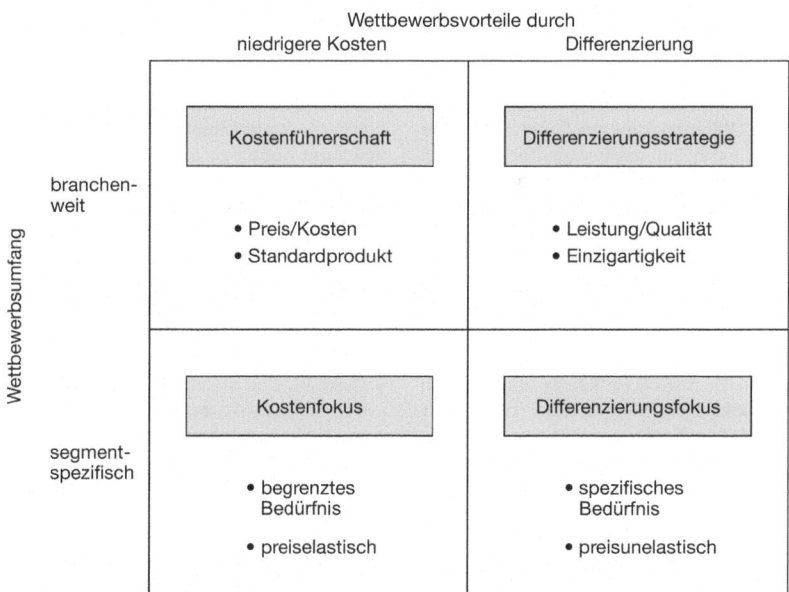

Wettbewerbsstrategie – Wertschöpfungskette

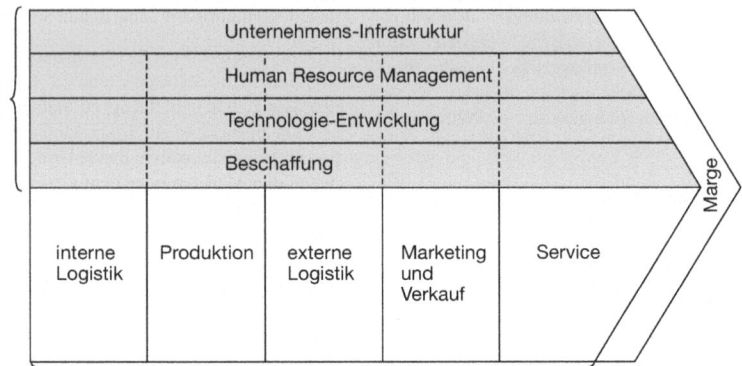

Primäraktivitäten

in der die Unternehmung tätig ist, und welche Faktoren beeinflussen diese Attraktivität. Die Spielregeln werden von der Struktur der Branche bestimmt, wobei diese durch fünf *Wettbewerbskräfte* festgelegt ist: Verhandlungsmacht der Lieferanten, Verhandlungsmacht der Käufer, Bedrohung durch Eintritt potenzieller neuer Konkurrenten, Bedrohung durch Substitute sowie die Rivalität unter den existierenden Konkurrenten. Jede dieser Kräfte unterliegt mehreren Einflussfaktoren (z.B. Differenzierungsgrad und Substituierbarkeit von Einsatzgütern bei der Verhandlungsmacht der Lieferanten). – b) Die Struktur ist immer *branchenspezifisch ausgeprägt.* Man unterscheidet Branchenstrukturen nach der Phase im Lebenszyklus (junge, reifende, schrumpfende) und nach der Wettbewerbsausdehnung (fragmentierte, weltweite). Die jeweilige Struktur bestimmt, welche Unternehmen in welchem Umfang Rentabilitätspotenziale realisieren: Käufer- und Lieferantenmacht haben Einfluss auf Preise, Umsatz und Kosten; Konkurrenzdruck ist für den Kapitalbedarf mit ausschlaggebend; die Struktur unterliegt auch einem dynamischen Prozess und ist prinzipiell gestaltbar (z.B. durch einen „guten" Branchenführer). Bei der Auswahl von Wettbewerbsstrategien entsteht damit auch die Aufgabe, zu untersuchen, inwieweit

Strukturveränderungen zugunsten des eigenen Unternehmens erzeugt oder genutzt werden können. Im Zusammenhang mit der Analyse der Branchenstruktur ist auch das Konzept der → strategischen Gruppen zu sehen; Zusammenfassung von Unternehmen einer Branche zu einer Gruppe, die entlang ausgewählter strategischer Dimensionen ähnliche Strategien verfolgt. – 2. *Bestimmung der relativen Wettbewerbsposition des Unternehmens in der Branche,* d.h. welche Position hat die Unternehmung in dieser Branche inne, und worauf ist diese Position zurückzuführen. Eine gute Wettbewerbsposition wird durch *Wettbewerbsvorteile* erreicht, die ein besseres Verstehen und Handhaben der Branchenstruktur durch das Unternehmen als durch die Wettbewerber bedeuten. – *Strategiealternativen:* a) Nach der *Art der Erreichung der Wettbewerbsvorteile:* (1) *Kostenführerschaft:* Es gibt nur einen Kostenführer je Geschäft, eine eindeutige Strategie. Verfolgen sie mehrere Wettbewerber, so wird i.Allg. eine immer unprofitabler werdende Konkurrenz die Folge sein. (2) *Differenzierung:* Diese Strategien sind vielfältigen Ursprungs. Für ihren Erfolg ist es von Bedeutung, dass die aufgebauten Wettbewerbsvorteile auch vom Kunden wahrgenommen werden können. – b) Nach dem *Ort der Erreichung der*

Wettbewerbsvorteile: (1) *segmentspezifische Strategien:* nach Kundengruppen, Produktlinien etc. spezifizierte Strategien; durch eine Differenzierung auf Bedürfnisse, die bislang nur unzureichend befriedigt wurden, oder durch Befriedigung bereits angesprochener, aber nicht befriedigter Bedürfnisse möglich. (2) *branchenweite Strategien.* – Zusammenfassend können vier *generische Strategietypen* abgeleitet werden (vgl. Abbildung „Generische Strategietypen"); das Unternehmen muss sich kompromisslos für einen davon entscheiden. – c) Auf einer ähnlichen Argumentation aufbauende *Matrizen* wurden von verschiedenen Beratungsunternehmen entwickelt, z.B. die → Wettbewerbsvorteils-Matrix der Boston Consulting Group oder das → strategische Spielbrett von McKinsey.

IV. Wertschöpfungskette: *Leistungskette, Geschäftssystem, Value Chain;* die durch ein Unternehmen in einem bestimmten Geschäft erzielbaren Wettbewerbsvorteile werden durch unterschiedliche, strategisch relevante Tätigkeiten verursacht. Jede von ihnen stellt einen Ansatz zur Differenzierung dar und leistet einen Beitrag zur relativen Kostenstellung des Unternehmens im Wettbewerb. Grundsätzlich lassen sich neun solcher *generischen Aktivitäten* unterscheiden: Fünf Primäraktivitäten, die den eigentlichen Wertschöpfungsprozess beschreiben, und vier Unterstützungsaktivitäten, die den Wertschöpfungsprozess ergänzen. Sie werden zu einer Wertschöpfungskette verknüpft (vgl. Abbildung „Wertschöpfungskette"). – *Beurteilung:* Vorteile können sich auch aus der Verkettung interdependenter Aktivitäten ergeben (→ Multifaktor-Matrix). Wichtig ist auch die Beurteilung der Einflüsse anderer Wertschöpfungsketten auf die eigene: die Ketten der Lieferanten, Absatzkanalträger und Kunden. Die Gesamtheit aller in der Branche vorhandenen Wertschöpfungsketten ergibt letztlich die obige Branchenstruktur.

Wettbewerbsvorteil → Wettbewerbsstrategie.

Wettbewerbsvorteils-Matrix – *Branchen-Wettbewerbsvorteils-Matrix;* Konzept zum Entwurf von → Wettbewerbsstrategien, das grundsätzliche Entfaltungsmöglichkeiten aufzeigt, die sich dem Unternehmen gegenüber den Konkurrenten im strategischen Wettbewerbsfeld bieten. – *Zentrale Dimensionen:* (1) Die Größe des Vorteils, den man gegenüber den Wettbewerbern bei einzelnen Faktoren aufbauen kann, und (2) die Anzahl der verschiedenen Faktoren, in denen ein Vorteil aufgebaut werden kann. Ein Unternehmen kann dann als erfolgreich eingestuft werden, wenn bei der Mehrzahl seiner Geschäfte große Wettbewerbsvorteile (Volumen- und Spezialisierungsgeschäft) realisiert werden können. – *Ausprägungen* der Wettbewerbsvorteils-Matrix:

Wettbewerbsvorteils-Matrix

	Anzahl der Vorteilsfaktoren	
groß	Fragmentierung	Spezialisierung
klein	Patt	Volumen
	klein	groß
	Größe des Vorteils	

Willensbildung – 1. *Begriff:* In der Organisation der Prozess des Zustandekommens einer Entscheidung in → organisatorischen Einheiten, in der mehrere Handlungsträger zusammengefasst sind. – 2. *Arten* nach dem Ausmaß der Beteiligung sämtlicher Handlungsträger an der Entscheidung: a) *Hierarchische Willensbildung:* Die Entscheidungen werden nach dem → Direktorialprinzip getroffen. – b) *Gemeinsame Willensbildung:* Die Entscheidungen werden nach dem → Kollegialprinzip getroffen.

Wirkungsabschätzung – 1. *Begriff:* Die Wirkungsabschätzung stellt die dritte Stufe bei der Bearbeitung einer → Ökobilanz nach DIN EN ISO 14040:2006 dar. Die Wirkungsabschätzung im Sinne der Ökobilanzierung ist definiert als „Bestandteil der Ökobilanz, der dem Erkennen und der Beurteilung der Größe und Bedeutung von potenziellen Umweltwirkungen eines Produktsystems im Verlauf des Lebenszyklus des Produktes dient" (DIN EN ISO 14040:2006). – 2. *Durchführung:* Vor einer Wirkungsabschätzung muss festgelegt werden: a) welche Wirkungskategorien, b) welche Wirkungsindikatoren und c) welche naturwissenschaftlichen Charakterisierungsmodelle verwendet werden sollen. – 3. *Klassifizierung und Charakterisierung:* Die zentralen Bestandteile einer Wirkungsabschätzung sind Klassifizierung und Charakterisierung. Wobei bei der Klassifizierung die Zuordnung von Umweltaspekten zu den einzelnen Umweltauswirkungen geschieht und bei der Charakterisierung die Berechnung der Wirkungsindikatorwerte vorgenommen wird. Diese beiden Schritte können, je nach gewählter Ökobilanzmethode, hinsichtlich ihrer Durchführungsart und ihres Umfangs variieren.

Wirkungsforschung – Disziplin, die sich auf wissenschaftlicher Ebene mit den Folgen des menschlichen Handelns, bes. den Folgen von → Technologie und → Technik, aber auch von Gesetzesentwürfen, Steueränderungen etc., bezogen auf künstliche und natürliche Systeme, beschäftigt. Untersucht werden die Wirkungen bezogen auf verschiedene Bewertungsaspekte, v.a. auf Gesellschaft, Wirtschaft und → Ökologie. Die Wirkungsforschung muss deshalb interdisziplinär sein. Bezogen auf Ökologie ist es grundlegende Annahme der Wirkungsforschung, dass jeder industrielle Einsatz materieller Ressourcen mit schädlichen Auswirkungen auf Ökosysteme – sowie auch bezogen auf andere Aspekte (→ Technikwirkungsanalyse) – verbunden sein kann. Nicht die Technik bzw. das Produkt an sich, sondern deren Anwendung in Zusammenhang mit industrieller Produktion und Massenkonsum wird als Ursache der ökologischen Problematik betrachtet. Für die Wissenschaft, bes. die Wirtschafts-, die Natur-, Ingenieur-, Rechts-, Sozial- oder Geisteswissenschaften, ergibt sich daraus die Notwendigkeit, bisher als gültig akzeptierte

Prämissen, Paradigmen, Ansätze etc. dahingehend zu überprüfen, inwieweit diese, auch bezogen auf die ökologische Problematik, Gültigkeit behalten können.

Wirkungsindikatoren – 1. *Begriff:* Das Verfahren der Wirkungsindikatoren ist ein Verfahren zur Ökobilanzierung (→ Ökobilanz) (UBA Wirkungsindikatoren) dessen Vorgehensweise nach DIN EN ISO 14042 erfolgt. – 2. *Entwicklung:* Das Umweltbundesamt (UBA) entwickelt seit 1995 das Verfahren, um Anwendung für gesamtgesellschaftliche Fragestellungen. – 3. *Geltungsbereich und Systemgrenze:* Das Verfahren derUBA-Wirkungsindikatoren betrachtet die Systemgrenzen cradle-to-gate. Es ist jedoch auf die Anwendung in Deutschland begrenzt. – 4. *Bewertungsobjekt und Bewertungsgröße:* Entwicklung für die ökologieorientierte Beurteilung des → Lebenszyklus von Produkten. Übertragung auf andere Betrachtungsobjekte (Prozesse oder Betriebe) ist jedoch grundsätzlich möglich. Bei der Bewertung werden Stoff- und Energieflüsse in unterschiedlichen Wirkungskategorien betrachtet. – 5. *Ziel und Annahmen:* Auf Grundlage der Stoff- und Energiebilanz stellt das UBA Wirkungsindikatoren ein Betrachtungsobjekt (z.B. ein Produkt) quantitativ dar. Der Methodik liegt die Annahme zugrunde, dass sich Umwelteinwirkungen zu mehreren Wirkungskategorien zusammenfassen lassen. – 6. *Vorgehensweise:* Zunächst werden die Umwelteinwirkungen in mehrere Wirkungskategorien zusammengefasst. Die in der Sachbilanz erfassten Stoff- und Energieströme werden Wirkungskategorien zugeordnet. Im Anschluss wird die Sachbilanz neugegliedert und innerhalb der einzelnen Wirkungskategorien Referenzsubstanzen bestimmt. Die Stoff- und Energieströme werden dann gewichtet und eine Aggregation der Werte innerhalb der einzelnen Wirkungskategorien durchgeführt. – 7. *Ergebnis:* Für jede Wirkungskategorie entsteht ein Wirkungsindikator. Dieser stellt sich als eindimensionale Kennzahl dar. Da keine weitere Aggregation vorgenommen wird, entsteht ein mehrdimensionales Kennzahlenprofil. – 8. *Kritische Würdigung:* Das Verfahren bietet einen erheblichen Gestaltungsspielraum für die Anwendung im Unternehmen. Die eindeutige Interpretation und Darstellung der Ergebnisse ist durch das mehrdimensionale Kennzahlenprofil nicht unbedingt gegeben. Eindeutige Aussagen können nur abgeleitet werden, wenn eine Handlungsalternative als dominant angesehen werden kann.

Wirtschaftsfachpresse → Wirtschaftspublizistik.

Wirtschaftsjournalismus → Wirtschaftspublizistik.

Wirtschaftsplan – I. Wirtschaftsplan privater Haushalte oder Unternehmen: 1. *Charakterisierung:* Am Beginn einer Wirtschaftsperiode von dem einzelnen Wirtschaftssubjekt (Haushalt, Unternehmung) aufgestellter → Plan über die in dieser Periode beabsichtigte Konsumption bzw. Produktion und deren Finanzierung. Objektive Gegebenheiten und die Erwartungen gehen, von anderen Wirtschaftssubjekten festgelegt, als konstante Größen in den Wirtschaftsplan ein. Daten, Aktions- oder Fixierungsparameter sind variable Größen (Probleme, die im Wirtschaftsplan im eigenen Ermessen zu lösen sind). Aufgrund des Wirtschaftsplans treffen die Wirtschaftssubjekte im Laufe der Periode ihre Dispositionen. – *Kontrolle:* Bei Abweichungen der Tatsachen von den Erwartungen wird das Wirtschaftssubjekt noch während der Planperiode eine Revision seines Wirtschaftsplans vornehmen (→ Planrevision). – 2. *Inhalt des im Rahmen der Unternehmung aufgestellten Wirtschaftsplans:* Sollzahlen für verschiedene Teilpläne (Absatz-, Finanz-, Produktions- und Einkaufsplan etc.). Die darin enthaltenen Sollzahlen über Produktionsmengen, Lieferzeiten, Plankosten, Einnahmen, Ausgaben etc. werden während und nach Ablauf des Planabschnittes mit den Istzahlen verglichen. Ggf. erfolgen bei Feststellung entscheidender Abweichungen Änderungen in den Unternehmerdispositionen für den laufenden Planabschnitt und für die Aufstellung neuer Plandaten.

II. Wirtschaftsplan öffentlicher Haushalte: 1. *Charakterisierung:* Spezielles Instrument öffentlicher Unternehmen in einer öffentlich-rechtlichen Rechtsform (z.B. Eigenbetriebe, wirtschaftliche Zweckverbände, Bundes- oder Landesbetriebe nach § 26 BAO/ LAO, Sondervermögen); tritt an die Stelle des Haushaltsplans. Ein Wirtschaftsplan ist jährlich vor Beginn des Wirtschaftsjahres aufzustellen und dem Haushaltsplan als Anlage beizufügen. Für die Ausführung des Wirtschaftsplans ist die Unternehmensleitung (Werkleitung) zuständig. – 2. *Gliederung:* a) *Erfolgsplan:* Es werden alle voraussehbaren Erträge und Aufwendungen des Wirtschaftsjahres ausgewiesen; die Gliederung hat sich mind. an der Gewinn- und Verlustrechnung (GuV) bzw. der Jahreserfolgsrechnung zu orientieren. – b) *Vermögensplan (Finanzplan):* Die voraussichtlich vermögenswirksamen Einnahmen und Ausgaben sowie die notwendigen Verpflichtungsermächtigungen müssen enthalten sein; die Ausgaben sind übertragbar (Übertragbarkeit von Ausgaben). – c) Weitere Teile: *Stellenübersicht und Finanzplanung.* – 3. Der Wirtschaftsplan ist zu *ändern,* wenn sich erhebliche Abweichungen von den Planansätzen im Wirtschaftsjahr ergeben.

Wirtschaftsplanung – quantifizierter, auf betriebliche Kennzahlensysteme und klassische Rechnungswerke ausgerichteter Teil der → operativen Planung. Ergebnis ist der → Wirtschaftsplan.

Wirtschaftspsychologie – 1. → Arbeits- und Organisationspsychologie. – 2. Marktpsychologie. – 3. Psychologie der gesamtwirtschaftlichen Prozesse.

Wirtschaftspublizistik – 1. *Begriff:* Teilbereich der Publizistik, dessen Gegenstand Wirtschaft im weitesten Sinn ist. Als Wirtschaftspublizistik i.w.S. kann die Gesamtheit der öffentlichen Berichterstattung und

Kommentierung von Wirtschaftsfragen gekennzeichnet werden. – 2. *Träger der Wirtschaftspublizistik* sind: (1) Der *Wirtschaftsjournalismus* in der Tagespresse, in Funk und Fernsehen, im Internet; (2) die *Wirtschaftsfachpresse* (Zeitschriften, Bücher, Websites etc.); (3) *amtliche und private Pressestellen,* soweit sie im Wirtschaftssektor engagiert sind (Unternehmen, Ministerien, Verbraucherinformationsstellen etc.); (4) die *Public-Relations-Abteilungen von Wirtschaftsunternehmen,* wobei die begriffliche Abgrenzung der in der Praxis oft ineinander übergehenden Kommunikationsprozesse Public Relations (PR) (Öffentlichkeitsarbeit) und Werbung relativ willkürlich bleiben muss.

Wissen – die Gesamtheit der Kenntnisse und Fähigkeiten, die Individuen zur Lösung von Problemen einsetzen. Wissen basiert auf Daten und → Informationen, ist im Gegensatz zu diesen aber immer an eine Person gebunden.

wissenschaftliche Betriebsführung → Taylorismus.

Wochenarbeitszeit – die der Bemessung der Arbeitszeit von Arbeitnehmern sowie der Berechnung des Arbeitsentgelts von Arbeitnehmern i.Allg. zugrunde liegende Tätigkeitszeit. Nach dem Arbeitszeitgesetz darf die werktägliche Arbeitszeit acht Stunden nicht überschreiten; damit ist von Montag bis Samstag wie bisher eine regelmäßige Wochenarbeitszeit von 48 Stunden zulässig. Nach den meisten Tarifverträgen ist die durchschnittliche Wochenarbeitszeit niedriger (→ Arbeitszeitverkürzung).

Wohlbefinden – arbeitswissenschaftlich anerkanntes Kriterium für menschengerechte Arbeitsgestaltung nach Rohmert; wird in der → Arbeitswissenschaft meist synonym zum individual- und sozialpsychologisch relevanten Begriff der Zufriedenheit verwendet. – In Verbindung mit der Arbeitsmedizin definiert die Weltgesundheitsorganisation (WHO): Der Mensch fühlt sich wohl, wenn er gesund ist. Gesundheit ist ein Zustand vollständigen geistigen, körperlichen und sozialen Wohlbefindens; sie besteht nur in der Abwesenheit von Krankheit und Gebrechen. – Die Arbeit ist so zu gestalten (→ Arbeitsgestaltung), dass der Mensch gesund bleibt. – Dieses Kriterium stellt die höchsten Ansprüche an die arbeitswissenschaftliche Bewertung von Arbeitssystemen und bezieht Erkenntnisse aus Psychologie, Soziologie und Arbeitsmedizin in die Bewertungsebene mit ein.

Wohnungsbau – *Wohnungswirtschaft.*

I. Wesen: Erstellung, Verwaltung und Vermietung von Wohnungen durch private Bauherren, gemeinnützige Wohnungs- und Siedlungsunternehmungen, durch Betriebe und den Staat, ferner gemeinnützige oder privatwirtschaftliche Wohnungsbauträgerunternehmen und Wohnungsbaufinanzierungsunternehmen (Heimstätte, Bausparkassen).

II. Soziale Wohnraumförderung: geregelt im Wohnraumförderungsgesetz.

III. Steuerliche Wohnungsbauförderung: 1. erhöhte *Abschreibungssätze für Wohngebäude:* Absetzung für Abnutzung (AfA). – 2. Eigenheimzulage wurde bis zum 1.1.2006 nach dem Eigenheimzulagengesetz i.d.F. vom 15.12.1995 (BGBl. I 1783) für die zu eigenen Wohnzwecken genutzte oder einem Angehörigen im Sinn von § 15 AO unentgeltlich zu Wohnzwecken überlassene Wohnung im eigenen Haus gewährt, es sei denn, es wurde vor dem 1.1.2006 der notarielle Kaufvertrag beurkundet oder der Bauantrag für eine neu zu errichtende Wohnung gestellt. – 3. *Wohnungsbauprämien* oder *Wohnungssparbeträge* als Sonderausgaben (bis 1995). – 4. *Wohnungsgenossenschaften* sind gemäß § 5 I Nr. 10 KStG von der Körperschaftsteuer befreit.

IV. Betrieblicher Wohnungsbau: 1. *Maßnahmen* zur Schaffung von Wohnraum für die Mitarbeiter eines Unternehmens aus Gründen der Schaffung und Erhaltung einer → Stammbelegschaft. Kommt bes. dann in Frage, wenn die Lage des Unternehmens dies verlangt, oder wenn die lokale Wohnraumsituation angespannt ist. – 2. *Formen* der Inanspruchnahme der Unternehmung zum Wohnungsbau ihrer Belegschaftsangehörigen i.w.S. (d.h. zur Ermietung oder zum Bau von Mietwohnungen, Werkswohnungen, Ledigenheimen, Eigenheimen, Kleinsiedlungen etc.): Gewährung von Instandsetzungsbeihilfen, Baudarlehen an Bauwillige, Zuschüsse und Darlehen an Hausbesitzer aus der Belegschaft, Zuschüsse und Darlehen an werksfremde Hausbesitzer, Zuschüsse und Darlehen an gemeinnützige Wohnungsbaugesellschaften. – 3. *Finanzierung* durch (1) Mittel der Unternehmung; (2) Mittel betrieblicher Versorgungseinrichtungen (Pensionskasse etc.); (3) fremde, v.a. auch öffentliche Fördermittel. – 4. Problematisch ist die *Verteilung* des Wohnraums an die Bewerber. Dauer der Werkszugehörigkeit sowie die „echte Dringlichkeit" sind i.d.R. zu berücksichtigen. – 5. *Mitbestimmungsrecht des Betriebsrats* besteht nach § 87 I 8 BetrVG, soweit es sich um „Sozialeinrichtungen" des Betriebes handelt (d.h. Errichtung der Werkswohnungen aus sozialen Gründen) sowie bei werkseigenen Wohnungsbaugesellschaften, auch solchen mit eigener Rechtspersönlichkeit, weiter hinsichtlich Zuweisung, Kündigung und Nutzungsbedingungen (§ 87 I 9 BetrVG).

V. **Amtliche Statistik:** Erfassung von Daten über Hochbauten in der Bautätigkeitsstatistik.

Workflow – Beschreibung eines arbeitsteiligen, meist wiederkehrenden → Geschäftsprozesses. Durch den Workflow werden die Aufgaben, Verarbeitungseinheiten sowie deren Beziehungsgeflecht innerhalb des Prozesses (z.B. Arbeitsablauf und Datenfluss) festgelegt.

Workflow Management – Die Analyse, Modellierung, Simulation, Steuerung und Protokollierung von → Geschäftsprozessen (→ Workflow) unter Einbeziehung von Prozessbeteiligten und (elektronischen) Systemen (Workflow Management System). Ziel des Workflow Managements ist die Koordination der meist großen Anzahl von Bearbeitern, die räumlich verteilt an der Lösung von Teilaufgaben des Prozesses arbeiten, sowie die Kontrolle des Prozessverlaufs, v.a. des Bearbeitungsstatus.

World Business Council for Sustainable Development – Das World Business Council for Sustainable Development (WBCSD) ist eine weltweit arbeitende Organisation, die von Unternehmensvorständen geführt wird. Sie beschäftigt sich mit dem Thema „Wirtschaft und nachhaltige Entwicklung". Mitglieder stammen aus über 35 Ländern und 20 → Branchen. – Vgl. auch → Öko-Effizienz.

Y

Yield Management – *Revenue Management, Ertragsmanagement;* 1. *Begriff:* System zur Nachfragesteuerung mittels Kapazitätsverfügbarkeiten und Preisen. Yield Management wird bei Dienstleistungsunternehmen mit dem Ziel eingesetzt, den Gesamtumsatz des Unternehmens zu maximieren, indem die Nachfrage mit der höchsten Zahlungsbereitschaft mit Priorität befriedigt wird. Yield Management ist bei Verkehrsunternehmen (insbesondere bei Fluggesellschaften), in der Hotellerie und bei Autovermietern weit verbreitet. – 2. *Entwicklungsgeschichte:* Yield Management entstand in den 1970er-Jahren im Zuge der Deregulierung des US-amerikanischen Luftverkehrsmarktes. Die etablierten Fluggesellschaften sahen sich mit neuen Konkurrenten in Form von Low-Cost-Fluggesellschaften konfrontiert. Deren Preise sollten selektiv „gematcht" werden, ohne das gesamte Preisgefüge auf das Low-Cost-Niveau abzusenken. – 3. *Elemente am Beispiel von Fluggesellschaften:* Yield-Management-Systeme bestehen aus neun Elementen: a) *Marktsegmentierung und Preisdifferenzierung:* Der Gesamtmarkt wird in homogene Marktsegmente mit unterschiedlicher Zahlungsbereitschaft aufgeteilt. Die einzelnen Marktsegmente werden unterschiedlichen Buchungsklassen mit unterschiedlichen Preisen zugeordnet. – b) *Nachfragelenkung im Zeitverlauf:* I.d.R. tritt niederwertige Nachfrage (z.B. in Form von Freizeitreisenden) sehr frühzeitig, und hochwertige Nachfrage (z.B. in Form von Geschäftsreisenden, vgl. Geschäftsreise) sehr spät am Markt auf. Um zu verhindern, dass Kontingente mit niederwertiger Nachfrage zugebucht werden und damit hochwertige Nachfrage verdrängt wird, werden Kontingente für hochwertige Nachfrage frühzeitig geblockt. – c) *Überbuchung (overbooking):* Es werden mehr Sitzplätze verkauft als physisch vorhanden sind.

Überbuchung zielt auf die hundertprozentige Auslastung der Kapazitäten ab. Bei einem Verzicht auf Überbuchung entstünden leere Sitze, denn kurzfristige Stornierungen, Umbuchungen und „No Shows" (No-Show-Gebühr) lassen sich kurzfristig nicht mehr kompensieren. „No Shows" bezeichnen das Phänomen, dass gebuchte Passagiere unangekündigt nicht zum Abflug erscheinen. Üblich sind Überbuchungsquoten von etwa 30 Prozent. Bei einer zu niedrigen Überbuchungsquote entsteht „Spoilage", indem Sitze leer bleiben. Bei einer zu hohen Überbuchungsquote entsteht „Spill", indem Passagiere abgewiesen werden. – d) *Bildung und Einzelsteuerung von Buchungsklassen:* Fluggesellschaften unterteilen die (physischen) Beförderungsklassen (häufig First, Business und Economy Class) in (virtuelle) Buchungsklassen. Diese weisen unterschiedliche Kontingentgrößen und Preise auf und werden jeweils einzeln dynamisch gesteuert, indem sie je nach Marktlage vergrößert oder verkleinert werden. – e) *Nesting:* Die Buchungsklassen sind ineinander geschachtelt. Hochwertige Buchungsklassen können automatisch auf Kontingente der niederwertigen Buchungsklassen zugreifen, umgekehrt ist dies nicht möglich. – f) *Verkehrsstrombezogene Buchungsklassensteuerung:* Die Verfügbarkeit von Sitzplätzen richtet sich danach, ob Nachfrager nach einem Sitzplatz einem hochwertigen oder einem niederwertigen Verkehrsstrom angehören. So kann bspw. der Sitzplatz für einen Passagier von Frankfurt nach Mailand gesperrt sein, um diesen Sitzplatz für einen Passagier von Tokio über Frankfurt nach Mailand verfügbar zu halten. Der Gesamtumsatz der Fluggesellschaft würde hierdurch gesteigert. – g) *Verkaufsursprungsbezogene Buchungsklassensteuerung:* Die Verfügbarkeit von Sitzplätzen richtet sich danach, in welcher Verkaufsregion die höchsten Preise erwirtschaftet werden. – h) *Prognosemodelle:* Nachfrage-verläufe und No-Show-Quoten werden prognostiziert, um aktuelle Buchungsver-läufe umsatzmaximierend steuern zu können. – i) *Informationstechnologiesysteme:* Die hohe Anzahl von Steuerungsentscheidungen und benötigter Daten von Yield-Management-Systemen bedarf des Einsatzes leistungsfähiger Informationstechnologiesysteme.

Z

Zahltag – früher: Tag der Lohnzahlung. – 1. Für *Lohnempfänger* wöchentlich am Freitag ggf. als Abschlagszahlung auf den → Akkordlohn zur Vereinfachung der Lohnbuchhaltung. Üblich sind wöchentliche, zehntägige und vierzehntägige Abschlagszahlungen mit monatlicher Endabrechnung. Karenzzeit zwischen Lohnperiode und Zahltag gestattet der Lohnbuchführung, die Lohnzettel abzurechnen. – 2. Für *Gehaltsempfänger* monatlicher Zahltag am 1., 15. oder Monatsletzten.

Zeichen – I. Organisation: Aus geometrischen Elementen (z.B. Punkt, Linie, Fläche) zusammengesetzte Merkzeichen, Formensymbole. Sehr einprägsam als Ordnungsmerkmale, verwendet z.B. für die Kennzeichnung von Zusammenhängen zwischen Dingen, Tätigkeiten und Personen innerhalb der Betriebsorganisation, etwa bei Arbeitsablaufplänen.

II. Informatik: Elemente zur Darstellung oder Beschreibung von Daten. Die Bedeutung der Zeichen wird durch Codes festgelegt. Aus informatischer Sicht unterscheidet man interne (ASCII, EBCDIC) und externe Zeichen. Rechenintern gehen alle Zeichen auf Bitmuster zurück, wobei die Zahl der internen Zeichen bei den gängigen Codes auf $2^8 = 256$ beschränkt ist. Diese internen Zeichen können nicht alle auf einem Drucker dargestellt werden. Druckfähige Zeichen bezeichnet man als externe Zeichen.

Zeichnungsgründung → Stufengründung.

Zeitakkord → Akkordlohn.

Zeitarbeit → Arbeitnehmerüberlassung.

Zeitaufnahme – *Zeitstudie;* Beschreibung des Arbeitssystems (Arbeitsverfahren, Arbeitsmethode, Arbeitsbedingungen) und Erfassung je Ablaufabschnitt von (1) Bezugsgröße, (2) Einflussgrößen, (3) Leistungsgraden und (4) Ist-Zeiten. Die darauf folgende Auswertung der Daten ergibt die → Sollzeiten je Ablaufabschnitt. Laut → REFA-Verband für Arbeitsstudien, Betriebsorganisation und Unternehmensentwicklung e.V. ist die Zeitaufnahme das Ermitteln von Sollzeiten durch das Messen und Auswerten von Istzeiten. Die in Deutschland gebräuchlichste Methode ist die Zeitstudie nach der REFA-Methodenlehre.

Zeiterfassung → Zeitermittlung.

Zeitermittlung – 1. *Zweck:* Zeitermittlung erfolgt für die Berechnung von → Vorgabezeit des Arbeitnehmers, Belegungszeit des Betriebsmittels, Bewertungszeit des Werkstoffes sowie der → Auftragszeit (T) im Rahmen der Arbeitsvorbereitung. – 2. *Methoden:* a) *Schätzung* in Form der erfahrungs- und kenntnisbedingten Mehrfachschätzung. – b) *Zusammensetzung:* Addition bekannter Zeitwerte für ähnliche Vorgänge. – c) *Interpolation:* Ermittlung neuer aus einer Reihe bekannter Zeitwerte zur Berücksichtigung einer quantitativ veränderlichen Einflussgröße. – d) *Berechnung und Zeichnung,* wenn mathematische Funktion zwischen Einflussgröße und gesuchter Zeit bekannt. – e) *Systematische* → Arbeitszeitstudie: Messabschnitte sind durch Analyse des Arbeitsablaufes gewonnene Arbeitselemente. – Voraussetzung für Zeitermittlung, v.a. bei Verfahren e), ist die systematische Arbeitsvorbereitung mittels Erzeugnisgliederung und sinnvoller Analyse des Arbeitsablaufes. – f) → Multimomentverfahren. – 3. *Hilfsmittel:* a) *Technische Hilfsmittel:* Stoppuhren (mit Dezimaleinteilung) oder schreibende Zeitmessgeräte (Arbeitsschau-Uhren). – b) *Organisatorische Hilfsmittel:* einheitliche Zeitaufnahme- und -auswertungsbogen.

Zeitlohn – Lohnform, bei der die Anwesenheit bezahlt wird. Zeitlohn ist eine Form des → Leistungslohns, da mittelfristig das

Erreichen einer Normalleistung erwartet wird. Die Lohnhöhe je Stück und Arbeitsstunde ist bei steigender Leistung degressiv, mithin geringer Leistungsanreiz. Das Risiko der Minderleistung liegt beim Arbeitgeber. – *Zweckmäßig* (1) v.a. bei Qualitätsarbeiten, (2) bei gefährlichen Tätigkeiten, (3) bei nicht-akkordfähigen Arbeiten (→ Akkordfähigkeit), (4) in Fällen, in denen die Organisation einen bestimmten Leistungsgrad des Arbeiters automatisch sicherstellt, (5) bei unregelmäßigem Arbeitsanfall (z.B. Bereitschaftsdiensten). – Übergangsform von Zeitlohn zum Charakter des Leistungslohns durch Zuteilung der Arbeiter zu *Leistungsstufen*.

Zeitstudie → Zeitaufnahme.

Zeitvorgabe → Vorgabezeit.

Zentralbereich → organisatorischer Teilbereich v.a. im Rahmen einer → Spartenorganisation oder → Regionalorganisation, in dem Kompetenzen für bestimmte Funktionen zusammengefasst sind. Je nach Art und Umfang der übertragenen Kompetenzen kann ein Zentralbereich als Kernbereich (Zentralbereich hat die alleinige Entscheidungsbefugnis für die aus den operativen Teilbereichen ausgegliederten Funktionen), als → Richtlinienbereich (Zentralbereich trifft Rahmenentscheidungen für die Erfüllung der Funktionen in den operativen Bereichen), als Matrixbereich (Zentralbereich und operative Bereiche sind gemeinsam entscheidungsbefugt, → Matrixorganisation), als → Servicebereich (Zentralbereich führt Aufträge der operativen Bereiche durch) oder als Stabsbereich (Zentralbereich bereitet funktionsbezogene Entscheidungen der operativen Bereiche vor, → Stab) ausgeformt sein.

Zentralisation – Zusammenfassung von Teilaufgaben bei einer → Stelle nach bestimmten Aufgabenmerkmalen. – *Organisationslehre:* 1. *I.w.S.:* Zusammenfassung von Teilaufgaben bei einer Stelle, die im Hinblick auf eines der verschiedenen Merkmale einer → Aufgabe gleichartig sind, z.B. nach

dem Verrichtungsaspekt (→ Verrichtungsprinzip), dem Objektaspekt (→ Objektprinzip) oder dem räumlichen Aspekt. Zentralisation nach einem Kriterium ergibt zugleich Dezentralisation nach den anderen Aufgabenmerkmalen. – Zentralisation bewirkt eine → Spezialisierung des für den Aufgabenkomplex zuständigen Handlungsträgers auf den der Zentralisation zugrunde liegenden Aufgabenaspekt. – 2. *I.e.S.:* → Entscheidungszentralisation. – *Gegensatz:* → Dezentralisation.

Zertifizierung – 1. *Begriff:* Zertifizierung/ Registrierung im Sinne der → DIN EN ISO 14001 bezeichnet die Zertifizierung des → Umweltmanagementsystems und Ausstellung des ISO-Zertifikats durch eine private Zertifizierungsorganisation. Als Grundlage der Zertifizierung dient die DIN EN ISO 19011 (Leitfaden für Audits von Qualitätsmanagement- und/ oder Umweltmanagementsystemen).

Ziel – Ein wirtschaftliches Ziel ist ein festgelegter wirtschaftspolitischer oder unternehmensrelevanter Sollzustand, z.B. Vollbeschäftigung, Preisniveaustabilität oder eine bestimmte Absatzmenge, ein Qualitätsstandard in der Produktion, eine Senkung der Personalfluktuation oder Fehlzeiten. – Vgl. auch wirtschaftspolitisches Ziel, Unternehmungsziele, Zahlungsziel, → Führung durch Zielvereinbarung.

Zielhierarchie – Die Aufstellung einer Zielhierarchie kann notwendig und sinnvoll sein, wenn wegen bestehender Zielkonflikte nicht alle wirtschaftspolitischen Ziele gleichzeitig im optimalen Ausmaß erfüllt werden können. Theoretisch geht die Wirtschaftspolitik aus von den gesellschaftlichen Grundwerten (Freiheit, Gerechtigkeit, Gleichheit) als Oberziele und leitet hieraus die Unterziele bzw. operativen Ziele (Vollbeschäftigung, Preisniveaustabilität, stetiges und angemessenes Wachstum, außenwirtschaftliches Gleichgewicht, Umwelt und Sozialpolitik) ab. – Vgl. auch → Hierarchie, Zielbeziehungen.

Zielplanung → Unternehmensplanung.

Zielsetzungs- und Beratungsgespräch – strukturiertes Gespräch zwischen Mitarbeiter und → Vorgesetztem über Schwächen und Stärken sowie über zu erreichende Ziele des Mitarbeiters. Während des Gesprächs werden Leistungsstandards definiert und Kontrolldaten festgelegt, mit denen zu einem späteren Zeitpunkt überprüft werden kann, ob die Ziele erreicht wurden. Die Maßnahmen zur Zielerreichung sollten vom Mitarbeiter selbst bestimmt werden können. Gleichzeitig können bei einem Zielsetzungs- und Beratungsgespräch Maßnahmen zur Förderung der Stärken und zum Abbau von Schwächen des Mitarbeiters festgelegt werden. Zielsetzungs- und Beratungsgespräche sollten regelmäßig und strukturiert ablaufen. – Vgl. auch Personalentwicklung.

Z-Organisation – Typus der Clan-Organisation, bei dem ein unternehmenskultureller Grundkonsens zwischen den Unternehmenszielen und den Individualzielen besteht. Gilt als charakteristisch für die japanische Organisationswirklichkeit.

Zukunftsforschung – *Future(s) Research, Future Studies.* Forschungszweig dem die Annahmen zugrunde liegen, dass die Zukunft erforschbar ist und sich unterschiedliche Zukunftsstränge entwickeln können. Ziel der Forschungsanstrengungen ist es, die Zukunft und denkbare Entwicklungsstränge mithilfe von Methoden, Modellen und Szenarien greifbarer und planbarer zu machen. Die Zukunftsforschung subsumiert eine große Anzahl an Methoden, die den allg. Qualitätskriterien einer Wissenschaft, wie der notwendigen Relevanz, der logischen Konsistenz, der Einfachheit und der Überprüfbarkeit, genügen müssen. Das Methodenspektrum der Zukunftsforschung umfasst die Methoden der Ideenfindung, die explorativen, die projektiven und die rekursiven Methoden. – 1. Die *Methoden der Ideenfindung* unterstützen die Generierung von Assoziationen, die späteren Analysen als Grundlage dienen. – 2. Durch die *explorativen Methoden* wird die

Abbildung von Prognosen und Zukunftsbildern durch gegenwärtige Gegebenheiten entwickelt. Ein Hilfsmittel zur Generierung solcher Zukunftsbilder bilden mathematische Verfahren. Als Beispiel für eine explorative Methode kann die Trendbruchanalyse herangezogen werden. Sie unterstützt die gezielte Suche nach zukünftigen Brüchen in Trends aufgrund aktueller technologischer Entwicklungen. – 3. *Projektive Methoden* lassen Prozesse und Entwicklungen durch eine entsprechende Modellbildung in ihren Abläufen deutlicher werden. Die generierten Erkenntnisse über die Abläufe lassen sich dann in die Realität übertragen. Die Netzplantechnik und die mit ihr mögliche Modellierung von Abläufen haben die Übertragung von Erkenntnissen im Rahmen der Zukunftsforschung vorangetrieben. – 4. *Rekursive Methoden* werden durch die fortwährende Aktualisierung und Korrektur von im System vorhandenen Prognosewerten gestützt. Ein Beispiel für die Anwendung rekursiver Methoden im Unternehmen sind Managementinformationssysteme, die ihre Bedeutung für den Planungsprozess aus der Aktualität und Korrektheit ableiten.

Zulage – *Leistungszulage, Lohnzulage, Lohnzuschlag;* Teil des vertraglich vereinbarten oder freiwilligen Arbeitsentgelts, die dem Lohn zugeschlagen werden, um bes. Gegebenheiten des Betriebs im Hinblick auf die Arbeitsverhältnisse und Arbeitsbedingungen gerecht zu werden. – *Beispiele:* (1) Zulage aufgrund ungünstiger Arbeitsbedingungen (→ Erschwerniszulage), (2) Zeitzuschläge (Mehrarbeitszuschlag), (3) Zulage aufgrund der Lebenshaltung (z.B. Ortszuschlag), (4) Zulage aufgrund persönlicher Verhältnisse (z.B. Sozial- und Treuezulagen). – Hat sich der Arbeitgeber jederzeitigen *Widerruf einer* Zulage vorbehalten, so kann er diese im Zweifel nur nach billigem Ermessen widerrufen. Ist ein Widerruf nicht vorbehalten, so kann der Anspruch nur durch Änderungskündigung beseitigt werden. – Wegen der *Anrechnung bei Tariflohnerhöhung* vgl.

Tariflohnerhöhungen; wegen *Regelungen im Tarifvertrag* vgl. *Effektivklausel*. – Vgl. auch → Arbeitswertzulage.

Zumutbarkeit – I. Umweltpolitik: z.T. gesetzlich fixiertes Kriterium zur Bewertung (umwelt-)politischer Maßnahmen, welches auf das Verhältnismäßigkeitsprinzip abstellt. Zur Prüfung der Zumutbarkeit wird in Verwaltungsvorschriften auf folgende Aspekte verwiesen: (1) vergleichbare Entsorgungspflichtige, (2) Vergleich zu anderen Verfahren der Entsorgung, (3) Markt für Reststoffe vorhanden und zu schaffen? (4) Verhältnis der Verwertungsaufwendungen zu den gesamten Produktionskosten, (5) erhebliche Änderungen des geplanten Produktionsverfahrens notwendig? (6) Auswirkungen auf die weitere Absetzbarkeit des Produkts? In der Vollzugspraxis entstehen teilweise erhebliche Probleme bei der Auslegung.

II. **Arbeitswissenschaften:** Kriterium für menschengerechte Arbeitsgestaltung (→ Humanisierung der Arbeit) nach Rohmert. Eine Arbeit wird dann als zumutbar bezeichnet, wenn nach übereinstimmender Auffassung der Mehrheit der Betroffenen unter den gegebenen gesellschaftlichen, technischen und organisatorischen Bedingungen die Arbeit noch erfüllt werden kann. Zur Beurteilung der Zumutbarkeit müssen neben naturwissenschaftlichen auch sozialwissenschaftliche Erkenntnisse herangezogen werden.

Zuschlag – I. Zuschlag bei einer Versteigerung: (§§ 79 ff. ZVG): Bei der Zwangsversteigerung wird das Grundstück oder Schiff vom Vollstreckungsgericht dem Meistbietenden durch sog. Zuschlagsbeschluss zugeschlagen mit der Wirkung, dass der *Ersteher* Eigentümer wird. Zugleich erlöschen alle Rechte an dem Grundstück oder Schiff, ausgenommen die aufgrund ihres Vorranges vor dem Recht des betreibenden Gläubigers bestehen bleibenden Rechte. An die Stelle der erlöschenden Rechte tritt der Anspruch auf Befriedigung aus dem Versteigerungserlös im Verteilungsverfahren. – Der Zuschlagsbeschluss ist rechtsbegründender Staatsakt, der Eigentum nimmt und überträgt und zugleich Vollstreckungstitel, mit dem der Ersteher vom Voreigentümer und anderen Besitzern Räumung und Herausgabe verlangen kann.

II. Zuschlag bei einer privaten Versteigerung: Der Zuschlag stellt die Annahme des durch das Gebot abgegebenen Angebots dar (§ 156 BGB). – Vgl. auch *Versteigerung, Vertrag*.

III. Zuschlag zum Arbeitsentgelt: *Begriff/Arten:* zusätzlich zum tariflichen Satz für Arbeiten außerhalb der gewöhnlichen Arbeitszeit gezahltes Arbeitsentgelt: Überstunden-, Sonn- und Feiertags- (→ Feiertagszuschlag, Mehrarbeitszuschlag), Nachtarbeitszuschläge. – *Lohnsteuerliche Behandlung:* Mehrarbeitszuschlag.

IV. **Bewertungsgesetz:** Zuschläge sind auf den Vergleichswert (wie auch Abschläge) wegen werterhöhender Umstände möglich, z.B. bei Bewertung von Mietwohngrundstücken, von Häusern mit maximal zwei Wohnungen (§ 146 BewG), in der Land- und Forstwirtschaft bei Abweichung der tatsächlichen von den regelmäßigen Verhältnissen, Paketzuschlag bei der Bewertung von Aktienpaketen.

V. Zollwesen: Zollzuschlag.

VI. **Baufinanzierung:** Aussetzung des Zuschlages bei einer Zwangsversteigerung.

Zuständigkeit – I. Organisation: → Kompetenz einer → organisatorischen Einheit bzw. eines → Handlungsträgers.

II. **Zivilrecht:** Im Zivilprozess besagt die Zuständigkeit, welches Gericht etc. sachlich und örtlich im Einzelfall zu entscheiden hat. – 1. Die *sachliche Zuständigkeit* gibt an, bei welcher Art von Gericht ein Prozess anhängig zu machen ist, sowie welches Gericht die in erster oder zweiter Instanz erlassenen Entscheidungen nachzuprüfen hat (Amtsgericht, Landgericht, Oberlandesgericht (OLG), Bundesgerichtshof (BGH)). – 2. Die *örtliche Zuständigkeit* regelt, welches unter mehreren gleichartigen Gerichten zur Entscheidung berufen ist (Gerichtsstand). – 3. Von der Zuständigkeit zu unterscheiden ist die *Geschäftsverteilung*, d.h. der Geschäftskreis einzelner Richter etc. innerhalb ihrer Behörde.

III. Arbeitsrecht: Arbeitsgerichtsbarkeit.

IV. Verwaltungsrecht: Die Zuständigkeit ist v.a. von Bedeutung für die Frage der Anfechtbarkeit oder Ungültigkeit von Verwaltungsakten. – 1. *Örtliche Unzuständigkeit* liegt vor, wenn eine Behörde in den örtlichen Dienstbereich einer anderen, aber gleichartigen Behörde eingreift, indem sie die Grenze des eigenen Dienstbereichs überschreitet. – 2. *Sachliche Unzuständigkeit* liegt vor, wenn eine Behörde eine Amtshandlung vornimmt, für die eine andersartige Behörde des gleichen örtlichen Dienstbereichs zuständig ist.

V. Steuerrecht: Im Steuerverfahren entscheidet die *behördliche Zuständigkeit* über Wirksamkeit und Bestandskraft der Verwaltungsakte, die *gerichtliche Zuständigkeit* über die Zulässigkeit der Klage. – 1. *Sachliche Zuständigkeit* der Finanzbehörden ist im Gesetz über die Finanzverwaltung vom 30.8.1971 (BStBl. I 1426), die der Finanzgerichte in den §§ 35–36 FGO geregelt. – 2. *Örtliche Zuständigkeit* der Finanzbehörden ergibt sich aus den §§ 17 ff. AO, die der Finanzgerichte aus den §§ 38 f. FGO.

Zweckgliederung – Zerlegung von Aufgaben (→ Aufgabenanalyse) in primäre Zweckaufgaben und sekundäre Verwaltungsaufgaben (Kosiol).

Zweifaktorentheorie – 1. *Begriff*: von Herzberg entwickelte Theorie mit der Annahme, dass es zwei voneinander unabhängige Dimensionen der → Arbeitszufriedenheit gibt: Unzufriedenheit/Nicht-Unzufriedenheit sowie Zufriedenheit/Nicht-Zufriedenheit. Beide Dimensionen werden von je anderen Faktoren der Arbeitssituation beeinflusst. Bedingungen für eine Senkung der Unzufriedenheit als Übergang zur Nicht-Unzufriedenheit liegen v.a. im Arbeitsumfeld (→ Hygienefaktoren). Bedingungen, die einen Übergang von Nicht-Zufriedenheit zur Zufriedenheit auslösen können, liegen schwerpunktmäßig im Arbeitsinhalt selbst (→ Motivatoren). Während die Motivatoren die Zufriedenheit fördern und zugleich leistungsförderlich sind, verbinden sich die Hygienefaktoren nach Herzberg schwerpunktmäßig nur mit einer Senkung der Unzufriedenheit. – 2. *Bedeutung*: Die Zweifaktorentheorie wurde im Geist der → humanistischen Psychologie entwickelt und hat in der Praxis wesentliche Impulse für die inhaltsorientierte → Arbeitsgestaltung ausgelöst. Heute wird wieder verstärkt die traditionelle Hypothese vertreten, wonach alle situativen Bedingungen gleichermaßen zur Zufriedenheit wie zur Unzufriedenheit beitragen können. Die Hypothese, dass Motivatoren nicht nur die Zufriedenheit, sondern zugleich auch die Leistung fördern können, ist dagegen theoretisch und empirisch besser abgesichert.

The manufacturer's authorised representative in the EU is Springer
Nature Customer Service Centre GmbH, Europaplatz 3, 69115 Heidelberg,
Germany. If you have any concerns regarding our products, please
contact ProductSafety@springernature.com

Printed and bound by CPI Group (UK) Ltd, Croydon, CR0 4YY
27/04/2026
02097971-0001